白话資治通鑑

第一册

卷第一至卷第二十七
（周纪一至汉纪十九）

〔宋〕司马光 著
萧祥剑 主编

團结出版社
UNITY PRESS

图书在版编目（CIP）数据

白话资治通鉴 / 萧祥剑主编. — 北京 : 团结出版社, 2020.3

ISBN 978-7-5126-7772-2

Ⅰ. ①白… Ⅱ. ①萧… Ⅲ. ①中国历史—古代史—编年体 ②《资治通鉴》—译文 Ⅳ. ①K204.3

中国版本图书馆CIP数据核字(2020)第033825号

出版：团结出版社

（北京市东城区东皇城根南街84号 邮编：100006）

电话：(010) 65228880　65244790（传真）

网址：www.tjpress.com

Email：zb65244790@vip.163.com

经销：全国新华书店

印刷：北京天宇万达印刷有限公司

开本：145×210　1/32

印张：226

字数：6000千字

版次：2021年3月　第1版

印次：2021年3月　第1次印刷

书号：978-7-5126-7772-2

定价：589.00元（全十二册）

前 言

《资治通鉴》(简称《通鉴》)是我国历史上第一部编年体通史,作者是北宋著名的政治家、文学家、史学家司马光。《通鉴》自周威烈王二十三年(公元前403年)开始,到后周世宗显德六年(公元959年)征淮南停笔,共记载十六朝一千三百六十二年的史事,是我国编年史书中时间跨度最长的一部巨著。全书按朝代分为十六纪,即《周纪》五卷、《秦纪》三卷、《汉纪》六十卷、《魏纪》十卷、《晋纪》四十卷、《宋纪》十六卷、《齐纪》十卷、《梁纪》二十二卷、《陈纪》十卷、《隋纪》八卷、《唐纪》八十一卷、《后梁纪》六卷、《后唐纪》八卷、《后晋纪》六卷、《后汉纪》四卷、《后周纪》五卷。

司马光(1019–1086年)字君实,号迂夫,晚号迂叟,司马池之子。汉族,出生于河南省光山县,原籍陕州夏县(今属山西夏县)涑水乡人,世称涑水先生。历仕仁宗、英宗、神宗、哲宗四朝,卒赠太师、温国公,谥文正。他为人温良谦恭、刚正不阿,其人格堪称典范,历来受人景仰。

司马光最初编写了从战国到秦的八卷编年史,进呈给宋英宗。治平三年(公元1066年)四月,英宗让他继续写下去,并为他在秘阁设置了书局,协助修书。这是他撰写《通鉴》的开始,当时尚无书名。两年后神宗即位(公元1068年),神宗为此书作了序文。后来司马光与王安石政见不合,上疏请求外任,熙宁四年(公元1071年)他判西京御史台,自此居住洛阳,专心著书。到元丰七年(公元1084年)即司马光六十六岁时，全书写成。修书时间前后共用了十九年。他在《进〈资治通鉴〉表》中说：“臣今骸骨癯瘁，目视昏近，齿牙无几，神识衰耗，目前所为，旋踵而忘。臣之精力，尽于此书。”司马光为此书付出毕生精力，成书不到两年，他便积劳而逝。

司马光编写《通鉴》十分认真负责，勤勤恳恳。他选的助手如刘攽、刘恕、范祖禹、司马康等都是当时一流的史学家，但《通鉴》的主要编撰工作都是他亲自主持，自己动手。全书依时代先后，以年月为经，以史实为纬，顺序记写；对于重大的历史事件的前因后果，与各方面的关联都交代得清清楚楚，使读者对史实的发展能够一目了然。《通鉴》详近略远，隋唐五代 379 年，占全书 40%，史料价值最高。所谓“删削冗长，举撮机要，专取国家兴衰，系生民休戚，善可为法，恶可为戒者，为编年一书，使先后有伦，精粗不杂”。

《通鉴》写成后二年，即元祐元年（公元 1086 年）十月初四日，在杭州镂板，是书成后的第一次刻板，世称元祐本，或杭州本，这就是《通鉴》的祖本。其后，复刻者不止一家，如果不论其支派，只论其单传，则第一传即为绍兴二年（公元 1132 年）七月初一日绍兴府余姚县刊板、绍兴三年十二月二十日毕工进呈之本。此本是按元祐本翻刻，世称绍兴重刊本。今祖本已不可得，此绍兴重刊本实为《通鉴》现存最早版本。1919 年商务印书馆涵芬楼辑印《四部丛刊》时，《通鉴》被收入其初编，就是用绍兴重刊本影印的。

中国人向来有以史为鉴的历史传统，这也是司马光编《通鉴》的目的。正如其在《进〈资治通鉴〉表》中所言：“鉴前世之兴衰，考当今之得失”。宋神宗认为这部书可以“鉴于往事，有资于治道”，故名之为《资治通鉴》。

《资治通鉴》成书以后影响巨大，与司马迁的《史记》并列为中国史学的不朽巨著，所谓“史学两司马”。

南宋史学家王应麟评价此书说：“自有书契以来，未有如《通鉴》者。”

宋末元初的史学家胡三省评价说："为人君而不知《通鉴》，则欲治而不知自治之源，恶乱而不知防乱之术，为人臣而不知《通鉴》，则上无以事君，下无以治民，为人子而不知《通鉴》，则谋身必至于辱先，作事不足以垂后。"胡三省还为《资治通鉴》作了音注，为公认自宋元以来《通鉴》各家注本中的最佳者。

清代的顾炎武在《日知录·著书之难》中曾说：(《资治通鉴》和《文献通考》)"皆以一生精力成之，遂为后世不可无之书。"

清代学者王鸣盛更赞叹说："此天地间必不可无之书，亦学者必不可不读之书。"

曾国藩评价此书说："窃以先哲惊世之书，莫善于司马文正公之《资治通鉴》，其论古皆折衷至当，开拓心胸。"

毛泽东自称曾十七次批注过《资治通鉴》，并评价说："一十七遍，每读都获益匪浅，一部难得的好书噢。恐怕现在是最后一遍了，不是不想读而是没那个时间啰……中国有两部大书，一曰《史记》，一曰《资治通鉴》，都是有才气的人，在政治上不得志的境遇中编写的……《通鉴》里写战争，真是写得神采飞扬，传神得很，充满了辩证法。"（郭金荣《读破了的一部〈资治通鉴〉》——毛泽东最后一名护士孟锦云回忆毛泽东）

这部《白话资治通鉴》，是对《资治通鉴》一书的全部白话文翻译，翻译采用的原文底本为《四部丛刊》影印宋刊本，旨在为现代读者提供一个阅读《资治通鉴》的方便途径。全书采用的是直译，个别地方意译，译文力求信、达、雅。所有年份都注明了公元纪年。由于白话翻译由多人合力完成，每个人的白话表达会各有区别，其中也难免有错讹之处，希望广大读者批评指正。

在翻译本书的过程中，我们每一位参与者都深感获益匪浅，期待这个全新版本的《白话资治通鉴》能让大家阅读后获益，为中华优秀传统文化的传播尽一份绵薄之力。

目 录

御制《资治通鉴》序

我以为君子应该牢记古圣先贤的嘉言善行，来蓄养自己的美德，因此才能行为刚健、做人笃实，日日来光辉自己的美好德行。《尚书》上说："大王，人应该要广求多闻，时时希望能够建立事业。"《诗经》《尚书》《春秋》等经典，都是让人明白事物得失的痕迹，以保存王道的正统，给后世的人留下教训，引以为鉴。

汉朝的司马迁缀集皇家石室和金柜里的典籍，根据左氏《国语》，推及《世本》《战国策》《楚汉春秋》等书，博采经书典籍，拾取传纪的内容，收集天下旧闻轶事，考察验证其中的行事，纵横驰骋于上下数千年间，首篇记录黄帝轩辕氏，截止于西汉武帝发现麒麟。创立了纪、表、世家、书、传的形式，后世的史官都不能改变这种体例。由于他判断是非没有不符合圣人之道的，对人物的褒贬也合理恰当，因此被称为良史之才。

我的父皇英宗，格外留心于典籍，日理万机的时候，也没有废止阅读经典。曾经授命龙图阁直学士司马光论述罗列《历代君臣事迹》，让他在皇家秘阁翻阅图书资料，供给史官毛笔和宣纸，修撰起自周威烈王、讫于五代的历史。司马光的意见以为：周朝积弱已久，天子衰微，礼乐仪制和军事征讨都出自诸侯；周平王被迫东迁国都后，齐国、楚国、秦国、晋国开始壮大；到了齐桓公、晋文公时开始交替称霸天下时，还要假托尊崇周王室为言辞来让天下人心服；一直到周威烈王任命晋国韩、赵、魏三家大夫为诸侯王时，周朝虽然还没有灭亡，但周朝的王室制度已经完全丧失了！这也是古人撰写著作开端的立意所在。书中所记载的圣君明主、贤良大臣互相切磋讨论治国之道，这些议论中的精辟语句，道德和刑法相辅相成的良善制度，天道和人道相处的细微关系，美好和灾祸不断发生的起始源头，作威作福与兴盛衰弱的根本关系，制度程式与利害关系的不同效验，优秀将领领兵作战的军事方略，守法官员治理一方的施政策略，通过邪恶和正直来判断，抓住至治与怠忽的要旨，直至文辞渊博厚实的文体，箴言劝谏的深刻含义，实在可以说是完备无缺了。全书一共记载了十六个朝代，编辑成二百九十四卷，把这部书放置于书室中，可以完全知晓古今政治的道统所在，内容广博但又抓住了根本要点，文字简洁而对事件的记载又很详细，可以说是历代典制和法规的汇集、档案文牍的全书了。

荀况有说过这样的话："如果想要观察圣人的形迹，就要找出其中出类拔萃的人物，后代的贤王就是这样的人啊。"像汉朝的文帝、宣帝，唐朝的太宗，正是孔子所说的"我实在无可非议"的人。其余太平治世享有盛名的君王，有的充满忧国忧民的仁爱之心，有的施行忠贞利民的道德教化，有的懂得知人善任，有的恭敬节俭勤劳谨慎，也各自得到了圣贤教化的一个方面，正如孟子所说："我对于《武成》，只取其二三事而已"。至于因为荒淫而导致家国灭亡的例子，也可使我们见到前车之鉴；乱臣贼子的例子，则让我们懂得踩着霜露，就要持有寒冰将至的警惕。《诗经》说："商朝的借鉴不远，就在夏朝的灭亡。"所以赐这部书名为《资治通鉴》，以显明我内心的志向。

治平四年十月宫中初次开设御前讲习，奉圣旨讲读《资治通鉴》。这个月九日，臣司马光开始进读，皇帝面赐御制序，命臣等到书完稿之日写入。

进《资治通鉴》表

臣司马光恭敬进言：臣先前奉圣上旨意编纂会集历代君臣的事迹，又奉皇上圣旨将这部书赐名为《资治通鉴》，现在终于编撰完成了。

臣下想到自己天性愚钝笨拙，对圣贤学问荒芜生疏，所做的各种事情，都不如别人。只有对于前代史书，曾经用心粗粗浏览，从小时候就感兴趣，一直到今天年老力衰，依然没有丝毫厌倦之感。臣下常常想到，从司马迁作《史记》、班固作《汉书》以来，历朝的史书，文字分量越来越多，就是普通的读书人，也都无法全部读完，更何况作为一国的君主，每天日理万机，哪里有时间去通读这些史书呢？于是臣下不自量力，就从这些史书中，删掉那些啰唆的废话，择取其中最核心的内容，尤其专门挑选那些关系到国家兴盛和衰败、百姓生活喜乐和忧虑的文字，希望善的可以作为效法，恶的可以作为借鉴。采用编年体的形式编辑成书，使得时间的先后眉目清晰，篇幅和内容粗精不杂。臣下家族本来力薄，没有能力能完成这样一部巨著。

幸而遇到英宗皇帝，有着天生的睿智和美好的本性，在天下推行文明的政治和教化，时刻想着要遍览古代历史，从中吸取经验和教训，用来恢宏和扩展治国大道。于是就下诏给臣下，让臣下领衔编撰汇集。这也是臣下一直以来的夙愿，没想到竟然得逢伸展之日，于是欢喜踊跃地接受了这项任务，只是担心自己做得不够称职。先帝还让臣下自己挑选下属官员，在崇文院设立书局，允许借阅龙图阁、天章阁、三馆、秘阁的藏书，还颁赐给臣下皇家的毛笔、墨水和缯帛，还专门拨款，供给各种水果点心，以臣下为承受官。臣下得到眷顾和礼遇之荣幸，一般的近臣都无法企及。非常不幸的是，书还没有编好，先帝竟然抛弃群臣而走了。

陛下您继承天下大统，恭敬地承续祖先的志业，对这部书格外恩宠，先撰写序言，又颁赐书名。每次宫里进行御前讲座，都命令臣下进行讲读。臣下虽然顽固愚钝，然而也知道两朝天子都对臣下如此厚爱，臣下就算是献出生命，也不能够报答君主的恩德。只要是臣下智慧所及的，臣下又怎么敢有所保留呢？那时正值臣下被派遣去管理永兴军，因为臣身体衰弱多病，不能胜任如此繁重的公务，就乞求调派一个闲散的官职。陛下俯从了臣下的愿望，特别宽容地赏赐臣下休养，任命臣下为西京留守司御史台，并负责嵩山崇福宫的事务，前后担任了六次，还允许让书局机构跟随着臣下，给予臣下俸禄，且不在职务上对臣下有什么要求。臣下没有别的事情，得以有时间用尽思虑精心研究，付出所有心血和精力，日以继夜地努力用功。臣下翻阅过去的史书，再旁采小说资料，各种资料堆积，犹如烟海一般，从中选取重要而不容易发现的事迹，仔细校勘，连一个小错误也不放过。时间上从战国开始，一直到五代结束，其间一共一千三百六十二年的历史，总共编辑成二百九十四卷。臣下又大略地列举事情的纲目，以年代为经，以国家为纬，为方便查找，编辑成《目录》三十卷。又参考其他各种书籍，评定一件事情事实的相同和不同之处，以互相印证，编辑成《考异》三十卷。因此这部书总共是三百五十四卷。从治平年间开始编辑，到现在终于完成了。由于前后经历的时间太久了，其中难免会有一些自相矛盾的地方，臣也不敢自信没有差错，对这其中造成的重大过失，是臣下无法逃避的责任。臣司马光内心十分惶恐，谨以再次叩头呈上。

臣又反复想到自己远离朝廷，已经有十五年的时间，虽然身处京城之外，但臣下内心，早晚寝息之间，念念又何尝不在陛下左右啊！只是因为臣秉性顽固愚钝，没有什么作为，于是只能够以专心编撰此书，来报答圣上的大恩了。希望能够竭尽臣一沙一尘的心力，对天下之事有所助益。如今臣下已经身体瘦弱，眼睛老花得看不见了，牙齿也都掉得没剩几颗，精神和意识衰退得不行，刚刚做了的事情，一会儿就忘记了。臣的精力，可以说完全投注到这部书上了。臣下希望陛下能够宽恕臣随意胡乱编写的罪过，考察臣下想要尽忠朝廷的本意，在平时清闲的时候，能够时而赐予观览，察看前代政治兴盛和衰落的经验教训，详考当今朝廷政事上的所得和所失，对于好的要嘉奖，不好的要怜悯；取用对的，舍弃错的。这样就能够兴盛起古代圣王的美德，达到史无前例的圣治之世。果能如此，四海之内的万民，就都能够得到陛下的福泽，那么，臣下我就算是捐躯于九泉之下，也都心满意足了！

臣谨献上表章，希望陛下能够察看。臣司马光诚惶诚恐地，叩首再叩首。

端明殿学士兼翰林侍读学士太中大夫提举西京嵩山崇福
宫上柱国河内郡开国公食邑二千六百户食实封一千户臣司马光上
表元丰七年十一月进呈

资治通鉴卷第一　周纪一

起戊寅(公元前403年),止壬子(公元前369年),共三十五年。

【题解】本卷记录了周威烈王二十三年到周烈王七年总计三十五年的战国初期的各国大事。开篇司马光对周威烈王分封晋国赵、魏、韩三家大夫为诸侯的事情发表了长篇评论;对这三十多年中出现的贤君魏文侯表示了由衷的赞叹;对智伯之所以灭亡的历史教训给予了总结。同时,本卷还记载了吴起为将的故事、子思和卫侯的对答等小故事,非常生动,更是给人以深刻的启示。

威烈王

二十三年(戊寅,公元前403年)

周威烈王姬午初次分封晋国大夫魏斯、赵籍、韩虔为诸侯国君。

◆臣司马光说:为臣以为,天子的职责没有比守护礼制更重要的了,守护礼制没有比区别身份更重要的,区别身份没有比匡正名分更重要的。什么是礼呢?就是朝廷的纲纪。什么是分?就是君臣上下的身份。什么是名?就是公、侯、卿、大夫的爵位。以四海之内这样广大的疆土,以天下亿兆这样众多的人民,大家情愿受制于天子一人,虽然其中有力量绝伦、智慧超群的人,也没有不在天子脚下为他奔走效劳的,这难道不是以礼作为朝廷纲纪的作用吗?因此,天子统率三公,三公督率诸侯国君,诸侯国君节制卿大夫,卿大夫治理百姓。在上位的贵族指挥在下位的百姓,在下位的百姓顺从在上位的贵族。如此,在上位的指使在下位的,好比心腹指挥手足,又如树木的根干控制枝叶;在下位的事奉在上位的,如同手足保护心腹,枝叶遮护根干。然后上下才能互相保护,从而使国家长治久安。所以说,天子的职责没有比守护礼制更重要的了。

文王推演《周易》时,以乾、坤二卦为开头。孔子在《系辞传》中解释说："天以阳刚尊贵在上，地以阴柔卑贱处下，天尊地卑的乾坤之道已经确定，于是贵贱的位次也得到了确定。"（乾和坤在国家来说分别代表君和臣，因此）这里说的就是君臣的名位，如同天地一样不可更动啊！孔子作《春秋》，主旨是贬低诸侯，保持周王室的地位，周王室虽然已经势力衰微，孔子在《春秋》中还是把他们排在各国诸侯之上。由此也可以看出，圣人对君臣名位的区分，心中一直都是念念不忘的。如果不是遇到暴虐昏庸如同夏桀、殷纣一样的君主，又恰逢仁德圣明的商汤、周武，人心归附于汤、武，天意安排他们取代桀、纣，那么，从君臣的名分来说，做臣子的就应该坚守名节，誓死效忠于君主。因此，如果以微子那样的贤德，取殷纣而代之，那么他也会和成汤一样和天命相配；如果以季札这样仁德，来担任吴国的君主，那么太伯也可以永远得到后世的奉祀。但是微子、季札两个人宁可屈辱地做亡国之臣，也不愿取君王代之，实在是因为礼的大节不可破坏。所以说，礼没有比君臣之分更重要的了。

礼的作用，就在于辨别贵贱，序次亲疏，裁制万物，节制各种事务。没有名分，礼就得不到彰显，没有器物，礼就得不到体现。所以，用名来称呼，用器物来辨别，然后上下尊卑的次序才能够显明，伦理秩序才能够井井有条，这就是礼的常道所在。如果名分、器物都没有了，那么礼又怎么单独存在呢！过去仲叔于奚对卫国有功，接受国君嘉奖的时候，谢绝了实质的封地而请赐给他象征地位名分的繁缨。孔子认为，这样的话，还不如多给他些封地。因为唯独名位与器物，是不可以随便让给他人的。因为这是国君权力的象征。否则，政治权力没有了，整个国家就会随之走向灭亡。卫出公在位时，期待孔子来为他办理政事。孔子首先想的就是正名分。他认为，名分不正，人民举止言谈就不知道怎样才是正确的。繁缨，不过是马头上的小饰物，而孔子却格外重视它的意义；正名，可说是政治上的小事，而孔子却把它列为施政的第一要务。实在是因为名器一旦遭到败坏，那么君臣上下的关系也就无法保持的缘故。一切事情的发展没有不是先由细微末节而后逐渐发展显著的。圣人思虑深远、见微知著，所以能在细微处小心谨慎处理事情；平常人见识短浅，除非弊端严重到不得不收拾的地步，才会设法补救。在问题细微的时候着手预防，用力少而功效多；到严重时才补救，往往竭尽全力还达不到预期的效果。《周易》上说：“当地面上出现白霜的时候，意味着水快要凝固成坚硬的冰块了。”《尚书》上也说：“每天都有各种隐微的事情发生。”都是提醒人们要时刻防微杜渐。所以说，礼没有比守分正名更重要的了。

真令人痛心啊！周幽王、周厉王丧失人君之德，西周的气数日渐衰败，朝廷纲纪败弛倾颓，在下位的犯上作乱，王室的权力旁落。诸侯之间擅自征伐，大夫独揽大权，礼的大体已经丧失十分之七八了。然而对文王、武王建立的功业还能够绵延不绝地延续下来，大概是由于周朝宗室的后代子孙，还能坚定地恪守名分的原因吧。为什么这么说呢？以前，晋文公对周王室建有大功，请求周襄王允许他能像王者一样用通隧道下棺柩的葬礼，周襄王没有准许，说：“这是国家表明天子和诸侯不同的礼乐制度。古往今来，从来没有国君未更变而僭行一国二王的现象，这也是叔父文公您所厌恶的啊。不然的话，叔父您有封地，尽管在自己的辖地修隧道就好了，又请示我赏赐干什么呢？”文公于是心生畏惧，不敢再违背礼制。所以，从周王的辖地来说，并不比曹国、滕国大多少，周王治理的百姓，也不比邾国、莒国多多少。但是经过数百年之后，周王仍然是天下共同尊奉的君主，纵然以晋、楚、齐、秦等强盛的诸侯国，也不敢轻易地欺凌它，是什么原因呢？就在于名分还存在的缘故啊！再说鲁国的季氏，齐国的田常，楚国的白公，晋国的智伯，他们四家大夫的权势力量，都能够取代国君，自己掌握政权，然而他们终究不敢为所欲为，是力量不够强大，或者是心有不忍吗？只是因为他们害怕触犯名分，招致天下诸侯的辱骂和讨伐呀。现在晋国的大夫无视君上，瓜分晋国，周天子非但不起兵讨伐，反而对他们加以宠爱，还给予他们诸侯的爵位。连这点小小的名分都无法坚守而弃之不顾。先王的礼制，到这里可以说是完全没有了。

或许有人认为在那个时候，周王室已经衰微，三晋（韩、赵、魏）势力非常强盛，就算周王室不承认，能够做到吗？这种说法也是大错特错。因为三晋固然强大，假如他们真的不顾天下人的唾弃，而公然违犯道义，妨害礼制的话，完全可以不向周天子请求，直接自立为诸侯就是了。他们不向天子请求而自立，那就是叛臣贼子，假如天下有齐桓公、晋文公一样贤良的国君，必定会举起礼义的大旗，兴兵讨伐他们。现在他们向周天子请命，而周天子又答应了他们，这是接受了周天子的敕命而成为诸侯。那么，还会有谁可以兴兵讨伐他们呢！所以说，三晋能够列于诸侯，不是三晋破坏纲常礼制，而是周天子自己破坏了礼制啊！

痛心啊！君臣间的礼制既然破坏了，那么天下诸侯都会以才智武力互争高下，于是那些圣贤后代原已列为诸侯的，他们的国家没有不泯灭的，他们的人民也都家破人亡，怎么不令人觉得悲叹呢！◆

起初，晋国智宣子想要让智瑶做继承人。同族的智果说："不如立智宵好。智瑶比别人优秀的地方有五点，而不如别人的地方有一点。他留有美鬓，身材修长高大，这是第一贤；他擅长射箭、驾车，勇武有力，这是第二贤；他技能出众，才艺超群，这是第三贤；他巧言善辩，文辞优美，这是第四贤；他坚强果决，恒毅勇敢，这是第五贤。虽然有这五种贤能，却他心中却没有仁德。如果他运用这五种贤能去驾驭别人，而做出不仁不义的事情，那么，又有谁能够与他和谐相处呢？如果非要立智瑶为继承人，智氏宗族必然会被人消灭。"智宣子没有听从。于是，智果在经过太史的同意后，从智氏中脱离出来，另立为辅氏。

赵简子的儿子，大的叫伯鲁，小的叫无恤。赵简子准备设立继承人时，不知道该立谁才好，于是把一些训诫的话，分别写在两块竹简上，交给两个儿子，嘱咐他们说："好好牢记这些话！"三年之后，赵简子问他们简书的内容，大儿子伯鲁回答不上来；问他竹简在哪里，说早就丢失了。再问小儿子无恤时，他把竹简上训诫的话背得滚瓜烂熟；问他竹简在哪里，马上从衣袖中抽了出来。于是，赵简子认为无恤具有贤能，就立他为正式的继承人。赵简子派尹铎治理晋阳，临行前尹铎请示说："此行您是让我搜刮民脂民膏呢，还是要把晋阳作为晋国的保障之地？"赵简子回答说："要把晋阳作为保障之地。"尹铎去了后，于是就减少户数（这样可以减免赋税，增进民生。）赵简子告诉儿子赵无恤说："假如晋国发生了灾难，你不要嫌弃尹铎地位低下，更不要嫌晋阳路途远，一定要去晋阳投靠尹铎，作为你的归宿。"

智宣子去世以后，智襄子执掌晋国大权，和韩康子、魏桓子在蓝台设宴饮酒。智襄子戏弄韩康子，又侮辱他的家相段规。智襄子的手下智国听说后，告诫智襄子说："主人，您如果不小心提防灾祸，将来必然会大祸临头。"智襄子说道："生死灾祸都出自我的手，我不制造灾祸，谁敢胆大妄为地制造灾祸呢！"智国回答说："不是这样的，您不知道《夏书》上曾经说：'一个人的过失太多，积累的怨气难道要到显著的时候才去处理吗？一定要在怨恨没有显现的时候就要谋划对策啊！'君子能谨慎地处理每一件小事，才能够不招致大患。现在主公在宴会上羞辱了他们的国君和臣相，事后又不加以提防，还说'他们不敢胆大妄为'，这样恐怕不太合适吧！蚊子、蚂蚁、黄蜂、蝎子都能害人，更何况一国的君相呢！"智伯没有听从谏言。

智襄子请韩康子割让土地给他，韩康子不想给。段规说："智伯是一个贪图财货、刚愎自用的人，不给的话，他肯定会率兵攻打我国，不如先答应他的请求。他很轻松地就取得土地，一定会更加狂傲，接着肯定又要他人割地；他人不给，他必定会领兵攻打，然后我们就可以免除祸患，静观时势，伺机而动了。"韩康子说："好主意。"于是就派使臣把拥有万家人口的都邑给了智伯。智伯十分高兴。智襄子接着又让魏桓子割让土地，桓子不想给。任章说："为什么不给呢？"桓子说："（智伯）无缘无故地勒索土地，所以不给。"任章说："无理勒索，诸大夫必然会恐惧；我们答应他的要求，他必然骄横。他因骄横而轻敌，我们因畏惧而彼此亲善；用团结亲善一致的队伍来对付狂妄之敌，智氏的性命一定不会长久。《周书》说：'想要击败他，先帮他的忙；想要取代他，先给他点儿甜头。'主公不如先答应他，让智伯骄傲自大，然后我们广交盟友，共同设法对付智伯，又何必让自己单独成为智伯攻击的对象呢！”魏桓子说：“好。”就又给智伯一处有万家人口的封邑。

智襄子又向赵襄子索要蔡与皋狼两地，赵襄子不给。智伯大怒，于是统率韩、魏两家的甲兵攻打赵襄子。襄子准备出外避难，说：“我逃到哪里才好呢？”随从的官员建议说：“长子县较近，城郭也坚固完好。”襄子说：“人民精疲力竭地去巩固城郭，又要拼死命防守，有谁能与我同心合力呢？”随从又说：“邯郸仓储存粮充裕。”襄子说：“搜刮民脂民膏得来的粮食，现在又让他们去作战送死，有谁能与我同心呢？还是到晋阳吧，晋阳是先主的属地，尹铎又仁厚爱民，人民必定团结和睦。”于是前往晋阳。

智襄子、韩康子、魏桓子三家的军队包围晋阳，引水灌城。城墙只剩六尺没有被淹没了；锅灶都泡在水里，灶里生出了青蛙，而人民没有丝毫背叛的意思。智伯在水面上巡行，当时魏桓子驾车，韩康子持矛居右。智伯说：“今天我才知道水也可以灭亡他人的国家啊！”魏桓子用肘碰了碰韩康子，韩康子也轻轻踩了踩魏桓子的脚，暗示汾水可以灌魏国国都安邑，绛水也可以灌韩国国都平阳啊！智伯的谋士絺疵对智伯说：“韩、魏两家肯定会叛变。”智伯说：“你怎么知道？”絺疵说：“根据人之常情。我们统率韩、魏的军队攻打赵，赵家灭亡，灾祸必然波及韩、魏两家。现在约定战胜赵国后，三家平分他们的土地，晋阳城墙离被水淹没只剩六尺，城中积粮用尽，宰军马做粮饷，眼看破城指日可待，可是他们两位不仅没有丝毫喜悦的表情，反倒面带忧戚之色，这不是要反叛是什么呢？”第二天，智伯把絺疵的话告诉韩康子、魏桓子两位，他们说：“这个专门讲别人坏话的小人，其实他是想替赵氏游说，使您怀疑我们两家不忠，继而松懈对赵氏的进攻。要不然，我们怎么会放弃马上到手的赵氏田产不要，反而去做有危险，进而没有成功希望的事呢！”两人拜谢退出后，絺疵进来说：“主公为什么把我的话告诉他们两个呢？”智伯说：“你怎么知道？”絺疵回答说："我刚才见他们对我仔细端详，步履匆匆离开，就知道他们的心里想什么了！"智伯不听劝告。絺疵为了避祸，便请求出使齐国。

赵襄子派臣子张孟谈偷偷出城拜见韩康子、魏桓子二人，说："臣听说唇亡则齿寒。现在智伯率领韩、魏的军队围攻赵，赵灭亡以后，下一个目标就是韩、魏了。"韩康子、魏桓子说："这种情况我们心里早就知道，只是怕事情还没有成功，就计划败露，那么杀身之祸便立即到来了。"张孟谈说："计谋出于二位主公的口，进入我一个人的耳朵，有什么好害怕的呢？"于是两人秘密地和张孟谈商议，并约定好起事的日期，把张孟谈送回城去。当天夜里，赵襄子派人杀死智军守堤的官吏，开决河堤，使河水倒灌进入智伯的军营。智伯的军队被水淹，大家为了逃命，变成一团乱麻。韩、魏两家军队趁机从两翼夹攻，赵襄子率领士卒从正面迎头痛击，大败智伯的军队，杀掉智伯，将智氏族人全部诛灭，唯有辅果幸免于难。

◆臣司马光说：智伯之所以被消灭，原因在于他的才能胜过了德行。才能和德行有所不同，一般人不加以辨别，统统称之为贤士，这就是智伯之所以看错人的原因。才，说的是聪慧、明察、刚强、坚毅；德，说的是公正、耿直、中庸、平和。才能是德行的辅助，德行是才能的统帅。云梦出产的竹箭，是天下最强劲的竹箭，然而如果箭杆不经过揉曲矫直，不安箭翎，不治括端，就不能射穿坚硬的东西；堂溪出产的铜剑，是天下最锋利的宝剑，然而不经熔铸规范，不经过锻打砥砺，就不能击败强大的敌人。所以才德全备的才能够称为"圣人"，既无德又无才的只能叫作"愚人"，德行胜过才能的可以叫作"君子"，才能胜过德行的就只能叫"小人"了。大凡选拔人才的办法，如果找不到圣人、君子来委以重任的话，与其选择小人，还不如选择愚人。为什么呢？因为君子拥有才能能够做善事，小人拥有才能却常常用来作恶。有才能的人行善，可以造福天下黎民；有才能的人为恶，就会贻害无穷。愚人虽有为恶的念头，由于智力不健全，才力不能胜任，就好像还在哺乳期的狗，人还能制服它。然而，小人的智慧足以加剧他的奸诈，又有勇力来施行暴力，就好

像虎添双翼，他带来的害处能够不多吗？有德行的人自然受人尊敬，有才能的自然受人喜爱。对喜爱的人容易亲近，对尊敬的人容易疏远，所以考察选用人才的人，往往被人们的才华蒙蔽，却忽视了他的品德。自古以来，国中的乱臣贼子、家族的败家浪子，才华有余而德行不足，造成家国覆亡的实在太多了，难道只有智伯一个人吗？所以，治国理家的人，假如能明辨才、德两者之间的分别，知道两者哪个在前哪个在后，那失去人才的事又哪里值得忧虑呢？◆

韩、赵、魏三家瓜分了智氏的土地田产。赵襄子把智伯的颅骨涂上油漆，作为酒器。智伯的旧臣子豫让想替主公报仇，于是乔装打扮成受刑的犯人，暗藏匕首，混进赵襄子的宫中打扫厕所。赵襄子上厕所时，突然心中莫名地忐忑不安，叫人严加搜查，逮捕了豫让。左右侍卫要杀了豫让，赵襄子说："智瑶死了没有后嗣，这个人想替他报仇，真是忠义之士，我以后小心防备他就是了。"于是释放了他。豫让又用漆故意涂污身体，装作癞疮病人，又吞下燃烧着的木炭，把嗓子弄哑，在集市上讨饭度日，他的妻子都认不出他来。他在路上遇到朋友，朋友认出他，掩面流涕说："以你的才华，去投靠赵家，一定会得到宠信，到时候你想做什么就做什么，报仇不是很容易吗？何必这样作践自己呢？这样来寻求报仇的时机，不是很困难吗？"豫让说："我如果委身为赵家之臣，而又设法去杀他，那是怀有二心啊！我现在的所作所为，尽管是常人极不容易办到的，而我之所以还要勉强去做，目的就在于让天下后世为人臣子却怀有二心的人感到惭愧。"赵襄子外出，豫让埋伏在他必经的桥下。赵襄子走到桥边，马突然受到惊吓，派人四下搜索，捕获了豫让，于是杀了他。

赵襄子因为大哥伯鲁没有被立为继承人，虽然自己有五个儿子，仍然不肯立继承人。他把伯鲁的儿子分封到代这个地方，称为代成君，不幸早年过世，于是立他的儿子赵浣为赵氏的继承人。赵襄子死后，弟弟赵桓子驱逐赵浣而自立为王，继位仅仅一年也死了。赵氏的族人说："赵桓子继位原本不是赵襄子的意思。"于是一起杀了赵桓子的儿子，重新把浣迎接回来继承王位，他就是赵献子。献子的儿子叫赵籍，即赵烈侯。魏斯，是魏桓子的孙子，也即魏文侯。韩康子的儿子名韩武子，武子又生韩虔，后来被封为韩景侯。

魏文侯尊奉卜子夏、田子方为国师。每次路过当时的名士段干木的住所必定在车上俯首行礼，表示尊敬。所以四面八方的贤德之士都来归附于他。

魏文侯和群臣一起饮酒，正当兴起的时候，突然下起了大雨，这时魏文侯命令驾车到野外去。左右侍从说："今天饮酒作乐，天又下雨了，主公您这是要到哪儿去呢？"魏文侯说："我和负责管理山泽的官员约好了要一起去打猎，饮酒虽然快乐，可我怎能不去赴约呢？"于是起身前往，亲自告诉对方，因为下雨不能打猎的事。

韩国向魏国借兵用来攻打赵国，魏文侯说："我和赵国是兄弟之邦，不能答应你的请求。"赵国向魏国借兵攻打韩国，魏文侯也用同样的理由回绝了。两国的使者都气冲冲地走了。事后两国知道魏文侯对自己的和善态度，都来朝拜魏国。魏国从这个时候开始成为三晋的首领，各个诸侯都不能和他一决高下。

魏文侯派乐羊攻打中山国，取得胜利之后，将中山国分封给儿子魏击。魏文侯问群臣："我是一位怎么样的君主？"大家都说："仁德之君。"任座却说："您攻占中山国，不把它封给你弟弟，却封给你的儿子，怎么能算得上是仁德之君？"魏文侯听了勃然大怒，任座匆忙而出。又问翟璜，翟璜回答道："您是一位仁德的君主。"文侯道："你从哪里看出来的呢？"翟璜答道："臣听说国君仁德，做臣子的就正直敢言。由于刚才任座的言辞正直，所以我知道您是有仁德的。"魏文侯听了大喜，派翟璜把任座召回来，还亲自到堂下迎接他，以上宾之礼待他。

魏文侯和田子方一起饮酒，文侯说："钟声是不是有些不太和谐？左边的音调高了。"田子方笑了笑。魏文侯问："你笑什么？"子方说："臣听说，国君应当了解乐官是否有才能，而没有必要了解乐曲音调的和谐与否。现在您精通音调的和谐，臣下担心您恐怕会疏忽乐官的才能啊。”文侯说：“你讲得很好。”

魏文侯的儿子魏击外出，在路上遇见国师田子方，便下车伏地行礼。田子方并没有答礼。魏击大怒，对田子方说：“是富贵的人该骄傲呢，还是贫贱的人该骄傲呢?”田子方说：“当然是贫贱的人才有资格对人骄傲，富贵的人怎么敢对别人骄傲呢?国君对人骄傲就会失去他的国家，大夫对人骄傲就会失去他的封地。亡国的君主，没听说还有人以国君来对待他的；失去封地的，没听说还有人以大夫之礼来对待他的。贫贱的士人，假如言论不被采用，行为有所不合，穿上鞋子就走了，到哪里不是过贫贱生活呢?”魏击于是向他谢罪。

魏文侯问李克说：“先生您曾经讲过这样的话：‘家贫思良妻，国乱思良相。’我现在挑选宰相的人选，不是魏成就是翟璜，你觉得他们两位谁更贤能?”李克回答说：“卑下者不应当替尊贵者做打算，外人不应当替近亲做打算。臣在外朝任职，实在不敢妄加议论。”魏文侯说：“先生不要在面临国家大事的时候推让!”李克回答：“主君，这是您不详细考察的缘故啊!对于臣下，平日居处要多留意和他亲近的人，富有时注意和他交往的人，显达时注意他所举荐的人，穷困落魄时注意他有所不为的操守，贫贱时注意他不随便谋取的姿态。通过这五个角度观察，足够判断一个人的优劣，就完全没有必要跟我商量了。”魏文侯说：“先生回府休息吧，宰相人选我已经决定了。”李克辞谢后退出，遇见翟璜。翟璜问：“听说国君召见您商谈委任宰相的事，不知选了谁?”李克说：“魏成。”翟璜听了面带愤怒之色，说：“镇守西河的吴起，是我推荐的。邺县百姓生活疾苦，君上常常忧虑，我推荐西门豹。国君想攻伐中山国，我举荐了乐羊。中山国攻占后没有人镇守，我推荐了您。国君的儿子没有合适的老师，我推荐了屈侯鲋。从这些耳闻目睹的事情来看，我哪一点不如魏成!”李克说：“你把我推荐给君上，难道是想结党营私谋求更大的官职吗?国君问我谁适合担任宰相，我才说了那样一番话。我之所以推断君上会任魏成做宰相，是由于魏成尽管有千钟的俸禄，十分之九都用于社会，只有十分之一用于自己的家庭，所以在东方得到了卜子夏、田子方、段干木。这三个人，君上都以师礼对待他们；你推荐的那五个人，君上只是用他们做臣子。两相比较，你又怎么能和魏成相比呢？”翟璜听完惭愧地后退一步，再拜谢说：“我实在是个鄙陋浅薄的人，刚才答话失礼，愿终身成为先生的弟子！”

吴起，是卫国人，在鲁国做官。齐人攻伐鲁国，鲁国人想请他做领兵将领，但由于吴起的妻子是齐国女子，鲁国人有疑心。于是，吴起就杀掉妻子，求得担任将领的机会，大败齐国军队。有人暗地里向鲁侯进谗言：“吴起以前在曾参身边做事的时候，母亲去世也没有奔丧服孝，曾参因此和他断绝了关系。如今他又杀掉妻子来谋求鲁国大将的职位。吴起，真是个残忍刻薄的人！况且我们弱小的鲁国，竟然有战胜强大的齐国的名声，今后各个诸侯国都要设法来对付鲁国了。”吴起怕鲁国会降罪于自己，听说魏文侯贤德，于是前去归附。魏文侯向李克打听吴起，李克说：“吴起为人虽然贪婪而好色，然而论用兵，就是齐国的司马穰苴也不如他。”于是魏文侯任用吴起为大将，进攻秦国，攻占了五座城池。

吴起做将领，和底层士兵穿一样的衣服，吃一样的饭菜，睡觉不铺席子，行军也不驾车马，亲自裹扎和挑粮草，帮士兵们分担劳苦。有一个士兵生疮化脓，吴起亲自替他吸吮脓液。那个士兵的母亲听到了此事，痛哭流涕。有人说：“你的儿子是当兵的，吴将军亲自为他吮吸疮脓，你为什么还哭呢？”那个士兵的母亲说：“不是这样的。当年吴将军曾经为孩子的父亲吮吸疮脓，事后他父亲作战奋不顾身，最后死在战场上了。现在又给我儿子吮吸疮脓，不知道将来他会死在哪里了，所以我才哭他。”

燕国国君燕湣公去世，他的儿子燕僖公继承王位。

二十四年（己卯，公元前 402 年）

周威烈王去世，他的儿子姬骄即位，就是周安王。

强盗刺杀楚声王，楚国人立他的儿子为悼王。

安王

元年（庚辰，公元前401年）

秦国讨伐魏国，军队一直到达阳狐。

二年（辛巳，公元前400年）

韩、赵、魏三国联军攻打楚国，攻进桑丘。

郑国军队围攻韩国的阳翟城。

韩国国君韩景侯逝世，他的儿子韩取即位，就是韩烈侯。

赵国赵烈侯去世，赵国人拥立其弟即位，是为赵武侯。

秦国国君秦简公逝世，他的儿子即位，就是秦惠公。

三年（壬午，公元前399年）

周王室王子姬定投奔晋国。

虢山崩坍，沙石堵塞了黄河。

四年（癸未，公元前398年）

楚国军队围攻郑国，郑国人杀死国相驷子阳。

五年（甲申，公元前397年）

发生日食。

三月，强盗杀死了韩国的宰相侠累。侠累和濮阳严仲子以前就结下了仇怨，严仲子听说轵县人聂政十分勇武，拿一百镒黄金作为寿礼给聂政的母亲，想请聂政代自己报仇。聂政不肯接受，说："老母还在世，我不敢把身家性命许给别人！"等到他的母亲过世后，严仲子便派聂政前去刺杀侠累。当时侠累正端坐在府内，四周的侍卫很多，聂政直接冲上台阶，刺死了侠累，然后用刀子刮破自己的面皮，挖出自己的双眼，剖腹自杀，肠子都流了出来。韩国人把聂政的尸体放到集市里暴尸，公开悬赏，让人认领，但没有人能认出是谁。后来聂政的姐姐聂荌知道了这件事，去到那里，哭着说："这是轵县深井里的聂政啊！因为我还活着，他就自己毁容灭迹，断绝亲属关系。我怎能因为怕惹上杀身之祸，最终埋没弟弟的英名呢？”于是便自杀在聂政尸体的一旁。

六年（乙酉，公元前396年）

郑国宰相驷子阳的余党谋杀了国君郑繻公，拥立他弟弟姬乙为国君，即郑康公。

宋国宋悼公逝世，他的儿子宋田即位，即宋休公。

八年（丁亥，公元前394年）

齐国发兵打鲁国，攻占了最地。

郑国负黍这个地方反叛郑国，后来归附韩国。

九年（戊子，公元前393年）

魏国进攻郑国。

晋国国君晋烈公逝世，其子姬倾即位，即晋孝公。

十一年（庚寅，公元前391年）

秦国发兵攻打韩国的宜阳郡，攻占了六个城池。

起初，齐国的田常生了襄子田盘，田盘生了庄子田白，田白又生了太公田和。这一年，田和把国君齐康公放逐到海边，给他一座城的赋税作为他的俸禄，以供他奉祀祖先。

十二年（辛卯，公元前390年）

秦、晋两国在武城开战。

齐国进攻魏国，攻占了襄阳。

鲁国军队在平陆击败了齐军。

十三年（壬辰，公元前389年）

秦国出兵入侵晋国。

齐国田和约魏文侯和楚国以及卫国的贵族在浊泽进行会谈，要求列为诸侯，魏文侯替他请示了周安王和其他各国诸侯，周安王允许了这个请求。

十五年（甲午，公元前387年）

秦国攻打蜀国，攻占了南郑。

魏国魏文侯逝世，太子魏击即位，即魏武侯。

魏武侯在西河泛舟，顺流而下，船行到河中心对吴起说："好美啊！高山大河如此险要，这是魏国的珍宝啊！"吴起回答说："国家的大宝在于国君施行德政，而不在于山河地势的险要。过去的三苗氏，左边有洞庭湖，右边有彭蠡湖，但却不注重道德仁义的修养，最终被夏禹消灭。夏桀所统治的疆域，左边有黄河、济水，右边有泰山、华山，伊阙山在南边，羊肠坂在北边，由于不施行仁政，被商汤放逐。商纣王的国都，左有孟门，右有太行，常山在它的北面，黄河经过南面，由于施政不讲仁德，最后武王把他杀了。从这些例子看来，国家的安稳，在于国君是否施行仁政，不在于山河地势的险要。假如国君不注意仁政德行的修养，恐怕今天同舟共济的人，将来也都会成为您的敌人啊！"魏武侯说："你这话说得很好。"

魏国设置宰相，任命田文为相。吴起很不高兴，对田文说："我们讨论一下各自对国家的贡献怎么样？"田文说："可以。"吴起说："统率三军，使士兵甘愿为国效命，让他国不敢与魏国为敌，你比起我怎么样？"田文说："我比不上你。"吴起说："整治百官，亲爱万民，充实府库，你比起我怎么样？"田文说："我比不上你。"吴起说："镇守西河，使秦兵不敢东下侵犯，韩、赵依附于魏国，你比我怎么样？"田文说："我比不上你。"吴起说："这三件事你都比不上我，而爵位却比我高，这是为什么？"田文说："现在主上年幼，国人多猜疑，大臣们尚不能齐心协力，百姓也不信服，在这个时候，宰相是给你做好，还是给我做好呢？"吴起沉默不语了很久，然后才说："还是让你为相好！"

过了很长一段时间，魏国的宰相公叔娶了公主做妻子，想方设法要除掉吴起。公叔的仆人说："吴起很容易除掉，他为人刚直劲毅，但容易沾沾自喜。你可以事先对主公说：'吴起这个人很贤德，而魏国太小，臣怕吴起不会长期留在魏国。国君您不妨试着招他做驸马，他如果没有久留在魏国的意思，肯定不会同意的。'然后你再和吴起一起回来，故意让公主污辱你，吴起看到公主看不起你，必定会谢绝国君的好意，这样一来，你的计划就能够实现了。”于是公叔依计行事，果然，吴起没有同意与公主的婚事。魏武侯开始对吴起猜疑，不再信任重用他，吴起害怕被诛杀，就逃到楚国去了。楚悼王向来听说吴起贤能，吴起到楚国后便立刻任命他做宰相。吴起制定严明的法律，审慎行使政令，裁撤不需要的官吏，废除了公族中疏远的宗亲，用这些职位来奖励英勇战斗的士兵，极力加强军事力量，破除纵横之士的言论。从此开始，楚国向南平定百越，向北击退三晋的扩张，向西进攻秦国，诸侯都畏惧楚国兵力的强大，然而楚国的皇亲贵族和大臣也有许多人埋怨吴起。

秦国秦惠公逝世，他的儿子即位，即秦出公。

赵国赵武侯逝世，赵国人又拥立赵烈侯的太子赵章即位，即赵敬侯。

韩国韩烈侯逝世，他的儿子即位，即韩文侯。

十六年(乙未，公元前 386 年)

周王室开始任命齐国大夫田和作为诸侯国君。

赵国公子赵朝起兵作乱，逃亡到魏国，联合魏国军队偷袭邯郸，没有成功。

十七年(丙申，公元前 385 年)

秦国一个名叫改的庶长，在黄河西岸迎接秦献公，立为国君；又杀掉秦出公和他的母亲，沉尸黄河。

齐国起兵进攻鲁国。

韩国发兵进攻郑国，攻占阳城；又攻打宋国，活捉了宋国国君。

齐国太公田和去世，其子田午即位，是为齐桓公。

十九年(戊戌，公元前 383 年)

魏国在兔台击败了赵国军队。

二十年(己亥，公元前 382 年)

发生了日全食。

二十一年(庚子，公元前 381 年)

楚悼王去世，贵戚大臣造反，围攻吴起；吴起跑到停放楚悼王尸体的地方，趴在尸体旁边。围攻吴起的暴徒用箭射他，同时射中了楚悼王的尸体。埋葬过楚悼王和吴起后，楚肃王登基，派令尹把谋反作乱的人全都处以极刑。因射杀吴起受到牵连，惨遭灭族的有七十余家。

二十二年(辛丑，公元前 380 年)

齐国进攻燕国，攻占了桑丘。韩、赵、魏三国联合进攻齐国，军队一直到了桑丘。

二十三年(壬寅，公元前 379 年)

赵国派兵袭击卫国，并没有取胜。

齐康公去世，因为没有儿子继承，田氏家族便并吞了齐康公的领地，姜氏齐国至此灭亡。

这一年，齐桓公去世，他的儿子田因齐即位，即齐威王。

二十四年(癸卯，公元前 378 年)

狄族军队在浍击败了魏军。

韩、赵、魏三国联合进攻齐国，军队行到灵丘。

晋孝公逝世，他的儿子姬俱酒即位，即晋靖公。

二十五年(甲辰，公元前 377 年)

蜀国起兵进攻楚国，占领了兹地。

子思在卫侯面前赞扬苟变说："他的才华足以统率五百乘兵车。"卫侯说："我知道他是个将才。可是苟变在担任政府官吏的时候，有一次向人民征税，吃了老百姓两个鸡蛋，所以不任用他。"子思说："圣人选择做官的人选，就如同木匠使用木柴，取其所长，弃其所短。所以像杞梓这样好几抱的大树，尽管其中有几尺腐朽的地方，技艺高明的工匠还是不会丢掉它。如今正处于国家战乱纷争的时代，国君选拔任用重要的人士，却因两个鸡蛋舍弃捍卫国家的将才，这件事儿千万不能让邻国听到。"卫侯一再拜谢道："我听从您的教诲。"

每当卫侯说话或策略失误时，大臣们都随声附和，如出一人之口。子思说："在我看来，卫国真的是所谓的'君不像君，臣不像臣'啊！"公丘懿子说："为什么这么说呢？"子思回答："国君自以为是，那么众人的意见便不被采纳。事情本应该听取大家的意见，却仍然拒绝听取大家的意见，更何况如今大家都同声唱和来助长不正之风呢！不考察事情的真相是非，只喜欢听他人赞美自己的话，昏庸愚昧没有比这样更厉害的了；不揣度事情有没有道理，就一通气地胡乱奉承，获取上级的好感，奴颜谄媚没有比这样更厉害的了。国君昏庸而臣子谄媚，这样的人身居天下百姓之上，百姓是不会承认他的。假如这样的情况不进行改变的话，国家就要灭亡了！"

子思对卫侯说："主君，您的国事将要一日不如一日了！"卫侯说："什么原因呢？"子思回答说："凡事都是有原因的。国君您讲起话来自以为是、刚愎自用，卿大夫们都不敢指出您的错误和缺点；卿大夫们讲话也都自以为是，士庶之人也都不敢指出他们的缺点。君臣上下都自以为十分贤能，而下级官吏又同声赞美他们的'贤能'，随声称赞贤能的人有福，意见相反的人则要受祸，这样一来，善的政治又从哪里产生呢？《诗经》上说：'都说自己是贤圣，可谁能分辨出乌鸦的雌雄呢？'这说的不正是国君和大臣吗？"

鲁穆公去世，他的儿子姬奋即位，即鲁共公。

韩文侯去世，他的儿子即位，即韩哀侯。

二十六年（乙巳，公元前 376 年）

周王驾崩，他的儿子姬喜即位，即周烈王。

魏、韩、赵三国共同将晋靖公废黜为平民，并瓜分了他的领地。

烈王

周烈王元年（丙午，公元前 375 年）

发生日食。

韩国发兵灭掉郑国，于是迁都到新郑。

赵敬侯逝世，他的儿子赵种即位，即赵成侯。

三年（戊申，公元前 373 年）

燕国在林狐打败了齐军。

鲁国发兵攻打齐国，军队进入阳关。

魏国发兵攻打齐国，军队到达博陵。

燕僖公逝世，他的儿子即位，即燕桓公。

宋休公逝世，他的儿子即位，即宋辟公。

卫慎公逝世，他的儿子卫训即位，即卫声公。

四年（己酉，公元前 372 年）

赵国起兵进攻卫国，攻占大小市镇七十三座。

魏国在北蔺击败了赵国的军队。

五年（庚戌，公元前 371 年）

魏国起兵攻打楚国，攻占了鲁阳。

韩国严遂弑杀了哀侯，国人立他的儿子为君，即韩懿侯。当初，韩哀侯曾任命韩廆为宰相，却又很宠爱严遂，两个人之间互相嫉恨十分严重。严遂派人到朝堂上刺杀韩廆，韩廆跑到哀侯旁边，韩哀侯抱住他；刺客为了杀死韩廆，连韩哀侯也刺死了。

魏武侯去世，还没有立太子，他的儿子罃与公中缓两人争夺君位，国内大乱。

六年（辛亥，公元前 370 年）

齐威王来周王室朝拜。当时，周王室已经十分衰微，各个诸侯都不来朝见周天子，唯独齐国来朝拜，天下人士也因此更加推崇齐威王的德行了。

赵国发兵攻打齐国，军队直到鄄城。

魏国在怀县打败了赵国军队。

齐威王召见即墨大夫，对他说："自从你担任即墨的官职以来，诋毁你的言论每天都有。然而我派人视察即墨，发现田地得到开辟，人民生活富裕，官府清净无事，地方生活安宁。这是你不亲近我左右的近侍，谋求说情的缘故啊！”于是分封给他万户的采邑。又召见阿地大夫，对他说：“自从你任职阿地以来，赞誉的话我每天都能听到，我派人到阿地视察，发现田地没有开辟，人民贫困饥寒。过去赵国进攻鄄城，你没有派兵援救；卫国攻取薛陵，你不知道。这是因为你通过丰厚的礼物向我的左右近侍行贿，所以他们才只说你的好话！”当天，烹杀阿地大夫以及曾经夸赞过阿地大夫的近臣们。这件事以后群臣惊惧，再也没有人敢欺君犯上，凡事都竭力，务必把实情告诉国君。齐国由此大治，成为天下的强国。

楚肃王逝世，没有子嗣，他的弟弟良夫即位，即楚宣王。

宋辟公逝世，他的儿子剔成即位。

七年（壬子，公元前369年）

出现日食。

周烈王驾崩，他的弟弟姬扁即位，即周显王。

魏国大夫王错出逃到韩国。公孙颀对韩懿侯说：“魏国举国混乱，可以趁机发兵攻打。”于是韩懿侯和赵成侯联合起军攻打魏国，交战地点在浊泽，大胜魏国军队，并包围了魏国国都安邑。赵成侯说：“杀了魏罃，再立公中缓为国君，逼他割让土地，然后退兵，这对我们两国最为有利。”韩懿侯说：“不能这样。杀了魏侯，太残暴；先割地而后退兵，又太贪婪。倒不如我们两国平分魏国。魏国一分为二，魏国势力就不会比宋、卫强，便永久不会以魏国为患了。”赵成侯不答应。韩懿侯很不高兴，率领军队连夜撤退。赵成侯也只好回国去。魏罃于是杀公中缓而自立为国君，就是魏惠王。

◆太史公司马迁说：“魏惠王之所以身没有被杀死、国家没有被瓜分，是因为韩、赵二国的谋略不统一。如果依从一家的谋略，魏国必然被瓜分了。因此说：‘国君死去后，没有嫡子做继承人，那个国家是可以攻灭的。’”◆

资治通鉴卷第二　周纪二

起癸丑(公元前368年),止庚子(公元前321年),共四十八年。

【题解】本卷记录了周显王元年至其四十八年间各国的大事。首先描写了秦孝公任用商鞅进行变法的经过,秦国从此强大,并给魏国沉重的打击。接着描写了齐威王是如何壮大齐国的,记录了齐国军队在桂陵、马陵击败魏军,让魏国从此衰落的经过。第三是描写了苏秦在东方进行的两次合纵活动,详细记载了苏秦游说六国的情况。这些内容采自《史记》,有学者认为并不符合实情。第四是记载了张仪在秦国的政治活动。此外,还记载了韩昭侯任用申不害改革政治等事情,让韩国政治再次清明,等等。

显王

元年(癸丑,公元前368年)

齐国发兵攻打魏国,占领观津。

赵国侵犯齐国,占领齐长城。

三年(乙卯,公元前366年)

魏、韩两国在宅阳举行会盟。

秦国在洛阳击溃了魏国和韩国的军队。

四年(丙辰,公元前365年)

魏国攻打宋国。

五年(丁巳,公元前364年)

秦献公在石门大胜韩、赵、魏三晋的联军,斩首六万人。周显王赏赐绣着黼黻图案的朝服给他,作为奖励。

七年(己未,公元前362年)

魏国在浍地战胜了韩、赵两国的军队。

秦、魏两国在少梁交战，魏国军队失败，落魄而逃；公孙痤被俘。

卫声公逝世，他的儿子卫速即位，即卫成侯。

燕桓公逝世，他的儿子即位，即燕文公。

秦献公逝世，他的儿子秦孝公即位。孝公那时已经二十一岁。当时，在黄河、崤山以东，兵强马壮的国家有六个，淮河、泗水流域之间，十几个小国并存林立，楚、魏两国和秦国交界。魏国修筑有长城，沿着洛水从郑县一路向北，一直到达上郡。楚国以汉中为基业，向南还占有巴郡和黔中等地。他们都以对待夷狄的鄙夷态度对待秦国，极力排斥秦国，不允许秦国和中原各国集会结盟。于是秦孝公奋发图强，广修仁德，整修政治，想要使秦国强大起来。

八年(庚申，公元前 361 年)

秦孝公在国中下令说："过去我们的先祖秦穆公，以岐、雍二地为根基，广修明德，扩充武力，向东平息了晋国的内乱，以黄河为界，向西征讨狄戎，称霸西方，开拓疆土数千里，周天子赐他为伯侯，管辖一方，各国诸侯都来庆贺，为后世子孙开创的基业可谓光大美好。后来经过厉公、躁公、简公及出子在位时期的动荡不安，内忧外患丛生，很长一段时间都无暇过问对外的事务。尤其是韩、赵、魏三晋攻占我先君的河西地，更是国家莫大的屈辱。我的父王献公即位后，平定边境安抚军民，迁都栎阳，筹划东征事宜，想要收复穆公时的旧地，重修穆公时的政令。每当我想到先君未完成的志向，内心就悲痛万分。在座的各位宾客群臣中，有人能想出富国强兵的计谋策略，我就赏赐他高官厚禄，给他分封土地。"卫国的公孙鞅听闻秦孝公的政令，就向西来到秦国。

公孙鞅，是卫国宗族中庶出的后裔，喜好法家刑名的学说。在事奉魏国宰相公叔痤的时候，公叔痤了解他的才能，然而还没来得及向上推荐。公叔痤身患重病卧床不起，魏惠王亲自来看望他，说："你的病情万一有个三长两短，国家大事托付给谁呢？"公叔痤说："我的家臣担任中庶子的公孙鞅，虽年纪轻轻，却是一个奇才，希望国君把国家大事托付他、信任他！”魏惠王听完默不作声。公叔痤又说：“国君如果没有按照我的话重用他，一定要把他杀掉，不能让他离开魏国到其他国家去。”魏惠王答应后就离开了。这时公叔痤急忙召见公孙鞅，对他道歉说：“我做人一向是先君后臣，所以先为国君考虑建议杀你，现在又把详情告诉你，你赶紧逃走吧！”公孙鞅说：“国君既然不相信你的话重用我，又怎会听从你的话来杀害我呢？”所以他一直都没有出逃。魏惠王从公孙痤家里出来以后，对身边的侍从说：“公叔痤病情太严重了，实在叫人伤心啊！他先让我把国家大事托付给公孙鞅，又劝我杀掉他，岂不是自相矛盾吗？”公孙鞅到秦国之后，通过宠臣景监的引荐见到了秦孝公，向孝公阐述了自己富国强兵的计策。孝公听后十分高兴，从此便和他共同商讨国是。

十年（壬戌，公元前 359 年）

公孙鞅（卫鞅）想要进行变法改制，谋求富强，秦国的贵族们知道后很不高兴。他对秦孝公说：“对一般人，当新的政策刚开始施行的时候，没有必要和他们商量，只需要和他们共享成功的利益。有着高尚德行的人，言行不会和世俗的人一样；成就大功业的人，做事情不会和普通人一起谋划。所以圣明的人治理国家，如果采取的措施能够富国强兵，那么就是没有必要墨守成规。”大夫甘龙说：“事情不一定是这样，按照原先的法制章程来实施，官吏做起事来熟习，而百姓生活也安定。”卫鞅说：“一般人往往习惯于旧的习俗，读书人也往往陷于自己的见闻难以自拔，这两类人，可以让他做官，让他守法，但不能和他讨论法制以外的事。有才智的人制定法律政策，愚笨的人只能接受统治；贤良的人因时革新礼法，平庸的人则只知道死守现有的法规。”秦孝公说：“说得真好！”于是任命卫鞅为左庶长（相当于早期的丞相，是非王公大臣的领政），负责订立变法的政令。

卫鞅下令使人民五家为一保，十家为一什，彼此之间互相监视纠举，若隐瞒不纠举的话，则十家一同受到惩罚；检举告发奸私犯罪的按照斩敌人首级的标准奖赏；隐瞒不报的，按照投降敌国的标准惩罚。作战立功的，根据不同情况授予上等爵位的奖赏；私下械斗的，根据情形的严重状况严加处罚。致力本业，辛勤耕织生产粮食布帛多的，可减免赋税徭役；从事工商业追求小利和懒惰贫穷的，全家都收为奴隶。即便是王公贵族，如果没有战功，也不得享有宗亲的待遇。明确身份地位的尊卑、官阶的高下，分别按照等级的名号及次序赐予田宅、侍女和衣饰器物。有功劳的人显赫而荣耀，没有功劳的人，即使富有也不能显赫荣耀。

法令制定后，并没有立刻公布，卫鞅担心百姓不相信，就在国都南门的集市上立了一根三丈高的木杆，下令如果有人能把木杆搬到北门，赏十金。人们觉得很奇怪，但是没人敢去搬。于是又下令："能搬到北门的，给五十金！"有一个人过去把木杆搬到北门，马上就赏给他五十金。这才公布变法的政令。

法令颁布实施一年后，成百上千的秦国百姓纷纷前往国都陈述新法给人民带来的不便。这个时候，太子也触犯了法律。卫鞅说："法令之所以不能很好地施行，是因为在上位的都不去带头遵守。而太子是储君，又不能对他施以刑罚，便处罚他的右傅公子虔，在太子的老师公孙贾脸上刺墨字。"第二天，秦国人听说之后，都开始遵奉法令了。新法施行十年后，秦国人不捡路边他人遗失的东西，山林里也没有强盗，人民为国作战积极奋勇，不敢私自发动械斗，城市和乡村都非常安宁。这时，最初控诉新法不便的，又有人来赞颂新法的好处。卫鞅说："这些都是破坏法令的刁民！"把他们都流放到边境。从这以后，再也没有人敢议论法令的好坏了。

◆臣司马光说：诚信是人君最宝贵的器物。国家倚赖人民而得以存在，人民因为国君诚信而归附；不讲诚信，就无法使役人民，没有人民就无法维持国家。因此，古代的国君，从来不欺骗天下民众；成就霸业的国家，也不失信于四周的邻国；善于治理国家的人，不会欺骗百姓；善于治家的人，不会欺骗亲友。愚蠢的人则正好相反：背信于邻国，失信于百姓，甚至食言于自己的兄弟父子，使得上级下级之间互不信任，彼此离心，以至于最后造成一败涂地的结果。取得的好处医治不了他所受的伤痛，获得的利益不能弥补他的损失，岂不让人悲哀？当年齐桓公不违背与曹沫的誓约，晋文公不贪恋攻占原国的利益，魏文侯不背弃和虞人一同打猎的约会，秦孝公不废弃对搬动木杆的人的奖赏。这四位国君的做法尚且算不上纯粹完美，而卫鞅尤其刻薄寡义，再加上他们处在战乱频仍的时代，天下之人大多诡诈暴力，他们尚且不敢违背信义来善待人民，更何况是当今海内安定的执政者呢！◆

韩懿侯逝世，他的儿子即位，即韩昭侯。

十一年（癸亥，公元前358年）

秦国在西山打败了韩国军队。

十二年（甲子，公元前357年）

魏国、韩国在鄗地举行会盟。

十三年（乙丑，公元前356年）

赵、燕两国在阿地举行会晤。

赵国、齐国、宋国在平陆进行会盟。

十四年（丙寅，公元前355年）

齐威王与魏惠王约定在郊外打猎。魏惠王问："齐国也有国宝吗？"齐威王说："没有。"魏惠王说："我的国家虽然小了点，但还有十颗直径一寸的夜明珠，发出的光可以照亮十二辆车。像齐国这样的大国，难道真的没有国宝吗？"齐威王说："我所说的国宝和你说的不一样。我有个臣子名叫檀子，我派他镇守南城，楚国不敢进犯，泗水流域的十二个诸侯小国也都来朝拜。我有个臣子名叫盼子，让他镇守高唐，赵国人不敢向东在黄河边打鱼。我有个官吏名叫黔夫，让他镇守徐州，燕国人常常在北门祭拜祈福，赵国人在西门祭拜祈福，追随他迁居而来的有七千多户人家。我有个臣子名叫种首，派他防御盗贼，于是齐国路不拾遗。这四位臣子足以照耀千里，岂是发出的光可以照亮十二辆车的夜明珠能相比的？"魏惠王听后，脸上露出惭愧的表情。

秦孝公、魏惠王在杜平举行会盟。

鲁共公逝世，他的儿子姬毛即位，即鲁康公。

十五年（丁卯，公元前 354 年）

秦国在元里打败魏国军队，斩首七千多人，夺取少梁。

魏惠王率兵攻打赵国，包围邯郸。楚王派景舍带兵援救赵国。

十六年（戊辰，公元前 353 年）

齐威王派田忌率领军队营救赵国。当初，孙膑和庞涓一起学习兵法，庞涓在魏国当上了将军，觉得自己的才能比不上孙膑，于是把孙膑请到魏国；孙膑到来后，庞涓就设计加罪于他，剔掉他的膝盖骨，又在他脸上刺字，想让他一生都被嫌弃而得不到重用。齐国的使者来到魏国，孙膑私下里以受刑者的身份与齐国使者约见，说服了齐国使者，齐国使者偷偷地把孙膑带回齐国。田忌待孙膑以贵客之礼，又把他引荐给齐威王。齐威王向孙膑请教兵法，之后就任命他做军师。这个时候，齐威王打算出兵营救赵国，任命孙膑为将军，孙膑因为自己是残疾之人而推辞，于是齐威王改任田忌为将军，孙膑为军师，坐在运送辎重的车里，谋划作战大计。

田忌想率兵到赵国去。孙膑说："要化解纠缠不清的两方之间的纷乱，不可以握拳开打；要劝解斗殴的人更不能参加到搏斗之中。只需要根据形势乘虚而入，使打斗的紧张形势缓和，双方自然就会退兵了。现在魏、赵两国互相攻伐，精锐部队必定全部出战，只剩下老弱残兵在城内。你不如派兵突袭魏国国都，占领要塞路段，攻击魏国空虚的大后方，魏国肯定会放弃攻打赵国回兵自救。这样既解除了赵国的围困之局，又打击了魏国，可谓一举两得。"田忌听从了孙膑的计谋。十月，邯郸城向魏国投降，魏国军队又回师救援都城，在桂陵与齐军激战，魏国军队大败。

韩国攻打东周，占领陵观、廪丘。

楚国的昭奚恤做了宰相。江乙对楚王说："有一个人非常宠爱自己的狗，狗往井里撒尿，他邻居家的人看见了，想去他家告诉他，却被狗堵在门口撕咬。如今昭奚恤经常阻止我来拜见国王，这和恶狗堵门的情形是一样的。况且，有的人喜欢到处说别人的好处，您听了就说：‘这是君子。’就亲近宠爱他；有人喜欢指出别人的不足，您听了就说：‘这是小人。’就疏远他。然而天下还有儿子杀死自己的父亲，臣子杀死国君的事情，而您一直都不知道。为什么呢？由于您喜欢听人讲优点，不喜欢听人讲缺点的缘故啊！”楚王听了说：“说得很好，两方面的话以后我都要听。”

十七年（己巳，公元前352年）

秦国派大良造卫鞅攻伐魏国。

诸侯各国发兵围困魏国襄陵城。

十八年（庚午，公元前351年）

秦国卫鞅带兵围攻魏国的固阳，固阳投降。

魏人把邯郸归还给赵国，并在漳水边和赵国缔结盟约。

韩昭侯任命申不害为宰相。申不害先前是郑国地位低贱的小臣，熟习黄帝、老子以及法家刑名之学，后来来到韩国求见昭侯。韩昭侯便任用他做宰相，对内修整政治教化，对外积极联合其他诸侯国。申不害做了宰相十五年，直到他去世，韩国始终政治清明，国富兵强。

申不害曾请求给他堂兄一个官做，韩昭侯没有同意，申不害有点不高兴，脸上露出怨怒的表情。韩昭侯说：“我向你学习，是想把国家治理好，现在我是答应你的要求而废弃你创制的制度，还是推行你的制度而拒绝你的请求呢？你以前教我赏赐功名，要按照功劳的大小来进行；现在你又有个人的请求，我该听从哪种说法呢？”于是申不害离席谢罪说：“您实在是位贤明的君王！”

韩昭侯有一条裤子又破又旧，让身边的人收藏起来。身边的仆人说：“您也太不仁义了，不奖赏给我们，反而还收藏起来！”韩昭侯说：“我听说圣明的君王不轻易一颦一笑，有值得颦的事才会颦，有值得笑的事才会笑。这条裤子可不是一颦一笑就能比得上的，一定要遇到有功的人才能赏赐给他。”

十九年(辛未，公元前 350 年)

秦国派商鞅在咸阳负责新宫殿的修建，后来又把国都迁移到咸阳。立下法令，禁止父母、子女与兄弟、姐妹同处一家，到一定年龄要分家居住。把零散分布的几个小村镇合并为县，设置县令、县丞等官职，全国共分为三十一个县。又废除以前的井田制度，重新确立田地边界。全国的度、量、衡等计量单位也统一确定。

秦、魏两国在彤地相遇并发生战争。

赵成侯逝世，公子赵緤和太子争抢王位。赵緤失败，出逃到韩国。

二十一年(癸酉，公元前 348 年)

秦国商鞅改革旧的赋税法，公布新法并施行。

二十二年(甲戌，公元前 347 年)

赵国公子范领兵偷袭邯郸，兵败后被人杀死。

二十三年(乙亥，公元前 346 年)

齐国大夫田牟被杀。

鲁康王逝世，他的儿子姬偃即位，即鲁景公。

卫国被降为侯，成为三晋的臣属国。

二十五年(丁丑，公元前 344 年)

诸侯各国在京师举行集会。

二十六年(戊寅，公元前 343 年)

周天子封秦国国君为诸侯之中地位最高的，其他各国都来庆贺。秦孝公派公子少官统率军队，在逢泽与诸侯举行集会，来朝见周天子。

二十八年(庚辰，公元前 341 年)

魏国庞涓率兵进攻韩国。韩国向齐国寻求救援。齐威王把大臣召集起来商讨说：“是早点去救还是晚点去救？”成侯邹忌说：“倒不如不救。”田忌说：“如果不救，韩国肯定会被魏国吞并，还是早些去救好。”孙膑说：“现在韩、魏两国的军队还没有到精疲力竭的时候，这时去救韩国，实际上是我们代替韩国对付魏军。况且魏国有吞并韩国的野心，等到韩国快要灭亡的时候，肯定会东来向我们求助。这样我们可以进一步加深与韩国之间的邦交，还可以攻打疲劳不堪的魏国军队，这样不仅可获得更大的利益，还可赢得尊荣的声誉。”齐威王说：“妙计。”于是私下里承诺韩国使者出兵相救，把他送回韩国，却按兵不动。果然，韩国以为有齐国做依靠，经过五次激烈的战役都失败了，只好向东依附齐国。

齐国因此而出兵，派田忌、田婴、田盼统领军队，孙膑为军师，前去营救韩国，大军长驱直入，到达魏国都城。庞涓听说后急忙从韩国撤军。魏国集合全国的兵力，以太子申作为将军，抗击齐国军队。孙膑对田忌说：“三晋地区的军队一向以骁勇剽悍著称，轻视齐国军队，齐军也有胆怯的坏名声。善于领兵作战的将领，应该利用自然情势而诱导敌人。《孙武兵法》上说：‘距离一百多里就奔袭想要取胜的，即便是上将也会失败，距离五十里而奔袭求胜，往往只有半数军士可以到达。’”就下令齐国军队刚进入魏国边界，修建十万座炉灶，第二天减为五万座，第三天减为两万座。庞涓带领军队追击齐兵三天，看到这种情况，十分高兴，说：“我早知齐军胆小畏惧，才进入魏国三天，就已经有一半以上的士兵逃跑了！”于是舍弃步兵，亲自率领着魏国轻锐军队，日夜兼程，追击齐军。孙膑估算庞涓的行程，当天晚上应该到达马陵。马陵道路狭窄，有许多断壁险隘，可以设兵埋伏，于是派人削去一棵大树的树皮，在树干上写道：“庞涓死于此树下！”又挑选齐国射箭精良的士兵一万多人，埋伏在山路两侧，约定当天晚上看见有火光就万弩齐发。夜里，庞涓果然来到削去表皮的树下，看见树干上隐约有字，就拿起火把察看。还没有读完，两边就箭如雨下，魏军乱作一团，四散逃窜。庞涓自知才智已尽，兵败之势无法改变，于是自刎而死，死前说道：“就成就孙膑你小子的名声吧！”齐国军队乘胜追击，魏军大败，俘虏了魏国太子申。

成侯邹忌妒恨田忌，于是找人带着黄金十斤，到集市上去算卦说："我是田忌的下属。我为将军统率军队作战，三战三胜，想要成就一番大事业，运气怎么样？"算卦的一出来，就派人捉拿住他。田忌没有办法解释自己的清白，索性率领手下的军队攻打都城临淄，要求交出成侯邹忌，没有获得成功，只好逃去楚国。

二十九年（辛巳，公元前 340 年）

商鞅对秦孝公说："秦、魏两国之间的关系，就好像人有心腹之患，不是魏国侵吞秦国，就是秦国攻占魏国，原因是什么呢？魏国处在险恶的山岭西侧，在安邑城建都，和秦国以黄河为界线，独自占有崤山以东的利势，国力强盛时就向西侵犯秦国，国势衰微时就向东收缩保土。如今秦国凭着君王的圣明，国家逐渐强盛起来；而魏国由于去年被齐国击败，各个诸侯国都背叛了和它之间的约定，可以趁这个机会攻取魏国。魏国抵抗不了，肯定向东迁徙，这样秦国就以险要的黄河、崤山作为天然屏障，向东挟制各诸侯国，从而建立起称帝尊王的宏大功业啊！"秦孝公采纳了他的提议，派商鞅率军进攻魏国。魏国派公子卬统率军队抵御秦军。

两国军队互相对峙，商鞅派人给魏公子卬送信说："昔日我们俩是非常好的朋友，如今各为自己国家的将领，我不忍心看到互相残杀的局面，希望我们可以见一面，订立盟约，然后痛饮一番，罢战休兵，这样也可以使秦、魏两国人民安居乐业。"公子卬相信了他说的话，就来与商鞅相见。定下盟约后，正当二人饮酒时，商鞅提前在室内埋伏的兵士冲出来，俘虏了公子卬，然后猛攻魏军，大胜魏国。

魏惠王惊恐万分，派遣使臣把黄河以西的土地割让给秦国求和，然后离开安邑，迁都到大梁。此时魏惠王叹息说："我真后悔当初没听公叔痤的建议而杀掉商鞅。"

秦王把商於这个地方的十五个乡邑封赏给卫鞅，后来卫鞅号称商君。

齐国和赵国联合发兵攻击魏国。

楚宣王逝世，他的儿子商即位，即楚威王。

三十一年（癸未，公元前338年）

秦孝公驾崩，他的儿子即位，即惠文王。公子虔的门客告发商鞅想要谋反，惠文王就派官吏捉拿他。商鞅匆忙逃到魏国，魏国人不收容他，只好又回到秦国。商鞅和门客们回到商於，起兵向北进攻郑国。秦国追击商鞅，把他杀死，把尸体车裂示众，又杀光他的全家和门客。

当初，商鞅做秦国宰相的时候，施行的法令非常严厉残酷，他曾经亲自在渭水边惩处罪犯，渭河水都被鲜血染红了。他做宰相十年，百姓都怨恨他。有一次，赵良遇见商君，商君问他：“你看我治理秦国和五羖大夫（百里奚）相比，谁更贤明？”赵良说：“一千个人唯唯诺诺，也比不上一个人正直敢言。我希望把心里的想法都直接说出来，而不会受到杀身之灾，可以吗？”商君说：“可以。”赵良回答：“五羖大夫（百里奚）原本是荆楚边地卑贱的小民，秦穆公把他从一个牧牛郎提拔起来，地位在百姓之上，秦国没有人能比得上他。他做秦国宰相的六七年时间里，曾率军向东进攻郑国，先后三次协助晋国扶持新的国君，还有一次把楚国从灾难之中挽救出来。他担任宰相时，即便劳累也不乘车，天气炎热也不让人撑伞遮凉。在国都内巡视，不让车辆跟随，也不用武士护驾。五羖大夫逝世的时候，秦国男女老幼都掩面痛哭流涕，小孩也不再唱童谣，舂米的人们也不再欢唱。如今先生您出任相国，是因宦官景监引荐给孝公的缘故；先生您颁行的政令，欺压凌辱权贵，残酷伤害百姓。公子虔因受刑已经有八年没有出过门了。您又杀了祝懽，以脸上刺字来惩罚公孙贾。《诗经》说：‘得人心者兴旺，失人心者败亡。’您做的这几件事，都不能算是赢得民心。所以您外出的时候，在后边跟随大量载满披甲士兵的车辆，有力大无穷的精壮勇士做侍卫，而手持着戈矛、荷戟的守卫在车两旁巡逻前行。这几件有一样没有，您肯定是不会外出的。《尚书》上说：‘凭借恩义仁德的人昌盛，依靠暴力的人败亡。’这几件事，没有一件是凭借仁义道德的。您现在的处境如同早上的露水一样危险，却还要贪图商於的财富，独掌秦国的大权，使百姓对您的怨恨日益增加。一旦秦王驾崩，秦国等着收拾您的人，只怕不会少啊！”商鞅没有听从。五个月之后灾祸就发生了。

三十二年(甲申，公元前 337 年)

韩国的申不害逝世。

三十三年(乙酉，公元前 336 年)

宋国在太丘的神坛宗社坍塌。

邹国人孟轲拜见魏惠王，魏惠王说：“老先生，你不顾路途遥远，从千里之外赶到这里，会给我们魏国带来什么利益吗?”孟轲回答说：“大王干吗要说到利呢? 能够施行仁义就够了。假如君王都想着怎样为国谋取利益，大夫都想着怎样为家谋取利益，士人和百姓都想着怎样为自己谋取利益，上下互相争夺利益，那国家就十分危险了。没有听说过仁德的人抛弃他的亲人的，也没有见过讲道义的人无视他的君主的。”魏惠王说：“很好。”

起初，孟子师从子思学习时，曾经询问什么是治理百姓首要的事。子思说：“先为人民谋取福利。”孟子说：“君子教化百姓，不过是仁义而已，又为什么要讲利益呢?”子思说：“讲求仁义，就是为了给人民谋取福利。身居上位的人不行仁德，下层的人民就要流离失所，身居上位的人不施道义，下层百姓就会尔虞我诈，这才是最大的不利啊。因此《易经》上说：‘利益，就是要从道义上让万物和谐而不相害。’又说：‘利益可以让人安稳生息，从而推崇高尚的品格。’这才是最大的利益啊！”

◆臣司马光说：子思、孟子所说的其实是一个意思。只有施行仁义的人，才明白仁义的作用，没有仁义的人是不会了解的。因此孟子对魏惠王直接宣讲仁义，而不涉及利益，是所谈话的对象不同的缘故啊！◆

三十四年(丙戌，公元前 335 年)

秦国发兵进攻韩国，攻占宜阳。

三十五年(丁亥，公元前334年)

齐王、魏王在徐州举行会晤，以王尊称彼此。

韩昭侯修建高大的宫门，屈宜臼说："主公您一定出不了这个门。为什么呢？因为不合时宜。我所说的时宜，并不光指时间。大部分人都有顺利和不顺利的时候。当年您曾经有十分顺利的时候，没有修建高大的门楼。而去年秦国攻克了宜阳，今年旱灾又发生，这个时候不救助人民于危难之中，反而越发奢靡，这就是常常说的时势拮据而做法还宽裕，所以我说不合时宜。"

越王无彊进攻齐国。齐王派出使者游说，指出进攻齐国没有进攻楚国有利。于是越王就攻打楚国。楚国人击败了越王，又乘胜占领了以前吴国的土地，向东一直扩张到浙江。从此越国土崩瓦解，王室贵族都争抢着自立为王，还有的人自封国君，散居在海边，向楚国俯首称臣。

三十六年(戊子，公元前333年)

楚王进攻齐国，包围徐州。

韩国高大的宫门建成，韩昭侯也逝世了，他的儿子即位，就是韩宣惠王。

起初，洛阳人苏秦向秦王游说，进献兼并天下的策略，秦王没有采纳。苏秦于是离开秦国，向燕文公游说："燕国之所以能免受他国军队的攻击，是因为有赵国在南面作为屏障。况且秦国进攻燕国，必须跨越千里作战；而赵国进攻燕国，只需要百里之内便可。不担忧百里之内的灾患，反而注重千里以外的事，没有比这样做更失败的了。愿大王和赵国合纵，结为友邦，两国互为一体，那么燕国就没有外患之忧了。"

燕文公听从了苏秦的意见，给苏秦资助车马，去劝说赵肃侯。苏秦对赵肃侯说："现在的时局，崤山以东的国家没有比赵国强盛的，最让秦国头疼的也是赵国。而秦国之所以一直不敢起兵攻打赵国，就是因为害怕韩国、魏国在背后打秦国的主意。秦国进攻韩国和魏国，没有山河险要的屏障，只要稍加蚕食，便可以直达国都。韩、魏不能抵抗秦国，只能臣服于秦国；秦国缺少了韩、魏两国的牵制，那么战火必然波及赵国。臣拿着天下的地图分析，诸侯各国的疆域五倍于秦国，各国军队的总数大概是秦国的十倍。六国若是结为一体，齐心协力向西进攻秦国，秦国必然被攻破。那些提倡连横的人，都想让各个诸侯国割地给秦国，秦国日渐强大，他们自己也可以富贵荣华，自己的国家被秦国侵略却没有一点忧患之心，因此天天拿着秦国的权势来恐吓诸侯，从而割让土地。希望大王一定要好好考虑啊！我私下为您考虑，联合韩、魏、齐、楚、燕、赵六国合纵而背叛秦国是再好不过了，在洹水边召集各国的将相，互相交换人质，结成盟国，订立盟约说：‘秦国进攻任何一国，其他五个诸侯国都要派出精锐军队，有的袭扰秦国，有的实施救援。有不践行约定的，另外五国就一起讨伐它。’各诸侯国实行合纵来共同抵御秦国，秦国军队必定不敢再从函谷关出兵进攻崤山东边的各诸侯国了。”赵肃侯听后特别高兴，赐给苏秦丰厚的赏赐和崇高的爵位，派他去联合各国诸侯。正好秦国派犀首发兵进攻魏国，魏军大败，死伤四万多人，魏将龙贾也被擒获，攻占雕阴，又想带兵继续东下。苏秦害怕秦兵进攻赵国会导致合纵的计划失败，想着无计策可对抗秦国，就激怒张仪，使他入秦。

张仪，魏国人，早年和苏秦一起求学于鬼谷子先生，学习合纵连横的谋略，苏秦自认才能比不上张仪。张仪到各国进行游说，不被君主赏识，落魄困于楚国，苏秦故意召见并羞辱他。张仪十分恼怒，考虑到各诸侯国只有秦国能与赵国抗衡，就前去秦国。苏秦又私下里派门人带着黄金布帛资助张仪，张仪才见到秦王。秦王十分喜欢张仪，让他做客卿。苏秦的门人临行前对张仪说：“苏秦害怕秦国进攻赵国会破坏合纵的计划，认为除了您以外没有能执掌秦国大权的人，因此把您惹怒，又让我暗中给您金钱布帛，这些都是苏秦的计策啊！”张仪说：“唉！我中了人家的圈套还一点也不知道，很明显我比不上苏秦！请替我谢谢苏秦，只要苏秦还在世，我决不说连横的策略。”

于是苏秦到韩宣惠王那里游说："韩国的疆域方圆有九百多里，数十万甲兵，普天之下的强弓、劲弩、利剑都是韩国铸造的。韩国的士兵双脚踩着弓弩射箭，可以连射百发而不休息。用这样勇猛的士卒，再加上坚韧的铠甲，配上强弓劲弩，腰悬利剑，以一当百也不成问题。大王假如向秦国臣服，秦国肯定要求割让宜阳、成皋；现在满足它的要求，明年还会要求割让别的土地。答应它的要求则没有土地可割，拒绝的话则之前的土地就白白割让了，过后还会招致灾祸。再说韩国的疆域有限，而秦国的无理要求没有尽头，拿有限的土地，去填补它无休止的欲望，这就是所谓的自买怨恨、自找灾祸啊。还没有作战，土地就一点一点被削割殆尽了。俗话说：'宁为鸡头，无为牛尾。'凭借大王这样的贤德与才能，手握韩国强盛的军队，反倒落个牛尾的名声，私下里我也会替您感到羞耻的！"韩王听从了苏秦的话。

苏秦又游说魏王："大王的疆土地广千里，面积虽不算大，但是农田、村舍非常密集，几乎没有用来放牧的草地。人口、车马的数量众多，日夜行走不曾断绝，声音轰轰隆隆，像三军部队一样。我私下里估算大王的实力，不比楚国差。现在又听说大王的兵卒，有二十万武士、二十万苍头军、二十万精兵、十万杂役、六百辆战车、五千匹军马，却因为听信群臣的意见，想要向秦国屈服！所以我们赵王派我为您献上计谋，奉上盟约，希望大王明断。"魏王采纳了苏秦的建议。苏秦又去游说齐王说："齐国四面险要，疆域方圆两千多里，身披铠甲的兵士有数十万，粮食堆积如山。三军训练精悍，五族兵士强劲，进攻如利箭般迅捷，打仗如万钧雷霆，撤退如风雨般迅速，即使有战争侵扰，也用不着翻过泰山、渡过清河到渤海一带去征集军队。临淄城有七万户人家，臣私下里大致估算了一下，每户男子不少于三个，不必到其他县征兵，仅是临淄城，就有二十一万人的军队了。临淄富足殷实，城中百姓都喜欢斗鸡、遛狗、下棋、踢球。临淄的大街上，车辆太多，车轴都互相碰撞，人口太多，人们走路肩膀都互相摩擦，连起百姓的衣襟可以当作帷幕，挥起汗来就如同下雨一样。韩、魏两国十分害怕秦国，是由于与秦国边界相连的原因。一旦发兵开战，用不了十天，就到了生死存亡的关键时刻了。韩、魏如果打败了秦国，兵力伤亡损失也得过半，四方边境无法防守；如果作战失败，那么国家也就随之而灭亡。所以韩、魏两国在与秦国作战方面一直十分谨慎，常常轻易地就臣服于秦国。如今秦国进攻齐国，状况就不同了，需要背靠韩、魏两国的土地，穿过卫国阳晋的道路，再经过亢父的险隘之地，车辆不能并行，马匹也不能并排骑行，有一百人把守险要之地，即便有一千人也不敢通过。就算秦国想驱兵深入，又要防备韩、魏两国在大后方算计，所以，只好满心疑虑、虚声喝骂，尽管骄蛮却不敢轻易进攻，很显然，秦国侵害不了齐国啊。没有考虑到秦国对齐国束手无策，就想着向西对秦国称臣，这是众位大臣的失策。如今既可以抛掉臣服于秦国的屈辱，又可以赢得强国的利益，我希望大王您好好考虑考虑。”于是齐王也听从采纳了苏秦的策略。

苏秦于是又向西南去游说楚威王说：“楚国是天下的强国，方圆六千多里，身披战甲的士兵有一百万，战车有一千辆，战马有一万匹，粮草足够十年的供应，这是成就霸王之业的资本。秦国最大的忧患莫过于楚国，楚国强盛则秦国就衰弱，秦国强盛则楚国就衰弱，两国一向势不两立。因此我为大王谋划，没有比实行合纵而孤立秦国更好的办法了。我可以号召崤山以东的各个诸侯国，按照四时的节令进献贡品，来遵循大王英明的命令；把他们的江山、宗庙都委托给大王您，厉兵秣马，整顿军队以供大王随时调遣。因此，合纵则诸侯各国都割让土地而侍奉楚国，实行连横的话楚国就要割地向秦国臣服，这两种策略相差千里之远，大王您要怎么选择呢？”楚王也采纳了苏秦的计策。

于是苏秦担任合纵联盟的首长，同时担任六国宰相的职务，往北返回赵国向赵王复命时，随行的车马行李，堪比六国的君王。

齐威王逝世，他的儿子田辟疆即位，即齐宣王。宣王知道成侯邹忌出卖了田忌，就把田忌召回来，给他官复原职。

燕文公逝世，他的儿子即位，即燕易王。

卫成侯逝世，他的儿子即位，即卫平侯。

三十七年(己丑，公元前332年)

秦惠王派犀首强迫齐国和魏国与秦国联合出兵进攻赵国，借此来破坏各国合纵的盟约。赵肃侯呵斥苏秦，苏秦非常恐慌，要求派他出使燕国，要报复齐国。然而苏秦刚刚离开赵国，合纵的盟约就完全崩解。赵国掘开黄河堤防，引河水灌入齐、魏两国军队阵中，齐、魏联军才从赵国撤离。

魏国以阴晋作为礼物向秦国求和，阴晋实际就是华阴。

齐王发兵进攻燕国，攻占十座城池，没过多久又还给了燕国。

三十九年(辛卯，公元前330年)

秦国进攻魏国，包围焦和曲沃两地。魏国把少梁、河西两地割让给秦国。

四十年(壬辰，公元前329年)

秦国进攻魏国，越过黄河，攻占了汾阴、皮氏，攻克了焦。

楚威王逝世，他的儿子槐即位后称楚怀王。

宋公宋剔成的弟弟宋偃偷袭剔成，剔成逃奔到齐国，宋偃自立为王。

四十一年(癸巳，公元前328年)

秦国公子华和张仪带领军队围困魏国蒲阳城，攻占蒲阳。张仪向秦王建议，把蒲阳再归还给魏国，又把公子繇送到魏国做人质。张仪因此向魏王游说道："秦国对待魏国如此优厚，魏国对秦国可不能不讲礼义。"于是魏国把上郡十五县割让给秦国作为答谢。张仪回到秦国担任了秦国的宰相。

四十二年(甲午，公元前327年)

秦国设置义渠县，原来的国君成为秦王的臣子。

秦国把焦、曲沃两地归还给魏国。

四十三年(乙未,公元前 326 年)

赵肃侯逝世,他的儿子即位,称赵武灵王。设置官职"博闻师"三人,左、右司过三人,先拜访了先王的宠臣肥义,又为他涨了俸禄。

四十四年(丙申,公元前 325 年)

夏季,四月份,戊午日(初四),秦国国君首次称王。

卫平侯逝世,他的儿子嗣君继承王位。卫国有个囚犯跑到魏国,给魏王的王后治病。嗣君听说了这件事,想用五十斤黄金把他买回来,前前后后派了五次使者,魏国都没有答应,于是就打算用左氏城来换。身边的臣子进谏说:"拿一座城池来换一个囚犯,合适吗?"嗣君说:"这你们就不知道了!治理国家不放过一点一滴的小事,就不容易出大的乱子。法令不能保证实施,该杀的没有杀,就算有十个左氏城也没有什么用处。法制森严,刑罚得以贯彻,即便丢失十个左氏城,也没什么关系!"魏王听说了这件事,说:"这是卫国国君的愿望,不听从不太合适。"于是就把那个囚犯送回卫国,没有任何其他要求。

四十五年(丁酉,公元前 324 年)

秦国派张仪带领军队攻打魏国,占领陕地。

苏秦和燕文公的夫人通奸,被燕易王发现了。苏秦很害怕,于是向易王说:"我待在燕国无法提高燕国地位,假如到齐国,便可以提高燕国的地位。"易王答应了他。于是苏秦假装得罪了燕国国君,投奔到齐国。齐宣王让他担任客卿,苏秦劝说齐王大兴土木,扩建宫殿,开辟新的苑囿庭园,来展示齐王的功绩,试图用这个办法来削弱齐国,使燕国强大。

四十六年(戊戌,公元前 323 年)

秦国的张仪和齐、楚两国宰相在齧桑举行会议。

韩国、燕国国君都以王自称,唯独赵武灵王不愿意称王,他说:"我还没有称王的实力,怎么能享有王的名号呢?"命令赵国百姓称自己为君。

四十七年(己亥,公元前322年)

秦国张仪从啮桑回来后,被免除了宰相的职位,担任魏国的宰相,想逼迫魏国第一个向秦国俯首称臣,让诸侯各国效法魏国,魏王没有听从。于是秦国发兵进攻魏国,攻取曲沃、平周,暗地里对张仪的待遇更加优厚。

四十八年(庚子,公元前321年)

周显王驾崩,他的儿子姬定即位,即周慎靓王。

燕易王逝世,他的儿子姬哙即位。

齐王把田婴封到薛地,号称靖郭君。靖郭君向齐王说:“大臣提出的建议,每天都应该细心听取,仔细阅览。”齐王按照他的建议实行,没过多久就感觉腻烦了,于是把国家大事全权委托给靖郭君。从此以后,靖郭君独掌齐国的大权。靖郭君想在薛地建造城池,他的一个门客劝他说:“君难道没有听过海里的大鱼吗?用网捉不住它,用鱼钩也钓不住它,一旦从水里跳出来,就连小小的蚂蚁也可以把它制服。如今的齐国就是您的海水。您能够长期执掌齐国的大权,要薛地干什么呢?如果您在齐国的大权丢失了,就算是把薛地的城墙修得和天一样高,又保障得了什么?”于是靖郭君就放弃了修筑城墙的想法。靖郭君有四十个儿子,其中有一个卑贱的小妾所生的孩子叫作田文。田文风流倜傥,又有智略,他劝说靖郭君广施钱财,蓄养一批读书人。靖郭君就让田文主持家务,负责接待宾客,宾客们都互相称赞田文的优点,都提议立田文为接班人。靖郭君逝世,田文继位为薛公,号称孟尝君。他招揽各诸侯国的游历士人以及触犯法律而逃亡的才人,给他们修建房舍、建立家业,待遇十分优厚,还救助他们的家属亲戚。孟尝君的府内常有食客数千人,他们都认为孟尝君对待自己十分亲和,因此孟尝君的美名天下皆知。

◆臣司马光说:君子蓄养士人,是为了天下万民。《易经》上说:“圣人蓄养贤才,造福天下百姓。”一个贤德的人,他的德行能够使教化敦厚,匡正民风民俗;他的才能能够整顿朝廷纲纪;他的聪明才智能够观察到细微的东西，又能做长远的打算；他的能力可以团结笼络仁义之士。大的方面可以造福天下，小的方面可以造福一国百姓。因此对于君子要给他丰厚的俸禄，让他富足；给他高贵的爵位，让他处于尊贵的地位。蓄养一个人使天下万民都受益，这才是蓄养贤士的真谛所在。如今孟尝君养士，不分才智愚笨，不论好坏，盗用国君用作俸禄的钱财，来营结自己的党羽，夸大虚美名誉，对上欺侮君王，对下私侵民财，这真是个大奸贼，有什么值得推崇歌颂的！《尚书》上说："殷纣王是全天下逃犯的窝藏者，他的身边是贼人的藏匿地。"这也是说孟尝君这样的人啊。◆

孟尝君到楚国访问，楚王赠给他象牙床。楚王让登徒直先把象牙床护送回去，登徒直不愿意去，对孟尝君的食客公孙戌说："这象牙床价值千金，万一有丝毫的损伤，即便把妻儿卖了也偿还不起。如果你能让我免去这次护送的任务，我愿意把祖先留下来的宝剑赠送给你。"公孙戌答应了，进宫拜见孟尝君说："那些小国都让您做宰相，是因为您能够救穷助困，使处于生死存亡境地的人得以保全下去，因此大家无不敬仰你的高义，钦慕您清廉的为人。现在你刚到楚国就收下了象牙床，那么其他还没有去的国家，又该怎么来款待先生呢？"孟尝君说："说得好。"于是没有接受象牙床。公孙戌快步退出去，还没有走到中门，就又被孟尝君召回，说："你那么趾高气扬干吗？"公孙戌把实情告诉了孟尝君。于是孟尝君在门板上张贴公告："有谁能够帮我彰显名声，帮助我制止过错，即便私下里收受别人的礼物，也希望及时进谏！"

◆臣司马光说：孟尝君算得上能够纳谏的人了。只要那些意见是正确的，即使那个人心怀其他用意，仍然会采纳，更别说那些竭忠尽力、毫无私心的人了！《诗经》上说："采摘葑和菲，不能因为根块的好坏而丢掉。"孟尝君就做到了这点。◆

韩宣惠王想让公仲、公叔两人同时处理政事，向缪留咨询。缪留说："不可以！晋国同时用六卿执政结果导致国家被瓜分；齐简公任用陈成子和阚止同时执掌政权却被杀害；魏国也同时任用犀首、张仪，而丧失了西河之外的国土。如今您同时起用两人，那么势力强大的，会在国内拉拢党派、结党营私；势力弱小的，会借助外国的势力来提高自己的地位。群臣之中假如有人在内拉拢党派，欺辱君王，交结国外权势来削减您的疆域，那么您的国家就危险了。”

资治通鉴卷第三　周纪三

起辛丑(公元前320年)，止癸亥(公元前298年)，共二十三年。

【题解】本卷记录了周慎靓王元年至周赧王十七年共计二十三年间各国的大事。首先描写了秦惠文王用司马错的谋略攻取巴、蜀，用张仪的谋略破楚取汉中。接着，秦武王又靠甘茂的力量击破韩国，占据了宜阳。这为秦国日后统一六国奠定下坚实的基础。接着，秦昭王在穰侯和宣太后的帮助下消灭异党，夺取政权。之后，秦国对楚、韩、魏猛烈攻击，韩国投降，楚、魏就此衰落。本卷详细记录了张仪依次游说六国的经过，描写了燕国子之之乱与齐宣王趁机破燕，以及燕国军民最后将齐国驱逐和燕昭王振兴燕国；还描写了赵武灵王胡服骑射的故事。

慎靓王

元年(辛丑，公元前320年)

卫国卫成侯再次贬低自己的爵号，不再称“侯”，而称“君”。

二年(壬寅，公元前319年)

秦国发兵进攻韩国，攻取鄢。

魏惠王逝世，他的儿子即位，即魏襄王。孟子到宫内觐见，出来后对别人说：“远看不像个君王的样子，和他接近也没觉得有什么好畏惧的。他突然问我：‘怎样才能平定天下？’我答道：‘只有天下统一才能平定。’又问：‘谁能使天下统一？’我说：‘不嗜好杀人的能使天下统一。’又问：‘谁愿意归附呢？’我回答说：‘天下没有不愿归附的人。大王知道那稻苗吧？七八月遇到天气干旱，稻苗都快要枯死了。只要天上浓云密布，降下大雨，稻苗就又会勃然生长、郁郁葱葱。治理国家如果能像这样，谁能阻止得了?’”

三年(癸卯，公元前318年)

楚、赵、魏、韩、燕五个国家联合起来讨伐秦国，进攻函谷关。秦国派出军队迎战，五国联军纷纷败退逃窜而回。

宋国国君开始以王自称。

四年(甲辰，公元前317年)

秦国在脩鱼击败韩军，斩首八万多，在浊泽俘虏了将鲰和申差两位将军。各诸侯国都十分震惊恐惧。

齐国大夫和苏秦争夺大权，派人把苏秦暗杀了。

张仪向魏襄王游说道：“魏国的疆域方圆不到一千里，军队也不到三十万人，地形四面平坦，也没有高山大河作为屏障，军队在楚、韩、齐、赵四国边境分兵戍守，重点防守亭阁、关隘的不超过十万，魏国自古以来就是战场。各诸侯国相约合纵对抗秦国，在洹水畔签订盟约，结为兄弟之邦来加强彼此之间的联系。然而如今即便是亲生兄弟，还有为争抢钱财而互相残杀的情况，而想要凭借反复无常的苏秦的小伎俩成事，合纵的策略明显不可能成功。大王假如不向秦国臣服，秦国发兵南下进攻河外，攻占卷衍、酸枣，入侵卫国，占领晋阳，这样赵国就不能南下；赵国不能南下，魏国就没办法北上；魏国不能北上，南北之间的道路就断绝了；南北道路断绝，那么您希望国家避免危难的愿望就不可能实现了。因此希望大王能好好考虑再决定对策，给我一次为您效命的机会。”于是魏王抛弃了合纵的盟约，通过张仪向秦国求和。张仪回去之后，又当上了秦国宰相。

鲁景公逝世，他的儿子姬旅即位，即鲁平公。

五年(乙巳，公元前316年)

巴、蜀两国进攻对方，都到秦国请求救援。秦惠王想征讨蜀国，但考虑到道路狭窄险峻，不容易到达，又担心韩国趁机侵扰，犹犹豫豫迟迟没有下决定。司马错建议秦惠王攻打蜀国，张仪说：“还不如进攻韩国。”秦惠王说：“说说你的看法。”张仪说：“与魏国、楚国保持亲善友好的关系，然后出兵三川地区，进攻新城、宜阳，直达东西二周的国都近郊，持有九鼎以及九州版图，挟持周天子以号令天下诸侯，天下没有不顺从的，这是王霸之业啊。臣听说要争夺功名的到朝廷上，要赚取利益的到市场上。如今三川和周王室就好比天下的朝廷和市集，大王不去争夺这些，只顾着和戎狄小国争夺势力，这和霸王之业相差太远了。”司马错说：“不对。我听说要想国家富强必须先开拓领土，想要使军力强大必须先使百姓富足，想要成就霸业必须先广行德义，这三个条件满足自然就可以称霸于诸侯。如今大王的疆土狭小，百姓穷困，所以我希望您先从小处做起。蜀，是西南偏远的蕞尔小国，戎狄的酋长，像桀、纣一样昏庸乱政，秦国进攻蜀国，就好像驱赶着豺狼追赶羊群。占领它的土地可以扩张秦国的疆域，夺取它的钱财可以使百姓富足，只需要稍微用兵不损伤一兵一卒就可以使它臣服。攻占一个国家而天下人不以为秦国残暴，得到全天下的利益世人也不认为秦国贪婪，这样我国一举即可得到威名又能收获实际的利益。现在进攻韩国，挟持周天子，只会背负骂名，不一定对秦国有利，还会蒙受一个不仁义的坏名声，进攻天下人都不愿意进攻的地方，实在是危险。让我分析这中间的缘故：周，是天下诸侯的宗室所在。齐国，与韩国是友好的邦国，周王室意识到将要丧失九鼎重器，韩国自知快要失去三川之地，两国必定会全力合作，通过齐、赵两国的渠道向楚国和魏国求援，把九鼎赐给楚国，把三川之地割让给魏国，这是大王您阻止不了的。这才是我所说的危险。所以还是进攻蜀国较为稳妥。”秦惠王采纳司马错的计策，出兵进攻蜀国，十个月就完全占领了。把蜀王的爵位降为侯，又派陈庄担任蜀相。蜀被秦国兼并后，秦国国力更加强盛富裕，对各诸侯国也更加轻视。

苏秦死后，他的两个弟弟苏代、苏厉也向诸侯各国游说，声名大振。燕国宰相的公子子之与苏代是姻亲，想篡夺燕国的大权。苏代从齐国出使回来，燕王姬哙问他：“齐王能成就霸主之业吗？”苏代说：

“不能。”燕王说：“什么原因？”苏代答：“不信任自己的臣子。”燕王于是就完全相信子之。鹿毛寿向燕王说：“人们之所以称赞尧是圣贤，是由于他能够把天下禅让给他人的缘故。现在如果您把国家禅让给子之，就可以有和尧一样的美名。”于是燕王把国家大权托付给子之，子之的权力得到极大提高。有人说：“大禹推荐伯益继承天下，却让儿子启担任执事的职位，等到自己年老时，又因为启没有继承王位的资历，把王位传给益。启发动自己的党羽攻击益，夺回王位，天下人都说禹名义上要把王位传给益，实质上却安排启夺回王位。如今您把国家大权托付给了子之，但做事的官员还都是太子身边的人，这依然是名义上把大权托付给子之，实际还是太子掌权啊。”于是燕王收回官印，让年禄三百石以上的官吏都听从子之的调遣。子之南面代替君王行事，而燕王姬哙上了年纪，不再过问政事，反而成了臣子，军国大事都听从子之的决定。

六年（丙午，公元前315年）

周慎靓王驾崩，他的儿子姬延即位，即周赧王。

赧王上

元年（丁未，公元前314年）

秦国入侵义渠，攻占二十五座城池。

魏国背叛秦国。秦国起兵攻打魏，攻取曲沃而把魏国百姓送回。又在岸门击败韩军。韩国把太子仓送给秦国做人质，向秦国讲和。

燕国子之执掌国家大权三年，国内大乱。将军市被与太子姬平阴谋进攻子之。齐王派人向燕太子说：“我听说您将要整顿君臣之间的道义，彰明父子的名分，我整个齐国都愿意听从您的号令。”于是燕太子纠结党羽，派将军市被攻击子之，没有攻克。市被反过头来进攻太子。造成国内战乱达好几个月之久，数万人都死亡了，百姓都十分恐慌。齐王派遣章子统率五都的军队，又联合齐国北边的民众，进攻燕国。燕国士兵不愿意出门作战，城门也不关闭。齐国军队捉住了子之，将其剁成了肉酱，又把燕王姬哙也杀了。

齐王向孟子询问说：“有的人劝我不要占领燕国，有的人劝我兼并燕国。以拥有万辆战车的国家，进攻另一个同样拥有万辆战车的大国，五十天就攻克了，单单凭借人力是做不到的；不兼并燕国，一定会遭到天谴。把燕国兼并了如何？”

孟子回答说：“兼并燕国而燕国百姓感到高兴，就可以兼并，古时候就有这样做的人，周武王就是这样；兼并燕国而燕国人民不高兴就不要兼并了，古时候也有这样做的人，周文王就是这样。齐国作为一个有万辆战车的大国攻打另一个有万辆战车的国家，百姓都端着食物、提着饮水来迎齐王的军队，难道有其他的原因？只是为了躲避如水似火的暴政。假如新的统治者更加残暴，比之前的还要厉害，人民肯定又要转而投奔其他国家了！”

各诸侯国想要救助燕国。齐王向孟子征求意见，说：“诸侯各国大都打算讨伐我国，该怎么应付呢？”孟子回答道：“我曾听说过凭借七十里的土地而获取天下的，说的就是商汤；没有听过拥有数千里的广阔国土反而畏惧他人的。《尚书》上说：‘等候我的君主，君主来了就可以把我们拯救出来了。’如今燕王对待百姓十分暴虐，大王去讨伐他，百姓都以为您要把自己从水火之中拯救出来，都准备好粮食和饮用的水迎接大王的军队。如果杀害他们的父兄，逮捕他们的子弟，破坏他们的宗庙，抢夺他们的国宝，这样做怎么行呢？天下人向来就畏惧齐国的强势，现在疆域又扩张了一倍，却不实行仁政，这样必定会招来天下各国的讨伐。希望你赶紧下令，释放燕国的老弱百姓，妥善安置燕国的国宝，与燕国人民商议，推选出新的国君之后退出燕国，这样还可以及时防止诸侯的讨伐！”齐王没有听从。

没过多久，燕国人民果然反叛齐国。齐王说：“我实在是愧对孟子。”陈贾说：“大王不要担忧。”于是去见孟子，说：“周公是怎么样的人？”孟子说：“是古代的圣人。”陈贾说：“周公派管叔监管殷商故地，管叔却依恃殷商的遗民反叛，周公是不是早就知道他会反叛才让他去的呢？”孟子说：“周公不知道。”陈贾说：“那么圣人也有错误了？”孟子说：“周公是弟弟，管叔是兄长，周公犯错不也是正常的吗？况且古代的君子，有过错能够及时改正；现在所谓的君子，犯了错误则继续错下去。古代的君子，他的过失好像日食、月食，百姓都能看见，等他改正了，百姓都会敬仰他；现在所谓的君子，不但将错就错，还为自己的过错编造借口！”

这一年，齐宣王逝世，他的儿子田地即位，即齐湣王。

二年（戊申，公元前 313 年）

秦国派右更官员疾统率大军攻打赵国，占领蔺地，俘虏了赵国将领庄豹。

秦王想举兵攻打齐国，又害怕齐、楚两国之间合纵的约定，就派张仪为使者到楚国游说楚王，说：“大王假如真的能听从我的建议，断绝和齐国之间的邦交，毁弃盟约，我愿把商於地区六百里的土地献给楚国，并把秦国的女子送给大王做洒扫侍妾，秦、楚两国互相通婚，永远结为兄弟之邦。”楚王很高兴，答应了张仪。群臣纷纷为楚王庆贺，唯独陈轸一个人闷闷不乐。楚王十分恼怒地说：“我没有动用一兵一卒就得到六百里的国土，有什么不高兴的？”陈轸道：“不见得是这样，在我看来，商於之地不仅得不到，还会致使齐、秦两国联合，齐、秦两国联合肯定就有外患到来。”楚王说：“有什么说法吗？”陈轸回答说：“秦国不敢轻视楚国的原因，是楚国有齐国作为同盟。现在假如和齐国断绝邦交，毁弃盟约，楚国就要陷入孤立的境地，秦国怎么会对一个孤立的国家友善并且送给它六百里的商於之地呢？张仪回到秦国，肯定会背弃与您的约定。这样楚国北面与齐国断绝邦交，西面又新产生秦国作为外患，两国的军队肯定纷纷前来进攻楚国。我为大王考虑，不如只是表面上与齐国断交，暗中依旧合作，派人和张仪一起回去，假如真的把土地割让给楚国，再与齐国断交也为时未晚！”楚王说：“还是请陈先生闭上尊口，别再啰唆，等着看我怎么得到土地吧!”于是授给张仪楚国宰相的大印，并赏赐他丰厚的财物。随之关闭关口，与齐国断绝邦交关系，毁弃盟约，派遣一名将军和张仪一起回到秦国。

张仪佯装从车上跌落，三个月都没有上朝。楚王听说了这件事，说：“难道张仪认为我与齐国断交不够彻底?”于是让武士宋遗借用宋国的兵符，到北边边境上对齐王大骂。齐王非常恼怒，不惜降低自己的身份讨好秦国，齐、秦两国之间的关系变得友好。这个时候张仪才去上朝，见到楚国的使者问道：“你怎么不去接手土地?从某地到某地，有六里之广。”楚国使者大怒，回来向楚王报告。楚王勃然大怒，想要起兵进攻秦国。陈轸说：“我现在可以开口说话吗?攻打秦国还不如给他一座大的城池，与秦国联合去进攻齐国，这样我们在秦国损失的土地，在齐国手中可以得到偿还。现在您和齐国已经断绝邦交关系，再去责问秦国为什么欺骗楚国，这样会使齐、秦两国联和，而招致天下的进攻，国家必然会受到重创。”楚王不肯听从，派屈匄统率军队进攻秦国。秦国也派出魏章任庶长(相当于卿，掌握军政大权。)，起兵迎战楚军。

三年(己酉，公元前312年)

春天，秦国和楚国军队在丹阳作战，楚国大败；八万多楚国甲兵被杀，俘虏屈匄、列侯以及朝官共七十多人，又占领了汉中郡。

楚王发动全国兵力再次攻打秦国，在蓝田展开激战，楚军再次溃败。韩、魏两国听闻楚国局势危急，也向南侵袭楚国，一直打到邓地。楚国接到这个消息，于是率兵返回国内，割让给秦国两座城池来求和。

燕国族人共同把太子姬平拥立为燕昭王。昭王即位是在燕国被攻破之后。他亲自哀悼死去的人，慰问孤身的百姓，和百姓同甘共苦，降低自己的身份，以厚禄寻求贤能的人才。对郭隗说：“齐国趁我国内乱而攻破燕国。我深知燕国国土狭小、国力贫弱，没有报仇的能力；然而如果真的能求得贤士一起治理政事，一雪先王的屈辱，这是我的心愿。先生如果遇到合适的人，我一定要亲自侍奉他。”郭隗说：“古时候有一位君王派涓人带着千斤黄金求购千里马，找到一匹千里马却已经死了，就花了五百斤黄金把马头买回去。国君非常愤怒，涓人说：‘连死的千里马都买，更别说是活马了！千里马很快就会得到了。’不到一年的时间里，就得到了三匹千里马。如今大王你要招揽贤士，应该先从厚待我开始，那些比我贤良的人，难道会因路途遥远就不来吗！”于是燕昭王给郭隗重修宫室，以尊奉老师的礼节对他。从这以后，贤德之士都争先到燕国：乐毅由魏国而来，剧辛自赵国而来。燕昭王任命乐毅为亚卿，把国家大权委托给他。

韩宣惠王逝世，他的儿子韩仓即位，即韩襄王。

四年（庚戌，公元前 311 年）

蜀国宰相杀死蜀国国君。

秦惠王派人对楚怀王说，请求用武关之外的土地来交换黔中。楚王说：“我不愿意拿土地交换，只要能得到张仪就愿意献出黔中之地。”张仪听到这件事，请求派他前去。秦惠王说：“楚国只有杀了你才能甘心，怎么还要去呢？”张仪说：“秦国强盛而楚国弱小，大王您在位一天，楚国是不敢把我杀了的，况且我和楚王的宠臣靳尚关系友好，靳尚平时伺候楚王的爱妾郑袖，郑袖说的话楚王没有不听从的。”于是就前往楚国。楚王把张仪囚禁起来，要杀了他。靳尚对郑袖说：“秦王特别宠爱张仪，要用上庸六县和美女把他赎回。大王看重土地又对秦国十分尊重，肯定会宠幸秦国的美女而冷落夫人。”于是郑袖日夜在楚王面前哭诉：“凡是臣子都要为各自的君王考虑。如果现在杀了张仪，秦国肯定大怒。臣妾请求大王把我母子送往江南，免得受秦国宰割！”于是楚王就赦免了张仪，而以丰厚的礼遇对待他。张仪劝楚王说：“让各国合纵对抗秦国，无异于驱赶羊群去攻击猛虎，很明显是打不过的。如今大王您不肯向秦国臣服，秦国迫使韩国、驱使魏国联合攻打楚国，楚国就危险了。秦国西边有巴、蜀两国，修造船只囤积粮食，顺岷江而下，一天之内可行五百多里，用不了十天就可抵达扞关，扞关受到惊扰后从这里以东都要进入戒备状态，最后连黔中、巫郡都不再为大王所有了。如果秦国再发兵由武关出击，楚国北境之地就要全部失守。秦国再进攻楚国，三个月之内楚国便会灭亡，楚国等待其他诸侯国的援助又要半年之久。等待弱国的援兵，却忘记强秦的威胁，这才是我替大王忧虑的事。如果大王真心肯听从我的建议，我可以使秦、楚二国结为兄弟之邦，彼此不再互相攻伐。”楚王尽管已经得到了张仪，但不舍得割让黔中之地，就答应了张仪。

于是张仪又前去韩国，劝说韩王：“韩国地势险峻，百姓大多依山居住，生产的粮食，不是大豆就是麦子，国家的存粮不够两年食用，现有的兵卒不超过二十万人。秦国身穿铠甲的军队超过百万。崤山以东的军队要身披铠甲才肯作战，而秦国军队则脱下铠甲赤臂就可驱敌，左手提着人头，右臂挟着战俘。用孟贲、乌获一样的勇士来进攻不肯臣服的弱小国家，无异于把千钧的重量压在鸟蛋上，必定没有侥幸保全的可能。大王不愿向秦国臣服，秦国假如发兵占据宜阳，堵住成皋的道路，那么大王的国家就会一分为二。鸿台的宫室、桑林的园林，将不再属于大王所有。我为大王考虑，不如向秦国称臣而攻打楚国，转移灾祸来取悦秦国，没有比这更完美的办法了。”韩王答应了张仪。

张仪回到秦国向秦王汇报，秦王把六座城池封赏给他，赐武信君的称号。又派他去东方游说齐王，说：“那些主张合纵的谋士，必定对您说：‘齐国西边有三晋之地作为掩护，国土广阔，人口繁盛，士兵精猛勇敢，即便有一百个秦国也奈何不了齐国。’大王以为他说得很对却不曾考虑到现实的情形。如今秦、楚两国互相通婚，成为兄弟之国；韩国把宜阳献给秦国；魏国将河外送给秦国；赵国也向秦国朝见，把河间割让给秦国以表示臣服。如果大王不向秦国臣服，秦国将驱使韩、魏两国军队进攻齐国南部地区，发动赵国全国之兵，横渡清河，大军直指博关，到时候临淄、即墨等地就不再是大王的属地了！齐国被攻击的那天，就算再想向秦国臣服，也不太可能了！”齐王采纳了张仪的意见。

张仪从齐国离开，向西游说赵王：“大王率领天下诸侯对抗秦国，迫使秦军十五年不敢出兵函谷关。大王您的威名响彻崤山以东，秦国特别恐惧，整修铠甲训练兵卒，努力耕种囤积粮草，平日里也是非常忧虑不敢有一丝懈怠，唯恐大王您有意督责秦国过失。如今秦国依托大王的力量，攻下巴、蜀，兼并汉中，围困二周，驻守白马渡。秦国虽然地理位置偏远，然而内心愤怒又不敢表现出来已经太久了。现在秦国在渑池驻扎有一批残兵败卒，想要横渡黄河，跨越漳水，据守番吾，到邯郸城下会合，希望在甲子之日与赵国交战，就像武王征讨殷纣一样。特意先让我来告诉您左右的大臣。如今楚和秦已结成兄弟之国，而韩、魏两国已向秦国称臣，齐国又将盛产鱼盐之地献给了秦国，这就好比斩断赵国的右臂。被斩断右臂还与人缠斗，失去党羽而孤立无援，还想要避免危险怎么可能？如今秦国发动三军将士，其中一支大军截断午道，告知齐国让他们派军横渡清河，驻军在邯郸东边；另一路军队屯兵成皋，使韩、魏两国的军队进驻河外，再派一路军队驻扎渑池，联合四国合为一支大军来进攻赵国，攻克后必定将赵国土地瓜分为四份。我私下替大王谋划，最好是当面与秦王订立约定，承诺协定，结为长久的兄弟之邦。”赵王也应允了。

张仪又北上到燕国，游说燕王说：“现在赵王已经到秦国朝见秦王，奉上河间之地向秦国称臣。大王不向秦国臣服的话，秦国即会出兵云中、九原，再驱使赵国进攻燕国，那么易水、长城就不再属于大王了！况且如今齐、赵两国就好像是秦国的一个郡县，不敢随意出兵进攻别国。如今大王要是能臣事秦国，便长期免除齐、赵两国的威胁了。”燕王就把恒山脚下的五座城池割让给秦国来请和。

张仪返回向秦王汇报，还没有到达咸阳，秦惠王即驾崩，他的儿子秦武王即位。武王做太子的时候，就不太喜欢张仪，即位以后，许多大臣又经常说坏话诬陷张仪。各诸侯国得知张仪与秦王之间有了嫌隙，都背弃了连横的约定，重新实行合纵。

五年（辛亥，公元前310年）

张仪劝说秦武王说："臣为大王考虑，东方发生变故，然后大王才可以取得更多的土地。我听说齐王特别憎恶我，我在哪里，齐国肯定攻打哪里。臣希望大王批准我到魏国去，齐国肯会攻打魏国，齐、魏两国互相发兵，打得不可开交之时，大王就可以趁隙进攻韩国，进军三川，挟持周天子，按验天下图籍，这是霸王之业啊！"秦武王同意了张仪的计策。

齐王果然进攻魏国，魏王非常恐惧。张仪说："大王不要担忧，我来帮你使齐国退兵。"就派他的门人到楚国，借楚国使臣之口告诉齐王："大王加强秦国对张仪的信任这招真厉害。"齐王问："怎么说呢？"楚国使臣说："张仪离开秦国之前，就已经和秦王计划好了，想使齐、魏两国互相攻伐而秦乘这个机会攻取三川。如今大王果然进攻魏国，这样对内使全国疲于战事，对外进攻友邦，且使秦国加强了对张仪的信任。"齐王于是休兵回国。张仪做魏国宰相一年之后，就去世了。

张仪和苏秦都凭借合纵、连横之术到各诸侯国进行游说，获得高官厚禄，天下人争相效仿。还有魏国的公孙衍，号为犀首，也以能言善辩而名声显赫。其余像苏代、苏厉、周最、楼缓这些人，纷纷宣传自己的学说，遍布天下，都想在辩说诡诈方面争个高低长短，不能一一详细记载。而数张仪、苏秦、公孙衍最为著名。

◆《孟子》评论此事说，有人说："公孙衍、张仪难道不能算是大丈夫吗？怒气一发诸侯们都恐惧万分，安定的话可以平息天下的战火。"孟子道："这怎么能称得上是大丈夫！君子处于天下最为正大的地位，行天下正直的道术，得志的话就将道义推广到人民身上，不得志就独自坚守道义，富贵不能让他放荡，贫贱不能改变他的节操，武力不能让他屈服，这才是真正的大丈夫。"

扬雄的《法言》上说：有人问："张仪、苏秦在鬼谷子身边学习纵横之术，使中国各自安定十几年，是真的吗？”答道：“都是骗人罢了，为圣人所厌恶。”又问：“读孔子的圣贤书却行张仪、苏秦那样的事，怎么样呢？”回答说：“糟糕透了，这好比有着凤凰一般的叫声而长着鹰鹞的羽毛。”又问：“那么子贡不会做这样的事了？”他说：“天下纷乱而不能停息，子贡以这样的事为耻辱。到诸侯游说不能得到富贵，这是苏秦、张仪所感到耻辱的事。”有人说：“张仪、苏秦他们的才术超群，行事没有因循前人吧？”回答道：“上古的帝王选用人才，对于奸佞必定要加以斥责。这难道不是任才使能吗？你所说的才，和我所说的才并不是一回事啊！”◆

秦王派甘茂刺杀蜀国宰相陈庄。

秦王与魏王在临晋举行会晤。

赵武灵王娶了吴广的女儿吴孟姚，对她非常宠爱，并立她为惠后。生了一个儿子名赵何。

六年（壬子，公元前309年）

秦国开始设立丞相这一官职，任命樗里疾为右丞相。

七年（癸丑，公元前308年）

秦国与魏国在应城举行会盟。

秦王派甘茂与魏国商议联合攻打韩国，又令向寿做副手同行。甘茂令向寿返回秦国对秦王说：“魏国听从了我的建议，不过希望大王不要进攻韩国！”秦王到息壤迎接甘茂并询问其中的原因，甘茂回答道：“宜阳是一个大县，实际上可以算作郡了。如今大王冒着重重危险，行军千里，想要攻克是很难的。鲁国有一个和曾参同名同姓的人杀了人，有人告诉了曾参的母亲，他的母亲还是神情自若地在织布。直到先后有三个人都告诉她这件事，他的母亲才立刻丢下机杼，翻过墙逃跑了。我比不上曾参那样贤能，大王对我的信任也比不上曾参的母亲，怀疑我的更不仅仅是三个人，我担心大王也会不信任我而丢下机杼啊。当年魏文侯派乐羊带兵攻打中山国，三年之后才攻克。乐羊回到国内论功行赏时，文侯把一大筐诋毁他的奏章拿出来给他看。乐羊一再拜谢叩头说：‘攻克中山国不是我的功劳，都是国君您的力量。’如今我只是一个流落他国的臣子，樗里疾、公孙奭以进攻韩国的事儿来说事儿，大王必定会听信他们说的话，这样大王不但把魏王给欺骗了，我也会被韩国宰相公仲侈所怨恨啊。”秦王说：“我肯定不听信他们的话，可以与你订立盟誓！”就在息壤歃血为盟。秋天时，甘茂与庶长封统率军队攻打宜阳。

八年(甲寅，公元前307年)

甘茂率军进攻宜阳，五个月过去了还没有攻下。樗里疾与公孙奭果然争着向秦王说他的坏话。秦王派人把甘茂召回，想要休兵。甘茂说：“息壤还在那里。”秦王说：“确实有这件事。”于是又调遣大军辅佐甘茂，斩杀韩军六万余人，攻占宜阳。韩国相国公仲侈亲自到秦国谢罪求和。

秦武王喜欢与人比武戏耍，大力士任鄙、乌获、孟说都官至高位。八月，秦武王和孟说比试举鼎，力竭筋脉断绝而死，孟说全家人都被诛杀。秦武王没有子嗣，异母的弟弟嬴稷在燕国做人质，秦国族人把他迎接回来继承王位，即昭襄王。秦昭襄王的生母芈八子是楚国女子，被封为宣太后。

赵武灵王向北侵略中山国一带，大军到达房子城，又到代郡，向北直到塞外的无穷，向西直到黄河岸边，登上黄华山顶。他与大臣肥义商量让百姓穿胡服，学习骑射，说：“愚人所讥笑的，贤人会理解我的用意的。即便是全天下人都讥讽我也无所谓，胡地和中山，我一定要占为己有！”于是令赵国百姓改穿胡服。

全国百姓都不愿意，公子成借口患病不去上朝。赵王派人去请他说：“在家里要听父母亲的，在国内要服从国君的。如今我令百姓改变服饰而你不肯听从，恐怕全天下都要讨论我带头违法了。治国有固定的法规，最根本的是要使百姓方便；处理政务有一定的规矩，最重要是要能贯彻执行命令。恩德要首先在百姓中间申明，执行法令要首先在亲贵之中做起，所以我希望你能够申明大义带头完成变革胡服的国策。”公子成一再拜谢叩头说：“臣听说中国是行圣贤教化，用礼乐制度的地方，历来为偏远的国家所羡慕，是蛮夷异族所效法学习的榜样。如今大王你舍弃这些传统而改穿胡人服饰，变革古人的规矩，违背百姓的心意，臣希望大王能好好考虑考虑！”

使者回去把这些话禀报赵王。赵王亲自到他府上说：“我国东边有齐国和中山，北面又有燕国和东胡，西边与楼烦和秦、韩两国接壤。现在没有骑兵和弓箭手作为防备，那么凭借什么守住国土？以前中山国凭借齐国强大的兵力，侵犯我国领土，掠夺我国百姓，倒灌河水围困鄗邑；要不是我社稷神灵的守护，鄗邑早就失守了。先君以这件事为耻辱，因此我变革服饰，学习骑射之术，想这样来抵御四境的战乱，以报中山国给我们的仇恨。但是你因循中国传统的习俗，对变革服饰这件事十分厌恶，早就忘记鄗邑的屈辱，不是我希望看到的您啊！”公子成听从了赵王的命令，赵王赏赐他胡服；第二天他就穿着胡服上早朝。这件事后才正式开始颁行改穿胡服的法令，并且提倡百姓练习骑马、射箭。

九年（乙卯，公元前 306 年）

秦昭王派遣向寿到宜阳安抚百姓，又派樗里子、甘茂进攻魏国。甘茂建议秦王把武遂归还给韩国。向寿和公孙奭极力争辩这件事，没有成功，从这以后就十分怨恨甘茂。甘茂心中害怕，停止了对魏国蒲阪的进攻，逃跑了。樗里疾与魏国言和退兵。甘茂逃到了齐国。

赵王侵略中山国，大军到了宁葭；向西侵略胡地，一直到榆中。林胡王以骏马献给赵王。回到赵国后，派使臣楼缓到秦国，仇液到韩国，王贲到楚国，富丁到魏国，赵爵到齐国。由代相赵固全权负责胡人地区，并招募胡人士兵。

楚王和齐、韩两国订立合纵的约定。

十年（丙辰，公元前 305 年）

天上有彗星出现。

赵王起兵进攻中山国，攻占丹丘、爽阳、鸿等地的要塞，又占领鄗、石邑、封龙、东垣四座城池。中山国献上四城求和。

秦国宣太后的异父弟弟名叫魏冉，即穰侯；同父弟弟名叫芈戎，即华阳君。秦王的同母弟弟是高陵君、泾阳君。几个人中以魏冉最为贤能，从秦惠王、秦武王时开始，就担任职务并处理政事。秦武王逝世后，各个兄弟争夺王位，唯独魏冉能够极力拥立秦昭王。昭王即位后，任命魏冉做将军，驻守咸阳。这一年，庶长壮勾结大臣及其他各位公子密谋发动叛乱，魏冉诛杀了他们；这件事牵扯到惠文王后，都没有得以善终，悼武王后在魏国流亡，其他与秦王关系不和的弟兄，都被魏冉杀掉了。由于秦昭王年龄还小，宣太后亲自处理国家大事，任命魏冉主持朝政，声威震慑秦国。

十一年（丁巳，公元前 304 年）

秦王与楚王在黄棘会盟。秦国将上庸之地还给楚国。

十二年（戊午，公元前 303 年）

天空有彗星出现。

秦国攻占魏国蒲阪、晋阳、封陵三地，又攻占韩国武遂。

齐、韩、魏三国因楚国背弃了合纵的盟约，联合军队向楚国进攻。楚王把太子横送到秦国做人质请求救援。秦国派出客卿通率兵营救楚国，三国联军才撤军离去。

十三年（己未，公元前 302 年）

秦王、魏王与韩国太子韩婴在临晋召开会议，会议结束后韩国太子先到达咸阳然后才回到国内；秦国把蒲阪归还给魏国。

秦国一位大夫暗地里与楚国太子争斗，楚国太子把他杀了，逃回楚国。

十四年（庚申，公元前 301 年）

出现日全食。

秦人攻取韩国穰城。

蜀郡太守宁煇背叛秦国，秦王让司马错前去把他杀了。

秦国的庶长奂联合韩、魏、齐三国的军队进攻楚国，在重丘击败了楚军，杀死楚国将军唐昧，于是占领了重丘。

赵三发兵讨伐中山国，中山国国君投奔到齐国。

十五年(辛酉，公元前 300 年)

秦国把泾阳君送到齐国做人质。

秦国华阳君发兵讨伐楚国，楚军大败，斩下三万首级，楚国将领景缺也被杀死，并攻取了楚国襄城。楚王非常恐惧，把太子送到齐国做人质请求停战。

秦国的樗里疾逝世，秦王任命赵国人楼缓做丞相。

赵武灵王十分宠爱小儿子赵何，想趁自己还活着的时候让他继承王位。

十六年(壬戌，公元前 299 年)

五月戊申这天，在东宫举行隆重的仪式，赵武灵王将王位传给赵何。

赵何拜祭过祖庙后，从东宫出来处理朝政，身边的大夫都成为臣子。任命肥义担任相国，并辅助新王。赵武灵王以“主父”自号。主父想让新王早点处理政事，就穿着胡服，带着士大夫到西北边境攻打胡地，计划从云中、九原取道向南突袭咸阳，他谎称自己是赵国使臣，进入秦国境内，想通过这个机会窥视秦国地形并考察秦王的为人。秦王并不知道，后来才觉得这个人仪态雄伟，十分怪异，不像为人臣子的气度，就派人追赶他；这时主父已经走出关隘逃脱了，后来经过仔细打探，才知道那个人是赵主父。秦人都十分震惊。

齐王与魏王在韩国会面。

秦人起兵征讨楚国，攻取了八座城池。秦王给楚王送信说：“先前我和大王你结为兄弟，在黄棘立下盟约，楚国太子到我国做人质，相互关系愉悦。太子陵杀死我的大臣，没有辞让就逃跑了。我着实愤怒，派兵入侵您的边境。如今听说大王又把太子送到齐国做人质来求和。我国与楚国边境相接，互相通婚结为亲家。而如今秦、楚两国交恶，就不能继续号令天下诸侯。我愿与你在武关会谈，当面约定，订立盟约后离去，这是我的心愿啊!”

楚王很是担忧，想去又怕中了秦王的圈套，不去又害怕秦国更为生气。昭睢说:“千万不能去，同时还要出兵加强防御! 秦国像虎狼一样，心怀并吞诸侯的想法，不能相信啊!”楚怀王的儿子子兰劝他前去，于是楚怀王就到了秦国。秦王派一位将军假装成自己，在武关埋伏下军队，楚王刚到就立马紧闭关门劫持了他，带着他一路西行，直到咸阳，对着秦王的章台朝拜，与附属国朝见的礼节一样，并要挟楚王把巫郡及黔中郡割让出去。楚王想先订立盟约，秦王想先割让土地。楚王愤怒地说:“秦王欺骗我，又逼着我割让土地!”因此没有答应。秦国把他扣押了下来。

楚国的大臣们非常担忧，于是商量说:“我们的国君在秦国不能回来，被逼迫着要求割让土地，而太子又在齐国做人质；齐、秦两国要是联合算计楚国，那么楚国就要亡了。”国人想要把尚在国中的王子拥立为王。昭睢说:“怀王和太子都在其他诸侯国被困，如今又违背君王的意思而另立庶子，不合适!”就到齐国谎称楚王驾崩，想把太子迎回楚国。齐湣王召集群臣商议，有的人说:“不如把楚国太子扣押下来要求楚国割让淮北地区。”齐国丞相说:“不可! 楚国要是在郢中另立他人为王，这样我们只能掌握这没有任何价值的人质而被天下人耻笑我们不讲道义。”

又有人说:“不见得是这样，楚国在郢中另立新王，可以拿太子与新王做交易说:‘把下东国割让给齐国，我替你把太子杀死。否则，将联合秦、韩、魏三国拥立他为楚王。’”齐王最后还是采用了丞相的计策把楚太子护送回国。楚国立他为王。

秦王听说孟尝君是贤能之人，就派泾阳君到齐国做人质把孟尝君请到秦国。孟尝君到秦国之后，秦王任用他为宰相。

十七年(癸亥，公元前 298 年)

有人对秦王说:“孟尝君在秦国做丞相，肯定把齐国的利益放在秦国之前。秦国这样就危险了!”秦王于是改任楼缓做丞相，把孟尝君囚禁起来，想要杀了他。孟尝君派人求助于秦王的宠姬，宠姬说：“我想要您的狐皮白裘。”

孟尝君有一件狐皮白裘，之前已经献给了秦王，没有办法答应宠姬的请求。他的食客中有一个擅长盗窃的人，溜进秦国仓库，把狐皮白裘偷出来献给了宠姬。宠姬才在秦王面前替孟尝君求情让把他送回国去。秦王没过多久就后悔了，派人追赶他。孟尝君逃到关隘下，按照秦国的边关法度，鸡鸣时分旅客才能出入。这时离天亮还早，后边的追兵就要到了，孟尝君的食客中有能模仿鸡叫的，乡野人家饲养的鸡听到他的叫声也都叫了起来。孟尝君才得以逃脱回国。

楚人告知秦王说：“承蒙我国祖先神灵的保佑，楚国有了新的君王。”秦王恼羞成怒，从武关出兵进攻楚国，斩杀五万人，攻取十六座城池。

赵王把他的弟弟赵胜封为平原君。平原君喜欢结交贤能之士，门下的食客常有数千人之多。其中有一个人，名为公孙龙，擅长“坚白同异”的辩论，平原君以对待客人的方式来对他。孔穿从鲁国来到赵国，与公孙龙讨论奴婢三耳这个辩题，公孙龙的辩论十分精妙，孔穿不能做出回应，没过多久孔穿就告辞出来，第二天又去会见平原君。平原君问道：“昨日公孙龙辩论的言论，先生您认为怎么样？”回答说：“是这样。他几乎真的能让奴婢生出三只耳朵了。尽管如此，实际却是不可能的！我想再一次向您请教：如今辩论三耳这个话题成立十分不容易却又不合实际，论证两耳特别容易却符合事实，不知道您会相信简单而实在的，还是相信难得而不切实际的呢？”平原君也没有什么说的。第二天，平原君对公孙龙说：“先生别再跟孔穿辩论了！他的义理胜过言辞；您的言辞胜过义理，最终必定向别人屈服。”

邹衍途经赵国，平原君请公孙龙与他就“白马非马”这一观点展开辩论。邹衍说：“不可。所谓的辩论，是要区别事物的类别以免互相侵害，给事物不同的情况编排次序以免互相混淆。理清意义贯通概念，让人明白自己所说的，而不是专门为了使人迷惑。所以辩论获胜的人没有失去他坚守的，失败的也可以获得他想要的真知。像这样的情况，辩论还可以进行。至于有些辩论拿烦琐的文字作为互相争辩的依据，以浮词点缀令对方信服，以机巧的比喻来转移话题，把人们引入迂远的境地使其不得要旨，这样实际上妨害了事物的基本道理。那些直到对方认输才肯停止辩论的做法，对君子行径的损害实在太厉害了，我邹衍是不会做的。”在座的人都称赞他说得好。公孙龙从这以后就被贬退。

资治通鉴卷第四　周纪四

起甲子(公元前297年)，止戊子(公元前273年)，共二十五年。

【题解】本卷记录了周赧王姬延十八年到四十二年的各国大事，这时的秦国穰侯为相、白起为将，对韩、魏、楚大举进攻，使得三国日益衰落。其中重点记录了赵武灵王灭中山、开拓河套地区，和他晚年安排两个儿子不当，导致悲剧结局。还写了燕昭王礼贤下士、奋发图强，联合五国讨伐齐国，几乎让齐国覆灭，田单用奇计打破燕国军队于即墨，并重建齐国的过程。接着还写了廉颇和蔺相如的故事、春申君黄歇的故事等等。

赧王中

十八年(甲子，公元前297年)

楚怀王从秦国逃亡回楚国。秦国察觉后，在通往楚国的路上拦截了楚怀王。怀王顺着偏僻小路逃到赵国。赵主父正在代郡，赵人不敢收留他。怀王正想要逃往魏国，秦人已经追了上来，把他抓回秦国。

鲁平公逝世，他的儿子姬贾即位，即鲁缗公。

十九年(乙丑，公元前296年)

楚怀王患病，在秦国逝世，秦国将他的灵柩送回楚国安葬。楚国百姓都为他哀怜，如同自己的亲人去世一样悲痛。各诸侯国也因此指责秦国。

齐、韩、魏、赵、宋五国联合进攻秦国，大军一直攻到盐氏才返回。秦国把武遂还给韩国、封陵还给魏国以求和。

赵主父在新取得的领土上巡行，就离开了代郡；向西到西河碰见了楼烦王顺便向他招募军队。

魏襄王逝世，他的儿子即位，即魏昭王。

韩襄王逝世，他的儿子韩咎即位，即韩釐王。

二十年（丙寅，公元前 295 年）

秦国国尉司马错带兵攻打魏国襄城。

赵主父联合齐、燕两国的军队灭掉了中山国，把中山君贬谪到肤施。回国后，进行赏赐，大赦天下，设酒摆宴，全国欢庆五日。

赵主父分封长子赵章到代郡，号称安阳君。安阳君生活一向奢侈，内心对弟弟为王一直不服。主父让田不礼做了安阳君的丞相。李兑告诉肥义："大公子赵章势力强盛且志气骄蛮，党羽繁多且欲望极大，田不礼为人残暴嗜好杀人且骄慢不羁，二人到了一起，必定有阴谋。小人有了欲望往往考虑得比较肤浅，只看到自己想要的利益而不顾其中的害处，灾难必然不会太远。你的责任重大并且权力极大，一旦有纷乱局面出现肯定从你开始，有灾祸也会集中到你的头上。你为什么不称病辞官退隐，把大政传给公子成，免得被灾祸牵连，这样不也很好吗？"

肥义说："当初主父将赵王托付给我，说：'不要改易你的节操，不要更改你的志向，坚定忠一不二，至死为赵国效忠！'我再三拜谢后接受命令并把这件事记录下来。现在因害怕田不礼发难而忘记自己的诺言，这样的变化实在太大了！俗话说：'人能死而复生，活着的人也能无憾了。'我想要实践自己的诺言，又怎么能保全自身性命呢？你说的话我知道是一番好意。尽管这样，我有言在先，终究是不敢忘记。"李兑说："好，那你尽力去做吧！我能够见你的日子恐怕只有今年了。"于是掩面流着眼泪出来了。

李兑多次觐见公子成商量防备田不礼的事。肥义对信期说："公子赵章与田不礼外表上相处和谐而实质上却厌恶对方，他们在朝内得到主父怜爱却在外边行为暴戾，一旦假借主父的命令独擅大权，这实在是太简单了。现在我日日夜夜、废寝忘食地担忧这件事，有盗贼在大王身旁出没，不得不加以防备。从这以后，有朝见大王的人一定先让他去见我，我要先亲自确保安全，没有什么意外大王您再接见访客。”信期说：“好。”

赵主父让惠文王朝见君臣，自己在旁边偷偷观察，看见自己的大儿子反而向群臣称臣，屈居在弟弟下面，心生怜悯，于是想把赵国分为两部分，将大公子赵章封到代郡立为王，计划没有决定就作罢。赵主父与惠文王在沙丘游览，住在不同的寝宫，公子赵章和田不礼派部下作乱，假称以赵主父的名义召见惠文王。肥义先进宫内，就被杀死了。高信于是和赵王的部下展开战斗。公子赵成和李兑从邯郸赶来，于是发动四座城邑的军队进驻沙丘平息叛乱，将公子赵章与田不礼诛杀，消灭他们的党羽。公子赵成担任丞相一职，号为安平君；李兑担任司寇。这个时候惠文王年纪还小，公子赵成与李兑二人掌握朝政大权。

公子赵章兵败撤退时，曾向赵主父那边逃亡；赵主父打开宫门让他进去。公子成、李兑因此包围了赵主父。公子赵章死后，公子赵成与李兑商议：“因为公子赵章的缘故，包围了主父；如果解围退兵，我们会被满门抄斩的！”于是仍然包围主父，下令：“出宫晚的全部杀掉！”宫里的人全都逃了出来。赵主父想出宫却又出不来，又没有食物，就捕捉刚出生的鸟雀当食物。经过三个多月，在沙丘宫被饿死了。确定赵主父已死，于是向各诸侯国发丧。赵主父刚开始以长子赵章为太子，之后得到了美女吴娃，非常宠爱她，一连好几年都不出宫门一步。吴娃生下儿子赵何，就把太子赵章废黜而改立赵何。吴娃去世后，对赵何的爱逐渐消减；又怜爱先前的太子，想把两人都立为王，犹豫不决，于是这场祸乱就发生了。

秦国的楼缓被罢免丞相的官职，魏冉代宰相位。

二十一年（丁卯，公元前 294 年）

秦国在解地打败魏国军队。

二十二年（戊辰，公元前 293 年）

韩国公孙喜联合魏国人讨伐秦国。穰侯把左更（爵位名）白起推荐给秦王来代替向寿统率秦国军队，在伊阙击败了魏、韩两国联军，斩杀二十四万人，俘虏公孙喜，攻克五座城池。秦王任命白起为国尉。

秦王送给楚王书信说："楚国反叛秦国，秦国将要统率各诸侯国讨伐楚国，希望你整顿大军，痛快地较量一番！"楚王十分忧虑，就与秦国重新讲和。

二十三年（己巳，公元前 292 年）

楚襄王迎娶秦国女子为妻。

◆臣司马光说：秦国实在是太不讲理了，把楚怀王害死又威胁楚襄王；楚国也实在太不争气了，对杀父大仇居然忍气吞声还与仇敌人通婚！唉！如果楚国君主能施行正道，选贤任能，秦国即便再强盛，又怎么能欺负他呢！荀卿对于这件事的评论实在是好："善于运用治国之道，即便是地方百里也可以保持独立，不善于运用即使是楚国方圆六千里依然被敌国所颠覆奴役。"所以说，君王不好好施行治国之道，反而还想扩张势力，这正是国家败亡的原因。◆

秦相魏冉因患病辞去宰相职务，派客卿烛寿担任丞相。

二十四年（庚午，公元前 291 年）

秦国起兵征讨韩国，攻占宛城。

秦国丞相烛寿被罢免。魏冉重新担任丞相，分封在穰、陶两地，世人称之为穰侯。又把公子市封到宛，公子悝封到邓。

二十五年（辛未，公元前 290 年）

魏国把河东四百里国土，韩国把武遂二百里国土割让给秦国。

魏国的芒卯凭借诡计诈谋受到赏识重用。

二十六年（壬申，公元前 289 年）

秦国大良造（秦国最高官职，掌军政大权）白起与客卿司马错发兵讨伐魏国，进军到轵地，攻占大小的城池六十一座。

二十七年（癸酉，公元前 288 年）

冬季，十月，秦王以西帝自称，派遣使者将齐王立为东帝，想与齐国相约共同进攻赵国。苏代从燕国到达齐国，齐王说："秦国派魏冉劝我称帝，你觉得怎么样？"苏代回答道："我希望您先把这件事答应下来，但先不要称帝。秦王称帝，如果天下相安无事，您再称帝也不晚。如果秦王称帝，天下都反对他，您就不要称帝，借此收服天下民心，这是相当大的一笔本钱。况且你进攻赵国与进攻像夏桀一样的宋康王哪个更有利？如今您不如放弃帝王的名号来收买天下民心，发兵讨伐暴虐无道的宋康王，宋国攻克的话，楚、赵、梁、卫四国就都畏惧大王了。这样我们在名义上尊奉秦国而实际上使天下人都对秦国憎恶，这便是所谓以卑为尊的策略。"齐王听从苏代的建议，称帝仅仅两天就恢复旧号。十二月，吕礼从齐国进入秦国。秦王也放弃了称帝，重新称王。

秦国发兵进攻赵国，攻占了杜阳。

二十八年（甲戌，公元前 287 年）

秦国发兵进攻赵国，攻占新垣和曲阳两地。

二十九年（乙亥，公元前 286 年）

秦国司马错带兵进攻魏国的河内。魏国把安邑献给秦求和，秦国把安邑的百姓赶回魏国。

秦国在夏山击败了韩国军队。

宋国有只雀鸟在城角上产下一只鹞鹰。史官占卜说："吉。小鸟生大鸟，一定可以称霸天下诸侯。"宋康王大悦，起兵消灭滕国；进攻薛国；向东击败齐国，攻取五座城池；向南击败楚国，攻取三百余里土地；向西打败魏军。成为可以和齐、魏两国相匹敌的诸侯国，于是对于成就霸业更加自信。为了早日成就霸业，对天射击对土地鞭笞，砍断社稷的牌位，把它烧毁以示鬼神对他的服从。又在宫内整夜饮酒作乐，宫中之人纷纷高呼万岁，堂上的人也纷纷应声高呼，堂下的人纷纷高呼万岁，宫门外的人也接着响应，以至于全国上下，没有敢不高呼万岁的人。全天下百姓都称他"桀宋"。齐湣王起兵进攻他，百姓四散逃离，放弃城池不再守卫。宋王也逃亡到魏国，在温地逝世。

三十年(丙子，公元前285年)

秦王和楚王在宛城举行会晤，和赵王在中阳举行会晤。

秦国蒙武发兵进攻齐国，攻克九座城池。

齐湣王把宋国灭掉后日渐骄横，又向南入侵楚国，向西入侵三晋之地，想要兼并东西二周，自立为天子。狐咺严正地进谏，被斩杀在檀衢；陈举刚直进言，被杀在东闾。

燕昭王日夜体恤自己的百姓，使百姓日渐富足，于是与乐毅商议讨伐齐国。乐毅说："齐国，有着桓公霸王之业的余绪，土地广阔人口繁盛，不是那么简单就能独自攻打得下。大王如果非要攻伐它，不如与赵国以及楚、魏两国约定联合出兵。"于是派乐毅与赵国联合，另派使者联系楚、魏两国，又让赵国攻打齐国来吸引秦国。诸侯各国因讨厌齐王骄蛮残暴，都争着与燕国商议联合讨伐齐国。

三十一年(丁丑，公元前284年)

燕王调集全国兵力，任乐毅为上将军。秦国国尉斯离统率秦国和三晋军队与乐毅将军会合。

赵王把相国的印绶授予乐毅，于是乐毅统率秦、魏、韩、赵四国联军进攻齐国。齐湣王集中全国军民进行抵抗，在济水西岸展开激战，齐国军队大败。乐毅先命令秦、韩两国军队返回，分派魏军攻打宋国，安排赵军去收复河间。亲自率领燕军，长驱直入追逐败逃的齐军。剧辛说："齐国强大而燕国弱小，依靠诸侯各国的力量打败了齐军，应该趁机及时攻取其他诸侯国边境的城池来强大自己，这才是长久的利益！如今大军经过而不进攻，以驱兵深入来扬名，对齐国既没有损失，对燕国也没有利益，反而互相之间结下深仇大怨，以后一定会后悔的。"乐毅说："齐王自夸功德，骄矜蛮干，不与臣下商议，罢黜贤良士人，信任谄言谀媚的小人，政令暴戾惨虐，人民都非常怨恨。如今齐军都已被攻灭，如果趁势追击，齐国上下必然反叛，祸乱从内部发生，那样齐国就可以谋取了。如果不乘胜追击，等到他们悔悟到自己先前的错误，改正过失而体恤百姓，就难以再对付了。”于是驱兵深入追击。齐国百姓果然大乱，丧失常法，齐湣王也逃亡到国外。乐毅进军临淄，夺取宝物、祭祀重器，运往燕国。燕王亲自到济上慰劳军队，赏赐并犒劳士卒；封乐毅为昌国君，派他继续收服那些齐国未被攻克的城池。

齐王逃亡到卫国，卫君把自己的宫殿让给他居住，自称为臣并给他供应日常所需之物。齐王竟然不知谦让，十分傲慢，卫国人也攻打他。齐王从卫国离开投奔到邹、鲁两国，脸上表情十分骄横，邹、鲁两国不肯接纳他，于是又投奔到莒国。楚国派遣淖齿统率大军营救齐国，因此被任为齐国丞相。淖齿想和燕国把齐国土地分割为二，就把齐王逮捕并列举他的过失说：“千乘、博昌二地之间，方圆数百里的土地，天降血雨把百姓的衣服都打湿了，你知道这件事吗？”齐王说：“知道。”又说：“嬴、博两地之间，土地开裂深到能够看见泉水，你知道这件事吗？”齐王说：“知道。”又说：“有人对着宫门哭泣，寻找他却找不到，刚刚离开就又听见他的哭声，你知道这件事吗？”齐王说：“知道。”淖齿说：“天上降下血雨打湿衣服，这是老天对你的警示；土地崩裂直到看见泉水，这是大地对你的警示；有人对着宫门哭泣，这是人对你的警示。天、地、人都对你警示，而你自己却不知道警诫悔改，怎么能不杀？”于是在鼓里这个地方杀死了齐王。

荀子谈论到这件事时，说：国家，是天下利器和权势的所在。懂得其道的人拥有，就会有大的安乐、大的尊荣，成为积善的源泉。不懂得其道的人拥有，就会有大的危难、大的负累，掌握一国的大权还不如没有。等到最后，就是想要当个普通百姓都难。齐湣王、宋献王就是这样。所以国君以礼义立国就可以称王，以诚信立国就可以称霸，以权术立国就会灭亡。

掌握一国大权讲究礼义，那么就没有事物可以伤害他。即便是做一件不义的事，杀一个无辜的人，就可以得到天下，仁德的人也是不会这样做的。如此守住自己内心的意念，就像石头一样不会改易。这样则全国上下都是施行仁义的人。凡是这样来设立国家法度的，那么所有的法律都是正义的法律。主上极力推行，率领群臣而又以身作则，那么大家都是正义的志向。如能这样，身居下位的人都能以道义尊崇上级，这样治国的根基就稳固了。治国的根基稳固，国家就安定，国家安定，天下就能够稳定。所以说，以国家权力来推广礼义，短短一日之内就可见效，商汤、周武王就是这样的。这就是所谓的树立道义就可以称王天下。

虽然仁德还不是特别完善，礼义也不是十分完美，但是其治理天下总的策略已经大致有了雏形，奖赏刑罚全天下人也都信服，臣下也都清楚地认识到诚信是十分重要的。政令既已颁布，无论是利害成败，都不能对百姓有所欺骗；盟约既已签订，无论是利害成败，不能欺骗自己的友邦。只有这样，才会军力强盛，城池稳固，敌国对我有所畏服，国家政令统一、态度明确，友邦也会对我信任；即便是处在僻陋的小国，也可以威震诸侯，春秋时期五位霸主就是这样。这便是所谓以诚信立国而成就霸业。

带领全国上下追求功名利禄，不申明德义，不信守承诺，唯利是图；对内不惜以欺诈人民来谋取蝇头小利，对外不惜以欺诈盟国来寻求大利；在内不修整已有的国土，却常常想着去侵夺他人的东西，如此，臣下与百姓就没有不心怀欺瞒狡诈而对待自己的君王的。身居上位的欺诈臣下，身居下位的欺诈君上，于是上下之间关系分崩离析。像这样，敌国对他轻蔑、友邦对他猜疑顾忌，权术诈谋日益泛滥，于是国家免不了被削弱而变得危险，齐湣王、薛公就是这样。所以齐王拥有国势强盛的齐国，不修礼义，不以政教为基，也没有一统天下的想法，只是长期地集结军队对外奔驰扩张。因此齐国强盛时，向南足以击破楚国，向西能够使秦国屈服，向北可以战胜燕国，在中原能一举而消灭宋国。等到燕、赵两国联合起兵来讨伐齐国，就如同摧折枯朽的草木，而齐王身死国灭，被天下诸侯讨伐，后世说到坏事总要举他的例子。这没有其他的原因，只是因为他不施礼义却沉溺于权谋之中。以上三种情况，贤德的君主应该进行谨慎的选择，仁爱的人应当力求明辨。善于选择可以统治别人，不善于选择将被人所制服。

乐毅听闻昼邑人王蠋很贤良，派军队包围在昼邑周围三十里的地区不让任何人进入。派人前去邀请王蠋，蠋辞谢不肯去。燕国人说："你不来的话，我们就把昼邑全部的人屠杀了！"王蠋说："忠臣不会侍奉两个国家的君王，烈女不会先后嫁给两位丈夫。国家破亡君王罹难，我却不能使国家得以保全，而（乐毅）又想以武力来胁迫我；我与其不义偷生，不如一死。"于是在树上系上绳索，纵身自尽。燕国大军乘胜长驱直入，齐国各个城市纷纷闻风崩败。乐毅整顿燕国军纪，严禁侵夺抢掠，四处寻访齐国的隐逸人士，弘扬他们的名望并以礼相待。宽减百姓的赋税，废除齐国残暴的法令，恢复齐国昔日的德政，齐国百姓十分高兴。于是派左路大军横渡胶水到达胶东、东莱；前军沿着泰山向东到达海边，进攻琅邪；右路大军顺着黄河、济水，驻兵于阿、鄄两地与魏国军队联合；后军依傍北海抚恤千乘；中军据守临淄镇守齐国国都。在郊外祭祀齐桓公、管仲，对贤士故居进行旌表，赠封王蠋的陵墓。齐国有二十多人被燕国分封并赏赐采邑，一百多人在燕国国都享有爵位。六个月之内，攻克齐国七十多座城郭，统统改为郡县。

秦王、魏王以及韩王在京师举行会晤。

三十二年（戊寅，公元前 283 年）

秦、赵两国在穰会面。秦国攻克魏国安城，大军一直到大梁才班师返回。

齐国的淖齿发动叛乱，齐湣王的儿子田法章换了个名字逃到莒太史敫的家里当佣人。太史敫的女儿对田法章的相貌十分惊奇，认为他不是一般的人，对他心生爱怜并且经常私下给他衣服和食物，因而与他私下里结为夫妇。王孙贾追随齐湣王，战乱中与齐王走散，他母亲说："你一早就出去很晚才回来，我就倚门企望；你傍晚时分出去不回来，我就倚着闾门盼望。现在你侍奉君王，君王出逃，你不知道他在哪里，你还回来干吗？”王孙贾于是到街市上高呼道：“淖齿作乱于齐国，杀湣王，愿意和我一起去诛杀他的把右臂袒露出来。”街上有四百人追随他，一起攻杀淖齿，把他杀死。于是齐国的亡臣纷纷寻找湣王的儿子，想把他立为国君。田法章害怕他们杀害自己，过了很长时间才敢承认自己的身份，于是拥立他为齐王，固守莒城以抵御燕国大军，布告全国说：“齐王已在莒城即位了！”

赵王从楚国得到和氏璧，秦昭王想要，说要用十五座城池来换。赵王不想给他，又畏惧秦国强大的势力；想给，又怕上当受骗。赵王向蔺相如征求意见，蔺相如回答说：“秦国拿城池来换和氏璧而大王却没有答应，是我们理亏。我们把和氏璧给了秦国它却不把城池给我们，那就是秦国理亏。权衡这两个策略，宁肯答应秦国使它理亏。我愿意带着和氏璧前往，假使秦国不肯献出城池，我一定使和氏璧完好地归来！”赵王就派他前去。蔺相如到秦国，发现秦王没有献给赵国城池的意思。蔺相如于是先哄骗着把和氏璧给秦王，又把和氏璧取回，派随行的人揣在怀里，由小路返回赵国，而自己留在秦国待命。秦王认为他十分贤能就没有杀他，以礼待他并送回赵国。赵王任命相如担任上大夫。

卫嗣君逝世，他的儿子卫怀君即位。卫嗣君生前嗜好探查私密的小事，有一个县令在拿起被褥的时候露出了下边的破席子，卫嗣君知道后，就赐给他席子。县令大大惊恐，以为国君是神人。又派人到关卡处，以钱物贿赂守关的官吏，不久后卫嗣君召见负责守关的官员，询问有没有人在经过的时候给了金钱，你应该把钱还给人家，使守关的官员大为惊恐。他还对泄姬宠爱，对如耳十分器重，但又怕他们因受宠爱而欺骗自己，于是重用薄疑与如耳相制衡，尊宠魏妃来与泄姬相牵制，他说：“以这样来使他们相互制衡。”

◆荀子论及此事说：成侯、嗣君，是搜刮民财、斤斤计较的国君啊，不能很好地取得民心。子产，很好地赢得了民心，但还算不上是能平治政事。管仲能平治政事，但还算不上能修明礼义。所以修明礼义可以成就王霸之业，平治政事可以增强国力，赢得民心可以使百姓安居，聚敛搜刮则必定败亡。◆

三十三年（己卯，公元前282年）

秦国讨伐赵国，攻取两座城池。

三十四年（庚辰，公元前281年）

秦国再次讨伐赵国，攻取石城。

秦穰侯魏冉恢复丞相的职务。

楚国想与齐、韩两国联合攻伐秦国，也想要借此机会灭掉周王室。周王派遣东周武公对担任楚国令尹的昭子说：“周是阴谋诡计所不可谋取的。”昭子说：“阴谋图取周，实在是没有这件事；即便如此，为什么不能谋取周呢？”武公说：“西周的疆域，截长补短，不超过百里。名义上是天下共同的君主，然而分割它的国土不足以使本国富强，得到它的百姓也不足以增强兵力。虽然这样，进攻周还要背上弑君的骂名。可是依然有人想要攻打周，是看到九鼎等祭礼重器在周的缘故。老虎肉虽然腥膻且又有爪牙护身，仍然有人去猎取它；假如草泽山林中的麋鹿蒙上虎皮，人们对它的猎取一定比现在多出万倍以上。分割楚国的疆域，足以使国家富强，压制楚国的声望，足以享有尊奉周王的美名。如今你想要诛杀天下共同的君主，独自占有夏、商、周三代相传的重器，重器向南运到楚国，那么讨伐的大军也就到了！”于是楚国谋取周的计划因此放弃而没有施行。

三十五年（辛巳，公元前280年）

秦国白起击败赵军，斩杀两万余人，夺取代郡光狼城。又派司马错征发陇西的军队，取道蜀地进攻楚国黔中地区，并攻克占领。楚国把汉北及上庸两地献给秦国。

三十六年（壬午，公元前279年）

秦国大将白起进攻楚国，攻取鄢、邓及西陵三地。

秦王派使者告知赵王，希望在黄河边的渑池会谈，两国和好。

赵王不想前去，廉颇、蔺相如商议，说：“君王要是不去，显得赵国懦弱又胆小。”赵王于是前去，蔺相如随从前去。廉颇送赵王到边境，和赵王辞别，说：“大王这一去，预计算上路上行程直至会谈结束，超不过三十天；三十天如果还没有回来，希望准许我们拥立太子为王以断绝秦国胁迫的想法。”赵王应许了。

在渑池相会时，秦王与赵王饮酒。饮到酒酣之际，秦王要求赵王鼓瑟，赵王就演奏了瑟。蔺相如也要求秦王表演击缶，秦王不愿意。蔺相如说：“在五步之内，我就可以把脖子上的鲜血溅洒到大王身上！”秦王左右侍卫想拿刀杀死相如，蔺相如瞪圆了双眼呵斥，左右侍卫都吓得畏缩不敢上前。秦王不乐意地象征性地敲了一下缶。直到酒宴完毕，秦王始终没有占到赵国丝毫的便宜；赵国事先也做好了防备，秦国没有轻举妄动。赵王回国后，令蔺相如担任上卿，地位居于廉颇之上。

廉颇说：“我担任赵国将军，有攻城略地、征战沙场的军功。蔺相如原本只是低贱小民，只不过逞口舌的功劳却位居于我之上，我感到非常羞耻，不能忍受在他之下！”宣称：“我见到蔺相如，一定羞辱他！”蔺相如听到这件事，不肯和他见面；每到上朝的时候，常称病不去，不愿意和他争夺高下次序。出门远远地看见廉颇，就让自己的车暂时躲避。蔺相如的门人都认为十分羞耻。蔺相如说：“你们看廉将军和秦王谁更厉害？”门人回答说：“没有秦王厉害。”蔺相如说：“像秦王那样威风的人我都敢当廷怒斥他，羞辱他的群臣。我虽没什么本事，唯独害怕廉将军不成！我只是考虑到，势力强大的秦国之所以不敢对赵国大举用兵，正是有我们两个人在的缘故啊。如今两虎相斗，势必不能两个都存活。我这么做，是先考虑国家安危而后顾及私人恩怨的缘故啊！”廉颇听到这件事，便裸露着上身背着荆条到蔺相如门前谢罪，两人从此结成刎颈之交。

起初，燕国进攻安平，临淄的一个小官田单正在安平，他让族人在车轴上罩上铁笼。等城池被攻破，人们争相拥出城门，都因车轴头互相碰撞折断而失败，被燕国军队俘获；唯独田单的族人因为有铁笼包裹车轴头而没有被俘，于是逃到即墨。这时候齐国全境几乎都被燕国攻占，唯独莒及即墨两城还没有被攻破，乐毅于是把右军、前军合并起来围攻莒，集合左军、后军围攻即墨。即墨大夫出城迎战被乐毅大军杀死。即墨人说："安平城一战，田单族人因用铁笼包裹车轴头才幸免于难，这个人有很多计策且熟习战事。"因此共同拥立他为将军来抵御燕兵。乐毅围困这两座城，过了一年也没有攻克，于是下令解除包围，各军在距离城池九里的地方建筑堡垒，下令说："城中百姓要是出来别捉拿他们，生活贫苦的给予救助，让他们复归旧业，以抚慰新归服的百姓。"三年城还是没有攻下。有人向燕昭王进谗言说乐毅的坏话："乐毅智谋要比常人好，进攻齐国，一口气就攻下七十多座城池，如今还没有攻克剩下的两座城池，不是他的能力攻克不下，而是想长期仗着军威来使齐国降服，好南面而称王罢了。如今齐国早已经降服，而迟迟不肯发兵，是他的妻子儿女在燕国的缘故。并且齐国有许多美貌的女子，他又会忘掉自己的妻子儿女。愿大王好好考虑！"

于是昭王准备酒宴大会群臣，把说乐毅坏话的人拉出来训斥说："先王带领全国上下礼让贤士，并不是要贪图土地留给后代。然而他的继承者不修德政，不堪继承天命，国人也不顺服他。齐国是无道之国，趁我国内乱时把先王害死了。我继承王位，便恨之入骨，所以广泛结交群臣，对外招徕宾客，以求为先王报仇雪耻。有谁能完成这件事的，我情愿与他一块儿治理燕国。如今乐毅替我攻破齐国，荡平齐国的宗庙，一雪先王的仇恨，齐国本来就是乐毅的，不是燕国所应该得到的。乐毅如果能拥有齐国，与燕国并列称国，结为友好盟国，共同抵抗来犯的各诸侯国，这是燕国的洪福，也是我的愿望啊。你们怎么胆敢这样说呢？"于是把说这些话的人杀死了。燕王赏赐乐毅的妻子享受王后的服饰，赐他的儿子享受公子的服饰；配备辂车乘马，以及上百辆车子，让丞相送给乐毅，封乐毅为齐王。乐毅惶恐万分，不敢接受赏赐，上书宣誓至死效忠，绝无二心。从这以后齐国人都钦服乐毅的高义，诸侯们畏惧他的忠信，没有人再敢谋害他。

没过多久，燕昭王逝世，燕惠王继承王位。燕惠王做太子的时候，就曾经与乐毅闹得不愉快。田单听说这件事，就到燕国施行反间计，散布谣言说："齐王已经逝世，没有攻克的城池只剩下两座。乐毅与燕国新君之间有宿怨，害怕被杀因而不敢返回燕国，借着进攻齐国的名义，实际上是想拥兵南面称齐王。因齐国人还没有归附，所以姑且暂时缓和对即墨的攻势，等待时机成熟便会成就大事。齐国人害怕的，是燕国另派其他将军前来攻城，那样即墨就要残缺不全了。"燕惠王本来就对乐毅有疑心，又中了齐国的反间计，于是派骑劫为将代替乐毅，而把乐毅召回燕国。乐毅知道昭王派人取代他没什么好意，就投奔到赵国。燕国将士从这以后愤恨不已，互相之间也不和睦。

田单下令城内百姓吃饭时，要先在庭院内祭祀祖先，飞鸟都盘旋着落到城内。燕国人觉得这事很怪异，于是田单四处广布谣言说："应当有神机军师从天而降来教导我们。"有一个士兵说："我可以做神机军师吗?"说完扭头就走。田单赶忙起身把他叫回来，让他东向而坐，像对待军师一样对待他。士兵说："我是欺骗你的。"田单说："你不要说这件事!"仍以军师之礼对待他。每次外出发布号令，必说是神师的意思。又散布谣言说："我们只是害怕燕国军队割掉被俘齐兵的鼻子，驱赶他们在大军之前，即墨就要被攻破了。"燕人听说这件事，就像谣言说的那样做。城中百姓见投降的人都被割掉了鼻子，都很生气，更坚定了守城的意志，唯恐被齐军俘获。田单又派人反叛，散布谣言说："我害怕燕国人开掘城外我们祖先的陵墓，使人心寒!"燕军把城外所有的坟墓都挖掘了，烧毁尸骨。齐国人在城头上看见，全都痛苦哀悼，要求共同出城作战，增添了十多倍的怒气。田单知道可以让士兵上阵杀敌了，就亲自手拿版、锸，与士兵共同作战；妻妾也安排到作战队伍中；给士兵们分发酒食犒劳他们。又命令甲兵全部埋伏起来，让老弱妇女登上城头戍守，派使者到燕国军中商议投降事宜，燕军都高呼万岁。

田单从百姓那里募集钱财，得到千镒黄金，让即墨的富豪赠送给燕国的将军，说："眼看就投降了，希望不要俘虏掠杀我们的族人。"燕将非常高兴，答应了他的要求。燕国军队更加懈怠。田单到城中搜集到一千多头牛，为它们穿上绛色缯衣，身上画五彩龙纹，牛角上绑上尖刀，又把灌有油脂的苇草束绑到牛尾巴上，然后点火，在城角挖开数十个洞口，晚上放出牛群，又有五千名壮士紧跟在牛群后边。牛尾被火烧，群牛惊怒地向燕军大营乱奔。燕军十分惊恐，又看到牛满身龙纹，只要碰到非死即伤。城中百姓也喊声震天，紧紧跟随在牛群后边，老人小孩敲打铜锣，声响震天动地。燕军十分惊骇，四散逃窜。齐国人杀了骑劫，追击败军，凡是一路经过的城池，都叛离了燕国重新归顺齐国。田单的军队也日渐增多，乘胜追击，燕军也日渐败亡，一直窜逃到黄河边，齐国的七十多座城池也都全部光复。于是又到莒把襄王迎接回来。进入临淄城，襄王把田单封为安平君。

齐王把太史敫的女儿立为王后，生下太子田建。太史敫说："女儿没有经过媒妁之言就自己出嫁，不是我的后代，败坏家门！"终身不愿见王后，齐后并没有因为他不见自己就丢掉为人子女应守的礼节。

赵王把乐毅分封到观津，尊重并且宠信他，借乐毅来震慑警示齐、燕两国。燕惠王派人训斥乐毅，并问他："将军你误信传言，因为与我有嫌隙，于是抛弃燕国而投奔到赵国。将军你这样为自己打算无可厚非，然而你该怎么来报答先王对你的知遇之恩呢？"乐毅给燕王回信说："昔日伍子胥到吴国游说，吴王阖闾采纳他的建议，吴国的疆域拓张到郢都；到了夫差就不再信任伍子胥，赏赐革囊把伍子胥的尸体装起来沉到大江里。吴王理解不了伍子胥先前的建议可以成就功业，因此把伍子胥沉到江里也没有悔恨；伍子胥不能提前看出来如今的君王气度和先王不一样，因此直到被沉入江底都没有改变自己的态度。免除自身的灾祸、建立功业，以彰显先王的心愿，这才是微臣考虑的上策；自己被人离间、诋毁、侮辱、诽谤，堕毁先王的名誉，这是微臣最害怕的。因为面临不可预测的罪名，而以宠幸为利益，这在道义上我是不敢做的。我听说古时候的君子，即便是与人绝交也不说不好的话，忠臣无奈远离国家，也不会专门为自己去清洗名声。我虽然成不了什么大器，也时刻想着遵奉君子之道。希望大王能够留意明察！”于是燕王又把乐毅的儿子乐间封为昌国君，而乐毅也可以在赵、燕两国之间随意往来，赵国也和燕国重新修好。乐毅最后死在赵国，号称望诸君。

田单在做齐国丞相时，途经淄水，见到有位老人蹚水过河，因为河水寒凉，从水里出来后没办法走路。田单把自己的皮袄脱下来给他穿上。齐襄王很讨厌他，说："田单这样对百姓施恩，是想要谋取我的国家大权！不早点对他下手，恐怕以后会有变。"左右环视没有人，只有在台阶下有一个串珍珠的人，襄王把他叫到跟前问："你听到我说的话了吗？"回答说："听到了。"襄王说："你认为该怎么办？"回答说："大王不如把田单的行为变为自己的善举。大王对田单的善行加以嘉奖，下令说：'我担忧百姓忍受饥馁，田单就收留并给他们提供食物。我担心百姓忍受严寒，田单就脱下自己的皮袄给他们穿上。我对百姓的劳苦担忧，田单也非常担忧，正好符合我的意思。'田单有这样的善举而大王对他嘉奖，田单的善举也就是大王的善举啊！"齐王说："很好。"就赐给田单牛肉和美酒。几天过后，串珍珠的人再一次拜见齐王说："大王上朝召见群臣的时候应该召见田单并当庭揖让，以言语对他进行嘉奖，然后下令在百姓中走访饥寒的人，收养他们。"于是派人到街巷上听取民情，听到大夫们互相谈论，说："田单对百姓爱护有加，原来是大王指示他做的啊！"

田单把貂勃推举给齐王。齐王有九个宠信的大臣，想要中伤田单，先后对齐王说："燕国大军当年进攻齐国时，楚王派出将军率领一万大军来援助齐国。如今齐国国家安定、社稷稳固，为什么不派出使者向楚王表示谢意呢？"齐王说："左右谁比较合适？"九位宠臣回答说："貂勃可以胜任。"貂勃出使楚国，楚王接见并大摆酒筵款待他，几个月过去了还没有返回。九位宠臣又对齐王说："貂勃独身一人出使楚国，享受楚国万乘之君的礼遇优待，难道不是因为凭借田单的权势吗？况且安平君与大王您，君臣上下没有什么太大的差别。况且他心怀不良的想法，对内抚慰百姓，对外柔服戎狄，礼遇天下的贤德人士，他是想有一番大的作为，希望大王能够明察！"过几天，齐王说："把丞相田单召进来。"田单脱下帽子、光着脚、裸露着上身进到宫内，退出来的时候请求以死谢罪，五天后，齐王说："你对我没有犯错。你行你的臣子之礼，我行我的君王之礼罢了。"

貂勃从楚国返回，齐王赐给他美酒款待。饮酒正酣畅时，齐王说："把丞相单召进来。"貂勃离开席位叩头说："大王您和周文王谁更贤明？"齐王说："我比不上周文王。"貂勃说："是的，臣知道大王比不上周文王。那么大王与齐桓公相比谁更贤明？"齐王说："我比不上齐桓公。"貂勃说："是的，臣知道大王比不上齐桓公。然而周文王得到吕尚的辅佐，尊奉他为太公，齐桓公得到管仲尊称他为仲父，如今大王得到安平君却直呼他'单'，怎么可以说这样亡国的话呢？况且自开天辟地，人类繁衍以来，身为臣子而为国家建立功勋，有谁比安平君的功劳更大？大王守不住自己的江山，燕人起兵攻打齐国，您逃到城阳的大山里，安平君凭借人心区区即墨城方圆三五里的城郭、七千疲敝的士兵，擒获燕国司马并收复齐国方圆千里的疆域，这是安平君的功劳啊。假如那个时候，安平君舍弃身在城阳的大王您而自己称王，天下谁也阻止不了。然而他考虑王道，归服正义，觉得坚决不能这样做，因此修筑栈道、木阁亲自到城阳山中把大王和王后迎接回来，您才得以回到齐国，统率百姓。如今国家已经稳定，百姓安居，大王就叫他为'单'，即便是小孩子也不会这样做的。希望大王赶紧把这九个人杀了，向安平君致歉；不这样的话，国家就要有危难了！"于是齐王杀掉这九个人并把他们的族人流放，加封安平君为夜邑地区的万户侯。

田单将要进攻狄，到鲁仲连处见他。鲁仲连说："将军您进攻狄，只怕不能攻克。"田单说："我带领着即墨破败不堪的军队就打败了拥有万辆战车的燕国，收复齐国故地，如今却不能攻克狄，是什么原因？"田单登上车子没有辞谢就走了，于是向狄发动进攻。三个月没有攻克。齐国的小孩在歌谣里唱道："武冠像簸箕，长剑撑面皮，攻狄不能克，白骨堆成山。"田单内心恐惧，向鲁仲连询问："先生您说我不能攻克狄，请给我说说其中的原因吧。"鲁仲连说："你在即墨的时候，坐着就亲手编织草筐，站着就手拿铁锹掘土，带领士兵高唱军歌：'无路可退了！我们国家已经灭亡！今天不能自救，看我们将到哪里寻找归宿！'那个时候，将军有决一死战的决心，士兵没有苟且偷生的想法，听到您说的话没有不挥泪振臂要求上阵杀敌的，这才是能够打败燕国的缘故。如今您在东边的夜邑有丰厚的租赋，在西边的淄上可以游览渔猎，腰悬金带在淄、渑二水之间随意驰骋，享有生活的乐趣却没有必死的决心，所以不能战胜呀。"田单说："我田单有这样的决心，是先生您帮我树立的啊。"第二天，就亲临城下鼓舞士气，站在矢石乱下的战场上，亲自击鼓，才攻克狄人。

起初，齐湣王把宋国灭掉后，想把孟尝君驱逐出去。孟尝君逃奔到魏国，魏昭王让他担任丞相，联合各诸侯国攻破齐国。齐湣王逝世，齐襄王收复齐国旧地，孟尝君保持中立为诸侯，没有归属任何国家。齐襄王由于刚继承王位，畏惧孟尝君，与他联合友好相处。孟尝君逝世后，几个儿子争抢着要继承薛公，齐、魏两国联军灭掉了薛，从这以后孟尝君便绝后了。

三十七年（癸未，公元前 278 年）

秦国大良造白起带兵进攻楚国，攻占郢城，焚毁夷陵。楚襄王的军队四散逃离，于是不能继续作战，向东北方向迁都到陈。秦国把郢城设为南郡，封白起为武安君。

三十八年（甲申，公元前 277 年）

秦国武安君平定巫及黔中两地，开始设立黔中郡。

魏昭王逝世，他的儿子即位，即魏安釐王。

三十九年(乙酉，公元前276年)

秦国武安君起兵进攻魏国，攻克两座城池。

楚王到东方边境募集军队，获得十余万大军，又向西收复长江以南十五座城池。

魏安釐王把自己的弟弟魏无忌封为信陵君。

四十年(丙戌，公元前275年)

秦国相国穰侯带兵进攻魏国。韩国派出暴鸢带兵救援魏国，穰侯击败暴鸢，斩杀四万余人。暴鸢逃往开封。

魏国把八座城池献给秦国请和。穰侯却再次进攻魏国，魏将芒卯败逃，大军开进北宅。魏国将温地割让给秦国求和。

四十一年(丁亥，公元前274年)

魏国与齐国重新合纵。秦国派出穰侯带兵进攻魏国，攻占四座城池，斩杀四万人。

鲁缗公逝世，他的儿子姬雠即位，即鲁顷公。

四十二年(戊子，公元前273年)

赵、魏两国联合进攻韩国华阳。韩国向秦国告急，秦王不愿意救援。韩国相国对陈筮说："事情十分危急，希望你即便是带病也要跟我走一趟！"陈筮到秦国会见穰侯。穰侯说："事态是不是危急了，所以才把你派来？"陈筮说："不算紧急。"穰侯怒气冲冲地说："为什么？"陈筮说："韩国假如情势真的危急就要转而向他国寻求援助；因为并不是很危急，所以才会再次来秦国啊。"穰侯说："我愿意出兵救援韩国。"就与武安君白起以及客卿胡阳发兵援救韩国，八天后大军才到，在华阳城下击溃魏军，芒卯败逃，俘虏了三员大将，斩杀十三万人。武安君又与赵国将军贾偃作战，把贾偃的两万多人淹死在黄河。魏国段干子建议把南阳之地割让给秦国求和。苏代对魏王说："想得到秦国相印的人，是段干子；想得到土地的，是秦国。如今大王让想得到土地的秦国支配想得到相印的，让想得到相印的人支配土地，魏国的疆域要完了！拿土地来讨秦国的欢心，就好比抱着干柴去救火，干柴没有烧完，火是不会熄灭的。”魏王说：“你这话说得对。尽管如此，但事情已经开始做，没办法更改了。”苏代回答说：“下棋的时候重视‘枭子’，就是因为合适的时候它可以吃别的棋子，不合适就不吃。现在大王运用智谋怎么还不如用‘枭子’呢？”魏王不听劝告，最终还是把南阳割让出去来求和，实际是割让修武这个地方。

韩国釐王逝世，他的儿子即位，即韩桓惠王。

韩、魏两国已经臣服于秦国，秦王派出武安君与韩、魏两国联合进攻楚国，还没有出发，楚国使者黄歇就已经到了。黄歇听说这件事，怕秦国趁势一举把楚国灭掉，于是上书秦王道：“臣听人说物极必反，冬夏的交替便是这样的例子；太高则必然危险，叠垒棋子就是这样的例子。如今秦国的疆域已占据全天下土地的三分之二，这是自从人类出现以来，拥有万乘战车的国家所没有达到过的。我国先王三世以来都不忘使秦国土地同齐国连接起来，借以断绝各国合纵结盟的关键部位。如今楚王任用盛桥掌管韩国大权，盛桥逼迫韩国把土地割让给秦国，这样大王不动用一兵之力，不逞神威，就得到了数百里的土地，大王可以算得上是贤能了！大王又兴兵进攻魏国，堵住魏国的门户，攻克河内，攻占燕邑、酸枣、虚、桃，进军邢丘，魏军像乌云一样聚集起来却又不敢营救，大王的功业实在是太多了！大王休兵养息，两年后重新用兵，又占领蒲、衍、首、垣等地，大军直达临仁、平丘，逼迫黄及济阳据城自守，魏国也向秦臣服。大王又攻克濮阳的北部，把齐、秦两国中部连接起来，割断了楚、赵两国的联系，各诸侯国多次联合也没敢出兵来救，大王的威名可以说是天下无双了！如今大王若是能保住当前的功业和威势，稍稍减弱进攻他国的想法，在本国施行仁义，以免除后患，那成就的功业足以超过前代的三王五霸！大王若是依靠着百姓众多，仰仗强大的兵力，趁着消灭魏国的余威，用武力想让全天下的诸侯都臣服，恐怕会有无穷之患啊。《诗经》上说：‘没有不能善始的，可惜很少有能善终的。’《易经》上说：

‘幼小的狐狸蹚水，必然要沾湿尾巴。’这说的都是开始容易而结束困难的道理啊。昔日吴王误信越国，起兵进攻齐国，在艾陵打败了齐人，班师后却被越王在三江之畔擒获杀死。智伯瑶信任韩、魏两国，起兵进攻赵国，大军围困晋阳城，眼看就要攻克了，不料韩、魏两国突然反悔，把智伯瑶杀死在凿台之下。现今大王见楚国没有灭亡就嫉恨在心，却没有想到楚国灭亡会让韩、魏两国更加强盛。臣认为大王你最好还是不要进攻楚国。楚国，可以为大王提供援助；邻近的国家，却是敌对之国。如今大王对韩、魏的亲善信任，就好像是吴国对越国的信任一样，臣恐怕韩、魏两国表面上说着谦恭的话来解除危难，实际上却是要欺骗秦国。这是因为秦国对韩、魏两国并没有再生的恩德，却有着世代累积起来的仇怨。韩、魏两国有不少百姓父子兄弟相继死在秦国将士的手里，快要有十代人了，因此只要韩、魏两国没有灭亡，就始终是秦国的心腹之患。如今大王给他们提供兵力，帮助他们一起进攻楚国，这难道不是天大的失策吗？再说进攻楚国要从哪里出兵？大王难道要取道韩、魏两国吗？那样的话，大军一出大王就要担心军队能不能回来。如果不从韩、魏两国经过，那必须先进攻随水的西部，那是一大片河湖、湍流、山林、深谷等十分贫瘠的地方。这样，大王将空有一个灭楚的名义事实上却没有得到一点好的土地。况且大王进攻楚国时，楚、韩、魏、齐四国一定会全部出兵抵抗。秦、楚两国的军队正在缠斗不休之时，魏国会趁机出兵攻打留、方舆、铚、湖陵、砀、萧、相等地，把原来宋国的土地夺为己有。齐国也向南进攻楚国，肯定要把泗上夺走。这些地方都是平坦富饶、交通便利的平原，这样一来，天下诸侯就没有比齐、魏两国势力更强盛的了。臣为大王着想，最好还是与楚国交好。秦、楚两国联合一心，出兵进攻韩国，韩国必然会束手称臣，大王再凭借华山以东险要的地势，占据黄河九曲地区的财富，韩国必然会成为大王的关内侯。这个时候，大王再以十万雄兵驻扎在郑，魏国肯定会恐惧万分，再发兵包围许及鄢陵两地，上蔡、召陵就不能再和大梁取得联系，到时候，魏国也要变成秦国的关内侯了。大王与楚国之间亲善友好，关内韩国、魏国两个万乘之国就会一起向齐国索取土地，齐国西境的国土就唾手可得了。大王您的疆域，从西海横贯到东海，全部为秦国所控制，燕、赵两国就不能与齐、楚两国合纵亲善，齐、楚两国也没办法和燕、赵两国互相支援。然后大王再统率大军震撼燕、赵，直捣齐、楚两国国都，这四个诸侯国不用大王费力攻击，就会主动屈服了。”

秦王采纳了他的建议，让武安君白起先把大军暂时停下来，辞谢韩、魏两国回国，又把黄歇送回国内，和楚国签订亲善友好的条约。

资治通鉴卷第五　周纪五

起己丑(公元前 272 年)，止乙巳(公元前 256 年)，共十七年。

【题解】本卷记录了周赧王姬延四十三年至周赧王五十九年共十七年的各国大事。主要叙述了秦、赵长平之战，并刻画了一批栩栩如生的人物。秦国大胜赵国，坑杀降卒四十五万，赵国元气大伤，一蹶不振。秦军乘势攻打赵都邯郸，楚、魏两国相救，形成联盟，秦军进攻受挫。此外还记录了长平之战前赵奢在阏与打败秦军；范雎入秦代魏冉为相，长平之战后将相失和，挑动秦王杀死白起；楚国春申君帮助太子熊完回国；以及吕不韦帮助公孙异人成为太子等等。

赧王下

四十三年(己丑，公元前 272 年)

楚国让左徒(楚国官名)黄歇做太子完的侍从一起到秦国充当人质。

秦国设置南阳郡。

秦、魏两国联合楚国进攻燕国。

燕惠王逝世，他的儿子即位，即燕武成王。

四十四年(庚寅，公元前 271 年)

赵国派出蔺相如带兵进攻齐国，大军开到平邑。

赵国田部的下层官吏赵奢奉令收取田租，平原君家里的人不肯缴纳租税；赵奢依照法令处置，把平原君家中管理家事的九个人杀掉了。平原君很愤怒，想把赵奢杀了。赵奢说：“您在赵国贵为公子，如今您要是放纵家人不肯奉公守法，那么法令的威信就会削减了，法令的威信削减国家就要变得衰弱，国家衰弱各诸侯国侵略的大军也就要到了，这样赵国也就要亡国了。到时候您还怎么享有这样的富贵呢？以您尊贵的地位，遵守国家的法令则全国上下都相安无事，上下都相安无事国家也就变得强盛，国家强盛赵国的社稷江山也就稳固，而您身为赵国皇室贵戚，难道会被天下诸侯轻视吗？”平原君认为赵奢十分贤能，就把他推荐给赵王。赵王让他负责全国的租税征收，赵国租税连年增收，社会太平，百姓生活富足，国库储存也逐渐充实起来。

四十五年（辛卯，公元前 270 年）

秦国起兵进攻赵国，大军包围阏与城。

赵王召见廉颇、乐乘问：“可以实施援救吗？”二人都说：“路途遥远且道路狭隘，难以援救。”又问赵奢，赵奢回答说：“路途既遥远又狭隘，就像洞穴里的两窝老鼠撕咬打斗，将领勇敢的才会取得胜利。”于是赵王派赵奢带兵前去营救阏与城。军队走到距离邯郸还有三十里的地方就停下来不再前进，命令军中说：“有敢以进军之事进谏的一律处以死刑！”

秦国军队在武安西方驻扎，击鼓摆阵，武安城内房上的瓦片都被震落下来。赵军中有一名军官建议抓紧时间救援武安，赵奢马上就把他斩首示众。赵军接连坚守壁垒二十八天都没有前进，又重新加固壁垒。秦国派出间谍混到赵军中。赵奢赏赐给他好酒好菜又把他遣送回去。间谍把这件事报告给秦军将领，秦将喜出望外地说：“援军离开国都仅仅三十里大军就停驻不进，又加固壁垒，阏与城将不再是赵国的了。”赵奢把间谍遣送回去后，下令士兵把铠甲卷起来急速进军，一天一夜就到了，在距离阏与城五十里的地方把大军驻扎下来，部署修筑防御工事。秦军听说这件事后，派出全部甲兵前去迎战。赵军军士许历请求就军事形势提出建议，赵奢答应了他，许历说：“赵国大军突然前进至这里绝对出乎秦军意料，他们来势汹汹意气风发，将军一定要好好准备严加布阵来对付秦军；不然的话，赵军必定会失败。”赵奢说：“我采纳你的指教。”许历请求将自己处以死刑。赵奢说：“别着急，你进谏在邯郸下令之后。”许历再次进谏说：

“谁能够先占据北面的山头谁就取胜，后到的必然失败。”赵奢采纳了他的建议，立即派出一万人占领北山。秦军后来才到，抢夺北山不能攻上去。赵奢发兵对秦军发动猛攻，秦军大败，放弃了对阏与城的围攻，班师回国。赵王把赵奢封为马服君，和廉颇、蔺相如地位相同；封许历为国尉。

穰侯魏冉把名叫灶的一个客卿推荐给秦王，派他进攻齐国，攻克刚、寿两地来扩张自己在陶邑的土地。

起初，魏国人范雎跟随中大夫须贾一起出使齐国，齐襄王看到他口才敏捷、能言善辩，私下里赏给他黄金以及牛、美酒。须贾误以为范雎把国家机密告诉给了齐国，返回国内后把这件事告诉了丞相魏齐。魏齐大怒，派人鞭打范雎，其肋骨被打断，牙齿也被打掉了。范雎于是装死，魏齐让人用竹席把他卷起来，扔在厕所里，让喝醉的客人轮流往他身上撒尿，来警诫后人，让他们不要随便说话。范雎对守卫的人说：“要是能把我放出来，我一定重谢你。”守卫于是请求把卷在竹席里的死人扔了。魏齐当时喝醉了，说：“可以。”范雎这才逃了出来。魏齐后来后悔了，又派人捉拿他，魏国人郑安平已经掩护范雎逃到了其他地方，改名换姓叫作张禄。

秦国担任谒者的王稽出使魏国，范雎趁着黑夜求见王稽。王稽把他藏到车里一起回到秦国，推荐给秦王，秦王在行宫召见了他。范雎假装不知道是什么地方顺着长巷进入行宫中，秦王来到后，宦官怒声呵斥让他出去，说：“大王到了！”

范雎故意胡乱说：“秦国哪有王？秦国只不过有太后、穰侯罢了！”秦王隐约听懂了他说的话的含义，于是让左右随从退下，向范雎跪下请教，说：“先生你有什么要教给我的呢？”范雎说：“是！是！”连着这样三次。秦王说：“难道先生始终不愿意指点教导我吗？”范雎说：“我怎么敢这样呢？我不过是一个漂泊流浪的下臣，与大王的关系也算不上深厚，而我所想要说的都是能够匡扶君王之事，关系到人伦至亲相处的话。我愿意向大王报效愚忠却不了解您的意思如何。

这就是大王你连着问了三次而我没敢回答的缘由了。我知道今天在您面前进言，明日就可能会被诛杀，然而我不敢为了避祸而不进谏。况且死亡是人生所不能避免的，假如能够多少对秦国有所补益而被诛杀，这也算是我最大的心愿。只是害怕我死后，天下贤德之人都闭口止足，再不肯来投奔秦国了。”

秦王长跪不起说：“先生您说的这是什么话！今天我能遇见您，这是上天认为我愚钝特意派您来帮助我保存先祖的宗庙社稷。凡事不论大小，上及王太后，下到诸位大臣，希望您全都对我进行指点，不要再怀疑我了！”范睢赶忙拜谢，秦王也回拜。范睢说：“凭秦国强大的国力、士兵的刚猛勇敢，来挟制诸侯各国，就好像是用韩卢良犬来追赶瘸腿的兔子。但是秦国闭守函谷关十五年，不敢对崤山以东用兵，这是穰侯为秦国谋划没有尽忠的缘故，而大王的策略也有所失策啊！”秦王继续跪着说：“我想知道什么地方失策了！”然而当时左右有许多人在暗地里偷听，范睢没敢直接讲内政，先说些外事，来看看秦王的兴趣怎样，便进而说：“穰侯跨越韩、魏两国进攻齐国刚、寿两地，不是好计策。齐湣王向南进攻楚国，击破楚军又斩杀楚将，开辟土地数千里，而齐国却没有得到一尺一寸的领土，难道是齐国不想获得土地吗？是形势所限没办法得到啊。各诸侯国看到齐国国势罢敝，纷纷起兵进攻齐国，大败齐国，齐国差不多就要灭亡了。这便是因为齐国攻打楚国却使韩、魏两国白白受益啊。如今大王不如与距离远的诸侯国交好而攻打距离近的诸侯国，得一寸土地就是大王您的一寸土地，得一尺土地也还是大王您的一尺土地。如今的韩、魏两国位居各国的中央位置，是天下交通来往的枢纽。大王要是想成就霸业，必须和中原各国交好来控制天下交通的枢纽位置，借此威慑楚、赵两国，楚国势力强盛就先收服赵国，赵国势力强盛就先收服楚国，楚、赵两国都归附秦国后，齐国必然会害怕秦国，齐国一旦归附，韩、魏两国顺势也就自然成为秦国的俘虏了。”秦王道：“太好了。”于是任命范睢为客卿，和他谋划军事策略。

四十六年(壬辰，公元前269年)

秦国担任中更一职的胡伤带兵进攻赵国阏与城，没能攻下。

四十七年(癸巳，公元前268年)

秦王采纳范雎的计谋，派五大夫绾进攻魏国，攻占怀。

四十八年(甲午，公元前267年)

秦国送到魏国做人质的太子嬴悼逝世。

四十九年(乙未，公元前266年)

秦国攻克魏国邢丘。范雎日渐受到秦王器重，并掌握大权，便趁机向秦王建议："臣在崤山以东的时候，只听说齐国有孟尝君，没有听过齐王；听闻秦国有王太后、穰侯，并没有听过有秦王。专擅国家大政的可以称王，能控制国家利害的可以称王，掌握生杀大权的可以称王。如今王太后擅行国家政事而不顾大王您，穰侯到外国出使也不上报大王，华阳君、泾阳君做事武断又不知忌讳，高陵君来去进退也不向大王请示，这样的四种权贵存在而国家想要保持不危险的境地，这是从来就没有的。处在这样的四种权贵之下，秦国就可以算得上是没有君王了。穰侯的使者执掌大王的重权，控制诸侯各国，剖符取信于天下诸侯，征讨敌人和其他国家，没有敢不听从的；战争获胜就把得到的好处全部归于陶邑，战争失败就把罪过归结到国家身上，与百姓结下仇怨。我又听人说，树木结的果实太多就会把枝干压断，压断枝干就会损害到树心；都城太过于强大就会危及国家，臣子地位太尊贵的话国君就显得卑下。淖齿掌管齐国大权，用箭射齐王的大腿，又把齐王筋脉挑断，把他悬挂到祖庙的房梁上，过了一夜才死。李兑执掌赵国大权，就把主父囚禁在沙丘宫，经过一百天把他活活饿死。现在我看秦国的四位权贵所做的事，与齐国的淖齿、赵国的李兑是同一类的啊。夏商周三代之所以亡国，就是因为国君把国家大权交到了臣子手中，自己却饮酒游猎；授予大权的人大多是嫉妒贤良的人，挟制下属欺瞒君上来攫取他们的个人私利，不为主上打算，而君王也察觉不到，所以丢掉了国家大权。如今从底层的官员到上层的大官，以及大王的左右侍臣，没有一个不是相国的人，每看到大王孤身一人立在朝堂之上，臣常常私下里替您感到恐惧，生怕大王您去世后，执掌秦国大权的就不是您的后代子孙了！”秦王认为确实是这样，于是废黜王太后，又把穰侯、高陵君、华阳君以及泾阳君都放逐到关外地区，任命范雎为丞相，封他为应侯。

魏王派须贾出使秦国，应侯范雎穿着破烂的衣服，走路去见他。须贾惊诧说：“范叔身体没什么问题吧?”把他留下来一起吃饭，又拿出一件绨袍赠给他。

范雎于是亲自给须贾驾车前往丞相府，说：“我替你先进去向丞相通报。”须贾见他很久都没有出来，很是奇怪地向守门的人询问，守门人说：“没有范叔这个人，刚才的那位是我们的丞相张禄先生！”须贾知道被骗了，于是跪着走进去请罪。应侯端坐在位子上，斥责他说：“你之所以还没有死，是看在你赠给我这件绨袍还有一丝故旧情谊！”于是大摆宴席，宴请各诸侯国宾客；在堂下给须贾设座，把碎草、豆子一类马吃的草料给他吃，让他回去告诉魏王说：“赶紧把魏齐的人头斩下送过来！不然的话，我要屠杀大梁城所有的人！”须贾回到魏国，把这件事告诉魏齐。魏齐逃到赵国，藏到平原君的家里。

赵惠文王逝世，他的儿子赵丹即位，即赵孝成王；任命平原君为丞相。

五十年(丙申，公元前265年)

秦国宣太后逝世。九月，穰侯魏冉从咸阳离开回到陶邑。

◆臣司马光说：穰侯扶持昭王继承王位，为他消除威胁势力；又推荐白起为大将，向南攻取鄢、郢两地，向东扩张领土直到齐国边境，迫使天下各诸侯国纷纷向秦国俯首称臣，秦国日渐强盛，是穰侯的功劳。尽管他专横骄恣、骄奢贪婪足以招致祸患，但也并不全都像范雎说的那样。像范雎这样的人，也不是能够忠心地为秦国谋划的，只不过是想获取穰侯的位置，所以紧紧地扼住他的咽喉来抢夺他的地位。于是使秦王母子之间的情义断绝，舅甥之间的恩爱也丧失了。总而言之，范

睢实在是一位危险诡诈的人啊！◆

秦王把他的儿子安国君立为太子。

秦国起兵进攻赵国，攻占了三座城池。赵王刚刚即位，就由太后执掌国家大权，派出使者到齐国寻求救援。齐国说："必须把长安君送到我国当作人质。"太后不肯应允，齐国于是没有派出军队救援。大臣一而再地向太后进谏。赵太后直接对左右说："再有谁说把长安君送去当人质，我一定要吐他一脸口水！"左师触龙请求面见赵太后，太后怒气冲冲地等他前来觐见。左师慢慢地走到前面坐下，向太后谢罪说："我的腿脚不太利索，很长时间没有来看您了，我私下里借腿脚不好宽恕自己，但还是担心太后您的身体不适，所以很想见见您。"太后说："我也每天依靠车子来代步。"触龙说："吃饭还可以吗？"太后说："只是喝大米粥罢了。"这个时候，太后脸上不愉快的表情稍微有些缓和。

触龙又说："我最小的那个孩子舒祺，不大成气候，我的年纪又大了，私下对他最疼爱，想让他去递补个黑衣卫士的空缺守卫宫室，所以今天特地冒死来请求您！"太后说："他多大年纪了？"触龙回答说："十五岁。他年纪虽然小点，但我想趁着我还没有死先把他安排好。"太后说："大丈夫也疼爱小儿子吗？"触龙回答说："比妇人的怜爱还厉害！"太后笑着说："还是妇人比你厉害！"触龙回答说："我认为您对燕后的疼爱要远远胜于长安君。"太后说："你错了！我对燕后的疼爱远不如对长安君的疼爱。"触龙说："父母要是疼爱子女就会从长远的角度为他考虑。您送燕后出嫁的时候，抱着她的脚跟一直流泪，一想到她要嫁到遥远的燕国，内心就哀痛万分。等她嫁过去后，您并非不想念她，但是每到祭祀的时候就为她祈福说：'千万别让她被赶回来。'这难道不是替她做长远考虑，希望她的后世子孙继承燕国王位吗？"太后说："是的。"触龙说："从现在往上推三代，赵王封为王侯的子孙，还有继承在位的吗？"太后说："没有。"触龙说："这就是所谓的近的祸及自身，远的波及子孙。难道是人君封侯的子孙都不堪重任吗？只不过是因为他们处于尊贵的地位却又对国家没有功勋，俸禄优厚却没有劳绩。如今您把长安君的地位提高，给他封赏肥沃的田地，给他赏赐金银宝器，却不知道趁着现在的机会让他为国家建立功勋，一旦您百年后，长安君凭借什么立足于赵国？”太后说：“说得对，那就由你去安排他吧！”于是为长安君准备了一百辆车，把他送到齐国充当人质。齐国才肯派出大军，秦军也随即撤退了。

齐国安平君田单统率赵国大军进攻燕国，攻取中阳；又向韩国进攻，夺取注城。

齐襄王逝世，他的儿子田建即位。田建年龄还小，国家大事都由王太后来决定。

五十一年（丁酉，公元前 264 年）

秦国武安君带兵进攻韩国，攻占九座城池，斩杀五万人。

田单在赵国担任丞相。

五十二年（戊戌，公元前 263 年）

秦国武安君带兵征讨韩国，攻克南阳；进攻太行山道，将山道断绝。

楚顷襄王身患重病。黄歇对应侯说：“如今楚王的病只怕是好不了了，秦国不如把太子给他送回去。太子即位后，他肯定会好好地侍奉秦国并且永远报答你对他的恩德，这样既可以使秦楚两国亲善又为秦国储备了一个万乘大国的盟友。如果不把太子送回去，万一楚国另立新君，那他就不过是咸阳的一介平民而已。楚国另立新君，肯定不肯向秦国臣服，这样秦国既失去了友邦又与一个拥有万辆兵车的大国断绝了和平关系，不是好的计策。”应侯把这件事报告给秦王。秦王说：“先让太子的老师到楚国探病，回来后再商议此事。”黄歇和楚国太子密谋说：“秦国把太子您扣押在此，是想求取利益。如今凭借您的势力给秦国带不来什么益处，而阳文君的两个儿子又都在国内。大王一旦逝世，阳文君的儿子必然被拥立继承王位，您就没有办法继承祖宗社稷了。倒不如和使者一块从秦国逃走，我待在这里，拼死来处理这件事。”太子于是换了衣服乔装打扮成楚国使者的车夫逃到关外；而黄歇留守在馆舍中，常常称太子身体不舒服谢绝来客。估摸着太子已经走得远了，自己就告诉秦王说：“楚国太子已经返回楚国，出秦国很远了。我甘愿被您赐死！”秦王大怒，想按他说的处理。应侯说：“黄歇身为臣子，宁肯牺牲自己来搭救他的君主，楚太子即位，必然要对他重用，不如赦免他的罪行把他送回国内，换来秦楚两国交好。”秦王采纳了应侯的建议。黄歇回到楚国三个月后，正值秋季，楚顷襄王逝世，楚考烈王即位；任命黄歇为丞相，把淮北地方封赏给他，称为春申君。

五十三年（己亥，公元前262年）

楚人向秦国献出一个州，来换取两国之间的和平。

武安君白起发兵进攻韩国，攻克野王城。上党对外联系的道路被截断，上党郡守冯亭与城中百姓商议说：“通往国都郑的道路被截断了，秦兵日渐逼近，韩国又不能前来接应，不如把上党全郡向赵国归附。赵国肯接纳我们，秦国必然要进攻它；赵国被秦军攻击，必然要与韩国亲善。韩、赵两国联合为一体，就可以抵御秦兵了。”就派出使者告诉赵国说：“韩国守不住上党，必然被秦国攻克，上党的官吏和百姓都宁肯做赵国人，也不愿意做秦国人，现有十七座城邑，希望能够献给大王！”赵王把这件事告诉平阳君赵豹，平阳君回答说：“圣人把无故所获得的利益视为最大的祸患。”赵王说：“别人敬仰我的德政，怎么说是没有缘故？”平阳君回答说：“秦国一步步地侵吞韩国土地，切断了通路，使上党无法和外界取得联系，本以为可以坐等上党投降。韩国人之所以不想向秦国归附，是想把灾祸转嫁到赵国。秦国付出了劳力而赵国收到了该属于秦国的利益，即便是国势强盛的国家也不该这样从弱小的国家得到利益，弱小的国家又怎么能这样从国势强盛的国家手中得到土地！这怎么不算是无缘无故呢？还是不要接受为好。”

赵王又把这件事告诉平原君，平原君请赵王接受。赵王于是派平原君到上党进行土地交接，把三座有万户人口的城池封赏给他，让他做太守，称为华阳君，又把三座有千户人口的城池封赏给原来的县令，爵位升为侯，官吏及乡绅都加爵三级。冯亭不愿意接见赵国使者，泪流满面地说："我不忍心把国君的土地卖了还享用他的俸禄！"

五十五年（辛丑，公元前 260 年）

秦国派出左庶长王龁带兵进攻上党，攻克上党。上党百姓纷纷逃到赵国。赵国派出廉颇率军驻扎在长平，来安置抚恤上党的百姓。王龁于是出兵进攻赵国。赵国军队几次迎战都没有获胜，损失一员副将、四员都尉。赵王与楼昌、虞卿商议，楼昌向赵王提议派大使前去求和。虞卿说："如今战事的决定权掌握在秦国手里，秦国若是下定决心要攻破赵军，即便派人去求和，秦军将领也不会听从，还不如我们派使者带着珍宝到楚国、魏国，楚、魏两国接受的话，秦国就要怀疑诸侯各国又采取了合纵相亲的策略，这样求和才会成功啊。"赵王没有听从，派郑朱到秦国求和，秦国接受了和议。赵王对虞卿说："秦国接受了郑朱的求和。"虞卿回答说："大王肯定还没有讲和而赵军就被攻破了。为什么呢？诸侯各国都要派出庆贺战争胜利的人到秦国。郑朱是赵国的贵人，秦王、应侯必然要对他进行宣扬重用来告知天下各诸侯国。天下诸侯见大王您已经向秦国求和，必然不会再来援救；秦国既然知道天下诸侯不会来援救赵国，那请和就不会取得成功。"没过多久秦国果然把郑朱求和的事宣扬出去而不与赵国讲和。

秦国多次击败赵军，廉颇于是坚守壁垒拒绝出城迎战。赵王以为廉颇损兵折将后变得胆怯不敢出战，大怒，连着几次训斥他。应侯又派人带着一千斤黄金到赵国进行反间，说："秦国唯独害怕马服君的儿子赵括担任大将。廉颇容易应付，况且他马上就要投降了！"赵王于是让赵括代替廉颇担任将军。蔺相如说："大王因为赵括名气响亮让他担任将军，就好比把琴柱用胶粘起来再鼓瑟呀。赵括只不过会诵读几本他父亲留下来的兵书，不懂得随机应变的道理。”赵王不肯听从。当初，赵括小时候开始学习兵法时，自认为天下没有人能够与他匹敌；他曾经和他父亲赵奢谈论兵法，赵奢也难不住他，但仍然不说他兵法好。赵括的母亲问他什么原因，赵奢说：“用兵，是要身处出生入死的险境，但是赵括谈论兵法却很随意。倘若赵国不任用赵括为将军也就罢了；如果非要他统率军队，使赵军败亡的必然是赵括。”

等到赵括率兵将要启程时，他母亲向赵王上书，说不能任用赵括。赵王说：“为什么？”回答说：“起初我侍奉赵括的父亲，那个时候他担任将军，有十几个人都是他自己亲手把食物捧过去给人家吃，有好几百人与他结为挚友，大王及宗室赏赐给他的东西，全都分发给手下的将士卒役；从接受君命那天开始，就不再过问家事。如今赵括刚刚当上将军，就面向东边接受下级官吏的朝见，军中大小官吏没有人敢抬起头看他；大王赏赐给他的金银布帛，都带到家里藏起来，每天看到有能够获利的田宅，能买就购买下来。大王您认为他和他的父亲一样，其实父子二人的心志并不相同，希望大王不要任用他为将。”赵王说：“您不要多说了，我已经决定了。”赵括的母亲于是说：“假如他不称职，大王怪罪下来请不要牵连到我。”赵王马上就准许了。

秦王听说赵括已经担任赵军的将军，于是暗中派武安君白起为上将军而改任王龁做副将，在军中下令：“有谁敢把武安君为上将军的消息泄露出去马上就斩首！”赵括到军中后，把原来廉颇的作战部署完全改变，又把军中的参谋指挥人员进行调动，下令出兵向秦国军队进攻。武安君佯装败退逃跑，安排左右两翼军队对赵军实施包围。赵括乘胜追击，到达秦军的堡垒，秦军坚守壁垒抗拒，赵军久攻不下；秦军派出二万五千人的奇兵把赵军的退路切断，又派出五千骑兵阻断了赵国通往军垒之间的道路。赵军从中间被截成两段，运粮饷的通道也被截断。武安君白起派出轻骑兵出击迎战，赵国连连失利，于是修筑壁垒等待援军前来。

秦王听闻赵军粮草补给的道路被截断，亲自到河内征集年龄在十五岁以上的百姓奔赴长平前线，阻击赵国派来的援兵以及粮草。齐、楚两国派出军队救援赵国，赵军久缺粮草，向齐国请求运送粟米支援，齐王不肯答应。周子说："赵国作为齐、楚两国防御的一道屏障，就好比是牙齿和嘴唇，唇亡则齿寒；如今赵国被灭的话，明日祸患就要波及齐、楚两国了。救援赵国是一件急切的事务，理应如同捧着漏水的瓦瓮去泼烧焦的铁锅一样。况且营救赵国，是弘扬高尚的道义；击败秦军，更可以彰显名声；弘扬高义援救赵国，彰显军威击退强秦。不努力做这样的事却爱惜那点粮食，为国家这样打算实在是大错！"齐王不肯听从。九月，赵军粮草已经断绝了四十六天，士兵们都私下里互相残杀来充饥。秦军突然加大对赵军堡垒的攻势，赵括派出四支小队想要突围，先后突围四五次都没有成功。赵括亲自出营带领精锐部卒出击与秦军展开肉搏，被秦国士兵射死。

赵军崩败，四十万士兵全部向秦军投降。武安君说："昔日秦国攻克上党，上党百姓不愿意做秦国人却归附于赵国。赵国士兵是反复无常的小人，不赶尽杀绝，恐怕还会再生叛乱。"于是用奸计把他们全部坑杀，只把二百四十个年龄小的士兵放回赵国，先后斩杀俘虏四十五万人，赵国极为震惊。

五十六年(壬寅，公元前 259 年)

十月，武安君白起分秦军为三路：王龁率兵进攻赵国武安、皮牢，攻克并占领。司马梗挥师北上平定太原，攻占上党地区所有的土地。韩、魏两国派苏代带上重金向应侯范雎游说："武安君是不是马上就要把邯郸包围了？"应侯说："是这样。"苏代说："赵国败亡后秦国就成为全天下的霸王；武安君白起将身为三公，您难道甘愿身居在他下面吗？到时候即便您不想在他的下面，也没办法了。秦国曾经向韩国进攻，包围邢丘，又围困上党，上党的百姓反而都向赵国投奔，天下百姓不愿意做秦国人已经有很长一段时间了。如今消灭了赵国，北方的百姓都归附燕国，东方的百姓都跑到齐国，南面的都向韩、魏两国逃难，那么秦国所获得的百姓其实没有多少。不如趁势从赵国割取土地，不要让武安君成就大功。”应侯向秦王建议说：“秦兵已经辛劳疲敝，希望允许韩、赵两国割地求和，暂且让士卒得以休整。”秦王采纳了他的建议，从韩国割让垣雍、从赵国割让六座城池后双方讲和，正月，双方纷纷休兵。从这以后武安君白起与应侯范雎结下了怨仇。

赵王派赵郝到秦国进行和谈，割让给秦国六县。虞卿对赵王说：“秦国攻打赵国，是因为军力疲困而退军了呢，还是秦国还能继续进攻，只是顾念与赵国的友好关系而不再进军了呢？”赵王说：“秦国此次前来已经是不留余力，必然是因疲惫才退兵回国的。”虞卿说：“秦国耗尽自己的军力进攻赵国没有得手，军力疲惫而归去，大王又把它耗尽军力没有攻下的地方割让给秦国，这实际上是帮助秦国来攻打自己。明年秦国再次出兵进攻赵国，大王就没有补救的办法了。”赵王还没有决定好计策，楼缓来到赵国，赵王与他商量这件事。楼缓说：“虞卿只知这中间的一点，却不知第二点。秦、赵两国互相攻战而各诸侯国都十分高兴，这是因为什么呢？他们说：‘我们可以趁着强国的势力去打劫弱小的国家。’赵国如今不如趁早把土地割让给秦国求和来迷惑各诸侯国，同时安慰秦国。不这样的话，各国趁着秦国盛怒、赵国兵力疲惫，把赵国瓜分了，赵国就要灭亡了，还怎么去图谋秦国呢？”

虞卿听见这些话，再次拜见赵王说：“楼缓的策略实在是太危险了，这样会使各国越发疑虑，又怎么来慰藉秦国的贪欲呢！他唯独不说这分明是向天下人显露赵国的弱小，况且我所说的不割地给秦国，并不是绝对不能割让给秦国。秦国向您索要六座城池，而大王可以把这六座城池转手去贿赂齐国，齐国是秦国的世仇，它的国君等不到使者把话说完就会相信的。这样大王割让给齐国而失去的土地却可以在秦国手里得到补偿，又向天下展示大王还有能力进行一番作为。大王以这件事来扩大影响力，大军还没有到边境，就可以看见秦国使臣带着重礼来到赵国，反过头来向大王您求和。顺从秦国的意思与它讲和，韩、魏两国听到这件事，必然对大王更加看重，这样大王可以一举与三个国家友好亲善，而与秦国之间的交往也更加便利。”赵王说：“好。”派虞卿东行去拜见齐王，与他商议应对秦国。虞卿还没有从齐国回来，秦国的使者已经来到赵国请求和谈。楼缓听说后，从赵国逃走了。赵王把一座城池封赏给虞卿。

秦国刚开始进攻赵国时，魏王向群臣询问计策，大家都觉得秦国对赵国发动攻击，对于魏国有所便利。孔斌说：“这怎么说呢?”大家说：“秦国击败了赵国，那我们也顺势向它臣服；不能取胜，就可以趁它衰微而进攻它。”子顺说：“不是这样。秦国从孝公到现在以来，作战还没有失败过。如今又任用良将，哪里有什么衰微的时机可乘呢?”大夫说：“即便战胜了赵国，对于我们又有什么损失?邻国蒙受羞辱对于我国正是福分呀。”子顺说：“秦国是贪婪残暴的国家，战胜了赵国，必然又要向其他国家进攻来满足自己的需求，我害怕到那个时候魏国也要被秦军进攻了。古人有这样的话：燕雀在房檐筑巢，母鸟为小鸟哺食，非常欢乐，自认为很安全。锅灶的火苗上蹿，房屋马上就要被烧毁，而燕雀脸色依然没有改变，不知道灾祸马上就要波及自己身上了。如今你还不明白赵国被攻破灾祸就会波及魏国，人怎么能和燕雀一样呢?”子顺，是孔子的第六代孙。

起初，魏王听说子顺十分贤明，派遣使者带上黄金和布帛，把他聘请来担任丞相。子顺说：“君王如果相信我的办法，我的办法本来就是为治国理民而设计的，即便是让我吃粗粝的饭食喝冷水，我依然乐意。如果只是想让我向大王表示臣服，拿高官重禄给我，我只是一个平头百姓，魏王难道缺少一个百姓吗?”使者坚持邀请他，子顺才到了魏国；魏王亲自到郊外迎接他并任命他为丞相。子顺把一批受宠的官员黜免，改任贤能人士，又把闲居官员的俸禄收回，赐给对国家有功的大臣。

很多丢掉官职的人都很不高兴，于是纷纷制造谣言。文咨把这件事告诉子顺，子顺说："不能与下层民众共同谋事已经有很长一段时间了！古时候善于处理政事的，在施政刚开始的时候难免都要受到诋毁和诽谤。子产在郑国担任丞相，三年之后诽谤流言才停止；我的祖先在鲁国担任丞相，三个月后流言才停息。如今我进行新政改革，虽然无法比得上之前的贤人，但怎能对谤言太过于介意呢？"文咨说："不知道你的祖先当年都受到了哪些诽谤？"子顺说："先祖在鲁国担任丞相的时候，有人在街上唱着：'穿着皮裘和芾的那个人，把他抓起来也没有罪。穿着芾和皮裘的那个人，把他抓起来也没有过错。'等过了三个月，政治风化改革成功，百姓又称诵：'穿皮衣、戴大帽的那个人，能实实在在地考虑到我们想要的。戴大帽、穿皮衣的那个人，给我们带来福祉没有偏私。'"文咨十分高兴地说："我到今天才知道您与圣贤没有什么差别。"子顺在魏国担任丞相九个月，向魏王提出的计策都没有被采纳，喟然叹息说："建议没有被采纳，是我提出的建议不合适。建议不适用于君王，却担任人家的职位，享受人家的俸饷，这是不干活光吃白饭，我的罪过实在是太深重了！"于是以身体不适为由辞官退隐。

有人对子顺说："魏王不肯重用你，你为什么不到别的国家去？"子顺答道："能到哪里去？崤山以东的诸侯国马上就要被秦国兼并；秦国是不行仁义的国家，我不愿意到不仁义的地方去。"就待在家里休息。新垣固来请子顺说："贤明人士居住的地方，必然教化振兴，政治修明。如今你担任魏国丞相，还没有听说你做出什么特别的政绩就主动隐退。是不是大志难以实现？不然怎么这么快就辞职呢？"子顺说："就是因为没有什么特别的政绩，所以才主动隐退。更何况一个人身患不治之症，再高明的医生也不会医治。如今秦国心怀兼并天下的志向，奉行仁政道义，魏国自然得不到安定；如今连挽救国家危亡都来不及，哪还有教化可谈？昔日伊挚在夏做官，吕望在商做官，而这两个国家都没有能够长久保全，这难道是伊挚、吕望内心不愿意吗？是因为形势所趋，他们也做不了主啊。如今崤山以东各诸侯国都国势衰颓，韩、赵、魏纷纷将土地割让给秦国以求苟安，二周也派出使臣屈尊向秦国臣服，燕、齐、楚等国也都向秦国表示屈服。从这些来看，不超过二十年，全天下都将是秦国的了！”

秦王想替应侯范雎报仇，听说魏齐藏在平原君赵胜的家里，就花言巧语把赵胜诱骗到秦国扣押起来。

然后，秦王派遣使臣告诉赵王说：“不得到魏齐的首级，我绝对不会把赵王的弟弟放回去！”魏齐想不出计策来，于是依赖于虞卿，虞卿舍弃相印，带着魏齐一起逃亡。到魏国后，想凭借信陵君的关系逃到楚国。信陵君很是为难，很久都没见他们，魏齐很愤怒，自杀身亡。赵王于是把魏齐的首级送给秦国，秦国这才把平原君释放回国。九月，秦国派出五大夫王陵带兵进攻赵国。因为武安君白起患病，不能胜任这次行军任务。

五十七年（癸卯，公元前 258 年）

正月，王陵进攻邯郸，仅仅收获一点利益，秦国增派大军支援王陵；王陵又损失五名校尉。武安君白起这个时候身体已经痊愈，秦王想要派他去代替王陵。武安君说：“邯郸实在不是那么容易攻克的，况且各诸侯国救援的大军即日就要到了。而各诸侯国对秦国的怨恨由来已久，秦国尽管长平一战获胜，士兵伤亡也已经过半，国内空虚，如今越过高山大河而去进攻赵国的国都，赵国在内坚决抵抗，各诸侯国在外围攻，击败秦军是必然的。”秦王见自己亲自下命令都行不通，于是派应侯前去劝说他。武安侯白起始终借生病的理由婉言拒绝，不愿前往，于是秦王派王龁去代替王陵。

赵王派平原君去楚国寻求援救，平原君想在门下的食客中选出文武兼备的二十个人同行，却只选出了十九个人，其他的人都不能够胜任。这时一个叫毛遂的人来到平原君面前自我推荐。

平原君说：“有贤德才能的人身处社会上，就好比利锥装在袋子里，它锋利的锥尖马上就会露到外面。如今你在我门下寄食已经有三年了，我身边也没有人向我夸赞你，我也一直都没有听人说起过你，这说明你是没有什么才能的。既然你没有什么能力，还是留下吧！”毛遂说：“我只是现在才请您将我放到袋子里！假如早点把我放进袋子里，我早就刺破袋子，脱颖而出了，岂止是露出一点锥尖！”

平原君这才同意带他一同前去，另外的十九个人都纷纷讥笑他。平原君到楚国后，与楚王说清楚合纵抗秦的利害关系，从早晨一直说到中午，楚王迟迟不肯做决定。毛遂手按长剑顺着台阶走上前去，对平原君说：“合纵抗秦的利害关系，‘利’‘害’两个字就可以说明白了，现在从早上一直说到中午还没有决定，究竟是为什么？”楚王怒斥道：“还不赶紧下去！我和你的主子谈话，你是干什么的？”

毛遂手按长剑上前几步说：“大王敢呵斥我，不过是倚仗楚国人多罢了。现在十步之内，您没办法再倚仗楚国人多了，大王你的性命握在我的手里。在我的主人面前，你凭什么呵斥我？我毛遂听说商汤凭借七十里土地为根基最终称王，周文王以百里土地为根基最终使诸侯各国向他臣服，难道是因为人多吗？其实是因为他们能顺应形势，发扬他们的武力呀。如今楚国疆域方圆五千里，有五百多万持戟的将士，这是成就霸业的资本。凭借楚国的强势，天下诸国都难以抵御。白起，只是一个无知的小儿，率着几万人与楚国交战，一战就攻克鄢、郢，再战就把夷陵烧毁了，三战就把楚国的宗庙焚烧了，这是百代都难化解的仇怨，赵国都感到羞耻，而大王却不以为然。如今倡议实行合纵其实是在为楚国着想，并不是为赵国考虑啊。我在主人面前，你有什么好呵斥我的？”楚王说：“是！是！就像先生说的那样，我愿意举全国之力追随赵国。”毛遂说：“真的决定合纵抗秦了吗？”楚王说：“决定了。”毛遂于是对楚王身边的侍臣说：“取鸡、狗、马的血来！”毛遂手捧着铜盘跪着递给楚王，说：“请大王歃血为盟订立合纵抗秦之约，其次是我的主人平原君，再次是我。”就在大殿上订立好抗秦的合约。毛遂左手端着盛血的铜盘，右手召唤那十九个人说：“你们几个就在堂下歃血起誓吧！你们碌碌无为，最后只能靠着他人才能成就大事啊。”平原君与楚国协定合纵抗秦之事后回到国内，说：“我不敢再说我能辨别天下的贤士了！”于是把毛遂奉为上宾。

楚王于是派春申君统率大军前往营救赵国。魏王也派出大将晋鄙统率十万大军前来营救赵国。秦王派出使者对魏王说：“我进攻赵国，用不了几天就可以攻克，诸侯各国有敢去营救赵国的，待我攻克赵国，必先调集大军去攻打它！”魏王很是害怕，派人前去令晋鄙暂时把军队驻扎在邺地，打着救赵的旗号，其实是持暂时观望的态度。又派将军新垣衍偷偷进入邯郸，通过平原君向赵王游说，想要与赵国一同尊奉秦王为帝，来使秦国退兵。当时齐国有个名叫鲁仲连的人在邯郸，听到这件事，就来见新垣衍，说：“秦国是一个弃绝礼义而推崇杀人立功的国家。它的国君要是公然称帝于天下诸侯，那么我鲁仲连马上就跳到东海里去死，不愿意做秦国的百姓！何况魏国没能看清楚秦王称帝以后的危害，倘若秦王称帝的愿望实现，我要让秦王把魏王剁碎煮成肉酱！”新垣衍闷闷不乐地说：“你凭什么能让秦王把魏王剁碎煮成肉酱呢？”

鲁仲连说：“必然要这样，我给你细细说来。昔日九侯、鄂侯、文王是纣王宫中三位权势极重的诸侯。九侯家里有个女儿长得很娇美，把她献给纣王，纣王很是厌恶她，把九侯剁成了肉酱；鄂侯就这件事为九侯极力辩白，纣王又把鄂侯制成肉干；文王听到这件事，仅仅是长长叹了口气，也因此被拘禁在牖里城长达一百多天，分明是想让文王死。如今秦国是拥有万辆战车的大国，魏国也是拥有万辆战车的大国，同样是拥有万辆战车的大国，各自都有称王的名义，怎么见秦国打了一场胜仗，就要追随着秦王把他尊奉为皇帝，最后落得一个被人制成肉干、剁成肉酱的境地呢？况且秦国如果没有得到制止而成功称帝，就要行使天子的礼制来对天下诸侯发号施令，并且把诸侯各国的大臣进行调换，把他所认为不称职的官员黜免转由他宠爱的人担任，他又要把自己的女儿和善于谄媚的妾姬做诸侯的嫔妃，居住在魏国王宫里，魏王还能安然处之吗？而将军又怎么能让魏王对你一直保持宠爱呢？”新垣衍起身向鲁仲连再三致歉，说：“我如今才知道先生是天下的贤士！我这就出城回国，不敢再向赵王说尊奉秦王为帝的话了！”

燕武成王逝世，他的儿子继承王位，即燕孝王。

起初，魏国的公子魏无忌为人仁德又礼遇贤士，网罗到身边的食客有三千多人。魏国有一个叫作侯嬴的隐士，已经七十岁，家境贫寒，在大梁城北边的夷门做守门的小吏。有一次公子魏无忌大摆宴席招待宾客，大家都就座之后，公子亲自驾车并将左边的上等座位空出来，前去接侯嬴。侯嬴穿戴破破烂烂的衣帽，上车直接坐在公子身边的上座，公子为他执辔驾车更加恭敬。侯嬴又对公子说：“臣有个朋友在集市上做屠夫，还希望车子能到那边去一趟。”公子驾车进入集市中，侯嬴下车与他的朋友朱亥相见，斜着眼睛偷偷看公子的反应，故意站着和他的朋友谈了很长时间，再微微斜视观察公子的神色，公子的态度越发谦和；于是与朋友告别上车，来到公子的府中。公子邀请侯嬴坐在上座，在宾客面前大加夸赞他，宾客都十分吃惊。这个时候秦国派兵包围赵国，赵国平原君的夫人是魏无忌的姐姐，平原君派出使者陆陆续续地来到魏国，斥责公子说：“赵胜之所以与你结为姻亲，就是因为公子你崇尚仁德道义，能救人于危难之中。如今邯郸早晚就要向秦国投降而魏国的援军却迟迟不肯来，就算是公子轻视我赵胜，难道不知道可怜你的姐姐吗？”魏公子内心十分焦急，多次向魏王建议给晋鄙下令去援救赵国，又让身边的宾客谋士向魏王百般游说，魏王始终不肯听从。

魏公子于是召集宾客征集了一百多辆战车，想到前线与赵国一同与秦国对抗；经过夷门，去见侯嬴。侯嬴说：“公子您尽力去做吧，我是真的没办法跟你一起去！”公子于是离开，走了几里地，内心很不高兴，又返回见侯嬴。侯嬴笑着说：“我就知道公子你还会回来！如今公子实在是没有办法了而想亲自去抵御秦军，就好比拿肉去击打饿虎，会有什么功劳？”魏公子一再拜谢向他请教对策。侯嬴让左右侍从退下后，说：“臣听说晋鄙的兵符藏在魏王的卧室里，而最受宠幸的如姬，肯定有办法把兵符偷到手。臣听说公子您曾经为如姬报过杀父之仇，如姬说过要为公子效劳，必然不会推辞。公子只要开口跟她说，便能得到兵符，夺去晋鄙指挥军队的大权，然后挥师北上营救赵国，西进抵御秦军，这是与先前五霸相当的功业！”公子按照他的建议做，果然拿到了兵符。公子走之前，侯嬴说：“大将在外带军，可以不接受国君的命令。如果晋鄙核验兵符后依然不肯把军权移交给您，想要再向君王请示，那这事可就麻烦了。我那个朋友朱亥，是个勇敢的大力士，可把他一起带去。如果晋鄙听从，那就罢了；如果不肯听从，就让朱亥把他打死！”魏公子于是请朱亥和他一起去。到邺城后，晋鄙核验了兵符后，还是有点怀疑，举起手看着魏公子说：“我统率十万大军在边境驻守，如今你乘坐一辆车就来替代我，怎么这样随便呢？”朱亥从袖中取出重四十斤的铁椎，把晋鄙打死了，魏公子于是部署军队，下令说：“父子二人都在军中的，父亲可以回去！兄弟二人都在军中的，兄长可以回去！独自一人没有兄弟的，可以回家侍奉父母！”就这样挑选出八万精兵，统率大军向前线进发。

王龁带兵围攻邯郸，很长时间都没有攻克，又与各诸侯国的援军先后交战，也都没能取胜。武安君听到这件事，说：“大王不肯听从我的建议，看看现在怎么样呢！”秦王听到这话，大怒，强行派武安君到前线统率大军。武安君谎称病情加重，不肯前去。

五十八年（甲辰，公元前 257 年）

十月，秦王把武安君白起罢免，贬为普通士卒，又把他发配到阴密。十二月，重新调集大军屯驻在汾城旁边。白起因为生病，没有随军出征，各诸侯国联合向王龁进攻，王龁接连战败，每天都有使者到咸阳告急，秦王于是派人把武安君赶出去，不让他留在咸阳城内。武安君出咸阳城西门十里，来到杜邮。秦王与应侯等诸位大臣商议说：“白起被贬黜时，面带怏怏不乐的表情还有怨言。”随即派使者赐给白起宝剑自裁，武安君于是自杀身亡。秦国人对于他的死十分同情，城乡百姓都纷纷祭祀他。

魏公子无忌在邯郸城下大败秦军，王龁解除对邯郸的包围撤走。

秦国大将郑安平也被赵军包围，带领二万人向赵国投降，应侯范雎也因为这件事获罪。

魏公子无忌已经使赵国得以保全，但不敢回到魏国，就与宾客暂时留在赵国，派将领统率大军回到魏国。赵王与平原君商议，把五座城池封赏给魏公子无忌。赵王安排人打扫干净后，亲自去迎接魏公子，以主人的礼节对待魏公子，领着魏公子由西侧台阶上殿。公子侧着身子行走进行辞让，顺着东侧的台阶登上大殿，说自己有罪，既辜负了魏国，对赵国也没有什么功劳。赵王与魏公子饮酒一直喝到日落，因为魏公子谦让，一直没好意思说献给他五座城池的事。赵王把城池送给魏公子作为汤沐邑。魏国也重新把魏无忌封为信陵君。魏公子听说赵国有一位处士毛公，隐居在赌坊里，另外有一位薛公隐居在卖酒的人家里，想见见他们两个；两人不肯与他相见，魏公子于是趁着外出散步的机会与他们交往。平原君听说这件事，认为做错了。魏公子说："我听说平原君十分贤明，所以才背弃魏国而去营救赵国。如今平原君结交的人，只不过是富家之人的行为罢了，并不是寻求贤才啊。凭我的权势而想要和这两个人结交，还一直害怕他们不同意，平原君难道还觉得这是羞耻吗？"于是收拾行囊准备离开。平原君赶紧脱下帽子向他道歉，魏公子这才留了下来。

平原君想要封赏鲁仲连，使者先后往返三次，终究不肯接受。又让人带着千金去为鲁仲连贺寿，鲁仲连笑着说："天下贤士最宝贵的就是能够替人解除患难、解决纷争而不求回报。假如收受回报，那就是商贾的做法了！"于是与平原君告别，终其一生都没有再见面。

秦国太子的妃子称为华阳夫人，没有子嗣；另一妃子夏姬生了儿子嬴异人。异人在赵国充当人质；秦国多次对赵国发动进攻，赵国也不按照礼节对异人。异人是秦王的庶孙而在国外充当人质，车马及衣食等用品不是很充足，处境十分窘困，不得志。

阳翟的大商人吕不韦到邯郸，见到异人的处境，说："这是可以囤积牟利的珍奇之货！"于是去拜见异人，对他说："我能使你光大门楣!”异人笑着说:“还是先使你的门庭光大吧!”吕不韦说:“你不知道,我的门庭需要依靠你来光大。”异人心里知道他的意思,于是引他坐下进行深一步的商谈。

吕不韦说:“秦王老了。太子对华阳夫人十分宠爱,夫人又没生下子嗣。你二十几个兄弟当中,子傒是要继承秦国大业的,士仓又对他进行辅佐。你的排行在中间,又不是特别受宠爱,再加上长时间在诸侯国充当人质。假如太子继承王位,你就很难再争立为子嗣。”异人说:“那该怎么办呢?”吕不韦说:“能确立嫡子的,只有华阳夫人一个人。我虽然没有什么钱财,但愿意带上千金替你向西到秦国,想办法让她把你立为嫡子。”异人说:“如果你的计策真的实现了,我愿意把秦国让给你一半。”吕不韦于是拿出五百金送给异人,让他用来结交天下士人,又拿出五百金搜集奇珍异宝,自己带着向西进入秦国,拜见华阳夫人的姐姐,又通过她的关系把奇珍异宝献给华阳夫人,借机对她称赞异人的贤明,身边的宾客也遍布天下,还日夜思念太子和华阳夫人,哭泣着说:“异人把华阳夫人当作上天来看!”夫人听到这些话十分高兴。吕不韦又通过她的姐姐向华阳夫人说道:“靠美貌来侍奉他人,年老色衰恩爱就减少了。如今夫人虽然受宠却没有儿子,不趁现在年轻时在诸王子中挑选一个贤明孝义的立为嫡子,等到姿色不再,宠爱也逐渐减少,就是想开口说句话,也没有机会了。如今异人十分贤明,他知道自己排行居中,没有机会被立为嫡子,假如夫人在这个时候把他提拔上来,异人就从无国而成为有国,夫人您也从无子而变成有子,终身就可以受秦王的尊宠。”华阳夫人觉得他说得对,就趁着合适的机会对太子说:“异人十分贤明,各国往来的人都对他赞誉有加。”又哭着说,“我很不幸没能生下儿子,希望能把异人收为自己的儿子,这样我后半辈子也有个依靠!”太子答应了她,给华阳夫人雕刻玉符,约定把异人立为子嗣,又送给异人厚礼,请吕不韦辅佐他。从这以后异人的名声就在各诸侯国中传开了。

吕不韦从邯郸几位美女中娶了一位同居，知道她已经有了身孕，有一次异人和他一起喝酒，异人看见那个美女就请吕不韦把她赠给自己。吕不韦假装恼怒，后来又把她赠给了异人，过了一年后生下一个儿子名叫嬴政，异人就把她立为夫人。邯郸被秦国大军包围时，赵国人想把异人杀掉，异人与吕不韦带着六百金向看守的人行贿，于是逃亡到秦军中，才得以回到秦国。异人穿着楚国的服装去拜见华阳夫人，华阳夫人说："我是楚国人，我应当视你为自己的亲生儿子。"就把他的名字改为楚。

五十九年（乙巳，公元前256年）

秦国派出大将摎统率大军进攻韩国，攻取阳城、负黍两城，斩杀四万人。进攻赵国，攻取二十多个县，九万多人被斩杀或俘获。

周赧王惊恐万分，于是背弃秦国，与各诸侯国订立合约，统率诸侯各国的精锐部队从伊阙出兵进攻秦国，使秦国无法通往阳城。秦王派出大将摎向西周进攻，周赧王亲自来到秦国，向秦王叩头请罪，把周王室的三十六座城邑以及三万多百姓全部献给秦国。秦国接受了他的进献，把周赧王送回周王室。这一年，周赧王驾崩。

资治通鉴卷第六　秦纪一

起丙午(公元前255年),止癸酉(公元前228年),共二十八年。

【题解】本卷记录了秦昭王五十二年至秦始皇嬴政十九年共二十八年的各国大事。这一时期秦国扫荡六国,韩灭,魏赵遭伐,燕楚惊惧,齐国暂安,不思危。秦昭王薨,孝文王、庄襄王短期执政,秦王嬴政上台,蔡泽代范睢为相,吕不韦后也为秦相;赵将李牧独撑残局,破匈奴,拓北疆,被赵王杀害,赵国自毁长城,存日无多;楚国春申君向楚考烈王进孕妾,被李园杀害;吕不韦向秦国子楚进孕妾,执政秦国,后受嫪毐牵连被杀。

昭襄王

五十二年(丙午,公元前255年)

河东郡郡守王稽与其他诸侯国相互勾结,在集市上被斩首抛尸。应侯范睢一天比一天心情不好。昭襄王上朝时忍不住长长地叹气,应侯问他为什么叹气。昭襄王说:“如今武安君白起已死,郑安平、王稽等大将又纷纷背叛秦国,国内没有良将,境外又有许多敌国,正因为这样我才忧虑!”应侯很害怕,也不知道有什么好办法。

燕国有位客卿蔡泽听到这件事,西行进入秦国,先派人在应侯身边扬言,说:“蔡泽是天下善于辩论的人,他要是见到秦王,必然要为难你并且夺走你的相位。”应侯大怒,派人把蔡泽叫过来。蔡泽进见应侯时十分傲慢无礼。应侯很不高兴,于是斥责他说:“你扬言要取代我做秦国的丞相,请给我说来听听。”蔡泽说:“噢!你知道事情也太晚了吧!按照四时兴替的次序,成就功业后就要及时离开。难道你没有见到秦国商鞅、楚国吴起、越国文种的事吗?有什么值得欣羡的?”应侯故意说谎话:“有什么不行的!这三个人是竭忠尽义的做法。

君子要是能牺牲自己的生命而成就一番功名，就算是死也没有什么好悔恨的。”

蔡泽说：“大凡人们建立功业，难道有谁不是期望功成名就、全身而退的？性命与功名都得以保全，这是最上策；功名声誉为后人效法而自己却丢失了性命，这是次一等的；功名败裂而得以保全自身性命，这是最下等的做法了。商君、吴起、文种作为臣子为君王竭忠尽力建立下丰功伟绩，可以算得上是实现了他们的志向。而闳夭、周公难道不是既忠心于君王又仁德圣明的模范吗？上面说到的那三人的志向与闳夭、周公比起来怎么样？”应侯说：“很不错。”蔡泽说：“那么你的国君对旧臣十分感念、对有功之臣不肯背弃，这一点与秦孝公、楚悼王、越王比起来怎么样？”应侯说：“我说不清楚。”蔡泽说：“那你的功业与上边说到的那三个人比起来怎么样？”应侯说：“我比不上他们。”

蔡泽说：“然而你不懂得趁现在清白赶紧隐退，恐怕将来所遭受的灾祸会比那三个人更严重。俗话说：‘太阳到了正午就要向西斜落，月亮圆满后就要慢慢亏缺。’有进有退，有时候早出，有时候晚出，随着时间的不同有着不同的变化，这才是圣人得以立身的道理。如今你的大仇已报，恩德也已经得到回报，心愿也都已经完成却依然没有应对变化的计策，我不禁暗自替你感到担忧！”应侯因此把他奉为上宾，又向秦王推荐他。秦王亲自召见他，与他畅谈后，非常高兴，就拜他为客卿。应侯范雎便以生病为借口辞官。秦王刚开始对于蔡泽的策略十分赞赏，任命他担任丞相一职。然而几个月后，蔡泽就被免职。

楚国春申君派荀卿担任兰陵县令。荀卿是赵国人，名叫荀况，曾经和临武君一起在赵孝成王面前讨论兵法。赵王说：“请问用兵的要领是什么？”临武君回答说：“上得天时，下得有利的地理形势，仔细观察敌军的变化及动向，然后发兵抢先在敌军之前到达，这就是行军用兵的关键要旨。”

荀卿说："不见得是这样。我听说古人用兵的守则，大凡用兵攻战，其根本在于让百姓团结一心。弓箭不相协调，即便是后羿也不能射中目标；六匹马之间不能互相配合，即便是造父也不能驾车远行；士卒与百姓不与君王亲附，就算是商汤、周武也不能保证必胜。所以说懂得使百姓亲附的人，才是善于用兵的人。因此用兵的要旨就在使百姓团结一心。"临武君说："并不是这样。行军用兵贵在乘着有利的形势，行军讲求出其不意。善于用兵的将领，行军神秘莫测，敌军摸不清楚大军会从哪里出现；孙武、吴起使用这样的战术，全天下没有能够与之匹敌的，并不见得必须依靠百姓的团结啊！"

荀卿说："不是这样。我说的是仁者用兵的道理，帝王意志的所在。而你看重的只是权术谋略、形势以及利害关系。仁者用兵之术，不会使用诡计奸谋。那些可以使用诡计奸谋来对付的，是轻慢的军队，是兵力明显不能抵御的，还有君臣、上下之间离心背德的军队。所以用桀的诡计来对付桀，尚且有用得巧妙和用得拙劣的区别。用桀的诡计去欺诈尧，就好比以卵击石，把手指放到沸水里搅动，好像投身水火之中，刚刚进去就被烧焦或者淹死了。所以仁者的军队，将士上下同心，三军协力；臣子对于国君，下级对于上级，就好像是儿子侍奉父亲，弟弟对待兄长，就好像用胳膊保护头部、眼睛以及胸腹一样。用阴谋诡计突然袭击，与先进行惊扰再发动袭击是一样的结果。何况仁者治理方圆十里的国家，百里之外就可以听到赞誉的声音，治理方圆百里的国家，千里之外就可以听到赞誉的声音，治理方圆千里的国家，四海之内都可以听见对他赞誉的话，这样，必然能够耳聪目明，机敏警慎，将士相和如一。所以仁者的军队，集合就成为整齐的士卒，散开就成为队列长阵，延展开来就好像莫邪的长剑，碰上就被斩断；短剑锐利就好比莫邪的利刃一样，碰到的立即瓦解；扎好圆形的军帐稳如磐石一般，有胆敢触碰的棱角便会毁坏而败退。而那残暴施虐乱国无道的国君，谁会愿意向他归附呢？愿意表示归附的百姓，必然是本国的百姓。他的百姓亲附于我就好比见到了亲生父母，喜欢我就好像喜欢椒兰的芳香；他们回过头来看见自己的君王，就好像畏惧火刑，好像碰见仇人一样怨恨；按照人之常情，即便是夏桀、盗跖，也不肯为了他所讨厌的人而去伤害他喜爱的人！这就好比指派人的子孙去残害自己的父母。这样一来，百姓必然要来向君王诉说，又有什么诡计可以施行呢！因此，仁德的人执掌国家政权，国家就会日渐清明，先归顺的诸侯国就得以安定，后归顺的就要遭受危难，与它对抗的会被削弱，反叛它的就要被消灭。《诗经》上所说：'武王高举大旗兴起大军，虔诚恭敬地执着斧钺，如同烈烈火焰，没有人敢阻拦我。'就是指这个意思。"

孝成王与临武君说："很好。请问王者的军队，用兵之道是什么，又该怎么去做呢？"荀卿说："大凡国君贤明，国家必然安定；君主昏庸，国家必然动乱；推崇礼义教化，国家必然大治；轻废仁德礼教，国家必然动荡。安定的国家趋于强盛，混乱的国家趋于衰弱，这才是强弱的根本道理。身居上位的君王能够使百姓教化，下层的百姓才会服从征派；身居上位的君王不能使百姓教化，下层百姓也就不会服从征派。百姓服从君上的派用国家才会强盛，百姓不愿服从征派国家就要衰弱，这是强弱变化的常理。齐国人崇尚士兵攻击技巧的训练，运用技击之术，在战场上斩杀一人的首级可以到政府中领锱金的奖赏，即便作战失败只要斩获敌人首级也进行赏赐，没能斩获敌军首级即便是胜利也没有赏赐。如果用这样的军队来对付弱小的敌军，还可以苟且用一用；如果用来迎战势力强盛的敌军，就四散逃离了。就像天上的飞鸟一样，反反复复不合常理，这是亡国之军，找不到比这样的军队更衰弱的了，这就相当于从市井中雇用一些人而驱使他们去上阵战斗。魏国的士兵，都依照一定的标准选用：身披全副盔甲，手执十二石重的弓弩，身背利箭五十支，肩上扛着戈，头戴盔身披甲胄，腰悬利剑，身上带着三天的口粮，每半天就能疾行百里；符合标准被录用的，可免除徭役，赏赐田宅土地。这样几年以后士兵的气力虽然逐渐衰弱，但是得到的利益却不能再剥夺，即便改变选拔战士的标准也都没有这个原则完善，所以魏国领土面积虽然很大，但税收必然不会多，这是危害国家的军队。秦国，他们给百姓留的生路相当狭窄，但是征用百姓却相当严酷暴烈，常常凭借权势强行逼迫百姓上阵迎敌，让他们躲藏在地势险恶的地方，战胜就进行赏赐，失败便给予刑罚，百姓要想从上级那里得到利益，不通过上阵战斗便没有方法了。给予的奖赏与立下的军功成正比，斩获敌军五个甲士便可以赏赐五户作为奴隶，这是使百姓强悍国家长治久安的道理。所以秦国连续四代都能取胜，这绝非侥幸，有一定的道理。正因为这样，齐国擅长技击的军队也抵挡不了魏国勇武的军士，魏国勇武的军士也抵挡不了秦国的精锐大军，秦国精锐的大军抵挡不了齐桓、晋文讲节守义的军队，齐桓、晋文讲节守义的军队抵挡不了商汤、周武的仁义之师，一旦遇上商汤、周武的仁义之师，就好比拿着薄脆的东西击打坚硬的石头。

"上面说到的几个国家，培养出来的都是追求封赏、追逐利益的军队，与靠出卖体力的雇佣工人没有什么差别；丝毫没有敬爱国君而甘愿为国效死，严格遵守制度并讲究节义操守的道理。诸侯各国中假设有一个国家能够尽力于仁义道德，就可以把其他诸侯国全都兼并了。所以各诸侯国招贤养士，崇尚权势与诡诈，推崇立功获利，日渐养成习惯。然而只有推行礼义教化才是全国上下团结一心的办法。所以以诡诈来对付诡诈，尚且有精巧与拙劣的分别；若是以诡诈来与礼义教化对抗，就好比拿着锥子去摧毁泰山。因此，商汤、周武讨伐夏桀、殷纣的时候，指挥大军不忘拱手施礼，而势力强盛的国家没有不向他们臣服的，攻杀夏桀、殷纣就好比杀死一个平头百姓。所以《尚书·泰誓》上说：'独夫纣'，说的就是这个道理。所以将士上下团结一心，便可执掌天下，然后也可以使邻近的敌国向自己俯首称臣。至于那些四处招募士兵，重视诡诈权势，崇尚立功获利的军队，则胜败不能确定，时而收敛时而扩张，时而存活时而灭亡，互有胜败。这样的军队只能称得上是盗兵，君子是绝对不会用这样的军队的。"

孝成王、临武君说："很好。请说说担任将领的道理。"荀卿说："智谋最高明的莫过于抛弃疑谋，行事最正确的莫过于没有失误，做事最重要的在于不能后悔；做事能够做到不后悔就可以了，没有必要追求必胜。因此发布号令以及法规，要严肃以建立威信；奖赏惩罚，要有根有据以确保信用；修筑营垒运送辎重，要考虑周全以确保稳固；行军进退，既要安稳又要保证迅速；查探敌情，行动要深入机警，混入敌军将士之中；与敌军决战时，一定要运用自己拿得准的计策，不打没有把握的战争，这就是'六术'。不要因为自己的喜好选用将领，而因为厌恶就弃用良将，不要因为胜利产生懈怠心理而忘记失败的可能，不能对内施威严酷而对外轻视敌军，不要见到利益就忘记害处，考虑事情要精确周密而使用财物可以慷慨大方，这就是'五权'。将领在这三种情况下可以不采纳君王的命令：可以把他杀掉而不可以让他带兵进入不安全的境地，可以把他杀掉而不可以让他率军进攻不可战胜的强敌，可以把他杀掉而不可以让他带兵欺压百姓，这就是'三至'。既然接受君王的命令统率三军，三军安排布阵妥当，文武百官秩序井然，诸项事务也都步入正轨，那么即便是君王的奖赏也不能让他大喜，敌军故意刺激也不能让他震怒，这就是'至臣'。做事前首先考虑妥当周全并且自始至终要谨小慎微，这就是'大吉'。总而言之，任何一件事的成功必然是由于心怀敬意，失败必然是由于内心怠慢。所以敬慎胜过怠慢就能成功，怠慢胜过敬慎就会败亡；计策胜过欲望就可以顺心如愿，欲望胜过计策就会收到恶果。作战的时候就好像防守，行军的时候就好像作战，取得成功常常看作侥幸。敬慎谋虑不可懒怠旷废，敬慎行事不可懒怠旷废，敬慎督吏不可懒怠旷废，敬慎待民不可懒怠旷废，敬慎观敌不可懒怠旷废，这就是'五无旷'。谨慎施行这'六术''五权''三至'，并且怀着恭敬不敢懈怠的心情来对待，这就可以称作天下的良将，可以通达神明之意。"

临武君说："好。那么请讲讲圣明之君的军制又是怎样的。"荀卿说："为将的人至死不肯丢弃战鼓逃命，驾战车的人至死不肯抛弃缰绳逃命，文武百官至死不肯舍弃自己的职位逃命，士大夫竭忠尽智死在战阵行列之中。大军听到鼓声就前进，听到锣声就撤退。最重要的是服从军令，其次才是建功立业。已经下令不准前进还是擅自前进，与不准撤退而擅自撤退的罪过是一样的。不能虐杀老弱百姓，不能践踏农田庄稼，主动降服的敌兵不要擒捉，顽强抵抗的绝不赦免，逃来归降的不要俘获。大凡诛杀，不是对百姓大肆诛杀，而是诛杀那些侵扰百姓的乱贼。百姓中如果有保护敌军的，那他也和敌军一样。所以那些不战而退的人可以活着，抵抗顽斗的人要死，跑来归顺的人要进行安置。微子启因向周朝归顺而被分封于宋，曹触龙则在军中被斩首，向周朝归顺的商民，他们的生养之道与周民没有什么差别，因此周朝附近的百姓纷纷歌颂周王，距离遥远的百姓也都来归顺，即便是边远僻陋的国家，没有不乐意被周王室驱使的，普天四海之内如同一家，交通能够到达的地方没有不向周服从的，这样就叫作‘人师’。《诗经》上说：‘自西自东，自南自北，无思不服。’说的就是这样的事。王者之师施行惩罚而不主动挑起争端，坚守城池不主动发动进攻，两军对垒不先出兵攻击，敌军将士上下喜悦欣欣就庆贺，不洗劫屠戮敌方城镇，不暗地里袭击敌军，不让百姓长期滞留在外，大军出征不会超出计划的期限，所以国政混乱的百姓欣慕这种施政策略，不安心于自己的国君，希望王者之师到来。”临武君说：“很好。”

陈嚣问荀卿说：“先生您谈论用兵，常常把仁义作为根本。有仁德者爱惜百姓，施行道义者遵循情理，那么又为什么要用兵呢？凡是用兵打仗，都是为了争夺。”荀卿说：“并不是你所了解的这样。仁德者懂得爱惜百姓，因爱惜百姓，所以憎恨有人残害他人；施行道义者遵循情理，因遵循情理，所以厌恶有人扰乱他人。用兵作战，是用来禁止暴政消除祸患的，并不是为了争夺。”

燕孝王逝世，他的儿子姬喜继承王位。

周的民众向东方逃亡。秦国夺取周王室祭祀的重器，把西周文公流放到罴狐之聚这个地方。

楚王把鲁国国君流放到莒，并占领鲁国土地。

五十三年（丁未，公元前 254 年）

秦将摎进攻魏国，攻取吴城。韩王到秦国来朝见。魏国全国接受秦国的命令。

五十四年（戊申，公元前 253 年）

秦昭襄王在雍举行祭天大礼。

楚国将国都迁到巨阳。

五十五年（己酉，公元前 252 年）

卫怀君到魏国向魏王朝拜，被魏国人抓住杀死了；改立他的弟弟继位，也就是元君。元君是魏王的女婿。

五十六年（庚戌，公元前 251 年）

秋天时，秦昭襄王逝世，孝文王继承王位。将生母唐八子尊奉为唐太后，把子楚立为太子。赵人把子楚的妻子儿女送回秦国。韩王穿着丧服来到秦王的祠堂里凭吊。

燕王姬喜派栗腹与赵国订立友好盟约，拿出五百金为赵王置办酒宴。栗腹回国后对燕王说："赵国的壮年男子都在长平之战中战死了，他们的孤幼儿童还没有长大成年，可以攻伐他。"

燕王召见昌国君乐间，向他请问，乐间回答说："赵国四面都需要备战，百姓早就熟习战争，不可攻伐。"燕王说："我派出五倍兵力前去攻伐。"乐间回答说："不可以。"燕王大怒。众位大臣也都认为可以进攻赵国，于是调发二千辆战车，由栗腹统率攻打鄗城，卿秦带兵进攻代郡。将渠说："刚刚计划与赵国订立友好盟约，还拿出来五百金为赵王置办酒宴，使者回来报告后却兴兵进攻他，这不是祥瑞的征兆，出师必然无功而返。"

燕王不肯听，亲自统率附属部队开往前线。将渠拉住燕王悬挂印玺的丝带，燕王一脚把他踢开。将渠边哭边说："我这不是为自己，是为君王考虑啊！"燕国大军来到宋子，赵国派廉颇为大将，出兵迎战，在鄗城打败栗腹，在代郡击败卿秦、乐乘，追击燕国败军五百多里，顺势包围燕国国都。燕国向赵国求和，赵国人说："必须让将渠来主持议和大事。"燕王于是派将渠为丞相到赵国议和，赵国这才解除包围撤退。

赵国平原君逝世。

秦孝文王

元年（辛亥，公元前 250 年）

冬季，十月己亥这一天，孝文王继承王位；在位三天后就去世了。他的儿子子楚（异人）继承王位，即秦庄襄王；把他的嫡母华阳夫人尊奉为华阳太后，生母夏姬尊奉为夏太后。

燕国将领率兵进攻齐国聊城，并攻克聊城。有人向燕王进谗言，说这个将领在聊城拥兵自重，不肯返回燕国。齐国田单带兵反攻，一年多也没有攻克。鲁仲连写了一封书信，绑在箭上射进城内，送给那位燕国将领，向他说明利害关系，说："我为你考虑，如果不向燕国归降那就向齐国归降吧。如今独守这座孤城，齐国大军日渐增多而燕国救援的大军迟迟不到，你该怎么办呢？"燕国将领看见这封书信，连着哭了三日，还是迟疑下不了决定。想回到燕国，但与燕国之间已经产生嫌隙；想向齐国归降，但先前杀戮了太多齐国的俘虏，恐怕投降后会蒙受屈辱。他叹息道："与其别人把我杀了，还不如我自杀。"于是自杀身亡。聊城内乱作一团，田单攻克聊城。返回后，把鲁仲连推荐给齐王，想为他赐封爵位。鲁仲连逃到海边，说："与其因为享受富贵而向他人屈服，我宁肯忍受贫贱而蔑视世事，任情恣肆！"

魏安釐王问子顺："什么样的人可算是天下的高士？"子顺说："世上没有这样的人；如果退一步说的话，那应该是鲁仲连吧！"魏安釐王说："鲁仲连是勉强才那样做的，并不是自然而然去做的。"

子顺说："每个人都是强迫自己做的。如果不断这样做，就能够成为君子；这样做始终不变，习惯与本体就逐渐合而为一，这也就是自然了。”

秦庄襄王

元年（壬子，公元前249年）

吕不韦担任秦国的丞相。

东周国君与各诸侯国商议进攻秦国；秦庄襄王令丞相吕不韦统率大军征灭周军，把东周国君流放到阳人聚。周王室的祭祀大礼也断绝，周王朝到此就完全灭亡。周灭亡时，共有七座城邑：河南、洛阳、榖城、平阴、偃师、巩、缑氏。

秦庄襄王把丞相吕不韦封为文信侯，将河南、洛阳两地十万户人家赐给他作为封地。

秦国大将蒙骜率军进攻韩国，攻克成皋、荥阳，开始设置三川郡。

楚国消灭鲁国，将鲁顷公流放到卞，贬为普通百姓。

二年（癸丑，公元前248年）

出现日食的现象。

秦国大将蒙骜率军进攻赵国，攻占榆次、狼孟等三十七座城池。

楚国春申君对楚考烈王说：“淮北地方靠近齐国边境，军情防务紧迫，请把那片地区设置为郡县并把我封到江东。”楚王答应了他。春申君在吴国国都的废墟上营建都邑，建造的宫室非常华美。

三年（甲寅，公元前247年）

秦国大将王龁率兵进攻上党郡诸城，全部攻克，开始设置太原郡。

秦国大将蒙骜统率大军进攻魏国，攻克高都和汲。魏军连着打了好几次败仗，魏王非常担忧，于是派人前往赵国请信陵君回国。信陵君害怕获罪，不肯回到魏国，并向家里的门客们告诫说：“有敢替魏国使者通报消息的一律处死！”门客没有人敢进谏。毛公、薛公拜见信陵君说："公子您受到各诸侯国敬重的原因，只是尚有魏国存在。如今魏国国势危急而公子您却不去救援，一旦秦国攻克大梁，毁坏魏室祖先宗庙，公子您还有什么面目立于天下诸侯之间？"话还没有说完，信陵君脸色大变，立即驾车返回魏国。魏王拉着信陵君痛哭流涕，任命他为上将军。信陵君派人到各诸侯国寻求救援。各诸侯国听闻信陵君重新担任魏国上将军，纷纷派出大军援救魏国。信陵君统率五国大军在黄河西岸大败蒙骜，蒙骜率领部将逃走。信陵君率军一直追击到函谷关，把秦兵赶回关内才率军返回。

安陵人缩高的儿子在秦国为官，秦人任命他镇守管城。信陵君进攻管城不能攻克，派人对安陵君说："你要是能把缩高遣送到我这里，我将让他担任五大夫，让他担任执节尉。"

安陵君说："安陵只是个小国，没办法强迫百姓服从命令。你还是自己去请他吧。"于是派官吏把使者领到缩高居住的地方。使者向他说明了信陵君的意思，缩高说："信陵君这样宠幸我，是要让我去进攻管城。父亲带兵攻城儿子却率军守城，是要被人耻笑的；儿子如果见到我而弃城投降，这是背叛国君。父亲教导儿子背叛国君，这也不是信陵君希望看到的事，斗胆拜谢您的好意！"使者把这件事向信陵君报告。信陵君勃然大怒，派使者到安陵君住的地方说："安陵这块土地也是魏国的国土。如今我攻打管城如果不能攻克，那样秦国大军就会来对我进攻，魏国必然也就危险了。希望你把缩高绑起来给我送过来！如果你不把他送过来，我魏无忌就要调动十万大军来到安陵城下。"安陵君说："我的先祖成侯从魏襄王手中接受诏命负责镇守这座城池，襄王亲自把魏国太府中的宪章颁授给成侯。宪章的上篇说：'臣子弑杀君王，儿子弑杀父亲，这是常法不能赦免的。即便国家大赦天下，那么举城投降以及临阵逃亡的人也不能包括在大赦的范围内。'如今缩高辞去高位来使父子之间的道义得以保全，你却说'一定要把他送过来'，这是让我违背魏襄王的诏令并且废弃魏国宪章的做法，我就算去死，也始终不敢这样做！"缩高听到这件事后，说："信陵君为人凶悍勇猛却刚愎自用，这样的一番话必然要给安陵国带来灾祸。我保全了自己作为臣子的道义，怎么能够让我的君王遭受来自魏国的兵灾？"于是来到使者的住处，刎颈自杀身亡。信陵君听到这件事，身穿白色素服住在偏房里，派出使者向安陵君道歉说："我魏无忌实在是一个小人，因为自己的私心，没有考虑周全，对您说了不应该说的话，希望您接受我的拜谢。"

秦庄襄王派人带着万金到魏国去挑拨信陵君与魏王之间的关系，找到已经亡故的晋鄙的门客，让他对魏王说："公子魏无忌流亡在外已经十年，如今重新担任上将军的要职，各诸侯国都向他表示归属，天下人只知道有信陵君却不知道有魏王您。"秦庄襄王又多次派人向信陵君表示庆贺说："当上魏王没有？"魏王每天都听到诋毁诽谤信陵君的言论，没法不相信这件事，便派人替代信陵君掌管大军。信陵君知道自己因为谗言再次被罢黜，于是谎称患病不去上朝，每天纵情酒色自娱，四年后逝世。韩王亲自前往魏国凭吊他，信陵君的儿子认为这很光荣，把这件事告诉了子顺。子顺说："必须按照礼节进行推辞！'邻国国君前来凭吊，应该由国君来主持。'如今魏王并没有让你代理主持凭吊，那你也就没有接受韩王凭吊的资格。"信陵君的儿子于是推辞了韩王的凭吊。

五月丙午这一天，秦庄襄王逝世。太子嬴政继承王位，这个时候嬴政只有十三岁，国家大事全部取决于文信侯吕不韦，号称仲父。

晋阳发生反叛。

秦始皇帝上

元年（乙卯，公元前246年）

秦国大将蒙骜平定了晋阳的反叛。

韩国想使秦国国力疲敝，使它不能向东征伐，于是派出水官郑国到秦国去充当间谍，从仲山起凿通泾水修筑河渠，沿着北山脚下向东注入洛水。工程进行到一半计谋被秦人察觉，秦人想把他杀掉。

郑国说：“尽管我为韩国延续了几年寿命，但河渠一旦修成，也能够让秦国万世享有利益啊。”秦王于是让他继续主持完工，引浑浊又有肥力的水灌溉四万多顷盐碱地，每一亩都可以有六斛四升的收成，从这以后关中地区更加富裕。

二年(丙辰，公元前245年)

秦国大将麃公统率大军进攻魏国卷地，斩杀三万多人。

赵国派廉颇代理相国，率军进攻魏国，攻占繁阳。赵孝成王逝世，他的儿子悼襄王继承王位，派出武襄君乐乘代替廉颇。廉颇大怒，带兵进攻武襄君；武襄君立即逃走。廉颇逃奔到魏国，但是很久后，还是得不到信任。这个时候赵军已经被秦国围困多次，赵王想重新起用廉颇，廉颇也迫切希望重新担任赵将。于是赵王派使者到大梁看廉颇还能不能起用。廉颇的仇人郭开送给使者重金，让他诋毁廉颇。廉颇与使者会见时，一顿饭吃下一斗米、十斤肉，披上战甲一跃上马，表示自己还可以胜任。使者回国后向赵王报告，说：“廉颇将军年纪虽然老了，吃饭还比较多；但是与我一块儿坐着的时候，一会儿就上了三次厕所。”赵王于是认为廉颇已经年老，没有把他召回国内。楚王派人偷偷把他接到楚国。廉颇担任楚将，并没有立下战功，说：“我想指挥赵国大军！”最后在寿春去世。

三年(丁巳，公元前244年)

秦国发生大饥荒。

秦国大将蒙骜统率大军进攻韩国，攻占十二座城池。

赵悼襄王派李牧担任大将，进攻燕国，攻占武遂、方城。李牧是负责守卫赵国北部边境的良将，曾经率军驻守代、雁门防御匈奴，能够依据事情的变化需要选择任用官吏，租税全部缴纳到自己的幕府，用作士兵的日常开销，每天宰杀好几头牛来犒劳将士；又下令部下练习骑射，谨守烽火台，多次派出间谍打探敌军动向，同时申明号令，说：“匈奴如果南下侵扰，我军应赶紧把物资、牲畜等收入堡垒中。有谁胆敢捉拿匈奴人的一律斩首！”

每次匈奴进行侵扰，立即点燃烽火示警，物资、牲畜等收入城中固守不肯出战。这样过了几年，没有多少损失。匈奴都认为他胆小畏惧，即便是赵国戍守边境的将士也都认为自己的将帅太胆怯。赵王斥责李牧，他仍然像往常一样。赵王盛怒之下，派别人取代他的职位。一年多的时间里，多次出战但总是失败，伤亡惨重，边境地区没办法进行耕种和放牧。赵王于是重新请李牧出山，李牧关闭家门谎称患病不肯复出。赵王坚持要任用他，李牧说："一定要起用我的话，允许我一切按照昔日的做法，才敢接受任命。"赵王同意了他的要求。

李牧到达边境，按照约定行事。匈奴一连几年侵扰均没有占到什么便宜，始终以为李牧很胆小。戍守边境的将士每天都受到犒赏却不能上阵作战，都想要上战场与匈奴激战。于是李牧选拔一千三百辆坚良战车，一万三千匹精良战马，曾受过百金封赏的五万名勇士，十万名弓箭手，让他们全部进入训练状态；组织军民随意放牧，让百姓散开到边境放牧。匈奴一小部进行侵扰，李牧下令大军佯装败退，让数十人被匈奴俘获。单于听见这个消息，统率大军前来入侵。李牧设下众多奇阵，大军从左、右两翼包抄攻击，大破匈奴军队，杀死十多万人马。消灭襜褴，攻破东胡，使林胡部众归降。单于率残部奔逃，十几年内没再敢接近赵国边境。

在这之前，天下有七个遵守礼乐教化的诸侯国，其中有三个国家与戎狄临近：秦国从陇往西有緜诸、绲戎、翟、䝠等部族，岐、梁、泾、漆四地以北地区有义渠、大荔、乌氏、朐衍等部族；赵国以北有林胡、楼烦等部族；燕国北方有东胡、山戎等几个部族。各部族在山谷中自然分散生存，各有本部落的酋长，尽管一百多个族群聚居，可始终没有统一。后来义渠部族开始建造城郭进行自我守卫，秦国则对它进行一步步的蚕食，到秦惠王在位时期已经攻占义渠二十五座城邑。秦昭襄王时，宣太后把义渠王引诱到甘泉并斩杀，随即发动大军进攻义渠，消灭了这个部族，开始在陇西、北地、上郡等地修筑长城，来抵御西北边境的胡人。赵武灵王统率赵国大军向北进攻林胡、楼烦等部族，从代沿着阴山山脚直到高阙一线修筑长城，开始设置云中、雁门、代郡三郡。后来，燕国大将秦开在东胡部族中充当人质，东胡对他十分信任，回到燕国后统率大军击败东胡，迫使东胡向北撤退一千多里。于是燕国也开始修筑长城，从造阳一直延绵到襄平，设置上谷、渔阳、右北平、辽东等郡抵御胡人侵扰。到战国末期匈奴开始逐渐强盛起来。

四年(戊午，公元前243年)

春，秦国将领蒙骜率领军队进攻魏国，攻克、有诡等地。三月，罢兵停战。

秦国公子从赵国做人质回到秦国，赵国太子也离开秦国回到赵国。

七月，秦国发生蝗灾，瘟疫流行。政府下令凡是缴纳一千石粮食的，均进授爵位一级。

魏安釐王逝世，他的儿子继承王位，即魏景湣王。

五年(己未，公元前242年)

秦将蒙骜统领大军进攻魏国，攻克酸枣、燕、虚、长平、雍丘、山阳等二十座城池，开始在这些地方设置东郡管辖。

当初，剧辛在赵国时与庞煖关系友善，不久后到燕国为官。燕王见赵国被秦国大军围困多次，廉颇也被黜免而由庞煖担任将军，就想趁着赵国衰败的时机发动袭击，向剧辛征求意见，剧辛说："想对付庞煖很简单!"燕王于是派剧辛带兵进攻赵国。赵国派出庞煖统率大军进行抵御，斩杀剧辛，并俘获二万多燕军。

各个诸侯国都担忧秦国对本国的侵扰会没有停止的时候。

六年(庚申，公元前241年)

楚、赵、魏、韩、卫五个诸侯国施行合纵对秦国发动进攻，楚王担任合纵首长，春申君执掌军政大权，攻克寿陵。五国联军直到函谷关下，秦国派出大军迎战，五国联军大败四散逃窜。楚王因为这件事怪罪于春申君，从这以后春申君逐渐被疏远。观津人朱英对春申君说："大家都认为楚国国力本来强盛，只是因为你执掌大权才逐渐衰颓。我认为并不是这样。先王在位时，秦国与楚国关系友善，二十年之内没有向楚国进攻，这是什么原因呢？秦国如果穿过黾阨之地的关塞向楚国发动进攻，不是很便利；取道于东、西二周，又背对着韩、魏两国来进攻楚国，是不可行的。如今形势不一样了，魏国眼看就要被灭了，没有办法再守住许、鄢陵，必然要把这两地割让给秦国，这样秦兵距离陈就只有一百六十里的距离。按照我见到的形势，秦、楚两国之间的正面战争是避免不了了。"于是楚国将都城从陈迁到寿春，命名为郢都。春申君被分封到吴地，行使宰相的大权。

秦国攻克魏国朝歌以及卫国国都濮阳。卫元君带领部属及宗族迁移到野王暂居，凭借着山岭地势阻隔，魏国河内地区才得以保全。

七年（辛酉，公元前 240 年）

秦国大军对魏国发动进攻，攻克汲。

夏太后逝世。

蒙骜逝世。

八年（壬戌，公元前 239 年）

魏国把邺地割让给赵国。

韩桓惠王逝世，他的儿子韩安继承王位。

九年（癸亥，公元前 238 年）

秦国大军进攻魏国，攻占垣、浦两地。

夏季四月，天气突然转寒，秦国百姓有被冻死的。

秦王嬴政在雍地居住。

己酉日（二十一日），秦王嬴政举行冠礼，开始佩带宝剑。

秦将杨端和带兵进攻魏国，攻克衍氏。

秦王嬴政刚刚即位时，年纪还小，太后与文信侯吕不韦经常私通。秦王渐渐长大成人后，文信侯恐怕事情败露，祸患波及自己，于是把自己的门客嫪毐充作宦官，进献给太后。太后对嫪毐十分宠幸，私下里生了两个儿子，把嫪毐封为长信侯，以太原作为毐国，国政大事均由嫪毐负责决断，许多人都想到嫪毐身边充当门客。秦王身边有一个侍臣与嫪毐发生过争执，告发嫪毐并不是宦官，秦王下令把嫪毐交给有司法办。嫪毐十分害怕，假托秦王的命令调发军队，想进攻蕲年宫犯上作乱。秦王派出相国昌平君、昌文君统率禁军讨伐嫪毐，在咸阳激战，斩杀数百名叛军；嫪毐兵败逃窜时被俘获。秋天九月的时候，诛杀嫪毐的三族；凡是他的同党都处以车裂之刑并屠戮三族；他的门客中罪行较轻被发配到蜀地的，共有四千多户人家。又把太后流放到雍萯阳宫，并把太后与嫪毐私生的两个儿子杀死。下令说："有谁再敢因为太后这件事向我进谏的，一律处以死罪，斩断四肢，扔到城下。"先后杀了二十七个人。

齐国人茅焦向秦王上书想要进谏。秦王派人对他说："难道你没有看到在城下堆积的那些尸体吗？"茅焦回答说："臣听说天上有二十八个星宿，如今已经有二十七个人死了，我来就是想要凑够那个数目的。我并不是贪生怕死的人！"使者进入宫中向秦王禀报。与茅焦同乡并在一起居住的人，都把自己的衣裳财物收拾起来逃跑了。秦王听后勃然大怒，说："这个人有意过来冒犯我，赶紧把他捉来扔到锅里煮了，怎么能只把他的尸体堆在城下呢？"秦王手按宝剑端坐着，口中唾沫乱飞。使者把他召进宫中，茅焦缓步走到殿前，拜了两拜后站起来说："臣听说活着的人不忌讳说人死，享有政权的人不忌讳谈亡国；忌讳说死的人并不能长久活着，忌讳谈亡国的人也不能保证国家长存。生死存亡，是圣明的国君都急切地想知道的事情，陛下您想听我说说吗？"秦王说："这话怎么说？"茅焦说："陛下您做事狂悖乖戾，难道自己不知道吗？车裂嫪毐，把两个弟弟装到袋子中打死，把生母流放到雍，把进谏的大臣残杀，即便是夏桀、殷纣也不会做这样的事情！如今天下百姓听到这些事，人心都会瓦解涣散，再没有人向往来到秦国，我实在私下里为您感到担忧！我说完了！"于是脱下衣服趴在刑具上等着接受腰斩的刑罚。秦王匆忙走下台阶，亲手把他扶起来说："请先生起来把衣服穿好，我愿意听从你的教导！"于是把他封为上卿。秦王亲自驾车，把左边的座位空出来，把太后迎接回咸阳，母子二人再次和好如初。

楚考烈王没有子嗣，春申君对此十分忧虑，寻找了一些生育能力强的妇女献给楚王，但始终都没有替楚王生下儿子。赵国人李园想把自己的妹妹进献给楚王，听说楚王生不了儿子，害怕时间长了，妹妹会失宠，于是请求让自己去给春申君充当门客。没过多长时间返回赵国省亲，有意超过约定好的时间才回来。春申君问他怎么回事儿，李园说："齐王派使臣向我的妹妹求亲，因为与使者一起饮酒，所以才回来晚了。"春申君说："下聘了没有？"李园说："还没有。"春申君于是把她纳为妾。不久后就怀有了身孕，李园就让她向春申君建议，说："楚王对你十分宠信，就算是兄弟也比不上你。如今你在楚国担任丞相已经二十多年，楚王却一直没有子嗣，楚王逝世后他的兄弟就要继承王位，他们必然要宠信与自己亲近的人，你怎么保证长时间被君王宠信呢？不仅这样，你被楚王宠信并执掌大权已久，对楚王的几个兄弟有许多地方失礼，他们继承王位后，灾祸必然要降临到你身上。如今我怀有身孕，还没有人知道，你宠幸我的时间也不长，如果能把我进献给楚王，楚王一定会宠幸我。我如果有幸得到上天的帮助顺利生下男孩，那样你的儿子日后就要继承王位了。楚国就全部属于你，这和身遭不测之祸相比较哪一个好？"春申君认为她说得很对。于是把李园的妹妹送出去，让她住在馆舍并严加防卫，然后向楚王推荐。楚王召她进宫，对她非常宠幸，后来果然生下一个男孩，立为太子。

李园的妹妹被立为王后，李园也日渐执掌大权，地位显赫，但怕春申君把当年的事情泄露出去，就私下里养了一支敢死队，想把春申君杀掉灭口；都城里的百姓大多知道这件事。后来楚王身患重病，朱英对春申君说："世上有出人意料而来的福气，也有出人意料而来的灾祸。如今你处在这样反复无常的世道中，侍奉这样一位喜怒变幻不定的君主，怎么能够没有出人意料而来帮助你的人呢？"春申君说：

“出人意料而来的福气说的是什么?”朱英说:“你担任楚国宰相已经有二十多年,尽管名为宰相,但实际上却掌握王权。如今楚王病重,眼看着就要去世了,楚王一旦去世你再担任新君主的宰相,执掌国家大权,等到新王长大后再把大政归还给他,或者直接南面称王,这就是出人意料而来的福气。”春申君又说:“那出人意料而来的灾祸说的是什么?”朱英说:“李园虽然没有执掌大权却是你的仇人,尽管没有掌管兵事却养了一支敢死队。楚王去世后,李园肯定要首先进宫夺取大权并把你杀掉灭口,这就是出人意料而来的灾祸。”春申君又说:“ 那出人意料而来帮助我的人又是什么意思?”朱英说:“你让我担任郎中一职,楚王一旦逝世,李园率先进宫时,我替你把他杀掉,这就是出人意料而来帮助你的人的意思。”春申君说:“你不要再操心这件事了。李园不过是个软弱无能的人,我与他关系友善。怎么会到这种地步?”朱英知道自己说的话没被采用,害怕祸患殃及自己于是跑到国外去了。十七天之后,楚王逝世,李园果然率先进宫,派敢死队在棘门内埋伏。春申君刚刚进宫,敢死队就从两面夹上去把他杀死了,把他的首级扔到棘门外,然后又派人把春申君全家捕杀。太子继承王位,也就是楚幽王。

◆扬雄《法言》说,有人问道:“信陵、平原、孟尝、春申四位君子对他们的国家有利吗?”回答说:“君王不顾朝政,奸臣盗取国家大权,这对国家有什么好处!”◆

秦王嬴政因为文信侯吕不韦事奉先王有显著的功劳,不忍心诛杀他。

十年(甲子,公元前237年)

冬季,十月,文信侯吕不韦被免除丞相职位,离开都城回到他的封国。

秦国宗室大臣们商议道:“凡是诸侯各国来秦国谋求官职的人,都是为他们的国君进行游说,请把他们全都驱逐出境。”于是,就在全国范围内进行大搜索,把外来人士驱逐出境。客卿楚国人李斯也在被驱逐的行列之中，临行前他还向秦王上书，说："当年秦穆公四处征求贤俊人士，在西方的戎地把由余挑选出来，在东边的宛城得到百里奚，从宋国把蹇叔迎回来，又到晋国获得丕豹、公孙支二人，先后兼并二十个国家，于是在西戎地区称霸。秦孝公任用商鞅施行新法，诸侯各国纷纷向秦国表示顺服，到现在国富兵强。惠文王采纳张仪的谋略，把六国合纵的约定最终拆散，各国纷纷来向秦国亲附。秦昭王得到范雎的协助，强化王室权力，遏制贵族豪强势力。这四位君王都是因为有了客卿的辅佐才得以开创这样一番功业。由此看来，外国的客卿哪里对不起秦国了呢？美女、乐曲、珍宝、玉石都不是产自秦国的，但是君王却搜集来使用得非常多；但选用人才却不是这样子，也不管能不能用，不论对错，只要不是秦国人一概不予任用，只要是客卿就一概驱逐。这样看来，大王您重视的只是美女、乐曲、珍宝、玉石，而对于人才却是轻视了。臣听说泰山因为不拒绝细小的尘土，所以才能成就它的高大巍峨；河海因为不拣择细微的溪流，所以才能成就它的渊深流长；君王因为不拒绝百姓民众，所以才能彰显他的贤良美德。这就是五帝、三王无敌于天下的原因。如今大王却把别国的百姓都驱逐出去，来让敌国派用他们，把宾客全部辞退，让他们帮助诸侯各国成就功名霸业，这是世人所说的把士兵借给敌人，把粮食送给强盗的做法啊！"

秦王于是下令让李斯觐见，官复原职，废除逐客令。李斯刚刚走到骊邑马上返回。后来秦王采纳李斯的计策，暗中派遣能言善辩之士带上金玉布帛到诸侯各国游说，诸侯各国的名士可以为秦国所用的就以钱财结交，不肯为秦国所用的就派人暗杀，并通过离间计使他们君臣上下分离，然后派出良将率军紧随其后进攻，几年之间就兼并了天下。

十一年（乙丑，公元前 236 年）

赵国人派出大军进攻燕国，攻克貍阳。战事还没有结束，秦国大将王翦、桓齮、杨端和就统率大军向赵国进攻，猛攻邺城，攻克九座城池。王翦率军进攻阏与、橑阳，桓龁率军攻占邺城、安阳。

赵悼襄王逝世，他的儿子赵迁继承王位，也就是幽缪王。赵迁的母亲原来是倡优之女，深受悼襄王的宠爱，悼襄王把嫡子赵嘉废黜，改立赵迁为太子。赵迁平时就因为品行恶劣而闻名于全国。

文信侯吕不韦回到封国有一年多的时间，各诸侯国的宾客以及使者络绎不绝来往于洛阳的大路上，前去拜访他。秦王担心他心怀叛变之意，于是赐给他一封书信说："你对秦国有什么功劳，而把你封到河南，享有十万户的采邑？你与秦国之间有什么亲情关系，居然号称仲父？你还是带着自己的家属回到蜀地去吧！"吕不韦知道自己日渐受到迫害，害怕以后会被杀掉。

十二年（丙寅，公元前 235 年）

吕不韦喝下毒酒自杀，家人偷偷把他埋葬。他的门客和邻居都被驱逐流放到其他地方。秦王还下令说："从今往后，执掌国家大权而像嫪毐、吕不韦那样无道的，就把他的家人、财产收归国有，照这个例子处理！"

◆扬雄《法言》说，有人问道："吕不韦是个聪明人吗？把人当作财物进行交易。"回答道："谁说吕不韦是聪明人呢？以封国换取全宗族的灭亡。吕不韦他实在是盗贼中最为雄杰的！我见过普通的盗贼只偷窃小物件，却从来没有见过窃取洛阳的奸雄。"◆

秦国从六月开始不下雨，一直到八月。

秦国调动四个郡的军队，协助魏国进攻楚国。

十三年（丁卯，公元前 234 年）

秦国将领桓龁带兵进攻赵国，在平阳打败赵国大将扈辄，斩杀十万余人，并把扈辄杀了。赵王重新起用李牧担任大将军，在宜安、肥下与秦军再次激战，秦军大败，桓龁逃回秦国。赵王把李牧封为武安君。

十四年（戊辰，公元前 233 年）

桓龁统率秦军进攻赵国，攻克宜安、平阳、武城。

韩王向秦国割让领土并把玉玺献给秦王，请求作为秦国的藩臣，派韩非为使臣来秦国晋见。韩非是韩国诸位公子之一，精通刑名法术的学说，眼见韩国日渐削弱，多次向韩王上书提出建议，韩王都没有采纳。韩非于是对治理国政不知道求取贤人深恶痛绝，君王反而把那些浮淫无所作为的蠹虫一样的人都安置到功臣实学的位置上，政治宽顺的时候就宠信巧言善辩的小人，国家危急存亡的时候又任用敢于作战的勇士，平时所培养的不是战时能够举用的，战时举用的也不是平日培养的，使廉洁正直的人被奸邪小人所排挤。韩非观察过去历史上成败得失的事例，写出《孤愤》《五蠹》《内储》《外储》《说林》《说难》等五十六篇文章，大约十万字。

秦王听说他非常贤明，很想见他。正好韩非作为韩国的使者到秦国出使，于是韩非就向秦王上书游说，道："如今秦国有方圆千里的疆域，拥有百万雄兵，号令严明，赏罚分明，天下没有哪个诸侯国能比得上。我莽撞地冒着死罪求见大王，来与您商谈破解各国合纵的计策，大王要是真能采纳我的建议，秦军一出而天下合纵联盟如果没有攻破，赵国没能攻克，韩国没有灭亡，荆、魏两国没有向秦国屈服，齐、燕两国也不与秦国亲附，秦国霸王功业没能成功，四方诸侯没有来向秦国朝拜，大王可以把我斩首示众，来警诫那些为国君谋划不忠心的人。"秦王对他十分欣赏，但并没有任用。李斯非常嫉妒韩非，于是对秦王说："韩非是韩国的诸位公子之一。现今您想要兼并东方诸侯各国，韩非肯定会为韩国考虑而不会替秦国出谋划策，这是人之常情。如今君王没有重用他，他在秦国久留后再让他回到国内，这是给自己留下后患，还不如找个借口把他杀掉。"秦王觉得李斯说得有道理，就把韩非治罪关到监狱里。李斯派手下的人偷偷给韩非送去毒药，让他趁早自杀。韩非想要亲自去向秦王解释，却没有办法见到秦王。等到秦王后悔，派人赦免他出狱的时候，韩非已经去世了。

◆扬雄《法言》上讲，有人问道："韩非作《说难》这样一本书但自己

却因为说难而死，请问为什么他的下场和自己所说的正好相反呢？”回答道：“《说难》其实就是把他害死的原因呀！”问道：“怎么回事呢？”答道：“君子做事依照礼数和道义而行而止，合于礼义就做下去，不合于礼义就不做，这样也就无须担忧自己的行为有不合于礼义的地方。如果向别人游说而担忧不合于礼义，那也就采用各种手段了。”有人说：“韩非是担忧游说不合于他人的意见，不是吗？”答道：“去游说他人不遵循正道，这是令人担忧的事。如果去游说他人遵循了正道仍然与人不合，这并不值得担忧。”

臣司马光说：我听说君子先由爱自己的亲人推及爱别人的亲人，由爱自己的国家推及爱他人的国家，这样才能成就伟业美名并且享有人间百福。如今韩非替秦国出谋划策，而首先就是要把自己的国家颠覆了才能达到自己的建议被采纳的目的，这样的罪过本来就不只是简单一死就能被容忍的，还有什么值得怜悯呢？◆

十五年（己巳，公元前 232 年）

秦王派出大军进攻赵国，一路大军抵达邺城，一路大军抵达太原，攻占狼孟、番吾；遇到李牧统率的军队后收兵回国。

当初，燕国太子丹曾经在赵国充当人质，与秦王关系十分友善。秦王继承王位，丹又在秦国充当人质，秦王不按礼数对待他。丹勃然大怒，逃回燕国。

十六年（庚午，公元前 231 年）

韩国把南阳地割让给秦国。九月，秦王派出军队到韩国接收。

魏国人把土地献给秦国。

代地发生地震，从乐徐往西，向北一直到平阴，房屋台阁以及墙垣大半以上都坍塌了，地面有东西一百三十步长的一条裂缝。

十七年（辛未，公元前 230 年）

秦国大将内史胜统率大军把韩国消灭，韩王安被俘虏，秦王将韩地设置为颍川郡。

华阳太后逝世。

赵国发生大规模的饥荒。

卫元君逝世，他的儿子卫角继承王位。

十八年（壬申，公元前229年）

王翦统率上地的大军攻克井陉，杨端和统率河内军队与他一起向赵国进攻。赵国派出李牧、司马尚带兵抵御。秦人以重金贿赂赵王的宠臣郭开，让他在赵王面前诋毁李牧和司马尚，说他们两个人想谋反作乱。赵王于是派赵葱以及齐将颜聚把他们两个人替回来。李牧没有接受命令，赵王派人把他捕杀，把司马尚废黜不再任用。

十九年（癸酉，公元前228年）

王翦率军进攻赵军，大败赵军，斩杀赵葱，颜聚也逃跑了，于是秦军攻克邯郸，俘虏了赵王迁。秦王亲自到达邯郸，凡是昔日与自己母亲家有仇怨的人一律杀掉。然后返回，从太原、上郡一线回到秦国。

太后赵姬逝世。

秦将王翦统率大军在中山驻扎来挟制燕国。赵国公子赵嘉率领本族数百人逃到代地，自立为代王。赵国灭亡后，赵国的官吏们慢慢地向代王归附，与燕国大军联合，在上谷驻扎。

楚幽王逝世，国人把他的弟弟郝拥立为王。三月，郝被自己的庶兄负刍杀掉，负刍自立为楚王。

魏景湣王逝世，他的儿子魏假继承王位。

燕国太子丹对秦王十分怨恨，想对他进行报复，以这件事来征求太傅鞠武的意见。鞠武建议他与西边的三晋订约，与南边的齐、楚两国联合，在北面与匈奴谈和来图谋秦国。太子丹说："太傅的计策，浪费的时间太多，让人心中十分烦闷，恐怕不能再等了。"没过多久，秦国大将樊於期获罪，流亡到燕国，太子丹接纳了他并招待他在馆舍中住下。鞠武向太子丹进谏说："以秦王的残忍暴虐以及对燕国长期以来的愤恨，就足以让人恐惧战栗，更别说又知道樊将军在这里呢！这无异于把肉放到饿虎途经的小路上。希望您马上把樊将军送到匈奴去。”太子丹说：“樊将军如今在各国之间都走投无路，才来我这里投奔，我本来就应该舍命来保护他，希望你再考虑其他方法！”鞠武说：“行危险的事却求安全，制造祸患却又祈求福气，计策浅薄而所导致的积怨甚深，为了与一个人交好，不顾国家将要面临的祸害，这就是所谓的助长怨恨以及祸患啊。”太子丹没有听进去他的话。

燕国太子丹听说卫国人荆轲很是贤能，于是十分谦恭地带着重礼去拜见他。太子丹对荆轲说：“如今秦国已经把韩王俘虏，又发兵向南进攻楚国，向北挟制赵国；赵国抵抗不了，那么灾祸必将波及燕国。燕国势力弱小，多次受到战争的困扰，怎么能抵挡得了秦国？天下诸侯一旦向秦国臣服，就不再敢合纵来抵御秦国。按照我的愚见，如果能获得全天下勇猛无畏的勇士把他派到秦国，挟持秦王，让他把侵占各诸侯国的土地归还，就像当年曹沫逼迫齐桓公那样，那就实在是再好不过了；如果秦王不答应，就乘机把秦王刺杀了。秦国的将领统率大军在边境戍守而国内发生骚乱，则君臣上下互相猜疑，趁着这个机会，诸侯各国之间重新合纵，击败秦国势在必得。希望你能够留意这件事！”荆轲答应了太子丹。

于是将荆轲安排住到上等驿馆中，太子丹每日都亲自到住处看望，荆轲想要使用的东西，没有满足不了的。等到王翦把赵国消灭后，太子丹听说了非常害怕，想把荆轲送往秦国。荆轲说：“现在就前去，若是没有让秦王信任我的物证，就没有办法与秦王接近。假如能得到樊将军的首级以及燕国督亢地区的地图，进献给秦王，秦王肯定会很高兴地召见我，我才能刺杀秦王来报答您。”太子丹说：“樊将军在穷困潦倒之际来投靠我，我不忍心这样做！”荆轲于是私下与樊於期见面，说：“秦国对将军您的待遇，可以算是太残酷了，父母以及宗族都被残忍屠戮！如今听说又以一千金、万户侯来悬赏将军您的首级，您计划怎么办呢？”樊於期长叹流泪说：“你认为该怎么办？”荆轲说：“我希望把将军您的首级进献给秦王，秦王肯定会高兴地召我进见，到时候我左手拽住他的衣袖，右手拿着利剑刺入他的胸膛，这样将军您的冤仇可报，燕国也可以消除饱受欺凌的屈辱。”樊於期说：“这就是我每天切齿痛心而想要实现的呀！”于是拔剑自刎。太子丹听到这件事，急忙奔来趴在樊於期尸体上痛哭流涕，但是已经无济于事了，只得把樊於期的首级装在匣子里。事前太子丹已求得天下最锋利的匕首，又派工匠用毒药浸泡，又拿活人来进行试验，只要沾上一丝血液，就没有不马上毙命的。于是为荆轲准备行装送他出发，把燕国勇士秦舞阳派给他做助手，出使秦国。

资治通鉴卷第七　秦纪二

起甲戌(公元前227年),止壬辰(公元前209年),共十九年。

【题解】本卷记录了秦始皇嬴政二十年至秦二世胡亥元年共十九年的秦国历史,前七年写秦始皇发动战争,统一全国;随后十年写秦始皇修筑长城、修直道驰道,讨伐匈奴、讨伐南越,巡游四方、出海求仙,以及焚书坑儒、修阿房宫、修骊山墓等活动;其后一年写秦始皇突然死在东巡路上,赵高、胡亥、李斯篡改诏书,杀长子扶苏、大将蒙恬,立幼子胡亥为皇帝;最后一年写胡亥继续推行暴政,民不聊生,引发陈胜、吴广为先河的全国农民大起义,等等。

始皇帝下

二十年(甲戌,公元前227年)

荆轲抵达咸阳后,通过秦王的宠臣蒙嘉的渠道,言辞十分谦逊,于是得以进见。秦王特别高兴,身穿上朝时的服饰,安排接待九宾的盛大礼节接见他。荆轲双手捧着地图进献给秦王,地图展开到最后时匕首露出来,于是趁势扯住秦王的衣袖奋力刺去,没有刺到身上;秦王大惊,把衣袖挣断。荆轲立即起来追逐秦王,秦王绕着柱子狂奔。殿上大臣们都惊慌失措,突然间发生这样的事,全都失了平日里的仪态。按照秦国法律,在殿上侍奉的臣子们不允许携带任何武器,左右侍臣于是联合徒手与荆轲厮打,并且喊道:"大王快把宝剑拔出来!"秦王于是赶紧把背上的宝剑拔出来,向荆轲刺去,把荆轲的左腿斩断。荆轲残废后,只好拿着匕首向秦王投掷,击中了殿上的铜柱。荆轲知道大事不能完成了,于是骂道:"这件事失败的原因,是我想活捉你,逼迫你签署协议来报答燕太子丹呀!"秦王盛怒,把荆轲分尸示众。又增派军队到赵国,下令王翦对燕国发动进攻,与燕军、代军在易水西岸会战，击败两军。

二十一年（乙亥，公元前226年）

冬季十月时，王翦攻克蓟城，燕王与太子丹率领精锐部队向东躲避并保卫辽东地区，秦国大将李信率部众进行追击。代王赵嘉给燕王送去信件，建议他把太子丹杀掉进献给秦王。太子丹躲藏到衍水附近，燕王派出兵士把他斩杀，想把他的头颅献给秦王，但秦王重新进兵攻打燕国。

秦将王贲向楚国发动进攻，攻克十余座城池。秦王向将军李信咨询，说："我想要攻占荆楚地区，按照你的经验用多少军士可以攻克？"李信说："不会超过二十万人。"秦王又问王翦，王翦说："没有六十万人攻克不了。"秦王说："王将军年纪大了，怎么这么胆怯啊？"于是令李信、蒙恬统率二十万大军向楚国进攻；王翦称病借口辞职返回老家频阳。

二十二年（丙子，公元前225年）

王贲出兵征讨魏国，把汴河水引出来淹没大梁城。三月，城墙坍塌。魏王魏假向秦军投降，被杀死，于是魏国灭亡。

秦王派出使者对安陵君说："我想以五百里的土地来与安陵国进行交换。"安陵君说："大王给我恩惠，拿大的来换小的，实在是太荣幸了。尽管这样，我从魏国先王那里受封得到这些土地，希望终生守护它，不敢和他人进行交换！"秦王对他坚守道义十分认可并答应了他。

李信向平舆进攻，蒙恬带兵进攻寝地，大败楚军。李信率兵再次进攻鄢郢，并攻克占领。于是率部向西进军，在城父与蒙恬会师。楚国军队跟随在李信后面，连着追赶三天三夜没有休息，大败李信，攻克秦军两座军营，斩杀七位都尉，李信率残部逃回秦国。

秦王听到这件事后，暴怒，亲自前往频阳向王翦道歉，说："我没有采纳将军的策略，李信果然让我军受辱。将军就算是生病，难道忍心抛弃寡人不顾吗？"王翦仍然辞谢，说："我病情太重了没办法领兵打仗。”秦王说：“算了，不要再多说了！”王翦说：“如果一定要起用我的话，没有六十万人的大军是不行的！”秦王说：“按照将军您的计划实施就是了。”于是王翦统率六十万人向楚国发动进攻。秦王亲自到霸上送行，王翦请求秦王赏给他良田美宅。秦王说：“将军你赶紧出发吧，怎么还担忧以后会贫穷呀！”王翦说：“作为大王的将领，立下赫赫战功，终究不能封侯，所以趁着您这时还重用我时，请求赏赐田地宅院，为子孙后代留下点产业。”秦王大笑。王翦统率大军前进，到达武关，先后五次派使臣向秦王请求赏赐田宅。有人说：“将军这样向人求赏赐也太不像话了！”王翦说：“不是这样的。大王心中多疑，用人而不信任，如今把全国大军给我指挥，我要是没有屡次请求赏赐田宅，为子孙后代留点产业来自保，反而会让大王猜疑我。”

二十三年（丁丑，公元前224年）

王翦顺着陈以南的小道抵达平舆。楚人听说王翦增派大军前来，于是发动举国兵力抵御，王翦固守壁垒拒不出战。楚国人多次挑衅，王翦始终没有出兵。王翦每日让士卒休养、沐浴，又用好酒好菜犒赏他们，与士卒一起吃饭。过了很长时间，王翦派人打探，问：“军中在玩什么游戏？”回答说：“正在玩投石、跳远的游戏。”王翦说：“现在可以出兵了！”楚国将领见秦军一直不肯出战，于是率军向东而去。王翦率军追击，下令壮士发起袭击，大败楚军，一直追击到蕲县以南，斩杀楚将项燕，于是楚军溃败逃去。王翦乘胜平定楚国多个城邑。

二十四年（戊寅，公元前223年）

王翦、蒙武把楚王负刍俘虏了，在楚地设置楚郡。

二十五年（己卯，公元前222年）

秦王大举起兵，令王贲向辽东进攻，俘虏燕王姬喜。

◆臣司马光说：燕太子丹连一时的愤怒都不能忍受而轻率地去冒犯虎狼一样的秦国，做事轻率，谋略浅薄，挑起了仇恨并招致祸端，致使燕国召公宗庙的祭祀活动中断，没有比这样更大的罪过了！然而有些评论者却说他十分贤明，这错得难道不是过分了吗？

凡是治理国政的人，选任官吏应该依据才能，订立政策应该依照礼制，怀柔百姓要有仁爱之心，与邻邦交往要遵守信义。这样官吏应该由有才能的人担任，政府行事有一定的节制，百姓对他的仁德心怀感激，四周邻国归附于他的道义。这样的话，国家就会像磐石一样稳固，国势像火花一样炽盛，触犯它的必然会粉碎，冒犯它的必然被烧焦，即使有十分残暴强势的国家作为敌方，又有什么值得畏惧的呢？太子丹抛弃这个道理而不照着做下去，反而让拥有万辆战车的泱泱大国，葬送在一己之怒下，以盗贼般浅薄的谋略来逞强，致使祖先功业败毁，自身也惨遭屠戮，社稷覆亡，不也非常可悲吗？

那些屈膝跪地爬行的，并不算是恭敬；遵守自己的诺言注重承诺，也并不是守信；花费金银、分发珠玉，也并不是施恩；引刀自刎、切腹自杀，并不能算是勇敢。总而言之，既没有长远的计谋打算而行事也不按照道义，太子丹不过是楚国白公胜那样的人罢了！

荆轲为了报答燕太子丹豢养自己的恩情，不顾七代宗族的身家性命，想凭借一把小小的匕首使燕国富强而使秦国国力削弱，这实在太愚蠢了！所以扬雄论及这件事，认为要离去行刺庆忌就好像是蜘蛛螯人而自己也身死，聂政刺杀侠累也是壮士，但失败而死，荆轲去行刺秦王是刺客之死，这些都算不上“义”。又有人说：“荆轲这个人，如果按照君子的道义来衡量他，就只能算是盗贼罢了。”这话说得确实没有错啊！◆

王贲统率大军进攻代，俘虏代王赵嘉。

王翦将荆楚地区全部平定，使百越之君向秦国俯首称臣，并设置会稽郡。

五月，秦王令全国百姓大摆宴席饮酒作乐。

当初，齐国国君王后非常贤明，谨小慎微地侍奉秦国，与其他诸侯国谨守信诺，齐国于是把领土向东扩张到海边。秦国没日没夜地向三晋、燕、楚等国进攻，五个诸侯国忙于自救，所以齐王田建继承王位四十多年都没有遭受战乱。王后临死前，对田建告诫说："群臣中某某人可以任用。"王说："请让我写下来。"王后说："好。"等到齐王把笔纸拿出来的时候，王后说："我已经忘了是谁。"王后逝世以后，后胜担任齐国宰相，大量收受秦国用来挑拨齐国君臣关系的金银财宝。齐国前往秦国的宾客，秦国又给他们大量金钱作为贿赂。宾客都成了秦国的间谍，劝齐王向秦国朝拜，没有必要修治攻城防御的装备，更没有必要对其他五国进行援助而向秦国进攻，就是因为这样秦国才能够把其他五国消灭。

齐王想要向秦王进行朝拜，齐国雍门司马上前说："设立国君，是为了国家社稷，还是为了自己呢？"齐王说："为了国家社稷。"司马说："为了国家社稷才设立君王，那您为什么还要离开自己的国家而到秦国去朝拜？"齐王于是驱车返回国内。

即墨大夫听到这件事后，进见齐王说："齐国疆域方圆数千里，有数百万披甲的战士。三晋地区的大夫都不愿向秦国投降，而在阿城、甄城一带有数百人流亡；大王可以把他们安抚收容而给予他们数百万兵士，让他们率领着去收复三晋失地，这样临晋关就可以攻克了。鄢郢地区的大夫不想被秦国役使，在城南地区也有数百人，大王可对他们加以抚恤，并给予他们百万军队，帮助他们收复楚国失地，这样武关也可以攻克了。如此一来，则齐国在诸侯国之间的威信就建立起来，秦国也可以攻破了，岂止是简单地保全齐国而已！"齐王不肯接受这个建议。

二十六年（庚辰，公元前 221 年）

王贲率兵取道燕国向南进攻齐国，突然攻进临淄城内，城中百姓都不敢抵抗。秦王派人把齐王引诱出来，约定封给他方圆五百里的土地。齐王于是出城投降，秦国把他流放到共地，在松柏之间把他软禁，最终齐王被饿死。齐人对于齐王田建没有趁早与诸侯各国建立合纵联盟，却听信宾客与奸邪小人的谗言而使国家灭亡，怨恨万分，因此唱着歌谣道："是松树呢？是柏树呢？让田建迁居到共地的是宾客啊!”齐人都对齐王田建任用宾客而不加以仔细审查十分愤恨。

◆臣司马光说：合纵、连横这两种学说尽管反复无常、千变万化，然而概要地来说，合纵是符合六国利益的。昔日先王封建大量宗国，与诸侯国之间亲善，让他们通过朝会访问来互相交往，设置宴席来让他们互相交好，订立盟约加强互相之间的团结，没有别的原因，只是想让他们齐心合力来保卫国家社稷啊。假如六国能够凭借信义来互相亲善，那么秦国即便强暴，又怎么能把他们消灭呢?三晋作为齐、楚两国的屏障，齐、楚两国又是三晋的根本，彼此之间相互协助，表里之间相互依存。所以说三晋向齐、楚两国进攻，是斩断自家的根本；齐、楚两国向三晋进攻，是自己把屏障撤除。哪有把屏障撤除来示好盗贼，还说“盗贼将会对我十分爱惜而不会来进攻”，这难道不荒诞吗?◆

秦王嬴政刚刚兼并天下六国，认为自己德行比三皇还高，功业比五帝还大，就更改称号为“皇帝”，皇帝出命称为“制书”、下令称为“诏书”，自称为“朕”，并把庄襄王追尊为太上皇。又颁布制书说：“国君逝世后根据他的行为来定立谥号，这是儿子对父亲的评论，臣下对君上的议论实在没有什么意义。从今往后，废除追加谥号的成法。朕作为始皇帝，后世继承者依次计数，称为二世、三世一直到万世，无穷无尽地传下去。”

当初，齐威王、齐宣王的时候，邹衍创立金、木、水、火、土五德运行的学说；到秦始皇兼并天下各国后，齐人把这套学说上奏给秦始皇。秦始皇采用了这套说法，认为周朝是火德，秦取代周，按照火德所不能战胜的，应该是水德。于是开始更改年历，朝贺大礼都以十月初一开始；衣服、旌旗、符节都崇尚黑色，计数以六为单位。

丞相王绾等人说：“燕、齐、荆三国旧地距离遥远，不设置王侯，恐怕没办法镇守，请把诸位王子分封到那里为王。”秦始皇让大臣们商议讨论这件事。廷尉李斯说：“周文王、武王把很多同姓子弟都分封为王，但是他们的后代之间的关系逐渐疏远，像仇敌一样互相攻打，即便是周天子也禁止不了。如今陛下凭借自己的英明神勇，将天下统一，应该在全国范围内设置郡、县，对于诸王子以及功臣则以国家赋税进行重赏，很容易就能控制，天下百姓没有不同的意见，这才是安宁天下的策略。重新设置诸侯国并不适宜。”始皇道：“天下百姓饱尝无休止的战乱之苦的原因，就是有诸侯王。倚赖祖宗护佑，天下刚刚平定，又要重新设置诸侯国，这是培植祸乱；这样而想要天下安定，战乱消弭，难道不是难事吗？廷尉的建议说得对。”

于是下令将全国分为三十六个郡，每郡设郡守、都尉、监察御史。

把全天下的兵器收集起来聚集到咸阳，销毁后铸成钟和钟架以及十二个金人，各重达一千石，摆放在宫廷里边。统一度、衡、石、丈、尺等计量单位。把天下的十二万户富豪迁往咸阳附近。

秦国诸多宗庙以及章台宫、上林苑等宫苑都兴建在渭水以南。每次兼并一个诸侯国，就仿照该国宫室，在咸阳北边的山坡上重新建造，这样南临渭水，从雍门往东一直到泾、渭交接之处，宫殿楼阁、天桥互相连接，从诸侯各国获得的美女、钟鼓等乐器都安放在这些宫廷里边。

二十七年（辛巳，公元前220年）

秦始皇到陇西、北地出巡，到鸡头山返回，途经回中宫。又在渭水南岸修筑长信宫，修建完工后，改名为极庙宫。从极庙宫修筑驰道通往骊山，修造甘泉宫前殿，又修筑甬道与咸阳相连，以咸阳为中心修筑驰道通向天下各地。

二十八年（壬午，公元前219年）

始皇到东方各郡、县进行巡视，登临邹县峄山，树立石碑来表彰自己的丰功伟业。于是把鲁国七十位读书士人召集到泰山下商议封禅仪式。那些读书人中有人说：“古代举行封禅仪式，用蒲草把车轮包裹起来，避免伤害到山上的草木石块；把地面打扫干净进行祭祀，用秸草织成席子。”议论纷纭各不相同。秦始皇认为他们说的很难实施，于是把儒生都罢黜不用；并且下令打通车道，从泰山南麓登上山巅，树立石碑来颂扬自己的功德；从山北面顺路而下，到达梁父山祭祀大地。祭祀的礼节按照太祝在雍地祭祀上帝的礼制进行，而对于怎样封土埋藏都非常保密，后世不得而知。

始皇又向东到海上巡游，对各地名山、大川以及八种神灵进行祭拜。又向南登上琅邪山，非常高兴，在那里停留了三个月，修建琅邪台，树立石碑颂德，彰明他已经取得天下的豪情壮志。

起初，燕国人宋毋忌、羡门子高等人宣称有能让人得道成仙、形体幻灭飞升而去的法术，燕、齐两国荒诞怪异的人都纷纷争着传习这种法术。从齐威王、宣王到燕昭王时期都对这个说法十分相信，并派人去海上寻访蓬莱、方丈、瀛洲这几处地方，传说这三座仙山在渤海之中，距离人世并不遥远。唯一的忧患是马上就要到了，大风就把船吹跑了。曾经有到过的人说，那些神仙和长生不老的仙药都在那里。等到秦始皇到海边巡游，众多方士以及齐国人徐市等都争相向始皇帝上书谈论这件事，请求在进行过斋戒后带领童男童女到海上寻找。秦始皇于是命令徐市带领数千童男童女到海上去寻找仙药。船只在海上来回航行，返回后都以受风浪所困为借口来自我开脱罪名，说："虽然没有到达，但是已经远远望见了。"

秦始皇返回咸阳时，途经彭城，举行斋戒祭祀之后，想把沉在泗水里的周朝国鼎打捞上来，派出一千人潜到泗水里搜寻，但没有捞出来。

于是转向西南方渡过淮水，到达衡山、南郡。乘船横渡长江，来到湘山祠，遇上风浪，几乎没办法渡过湘水。秦始皇向博士问道："湘君是怎么样一个神？"博士回答说："据说是尧帝的女儿，舜的妻子，死后在这里埋葬。"秦始皇盛怒，派三千个囚犯把湘山上的树木砍伐殆尽，山坡露出赭红色的土石。这才从南郡取道武关回到咸阳。

先前，韩国人士张良，他的父亲、祖父往上数五代都曾经担任韩国宰相。韩国灭亡后，张良将自己家的财产散尽，想要替韩国复仇。

二十九年（癸未，公元前 218 年）

秦始皇到东方巡游，走到阳武的博浪沙时，张良派出一名大力士手持铁椎向始皇袭击，失误打中了随行的车子。始皇非常惊恐，四处缉捕但没有结果，又命令在全国各处搜查十天。

秦始皇随后登上之罘山，在山石上刻字记功；返回途中转道琅邪，又绕道上党进入咸阳。

三十一年（乙酉，公元前 216 年）

秦始皇下令让全国人民自发上报实际拥有的土地面积。

三十二年（丙戌，公元前 215 年）

秦始皇来到碣石山巡游，派遣燕地人士卢生寻访羡门，在碣石山门刻字留念。又将城墙拆毁，把堤防掘开。秦始皇到北方边境巡查，途经上郡返回关内。卢生作为使臣从海上返回，于是将搜寻来的《录图书》奉上，说："使秦朝覆亡的是胡。"秦始皇于是派出蒙恬将军统率三十万大军，向北对匈奴进行征伐。

三十三年（丁亥，公元前 214 年）

秦朝把逃亡的流民、倒插门的女婿、商人征发入伍充当士兵，对南越地区的陆梁地进行攻略，并设置桂林、南海、象郡三郡；又把五十万囚犯流放到五岭戍守边境，与越地百姓杂居相处。

蒙恬率大军驱逐匈奴，收复河套以南地区并设置四十四个县。修筑长城，依托险峻地形，借以控制关塞；西起临洮，向东绵延到辽东，东西长达一万多里。蒙恬在这之后又率军渡过黄河，据守阳山，向北曲折而行。军队在旷野外行军驻扎十多年，蒙恬则常年驻守上郡进行指挥，军威震慑匈奴。

三十四年（戊子，公元前 213 年）

秦朝政府把那些徇私枉法，明知有罪而有意失当判刑的官吏派去建筑长城，或流放到南越地区。

丞相李斯向秦始皇上书，说："过去各国并立争雄，以优厚的待遇招徕游学的士人。如今天下已经安定，法度政令统一，百姓在家里就应该致力于农事，读书人应该学习法律政令。如今众多的读书人不熟习当今的事务反而转头学习古代，来批判当今社会，蛊惑民心，互相讨论当今法令来误导人民；听闻新的政令颁布，就各自运用自身所学的理论进行批判，入朝时表面上顺从，内心其实并不认同；出朝后就街谈巷议，指摘政事，以对主上的夸赞来彰显自己的名气，以散布不同的政见来显示高尚，引领百姓对国君制造各种谤语。像这样的情况如果不禁止，在上势必会削弱君王的权力，在下则党羽林立。只有禁止这些才对统治有利。微臣建议让史官把除了秦国以外的史书都焚毁，除了博士有藏书之职外，天下百姓有私自藏诗书典籍以及诸子百家著作的，都搜集到郡守、都尉处进行焚毁。有敢私下里对诗书典籍进行议论的处以死刑；借古代非议当今政事的诛灭九族；官吏发现这样的事而不检举揭发则与之同罪。这个命令颁布三十天后，私藏有诗书典籍以及诸子百家著作而没有主动焚毁的，面上刺字并流放到长城服劳役。不用进行焚烧的是医药、占卜巫筮、耕稼植树等书籍。要是有人想学习法令，那就让他以官吏作为老师。”秦始皇说：“可以。”

魏地人陈馀对孔鲋说：“秦始皇要把先代君王留下来的典籍焚毁，而你作为这些书籍的拥有者，实在是太危险了！”孔鲋说：“我研究的都是些没有什么用处的学问，真正懂得我的只是我的朋友。秦始皇并不是我的朋友，我怎么会有危险呢？我会把这些典籍收藏起来等待后人前来寻求，等到寻求的人来，就没有必要担忧了。”

三十五年（己丑，公元前 212 年）

秦始皇派遣蒙恬负责直道的修筑工作，从九原郡直到云阳，开凿大山填平沟壑长达一千八百多里，一连好几年都没有完工。

秦始皇认为咸阳人口众多，先王留下的宫廷面积狭小，于是下令在渭河南岸上林苑修建新的宫殿，先修建前殿阿房宫，东西长五百步，南北宽五十丈，可供一万多人同时坐在上边，殿下可以竖立起五丈高的旗杆，四周有阁道可以供车马行走，从宫殿上下来可以直接抵达终南山，在终南山顶兴建宫阙。又建造天桥，从阿房宫处横渡渭河与咸阳城相连，作为北斗星、阁道星的象征，横越银河，与营、室两星相通的样子。又调集全国受过宫刑、处以劳役的七十万囚徒到阿房宫的工地或到骊山陵地劳作。采掘北山石料作为棺椁，砍伐蜀、荆两地的木材，全都运到咸阳附近；关中地区共计有三百座宫殿，关外还修建四百多座宫室。于是又在东海郡上朐县界立石，作为秦王朝的东门。把三万户百姓调到骊邑，五万户百姓调到云阳，对他们免除十年的赋役。

卢生向秦始皇建议说："按照仙人方术的说法，一国之君要时不时地微服外出巡行来躲避恶鬼。避开了恶鬼，真人就会降临。希望君上不要让别人知道你居住的地方，然后才能够求得长生不死之药。"秦始皇说："我对真人十分钦慕。"就自称为"真人"，不再称"朕"。又下令把咸阳城周围二百里以内的二百七十座宫观台阁通过复道、甬道相连通，用帷帐、钟鼓和美人摆满，按照规定进行布置不得随意迁移。凡是秦始皇到的地方，有敢说出他的住处的，立即处以死刑。秦始皇车驾到达梁山宫，在山上遥遥望见丞相随行的车马众多，认为很不好。身边有宦官把这件事告诉了丞相，丞相随后就把随行的车马数量减少了。秦始皇大怒道："这一定是宦官把我说的话泄露了出去！"对身边的人进行询问后，没有人承认，于是把当时在身边的人全部捕捉，都处以死刑。从这件事以后，没有人知道秦始皇的行踪所在。群臣有事要请求皇帝裁决时，都在咸阳宫等候旨意。

侯生、卢生互相讨论并讥讽秦始皇，于是逃亡而去。秦始皇知道这件事后，勃然大怒说："像卢生这样的人，我对他们赏赐如此优厚，现在竟然还来对我进行诽谤！在咸阳的那些儒生，我要派人前去严查，看看有没有人胡言乱语来扰乱民心的。"于是派御史对儒生进行拷问。诸生彼此牵扯不清，互相推诿告发，最后有四百六十多人被捕获罪，都在咸阳坑杀，并告知天下百姓，以对后人起到警诫作用；并把其余一些人士发配到边境。秦始皇的长子扶苏因为这件事向秦始皇进谏，说："这些儒生都诵习孔子的学说。如今却处以极刑，恐怕天下会生出变乱。"秦始皇大怒，派扶苏到北部的上郡负责监督蒙恬的军队。

三十六年（庚寅，公元前 211 年）

有陨石坠落到东郡。有人在陨石上刻字，说："始皇死而地分。"秦始皇派遣御史对当地人进行排查询问，没有人承认这件事；于是下令把住在附近的百姓全部逮捕斩杀，又把陨石焚毁。

秦朝政府将三万户百姓迁到河北、榆中地区进行垦殖，每户赏赐爵位一级。

三十七年（辛卯，公元前 210 年）

冬季十月份，癸丑这一天，秦始皇外出巡游，左丞相李斯随同前往，右丞相冯去疾在咸阳留守。秦始皇有二十多个儿子，最宠爱幼子胡亥，他向始皇请求一起去，秦始皇答应了他的要求。

十一月，秦始皇的车驾来到云梦泽，在九疑山对虞舜进行祭拜。乘舟顺江而下，游赏藉柯，渡过海渚，途经丹杨，来到钱唐，抵达浙江。因为海浪凶险，于是向西折行一百二十里，在江水狭窄处渡过大江。

登临会稽山，祭祀大禹，遥望南海；竖立石碑以歌颂自己的功德。随后返回，途经吴县，从江乘县乘船渡江。沿着大海北上，到达琅邪、之罘。中途遇见一条巨大的鱼，把它射杀了。又傍海向西航行，到达平原渡口时却身患重病。

秦始皇十分忌讳谈论死，群臣之中没有人敢说有关死的事。一直等到病情非常严重的时候，才下令中车府令、掌管符玺的赵高给扶苏下发诏书，说："回国来参加丧礼，在咸阳会合后商量下葬的事。"诏书已经封好，在赵高手里搁置了下来，没有交给使者送给扶苏。这年秋天七月份，丙寅这一天，秦始皇在沙丘宫平台驾崩。丞相李斯因为秦始皇在外地驾崩，担心皇子们以及天下人发生叛乱，于是秘不发丧，把棺材放到辒凉车中保存，并派始皇最为宠信的宦官随车陪乘。所到之处，秦始皇的日常饮食、百官奏事都与平常一样，宦官就在车里准许批复官员们奏请的事。只有胡亥、赵高以及五六个受宠的宦官知道这件事。

起初，秦始皇对蒙氏兄弟非常尊敬，并十分信任他们。蒙恬在边境担任大将，蒙毅常年在朝中负责国事的谋划，有忠信的美誉，所以即便是诸多将领与宰相也不敢与他们抗争。赵高先天就没有生育能力，秦始皇听说他有很好的才能，又精通刑法，于是任命他为中车府令，让他教导胡亥学习决断诉讼案件，胡亥对他非常宠信。赵高因事获罪，秦始皇让蒙毅负责处理；蒙毅认为依法应当把赵高处死。秦始皇因为平日里赵高做事灵活就把他赦免，并恢复原有的官职。赵高既然平日里受胡亥的宠幸，又对蒙氏兄弟有仇怨，于是向胡亥劝说，请他假冒秦始皇的遗诏把扶苏诛杀而改立胡亥为太子。胡亥觉得他说得非常好。赵高说："这件事要是不与丞相商量，恐怕很难成功。"于是赵高与丞相李斯会见，说："皇上赐给长子扶苏的诏书以及符玺都在胡亥手里。立太子就看你我二人的想法了。你考虑一下这件事该怎么办?"李斯说："怎么能说这样亡国的话呢? 这不是你我作为臣子者应该商议的事!"赵高说："你才能出众、谋虑深远、功勋卓著又任劳任怨，扶苏对您非常信任，然而这五点与蒙恬相比怎么样?"李斯说："我不如蒙恬。"赵高说："那么只要扶苏继承皇位，必然要任命蒙恬为丞相，你终将不能身怀列侯的印玺荣归乡里! 胡亥仁慈忠厚，可以立他为继承人。还请您好好考虑，再下决定。"丞相李斯认为赵高说得非常在理，于是与他们一同策划，假称接受了秦始皇的遗诏，把胡亥拥立为太子。又给扶苏送去诏书，斥责他没有为秦朝拓展国土，建立功业，反而使将士多有伤亡，而且数次上书，对皇帝直言毁谤，日夜抱怨愤恨，唯恐自己不能返回咸阳做太子；将军蒙恬对他并不进行矫正，又参与扶苏的阴谋，把他们二人一并赐死，把军权交给副将王离负责。

扶苏打开诏书，边哭边走入室内，想要自杀。蒙恬说："皇上长年在外巡游，并没有确立太子；又派我统率三十万大军镇守边关，公子前来负责监督，这是国家的重任。如今只是一个使者传来诏书，就马上自杀，怎么知道这是不是诡计呢？还是重新上书证实然后再自杀，也不算晚啊！”使者又连着好几次催促。扶苏向蒙恬说：“父皇赐儿臣一死，还有什么好请求的！”于是自杀身亡。蒙恬不愿意自杀，使者把他送给官吏治罪，软禁在阳周。由李斯的舍人担任护军，然后返回报告。胡亥听闻扶苏自杀的消息，就想把蒙恬释放了。正好蒙毅代替秦始皇到外地祭祀山河大川返回，赵高向胡亥建议说：“先帝很早以前就想把贤能的人立为太子了，但是蒙毅向先皇进谏说不可以，不如把他杀掉。”就把蒙毅囚禁在代郡。

于是车驾从井陉抵达九原郡。适逢暑伏天气，辒凉车散发出阵阵臭味，便下令随从官员在车上装了一石的鲍鱼来混淆尸臭味。顺着直道回到咸阳后才发丧，太子胡亥继承皇位。

九月，在骊山把秦始皇安葬，墓室深达地下泉水；从各地运来的珍奇宝物塞满了陵墓。又下令工匠制作机弩，有胆敢凿地进入墓穴靠近陵寝的一律射杀。又以水银仿制成百川、江河、大海的样子，通过机械运转流动。墓穴顶部有天文图像，底部安置有地理模型。没有生孩子的后宫嫔妃，下令全部殉葬。始皇下葬后，有人说负责制作机关的工匠们，都知道这中间的奥秘，怕他们把墓里边丰厚的宝藏泄露出去。在下葬的大事进行完后，把他们都封死在墓中。

秦二世想把蒙恬兄弟诛杀。二世哥哥的孩子子婴向他进谏说：“赵王迁把李牧杀掉而任用颜聚，齐王建把前代忠臣杀掉而任用后胜，最终都导致国家覆亡。蒙氏兄弟，是秦国重要的大臣与谋士，陛下却想把他们弃用并杀掉。把忠臣杀掉而任用毫无操守的小人，这样在内会导致群臣对君王不信任，在外致使将士之间离心离德！”秦二世没有听，下令把蒙毅和内史蒙恬诛杀，蒙恬说：“从我祖先到现在的子孙，已经有三代人为秦国创立功业了。如今我统率三十多万大军，尽管我被囚禁，但凭我的势力也足以反叛。然而我知道必须以死来遵守道义，不敢辱没祖先的教诲而忘记先帝对我的恩德！”于是服毒自杀。

◆扬雄《法言》说，有人问道："蒙恬忠心耿耿却被诛杀，为国尽忠还可以坚持施行吗？"回答道："蒙恬凿山填谷，修筑一条西起临洮、东到辽水的万里长城，没有产生什么效力却导致横尸遍野，即使对其君十分忠诚也不足以抵消他的罪过。"

臣司马光说：正当秦始皇在天下施暴的时候，而蒙恬就受他的驱使，由此就可知道他不是什么仁义的人。然而他懂得作为人臣应该遵守的道义，虽然无罪而被处死，依然能够赴死毫无二心，也非常值得称道啊。◆

二世皇帝上

元年（壬辰，公元前209年）

冬季十月份，戊寅这一天，下令大赦天下。

春季，秦二世到东方各郡县巡游，李斯一同前往；到达碣石山和海边，又南行到达会稽山；把秦始皇竖立的石碑上加刻碑文，在旁边刻上随从大臣的名字，借此来表彰先帝的丰功伟业，然后返回。

夏季，四月，秦二世来到咸阳，对赵高说："人活在世上，就好像驾着飞驰的六匹骏马越过缝隙一样。既然我已经君临天下，想要满足所有耳目喜好的东西，享尽所有让我快乐的事物，这样直到我的生命终结，可以吗？"赵高说："这些做法是贤明的君主可以做而昏庸的君主应该禁止的事。尽管这样，但有些事情还是不能做的，让我来给您说说：沙丘宫夺权这件阴谋，诸位王子和大臣们都有所怀疑；而那些王子都是陛下您的兄长，大臣又是先帝挑选的。如今陛下刚刚即位没多久，他们这些人内心都不是真正的服帖，恐怕会有变乱发生；老臣战战兢兢，唯一担心的是难以安享晚年，陛下您这个时候怎么能享乐呢？"秦二世说："这该怎么办呢？"赵高说："陛下应该施行严酷的法令、残暴的刑罚，凡是犯罪的人施行连坐法，把旧日的大臣及宗室人员诛杀干净；然后对先前各国的遗民进行安抚提拔，让贫穷的人逐渐富裕起来，赐予地位卑贱的人爵位。把先帝的旧臣完全铲除，另外任用自己亲信的人，这样子陛下就可以积聚阴德，去除祸患，阻断奸谋，群臣没有不蒙受陛下恩德的，这样陛下就可以纵情享乐、高枕无忧了。没有比这个计谋更好的了。”秦二世觉得他说得很好。于是变更法律，变得更为严酷，大臣以及诸王子犯法，都交给赵高严加惩处。于是先后有十二位王子在咸阳街头被处死，十名公主在杜县被处以车裂之刑，他们的财产被没收，受牵连而被抓捕的人不计其数。

公子将闾弟兄三人被软禁在内宫，一直到最后才论定他们的罪行。秦二世派使臣饬令将闾说：“公子没有尽身为人臣的职责，罪当处死！让官吏依照法律处理吧！”

将闾说：“在朝堂之上的礼节，我没有不遵从礼赞九宾；在祭祀宗庙大典上，我没有敢不按照礼节进行；接受皇帝诏命应对问话，我从来没有敢胡乱说话的，怎么能算是不臣之罪？我希望知道我的罪行后再死！”使者说：“我并不了解这中间的情况，只是奉命做事！”将闾于是仰天连呼三声“天”，说：“我没罪！”弟兄三人相对而泣，拔剑自杀。秦宗室人员都十分震恐。公子高想逃到国外去，又担心族人受自己牵连被杀，于是向秦二世上书说：“先帝没有患病时，我进宫先帝就赐给我食物，出宫就赐给我车马，先帝府中的衣饰，我接受赏赐，宫中马厩里的宝马，我也接受赏赐。我本来应为先帝殉葬却没有做，身为人子既没有办法尽孝，作为臣子也没有尽忠。像我这样不忠不孝的人还有什么脸面活在世上？我恳求准许我追随先帝一死，以死来为先帝殉葬，希望把我葬在骊山脚下。恳求皇上怜悯我。”这封书信呈上后，秦二世大喜，把赵高召到身边给他看，说：“这算得上是急迫无助吗？”赵高说：“作为臣子的担心自己的性命还顾不过来呢，怎么还会有造反的念头呢？”秦二世批准了他上奏的内容，又赏给他十万钱作为处理后事的费用。

秦二世又下令重新修建阿房宫。调集五万名身强体壮的力士到咸阳负责守卫，下令教给他们射术。狗马等牲畜日常消耗的粮食太多，预算数量会不够，于是下令从各郡县调集粮食，转运豆类谷物以及草料，又下令民夫一路要自带粮食，下令咸阳周围三百里以内不准食用这批粮食及草料。

这年秋天七月份，阳城人陈胜、阳夏人吴广在蕲县起兵反秦。那个时候，秦王朝征发闾左的百姓为士卒到渔阳守边，九百多人中途在大泽乡驻扎，陈胜、吴广作为屯长带队。恰逢天降大雨，道路泥泞不通，推算时间已经耽误了送粮的日期，按照秦法必须全部斩首。陈胜、吴广借着天下百姓对秦王朝的仇怨愤恨，于是把将尉杀死，召集随行的戍卒说："大家都已经耽误了日期，按照秦法应当斩首；即便侥幸没有斩首，戍边死去的也十有六七。况且我们不死就算了，就算是死也要建立一番大事！王、侯、将、相莫非都是天生注定的吗？"大家都认同他。于是就谎称公子扶苏以及楚人项燕的名号来提高号召力，筑坛宣誓，号称为"大楚"；陈胜封自己为将军，吴广作为都尉。向大泽乡展开进攻，随即攻克；又收兵向蕲进攻，也攻占了蕲。随即命令符离人葛婴率领部众向蕲以东地区进攻；攻打铚、酂、苦、柘、谯，全部都攻克了。一路招收兵马，等到达陈县，已经有六七百辆战车，一千多匹战马，数万名士兵。对陈县发动进攻，陈县的守尉均不在县中，唯独守丞在谯门内迎战，难以抵挡；守丞随后被杀，陈胜进入并占据陈县。

起初，大梁人张耳、陈馀两人互相结为生死之交。秦国消灭魏国的时候，听说他们是魏国有名的人才，于是以重金征召他们。张耳、陈馀随即隐姓埋名，一同来到陈县，担任闾里守门的步卒来养活自己。负责闾门的官吏曾经因为陈馀犯错误而对陈馀鞭打，陈馀想要进行反抗，张耳踩住他的脚，让他忍受鞭打。官吏走后，张耳把陈馀拉到旁边的桑树下，斥责他说："当初我们二人约定过什么？如今遇到这么小的一点屈辱，就想因为一个小吏，而搭上自己的性命吗？"陈馀向他请罪。陈涉（陈胜，字涉）领兵进入陈县后，张耳、陈馀二人登上城门拜见。陈胜平日就听说过他们非常贤明，十分高兴。陈县的众多豪杰人士以及父老乡亲都要求把陈胜拥为楚王，陈胜就这件事向张耳、陈馀征求意见。张耳、陈馀建议说："秦国残酷暴虐，兼并他国，残害百姓；将军您冒着生命危险想到这样一条计策，为全天下百姓消除祸害。如今刚刚攻克陈县就要称王，这无异于向天下人表明您的私心。希望您暂时先不要称王，而是快速引兵西进。派人拥立六国后人，为自己建立更多的党羽，来增加秦王朝的敌人。秦王朝的敌人多那么它的力量就会分散，众多国家向大楚亲附，我们的兵力就会变得强盛。这样，军队不必在野外交战，众多郡县也会群起而反叛秦王朝，诛杀暴虐的秦皇，占据咸阳，来号令各路诸侯；各诸侯得以复兴并自立为王，您再以道德感化他们归顺，帝王之业就可以成功了！如今着急在陈县称王，只怕天下百姓会离散。"陈胜不肯听从他的意见，于是自立为楚王，国号为"张楚"。

在这个时候，各郡县的百姓都对秦政府的法令非常愤恨，争相把当地长吏杀掉来响应陈胜。秦王朝的使者从东方急速回到咸阳，把陈胜起兵造反的消息上报给秦二世。秦二世勃然大怒，将使者下狱治罪。从这以后，再返回咸阳的使者，秦二世询问他，只是回答："不过是一些小偷小摸的盗贼罢了，地方郡守等官吏正在缉拿，现在已经全部抓获，没有什么好担忧的了。"秦二世非常高兴。

陈王任命吴叔代理楚王职位，监督诸将领兵向西进攻荥阳。

张耳、陈馀又向陈胜建议，请求派出突击队向北攻占原来的赵国土地。陈胜于是派出与自己交好的陈地人武臣作为将军，邵骚担任护军，张耳、陈馀为左、右校尉，调给三千士卒，向赵地展开进攻。

陈胜又下令让汝阴人邓宗率兵进攻九江郡。在这个时候，楚地数千人聚集到一起起兵反秦的不可胜数。

葛婴来到东城，拥立襄彊为楚王。听说陈王已自立，便杀襄彊回来报告。陈王诛杀了葛婴。

陈胜命令周市带兵向北对魏国旧地进攻。把上蔡人"房君"蔡赐封为上柱国。

陈胜听说周文是陈县有名的贤士，谙熟兵法，于是赐给他将军大印，命他率军向西进攻秦王朝。

武臣等人从白马津横渡黄河，到各个县邑向当地豪杰游说，豪杰群起而响应。于是沿路征集到数万士卒，称武臣为“武信君”。武臣率军攻克十余座赵地城池，剩下的几座城池都坚守不肯投降，于是引兵向东北进攻范阳。范阳蒯彻向武信君游说道：“你一定要先战胜然后才将该地纳为已有，先进行作战然后才能攻占城池，我觉得这是不划算的。假如能采取我的建议，不用进攻就可以使那些城池投降，不用作战就可以得到那些土地，发布一道征讨檄文，就可以平定千里之地，您看这样可以吗？”武信君说：“这怎么说呢？”蒯彻说：“范阳县令徐公，贪生怕死又非常贪财，早就想在其他人之前投降。您要是把他当作秦王朝任命的官员，像先前进攻十座城池那样把他杀掉，那么边境地区的城池就将固若金汤，没有办法再攻克了。你要是让我把侯印带给范阳县令，让他乘坐有朱红色车轮华美车毂的车子，在燕、赵大地郊野进行驰骋，那么燕、赵大地所有的城池就可以不战而降了。”武信君说：“非常好。”于是调给他一百辆车、二百匹马，以及君侯的印信前往迎接徐公。燕、赵两地有人听见这件事后，有三十多座城池不战而降。

陈王派出周章统领军队以后，认为秦王朝政治暴乱，对秦王朝产生轻视的意思，不再增加防御设施。博士孔鲋向他进谏说：“兵法上讲：‘不能怀侥幸心理寄希望于敌人不向我进攻，而应该凭恃准备周全，使敌人不敢前来进攻。’如今大王您寄希望于敌人不向我军发动进攻，而不倚仗着自身的周密准备，有朝一日军队战败，将一发不可收拾，到时候后悔都来不及。”陈胜说：“这是我的部队，先生您就不必忧虑了。”

周文沿路招募士兵抵达函谷关，已经拥有一千辆战车、数十万大军，到达戏亭后把大军驻扎下来。秦二世大惊失色，召集群臣商议说："这该怎么办？"少府章邯说："反贼已经来到城下，人多势众，如今即便是征调邻近县邑的驻军恐怕也来不及了。发配到骊山劳作的刑徒人数非常多，请把他们的罪过赦免，给他们发放兵器去迎击叛贼。"秦二世于是下令大赦天下，派章邯前去把骊山的刑徒及家奴之子全部赦免，派去迎击楚军，楚军溃败。周文慌忙逃跑。

张耳、陈馀二人来到邯郸，听说周文败退的消息，又听说为陈胜领兵略地返回的大将们大都因为遭受谗言诋毁而获罪被杀，于是劝说武信君自立为王。八月份，武信君自立为赵王，任命陈馀担任大将军，张耳担任右丞相，邵骚担任左丞相，并派出使臣告知陈胜。陈胜大怒，要将武信君等人的全宗族杀掉，再发兵进攻赵王。柱国房君进谏说："秦王朝还没有灭亡，现在就要把武信君等人的全宗族屠杀殆尽，这无疑是又一个秦王朝；倒不如趁此机会向他道喜，让他迅速领兵向西进攻秦王朝。"陈胜觉得他说得非常正确，便采纳他的策略，把武信君等人的亲属扣押在宫中，把张耳的儿子张敖封为成都君，派出使者向赵王祝贺，下令让他迅速领兵向西入关进攻秦。张耳、陈馀向赵王建议说："大王自立为赵王，并不是陈胜想要的，特派出使臣前来道贺，只是权宜之计。楚国将秦王朝灭掉之后，必然要派兵进攻赵国。希望您不要领兵向西，而应该向北攻占燕、代之地，向南夺取河内地区，来扩张自己的地盘。赵国南据黄河，北有燕、代之地，即便是楚国把秦王朝灭掉，也不一定就敢来进攻赵国；假如没有办法战胜秦王朝，必然要更加重用赵国。赵国可以趁着秦、楚疲敝的时机，一举而成就一统全国的志向。"赵王觉得他说得很对，于是没有向西发兵，而是派遣韩广向燕地进军，李良向常山进军，张黡向上党进军。

九月，沛人刘邦在沛县发兵反秦，下相人项梁在吴地起兵反秦，狄人田儋在齐地起兵反秦。

刘邦字季，长着一副高鼻梁、龙一样的面庞，左侧大腿上有七十二颗黑痣。平素好交朋友乐善好施，胸怀大度开阔；素有大志，不安于从事普通人家日常耕稼的工作。起初做过泗上亭长，单父人吕公，喜欢给人看面相，见到刘邦的容貌，非常惊异，就把女儿嫁给了他。

不久以后刘邦作为亭长替县府押送差役到骊山劳作，大部分差役在半路上逃跑。刘邦想着即便到了骊山人也逃跑完了，于是在到达丰邑西边的泽中亭时，停下来休息吃饭，晚上就把押送的差役释放，说："你们都逃命去吧，我从此以后也要逃命去了！"差役中有十几个壮士甘愿追随他。

刘邦有一次喝醉了，晚上走到沼泽之中，看到一条大蛇挡住了去路，就拔剑把大蛇斩断。后来有一位老妇人哭着说："我的儿子是白帝之子，化为蛇，挡住道路，如今被赤帝的儿子杀掉了！"说完就忽然不见了。刘邦逃亡后藏身在芒、砀山的草木沼泽之中，多次有奇异的事情发生；沛县的年轻人听说后，很多人都想去追随他。

等到陈胜起兵反秦，沛县县令想要号令全县响应他。县令的属官及主吏萧何、曹参说："您身为秦朝官员，如今想反秦，恐怕百姓不会听从。希望你把那些逃命在外的召集回来，可以得到几百人，依次来胁迫剩下的人，他们就不敢不听从。"于是命令樊哙把刘邦召过来。这个时候刘邦已经有数百部众，沛县县令非常后悔，害怕他会叛变，于是把城门紧闭，想把萧何、曹参杀掉。萧何、曹参非常害怕，翻越城墙逃跑来报效刘邦以求能够自保。刘邦把一封书信射到城楼上，送给沛县的父老百姓，向他们说清楚利害得失。父老百姓于是率领年轻人一起把沛县县令杀死，打开城门迎接刘邦，拥立他为"沛公"。萧何、曹参替他征集沛县的青年子弟，招募到三千人，以此响应各路诸侯。

项梁是楚国大将项燕的儿子，曾经犯下杀人罪，与他哥哥的儿子项籍为了躲避仇人寄居在吴中。吴中的众多贤明人士都比不上他。项籍小时候学读书作文没有学成，就学习剑术，又没有学成。项梁非常生气。项籍说："读书作文只是能够记住姓名罢了！剑术只能抵挡一人，没有学的价值，要学就学抵御万人之术！”项梁于是教项籍学习兵法，项籍非常高兴，但只是通晓大意就不肯继续学下去。项籍身高在八尺以上，力量大得能够把巨鼎举起来，才识和器度都比常人超出很多。会稽郡守殷通听到陈胜起兵反秦的消息，想起兵进行响应，派出项梁及桓楚为大将。这个时候，桓楚逃亡藏在山林草泽之中。项梁说：“桓楚逃亡在外，没有人知道他在哪里藏身，只有项籍知道他的行踪。”项梁于是叮嘱项籍在外持剑等候，自己又回到屋里，与太守一起坐下，并向他建议：“不如把项籍召进来，派他去把桓楚找回来。”会稽郡守说：“可以。”项梁于是把项籍召进屋内。没过一会儿，项梁向项籍侧目示意，说：“可以动手了！”于是项籍拔剑把会稽郡守的头颅斩下。项梁一手拎着郡守的人头，一手拿着他的印绶佩戴在自己身上。门下的侍从们都大惊失色，躁动不安；项籍斩杀了数十百人，整个府中都震恐降服，再没有人敢反抗。项梁于是把以前认识的豪杰和官吏召集起来，把欲起兵反秦的计划告诉他们，随后征集吴中地区的士兵，把会稽郡所属诸县的兵马集中起来，一共得到八千精兵。项梁担任会稽郡守，项籍作为副将，向会稽郡下辖的其他诸县进攻。这一年项籍才二十四岁。

田儋是以前齐国的宗室族人。他的堂弟田荣，田荣的弟弟田横，都是一方豪杰，宗派强盛，能够招徕人心。周市带兵略地到达狄城，狄城守军坚守不出。

田儋假装把自己的奴仆绑起来，领着一群年轻人来到县廷，想要谒见县令并把奴仆杀掉，见到狄令后随即把他杀死，把豪侠以及官吏的子弟召集起来说：“各路诸侯纷纷叛秦自立为王。齐国是古代受封的大国，而我田儋作为田氏王族后裔，理应称王！”于是自立为齐王，发兵攻打周市。周市率残部败退。田儋又率领部将向东把齐国故地平定。

韩广带领部下向北到燕国旧地攻伐，燕国旧地的豪强俊杰们想把韩广拥立为燕王。韩广说：“我的母亲还在赵国，不能这样做。”燕地人说:“如今赵王对于西方的秦王朝十分担忧,又对南方的楚国非常担忧,以他的力量没有办法挟制我们。况且以楚国的强盛,尚且不敢残杀赵王及将相的家属和亲人,难道他敢残害您的家人吗?”于是韩广自立为燕王。几个月后,赵王把韩广的母亲及其家属护送到燕。

赵王武臣与张耳、陈馀率军向北对燕界发动进攻,赵王抽出空闲时间微服出行,被燕军抓获。燕人把他软禁起来,想以此来逼迫割地交换。赵国派到燕国的使者都被燕国杀掉。有一个下层的士卒偷偷翻过燕军的壁垒,拜见燕将说:“您知道张耳、陈馀想得到什么吗?”燕将说:“想得到他们的大王罢了。”赵国的士卒笑着说:“看来您并不知道这两个人的想法啊。武臣、张耳、陈馀手持马鞭,顷刻间就攻克数十座赵国城池,三个人都想自己南面称王,谁愿意终生当一个将军宰相?只是因为大局初定,不敢把国土一分为三各自称王,所以暂时推举年纪较大的武臣担任赵王,借此使赵国人心安定。如今赵国局势安定,这两个人也都想着分裂赵国而各自称王,只是还没有找到合适的时机罢了。如今您把赵王软禁起来,这两个人表面上要把赵王接回去,其实却想借燕国把他杀掉,这样,两个人就可以把赵国分裂而自立为王。只是一个赵国还敢轻视燕国,更别说两位贤明的君王互相提挈扶助,以杀掉赵王的罪名来斥责,要想把燕国灭掉就容易得多了。”燕将听后,就把赵王归还赵国,并派这位士卒驾车把他送回去。

周市从狄城回到国内,来到魏国旧地,想拥立以前的魏国公子宁陵君魏咎为王。当时魏咎在陈县,没办法回到魏。等到魏地平定后,各路诸侯都想把周市拥立为魏王。周市说:“天下昏乱不堪,忠臣才会出现。如今天下诸侯都纷纷背叛秦王朝,按照道义一定要先拥立魏王才可以。”各路诸侯极力要求周市即位,他始终不肯接受;派人到陈县把魏公子魏咎迎接回来,先后往返五次,陈胜才把他送回来,于是拥立魏咎为魏王,周市担任魏相。

这一年,秦二世废黜卫君卫角为平民,卫国自此灭亡。

资治通鉴卷第八　秦纪三

起癸巳（公元前 208 年），止甲午（公元前 207 年），共二年。

【题解】本卷记录了秦二世胡亥二年至秦二世三年共两年间秦朝的历史。主要记录了赵高与秦二世残暴专横，不惜民力；记录了李斯为虎作伥，助纣为虐，仍被赵高迫害致死；记录了赵高杀秦二世、立子婴，子婴诛灭赵高满门。以及陈涉起义军经验缺乏、组织涣散，被秦将章邯剿灭；项羽、刘邦两支军队逐渐强大，项羽在巨鹿破釜沉舟，大破章邯，章邯投降；以及刘邦率军逼近咸阳，等等。

二世皇帝下

二年（癸巳，公元前 208 年）

冬季十月份，泗川郡监平率军在丰县包围沛公，沛公出城迎战，大败秦军，下令雍齿戍守丰县。十一月，沛公率军抵达薛地。泗川郡守壮在薛地战败，逃到戚地，被沛公手下担任左司马的曹无伤抓住后杀死。

周章领兵出函谷关，在曹阳停留并驻扎下来，过了两个多月后，章邯率军追击并击败他；周章又逃往渑池，十多天后，章邯再次乘胜追击，大败周章及其军队。周文拔剑自刎，部众不再进行抵抗。

吴广率部众包围荥阳，李由当时担任三川郡郡守，在荥阳镇守，吴广没有攻克。楚国田臧将军等互相之间商议说："周章率领的军队已经被击败，眼看秦兵早晚之间就要来到。我们围攻荥阳不能攻克，秦兵来之后，必然会大败，倒不如留下一小部士兵在这里镇守，而以全军精锐部队迎战秦军。如今假王吴广日渐骄横，不懂得用兵之道，没办法跟他商议大事，恐怕最终会失败。"于是互相假传楚王陈胜的密令将吴广杀掉，把首级进献给陈胜。陈胜派出使臣赐给田臧楚国令尹的印信，任命他为上将军。

于是田臧派部下李归等将镇守荥阳，自己带着精锐部队向西到敖仓迎战秦军，田臧在这场战斗中战死，军队也溃散。章邯领兵在荥阳城下大破李归等人，李归等人都在战斗中身亡。阳城人邓说领兵在郯城驻守，被章邯手下的副将率军攻破。铚地人伍逢领兵在许城驻守，又被章邯带兵攻破。邓说、伍逢两军都溃散而去，逃到陈地，陈胜因此把邓说诛杀。

秦二世屡次斥责李斯说："你身居三公要职，怎么能让反贼这样猖獗？"李斯内心十分害怕，但因为看重爵位及利禄，不知想什么计策才好，于是迎合秦二世的心思，上书回答说："世人所谓贤明的君主，一定是能够对臣子行使督察权术的。所以申不害才会说'坐拥天下却能不纵情放荡，这称为把天下当作桎梏'的话，其实没有其他的原因，只是因为他不能行使督责权力，而只想着要亲力亲为给百姓服务，就好像尧、禹那样，因此称之为桎梏啊！不能了解申不害、韩非高明的权术，行使督责的权力，使天下百姓自得安适地生活，却一心地苦身劳神，把自己的一生都献给百姓，这就成为百姓的苦役，而不再是畜养天下的国君了，这有什么可贵的呢！因此贤明的君主往往能够行使督责的权术，而将专断大权紧握在上级手中，这样子权力就不会旁落到臣子手中，如此才能阻断仁义之道，杜绝劝谏者的巧言善辩，然后可以随意做自己想做的事而没有什么好顾忌的，也没有人敢来违背自己。这样一来，群臣和百姓改正自己的过失还恐怕来不及，又怎么胆敢图谋反叛呢？"秦二世非常高兴，于是进一步加强督责权力，以向百姓征收苛捐杂税的官吏为贤能的官员，以杀人多的官员为忠臣，路上走的人有一半以上都是遭受刑罚的，每天都有大量的尸体在街市上积压成堆，秦朝百姓于是越发恐惧，越发想着反叛。

赵国大将李良平定常山地区之后，回来向赵王禀报。赵王又派李良向太原发动进攻。大军来到石邑，秦兵在井陉阻挡，没有办法进军。秦将伪造秦二世的诏书想要招降李良。李良接到书信后没有相信，率军回到邯郸，请求增派援军。还没有走到邯郸，半路碰到赵王的姐姐出门饮酒，李良远远望见，误以为是赵王的车驾，在路旁伏地拜谒。赵王的姐姐喝醉了，不知道他是赵将，只是让旁边的骑兵向李良致意。李良素来尊贵，起身之后，环顾随从的官员，自己觉得非常羞惭。随从的官员中有人说："天下反叛秦王朝，有能力的人都纷纷争着自立为王。况且赵王的地位原来还比不上将军您，如今一个女人竟然不下车给将军还礼，请允许臣下追上去把她杀掉。"李良已经接到了秦二世的书信，本来就想反叛赵国，但还没有下决心，因为这件事恼羞成怒，派人追杀赵王的姐姐，又领兵对邯郸发动袭击。邯郸守将事先不知道什么情况，最终赵王和邵骚被杀。赵国人大多是张耳、陈馀二人的眼线，因此唯独他们两个人脱险逃了出去。

陈地人秦嘉、符离人朱雞石等人起兵反秦，在郯城将东海郡守包围。陈胜听说这件事后，派出武平君畔作为将军，前去监督郯城的各路大军。秦嘉不接受这个命令，自立为大司马，厌恶作为武平君的属下，并告诉部众说："武平君年纪还小，不懂用兵之术，不要听他的号令！"又趁机诈称陈胜的命令，把武平君畔杀死。

秦二世增派长史司马欣、董翳二人协助章邯剿灭反贼。章邯击败伍逢后，又击杀陈胜部下的柱国房君蔡赐，并进攻在陈地西侧驻扎的张贺部众。陈胜亲自出城督战。张贺最后战死沙场。

腊月，陈胜来到汝阴，返回抵达下城父后，被自己的车夫庄贾刺杀，并向秦军投降。当初，陈胜称王后，他以前的亲朋好友都前去投靠他。他的岳父也去投靠他，陈胜以对待宾客的礼节招待他，只是长揖而没有下拜。岳父大怒说："你倚仗着谋反作乱而僭号称王，对待长辈傲慢无礼，肯定不能长久！"不辞而去。陈胜连忙跪拜谢罪，他岳父最终没有理会。他以前的一位宾客出入往来，与别人畅谈陈胜以前的事。有人就向陈王建议说："有些宾客愚昧无知，专说些乱七八糟的话，对您的威望有损。"陈胜于是把那些宾客杀掉。许多以前的朋友于是纷纷主动离去，从这以后再也没有人来投靠陈胜了。陈胜任命朱防担任中正一职，胡武担任司过，主管群臣得失。诸将到外地攻城略地，只要不听陈胜的号令，朱防、胡武就把他们囚禁起来治罪。陈胜以对同僚苛刻检举揭发为忠诚，对于自己不喜欢的人，并不通过正常的官吏审理治罪，而是擅自进行处置。于是诸将不再亲附于陈胜，这就是他失败的缘故啊！

陈胜以前的侍卫吕臣组建了一支苍头军，在新阳起兵反秦，向陈地进攻，斩杀庄贾，重新以陈地作为楚国国都，把陈胜埋葬在砀县，谥号为“隐王”。

早先，陈胜命令铚人宋留领兵平定南阳，进入武关。宋留攻克南阳后，听到陈胜已死的消息，南阳又重新归属于秦王朝，宋留率部众投降，秦二世把宋留车裂示众。

魏人周市领兵向丰、沛两县进攻，派人去招降雍齿。雍齿平常就不愿向沛公归附，于是率领丰县人向魏投降。沛公领兵攻打丰县，没有办法攻克。

赵国人张耳、陈馀把逃散的士兵聚集起来，得到数万人，随即向李良进攻。李良大败，逃往章邯处。

宾客之中有人向张耳、陈馀游说：“你们二位在赵地寄居，想在赵国使人民依附，是很难单独完成的。可以将赵国的后裔拥立为王而施行仁义对其进行大力辅佐，就可以成功。”于是张耳、陈馀找到赵歇。当年春季正月，张耳、陈馀将赵歇拥立为赵王，在信都驻居。

东阳人宁君、秦嘉听到陈胜兵败的消息，于是将景驹拥立为楚王，领兵抵达方与，想在定陶城下对秦军发动袭击；派出公孙庆到齐国出使，想要说服齐国联合进攻秦军。齐王说：“陈王战败，到现在还不知道生死，楚国怎么可以不向别国请示就另立新王呢?”公孙庆说：“齐国没有向楚国请示就立新王，楚国为什么要向齐国请示才能立新王呢?况且楚国最先起兵反秦，理应号令天下。”田儋于是把公孙庆杀了。

秦王朝左、右校尉领兵对陈进攻，并占领陈。将军吕臣逃跑，又将散兵重新聚集起来，与番阳的山贼黥布碰面，联合对秦王朝的左、右校尉进攻，于青波大败秦军，重新将陈地置为楚都。

黥布是六安人，姓英，因触犯法律被处以黥刑，将他定罪为刑徒发配到骊山服役。骊山有数十万囚犯作为劳役，黥布与囚徒之中的头目及豪杰之间互有往来，于是率领他们逃亡到长江地区做盗匪。番阳县令吴芮，非常受江湖中人以及百姓的拥戴，号称"番君"。黥布前去与他见面，当时他已经有数千部众。番君把自己的女儿许配给他，派他领兵进攻秦军。

楚王景驹驻军在留城，沛公前去投靠他。张良也聚集起一百多个青年，准备前去投靠，半路上碰到沛公，就成了他的部下。沛公任命张良为掌马将。张良多次用《太公兵法》里边的理论向沛公提建议，沛公对他非常赏识，经常采纳他的建议。之前张良为其他人提供谋略，其他人都不明白。张良说："沛公应该是上天降下的贤才！"因此就留下来不再去其他地方。

沛公与张良一起去会见景驹，想要请求派出军队进攻丰县。这个时候章邯与司马尼统率大军向北将楚地平定，在相地屠城后抵达砀。东阳人宁君与沛公领兵向西进发，与秦军在萧县以西激战，失败后被迫退军，收拾残部在留集结。二月，刘邦等人率军进攻砀，三天就攻克了。把砀地的兵卒收编后得到六千余人，加上之前的一共有九千人。三月，刘邦率军攻克下邑，回师向丰县进攻，没能攻克。

广陵人召平率军替陈胜进攻广陵没有攻克。听到陈胜败亡的消息，章邯率军来到后，于是渡江南下，假托陈胜的号令，任命项梁担任楚上柱国一职，说："江东地区已经平定，应该迅速率军向西进攻秦军。"项梁于是率领八千人横渡长江向西进军。听到陈婴攻克东阳后，随即派出使者前去商谈，想要与他联合向西进军。陈婴以前是东阳县令身边的小官，在县城内居住，平素诚实谨慎，被大家尊称为长者。东阳县有个年轻人把县令杀死，纠集了两万多人，想把陈婴拥立为王。陈婴的老母亲劝陈婴说："从我嫁到你们陈家做媳妇以来，就没有听说过你家里有显贵的祖先。这个时候突然获得这样大的名声，不是什么好事，还不如归附到其他人身边。事情成功了还可以封侯拜官；事情万一失败也比较容易逃亡，不会被世人指着姓名叫骂。”陈婴不敢称王，对身边的军官们说：“项家世代出身将门，在楚国久负盛名，如今想要起义干一番大事，非得项家人担任将帅不可。我们前往依附项家望族，必然可以消灭秦国！”他的部下于是听从他，随即将军队交给项梁统领。

英布（也就是黥布）击败秦军后，领兵向东进发；听到项梁已经向西横渡淮河，英布于是与蒲将军一起率军前去归附。这个时候项梁的部众共达六七万人，在下邳驻扎。

景驹、秦嘉将大军驻扎在彭城以东，想要与项梁相抗。项梁对手下的军官们说：“陈胜首先起兵反秦，作战失利，如今还不知他的去向。现今秦嘉背叛陈胜却拥立景驹为王，实在是大逆不道！”于是领兵攻打秦嘉，秦嘉率军大败逃窜。项梁领兵追击到胡陵，秦嘉迎战。苦战一天后，秦嘉战死，他的军队随之投降，景驹也逃亡，在梁地死去。

项梁把秦嘉的部队兼并之后，大军在胡陵屯扎，准备率军向西进发。此时章邯的大军已经抵达栗城，项梁派出副将朱雞石、馀樊君率军迎战，馀樊君被杀，朱雞石战败率部逃到胡陵。于是项梁率军进驻薛城，杀掉朱雞石。

沛公带着百余随从前去拜见项梁，项梁调拨给沛公五千名士兵，以及十名享有五大夫爵位的将军。沛公返回后，领兵攻打丰县，随即攻陷。雍齿逃亡到魏。

项梁派出项羽率军进攻襄城，襄城守军固守难以攻克；攻克之后，项羽把守军全部坑杀，然后回师向项梁报告。

项梁听说陈胜的确已经死去的消息，于是在薛召集众将商量军情，沛公刘邦也前往薛参加。居鄛人范增，已经七十岁，一直住在家里，擅长出奇计，到项梁处游说，道：“陈胜兵败是理所应当的。秦灭亡六国，楚国是最无辜的。自从楚怀王入秦再没有返回国内，楚国百姓直到今天仍十分怀念他。因此楚国南公说：‘即便楚国只剩下三户人家，将来灭掉秦国的一定会是楚国。’如今陈胜率先起兵反秦，不先拥立楚国后裔却自立为王，他的势力必然不能长久。如今您从江东起兵，楚地将领蜂拥而起都争相依附于您，是因为您家世代都是楚国重将，大家认为您能够重新拥立楚国后裔为王复兴楚国！”项梁觉得他说得很正确，于是在民间搜寻到楚怀王的孙子芈心，芈心此时正在给别人放羊。当年夏季六月，项梁遵从天下百姓的意愿拥立芈心为楚怀王。陈婴担任上柱国，封赏五县，跟随楚怀王在盱眙建都。项梁自号为武信君。

张良向项梁建议道：“您既然已经将楚国后裔拥立为王，而韩国的诸位公子中数横阳君韩成最为贤明，可以把他立为韩王，借此来树立更多的党羽。”于是项梁派张良四处搜寻韩成，把他立为韩王。任命张良为司徒，与韩王一起率领一千多人向西收复韩国故地，收复好几座城池，后来又被秦军夺回，于是只好在颍川一带流动作战。

章邯击败陈胜之后，随即进军临济攻打魏王。魏王派周市出城到齐、楚两国请求援助。齐王田儋与楚将项它一同率军跟随周市前去营救魏国。章邯在夜间命令士兵衔枚突袭敌军，在临济城下击败齐、楚两国联军，斩杀齐王和周市。魏王咎与百姓商议投降，订立降约后自焚身亡。魏王的弟弟魏豹逃到楚国，楚怀王赐给魏豹数千人，让他重新夺取魏国故地。齐国田荣把兄长田儋的残部聚拢起来，向东撤退来到东阿，章邯率军追击并将他包围。齐国百姓听说田儋已经逝世，于是拥立已经去世的齐王田建的弟弟田假为齐王，田角担任宰相，田角的弟弟田间担任将军，来抵抗各路诸侯。

秋季，七月，天降连绵大雨。武信君领兵进攻亢父，听到田荣形势危急，于是率军来到东阿城下，击败章邯所率军队，章邯率残部向西逃窜。田荣领兵向东回到齐国。武信君独自领兵向北追击败军，下令让项羽、沛公二人领兵进攻城阳，并进行屠城。楚军在濮阳以东屯驻，与章邯的军队重新交战，再次击败他。章邯把散兵重新收拢起来，势力得以恢复，引河水环绕濮阳城。沛公、项羽于是率军撤退，对定陶发动进攻。

八月，田荣领兵追击齐王田假，田假被迫逃到楚国。田间前去赵国寻求救兵，因此留在赵国没敢回来。田荣于是把田儋的儿子田市拥立为齐王，自己担任宰相，田横担任将军，率军平定齐国旧地。章邯势力逐渐强盛，项梁多次派出使者通告齐、赵两国共同出兵进攻章邯。田荣说："楚国如果把田假杀掉，赵国把田角、田间两人杀掉，就立即出兵。"楚、赵两国没有答应。田荣勃然大怒，终究不愿意出兵。

郎中令赵高仗着自己受宠就专权骄横恣肆，出于自己的私人恩怨杀了很多人，因而害怕大臣们在朝廷上向秦二世弹劾他，于是向秦二世劝说："皇上您之所以尊贵，只是因为大臣们只能听到你的声音，却见不到你的龙颜的原因啊。况且陛下年纪还小，没有必要什么事都自己去做。如今坐在朝堂之上，万一赏罚有不适当的地方，就很容易在大臣们面前暴露自己的缺点，就不能向百姓显示陛下您的英明。陛下倒不如深居在内宫之中，由微臣与熟习法令的侍中等人等待上奏的大臣进奏，有奏章上奏就依照法度施行。这样一来，大臣们既不敢胡乱上奏有疑点的事情，天下百姓又会重新赞颂陛下的圣明了。"秦二世于是采用赵高的建议，不再在朝堂上会见大臣，久居深宫之中。赵高与几位侍中操控国政大权，所有大事都由赵高裁断。

赵高听到李斯对这件事有所非议，于是会见丞相李斯说："关东地区有很多反贼，皇上如今却变本加厉地增派徭役去修建阿房宫，圈养狗马这样一些无用的玩物。我想要进谏，却因为自己官职卑贱，这其实是你的职责，你怎么不进谏呢?"李斯说："当然是这样，我早就想进谏了。但是如今皇帝不上朝，时常在深宫中居住。我想进谏的话，不能传达进去让他听到，想觐见又没有机会。"赵高说："你如果真的要进谏，我可以替你打探，在皇上空闲的时候通知你。"于是赵高趁着秦二世正在与后宫美女宴饮享乐的时候，派人告诉李斯说："皇上现在空闲没有什么事，可以进宫禀报政事了。"丞相李斯随即来到宫门请求觐见。连着这样三次。秦二世大怒道："我平常那么多空闲的时间，丞相不来奏事；现在我纵情享乐，他却来觐见奏事！难道他是看我年纪小看不起我吗？"赵高说："沙丘之谋时，丞相李斯也参与到其中来。如今陛下已经继承帝位，但是他的地位并没有因此更加尊贵，他的想法是希望裂土封侯呀。况且有一件事您要是不问微臣，我是不敢说的。丞相李斯的长子李由担任三川郡守，楚国地区的反贼陈胜等人都是丞相李斯邻近州县的刁民，所以楚地的反贼敢于公然横行，叛军经过三川城时，李由一直不愿意出兵进攻。臣听说他们之间常有文书通信，但不是特别了解其中的详情，所以没敢上报。况且丞相在外，比皇上您的权势还大。"秦二世认为他说的确实如此，想把丞相李斯查办，又害怕事情不属实，于是先派人前去三川考察郡守李由与反贼刁民相勾结的情况。

李斯听到这件事后，上奏检举赵高的缺点说："赵高独擅利害大权，与陛下的权势没有什么差别。过去田常辅佐齐简公并担任相国，窃取其权势，在下得到百姓拥戴，在上深得百官支持，最后将齐简公杀掉，夺取齐国政权，这是全天下都知道的事。如今赵高心怀不轨之意，有反叛的危险举动，家中私藏的财宝非常富足，与田氏在齐国的所作所为是一样的，并且又贪得无厌，不停地追求财利，他的权势仅仅比陛下低，况且欲望没有尽头，又窃夺陛下的威望，他的心思与韩玘担任韩安的宰相其实是一样的。如果陛下不趁早打算，我担心他迟早会反叛。"秦二世说："这话怎么说！赵高本来就是宦官，但他并不因为安逸的生活而放纵自己，也不因为局势危难而改变自己的初衷，品行高洁，常修善行，依靠自己的勤勉努力才得到现在的地位，因自己的忠心而得以重用，因诚恳守信而安享禄位，我觉得他确实十分贤能。但你却怀疑他，这是什么道理呢？况且我不把国家大事托付给赵高，又有谁能担当这样的重任呢？更何况赵高为人精明廉洁，坚韧有为，对下体察民情，对上通晓朕的心意，你不要再对他起疑心了！”

秦二世一向对赵高非常宠爱，担心李斯把他杀害，于是私下里把这件事对赵高说了。赵高说：“丞相唯一担忧的只是我赵高一人，假如我死了，丞相李斯就可以做那些田常做过的事了。”

这个时候反贼日渐增多，而秦王朝不停地发兵向东剿灭反贼。右丞相冯去疾、左丞相李斯、将军冯劫向秦二世进言说：“关东盗贼蜂拥四起，秦政府发兵剿灭，斩杀的反贼很多，但是依然没有停息。反贼之所以不断增多，是因为兵役、水陆交通以及建筑工事役作等事劳苦不堪，赋税又非常繁重。恳求陛下暂停向阿房宫工地征派民夫，减轻四方边境戍卒的劳役以及水陆运输等事。”秦二世说：“但凡贵为天下国君，可以做自己想做的事，纵情享乐，国君重在严明法制，臣下就不敢胡作非为，就可以统治天下百姓了。虞舜、夏禹两位君主，尽管贵为天子，但却亲身为百姓操劳效力，这有什么值得效仿的！何况先帝在各路诸侯之间起家，吞并天下，天下平定之后，随即对外平定四方蛮夷来使边境安定，修筑宫室来表现自己志得意满的心情，而先帝所开创的功业你们是有目共睹的。现在朕即位两年以来，四方群盗蜂拥而起，你们又不能禁止，又想把先帝开创的事业废弃，这样既不能报答先帝对你们的恩德，又不能为朕竭忠效力，还在位干什么呢！”随即把冯去疾、李斯、冯劫三人交付有司问罪，对他们的罪行进行严查。冯去疾、冯劫先后自杀，唯独李斯被关进大牢里。秦二世把他交给赵高处置，对李斯以及李由谋反的事情进行严厉查办，并把他全宗族的人以及宾客全部逮捕。赵高对李斯进行惩处，先鞭笞一千多下，李斯忍受不了疼痛，最终含冤服罪。

李斯之所以不肯自杀，是因为他自恃善辩的好口才，于国家又有功，又确实没有谋反的想法，想上书为自己辩白，幻想着秦二世能够觉悟把他赦免。于是在狱中向秦二世进言：“臣作为丞相，治理百姓已经有三十多年。以前秦国疆域狭小，不超过方圆千里，仅有数十万军队。我竭尽自己浅陋的才能，私下里派出谋士，给他们资助珠宝，让他们前去诸侯各国进行游说；整治军队，严明政令，提拔战斗勇猛之士为官，对有功之臣极尽尊崇。所以最终才能挟持韩国，削弱魏国，消灭燕、赵，铲平齐、楚，最终吞并六国，俘虏他们的国君，将秦王拥戴为天下共主。又在北部边境驱逐胡、貉等部落，在南方平定百越等部族，显示出了秦王朝的强盛国力。并统一度量衡等制度，变革文字，公布于天下，借以树立秦王朝的名声。以上这些都是我所犯的过错，我早就应当死了！所幸陛下认为我能够竭力效忠，才让我苟活到今日。恳求陛下能够明察！”奏书呈到皇宫中后，赵高命令官吏把奏书扔掉而不向秦二世禀报，说：“死刑犯怎么可以上书？”

赵高让他的十余位宾客乔装成御史、谒者、侍中，前去对李斯进行轮流审讯，李斯要是敢翻供说出实情，就派人重新拷打他。后来秦二世派人对李斯进行审讯，李斯还以为跟之前是一样的，最终没有敢翻供。李斯招认自己的罪行之后，赵高将罪状上呈给秦二世。秦二世大喜，说道：“要不是赵高的话，我估计就被丞相给出卖了。”等到秦二世派往三川郡对李由进行审查的人抵达，李由已经被楚兵杀害。使者返回时，正好赶上丞相李斯被交付有司治罪，赵高随即捏造出李由造反的证据，于是商议将李斯处以五刑，在咸阳街市施以腰斩。李斯从牢狱里走出来，与自己的次子一起被押解到刑场。李斯扭过头对次子说：“我想重新与你一起牵着黄狗，到上蔡东门外追逐狡兔，只怕是没有这个可能了！”父子二人于是相拥痛哭，李斯三族均被屠戮。秦二世随后任命赵高为丞相，凡事不管大小都由他进行裁决。

项梁在东阿击败章邯的大军之后，随即领兵西行抵达定陶，再次击败秦军。项羽与沛公又在雍丘大败秦军，斩杀秦将李由。项梁对秦军更加轻视，脸上常常显露出骄色。宋义于是进谏说：“战争取胜之后如果将军骄矜士兵懒散，必然要失败。如今士兵之间已经有了一点的懈怠情绪，而秦兵日渐增加，我实在替先生您感到担忧！”项梁没有听从。又派宋义到齐国出使，在半路上遇到齐国使者高陵君齐显，说："您要去拜见武信君吗？"回答说："是的。"宋义说："我断定武信君必然会失败。你去得慢点还可以免除一死，要是去得太快必然会惨遭祸患。"秦二世随后派出全部军力对章邯进行支援，在定陶击败楚军，项梁战死。

这个时候恰逢连绵大雨，从七月一直到九月下个不停。项羽与刘邦联合进攻外黄，没有攻克，于是撤军，改向陈留进攻。听到武信君项梁战死的消息，楚军将士震恐，于是与将军吕臣率领大军向东进发，把楚怀王从盱眙迁到彭城建立新都。吕臣领兵在彭城东驻扎，项羽率军在彭城西屯驻，沛公刘邦在砀驻军。

魏豹连续攻克魏国二十多座城池，楚怀王把魏豹封为魏王。

闰九月，楚怀王将吕臣、项羽两人的军队合并为一，亲自统率；任命刘邦为砀郡郡长，封为武安侯，统率砀郡部众；将项羽封为长安侯，号为"鲁公"；任命吕臣为司徒，他的父亲吕青为令尹。

章邯率军击败项梁后，便觉得楚军没有什么值得担忧，于是横渡黄河，向北进军击败赵国大军，随后率兵抵达邯郸，将邯郸住民流放到河内地区，拆除邯郸城墙。张耳与赵王赵歇逃到巨鹿城，陷入秦将王离的包围圈之中。陈馀向北进军把常山的士卒聚集起来，得到数万大军，屯驻在巨鹿以北。章邯率军在巨鹿南边的棘原驻扎。赵国于是多次向楚国寻求救援。

高陵君齐显此时正在楚国，于是拜见楚怀王说："宋义断言武信君的大军一定失败，几天过后，大军果然战败。军队还没有作战就事先察觉出失败的预兆，这可以算是精于兵法了。"楚王于是召见宋义与他共商国是，对他非常赏识，随即任命他为上将军，项羽担任次将，范增为末将，率军前去营救赵国。各路军队的别将也都由宋义节制，号称为"卿子冠军"。

起初，楚怀王与各路将军商定："谁先攻入关中就尊奉他为王。"这个时候，秦军兵力强盛，常乘胜追击败军，众位将军都心存畏惧，没有人认为先入关可以获利。唯有项羽因为对秦军杀死项梁心存怨恨，于是自告奋勇与刘邦率军向西进入函谷关。楚怀王身边的许多老将都说："项羽为人剽悍勇猛又残酷狡诈，曾经在攻克襄城后把襄城百姓全部坑杀，一个活口都不留，但凡他率军经过的地方，没有不惨遭毁灭的。况且楚国多次进攻，之前的陈胜、项梁两人都已经兵败被杀，还不如派出年长敦厚的长者，举起仁义大旗西进，并告知秦地父老百姓。秦国父老对暴君痛恨不是一天两天了，现在要是真的能派出长者率军前去入关，不用暴虐夺取，自然就可以攻克。项羽是不能派遣的，唯独刘邦一向宽宏大量，有长者之风，可以把他派去。"楚怀王于是没有应允项羽，派刘邦率军向西入关，将陈胜、项梁的散兵收编入伍，发兵讨秦。

刘邦于是取道砀，抵达阳城和杠里，向秦军营垒展开进攻，击败了两支秦国部队。

三年(甲午，公元前207年)

冬季，十月份，齐将田都反叛田荣，率军协助楚国前去救援赵国。

刘邦率军在成武击败东郡尉。

宋义领兵来到安阳，大军停留四十六天不肯进发。项羽说："秦军围困赵军形势十分危急，应该立即渡过黄河；楚国大军在外进攻，赵军在内部作为接应，一定可以击败秦军。"宋义说："不是这样。要知道用手可以拍死牛背上的虻，却打不死虱子。如今秦国对赵国发动进攻，战胜后军队必然疲敝，我们就可以乘着秦军疲敝对其发动进攻；假如没有取胜，我们也可以鸣鼓率军西进，如此便可以一举灭掉秦王朝。因此不如先让秦、赵两军互相斗争。在披甲执锐上阵杀敌这方面，我比不上您；但是在运筹帷幄、出谋划策这一点上，您是比不上我的。"随即在军中下令："凡是如猛虎一样勇猛，像羊一样发狠，如狼一般贪婪，又倔强不肯服从军令者，一概斩首！"

宋义于是把自己的儿子宋襄派到齐国担任宰相，并亲自把他送到无盐，摆酒宴请宾客。这个时候，天寒地冻又连降大雨，士卒们都在挨饿受冻。项羽说道："本应该竭尽全力对秦军发动进攻，却长期在这里滞留迟迟不肯进军。今年遇上荒年百姓饥贫，士卒们平日都是吃豆子拌野菜，军中也没有多少粮草了，现在居然还大办酒宴招待宾客。不领兵渡河，趁着赵军还有粮草，与赵军联合进攻秦军，却说什么'趁着秦军疲敝之际'。以秦王朝的强大军力去对付新建立的赵国，势必可以攻克。赵国被消灭之后，秦军只会更加强盛，还有什么疲敝可趁？况且我军刚刚战败，楚王坐卧难安，把全国兵力集中交付到将军手中，国家的生死安危，全都在这一次行动了。如今不知道体恤众位将士，反而只知道经营自己的私利，这的确不是楚国社稷的忠臣啊！"

十一月，项羽一大早就前去会见上将军宋义，当即在军帐中把宋义的首级斩下。出帐后随即在军中下令说："宋义与齐国联合商议背叛楚国，楚王命我私下里把他杀掉！"这个时候，诸位将领都因震恐而服从，没有人敢提出反对，说："最先拥立楚王的是将军家中族人，如今将军又诛杀反贼。"随即联合把项羽推举为代理上将军。项羽派人追杀宋义的儿子宋襄，一直追到齐国把他杀掉。并派出桓楚向楚怀王报告情况。楚怀王于是命令项羽担任上将军。

十二月，沛公刘邦领兵抵达栗县，碰见刚武侯，把他手中的四千多士兵夺走，与自己的军队合为一队；与魏将皇欣、武满联合击败秦军。

昔日齐王田建的孙子田安领兵攻克济北地区，跟随项羽前往救援赵军。

章邯派人修筑甬道与黄河连通，运送粮饷支援王离。王离军中粮草富足，对巨鹿的攻势加紧。巨鹿城内粮食消耗殆尽，兵力也日渐减少，张耳多次派出使者到陈馀帐中请求救援。陈馀感觉自己兵力太少，抵挡不了秦军，所以不敢前去。几个月后，张耳愤然大怒，对陈馀心生怨恨，派出张黡、陈泽对陈馀斥责道：“之前我与你结为刎颈之交，如今赵王与我眼看着就要死了，而你手握数万大军，却不愿意前来援助，你为朋友两肋插刀的情义去哪里了呢？如果真的守信义，为什么不与秦军决一死战，这样还有十分之一二的机会保全自身性命。”

陈馀说：“我认为即便是大军前去也救不了赵军，只能白白损失军队。更何况我之所以不想跟张耳同归于尽，是因为想消灭秦军为赵王与你报仇。如今一同赴死，实在是无异于把肉放到饿虎面前，有什么好处呢？”张黡、陈泽挟持他与秦军同归于尽。于是陈馀派张黡、陈泽带领五千人与秦军先进行交战作为试验，结果全军覆没。这个时候，齐、燕两军都前来营救赵军，张敖也来到北地征发代军，获得一万多士兵，但是都驻扎在陈馀军营旁边，不敢向秦军发动进攻。

项羽杀掉“卿子冠军”宋义之后，声威震惊楚国上下，于是派遣当阳君、蒲将军统率两万大军横渡黄河前去营救巨鹿。战争稍稍获胜，随即截断章邯修筑的甬道，王离大军于是面临缺粮的危险。陈馀重新请求出兵增援，项羽于是率全部大军渡过黄河，把所有船只击沉，釜甑凿破，营帐烧毁，仅仅携带三天的干粮，借此来表明必死苦战不留后路的决心。于是楚军进发包围王离，与秦军对垒，九次激战之后，大败秦军，章邯领残部败退。此时各路援军才敢向秦军进攻，斩杀苏角，俘获王离；涉间不愿向楚军投降，自焚而死。此时，楚军将士的勇猛士气冠盖各路诸侯。前去营救巨鹿的十几路大军，没有人敢发动军队对秦军进攻。等到楚军击溃秦军，各路诸侯将领在一旁观战。楚兵全都以一当十，喊杀声震天动地，各路大军人人震恐。击败秦军之后，项羽随即召见各路大军将领；各军将领进入楚军辕门，全都是跪着前进，不敢抬头仰望。从这以后，项羽成为各路诸侯之中的上将军，各路军队也全都归他调配。

赵王歇与张耳于是打开巨鹿城门拜谢诸侯。张耳与陈馀相见，斥责他不肯营救赵军；问到张黡、陈泽在什么地方，怀疑已经被陈馀杀掉，一连多次询问。陈馀大怒道：“没有想到你对我的怨恨这样深！难道你认为我是舍不得将印吗？”随即解下将军印绶，交到张耳手中，张耳满脸惊愕不敢接受。陈馀起身去上厕所，有客人向张耳建议说：“我听到有这样一个说法：‘老天赐予而不接受，反而会遭受责难。’如今陈将军把将军印绶交给你，你不肯接受，反而是不祥之兆。还是赶紧收下吧！”张耳于是把他的将印收下，接收他的军队。等到陈馀回到座位上，见张耳居然接受了，随即急驰而走，只是带着身边几百个亲信到黄河边捕鱼为生。赵王歇随后返回信都。

春季，二月，刘邦率军向北进攻昌邑，途中遇见彭越，彭越带领他的部下归附刘邦。彭越，昌邑人，常年在巨野一带的湖沼之中捕鱼，聚众为盗贼。

陈胜、项梁起兵反秦时，巨野泽一带聚集起一百多号年轻人，前去追随彭越说：“请你做我们的头领。”彭越辞谢说：“我不愿意做。”少年们再三要求，他才勉强答应，与他们约定第二天早上集合，迟到的人斩首。第二天日出后，有十几个人来晚了，甚至还有人直到中午才到。于是彭越辞谢说：“我年纪大了，大家勉强让我做你们的首领。现在说好了的事，还是有这么多人迟到，不能全都杀死，只好把来得最晚的那个人杀死。”命令校长把来得最晚的人斩杀。大伙都笑着说：“干吗这么较真呢？以后大家再也不这样不就好了。”于是彭越把那个人斩首，筑立祭坛以人头祭拜，号令部下，部众都非常吃惊，不敢抬头仰视他。随后彭越率众攻城略地，把散落诸侯各国之间的士卒收拢起来，得到一千多人，协助刘邦进攻昌邑。

昌邑还没有攻克，刘邦率军向西进发路经高阳。高阳人郦食其，家境贫寒穷困落魄，做了看守里门的小吏。刘邦部下有一个骑兵恰好是郦食其的老乡，郦食其见到他，对他说：“途经高阳的各路诸侯将领先后有几十人，我听说那些将领心胸都非常狭隘，好讲究繁文缛节，又刚愎自用，不肯听取合理的建议，听说沛公刘邦虽然傲慢，但较易于相处，又有雄才大略，这才是我真正想要追随的人，但是苦于没有人引荐我。如果你遇到沛公，请告诉他说：‘我的家乡有位郦生，六十多岁了，身高八尺，大家都称他为狂生，但他自称不是狂生。’”这个骑兵说：“沛公不喜欢读书人，只要宾客中有戴儒生帽子的，沛公就把他的帽子摘下来，在里面撒尿，和别人谈话时，常常破口大骂，因此你不要以儒生的身份去游说他。”郦生说：“你尽管这样说就行。”这个骑兵于是按照郦生说的话转告给沛公。

沛公抵达高阳驿站，派人把郦生召到跟前。郦生来后当即去拜见。刘邦这个时候正叉开腿坐在床上，让两位婢女帮他洗脚。郦生径直进入，只是长揖而没有拜谢，说：“您是想帮助秦军攻打各路诸侯呢，还是想带领各路诸侯进攻秦军呢?”沛公破口大骂：“没有远见的儒生！天下百姓对秦朝的愤恨已久，各路诸侯纷纷率军反秦，怎么能说我是帮助秦军攻打诸侯呢?”郦生说：“既然想要聚集众人，联合义军讨伐无道的暴秦，就不应该这样踞坐着接见长者！”刘邦赶忙停止洗脚，起身整理衣服，安排郦生上坐并向他道歉。郦生于是谈起当年六国合纵连横的史实，刘邦非常高兴，赏赐食物给他，问道：“有什么好的计策?”郦生说：“你只是聚集一些徒众，收拢一批散乱勇士，一共还不足万人；想凭借这区区不足万人的队伍去与强大的秦军相抗衡，这无异于探虎口呀！陈留作为天下交通要道，如今城中囤积大量粮草。我与县令关系向来友善，可以劝他归降。要是他不肯听，到时候您再率军前来攻打，我作为内应。”于是派郦生前去，刘邦领兵跟随前进，随即攻克陈留。封郦食其为“广野君”。郦生把这件事告诉弟弟郦商。当时郦商收拢四千名青年前来归附刘邦，沛公于是任用他为大将，令他统领陈留县的军队。郦生时常作为说客，到诸侯各国出使。

三月，刘邦率军进攻开封，没有攻克。于是向西在白马与秦将杨熊激战，又在曲遇东部激战，大败秦军。杨熊率军逃到荥阳，秦二世派使者把他斩首示众。

夏季，四月，刘邦率军向南进攻颍川，对颍川施行屠城。因有张良的帮助，于是攻占韩地。这个时候，赵军的副将司马卬正要率军横渡黄河入关，刘邦于是向北攻克平阴，切断黄河渡口，与秦军在洛阳以东交战。作战失利后，向南撤退到轘辕关外，张良领兵追随刘邦。刘邦命令韩王韩成率军在阳翟留守，自己与张良一同南下。

六月，刘邦与南阳郡守吕齮在犨县东展开战斗，击败秦军，攻克南阳郡；南阳郡守败退到宛城。刘邦率军途经宛城，向西进军。张良劝说道："虽然您想要抓紧时间入关，但是秦军目前还是兵力强盛，又据险抵抗。现在如果不攻克宛城，宛城守军从背后截击，秦军又在前方阻挡，这是非常危险的！"刘邦于是趁着夜间领兵从其他小路返回，放倒军旗，在天亮之前，重重包围宛城。南阳郡守想要拔剑自刎，他门下的舍人陈恢说："先别着急寻死。"于是越过城墙拜见沛公说："我听说您与楚怀王约定先攻入咸阳的人即可封王。如今您在宛城围攻，宛城有数十座郡县城池，官吏以及百姓都认为投降后肯定会被杀，于是都登城固守。现在您像这样整天在这里进攻，将士们必然伤亡惨重；假如率军离开宛城，宛城军民上下必然追随在您大军之后。不然的话，您向前进军必然耽误咸阳之约，背后又有宛城大军为患。现在我替您计议，还不如订约招降，对郡守加封官职，让他在宛城镇守。自己则率领宛城守军西进入关。如此一来，那些还没有攻克的城池的守军，听到您率军到来的消息后，必定争先开门迎接，摆宴款待您，这样就可以畅行无阻了。"刘邦说："非常好。"秋天七月，南阳郡守吕齮投降，被封为殷侯，陈恢被封为千户侯。

刘邦领兵西进，没有一座攻不下的城池。抵达丹水后，高武侯戚鳃、襄侯王陵纷纷归降。又回师攻打胡阳，遇到番君手下的别将梅鋗，随即与他联合进攻析、郦两地，两地守军相继投降。但凡大军经过之处，禁止掳掠百姓，关中百姓都非常高兴。

王离大军已经覆亡，章邯率军在棘原屯驻，项羽率军在漳南驻扎，两军互相对峙，并不交战。秦军多次向后退却，秦二世派人斥责章邯。章邯非常恐惧，派长史司马欣去向秦二世请示。司马欣回到咸阳，在皇宫外司马门一连停留三天，赵高都没有接见，对他有不信任的意思。长史司马欣非常害怕，率军逃回军中，不敢从原路返回。果然赵高派人追杀，所幸没有追上。司马欣回到军中后，向章邯报告说："赵高在朝中独揽大权，身居下位者不能有什么作为。现今假如作战胜利，赵高肯定对我们的战功心生妒忌；假如不幸失败，也免不了被杀身亡。还望将军您好好考虑。"

陈馀也给章邯送去书信说："当年白起担任秦将，向南征服鄢郢，在北部边境坑杀马服君赵括，攻城略地，难以计数，最终却被赐死。蒙恬作为秦国大将，北逐匈奴，在榆中地区开辟数千里荒地，最后却在阳周被杀。这是因为什么呢？只是因为他们的功业太大，秦国不能全部进行封赏了，于是只好设法把他们杀掉。如今将军您担任秦将已经有三年，先后伤亡十来万士兵，而现在诸侯各国群起反秦日渐增多。赵高对秦二世一向谗谀，如今形势紧急，他也非常害怕被秦二世杀掉，所以想方设法把将军您杀掉，借以推卸责任，找人代替您，来解脱自己的罪责。将军长时间在外领兵，朝廷内多有仇隙，有功要被杀，无功也要被杀。况且老天将要让秦灭亡，这不管是聪明还是愚笨的人都知道的。如今将军对内不能直谏，对外即将成为亡国之将，这样独立在外，想要长时间地存在，难道不可悲吗？将军为什么不撤军与各路诸侯联合，订立盟约讨伐秦军，瓜分秦朝土地而封王，南面而称孤？这与身受腰斩之刑，妻子儿女惨遭屠戮相比，哪一个好一点呢？"

章邯犹豫不决，私下里派一位军官始成作为使臣到项羽军中，想与项羽订立约定。盟约没能订立，项羽派蒲将军日夜兼程率大军从三户渡河，大军在漳南驻扎，与秦军展开激战，再次击败秦军。项羽统率全军在河边与秦军交战，再次大获全胜。章邯又派人求见项羽，再次想与他订立盟约。项羽把身边的军官召集起来商量说："现在军中粮草短缺，想答应他们订约的要求。"军官们说："可以！"项羽于是与他约定在洹水南岸的殷墟会晤。盟约订立之后，章邯晋见项羽，边哭边向他控诉赵高的行为。项羽把章邯封为雍王，在楚军中把他安排下来；派长史司马欣担任上将军，率秦军作为先锋部队向前进发。

瑕丘人申阳攻克河南郡，率军追随项羽。

先前，中丞相赵高想要独掌秦朝大权，担心大臣们不肯听从，于是先做了一个试验，把一头鹿献给秦二世，说："这是马。"秦二世笑着说："丞相你错了，怎么把鹿叫作马？"询问左右大臣，有的默不作声，有的顺着赵高的意思说是马，有的说是鹿。赵高于是私下里把那些说是鹿的迫害致死。后来大臣们对赵高都非常畏惧，没有人敢说他的不对。

赵高之前多次说"关东的反贼不会有什么作为的"，等到项羽将王离等人俘虏，章邯大军又屡次战败后，才向朝廷上书请求增援。此时函谷关以东地区的百姓大部分都背叛秦朝，以响应各路诸侯，各路诸侯也都率领自己的大军西进攻秦。八月，刘邦率领数万大军进攻武关，屠城。赵高害怕秦二世因此震怒，自己被杀，于是借口生病，不再上朝进见。

秦二世梦见有白虎咬他的车驾的左骖马，并把马咬死了，心中很不高兴，又觉得很奇怪，于是向占梦者询问。占梦者卜卦说："这是泾河水神在作乱。"秦二世于是在望夷宫举行斋戒大礼，想对泾河水神祭拜，把四匹白马沉到河中。又派使者就反贼之事斥责赵高。

赵高内心恐惧，私下里与自己的女婿咸阳令阎乐还有弟弟赵成商议说："皇上听不进谏言。如今形势危急了，想怪罪于我。我打算另立天子，改立子婴继承皇位。子婴一向仁慈节俭，百姓都听从他的话。"

于是让郎中令在宫中作为内应，谎称有大盗，派阎乐带人去追捕，又把阎乐的老母亲劫持到自己家里。阎乐带领一千多官兵来到望夷宫外，把卫令仆射绑起来，说："有大盗进入宫中，为什么不加以阻拦？"卫令说："宫室四周设置的警卫非常严密，怎么会有大盗闯进宫内?”阎乐随即把卫令杀掉，率领官兵直接闯入，沿路射杀郎官以及宦官。郎官与宦官非常震惊，有的四散而逃，有的进行抵抗。有抵抗的当即被射杀，先后有几十人被杀。郎中令与阎乐一起进入内宫，向秦二世的帷帐放箭。秦二世勃然大怒，召集左右的侍卫，侍卫们都惊慌失措不敢反抗。只剩下身边一位宦官侍候，没敢离开。

秦二世走进内室，对宦官说：“你怎么不早点向我禀报，以至于到这个地步?”宦官说：“我就是因为不敢说才得以保全自己的性命，我要是早说的话，早就没命了，哪里还会活到今天?”阎乐上前走到秦二世面前，列举他的条条罪行说：“你骄横放荡，滥杀无辜，天下百姓都背叛了你，你还打算做什么呢?”

秦二世说：“可以见见丞相赵高吗?”阎乐说：“不可以。”秦二世说：“我请求获得一郡为王。”阎乐不准。秦二世又说：“我想要做万户侯。”又不允许。秦二世又说：“我愿意像其他王子一样，和妻子儿女做一个平民。”阎乐说：“我奉丞相赵高之命，替天下百姓诛杀暴君。你尽管有再多的话，我也不敢向丞相汇报。”于是指挥士兵上前。秦二世自杀身亡。阎乐回去向赵高禀报。赵高把所有的大臣和王子召集起来，列举秦二世的罪行，说道：“秦国国君先前只是称王，始皇帝君临天下，这才开始称帝。如今六国后裔又先后自立称王，秦朝疆域日渐缩小，只是在名义上有皇帝的称号，这样是不行的，应该照旧改称为王。”随即把子婴拥立为秦王。以平民的身份把秦二世葬到杜县南的宜春苑之内。

九月，赵高下令子婴举行斋戒，在宗庙中拜见祖先，接受玉玺。举行五日斋戒后，子婴与他的两个儿子商议说：“丞相赵高在望夷宫把二世皇帝杀死，害怕大臣们杀他，于是以道义为名拥立我为秦王。我听说赵高与楚国曾经订立盟约，要把秦国宗室消灭干净，进而瓜分关中自己称王。现在派我前去斋戒祭祀，是想在宗庙中把我杀死。我要是称病不去，赵高自己肯定会来，来了就把他杀掉。”赵高连续多次派人去请子婴，子婴都没有去。果然，赵高亲自前去，说：“这是宗庙社稷大事，大王怎么还不去？”子婴随即派人在斋宫把赵高杀掉，并屠戮他三族。

秦王子婴调派将领领兵到峣关镇守，沛公想对他发动进攻。张良说：“秦军目前势力还很强大，千万不要轻敌。希望先派一些人到山上尽可能多地悬挂旗帜来迷惑秦军。派郦食其、陆贾两人对秦将进行游说，以利禄进行诱惑。”秦将果然想要停战并与刘邦联合，刘邦想要答应。张良说：“这只不过是秦军将领想要反叛，士兵们恐怕不会服从；不如趁着秦军懈怠的机会发动进攻。”刘邦于是率军绕过峣关，翻越蒉山，突袭秦军，在蓝田以南大破秦军。随即来到蓝田，在蓝田北面与秦军激战，秦军大败。

资治通鉴卷第九　汉纪一

起乙未(公元前206年)，止丙申(公元前205年)，共二年。

【题解】本卷记录了汉高祖刘邦元年至汉高祖二年的历史。主要是写刘邦与项羽由联合转为对立，以及楚汉战争初期的重大事件。记录了刘邦首入函谷关灭秦，约法三章，与相继入关的项羽在鸿门宴上明争暗斗；记录了项羽杀秦王子婴、火烧咸阳，封赏诸侯，韩信不受项羽重视投奔刘邦，被委以重任；记录了陈馀、田荣、彭越领军攻击项羽，刘邦遵照韩信计谋明修栈道暗度陈仓，收复关中，后引兵东出，乘项羽无力分兵攻入彭城，项羽率军由齐地突袭刘邦，刘邦大败，逃回荥阳，与项羽相持，韩信破魏灭代，刘邦左翼无虞。

太祖高皇帝上之上

元年(乙未，公元前206年)

冬季十月份，刘邦率军抵达霸上；秦王子婴乘坐素车、白马，脖子上绑着绳子，把皇帝的玉玺、符节包裹好，跪在轵道亭旁向刘邦投降。诸将有人建议杀掉秦王，刘邦说："楚怀王派我率先进攻秦军，是因为看中我为人宽大仁义。更何况如今秦王已经投降，再把他杀掉是不吉利的。"随即把秦王交付吏属看守。

◆贾谊评论道：秦国凭借狭小的疆域而最终获得天子万乘之尊，将天下八州的领地控制到自己手中，而使诸侯各国入关朝拜，先后有一百多年，随后以天下为家，以崤山、函谷关作为宫室。然而陈胜一人起兵反叛却致使秦二世连祖宗七代宗庙都惨遭毁坏，自身也死在别人手中，为天下人所耻笑，这到底是什么原因呢？实在是不施行仁义，而且攻战守卫的局势也发生了变化的缘故啊！◆

沛公刘邦率军向西进入咸阳，身边众将士纷纷争着跑到秦朝收藏金银的府库中进行瓜分。只有萧何率先进入丞相府，把图册文书收藏起来，凭借这些图籍，沛公才能够细致知道天下山川地势的险恶、关塞的形势、人口的多少以及天下强弱之处。沛公目睹秦都宫室华美的装饰、名犬良马、珍稀珠宝以及几千美女，于是就想在这里留下来。樊哙劝谏他说："您是想要拥有整个天下呢，还是只想做一个富家财主呢？像这些奢华的玩物，其实都是导致秦王朝最终灭亡的源头，您要这些有什么用！还是希望您赶紧率军回到霸上，不要在宫中停留！"刘邦不肯听。张良也说："秦国就是因为不行仁义之事，您现在才能站在这里。如今替天下百姓铲除暴秦，应该像穿着丧服一样，对百姓进行抚慰。但是您刚进驻咸阳，就贪图享乐，这其实无异于常人所说的'助桀为虐'了。更何况'忠言逆耳利于行，良药苦口利于病'，还望沛公您听从樊哙的建议。"于是刘邦率军回到霸上。

十一月，沛公刘邦把各个县的父老以及豪杰全部召集起来，告诉他们说："父老乡亲们在秦王朝残酷的暴政之下已经生活很长时间了。我曾经与各路诸侯立下约定，谁先入关谁就可以称王，如今我率先入关，理应据守关中称王。因此我今天愿意与各位父老乡亲约法三章：杀人者处以死刑，伤人与偷窃的人抵罪。此外，秦法一概废除，官员都按照秦朝职位不变。我之所以率军入关，就是要替父老乡亲们铲除暴秦的祸害，并不是来欺凌压榨百姓的，你们没有必要害怕！再说我现在之所以要率军返回霸上，是要等到各路诸侯全都来到之后，一起订立法令来约束百姓行为。"于是刘邦派人与秦朝官吏一起到各县、各乡巡行，向百姓们告知。关中百姓都十分高兴，争相带着牛、羊以及酒食前来慰问刘邦的将士。刘邦又辞让不愿意接受，说："军库的粮草还有很多，并不算短缺，不愿意让百姓们破费。"于是百姓们更加高兴，只是害怕刘邦不做秦王。

项羽将黄河以北地区平定之后，想要率领各路诸侯大军西进入关。在这之前，诸侯手下的官员士卒以及那些服过徭役、当过戍卒在三秦地区路过的人，秦地官吏对待他们大多不是十分友善。因此等到章邯率领秦军向诸侯投降后，诸侯手下的官吏和士卒们，都凭借着战胜之威，把秦军中的官吏和士卒当作奴隶使唤，随意侮辱，进行报复。秦朝官吏和士卒们大都因此心生怨恨，私下里议论说："章将军诱骗我们向诸侯投降。现在如果能入关灭掉秦王朝，那当然是最好不过；假如不能，诸侯大军把我们挟持到关东，而秦王朝又会把大家留在关中的父母和妻子儿女全都杀死，这该怎么办呢？"项羽手下的将士们暗中听到这些议论，立即向项羽报告。项羽把黥布、蒲将军召集到身边商议说："投降的秦军官吏与士卒，数量还比较多，他们内心并不是真的想要投降，假如入关后还是不听命令，事态必然十分危险。不如趁现在就把他们全都杀掉，只留下章邯、长史司马欣、都尉董翳等人进入关中。"楚军随即在当天夜晚向秦军突袭，把二十余万秦军降兵坑杀在新安城南。

有人向沛公刘邦建议说："关中地区要比天下各诸侯国富足十倍，地势也比较险要。听说项羽已经把章邯封为雍王，称为关中王，如今就要来到关中，恐怕沛公您就不再能在关中割据了。现在可以尽快派兵据守函谷关，不要让诸侯大军入关，并逐步征调关中的军队以增强实力，抵御诸侯军。"沛公觉得这个计划可行，欣然接受。

不久后项羽率军抵达函谷关，发现关门紧闭。听说刘邦已经将关中地区平定，项羽勃然大怒，派黥布等率军攻破函谷关。十二月，项羽率军抵达戏水边。刘邦的左司马曹无伤派人向项羽说："刘邦想要在关中地区称王，任命子婴为宰相，并把全部珍宝据为己有。"想要借此得到项羽封赏。项羽听后非常生气，随即下令士卒饱餐一顿，准备第二天对刘邦的军队发动进攻。这个时候，项羽有四十万大军，号称百万，在新丰鸿门驻扎；刘邦有十万大军，号称二十万，在霸上屯扎。

范增向项羽建议说："沛公在山东居住的时候，既贪图钱财又眷恋美色；但是现在入关后，丝毫不取财物，也不接近美色，由此可以看出他的志向并不小呀。我曾派人观望他那边天上的云气，都呈现出龙虎的形状和五彩，这实际上就是天子之气。应该赶快对他发动进攻，不要坐失良机。”

楚军左尹项伯，是项羽的叔父，与张良一向关系友善，得知这个消息后，于是连夜快马加鞭来到刘邦军中，与张良私下相见，把项羽要进攻刘邦的事全都告诉张良，想叫上张良与他一起逃离，说：“千万不要留在这里与刘邦一块死！”张良说：“我代韩王把沛公刘邦送来，如今沛公遇到危难，我却逃走，这是不义的行为，我不能不把这件事告诉沛公。”张良于是进去把情况向刘邦禀报，沛公听后大惊失色。张良说：“您估算一下，您的军队可以抵挡项羽的大军吗？”刘邦默不作声，过了一会儿说：“当然不如项羽。但又该怎么做呢？”张良说：“请派我前去告诉项伯，说您绝对不敢反叛项羽。”刘邦说：“你与项伯怎么会有交情？”张良说：“秦朝时项伯与我有过交往，他当时杀了人，我想办法把他救了出来。如今形势非常危急，所以幸亏他前来告诉我这个消息。”沛公说：“你们两个谁年龄大？”张良说：“项伯比我年长。”刘邦于是说：“你替我把他叫进来，我得以兄长之礼来事奉他。”张良随即出去，再三邀请项伯；项伯就进入帐中见到沛公。刘邦举起酒杯为项伯敬酒，相约为亲家。刘邦说：“我率军入关之后，一点也不敢侵犯，将官吏以及百姓数目都登记造册，封存府库，等待项将军率军前来。之所以派将士据守函谷关，是为了严防盗贼出入作乱，并防止万一发生变故。日夜盼望着将军驾到，怎么敢谋反呢？还希望项伯您把这些向项将军详细地进行禀报，向他说明我绝对不敢背叛他。”项伯答应了，对刘邦说：“您明天要趁早来向项王道歉。”刘邦说：“可以。”项伯随后趁着天黑离开刘邦军营返回项羽营中，把刘邦的话详细地告诉了项羽，又说道：“如果不是沛公率先击败关中秦军，您怎么敢入关呢？如今沛公立下大功却要对他发动进攻，这是不义的行为，不如趁这个机会好好善待他。”项羽答应了。

第二天早上，刘邦带领一百多位随从，来到鸿门与项羽相见，向项羽道歉说:“我与将军联合进攻秦军,将军在河北作战,我在河南作战,不承想我侥幸先入关击溃秦军,才得以在这里与将军再次见面。现在有小人在将军面前说闲话,导致将军与我之间产生误会。”项羽说:“这都是您手下的左司马曹无伤对我说的,要不是他的话,我怎么会到这个地步呢?”于是项羽把刘邦留下来一起饮酒。范增暗地里多次向项羽使眼色,并三次把身上佩戴的玉玦举起来暗示项羽干掉刘邦,项羽只是不吭声没有什么反应。范增站起来出门把项庄喊过来,对他说:“项王为人太过于善良,不忍心对刘邦下手。你上前向刘邦敬酒,敬完酒后,再要求表演舞剑,趁机把刘邦杀死在他的座位上。要不然的话,你们这些人都要成为他的俘虏!”项庄于是进入帐内向刘邦敬酒,敬完酒后,说:“军队里边也没有什么消遣的,请让我为你们舞剑助兴吧。”项羽说:“很好。”项庄于是拔剑起舞。项伯一看形势不对,也拔出剑起舞,并时不时地用身体掩护刘邦,使得项庄找不到机会刺杀他。

这个时候张良来到帐外见樊哙。樊哙问:“今天这事怎样?”张良说:“现在项庄拔剑起舞,他的意思是想趁机刺杀沛公。”樊哙说:“看来这事十分紧迫了,请让我进去,与沛公同生死!”樊哙于是仗剑、执盾,要闯入军帐,卫士想阻止他入内,樊哙侧着盾一撞,把卫士们都撞翻了。樊哙随即进帐,掀开帷帐站立,两眼瞪着项羽,头发向上直竖起来,眼角都瞪裂了。项羽连忙手扶着宝剑,跪直了身子问:“来的是什么人?”张良说:“这是沛公的侍卫樊哙。”项羽说:“真乃壮士!赏给他一大碗酒!”左右侍从给他倒满一大碗酒。樊哙拜谢后,站起来一口气喝完。项羽说:“再赐给他一块猪肩!”左右侍从又给他抬上一块生猪肩。樊哙把盾牌放在地上,把猪肩搁在盾牌上,拔出剑切着生吃。项羽说:“这位壮士,你还能再喝酒吗?”樊哙说:“我连死都没害怕,难道还害怕一碗酒!秦皇的心肠像虎狼一样,唯恐杀不完天下人,唯恐刑罚不够严酷,导致天下百姓群起反叛他。楚怀王与诸将定下约定说:‘先击败秦军进入咸阳的人为关中之王。”如今沛公率先击败秦军，进驻咸阳，不敢挪用任何一点财物，把大军退到霸上驻守，等待项将军率军前来。如此劳苦功高，非但受不到封赏爵位，您反而听信小人谗言，要把立功之人杀掉，这无异于走暴秦的老路子，我以为将军这种做法实在是不可取！”项羽无言以对，只好说：“请坐！”于是樊哙坐到张良旁边。

没过多大会儿，刘邦起身到茅房方便，顺便把樊哙也叫出来。沛公说：“现在我出帐，还没来得及向项王辞行，这该怎么办？”樊哙说：“他如今就如同刀与砧板，我们却是待宰割的鱼肉，还告别干什么呢！”他们随即离开鸿门。鸿门与霸上之间有四十里的路程，沛公把车骑都留在鸿门，一个人乘快马逃脱；樊哙、夏侯婴、靳彊、纪信四人手执剑和盾快步随行，从骊山脚下绕道芷阳，又抄小路返回霸上。把张良留在鸿门向项羽谢罪，张良手拿白璧献给项羽，又给亚父献上玉斗。刘邦临行时对张良说：“从这条路返回我军大营，只有不超过二十里的距离。你估算着我抵达军营后，再进帐拜谢。”刘邦离开后，抄小路返回军营，张良才进到帐内向项羽谢罪说：“沛公喝酒太多已经醉了，没能亲自向您告辞，他又谦卑地让我拿一对玉璧，再拜敬献给将军您；一对玉斗再拜敬献给亚父您。”项羽问道：“现在沛公在哪里？”张良说：“沛公听说您有怪罪他的意思，就自己先走了，现在应该已经到军营里了。”项羽只好接受白璧，放在座位旁边。亚父范增接受玉斗顺手放到地上，拔剑把它砍碎，说：“唉，项羽你这小子实在不能一起干大事！将来夺取天下的，肯定是刘邦。眼看我们这帮人都要成为刘邦的俘虏了！”沛公抵达军营后，立即将曹无伤杀掉。

几天后，项羽率军向西进发，将咸阳全城军民屠杀殆尽，并杀掉已经投降的秦王子婴，纵火焚烧秦朝宫室，大火连续烧了三个月都没有熄灭。又把秦朝皇宫内的金银财宝和妇女洗劫一空，随后返回关东。秦朝关中地区的百姓对项羽的行为都非常失望。

韩生劝说项羽道：“关中地区有高山大河作为屏障，四周又有关塞可以据守，土地肥沃，可以据守关中建都称霸。”项羽眼看秦朝宫室都被自己烧毁，破败不堪，又一心想趁早回到彭城，就说："如果一个人富贵后却不返回故乡，就无异于穿着华美的衣服在半夜行走，谁会看见他的富贵！"韩生退出去后说："人们都说楚人'沐猴而冠'，还真是这样啊！"项羽听到这话后，立即把韩生扔到锅里煮死。

项羽派人返回向楚怀王禀报消息，楚怀王说："还按照先前的约定去做。"项羽勃然大怒，说："是我们项家把怀王拥立为王，而不是他本人有什么功劳，凭什么可以做主订立约定！当年天下诸侯起兵反秦的时候，暂时将诸侯后裔拥立为王对秦王朝进行征讨。但是身披盔甲，手拿利剑率先反秦，在荒野外栉风沐雨长达三年之久，最终推翻秦王朝平定天下的，都是各位将士以及我项家的功劳。虽然怀王没有什么功绩，但我们还是得给他分一块土地封他为王。"将军们都说："没错！"

当年春季正月，项羽表面上将楚怀王尊为义帝，并说："古代的帝王拥有方圆千里的疆域，必然要在江河上游居住。"于是将义帝流放到长江以南，在长沙郡郴县定都。

二月，项羽将天下土地划分，对诸侯将相大肆分封。自立为西楚霸王，负责管辖梁、楚故地九个郡，在彭城建都。项羽和范增二人怀疑刘邦有夺取天下的野心，但这件事已经讲和，又不甘心背负违约的名声，两人于是私下里商议说："巴、蜀地区道路艰险，秦王朝许多人都被流放到巴、蜀两地，把刘邦封到那里最好不过了。"于是说："巴、蜀也是属于关中的。"因此将刘邦立为汉王，统辖巴、蜀两地以及汉中郡，在南郑建都。又将关中地区分为三部分，分别封给秦朝将领，借以对汉王刘邦形成包围之势：封章邯为雍王，管辖咸阳以西地区，在废丘建都；长史司马欣因为以前做过栎阳狱掾，对项梁曾有过恩情，都尉董翳因为曾经将章邯劝降，于是封司马欣为塞王，管辖咸阳以东到黄河之间的地区，在栎阳建都；封董翳为翟王，管辖上郡一带，在高奴建都。项羽计划独占梁地，随即将魏王豹改封为西魏王，管辖河东一带地区，在平阳建都。瑕丘申阳原来是张耳的部下，率先攻克河南郡，在河边迎接项羽大军，于是将申阳封为河南王，建都于洛阳。韩王成仍然以旧都阳翟作为都城。赵将司马卬攻克河内，多次立下战功，于是封司马卬为殷王，管辖河内地区，建都于朝歌。又把赵王歇改封为代王。赵国宰相张耳一向非常贤明，又随从项羽入关，于是把张耳封为常山王，管辖赵国故地，在襄国建都。当阳君黥布作为楚国将领，常常勇冠三军，于是把黥布封为九江王，在六地建都。番君吴芮统领百越地区将士协助诸侯进攻秦军，又追随项羽入关，于是把吴芮封为衡山王，在邾县建都。义帝楚怀王的柱国共敖率军进攻南郡，战功显赫，于是把共敖封为临江王，在江陵建都。将燕王韩广改封为辽东王，在无终建都。燕将臧荼曾经追随楚军前往营救赵国，又随军入关，于是把臧荼封为燕王，在蓟建都。将齐王田市改封为胶东王，在即墨建都。齐将田都因为追随楚军营救赵国，又随大军入关，被封为齐王，在临淄建都。项羽率大军准备横渡黄河前去救援赵国时，田安已经将济北好几座城池攻克，率军向项羽投降，于是将田安封为济北王，建都在博阳。田荣因为多次背弃项梁，又不肯率军随楚军一起进攻秦军，于是没有分封。成安君陈馀丢掉印信离开，没有追随楚军入关，因此也没有被分封。门客中有人向项羽建议道："张耳、陈馀两人对赵都有功绩，如今既然封张耳为王，陈馀也不能不封。"项羽没办法，得知陈馀在南皮后，就把南皮周边的三个县封给他。番君的将领梅鋗战功卓著，被封十万户侯。

汉王刘邦非常愤怒，想要率军进攻项羽，周勃、灌婴、樊哙都对他鼓励。萧何进谏说："被分封到地理位置险恶的汉中为王，难道不比死好点?"汉王刘邦说："怎么会至于死呢?"萧何说："如今大王您的将士不如项羽，如果与项羽交战，必然是百战百败，怎么还会不死? 能够暂时屈身在一人之下而伸展成为万乘之上，说的就是商汤、周武王这一类人。微臣希望大王以汉中为根基，安抚百姓，招募贤才，收纳巴、蜀两地的民心以及钱财，然后挥师东进，平定三秦地区，这样天下就可以到手了。"汉王刘邦说："很好!"随即到巴、蜀接受王位，任命萧何为宰相。

汉王刘邦把一百镒黄金，两斗珍珠赏赐给张良；张良又把这些全部献给了项伯。汉王刘邦也命令张良携带厚礼进献给项伯，要项伯在项羽面前请求将汉中全部地区分封给自己，项羽随即答应了。

夏季四月份，各路诸侯陆续从戏城退兵，回到各自的封国。项王随即派出三万士卒随刘邦一起到他的封国。楚军与其他诸侯军队中有数万人仰慕刘邦的为人而追随他一同前往，汉王刘邦取道杜南进入蚀中。张良为汉王刘邦送行到褒中，汉王刘邦派张良返回韩国；于是张良建议汉王刘邦烧掉他们来的时候走过的栈道，以防范诸侯大军前来袭击，并且可以向项羽表示自己没有返回关东的想法。

田荣听到项羽要将齐王田市改封为胶东王，而将齐将田都封为齐王的消息后，恼怒万分。五月，田荣率军向田都进攻，田都领残部逃到楚国。田荣随即将齐王田市扣留下来，不允许他到胶东。但是齐王田市对项羽很是畏惧，偷偷逃到胶东即位。田荣非常生气，在六月份追击到即墨将田市斩杀，自封为齐王。此时彭越还在巨野，有一万多部众，还没有归属。田荣随即送给彭越将军大印，命他向济北进攻。当年秋七月，彭越率军进攻济北王，斩杀田安。于是田荣将齐、济北、胶东三齐之地合并为一，又派彭越对楚军进攻，项羽派出萧公角率军迎击彭越，彭越大胜楚军。

张耳到自己的封国即位，陈馀越发愤怒地说："你张耳与我立下的功劳是一样的。如今张耳封为王，而我陈馀还只是个侯，项羽实在是太不公平了！"就私下里派张同和夏说到齐王田荣处进行游说："项羽身为天下的主宰，却不能公平行事，把肥沃的地方都分封给自己的部将，而把荒芜的土地封给昔日的王侯。如今项羽把赵王放逐到北方的代郡，我陈馀觉得这样是不合适的，听说大王您想要起兵反抗项羽，不再听从不行仁义的项羽。恳求大王能够为我资助兵力去进攻常山王张耳，以恢复赵王的地位，这样赵国就可以作为齐国的屏障了。"齐王答应了他，派出军队与陈馀一起进攻常山王。

项羽因为张良追随过刘邦，再加上韩王韩成也没有多少战功，于是并没有派遣韩成到他的封国即位，将韩成挟持到彭城，废为穰侯；没过多久又把他杀掉。

起初，淮阴人韩信家里非常贫寒，又没有明显的善行，够不上被推选为官的资格，又不会做生意来养家糊口，经常到别人家里蹭吃蹭喝，很多人对他都非常反感。有一次他到城下河边钓鱼，有一个洗衣服的老太太看到韩信没有吃饭，就给他拿过来吃的。韩信十分高兴，对漂洗棉絮的老太太说："将来我一定好好地报答您！"老太太生气地说："作为一个大丈夫自己不能养活自己，我是可怜你这个公子才给你吃的，哪里是想要你报答我？"淮阴城内的屠户中有一个青年人欺负韩信说："你尽管长得高大，又喜欢佩带刀剑，实际上内心却是非常胆小！"于是当着很多人的面羞辱他说："韩信，你要是不怕死就拿剑把我刺死；怕死的话就从我裤裆底下爬过去！"韩信盯着那个年轻人好大一会儿，趴下从他的裤裆底下爬过去了。满大街的人都对韩信嘲笑，觉得他非常胆小。

等到项梁率军横渡淮水，韩信携带刀剑前去投奔。在项梁的部下，一直没有什么名气。项梁兵败后，又前去投奔项羽，项羽任命他为郎中。韩信多次为项羽献上计策，但项羽都没有采用。刘邦率军进驻巴、蜀称王时，韩信从楚军中逃出来归顺汉王刘邦，仍然没有什么名声。只是做了个看管粮仓的连敖，却又因为犯罪被判处斩刑。与他一同犯法的十三个人都已经行刑，等到了韩信时，韩信抬起头仰望，正好看见了滕公夏侯婴，于是对他说："汉王不是想要夺取天下吗，为什么又要把壮士杀掉呢？"滕公认为他的话非常奇怪，又见他相貌堂堂，就把他释放没有斩首；与他谈话后，大喜过望，于是向刘邦报告。汉王刘邦随即任命韩信为治粟都尉，但依然没有发现韩信有什么不同于常人的地方。

韩信与萧何谈过好几次话，萧何认为韩信与一般人不一样。等到刘邦来到南郑称王后，将士们都唱着怀念家乡的歌曲，有很多人在半路上就逃回去了。韩信以为萧何已经在汉王刘邦面前提起自己好多次，但是汉王刘邦依然没有重用他，于是再次逃跑了。萧何听到韩信逃跑的消息，没有来得及向刘邦报告，就亲自前去追赶韩信。有人向刘邦禀报说："丞相萧何逃跑了。"刘邦勃然大怒，就像是失去了左膀右臂一样。一两天之后，萧何返回拜见汉王刘邦。汉王刘邦又恼怒又喜悦，骂道："你为什么要逃跑？"萧何说："臣并不敢逃跑，我只是去把逃跑的那个人追回来。"汉王刘邦说："你追的人是谁？"萧何说："韩信。"汉王刘邦骂道："有十几位将军陆续逃跑，你都没有去追；却去追韩信，你是不是在骗我！"萧何说："那些将军们非常容易得到，但是像韩信这样的人，可以算得上是天下奇才。大王如果只是想长久地做一个小小的汉中王，那就用不着韩信了；但是大王如果想一统天下，除了韩信，实在没有谁可以帮助您成就大业。现在就看大王您的态度了！"汉王刘邦说："我当然也想向东进军，怎么会想在这里长期沉闷地待着呢？"萧何说："大王既然想要向东方发展，假如能够对韩信重用，韩信就会留下来为你所用；如果不肯重用他，他最终还是会逃跑的。"汉王刘邦说："我看在你的面子上就任命他为将。"萧何说："即便是任命他为将，他仍然不会留下来。"汉王刘邦说："那就干脆任命他为大将。"萧何说："这样还可以！"汉王刘邦随即想要把韩信召来，任命他为大将。萧何说："大王您对人向来傲慢无礼，如今要拜韩信为大将，却像呼喊小孩一样，这才是韩信逃跑的原因。大王如果真的要拜韩信为将，就应该挑选良辰吉日，举行斋戒沐浴后，在广场上修筑拜将坛，举行拜将的仪式，这才可以。"汉王刘邦采纳了萧何的提议。众将都非常高兴，都以为自己会被拜为大将。等到了拜将的时候，发现居然是韩信，全军上下都非常惊讶。

韩信受过拜将大礼后，坐到大将军的位子上。汉王刘邦说："丞相萧何向我夸赞您好多次，将军您有什么策略指导我吗？"韩信略作谦让，随即问汉王刘邦："大王如今要向东方进军争夺天下霸权，对手难道不是项羽吗?”汉王刘邦说:“是他。”韩信说:“大王您自己好好考虑一下,从勇猛、强悍、仁德、刚强这四个方面来看,您哪一点比得上项羽?”汉王刘邦沉默了好长时间,说:“我的确不如项羽。”韩信再次向汉王刘邦拜谢后说:“我也认为您确实不如他。然而臣以前在项羽身边侍奉过他,臣想向您讲讲项羽这个人:项羽愤怒时大声呵斥,上千人都被吓得不敢吭声,但他却不能知人善任,也不懂得任用贤能的将领,因此这样的勇猛只不过是匹夫之勇。项羽对待人非常地恭敬慈爱,讲话非常和气,部下患病他甚至也会掉眼泪,把自己的食物分给他吃;但等到手下的人立功,对将士进行封赏的时候,项羽却把印信紧紧握在自己手里,棱角都磨光了,也舍不得赐给立功的人,这便是常人所说的妇人的仁慈。项羽尽管称霸天下而使各路诸侯向他臣服,但是他不知道据守关中却建都彭城;背弃当初义帝定下的盟约,又将自己的亲信和偏爱的人分封为诸侯,大家都觉得非常不公平;又把各诸侯国旧日的国君驱逐出境,而另立国君的将相作为国王;又将义帝怀王流放到江南;他的大军经过的地方没有不惨遭毁灭的,百姓都不愿意亲附于他,只不过是被迫于他的淫威罢了。因此他表面上称霸诸侯,但事实却已经失去了天下百姓的拥护,因此他的强势很容易就会变为衰弱。大王如今要是能够真心实意地反其道而行,对天下勇猛善战的人才大胆地任用,还有什么是您消灭不了的?将天下的城邑分封给有功之臣,谁还会不诚心归服?以正义的战争口号前去把那些怀念东归故土的士卒收归己有,再向东方诸侯进攻,还有谁会打不垮?更何况章邯、司马欣、董翳三个人原本是秦朝的大将,统率秦军的士兵四处征战已经好几年了,战死与逃亡的士兵多得不计其数;况且三人又对自己的部众大肆欺瞒,向项羽投降,大军抵达新安时,已经有二十多万秦兵被项羽使用奸计坑杀,唯独章邯、司马欣、董翳三个人得以逃脱。秦朝的父老乡亲们对他们三个人非常怨恨,甚至都恨到骨子里了。如今项羽倚仗自己的威势将秦地强行分封给他们三个人,没有一个秦地百姓会高兴的。而当初大王您率军进入武关时，丝毫没有伤及百姓；废除秦朝严酷的法律，并与秦地百姓约法三章；秦地百姓没有谁说不乐意大王您称秦王。更何况当初各路诸侯订立约定，大王您理应称关中王，关中的百姓们都知道这件事；后来大王失去了王位而被分封到汉中为王，秦地百姓对这件事没有不怨恨的。大王如今要是发兵向东，只需要发一道檄文即可以平定三秦大地。”汉王刘邦听后十分高兴，自认为得到韩信这个人才的时间太晚了，于是采纳韩信的策略，安排众将的进攻任务；把萧何留下来负责巴、蜀两地赋税的征收工作，来作为大军的粮草补给。

八月，汉王刘邦统率大军从故道出蜀，对雍王章邯发动进攻；章邯领兵在陈仓迎击汉军。军败后撤，在好畤停下来与汉军重新交战，却再次失败，逃到废丘。汉王刘邦随即平定雍地，率大军向东抵达咸阳，随后带兵将章邯围困在废丘，把部将派往各地进行攻战。塞王司马欣与翟王董翳先后率部投降，汉王刘邦于是将他们的封地设置为渭南、河上、上郡三郡。又派将军薛欧、王吸率军出武关，与王陵的军队会合前去迎娶刘太公与吕后。项羽听到消息后，派出大军到阳夏阻拦，于是汉军没办法前进。

王陵是沛县人，先前他曾经聚集数千部众，据守南阳，直到这个时候才率部众归附汉王刘邦。项羽于是将王陵的老母亲抓到军营当中，王陵派出使臣到项羽大营中，项羽就让他的老母亲面朝东边坐着，以示尊敬，想以此把王陵招降。王陵母亲私下里把使者送回去，边哭边说：“希望你替我向儿子王陵说：踏踏实实地事奉汉王，他是忠厚长者，最终必然会取得天下，不能因为我的原因就对汉王怀有二心。我现在就以死为你送行！”随即伏剑自杀身亡。项羽大怒，于是将王陵母亲丢到锅里烹煮了。

项王任命先前的吴县县令郑昌为韩王，以抵御刘邦大军。

张良写给项王一封书信，说：“汉王刘邦不守本职，想要攻占三秦大地，实现昔日先入关者为王的盟约后就会停军，绝对不敢向东进军。”张良又把齐、梁两国谋反的书信送到项羽跟前，说：“齐与赵要联合消灭楚国。”项王于是就打消了向西进攻关中的念头，而率军向北进攻齐国。

燕王韩广不愿意到辽东做辽东王；臧荼于是率军将他杀掉，并把原属于他的领地据为己有。

这一年，汉王刘邦任用内史也就是沛人周苛担任御史大夫。

项王派人督促义帝怀王到长沙郴县就职，义帝身边的大臣们看到他被项羽流放，于是慢慢地背叛离去。

二年(丙申，公元前 205 年)

冬季十月份，项王偷偷派出九江王、衡山王以及临江王率军进攻义帝怀王，在长江上把他杀死。

陈馀把三县全部兵力派出，与齐军联合偷袭常山王。常山王张耳战败后逃到汉中，来到废丘觐见汉王刘邦，汉王刘邦对他非常优待。陈馀回到代郡将赵王迎接回来，让他重新担任赵王。赵王对陈馀非常感激，将陈馀封为代王。陈馀因为赵王的势力还比较弱小，国家局势也才刚刚安定下来，没有前往代郡即位，而是留下来帮助赵王，而派遣夏说以丞相的身份前去镇守代郡。

张良从韩国抄小路回到汉王刘邦帐中，汉王刘邦把他封为成信侯。张良因为经常患病，没有单独带兵作战的经历，而是长期作为替汉王刘邦出谋划策的谋臣，时常追随在汉王刘邦的身边。

汉王刘邦前往陕县，对关外地区的父老百姓进行安抚。

河南王申阳向汉王刘邦投降，汉王刘邦于是将他的属地设置为河南郡。

汉王刘邦将韩襄王的孙子韩信任命为韩国的太尉，率军攻占韩地。韩信在阳城对韩王昌发动快速进攻，韩王昌投降。十一月，汉王刘邦将韩信封为韩王，韩王信经常率领韩兵跟随汉王刘邦四处征战。

汉王刘邦返回都城栎阳。

众位将领将陇西攻克。

春季正月，项王率军向北抵达城阳。齐王田荣与项王交战，大败，率残部逃到平原，被平原百姓杀掉。项王又将田假重新封为齐王。楚军随后向北进军来到北海一带，烧毁并夷平齐国的城墙以及房屋，又将田荣部下投降的士兵坑杀，掳掠齐国的老弱、妇女，但凡是楚军经过之地，大都被毁坏殆尽。齐国老百姓于是开始聚众反叛项羽。

汉军将领率军攻克北地，将雍王章邯的弟弟章平俘虏。

三月，汉王刘邦从临晋横渡黄河。魏王豹向汉王刘邦投降，率军追随汉王刘邦；继而攻克河内，将殷王印俘虏，把殷王印的封地设置为河内郡。

起初，阳武人陈平，家里非常贫寒，热爱读书。乡里每到祭祀土地的时候，他作为社宰负责分配祭品，祭肉分配得特别公平。父老们纷纷说道："陈平这小子主持分肉还挺不错的！"陈平说："唉！我陈平要是有机会主持天下大政，也可以像分配祭肉这样公平！"等到各路诸侯纷纷率军反秦，陈平在临济魏王咎身边侍奉，担任太仆，向魏王进献计策，魏王没有采纳。有人在魏王面前乱说谗言，陈平随即从魏王身边逃走。后来他在项羽跟前做事，项羽赏赐他卿一级的爵位。殷王反叛楚国时，项羽派出陈平率军出击并击败殷王，陈平率军凯旋，项羽命他担任都尉一职，赏赐二十镒黄金。

没过多久，汉王刘邦率军攻克殷地。项王非常生气，想要把参与平定殷地的将士和官员杀掉。陈平担心自己也被牵连，就把项羽赏赐他的黄金和官印封好，派人送给项王；毅然独自一人带着宝剑抄小路逃亡，横渡黄河，到脩武投奔汉王刘邦，通过魏无知的引荐求见汉王。汉王刘邦把他召进来，赏赐给他酒饭，让他吃过饭后先返回驿馆。陈平说："臣是因为有紧急事务前来的，所要说的话等不到明天。"汉王刘邦于是与陈平交谈，感到非常高兴，问陈平："你在楚国担任什么官职？"陈平说："都尉。"汉王刘邦当天就授予陈平都尉一职，并让他做自己的参乘，负责监督众多将领。诸将纷纷表示不服，说："大王您刚刚得到楚国的逃兵，还不了解他到底有什么才能，怎么就任命他为参乘并与您乘坐同一辆车子，又让他来监督我们这些老将？”汉王刘邦听到这些后，对陈平反而更宠幸。

汉王刘邦率军向南渡过平阴津，来到洛阳新城。新城地区三老董公挡住汉王刘邦的车驾劝汉王说：“臣听说‘顺着德行行事的人会日渐昌盛，背弃道德行事就会逐渐消亡’；‘发兵向别人进攻却没有合理的名义，战争也难以取得成功’。因此说：‘明确敌军是乱臣贼子，才可能使他屈服。’项羽行事相当无道，将义帝怀王流放并杀害，实在是天下人得而诛之。仁义之士不凭借武力，正义之人也不依靠暴力，大王您理应率领三军上下将士为义帝服丧，借此告知各路诸侯，号召大家联合讨伐项羽，这样天下没有人不对您的仁德表示钦慕的，这就是昔日三王统一天下所采取的义举。”

汉王刘邦随即为义帝举办丧礼，裸露左臂脱掉帽子痛哭流涕，全军上下哀悼三日，派出使者告知天下诸侯说：“天下共同拥立义帝怀王，对他按照君王之礼侍奉。但是如今项羽却将义帝流放到江南并杀害，简直是大逆不道！我准备发动关中全部兵力，征集三河地区的豪杰壮士，一起沿江、汉南下，希望可以追随诸侯王，联合讨伐杀害义帝怀王的项羽！”

使者来到赵国，陈馀说：“汉王要是可以把张耳杀掉，我就愿意追随他。”汉王刘邦于是找到一个与张耳非常像的人杀掉，带着首级送给陈馀；陈馀误认为是张耳，于是率军援助汉王刘邦。

田荣的弟弟田横把周边地区的散乱士卒收编，获得几万人马，于是在城阳起兵反楚。夏，四月，田横拥立田荣之子田广为齐王，以对抗楚军。项王因为这件事只好率军留在齐地，与田广连续作战多次，都没有战胜齐军。项王尽管已经听说刘邦率军东下的消息，但因为已经率军在齐作战，就打算先把齐战胜后再挥师反攻汉军，趁着这个机会，汉王刘邦才得以统率五十六万诸侯大军前去进攻楚军。汉军抵达外黄后，彭越率领三万部众前来归顺汉王刘邦。汉王刘邦说：“彭将军您攻占十余座魏国城池，想要尽快拥魏王的后裔为君。如今拥立的西魏王魏豹便是真正的魏王后裔呀。”汉王刘邦随即任命彭越担任魏国的宰相，让他独自一人率领魏国的大军，将梁地平定。随后汉王刘邦率军攻克彭城，把楚地的金银财宝以及美女全部搜刮回去，天天大摆酒席，与群臣宾客宴饮欢庆。

项王听到这个消息后，随即下令部将率军进击齐军，自己亲自率领三万精锐部队南下，从鲁路经胡陵，来到萧地。拂晓时分，楚军向汉军发动进攻，向东打到彭城，中午时分，汉军大败。汉军上下纷纷逃亡，相继跌入穀水、泗水中，十几万人死亡。汉军随即向南方的山中逃窜，楚军在后边紧追不舍，一直追到灵璧东边的睢水岸边；汉军向后撤退，被楚军追赶拥挤不堪，十几万人都陆续掉进睢水，睢水也因此堵塞不流。楚兵将汉王刘邦重重围困。恰好此时从西北边刮起大风，树木也被折断，房屋都被吹倒，飞沙走石，天昏地暗，迎头吹向楚军，楚军阵脚大乱，四散逃离，汉王刘邦因此才与数十骑人趁乱逃跑。汉王刘邦想到沛县把家人妻儿接走，楚王也派出人马到沛县夺取汉王刘邦的家人及亲属。但是家人们都已经四处逃亡，没能与汉王刘邦见面。

汉王刘邦在半路上碰到长子刘盈(后来的孝惠帝)以及长女鲁元公主，就用车载着一起逃亡。楚军骑兵在身后紧追不舍，汉王刘邦非常着急，就把两个孩子推到车下去了。

幸亏太仆滕公多次连忙下车把两个孩子抱起来放到车上。连着这样三次把孩子推下车，滕公于是对汉王刘邦说：“现在尽管情势危急，车子也跑不快，但怎么忍心抛弃自己的骨肉?”滕公于是放慢速度。汉王刘邦非常生气，有十几次都要把滕公杀掉；但滕公最终依然要求保护孝惠帝和鲁元公主，带两个孩子脱离了险境。审食其追随刘太公和吕后抄小道四处寻找汉王，但一直没有找到，反而遇到了楚军，被楚军带回军营，项王于是时常把他们安置到军营中作为人质。

此时，吕后的哥哥周吕侯率领汉王刘邦的大军在下邑驻扎；汉王刘邦于是抄小路前去投靠他，逐渐将溃散的将士收集起来。各路诸侯于是纷纷背叛汉王刘邦，与楚王再次和好。塞王司马欣和翟王董翳也逃亡向楚投降。

田横率军进攻田假，田假逃亡到楚国，楚王随即杀掉田假，于是田横重新平定三齐大地。

汉王刘邦向群臣咨询："我打算把关东地区捐出去作为封地，不知你们谁愿意与我一起建立功业？"张良说："九江王黥布曾经是楚军的一员猛将，与项王之间有一些仇怨；彭越与齐王田荣两人联合在梁地起兵反楚，这两个人都可以立即使用；再者汉军诸将之中，唯独韩信一人值得托付大事，独当一面。您要是真的打算捐出关东之地，那就封给这三个人，这样一定可以战胜楚军。"

早先，项王率军进攻齐国时，曾经向九江王黥布征调军队，九江王谎称自己生病，不愿意亲自率军前去，只是派出一名将领带着几千士兵前往援助。汉王刘邦率军攻破楚国彭城时，黥布又借口身体患病没有前去相助。因此项王对黥布非常愤恨，经常派使者去斥责他，准备召见他。黥布于是更加害怕，不敢前往。项王此时对北方齐、赵两国的反叛十分担忧，又深以西方的汉王刘邦为忧患，只有九江王一人值得亲附；项王又非常看重黥布的才能，准备亲自对他委以重任，因此一直没有向他进攻。

汉王刘邦率军从下邑转移到砀城驻扎下来，随后抵达虞城，向身边的人说："你们这帮人，没有一个有资格与我一同商讨天下大事！"谒者随何进言说："不知道大王您指的是什么。"汉王刘邦说："有谁能够替我去九江王那里出使，劝说他起兵反叛楚国？只要能把项王大军拖住几个月，我就有十分的把握夺取天下。"随何说："我愿意到九江王那里出使！"汉王刘邦于是派他带着二十人一块前往。

五月，汉王刘邦领兵来到荥阳，各路诸侯溃散的士兵都聚集到一起，萧何也将关中老弱以及不满二十岁的百姓征调来到荥阳，汉军士气于是重新振奋起来。此时楚军在彭城驻扎，经常趁着战胜的机会，追击溃败的敌军，在荥阳南面的京邑、索亭之间展开激战。

楚国有大量骑兵前来进攻，汉王刘邦随即在军中挑选能够担任骑兵将领的人，许多人都推选昔日的秦军骑士重泉人李必、骆甲担任。汉王刘邦打算拜他们两人为将，李必、骆甲说："臣原来是秦朝官员，担心士兵们对我们不信任；大王您手下要是有精通骑战的大将，我们甘愿听从他的调遣。"于是汉王刘邦任命灌婴为中大夫令，李必、骆甲担任左、右校尉，率骑兵在荥阳东面迎击楚军骑兵，大败楚军，楚军因此无法越过荥阳向西进军。汉王刘邦驻军荥阳，修造甬道与黄河连接，来运送敖仓的粮草。

周勃、灌婴等人向汉王刘邦说："陈平虽然表面上像帽子上的玉石一样俊美，但是肚子里却不见得有什么才能。臣听说陈平从前在家乡时与自己的嫂子私通；侍奉魏王时因为不被容纳而到楚国；又没有得到任用，这才逃亡到汉。如今大王对他这样器重，让他负责监督军队。臣得到陈平收受众位将领送给黄金作为贿赂的消息，谁送的黄金多就可以有好的待遇，送的黄金少就会受到不公正的待遇。因此才说陈平是反复无常的小人，还望大王可以明察！"汉王刘邦听了这些话后，对陈平逐渐产生疑心。随即把魏无知召进来斥责他。魏无知说："臣向大王推荐陈平时看重的是他的才能，但是陛下您询问的却是他的品德。要是一个人有着尾生、孝己一样的品行，却对打仗的胜算没有什么好处，陛下又怎么会有闲情任用他？楚、汉两军相抗衡，臣推荐怀有奇谋秘计的人，只是参考他提出的计策对国家是否有利罢了。至于与嫂子私通、收取贿赂这样的事，又有什么好怀疑的？"汉王刘邦于是把陈平召来，斥责他说："你在魏王跟前侍奉不如意，转而前去事奉楚王又逃跑，如今又来与我一同做事，难道守信义的人都是像你这样的吗？"陈平说："臣在魏王跟前侍奉，魏王不肯采用臣的主张，所以才去归附项王。项王也不能知人善任，他不是任用本家的人，就是宠爱自己的外戚，即便身边有许多谋士也不懂得任用。臣听说汉王懂得任用人才，因此才前来归顺大王。臣两手空空地逃过来，要是不收受他们的贿赂，就没有日常花的钱。臣提出的计策要是真的值得采纳，还望大王采纳；如果没有采用的价值，那么金子还都在这里，我愿意封存好交还给官府，并请求大王批准我辞官回家。”汉王刘邦听后立即向陈平道歉，对他进行重赏，并任命他为护军中尉，负责监督所有的将军。于是没有一个将领再敢说陈平的坏话了。

六月，汉王刘邦率军返回栎阳。

壬午日，刘邦将长子刘盈立为太子。大赦天下。

汉兵引黄河水倒灌废丘，废丘守军投降，章邯自杀。汉王刘邦随即将雍地全部平定，将雍地设置为中地、北地、陇西三个郡。

关中地区发生大规模饥荒，一斛米涨到一万钱的价格，甚至出现了人吃人的惨剧。汉王刘邦于是下令百姓迁徙到蜀、汉两地谋生。

先前，秦朝灭亡的时候，豪强俊侠都纷纷抢夺金银财宝，唯独宣曲任氏挖掘地窖储存库粮。等到楚、汉两军在荥阳僵持不下之时，因战事百姓不能进行耕种，于是那些豪强人士纷纷拿抢夺而来的金银财宝去购买任氏的粮食，任氏也因这件事变得富庶起来，一连好几代都非常富足。

魏王魏豹前来拜见汉王刘邦，请求回到魏地照看生病的父亲；刚刚到达魏国就决断渡口，率军抵御汉军而投靠楚军。

秋季，八月份，汉王刘邦前往荥阳，命令萧何留守关中侍奉太子，萧何开始制定法令制度，建设宗庙、社稷、宫室、县邑等机构；有来不及向汉王刘邦禀报以求汉王裁决的，萧何都斟酌情势自行处理，等到汉王回来后再上报。萧何统计关中地区的人口数量，按照户口数量来征收粮饷，经由漕运转运给汉军作为补给，又从关中地区征调青壮年来补充汉军兵力的不足，汉军的粮草补给、兵员的补充逐渐好起来，一直都没有发生断绝的现象。

汉王刘邦派出郦食其前去劝说魏王魏豹，并要将他召来。魏王豹不肯听，说：“汉王为人一向傲慢又喜欢侮辱他人，他对诸侯和自己的大臣骂起来就好像骂奴隶一样，我实在不愿意再见到他！”汉王刘邦随即任命韩信为左丞相，与灌婴、曹参一同前去进攻魏国。

汉王刘邦问郦食其：“谁是魏国的大将？”郦食其回答道：“是柏直。”汉王刘邦说：“他是一个乳臭未干的孩子，如何能够抵挡韩信？”又问：“骑将是谁？”回答说：“冯敬。”汉王刘邦说：“他是昔日秦国将领冯无择的孩子，虽然有才能，但是却抵挡不了灌婴。”又问：“步兵将领是什么人？”郦食其回答说：“是项它。”汉王刘邦说：“他抵挡不了曹参。这样一来我也没有什么好担心的了！”韩信也向郦食其问道：“魏国难道真的没有任命周叔作为大将吗？”郦食其说：“的确是柏直。”韩信说：“只不过是一个小子而已！”随即向魏进军。

魏王在蒲坂部署重兵堵住通往临晋的大路。韩信随即增设许多疑兵，在河边摆出很多渡船，装作准备渡河对临晋发起进攻的态势，而命令埋伏的精锐部队从夏阳乘坐大木瓮渡过黄河，偷袭安邑。

魏王豹大吃一惊，慌忙引兵迎击韩信。九月，韩信击溃魏王豹的军队并将他俘虏，汉王刘邦传令把他押送到荥阳；魏地全部平定后，设置为河东、上党、太原三郡。

汉军在彭城战败后向西撤退时，陈馀已经察觉到张耳并没有死，随即背叛汉王刘邦。韩信平定魏国之后，派人请求汉王刘邦派出三万援兵，准备北上攻克燕、赵两国故地，并向东进攻齐国，率军阻断楚国的运粮通道。汉王刘邦答应了他的要求，于是派出张耳和韩信一起率军出发，对北方的赵王歇、代王陈馀等人展开进攻。闰九月，韩信率军击败代王陈馀的军队，在阏与将代国相国夏说俘虏。韩信攻克魏国并击败代军后，汉王刘邦随即派人将韩信手下的精锐部队调到荥阳抵御楚军。

资治通鉴卷第十　汉纪二

起丁酉(公元前204年),止戊戌(公元前203年),共二年。

【题解】本卷记录了高祖刘邦三年至高祖四年共二年间的历史。刘邦、项羽双方在荥阳、成皋持续交战,相持不下,项羽多次获胜,但疲于奔命,兵力不继,与之相反,刘邦多次战败,但四处出击,越战越强。与此同时,汉将韩信在破魏灭代后,又攻赵收燕,从背后扫荡项羽国都彭城,包围项羽,项羽的败局已定。

太祖高皇帝上之下

三年(丁酉,公元前204年)

冬,十月,韩信与张耳率领数万大军向东进军,对赵国发动攻势。赵王与成安君陈馀听到消息后,在井陉口集结军队,号称二十万大军。

广武君李左车向成安君陈馀建议道:“韩信与张耳乘着攻克魏、代的余烈离开本国进行远征,锋芒难以抵挡。臣听说‘从千里之外的地方运送将士们日常所需的粮草,将士难免会有饥饿的面色;况且还得亲自捡柴火做饭,军队必然会经常吃不饱’。如今井陉这条道路,车辆不能并排行驶,骑兵也难以成排前行;大军前后有几百里长,运送粮草辎重的车子必然落在大军的后面。恳请您调拨给我三万人的突击队,抄小路截断他们的辎重粮草车队;您只需要挖深战壕,高筑营垒,坚守不用出战。如此他们向前没有战事可以打,后撤又退不回去,荒郊野外又没有粮食可以抢夺,不出十天,就可以把韩信和张耳两个人的首级带到您的面前;不这样的话我们大家都要被他们俘虏了。”但是成安君陈馀曾经自称是正义之师,不屑于使用诡计奇谋,所以说:“韩信将士人数少又疲倦不堪,这样的军队还躲着他却不敢迎击，各路诸侯都要嘲笑我胆小怯懦而随便地率军来攻打我了。”

韩信私下里派人前去探察敌情，得知陈馀没有采纳广武君的建议，十分高兴，因此才敢率军向前进发。在距离井陉口还有三十里的地方就停军扎营。等到半夜时分，发起突袭的命令，挑选二千轻骑兵，每个人带着一支红旗，从小路登到山顶，暗中观察赵军的一举一动。并对他们说：“开战后赵军看见我军败退逃窜，必然会丢下军营，倾巢出动前来追赶我，到时候你们立即杀进赵军营地，拔掉赵国的大旗，到处都插上汉军的红旗。”又命令副将们给将士们分发食物，说：“等到今天打败赵军后举行大会餐！”将军们都不太相信可以在短时间内击溃赵军，只好假装相信，回答说：“遵命！”韩信说：“赵军已经率先抢占有利的地形驻扎安顿下来；他们要是看不到我军主将的旗帜，肯定不愿意出兵攻击我军的先头部队，他们非常担心我军遇到险要阻隔后就会后撤。”

于是韩信派出一万人打头阵，从营地出发，背靠河水排开阵势，赵军远远地看见这种布阵都哈哈大笑。

第二天天刚亮，韩信就打出将旗，擂响战鼓从井陉口出军；赵军果然打开营门出军迎击，双方激战了很长时间。韩信与张耳佯装战败，丢弃战鼓和将旗，逃回驻扎在河边的军营中；在河边布阵的先锋队打开营门放退兵进去，又与赵军展开战斗。赵军果然全军出击，争相抢夺汉军将旗和战鼓，追击韩信和张耳两人。韩信与张耳进入河边的军营之后，全军上下纷纷拼死抗敌，短时间内难以击败。韩信先前派出的二千名轻骑兵趁着赵军倾巢出击抢夺战利品时，直接冲入赵军大营，把赵军大旗全部拔掉，插上两千支汉军红色大旗。赵军因为一直抓不到韩信等人，准备返回营寨，却看见己方营寨中全是汉军的红色大旗，顿时惊慌失措，都以为汉王刘邦已经将赵王的大将俘虏了，全军上下大乱，四散逃窜，赵军将领虽然不停地斩杀逃兵，但也没办法阻止逃亡的形势。汉军随即两面夹击，赵军大败，在泜水岸边斩杀了陈馀，生擒了赵王歇。

众位将领带着敌军的首级、俘虏进献给韩信，纷纷向韩信祝贺，顺便向韩信问道："兵书有云：'排兵布阵要右边和背面紧挨山地，前方和左边要挨着河湖。'但是现在将军您却下令大军背靠河水展开军阵，还说：'击败赵军后再举行会餐。'当时我们几个人心中都不敢相信，但是到最后居然以背水阵取胜了。这究竟是什么战术？"韩信说："这样的战术在兵法上也有，只不过各位没有注意到罢了！兵法上不是有'陷之死地而后生，置之亡地而后存'这样的说法吗？况且我韩信率领的并不是平常就受我训练、听从我调遣的将士，这就是常人说的'驱赶普通百姓上阵作战'。在这样的情况下，不得不想办法把将士们安置到死亡的边境上，让他们为自己的性命而拼杀到底。如果把将士们安置到可以后撤的地方，他们必然会逃亡，还怎么用他们上阵杀敌呢？"将领们听后都十分佩服，说："非常好！这确实是我们没想到的。"

韩信悬赏千金征求可以将广武君李左车生擒的人。不久以后就有人把李左车绑送到韩信跟前，韩信赶紧亲自为李左车解开绳索，让李左车面朝东坐着，以对待老师的礼节侍奉他。并问道："我准备向北进军攻打燕国，向东进军攻打齐国，怎样才可以取胜？"广武君李左车推辞说："我只不过是一个战败的俘虏，哪有资格跟您讨论这样的军国大事？"韩信说："我听说，昔日百里奚在虞而虞国最终灭亡，在秦而秦国终于称霸天下；并不是因为百里奚在虞国的时候很愚蠢，到了秦国就变得聪明，而在于国君能不能任用人才，能不能接受他的建议罢了。假如成安君陈馀真能听从您的计谋，像我这样的愚笨之人早就被您活捉了。侥幸因为成安君陈馀不能采纳您的计策，我才有这样的机会向您请教。如今我诚心诚意地向您请教计策，还望您不要再推辞了！"广武君于是说："如今将军横渡西河，俘虏魏王，生擒夏说；向东攻克井陉口，不到一天时间就击败二十万赵军，斩杀成安君；名声海内皆知，威震天下，敌国的百姓全都放下农具，不再进行耕种，只顾当前穿好吃好，侧耳倾听等着您进军的号令，这是您的优势所在。然而您的将士们都已经疲倦不堪，很难再接着行军作战了。现在您又要率领这样一支疲乏困倦的军队到燕国坚固的城池下驻扎下来，准备与燕军作战，燕军如果坚守拒不出战，您主动攻城又很难攻克，长期下去，军中情况暴露在敌人面前，形势也就占下风了；时间一长的话，粮草会消耗殆尽。况且连燕国都征服不了，齐国必然会派出大军在边境与您对抗。如此一来，燕、齐两国与汉军互相对峙，久攻难下，刘邦、项羽两军之间谁胜谁负的趋势也就不那么分明了，这就是您的短处所在。善于用兵打仗的人，从来不会拿自己的短处与敌人的长处相对抗，而都是拿自己的长处与敌人的短处相对抗。”

韩信说：“那么我该怎么做呢？”李左车说：“现在我为您考虑的话，最好是整顿军备，暂作休养，对赵国百姓进行安抚，这样方圆百里以内的百姓，每天都会带着牛肉和美酒前来犒劳您的将士们；然后再率军向北方通向燕国的道路出发，接着派出能言善辩的说客带着一封书信给燕王送过去，向燕王展示您大军的长处，燕国一定不敢不听从。燕国向您顺服后，再挥师东进兵临齐国，此时即便齐国有再高明的谋士，也不知道要为国家献上什么计谋了。这样一来，一统天下的大事就可以成功了。兵法之中原本就有这样先壮大声势，然后才出动实际兵力进攻的说法，我所说的就是这个道理。”韩信说：“非常好！”于是采纳了李左车的策略，派出使者到燕国出使。燕国听到消息后立即率众投降；韩信又派出使臣汇报汉王刘邦，请求封张耳为赵王，刘邦也答应了。此时楚王连续多次派出奇兵渡河对赵国进攻，张耳与韩信也就在赵地之间来回奔波，趁势夺取赵国的城池，随后率军前去营救汉王刘邦。

甲戌晦日，出现日食的现象。

十一月，癸卯晦日，再次发生日食。

随何来到九江，九江太宰主持接待事宜，三天之后还没有见到九江王黥布。随何于是劝太宰说：“九江王不愿意召见我，肯定是认为楚军势力强盛，而汉军力量弱小的原因。但是我正是因为这个原因出使来到这里的。你如果能让我与九江王当面谈一谈，我要是说得有道理，那就是九江王想要听的；如果说得不对，可以把我与一块来的二十个人扔到九江街市上斩首示众，这样一来也可以表明九江王背汉而和楚交好的意思！”太宰于是把随何的这番话上报给九江王。

九江王黥布随即召见随何。随何说：“汉王派我敬呈书信给大王您，我暗地里对大王与楚国这样亲近非常奇怪！”九江王说：“我只是以臣子之礼事奉他。”随何说：“大王您与楚王同样都是列侯，而您却以臣子之礼事奉他，必然是觉得楚国势力强大，可以以他作为依靠。楚王率军攻打齐国时，项羽亲自背着墙版、木材修筑营寨，身先士卒冲阵杀敌，您原本应当发动全部九江军队，亲自率军为楚军做前头部队，但是现在您只是派了四千人去援助楚军而已。以臣子之礼事奉他人，这样做合适吗？汉王率军进攻楚国彭城时，楚王还没有从齐国撤兵。那个时候您就应该率领九江全部大军横渡淮河，在彭城与汉王日夜激战；但您尽管拥兵数万，却一个人也没有横渡淮河协助楚王，只是袖手旁观。把江山社稷托付给别人，这样做合适吗？大王您这很明显是借着依附楚国的名声，却想行独立之实，臣私底下认为这种做法非常不值得学习！然而您仍旧不肯反叛楚国，是因为您认为汉军势力弱小的原因。但是您得知道，楚军现在虽然强盛，但天下诸侯百姓都责备他不仁不义，这是因为项羽曾经背弃盟约又杀害义帝怀王的缘故。而汉王刘邦在联合各路诸侯，回师据守成皋、荥阳，从蜀、汉两地运送粮食来解决军中粮草问题，深挖战壕、修筑壁垒，分兵据守边境要塞。再看看楚军，孤军深入敌国梁地长达八九百里，老弱妇孺还要从千里之外负责运送粮草辎重。汉军只要坚守不出营应战，楚军攻城迟迟难以攻克，后撤又无法脱身，因此我认为楚军实在不值得依附。假如楚军战胜汉军，到时候诸侯必然人人自危而相互营救。这样一来，楚军的强盛，正好导致了天下的战乱。所以说楚不如汉，这是显而易见的。如今大王您不与万无一失的汉国交好，却把自己的身家性命都托付给快要灭亡的楚国，我实在是替您的作为感到困惑不解啊！但我并不是说九江的军队战斗力就足以消灭楚军，假如您可以起兵反叛楚国，项羽必定要留下来；只要能拖延项羽几个月，汉王夺取天下就能够万无一失了。因此我恳求大王提剑休兵归附汉王，汉王将来肯定会给大王割地封王；更何况九江依然是大王您的。”九江王黥布说：“那就听你的建议吧！”于是私下里答应叛楚归汉，但一时还是不敢泄露风声。

楚国的使者这个时候也在九江，住在驿馆里，正着急催促黥布发兵营救楚军。随何径直走入馆舍，坐到楚国使者的上座，说：“九江王已经归顺汉军，楚国又怎能让他发兵救楚？”黥布一看随何把密谋说了出来，大吃一惊。楚使者起身就走。随何赶紧对黥布说：“反楚这件事已经到这一地步了，您必须立即杀掉楚军使者，不能让他回去向项羽报告，并赶紧与汉王联合。”黥布说：“只能听您的建议了。”于是杀掉楚军使者，趁机起兵反楚。

楚王派出项声、龙且率军进攻九江，几个月后，龙且击败九江王大军。黥布想率残部逃往汉军军营，又担心楚兵在半路上杀掉他，于是与随何一起抄小路逃到汉。十二月，九江王抵达汉军大营。汉王刘邦这个时候正坐在床上洗脚，立即把黥布召进房中见面。黥布非常愤怒，后悔竟然来投奔他，萌生了自杀的念头；等到出来返回为自己准备的驿馆时，看到帷帐、饮食以及身边的侍卫都与汉王居住的地方一样，黥布又十分高兴。于是黥布派人到九江进行联络；这个时候楚王已经派项伯将九江大军收编，又把黥布的妻子儿女杀光了。黥布派出的使者找到黥布的许多故友和宠臣，带着几千部众返回汉军大营。汉王刘邦随即又给黥布调派军队，与他一起驻扎在成皋。

楚军连续多次袭击汉军运送粮草的通道，致使汉军粮草短缺。汉王刘邦于是与郦食其商讨准备削弱楚军实力。郦食其说：“昔日商汤征讨夏桀，将夏的后嗣分封在杞地；周武王灭掉商纣，又把商王子孙分封到宋国。如今秦王朝有失道德，背弃仁义，侵略各诸侯国，诸侯各国纷纷灭亡，致使诸侯后嗣没有立身之地。大王如果真的可以使六国后裔恢复王位，这样六国君臣上下以及百姓们一定都会感激大王您对他们的恩德，无不仰慕您的仁义作风，都心甘情愿做您的臣民侍奉您。这样一来您的道义施行于天下，就可南面而称帝一统天下了，到时候楚王也得整理衣冠，满心敬意地来向您朝拜。”汉王刘邦说：“非常好！你这就赶紧去刻制印玺，前往六国对各国后裔进行分封。”

郦食其还没来得及走，张良从外面返回拜见汉王刘邦。汉王这个时候正在吃饭，说：“子房，你到前面来！宾客之中有人替我策划了削弱楚军力量的好方法。”于是就把郦食其的话一五一十地告诉张良，说：“您觉得怎么样？”张良说：“这样的主意是谁替大王出的？陛下您的大事就要完了！”汉王刘邦说：“这是什么原因呢？”张良回答说：“臣请求借您面前的筷子用一用，给您说清楚这件事的情势：昔日商汤、周武对夏桀、殷纣的后嗣进行分封，是因为估量自己的实力可以控制夏桀和殷纣后裔的生死，如今大王您可以控制项羽的命运吗？这是不可以这样做的第一个原因。周武王进入殷商国都之后，在里门对商容的贤德进行表彰，释放了被拘禁的箕子，修葺比干的陵墓。大王您现在能够这样做吗？这是不可以这样做的第二个原因。周武王将巨桥仓中囤积的粮食以及积存在鹿台的金钱发放给贫穷的平民，大王您能够做到这些吗？这是不可以这样做的第三个原因。消灭殷商之后，周武王随即把战车改成日用的乘车，将兵器倒置，向天下百姓表示以后不再用兵，大王您现在能够做到这些吗？这是不可以这样做的第四个理由。周武王把军中的战马放养在华山南坡下，表示不再发动战事，大王您现在能够做到这些吗？这是不可以这样做的第五个理由。周武王又将运送粮草的牛放养到桃林北面，向天下百姓表示不再运送军需辎重，大王您现在能够做到这些吗？这是不可以这样做的第六个理由。天下四处游说的谋士，舍弃自己的父母双亲，远离祖先的坟墓，与故友告别，纷纷前来追随您，就是因为希望您可以成就霸业，自己也可以得到封赏；但是假如您现在再将六国后裔分封为王，那么天下四处游说的谋士就要各自回去侍奉他们自己的君主，与自己的父母双亲团聚，重新回到故友以及祖坟所在的家乡，到那个时候还有什么人可以帮助您夺取天下呢？这是不可以这样做的第七个理由。更何况楚国目前是各路诸侯之中实力最强盛的，假如分封的六国后裔又重新归顺楚国，到时候大王您还有什么办法让他们向您臣服？这是不可以这样做的第八个理由。大王要是真的采纳了那个宾客的策略，您一统天下的大事就完了！”

汉王刘邦听完这些话饭也不吃了，把口里的食物吐出来，破口大骂道：“这个愚蠢的书生，差一点就坏了老子的大事！”立即下令赶紧销毁那些已经刻好的印信。

◆荀悦评论这件事说：但凡策划谋略来决定胜负的数术，关键点有三：一是形，二是势，三是情。所谓“形”，是指从大体上来判断得失的走向；所谓“势”，是讲应对突发状况的措施、进退的随机应变能力；所谓“情”，指的是一个人的心志是否真正的足够坚韧不拔。因此采用的计策相同、所遇的事情也一样，但最终的效果却不一样，都是因为这三种方法运用得不同的原因。

当年张耳与陈馀向陈胜建议恢复六国诸侯的王位来为自己树立众多党羽；后来郦食其也用相同的计策劝说汉王刘邦。之所以劝说的内容相同但得失却不相同，这是因为陈涉起兵反秦时，天下人都想要灭亡秦王朝；但是现在楚、汉之间的胜负之数还难以判定，天下各路诸侯不一定都想着让项羽败亡。

因此立六国后裔为王，对于陈胜而言，是帮助自己增加党羽而给秦王朝树立更多的强敌；况且当时陈胜还没有独自占有全天下的土地，这样也就是把本来就不属于自己的利益送给他人，因此是承诺给诸侯虚无的恩惠，而自己却白白得到实际的好处。但是重新分封六国后裔为王，对汉王而言，却是把属于自己所有的东西分割出来资助敌人，只是得到施行仁义的虚名，实际上却饱受祸害。这也就是所做的事情相同，但是“形”却不一样的例子。

等到后来宋义提议等待秦、赵两国两败俱伤时再趁机出军攻秦，这与当年卞庄子刺虎的说法是一样的，这样的说法运用到战国时期，相邻两国之间相互攻伐，没有临时的危急情况发生，还是勉强可以行得通。因为战国形势的确立已经有相当长的时间，一次战斗的胜负，不见得就可以决定国家的存亡；当时的“势”决定了一诸侯国无法在短时间内消灭敌国，而是凭借有利的条件可以进攻，形势不利时也可以自保，因此可以积蓄力量，等待对自己有利的时机，乘敌人力量空虚时攻击取胜，这也是“势”所造成的结果。但就现在楚、赵两国的形势来看，楚、赵两国与秦国是无法并存的，何况双方只需要一次战争就可以定存亡，因此安危之机在瞬间就会有很大的改变，所以进攻可以建立功业，后退就要遭受祸患。这就是遇到的事情一样但是“势”却不一样的事例。

汉军对赵国进攻的那场战役，韩信率大军在睢水旁驻扎，但是赵军最终也没能击败韩信。彭城一战汉军遭难，汉王同样是率军在睢水边与项王激战，最终汉军士兵跌入睢水中淹死，楚军取得胜利。这是什么原因？赵军是出城迎战，看到可以进击才大举进攻，知道前方有危难就连忙后撤，人人都抱着关心自身的心思，并没有出生入死的决心；而韩信的军队在睢水岸边驻扎，孤立无援，士兵们都有必死的决心，没有人有二心，这才是韩信取胜的原因。汉王率军深入敌境，大摆宴席，与群臣宾客饮酒作乐，全军将士都非常享受安逸的日子，也没有坚定的作战心理；反观楚军，尽管有着强大的实力，却丢失了自己的国都彭城，因此将士上下都群情激奋，急迫地渴望挽救败局，甚至甘愿献出自己的生命，以求一场决定生死的恶战，这就是汉王之所以惨败的原因。何况韩信在睢水边驻守的是操练有素的精锐部队，而赵王却派出瞻前顾后的部队出城作战；项羽挑选精兵良将攻打彭城，而刘邦却以松散怠慢的将士应战。这就是遇到的事情相同而“情”不一样的实例。

所以说：应对事情的权宜之策是不可能预先设计好的，事态的变化也是没办法事先策划好的。随着时机而及时地变化策略，顺应形势的变化而变化，这才是制定计策的关键所在。◆

汉王刘邦对陈平说:“当今天下局势纷乱,到什么时候才可以平定呢?”陈平说:“项王身边正直不阿的大臣,像亚父、钟离眜、龙且、周殷等,只不过几个人而已。如果大王能拿出几万斤的黄金,使用反间计,用来离间项王与大臣们之间的关系,必然可以使项王对他们产生怀疑。项王为人本来就猜忌多疑又容易轻信谗言,必然会导致他们内部自相残杀,这个时候汉军趁机出兵进攻,一定可以击败楚军。”汉王刘邦说:“非常好!”于是调拨四万斤黄金送给陈平,让他自己看情况去做,也不问黄金的使用情况。陈平随即用巨额黄金在楚军中间施行反间计,并四处散播谣言说:“钟离眜等许多将领作为项王的大将,功勋卓著,但是最终却不能封地称王,所以他们准备与汉军联合,借机除掉项王,瓜分土地称王。”果然,项羽对钟离眜等人逐渐猜忌,不再信任重用。

夏,四月,汉王刘邦在荥阳被楚军包围,形势非常危急;汉王刘邦向项羽请求议和,只求把荥阳以西的土地割让给汉国。范增建议项羽乘此时机对荥阳发动猛攻,汉王刘邦非常担心。项羽派出使者来到汉军营地打探,陈平准备了非常丰盛的宴席。端进去,见到了项羽派来的使者,假装很惊奇地说:“我还以为是亚父派来的使者呢,原来居然是项王的使者!”又把酒菜端走,改成不好的饭菜招待项羽的使者。使臣回去后,把遇到的事情都禀报给了项王,项王于是对亚父非常怀疑。亚父请求抓紧时间攻克荥阳城,项王不信任亚父,不肯采纳他的建议。亚父知道项王对他起了疑心,就非常恼怒地对项王说:“天下事大体上已经定形,您还是好自为之吧,恳请大王允许我辞职回乡!”亚父于是离开项王返回,还没来到彭城,就因为背部疮毒复发而死了。

五月的时候,将军纪信向汉王刘邦说:“如今形势紧急!请允许让我出去迷惑楚军,大王可以趁机悄悄溜走。”陈平于是趁着天黑,把二千名女子放出东门,楚军随即从四面进行围攻。纪信随即乘着汉王刘邦日常乘坐的装饰有黄屋、左纛的车子,来到楚军阵前说:

“城中的存粮已经吃光了，汉王我现在来投降。”楚军纷纷高呼万岁，都来到城东围观。汉王因此才得以与数十骑人马从西门出城逃跑，下令让韩王信和周苛、魏豹、枞公等人镇守荥阳。项羽见到纪信，问道：“汉王人在什么地方？”纪信回答说：“已经出城了。”项羽于是把纪信烧死。周苛、枞公两个人互相商议说：“魏王豹是反叛汉国的君王，想要和他一起镇守荥阳太难了！”于是杀掉了魏王豹。

汉王刘邦从荥阳逃出来到达成皋，进入函谷关，将散乱的兵马重新聚集起来，准备重新出兵东进。

辕生向汉王刘邦建议说：“汉楚两军在荥阳僵持对垒已经有好几年的时间了，汉军常遭遇困境。希望大王可以从武关出兵，项王必然要率军南下与大王迎战。此时大王就可以深挖战壕修筑壁垒，避免与项王直接交战，使得荥阳、成皋两地的汉军可以得到短时间的休整。再派出韩信等人到黄河以北赵地去安抚军民，与燕、齐两国大军联合，到时候大王再引兵奔赴荥阳。这样一来，楚军就需要处处设军防备，兵力就会被分散；汉军得到休整之后，再与楚军交锋，必然可以击败楚军！”汉王刘邦采纳了他的建议，出兵抵达宛、叶之间，与黥布沿途收聚兵马。项羽听到汉王刘邦在宛的消息，果然率大军南下，汉王刘邦命令大军坚守营垒，拒绝出营与楚军交战。

汉王刘邦在彭城一战兵败的时候，大军溃散向西方逃窜，彭越也将自己攻克的城池全部丧失了，只好独自率领军队向北撤退到黄河边驻扎下来，常常作为汉王刘邦的游击部队到处袭击楚军，断绝楚军后方的粮食供给路线。这个月，彭越率大军横渡睢水，在下邳与项声、薛公交战，击败楚军，并斩杀薛公。项羽于是命令终公镇守成皋，亲自率军向东进军攻击彭越。汉王刘邦率军向北进击，打败了终公，率军在成皋重新驻扎下来。

六月，项羽率军已经击败了彭越的军队，听说汉王刘邦重新驻扎到成皋，随即率大军西进攻破荥阳城，活捉了周苛。项羽对周苛说：“如果你肯为我效力，我将会任命你做上将军，封赏给你三万户的封地。”周苛大骂道：“你不趁早向汉王投降，眼看着马上就要成为他的俘虏了；你绝对不是汉王的对手！”项羽盛怒之下把周苛烹杀了，又杀了枞公，将韩王信俘虏，随即率军包围成皋。汉王独自逃脱，与滕公夏侯婴乘坐一辆车子从成皋玉门出城，向北横渡黄河，来到小脩武的驿舍中住下来。第二天一大早，汉王刘邦自称是汉军的使者，骑马奔入赵军大营中。张耳、韩信两人这个时候还没有起床，于是汉王刘邦直接闯进他们的卧房内，将两人的印信兵符夺走，借此指挥赵军众位将领，调换赵军将领们的职位，改由汉王亲自指挥。韩信、张耳睡醒后，才知道汉王刘邦已经来过了，惊恐万分。汉王刘邦夺取两人的兵权后，命令张耳按照自己应该履行的职责做事，率军镇守赵地。又封韩信为相国，让他将还没有来得及出发的赵军聚拢到一起，向东进发攻击齐国。汉军诸将也纷纷从成皋出来继续追随汉王。楚军随即攻克成皋，准备再向西进军；汉王刘邦于是派兵在巩县抵御楚军，楚军无法继续西进。

秋季七月份，在大角星旁边出现怪异的星象。

临江王共敖逝世，他的儿子共尉继位。

汉王刘邦得到韩信的大军后，声势重新振作起来。八月，率军抵达黄河岸边，面向南边安营扎寨，大军在小脩武驻扎下来，准备与楚军再次作战。郎中郑忠劝汉王刘邦不要出兵，而建议他高筑垒堡，深挖壕沟，避免与项王直接交战。汉王采纳了郑忠的建议，派出将军刘贾、卢绾两人率领二万士兵，数百骑兵，从白马津横渡黄河，进入楚地，协助彭越，将楚军囤积的粮草烧毁，一直将楚军的大后方捣毁，致使楚军的粮草供应无法维持。楚军进击刘贾，但刘贾却一直坚守壁垒，不肯与楚军直接交锋，而与彭越相互呼应、救援。

彭越率军攻克昔日梁国的土地，接连攻克睢阳、外黄等十七座城池。九月时，项王对大司马曹咎说：“一定要小心镇守成皋！即便是汉王前来挑衅，你也千万不要出城与他交战，只需要把汉军拖延住不让汉军向东进军就足够了。我在十五天的时间内一定将梁地收复，再返回来与将军汇合。”项羽随即率军向东进发，对陈留、外黄、睢阳等几座城池发动猛攻，都纷纷攻克了。

汉王刘邦准备放弃成皋东边的地区，率大军在巩、洛一带驻扎下来以对抗楚军。郦生建议说：“微臣听说‘能够了解天之所以成为天的人，就可以成就王者之业’，作为国君要把百姓视为上天一样敬奉，而百姓却是以粮食为天的。敖仓这个地方作为天下的粮仓已经有很长的时间了，臣听说在那个地方囤积了很多的粮食。楚军攻克荥阳后，却不懂得坚守住敖仓，居然率军向东进发，只是命令一些谪卒分散开来把守住成皋，这实在是上天在暗地里帮助汉军的大好时机。如今很轻易地就可以将楚军击败，但是汉军却放弃这么好的时机，自行撤退，臣私下里认为这实在是个极大的错误！更何况两雄并征，势必不能久存，楚、汉两军相持不下已经有很长时间，致使四境之内都动荡不安，农夫停下手中的耕犁不进行农事，妇女也抛弃机杼不再纺织，全天下民心长时间安定不下来。臣恳请大王尽早再度出兵，攻占荥阳，抢占敖仓的粮草，把守住成皋的险要关口，断绝通往太行山的通道，在蜚狐口派兵镇守，并据守白马津，向各路诸侯显示出汉军已经占据有利形势，足以克敌制胜，这样一来天下人就全都知道自己要归附于谁了。”汉王刘邦于是采纳了郦生的计策，随即出兵重新前去进攻敖仓。

郦食其又向汉王刘邦建议说：“如今燕、赵两地已经平定，唯独剩下齐国还没有攻克。齐国的田氏一族例如田广、田间等人势力还比较强大，又凭借着大海、泰山作为依靠，面朝济水、黄河作为天险，向南逼近楚国，齐国的百姓大多狡猾善变；大王尽管已经派出数万军队前去攻打，但不知道到什么时候才能攻克。臣请求自己可以接受大王您的诏令，前去向齐王游说，劝他投靠汉军作为汉军东边的藩篱。”汉王刘邦说：“非常好！”

汉王刘邦于是派出郦生前去游说齐王，说：“大王您了解如今天下百姓的人心归向吗？”齐王说：“我并不了解。天下百姓都归向谁呢?”郦生说:“归向汉王。”齐王说:“您为何这样说呢?”郦生说:“汉王率军率先入关进入咸阳,项王不肯遵守先前的盟约,只是把他派到汉中做汉王。项王先是将义帝怀王流放,后来又将义帝杀害;汉王听到这个消息之后,随即发动蜀、汉两地的大军向三秦出兵,到关中地区斥责项羽询问义帝的下落。又将天下的士卒收拢到一起,拥立天下诸侯后嗣为王;有人率城归降,汉王就将降将封赏为侯;意外得到来自他人的馈赠,就赏赐给手下的士卒;与天下百姓共享福祉,所以全天下的豪杰志士、贤能人才都非常高兴地愿意为他效力。而项王既背负着背叛盟约的坏名声,又身怀着杀害义帝的不义行为;他人对他有功他丝毫不放在心上,别人有了一丁点儿的罪过却耿耿于怀长时间不忘;部将作战取得胜利也得不到应有的赏赐,攻克城池也不能获得应有的封爵,除了项氏家人,其他的人都得不到他的信任重用;致使天下人纷纷反叛他,豪杰贤才都对他表示埋怨,没有一个人愿意为他效力,因此统一天下的大业必然要归属于汉王,这是坐着不动就可以推算出来的结果!再说汉王调集蜀、汉两地的大军,平定三秦大地;横渡西河,击败北魏,从井陉口出兵,将成安君陈馀斩杀,这所有的功劳不是靠人的力量就可以做到的,而是上天赐予的洪福!现如今汉王已经抢占敖仓的粮草,派重兵把守成皋的险要,驻守白马津,断绝通往太行山的道路,占据蜚狐的关口;从这些来看,天下各路诸侯如果向汉王臣服晚的话,必然会首先遭受灭亡的命运。因此大王还是赶紧向汉王表示臣服,这样齐国才可以保全而避免被灭亡的命运;不这样的话,齐国的危难恐怕在很短时间之内就会降临!”在这件事之前,齐王已听说韩信率军东进的消息,于是派出了华无伤、田解等人率领重兵在历下屯驻,来抵御汉军的侵扰。等到齐王采纳了郦生的建议后,随即派人与汉王刘邦讲和,撤除了历下城的防守装备,与郦生每天只是纵酒作乐。

韩信率大军向东进发,还没有来得及从平原津横渡黄河,就已经听到郦食其凭借游说而劝说齐国归降的消息,于是准备停兵不再前进。有辩士蒯彻向韩信建议说:“将军您是奉汉王的军令进攻齐国的,而郦生是趁着机会向齐王游说而使齐国归降的,您并没有接到汉王的命令让您停止前进,怎么可以不继续向前进军呢?况且郦生只不过是一介普通的书生,四处拨弄他那一条三寸不烂之舌,就使得齐国七十多座城池纷纷归降;而您统率几万大军,经过一年多的苦战才攻克赵国五十几座城池。在外奔波做了几年的大将,难道还不如一个普通的书生功劳大吗?”韩信于是采纳了蒯彻的建议,率大军渡河向齐国发动进攻。

四年(戊戌,公元前203年)

冬季十月份,韩信率大军击败了齐国历下城的守军,抵达临淄城下。齐王还以为是郦生把自己出卖了,于是将郦生煮死;又率齐国军队向东逃奔到高密,派使者前往楚国请求支援。田横此时已经逃到博阳,宰相田光本来是留守但是也逃到城阳,将军田既率军在胶东驻扎。

楚军大司马曹咎率军负责镇守成皋,汉军好几次进行挑战,楚军固守不肯出城应战。汉军派人到曹咎阵前破口大骂,几天后,曹咎暴怒如雷,率军横渡汜水,楚军将士刚渡过一半,汉军就进行攻击,楚军大败,汉军将楚军的金银财宝全部掠走,曹咎与司马欣两人也在汜水边拔剑自杀。汉王刘邦随即率大军横渡黄河,重新攻占成皋,大军在广武驻扎下来,从敖仓取来粮草供应大军。

项羽成功攻克梁地十几座城池,听说成皋已经被汉王刘邦攻克,于是率大军返回。此时汉军正将钟离昧包围在荥阳东边,听说项羽率军赶来的消息,纷纷选择向地形险要的地区后撤。项羽于是也在广武驻扎下来,与汉军对峙。几个月后,楚军粮草日渐短缺。项王非常担忧,于是做了一个肉案,把刘邦的父亲太公放到上面,威胁汉王刘邦说:“你要是还不赶紧投降的话,我就把你的父亲太公煮死!”汉王刘邦说:“我与你都曾经是楚怀王的臣子,从怀王那里接受命令,誓盟结为兄弟,因此我的父亲其实也就是你的父亲;你要是非得烹杀你的父亲，还希望你可以给我一杯肉羹!”项王勃然大怒，眼看就要将太公杀掉。项伯赶紧说：“如今天下大势还不可预测，更何况在外奔波争夺天下的人大多是不顾及自己的家人的，再说杀了他的父亲对大王您也没有什么好处，只不过是白白地增加自己的祸害罢了!”项王听从了他的建议，没有杀掉太公。

项王对汉王刘邦说：“天下各路诸侯之间互相折腾了这么多年，只是因为我们两个人相持不下罢了。我现在愿意向你挑战，一决胜负，不要再让天下的老百姓们整天白白遭受苦难了!”汉王刘邦微笑着谢绝说：“我宁肯与你斗智，也不愿意与你斗力。”项王连续三次下令让楚军中的壮士骑战马出阵挑战刘邦，汉王手下有一个精通于骑射的部下楼烦，把前来挑战的壮士一一射杀。项王十分生气，于是亲自穿上甲衣手执大戟出阵挑战。楼烦准备射杀他，项王瞪大了眼睛叱喝，吓得楼烦不敢直视项王，两手也不敢张弓发箭，随即退到军营里，再也不敢出战。汉王刘邦悄悄派人问楼烦怎么回事，才知原来项王亲自出阵挑战，汉王因此十分惊恐。

项王于是来到汉王军营附近，隔着广武山涧互相对话。项羽坚持要与汉王刘邦单独作战。汉王只是当面列举项羽的诸条罪状：“你项羽违背先入关为王的盟约，把我分封到蜀、汉地区，这是你第一条罪过；你假托怀王诏命，将‘卿子冠军’宋义杀害，这是你第二条罪过；你营救赵国结束后，却没有返回向楚怀王禀报，竟然劫持各路诸侯大军进入关中，这是你的第三条罪过；你焚毁秦王宫殿，盗掘始皇帝陵墓，暗地里将秦王朝的财物据为己有，这是你的第四条罪过；将已经投降的秦王子婴杀害，这是你的第五条罪过；通过欺诈的方式，把已经投降的二十万秦军子弟兵坑杀在新安，这是你的第六条罪过；把那些肥沃的土地封赏给自己的部下，却将先前诸侯的国君如田市、赵歇、韩广等人任意流放到边地，这是你的第七条罪过；将义帝从彭城赶出来，却自己占据彭城作为国都，又侵占韩王的封地，将梁、楚之地据为己有，极力扩张自己的势力，这是你的第八条罪过；

暗地里派人把义帝杀死在江南，这是你的第九条罪过；你不能够公平地治理军政大事，订立了盟约却不遵守，你的这些行为都是天下百姓所不能够容忍的，简直是大逆不道，这是你的第十条罪过。如今我率领仁义之师，与各路诸侯一起，讨伐你这个残暴无道的贼子，只需要下令让囚犯对你发动进攻就可以把你杀掉，又为什么要亲自与你决斗呢？”项羽勃然大怒，派暗地里埋伏的弓箭手射中汉王刘邦。汉王刘邦胸部中箭受伤，却抱住自己的脚说：“项羽这个小贼射中了我的脚趾。”汉王刘邦因为受伤而只好卧床休息，张良坚持请求汉王起身到军营里慰劳将士们，借以安定军心，不能给楚军乘胜追击汉军的机会。汉王刘邦于是勉强出来慰劳大军，但因为伤势日渐加重，随即飞速到成皋养伤。

韩信率军平定临淄之后，立即向东追击齐王。项王派龙且统率二十万大军，前来援救齐军，在高密与齐王军队会合。

有一位宾客向龙且建议说：“汉兵行军到距离自己大营很远的地方拼死战斗，它的锋芒是锐不可当的。然而齐、楚两国大军在自己本国作战，将士们大都思念家乡，因此很容易溃散。你还不如深挖沟壕，让齐王把自己亲信的大臣派出去对那些已经沦丧城池的百姓进行安抚，沦陷区的百姓听到齐王还活着的消息，楚国大军也要前来救援，必然会反叛汉王。汉军行军到二千里之外的齐国作战，假如齐国百姓都起来反叛，汉军必然连获得食物的地方都找不到，这样一来就可以使他们不战而降了。”龙且说：“我一向比较了解韩信的为人，他是非常容易对付的！当年他曾经靠着一位洗衣的老妇人赠给他食物过活，没有养活自己的办法；还曾经从别人的胯下爬过去受侮辱，又缺少超人的勇气，实在没有什么值得害怕的。况且如今挽救齐国，如果还没有与汉军作战就使他们投降，我还有什么功劳可言呢！现在假如只需一战就可以击败汉军，那么齐国的一半土地就应该封赏给我了。”

十一月，齐、楚两国联军与汉军在潍水两岸摆开战阵。韩信趁着晚上下令手下连夜赶造一万余个沙袋，装满了沙子，将上游河水堵住，亲自率领一半军队渡过潍水前去攻打龙且部众，佯装作战失败撤退。龙且果然十分喜悦地说："我一开始就知道韩信胆子很小！"随即率军追击韩信。韩信下令挖开堵在上游的沙袋，大水奔涌而下，龙且的部众有一大半没有来得及渡河。韩信立即组织反击，将龙且杀死，滞留在潍水东岸的楚国大军也四散逃窜，齐王田广也率部众逃跑。韩信随即追击到城阳，将齐王田广俘虏。汉军大将灌婴率军追击齐国留守的宰相田光，进而率军抵达博阳。田横听到齐王已经被杀的消息，于是自封为齐王，率军掉过头来攻击灌婴，在嬴下被灌婴大军击败，田横败逃到梁地，归附于彭越。灌婴于是又率军抵达千乘对齐将田吸发动进攻，曹参在胶东对田既发动进攻，将田吸、田既全都杀掉，将齐地全部平定。

汉王刘邦将张耳封为赵王。

汉王刘邦伤愈后，随即率军向西进入函谷关内。抵达栎阳后，将塞王司马欣杀掉，并将他的头颅悬挂在栎阳街市上示众四天，随后返回军中，在广武驻扎下来。

韩信派人向汉王刘邦上书说："齐国人一向虚伪狡猾，齐国是个反复无常、屡降屡叛的国家；况且南方又与楚国接壤。希望可以让我前去做齐国的假王，这样才可以使齐人安定下来。"汉王刘邦将韩信派来的使者带的书信打开看完之后，大怒骂道："我被围困在这个地方，日日夜夜都盼着你率军前来帮我击退敌军，你现在却想要自立为王！"张良、陈平赶紧在暗中踩汉王刘邦的脚，趴在汉王刘邦耳朵边说："汉军现在正处在不利的形势之中，我们哪能阻止韩信自立为王？倒不如趁现在顺应他的要求封他为齐王，对他优待，让他率自己的部队镇守齐地，要不然恐怕真的会发生什么变故。"

汉王刘邦这时候也幡然醒悟，就顺着刚才的语气，骂道："大丈夫平定诸侯国，如果称王就要做真王，做假王算什么话！"于是在春季二月份，派张良带着印信来到齐国，将韩信封为齐王，并从他手里征调部队前去进攻楚军。

项王得到龙且已经死去的消息，非常惊恐，立即派出盱眙人武涉前去向齐王韩信游说："天下百姓忍受秦王朝的残暴无道之政已经有很长时间了，因此大家才会同心协力联合消灭秦朝。如今秦王朝灭亡后，各路诸侯聚集在一起按照各自军功的大小，裂土称王，将士们才得以短暂地休息。但是如今汉王刘邦竟然带大军入侵东方，侵犯其他诸侯的利益，掠夺他人的封地。现在已经将三秦大地攻陷，又要带大军出关，将各路诸侯的军队聚拢起来，接着向东进攻楚国，看他的意思不把全天下都据为己有是不会善罢甘休的，他贪得无厌竟然这样的过分！更何况汉王是不能依靠的，他有好多次落到项王的掌握之中，还是项王可怜他才给他一条生路；但是他每次脱离险境后，就背弃当初的盟约，重新带兵进攻项王，他不值得信任竟然到了这个地步。如今尽管您自认为与汉王有非常不错的交情，为他卖命拼杀作战，但到最后肯定会被他干掉的。您之所以一直到今天还可以保全自己的性命，是因为项王还在世。如今汉王与项王两人之间生死存亡的大事，关键就看您的想法了，假如您向右依附汉王，那汉王就胜利了，向左归附项王，项王就要获胜了。项王假如今天就被汉王灭掉，那么第二天就轮到您了。何况您与项王素来就有旧交情，为什么您不背叛汉军而与楚军和好，联合三分天下而裂土称王呢？您现在放弃了此次机会，而一定要跟着汉王走，并攻打楚国，您觉得聪明的人会像您这样去做吗？"

韩信果断拒绝了他的好心，坚定地说："我在侍奉项王的时候，官位也不过仅仅是个郎中，身份充其量不过是个拿着兵器守卫的武官。因为我的建议项王不听，也不采用我的计谋，所以我才想要背弃楚来投奔汉。现在汉王把上将军的印信都授给我了，还让我率领数以万计的军队，宁可脱下自己的衣服给我穿，把他自己的食物让给我来吃，也听信采用我的建议计谋，正是得到汉王的赏识，我才有今天的成就。人家如此信任我，我怎么能背叛他呢？我就是到死也不会改变对汉王的忠心！还请您替我向项王辞谢他的美意。”

武涉离开之后，蒯彻明白韩信是决定天下大事的关键之所在，于是就用相人术来劝说他道：“在下刚才已经相过您的面相了，最高也不过就是封个侯而已，况且危险还不安稳。不过相您的背的时候我又能看出您的高贵而不能言语。”韩信大惑：“此话怎讲？”

蒯彻淡然地讲道：“天下的英雄豪杰在刚开始发难抗秦的时候，所忧虑的仅仅是如何把秦消灭掉罢了。现在情况却大有不同了，是楚王和汉王在争夺天下，导致饿殍遍野，父子双双阵亡，尸体暴露在荒野之中，惨不忍睹。楚王在彭城起义的时候，到处都在战斗，他们追逐着败北的汉军，趁着军事上的胜利席卷了很大一部分土地，使得天下震动；但是军队困在京、索之间被堵于西部山区而不能前行却已经三年有余。汉王率领十万部下占据了巩、雒两地，他凭借着山河的险阻地形，一天中多次打仗，却也没能得到一尺一寸的土地，还总是打败仗，都没有办法自救。这就是被叫作智慧、勇力皆陷入困境的地形。百姓们长期受到战乱的影响，现如今已经是心力交瘁了，他们十分怨恨战争，向往和平，因为在战争中他们失去了自己的归宿。依我所看，这种情形如果不是天下非常贤德的人士，是难以平息天下的战乱的。而目前项王和汉王的命运又都掌握在您的手中，如果汉王有您的帮助就会胜利；相反您如果联结楚王，结果就会向相反的方向转变。目前最好的办法就是您真心地听取我的计谋，那就是和双方都保持良好的关系，以此来让他们都能够存在下去，从而避免一方消灭另一方，把天下分成三份像三足鼎立一样，您就可以和他们并列了，在现在的情势下，就没有人敢先动手了。以您的聪明才智和数量众多的甲兵，占据齐国，率领赵、燕两国的部众，出兵把项、刘兵力不足的地方收复，同时牵制他们的后方，并且顺应人民百姓，向西部出兵为百姓们请命，那么天下百姓将迅速响应，谁还敢不听从？把大国的土地分割，进而使它变小，把强国的势力削弱，从而使之变弱，来分封已然失去土地的诸侯，一旦诸侯们都能够分土立国，天下难道还会不信服您，听您命令，并把一切恩德归到齐王您一人身上吗？根据齐国的土地，原来包括胶和泗等流域的地区。如果您能够利用这些土地对天下君臣们用礼节谦让，那终究会有一天天下君王相率来齐国朝拜。有古话这样说：'上天赐予你的你不取，会遭到灾祸的，时机到了不取会遭受灾殃的。'您可得想仔细了啊！"

韩信说道："汉王待我如此恩惠深重，我不可以追逐利益而背弃道义。"蒯生补充道："当初常山王张耳、成安君陈馀两个人没有发达的时候关系非常好，但是随后却因为陈馀部下张黡、陈泽战死的事件引起了矛盾，成安君陈馀就在泜水南方被常山王张耳杀了。他们两个人的交情可谓是天下最好的，可还不是彼此厮杀吗？这是为什么呢？如果我没有说错的话，是因为贪心不足再加上人心叵测，可您现在用忠信跟汉王交往，也一定不会比陈馀、张耳二人的交情更深，但是影响您二位交情的却比张黡和陈泽的事情还大，故而我觉得您确定汉王不会危害您的想法是不对的。大夫文种保住了濒临灭亡的越国，又让勾践称霸诸侯，进而建立伟业，成就功名之后却把自己害死。这就跟野兽被捕捉得没有后，猎犬就会被烹煮的道理是一样的。论交情来说，您二位的交情是比不上成安君和张耳的；论忠信来看，大夫文种对勾践的程度远比您对汉王的程度要深。目前这两件事应该能让您看清这人世之事了吧，希望您慎重考虑。我还听说，'勇力和才略震动国君的人会有生命危险，功业第一的人向来没有办法赏赐'。如今您有威势可以震动国君又拥有没有办法赏赐的功劳，若是投靠楚吧，他们不会信赖您，而投奔汉吧，他们也怕您。现在您还能投靠谁呢？"韩信还是坚决地谢绝了他的好意，说："先生您别说了，我会考虑的。"几天过后，蒯彻又接着对韩信说道："那种善于听别人话的人能预见成败的征兆，而善于计谋的人则能掌握成败关键。不过听信错误提议，谋划不当计谋，却能长久安全的可以说非常少。所以疑心是事情失败的祸根，智慧则是断事的根本，只会观察小事却遗忘天下大计，智慧可以预知得失成败的机会，但因为决心不够而不去做才是一切事情失败的根源。功业容易失败却不容易开创，时机容易丧失却不容易得到，时不再来。”韩信犹豫了，他不想背叛汉王又觉得自己建立了很多功劳，相信齐国不会被汉王夺走，于是谢绝了蒯彻。蒯彻就离开了韩信，他又怕自己因为泄密而受迫害所以装疯冒充巫者来躲避灾难。

秋季，七月，黥布被封为淮南王。

八月，北貉和燕人来到这里呈上勇健的骑士想要帮助汉。

汉王刘邦颁布命令：在战场上牺牲的所有士兵，通通由军吏为他们置办衣服殓尸入棺，然后再送到其家中。汉王刘邦利用这个行为让四方民心都归顺于他。

这年，把中尉周昌任命为御史大夫，他是周苛堂弟。

项羽明白没有人帮助他，粮食快没有了，韩信还在攻打楚国，所以他很担忧。汉王刘邦派侯公来劝项羽放了太公。于是汉王就和项羽立下约定，分天下为两半，汉的土地是洪沟以西，楚的土地是洪沟以东。九月，吕后和太公被楚项王送回汉，然后他又带兵回东方。这时汉王也想如约回到西方，陈平和张良说：“天下的三分之二都被汉拥有，还有诸侯的归附，而楚兵一直在打仗，劳民伤财，这是天要灭项王。如果现在放了他就是大家说的‘豢养老虎反而遗留下祸害给自己’啊!”汉王刘邦听信了，就带兵追击楚军。

资治通鉴卷第十一　汉纪三

起己亥(公元前202年),止辛丑(公元前200年),共三年。

【题解】本卷记录了高祖刘邦五年至七年共三年间的历史,记录了垓下之战后,楚汉相争结束,刘邦称帝,分封同姓亲属为王、功臣大将为侯,尤其突出萧何、张良、陈平受封情景;记录了娄敬建议刘邦迁都关中与叔孙通为刘邦制定尊卑朝仪;记录了齐王田横不愿受辱自杀;记录了韩信由齐王改封楚王,又因人诬告而被袭捕,降为淮阴侯;记录了移封马邑的韩王信因投降入侵的匈奴,被刘邦讨伐,匈奴在白登山围困刘邦,两国纷争不断;记录了刘邦对赵王张敖无礼,赵臣贯高、赵午想要诛杀刘邦;等等。

太祖高皇帝中

五年(己亥,公元前202年)

冬季,十月,汉王刘邦追击项羽到了固陵,和齐王韩信、魏相国彭越约好时间并在固陵会合攻击楚军,不过韩信和彭越没有按时到,故而楚军大败汉军。汉王再一次坚守壁垒不敢外出,焦急地对张良说:“诸侯都不愿意随我攻打楚,该如何是好?”张良答道:“楚兵都快被攻破了,彭越和韩信还没分到土地,不怪他们不愿派兵前来。君王倘若能与他二人共有天下,他们必定很快就会前来。立齐王韩信为齐王,非君王本意,而是他自请的假王,所以韩信向汉的心也不坚定;彭越平定梁地,开始时君王将魏豹立为魏王,封彭越为魏相,如今魏豹死了,彭越就自然继立为魏王,但君王您没有早点确定他的名分。君王如果能够割睢阳以北到榖城的土地给彭越,把陈以东到海边的土地割给韩信,而韩信的家乡在楚地,他如果想回故乡,必定奋力抗楚。君王假如拿出这些土地许诺给他们继而让其作战，那我们定会大胜。”汉王刘邦听信了张良的提议。果然韩信和彭越带兵前来与汉王会合。

十一月，刘贾南渡淮河随后便包围寿春，继而派人使楚的大司马周殷投降。周殷就这样背叛了楚，六地被周殷率领舒地的部众屠杀攻破了，还率领全部的九江士兵远去迎接黥布，一起行军屠杀城父军民，并跟着刘贾与汉王军队会合。

十二月，项王到达垓下，士兵所剩无几，粮食也没剩下多少了，和汉军作战胜利的可能不大，所以只能退到壁垒进行固守；楚军被诸侯军队和汉军包围了很多层。项王夜晚听到汉军到处都在歌唱楚国的歌谣，担心地问道：“楚地已经被汉军占领了吗？怎么这么多楚人？”项王就半夜起来，饮酒于营帐中，激昂又悲伤地唱着凄凉的歌，一时动情流了多行热泪，随从的将军们也都痛哭流涕。然后项王骑着他被大家称作乌骓的骏马，手下的壮士也骑着马追随他的足足有八百多人，趁着夜色，冲出了汉军的包围，后向南飞驰逃脱了。

到了天快亮时汉军才发现，汉王刘邦命令骑将灌婴带领五千骑兵去追击。项王渡过淮河后，骑兵队伍里面只有一百多人能追随得上项王。但项王逃到阴陵便迷路了，于是就去问了一个农夫，可惜的是农夫竟然骗他道：“往左。”项王听信了他的话向左走去后陷入了沼泽里面，结果项王就被追上了。

项王就继续带兵往东去，到东城之后追随他的只有二十八人，但却有好几千的汉骑士追击。项王猜测自己无法逃脱，便对身边的骑士说：“现在离我起兵抗秦已有八年光景了，经历了七十多次战争从没败过，这才称霸拥有天下。现在却被困于此地，这是天要亡我，却不是我不会征战！今天本来我就一定要死的，但在死之前，我愿为你们奋力一战，定要突破汉军包围，杀汉将砍汉旗，连胜三次，让天下诸侯知道是天要亡我并非我不会作战。”说罢便把剩下的二十八骑分为四队，向不同的四个方向反攻汉军，不巧汉军层层包围。项王对他的骑士说道："我要为大家杀一个汉将。"说罢就令四面骑士约期会于山东侧，分了三个地方。项王大叫并攻向汉军，汉军纷纷倒下，项王趁机杀掉了一个汉将。当时，一个叫作杨喜的郎中，从背后追击项王，项王回头大喝一声，郎中杨喜与他乘坐的马都惊恐万分，随后便惊怕退避很远。项王让骑士与他会合，分成三个地方，从而让汉军不知道项王到底在哪个方向，汉军也只能把全军分成三个部分，再次把项王与他的骑士包围起来。项王又攻向汉军，又一个都尉被杀掉了，并且还杀死数百个汉军。集合他的骑士时，发现仅仅损失了两个骑士。项王得意地对身边的骑士说道："不错吧？"骑士们都佩服地说："正像大王所言，果真不差！"

项王想要渡过乌江，这时乌江的亭长把船停靠好等项王上船，还对项王说道："江东地方虽不大但也有足足上千里，士兵也有数十万人，也够使得大王称霸一方。还望大王快快渡江，而今只有我这里有船，但倘若汉军追逐到这里，是没有船可以渡江的。"项王笑道："天要亡我，我又何必渡江？况且我当初和八千江东子弟一同西进，现在却没一人生还，即使江东父老同情我拥戴我为王，可我还有何脸面再见江东父老？他们就算什么都不说，我也会惭愧异常的。"他便把自己所乘坐的乌骓马赐予亭长，还命令骑士们纷纷下马步行，拿着自己的短兵器与汉军进行交战。项王单枪匹马杀掉数百人，自己也受伤十多处。回头看到汉骑司马吕马童，项王道："这不是旧相识吕马童吗？"吕马童不忍心目视项王便背向着项王，还指着项王告诉中郎骑王翳："这位便是项王。"项王说："听说汉王用价值千金、封邑万户的悬赏来拿我头颅，我现在就把好处给你吧！"说完便自刎而亡。

项王的人头被王翳割下，其余骑士相互践踏争抢着项王的身体，并因此还有数十人相互残杀至死，最后杨喜、吕马童和郎中吕胜、杨武也各自得到了项王的一部分身体，他们将抢来的尸体合在一起，发现确实是项王的身体，于是汉王就把原来悬赏的封地分给五人封为列侯。

楚地平定之后，还有鲁地久攻不下，汉王刘邦便带所有兵马想要屠杀鲁地。到城下，还听到了士子们的声音，听得他们在弦歌诵书。项王原是鲁公，鲁地恪守礼仪，故而鲁人宁愿死也不愿投降，汉王刘邦把项王的头颅拿给江东父老看时，鲁人才投降。汉王按照鲁公的礼节，把项王埋在穀城，亲自为他发丧还痛哭很久才离开。众多的项氏亲属不仅不杀还进一步封项伯等四人为列侯，把刘姓赐予他们，留在楚地的百姓也都归附了汉王刘邦。

◆太史公司马迁说道：项羽在田亩之中起事，三年之后，秦就被他率五国诸侯消灭了，不仅如此，项羽还分割天下土地，分封王侯。他的地位虽然不能始终如一，但像他一样拥有这样权势的人却前无古人。之后，项羽因怀念故乡而背弃关中的形胜之地，所以又重新回到楚地，把义帝放逐到郴县又杀之而自立为西楚霸王，还埋怨各诸侯的背叛。他的所作所为，失去民心，想不让世人叛他都难。他还自傲自夸丰功伟绩，不听取别人的意见，简单地认为靠武力征伐就能够完成称霸天下的大业。五年的时间过去了，终于亡国，他自己也死在了东城，但他自己还是不知道自我检讨，一味地说“是天要亡我，并非我不会作战”。这不是大错特错吗？

扬子《法言》说，有人问：“楚军在垓下失败，项王正当死时，说：‘天亡我啊！’可以相信是天要项羽灭亡吗？”回答说：“汉王能采纳群臣的策略，群臣的策略能发挥众人的力量；楚王厌恶群臣的策略而用尽自己的力量。发挥众人力量的就胜利，竭尽自己力量的就失败。天与这事有什么关系呢！”◆

汉王刘邦返回定陶，迅速地进入齐王韩信的营帐之中并勇夺其军队。

临江王共尉坚决不投降。刘贾和卢绾被汉王刘邦派去攻击共尉，共尉被他们俘虏。

春天，正月，齐王韩信被改封为楚王，定都在下邳并管理淮北。而魏宰相建城侯彭越被封为梁王，定都于定陶，且继续管理原有土地。

汉王刘邦发布命令说："军队已经有八年没有得到休息，百姓也受了很深的痛苦，现在天下统一，所有死罪以下的犯人全部赦免。"

各诸侯王上书汉王刘邦，要求把汉王刘邦尊称为皇帝。二月，甲午日，汉王刘邦就在汜水之北即皇帝位，并把王后改名为皇后，太子也叫作皇太子，还把已经去世的母亲追尊为昭灵夫人。

颁布诏令说："衡山王吴芮率领百粤军队辅佐诸侯，也一起诛灭暴秦，紧接着建立了丰功伟业，诸侯也因此把他立为王，可项羽却侵夺了他的土地并改称作番君。吴芮可作为长沙王。"又说道："之前的粤王无诸，一直以来长期奉祀其祖先。但是秦却掠夺了他们的土地，继而粤灭亡，社稷便没人祭祀。暴秦被诸侯讨伐时，无诸亲自率领闽中军队，辅佐诸侯灭了秦，可项羽却废其王位而不立。现在就封他为闽粤王，让他统辖闽中。"

高祖把都城建在了洛阳。

夏天，五月，军队散了之后，将士们便回到了自己的家乡。

高祖颁布告令说："之前聚在山泽的百姓是为了躲避战乱，所以没有写下他们的户籍。不过现如今天下已定，所以就命令他们各自回到本籍生活，恢复原有的官爵、田宅，官吏把法律规训等昭告天下，让百姓知道不可鞭笞士兵吏卒，凡是爵位在七大夫以上的官员都有食邑，否则就免除本人和一户之内所有徭役并不再加役使。"

汉高祖在洛阳南宫摆置酒席，宴请群臣，汉高祖说："诸王侯将相在朕面前说真心话吧。我拥有天下和项氏失去天下的原因是什么?"高起和王陵回答说："陛下攻打城池并夺取土地之后，便把土地封给有功之人，并和天下之人共享利益；但项羽却不然，杀掉有功劳之人，不信任有才能之人，这便是项羽失去天下的原因吧。"汉高祖又说道："你们只知道表面却不知道实质。我比不上张良能运筹谋划，比不上萧何能安抚百姓，供给粮饷和镇守国家，也比不上韩信能够统率数百万大军，逢战必胜，每攻必得。这三人都是豪杰，我重用他们，这才是我能够夺得天下的重要原因。而项羽有范增却不重用他，这也是他被我所擒的原因。”大家听后，心中都高兴地信服了。

韩信回到了他自己的封国楚地，赐给当年送他饭吃的漂母千金。后又任命当年那位让他受胯下之辱的少年为中尉，并告诉自己的部将们说：“这位确实是个壮士，当年他侮辱我时，我本可以把他杀掉，但却因为不值得而忍了下来，才成就了今日的丰功伟业。”

汉王刘邦封彭越为梁王后，田横怕被杀，便与他的五百多部属住到岛上，汉高祖却以为田横兄弟原本是平定齐地之人，齐国的大多贤士都归附了他，可现在逃命海中，若不收纳他恐怕日后会有祸乱。

所以汉高祖就将田横赦放并召见他。不料田横却谢绝道：“我曾杀害并烹煮了陛下您的叫作郦食其的使者，而今我又听说现在军中有名叫作郦商的人是他的弟弟，我害怕自己被杀害，所以不敢接受诏令，我希望您让我守在这海岛上做个普通百姓。”使者汇报到了高祖那里，汉高祖便对卫尉郦商下令说：“齐王田横马上就要到了，谁都不许动他的随从人马，否则我便治其灭族之罪。”汉高祖派使者拿符节告诉田横他给郦商下令的内容，并说道：“田横如果奉召来的话大则封王，小也可以封侯，不会有其他任何事；否则举兵讨伐，性命不保。”

田横与其两位门客坐专车要去洛阳。在离洛阳三十里的尸乡驿站，田横告诉使者说道：“做臣子的要面见天子，是应该先净身沐浴的。”所以就停下来对他的门客说：“当年汉王和我田横都是南面称王的，可如今汉王成为天子，我田横却变成了亡国俘虏，还要用臣子的礼节侍奉汉王，已是奇耻大辱。更何况，我曾经还烹杀了人家的兄长，现如今要和人家的弟弟一起侍奉汉王。即使他的弟弟害怕天子而不敢对我有所作为，我内心也会极度惭愧啊，况且陛下要见我也绝对不是看一眼就算了的，倘若这时砍下了我的头颅，这里到洛阳有三十里，我的容貌形状应该还不会变样，陛下还是能够看清楚我的相貌的。”说完便自杀了，他命令他的门客拿着自己的首级，跟随使者快速上奏汉高祖。汉高祖说道："田横兄弟虽然出身于百姓家，但能够三个兄弟更替称王，难道能说他们不贤德吗？"汉高祖极为悲伤，还把田横的两位门客赐为都尉，派了两千士卒，用王者的礼节埋葬田横。埋葬后，两位门客也都追随田横自杀了，还在田横墓旁挖好了洞。汉高祖知道后非常吃惊，觉得田横的门客也都是贤人，就派使者去召见还留在岛上的其他五百人，使者到后，大家听说田横死了，也都纷纷自杀了。

起初，楚人季布还是项籍部将的时候，好几次让汉王刘邦受辱困窘。项籍被灭亡之后，汉高祖便用重金悬赏要索季布首级，声称但凡藏匿季布之人便灭三族。季布只能剃毛发而戴颈箍扮作奴隶而且卖身到鲁被称作大侠的朱家家中。朱家其实早就知道他是季布，把他买下，还安置他工作在田里。另一边朱家又亲自去洛阳见滕公夏侯婴问："季布到底有什么罪呢？作为人家的臣子，被主人所命令，才使得汉王因为项籍而受到困窘，不能把项氏的臣子全部杀光啊。现如今皇帝刚刚取得天下就要因为个人恩怨去索取季布的生命，心胸怎么可以这么狭窄呢？况且季布这么贤能，汉王这样追捕他，会使得他不逃到胡地去也会往南逃到越地的。因为妒忌壮士，而逼迫壮士逃到了敌国并且去资助敌国，这就是伍子胥之所以鞭楚平王尸体的原因啊。您怎么不找个时间禀明皇上这个道理呢？"滕公便等到汉高祖有时间的时候按照朱家所说的禀告了汉高祖。汉高祖就赦免了季布，还召见并封他为郎中，朱家做好一切事情后就没有再出现过了。

季布还有一个叫作丁公的异父同母弟弟，原来做过项羽部将，曾经在彭城西侧追逐窘迫的汉高祖。汉高祖知道情况紧急便对丁公说："咱们两个人都是贤士，为什么一定要这样相互为难呢？"丁公在听了他的话之后就退回了。丁公等项王被消灭之后进见汉高祖。汉高祖提起丁公并告诉士卒说道："丁公是使项王失去天下的人，他是项王的臣子却不忠于项王。"说完就杀了丁公，并警诫大家："让后来给人家做臣子的，千万不能像丁公一样。”

◆臣司马光说：丰、沛起事之后，高祖网罗天下豪杰，招纳叛秦逃亡之士，可以说是相当多。即位之后，只有丁公被杀还是因为不忠，为何呢？这原因在于进攻夺取和守住成业的情势大有差别。在各路英雄争斗追逐之时，百姓没有统一的主人，理所应当接收所有的人。到成为天子之时，全国之内没有不臣服的。倘若现在不向臣子们表明礼义的道理，会让臣子们产生叛变的心理，但是人人都那么自私，国家又怎么会长久安定呢？所以斩杀丁公就是告诫天下人：不忠于国君的大臣最终将没有容身之地，但抱着私心私自和别人结恩德的人即使能够生存也是不合君臣之义的。以儆效尤，谁能说汉高祖考虑事情不够深远？所以高祖的后代享受天子禄位好几百年，也就可以理解了。◆

齐国人娄敬驻守在陇西，经过洛阳时，把横木上的挽索解脱掉，让车停下。他身着羊皮衣，要借着齐人虞将军的推荐晋见汉高祖。虞将军想要让娄敬穿上高贵的衣服。不料娄敬却说：“我身上穿的是帛衣那就穿着帛衣晋见，穿的是粗布衣就穿粗布衣晋见，我是断断不会换衣服的。”虞将军无奈只能进去禀告汉高祖，汉高祖便召见娄敬问他所为何事。娄敬说：“陛下是要和周朝比较兴隆的盛况而建都在洛阳吗？”汉高祖没有否认。娄敬说：“周朝和陛下取得天下的情况是不同的。周朝的祖先积聚善德有数代，一直到太王、王季、文王、武王的时候诸侯们都是自动前来归附，这样才得以消灭了殷纣即位为天子。随后成王即位，周公开始摄政辅助他，开始经营洛邑，这才把洛邑当成天下的中心，诸侯们前来纳贡上朝时需要走的路程是一样的。这就使得有修养仅靠地势得胜的君王称王，就容易被灭。故而，天下在周朝最兴盛的时候一片和乐融洽，诸侯和四方的夷狄全都前来纳贡述职。而后来周朝日渐衰微，夷狄和天下的诸侯便不再朝拜，不言而喻，周天子也无权力控制他们。这样的结果不仅仅是因为周天子的修养差，也同样由于形势较前朝衰弱。而今陛下起事于丰、沛，平定三秦，席卷蜀、汉，并和项羽在荥阳、成皋间作战，大小战事共有上百余次，牺牲了很多黎民百姓，尸骨曝于荒野的更是不计其数，陛下在百姓还没有停止哭泣，受伤的人还没恢复的时候却想要和周康王、周成王的盛世比较兴盛概况，臣个人认为是无法相比的。更何况秦地有四个关塞的险固以及山河的阻隔，纵然有什么突发状况，上百万的士众也都可以迅速聚集备好。凭借那肥沃的土地，再加上秦国旧有的形势，这真是所谓的'天府'了。陛下如果能进入关中且建都于此地的话，纵使有华山以东的地区发生战乱，原有的秦国土地也足以保全。就像与别人争斗的时候，要想获得全胜就需要扼住对方喉咙并且打击对方背部。而如今陛下占有了秦以前的土地，这便就像是打击其背部并且扼住天下的喉咙啊！”高祖询问大臣意见，而大臣们因为都是华山以东之人，所以争着说道：“建都洛阳的周朝有几百年的天下，但是建都在咸阳的秦却传了两代就被灭了。洛阳东有成皋，西有崤山和渑池，北有黄河，南有伊、洛等阻隔，险固的地势足够凭借了。”这时，被汉高祖询问的张良说道：“洛阳固有地理优势，不过腹地仅有几百里地而已，且土地贫乏，倘若四面受敌，便不是合适的武力作战的地方。而关中右边有陇、蜀，有千里那样广阔肥沃的土地，左有殽山、函谷关，北有与胡人相连接可以畜牧的草原，三面可守，仅东面就可以控制诸侯，南有巴、蜀非常富饶的物产，诸侯一旦安定下来，黄河、渭河的漕运便可以把粮食输送到天下，补给远在西边的京师。倘若有诸侯叛变的事情发生，即可顺渭河把粮食转输给出征的军队。这便是众人所言的'金城千里，天府之国'。看来娄敬的建议是正确的！”汉高祖在听了张良的话后当天便向西出发起程在长安建都。并且把娄敬封为郎中，名号奉春君，还赐他姓刘。

张良多病，在随汉高祖入关中后学习仙家的导引吐纳之术，且闭门不外出，不吃谷食，常说：“我家代代辅佐韩王，韩国被秦消灭后不惜万金为报韩国之仇而对付秦国，震动了天下。现在我凭借着自己的这张嘴被封作食邑万户的诸侯，做到帝王的师保，这对我张良来说已经是心满意足了。我想以后追随仙人赤松子仙游而抛弃人间琐事。”

◆臣司马光说：万物有生必然有死，正如有夜晚一定会有白昼。从古至今没有人能长生不老而超越这种规律。对于张良这种通晓事理的人来说，足以明白神仙是子虚乌有的说法。但从他仍然和赤松子交游的事件来看，就能够知道他的智慧所在了。在功名显赫中的臣子是最不容易把握自己处境的，比如高祖只是称赞过三个人，而淮阴侯韩信被诛杀，萧何入狱，他们都是已经到了功成名就却还不知道全身而退的反例。故而张良要和神仙交游、抛弃人间琐事。看功名为身外之物以及抛弃荣华富贵等都是借口，只是为了自保而已。张良实在是做到了人们所说的“明哲保身”。◆

六月初三是壬辰日，这天大赦天下。

秋，七月，汉高祖亲自率兵讨伐反叛的燕王臧荼。

赵景王张耳和长沙文王吴芮两人都去世了。

九月，燕王臧荼被俘虏了。二十五日，又把太尉长安侯卢绾封为燕王。卢绾不仅和汉高祖同日生，而且还是汉高祖的老乡，所以其他大臣根本就不敢奢求皇上宠爱自己也像宠爱卢绾一样，汉高祖也借此机会正好把他封作王。

汉高祖亲自率兵击败项王以前的部将利幾。

闰九月，汉高祖改修长乐宫。

项王有个和楚王韩信交情一向很好的部将叫作钟离眛。钟离眛在项王死之后便逃亡投靠于韩信。汉王刘邦怨恨钟离眛，就让人去追捕钟离眛。韩信在刚到自己的封国巡视县邑并且出入之时，还带了很多士兵来防卫。

六年(庚子，公元前201年)

冬季，十月，有人上书给汉高祖说楚王韩信谋反。诸将被高祖询问意见时说道：“尽快发兵去斩杀此人吧。”汉高祖又问陈平意见，陈平说道：“韩信知道那人上书告韩信造反吗？”汉高祖说道：“不晓得。”陈平说：“陛下的精兵强还是楚国精兵强？”汉高祖说：“咱们固然不能超过楚兵。”陈平说：“陛下诸将当中有能比韩信带兵作战还厉害的吗？汉高祖说：“没有。”陈平说：“楚国比陛下军队精锐，将领也不如韩信，倘若发兵，便是逼迫韩信作战，我为您的处境感到担心啊！”汉高祖问道：“那该怎么办？”陈平说：“古时候天子有会合诸侯，巡行天下的事。陛下可以假装说出游云梦去陈会合诸侯。楚在陈东，韩信如果听说天子由于心情好才出游，他肯定会肆无忌惮地出迎且谒见陛下，陛下利用他晋见的机会把他捉起来，这只要一个力士即可。”汉高祖听信陈平的建议，就有使者被派去告示诸侯在陈州会合，汉高祖又向诸侯宣称：“我将去南方游历。”汉高祖就在使者之后出发了。

楚王韩信听了消息后内心极其恐惧，手足无措。有人就劝韩信说：“如果把钟离眛斩杀去晋见皇上，皇上一定会很高兴的。”韩信采纳了这个建议。十二月，韩信在汉高祖于陈会见诸侯时拿着钟离眛的首级晋见汉高祖，汉高祖便命令武士把韩信捆绑起来放于后车中。韩信说：“就像俗语所说：‘捉兔子的狗会在狡黠的兔子死后被吃掉，好的弓箭在高飞的鸟猎光后便被收藏不用，谋臣在敌国被消灭后便会被杀。’如今我被诛杀也正是由于天下的平定。”汉高祖说：“是有人向我禀报你谋反啊！”韩信就被用枷锁缚起来回到洛阳，与此同时大赦天下。

田肯说：“韩信被陛下擒住后，陛下又把都城建在关中秦地，关中秦地是有利地势，有山、河阻隔，地形方便，在这样的地势上发兵，好像在高屋上面翻倒瓶水一样顺势。而齐地，东面有琅邪、即墨两地的富饶，南面有泰山的险固，西面有黄河的天然界限，北面有渤海的利益，地域方圆二千里，有百万持戟的武兵，这与西边的秦地均为富强之地，万不可让不是陛下亲生的子弟做齐王。”汉高祖说：“对！”且赐予他黄金数百斤。

汉高祖回到洛阳，不仅赦放韩信，还把他封为淮阴侯。韩信知道汉王刘邦担心、不喜欢他的才能，所以把生病当作借口而不朝见汉高祖，不随从出行。平常在家里都觉得不开心，把与绛侯周勃、灌婴地位相当看作耻辱。韩信曾去拜访樊哙将军，樊哙对韩信自称臣，既跪又拜，恭迎恭送韩信，说："大王肯光临寒舍这是臣的荣幸。"韩信出门后笑着说道："我怎么能和樊哙这种人地位相当呢？"

汉高祖曾与韩信轻松地谈到将领们能带领多少士兵。汉高祖问说："像我能带多少？"韩信说："陛下可能只能带领十万。"汉高祖说："那你呢？"韩信说："臣自然是多多益善。"汉高祖笑着说："那怎么会被我捉到？"韩信说："陛下不善于带领军队而擅长领导大将，这是我韩信被陛下抓住的原因，而且陛下真可说是'上天给予你的，不是人力取得'的啊。"

甲申日（二十八日），分剖符节，封功臣们为彻侯，萧何被封为酂侯，并且被赏封的食邑最多。功臣们埋怨道："我们参加过的战争多则上百，少也数十，我们身着盔甲，手拿武器，而萧何从未上战场，只知舞文弄墨，如今地位却反超我们，这是什么原因？"汉高祖说："打猎的事情你们知道吗？追逐兔子和兽的是狗，而指示狗的却是人你们只能擒获走兽，是功狗。而萧何，却能对你们发布绝令，指挥得当，是功人。"众人不敢再语。

汉高祖谋臣张良，也没有战场上的实际战斗功劳，汉高祖依然让他自己选择把齐地的三万户作为食邑。张良说："之前臣从下邳起兵，与陛下相会在留，这是臣被上天送与皇上。臣的计谋被陛下使用，很幸运地取得成功，臣不敢接受三万户的食邑，只要封在留足矣。"张良就被汉高祖封为留侯。陈平被封为户牖侯，陈平说："这已经超越了我的功劳所能取得的啊。"汉高祖说："先生的策略助我战胜敌人，这便是极大的功劳。"陈平说："是魏无知才使得臣能够进见陛下，并为陛下所用啊！"汉高祖说："先生真是不忘本。"便再次封赏魏无知。

汉高祖想到天下刚平定，兄少子幼，以及秦无援而亡的事实，就把所有的同姓宗亲封为王，以此来安抚天下。春，正月，丙午日，把楚王韩信的土地分为二国：淮河以东五十三县的地方被封给堂兄将军刘贾，彭城、东海、薛郡、三十六县被封给弟弟文信君刘交，号分别为荆王和楚王。壬子日这天，把雁门、代郡五十三县、云中封给哥哥宜信侯刘喜，号为代王；把胶东、胶西、临淄、济北、博阳、城阳郡七十三县，封给没有成功时与情妇所生之子刘肥，号为齐王，所有会讲齐国话的人被划予齐王治理。

汉高祖因为韩王信智勇双全，而且所统辖之地北靠巩、洛，南临宛、叶，东有淮阳，均为天下强兵之所在，太原郡三十一县便被划给韩国，韩王信改辖太原以北，建都于晋阳，为了抵御胡人。韩王信上书说："封国土地紧邻常常入侵的匈奴边境，而晋阳离关塞极远，不易防御，请求把马邑作为都城。"汉高祖同意了他的建议。

汉高祖把功劳较大的二十几个功臣封完之后，其他的人都在不停地争论谁的功劳更大的问题而无法决定，所以一直都没有被封赏。汉高祖有次在洛阳南宫的阁道中看见诸将常一起坐在沙地上谈话，汉高祖问："他们谈些什么呢？"留侯说："他们是在计划反叛，您还不知吗？"汉高祖说："天下刚定，他们怎么又要谋反？"留侯说："陛下是平民出身，夺取天下靠的是这些人才，而今陛下已即位，陛下的故交均被分封，而陛下平生所仇视之人均被诛杀。现在军吏们在计算这些人的功劳，认为不能把天下有限的土地全部分封，他们既畏惧陛下因猜测他们平时的过错，杀了他们，也害怕不能分封到每一个人，故而聚在一起商量反叛。"汉高祖忧虑地说："这可如何是好？"留侯说："所有臣下都知道皇上平生所最讨厌的人是谁？"汉高祖说："我与雍齿素有旧怨且困扰羞辱我好几次，我因他功劳较多不忍杀之。"留侯说："现在陛下可以利用封雍齿来坚定其他人的信心，他们便不会谋反了。"

于是汉高祖便置备酒席以封雍齿，名号为什方侯，并且迅速敦促丞相和御史计算功劳以分封群臣。群臣在喝酒回来之后都很高兴，说道："这下我们没什么好担心的了，皇上都把雍齿封为了侯。"

◆臣司马光说：张良是汉高祖的谋臣，汉高祖把心腹机密告诉张良，他应该向汉高祖报告知道的所有事才对，怎么会非要等到汉高祖看到诸将偷偷说话，才告知汉高祖听说诸将计划反叛呢？这样做的原因可能是汉高祖刚平定天下，多次利用个人主观的恨与爱实行诛罚封赏，公正的标准有时候就会被伤害，群臣借此就常出现希冀怨望的心理，所以张良利用群臣坐在沙地中私语这件事，以改变汉高祖的心意，来表达对汉高祖的忠心，避免汉高祖偏袒私爱的过失，而群臣也就不会仅仅由于猜疑恐惧产生谋反的念头，国家没有被颠覆的危险的好处会影响到后世。张良可以说真是善于劝导国君啊。◆

汉高祖分封完列侯，又下诏令把首功十八人的地位名次定下。大家都说："平阳侯曹参，作战时受了七十处创伤，占领土地和攻下城池，功劳最大，实属第一。"谒者和关内侯鄂千秋上前说道："群臣的建议都不对，虽然曹参有转战各处、夺取底盘的功劳，但这不过是短时间的事情。皇上和楚项王相对抗长达五年之久，有几次虽然丧失军队轻身逃遁脱险，萧何从关中派遣士兵以补充皇上所需，虽不是皇上下诏令召来却常常也能有上万士卒会合。皇上有几次军队里没有现存的粮食的时候出现补给匮乏而绝望的状况，萧何由关中转运粮食过去，这才使得皇上不缺乏粮食补给。萧何在陛下好几次丧失了山东土地的时候保全了关中，等待陛下回来，这是万世也不会被消灭的功劳。对于汉来说纵使没有曹参等几百人，也不会有什么损失，曹参等人就是被汉得到，汉也不是一定需要他们才能被保全。为什么万世之功的人士的功劳比不上只有短时间有功劳的人呢？曹参应该排第二，而萧何才是真正的第一。"汉高祖说："说得好！"就恩赐萧何可以带剑穿鞋上殿，不必快走。汉高祖说："听说'接受最高的赏赐应该是推荐贤能的人'。萧何得到鄂君的推荐功劳才更显明。"于是就根据他已有的食邑，把鄂千秋封为安平侯。当天就把萧何父子兄弟十几个人，都封赐了食邑，另把二千户食邑加封给萧何本人。

汉高祖返回到栎阳。

夏季，五月，丙午日，汉高祖把父亲太公尊为太上皇。

当年匈奴向北迁徙了十几年，原因是害怕秦，但秦被消灭后又悄悄向南渡过黄河到河套地区。

单于头曼有个名叫冒顿的太子，后来单于宠爱阏氏并生下一个小儿子，头曼便想立他为太子。当时月氏很兴盛，东胡国力也强大，头曼就把冒顿派到月氏去当人质。不久之后，月氏便被头曼攻击，而月氏却要把冒顿给杀掉。不料冒顿却偷了良马快速地骑着逃了回来，头曼夸奖冒顿勇敢，便任命他率领数万人的骑兵。

冒顿制作了一种箭，这种箭会鸣叫，于是他的骑兵被训练熟习射箭的技巧且被命令道："不全部跟着响箭所射到的目标射过去的话便被斩杀!"说完冒顿用响箭不仅射杀了自己的宝马而且又射杀了自己的爱妻，左右不敢跟着射箭的骑士全部都被斩杀，最后左右也跟着响箭射了单于的宝马。然后冒顿明白骑兵已经被训练好而且可以加以利用了，他追随头曼打猎的时候，左右的骑士跟着响箭射向了头曼，从而射杀了头曼，把弟弟、不听从他的大臣以及后母全部都杀掉了。于是冒顿就自封为单于。

冒顿自立为单于的事情被东胡人听说，东胡人便派使者告诉冒顿说："我们东胡人喜欢头曼生时所用的千里马。"冒顿问群臣如何是好，群臣回答道："不能给他们! 因为这是匈奴的宝马。"冒顿说："怎么可以为爱惜一匹马而伤了和邻国的和气?"说完便把宝马送给东胡。没多久，又有使者被东胡人派去对冒顿说："我们想要你们单于的一位后妃。"冒顿再次询问左右群臣，他们愤怒地说："东胡居然要求得到我们单于的后妃，太不讲理了。我们觉得应该出兵攻击东胡。"冒顿说："怎么可以为爱惜一个女人而伤了和邻国的和气?"他所宠爱的后妃便被送给了东胡。但东胡王更骄傲起来，东胡和匈奴中间，有无人居住的缓冲地区一千多里，匈奴和东胡各占一边，且各建造了瞭望台，但冒顿被东胡派来的使者告知："我要占有这无用的缓冲地。”冒顿三问群臣的意见，却有人说：“给他们这不用的土地也没有关系，不给他们也行。”可冒顿大发雷霆说：“怎么可以随便给他们？土地是国家的根本！”便斩杀那些主张送地给东胡的大臣。冒顿骑上战马并且下命令说：“一律斩杀国中所有不跟随攻击东胡的人。”便袭击了东胡。东胡人因为起初轻视冒顿没有防备，从而冒顿便消灭了东胡。

冒顿向西攻击月氏并且赶走了月氏人，当回到匈奴之后，又向南吞并了楼烦、白羊两个在黄河之南的部族王，侵占了燕、代等地方，把秦时蒙恬所夺得的匈奴土地全部收复了，关上和汉边以前设的河南关塞，一直到朝那、肤施。那时，项羽正和汉军对抗，战火把整个中原弄得民不聊生，冒顿从而才得以强大，由于拥有弓箭手数十万人，声威震慑了周边所有国家。

秋，韩王信在马邑被匈奴包围了。便有使者被韩王信派到匈奴去要求与匈奴和平解决。韩王信被汉派出的军队援救，不过汉高祖却怀疑韩王信可能有反叛之心，因为他好几次私下派遣使者到匈奴，于是便派人责备韩王信。韩王信担心被杀所以九月便于马邑向匈奴投降了。匈奴单于冒顿就带兵攻打太原，向南越过句注山，一直打到了晋阳。

汉高祖废除了秦时苛繁的礼仪，被改得简便易行，群臣喝酒时都争着夸奖自己的功劳，喝醉的时候，有时拿着宝剑乱砍柱子狂妄呼叫，汉高祖渐渐厌烦了。叔孙通劝汉高祖说：“儒者可以一起守成治国，虽然很难一起进取创业。臣愿找一些鲁国的儒生，与臣的学生一起来制定朝廷礼仪。”汉高祖说：“难吗？”叔孙通说：“五帝时所用的音乐不同，三王时礼节不一样，礼乐的功用，跟随人情、时代的不同，都在规范人的仪表并且节制人的情感，所以古今并非完全相同。臣愿意尽力将秦时的仪法合在一起并且采用古代的礼乐。”汉高祖说：“要考虑到我能够实行的礼仪而且要让新的礼仪容易了解才可制作！可以尝试做着看看。”

于是叔孙通到鲁国征召鲁国的三十几个儒生。但有两个儒生不肯走，还说道：“您所侍奉的有十个左右的主人都必须是当面阿谀，才得以尊贵亲赏。而今天下刚平定，受伤的人也还没痊愈，更何况战乱死亡的人还没埋葬，却又要制定礼乐。而礼乐的制作根源，要累积百年然后德教化民才能办到。我不想做您想要我做的事情，您不要污辱我了，还是回去吧。”叔孙通笑着说：“你们真是不晓得随时变通的儒生。”叔孙通所征召的三十人便跟随他向西出发，就与一百多人包括汉高祖左右素有学问的人连同自己的弟子，在野外用茅束和绵索排练朝廷礼仪。一个多月之后，叔孙通对汉高祖说：“如今陛下可以去看看了。”汉高祖命令儒生们行礼仪，说：“我能这样做。”便命令大臣们练习。

七年(辛丑，公元前 200 年)

冬季，十月，长乐宫建成，诸侯和大臣们都到朝廷恭贺。天亮前，谒者主持朝见礼节，并且按照官位次序导引官员们进殿门，排东面西。侍卫官沿着台阶两旁站立，并分布站立殿廷中，所有人都手握兵器，拿着旗帜。接着传令警戒，皇帝的辇车才从寝宫出来，百官引导诸侯王以下低到年俸六百石的官吏，按照顺序奉承恭贺，全都戒惧恭谨。行礼完毕后设下酒宴。那些坐在殿上的人都低头跪着陪侍皇上，然后按官位挨次向皇上献酒祝寿。谒者在酒已喝过九遍后说：“结束酒宴。”御史把那些不按照礼仪做的请出来依法执行。整场朝贺礼，没有敢违背礼节大声喧叫之人。于是汉高祖就说：“我今天才晓得皇帝的尊贵。”叔孙通便被任命做太常并赐其黄金五百斤。

以前，秦占据天下之时，六国的礼节仪法被接纳了，但只选择抑低臣子、尊崇国君的礼节保留下来。而后叔孙通定了礼仪，减损、增加的地方较多，不过大部分仍是以秦原有的礼仪为基础，从天子的称呼名号到辅佐僚属以及宫室和官名，改动很少。礼仪的书后与令、律一起被写下而且收藏在了理官那里，而且研究刑法之人的学说并没被流传后代，故而臣子和百姓们便无人再谈论那些内容了。

◆臣司马光说：礼的道理太大了！关乎个人的时候，一止一静一动一举均有法则也就具备了各种品德；关乎家庭的时候，不仅可以使得男女有别，更可以使得各亲族间和睦不已；关乎乡里邻居的时候，既可以使得长幼有分，又可以优美风俗教化；关乎国家的时候，可使得君臣有序，政治也同样可以办得很好；关乎天下的时候，可使得诸侯顺从的同时端正纲纪，不仅仅只是朝贺、朝宴时举行的仪式不混乱。当贤明通达的高祖，听到陆贾有关礼仪的言论的时候就极为称赞，看到叔孙通礼仪的演练，也更为称赞；不过他还不可与三代的圣王被看成一个水平，因为他不曾读书。那时倘若有大儒辅佐同时用礼治天下，那汉高祖的功业也不至于仅是这样了啊！可惜，叔孙通的见识短浅，他只盗窃了礼的皮毛，为了随时浮沉、取媚世人而得取尊宠，却使先王的礼仪埋没沉沦，振作不起来，现在还是这样，怎么能不让人痛惜呢？故而有扬雄《法言》讥笑说："鲁国从前有个没有被史籍记载名字的大臣，有人问他：'大儒是什么样子的呢？'回答说：'比如叔孙通在制定君臣礼仪的时候，在鲁国不接受他征召的那两个儒生；又问：'如此说来，孔子应聘诸侯也是错的了？'回答说："孔子应聘诸侯的时候，是在发展自己所学所知从而匡济百姓。倘若把自己所学抛弃而去取媚别人，例如叔孙通，即使有治世的准则、法度等礼教，他也绝对是不会采用的。'"扬雄讲得对啊！一位伟大的儒者，绝不会毁弃把准则、法度合为一体的礼教而去追求短暂的功绩！◆

汉高祖亲身率领军队去进攻韩王信，韩王信的军队于铜鞮被打败，韩王信的大将王喜也被杀了。韩王信逃到了匈奴之后，白土人曼丘臣、王黄等人把赵的后代赵利立为王，而后又把韩王信因战败而分散的军队集合到了一起，并与匈奴、韩王信谋划去进攻汉。匈奴派左、右两个贤王率领骑兵一万多与王黄等人于广武南方屯驻，直到晋阳附近，匈奴常常败走。在汉兵加以攻击之后不久又集合、驻扎在一起，汉兵便利用可以打胜的机会继续追逐。恰逢大寒，下着雨雪，十分之二三的士卒有手指因冻寒掉落了。

汉高祖在晋阳听说匈奴叫作冒顿的单于住于代谷，想要攻击。便首先派人去窥探匈奴的状况，不料冒顿却把匈奴肥壮的牛马、强壮的战士都藏了起来，仅仅将瘦弱的牲畜和年老衰弱的人显现出来。汉便用十个使者前往匈奴。使者回来都说匈奴衰弱可加以攻击，汉高祖又派刘敬前往匈奴，却还未回到汉，不过此时汉已动员三十二万士卒全部向北越过句注山去追逐匈奴。刘敬回来后，报告汉高祖："两个国家相互对抗的时候会各自表现自身武力，从而展露自家军队的优势，而如今臣去匈奴，仅见到了年老体弱的人们、瘦弱的牲畜，一定是匈奴人展现出自家的劣势，从而引敌人攻击，埋藏奇兵为了取得胜利。微臣觉得我们不可攻击匈奴。"可那时，汉军依然出军，刘敬报告汉高祖后，汉高祖大骂刘敬："你本是齐国俘虏，仅靠口舌得以做官，此时还在胡言乱语，降低我们军队的士气！"刘敬被用刑具拘禁于广武。

汉高祖先于军队到达平城，冒顿便派出四十万精练的骑兵，汉高祖被于白登包围七天，汉的粮饷和军队都没有办法彼此救援。汉高祖便采用陈平的计谋，找机会派出使者送给单于后妃阏氏厚重礼物。阏氏说："两个国家的国君不应互相围困对方。即便能够夺得汉的土地，单于您也不可居住，况且有神灵帮助汉的国君，还望单于三思。"冒顿本来与赵利、王黄预约会合，此时赵利、王黄却没有如约而至，冒顿已经质疑他们与汉串和，再加上阏氏如此一说，便解除包围圈中的一个角落。恰好天下大雾，汉派人往来，匈奴正好都没发现。陈平请汉高祖下令多加两支箭矢给所有弓弩，且面向外，正好从匈奴已经解除的那个角落突围。汉高祖突围飞驰即去，太仆滕公特意走得很慢。而且大军与其同时到达平城，胡人的骑兵才离去而不再追逐。汉高祖回到关中后取消了这次战役，命令樊哙留下从而平定代地。

汉高祖到广武之后赦免了刘敬的罪，说道："我没有采用你的建议才被困于平城，现在我已斩杀在你之前所来的十个使者！"刘敬就被封为关内侯，名号建信侯，并赐食邑二千户。汉高祖经过曲逆县往南，说："真是美丽壮观啊！我行走天下之时看到只有这地方和洛阳具备这条件。"便改把陈平封为曲逆侯，又把所有户口划给了他当作食邑。陈平追随汉高祖出征共想出六次奇妙的计划，每次都增加了食邑。

十二月，汉高祖回京师，经过赵地，赵王张敖以子婿的礼节晋见汉高祖，极为谦卑。但汉高祖态度倨傲无礼，弯曲膝盖伸展两脚坐着辱骂赵王。赵宰相贯高、赵午等人均极为生气，说："我们竟有如此懦弱的君王！"

便劝赵王："在天下豪杰同时兴起时有能力的人先立为王，现在您侍奉高帝相当恭敬他却这么倨傲无礼，我们恳求杀掉高帝！"张敖听了发誓不背叛汉并用牙齿把手指咬出血，说："你们为何说这些不正确的话？我的先人亡国了，靠着高帝才从灭亡中恢复过来，我们赵国的上上下下都被高帝的恩德庇佑，高帝赐予赵国一切。望你们不要再乱说话！"贯高、赵午等人相劝："看来我们都错了，我们的君王不会背弃人家的恩德，因为他是长者，我们站在道义立场且不愿受到屈辱。而如今我们的君王被高帝侮辱，我们一定要想方设法斩杀高帝，为什么要让他背上负德之名还要污辱我们的君王？因此我们决定事成之后，所有胜利全归君王，否则，后果我们自己承担。"

代地被匈奴攻打。代王刘喜回到关中并抛弃自己的封国，汉高祖顾及旧情，才赦免他作为郃阳侯。辛卯日（十二月无此日），另外又立叫作如意的儿子作为代王。

春季，二月，汉高祖到长安。汉高祖看到萧何建筑雄壮华丽的未央宫，特别生气，便告诉萧何："人民艰苦辛劳生活几年，成功与否还未确定，你怎么可以如此奢侈地修建宫室？"萧何说："正因为天下还没有安定，因此可以利用机会建造宫室，况且四海之内皆为皇上之家，宫室必须壮丽才能显示天子的威严，而且要使得以后建造的都无法超越。"汉高祖听了相当高兴。

◆臣司马光说：称王于天下的国君不以宫室为美而以仁义为美，不以宫室的壮丽为威严而以道德为威严。从未听说过王者镇服天下需要靠壮丽的宫室。应做好老百姓急切需要的事情，克制私欲节俭用度，在天下尚未平定之时，倘若先建筑宫室，怎能说是知道事务的轻重缓急呢？古有禹宫室简陋卑下，却有桀盖华丽倾宫。如禹此般能道统名垂千古，开创天地事业的国君，他用节俭的行为亲自教育后代，他的后代都还会误入歧途，更何况是国君向后代子孙表现奢侈的创业呢！萧何竟然对汉高祖说："您所盖的宫室不能让后代盖的超过。"这种做法，真是大错特错。到了孝武帝，最终由于奢侈浪费地建造宫室而导致所有黎民百姓疲惫不堪，这所有的后果都是酂侯萧何开启的啊。◆

汉高祖把都城由栎阳迁到了长安。

首次设置宗正官，以序别九族。

夏，四月，汉高祖去往洛阳。

资治通鉴卷第十二　汉纪四

起壬寅(公元前199年)，止癸丑(公元前188年)，共十二年。

【题解】本卷记录了高祖刘邦八年至惠帝刘盈七年共十二年间的历史。记录了刘邦、吕后杀韩信、彭越；记录了黥布因惧而反，代相陈豨、燕王卢绾，因害怕被杀投降匈奴，都被刘邦讨平；记录了赵相贯高谋杀刘邦，事发后为维护赵王甘愿受罚；记录了陆贾出使南越劝说南越王赵佗归附，娄敬建议刘邦与匈奴和亲，以及萧何、曹参相继为相，休养生息，无为而治；记录了刘邦因戚夫人想废掉太子刘盈，刘邦死后吕后惨杀戚夫人，杀刘邦数子，以及惠帝近亲联姻，与皇后无子。

太祖高皇帝下

八年(壬寅，公元前199年)

冬季，汉高祖率军到东垣攻击韩王信的余部，贯高等人想找机会袭击汉高祖，于是便藏于厕所侧壁。汉高祖原打算在柏人留宿，但内心有些不安，问道："这县叫什么?"左右答曰："这是柏人。"汉高祖说："柏人有被人所迫之意。"由于担心就没敢过夜离开了。十二月，汉高祖便从东垣返回到了长安。

春季，三月，汉高祖出行到洛阳。

下令让商人不得穿着锦、绣、绮、縠、絺、纻、罽等裁制而成的华丽衣服。不能握持兵器、乘车、骑马。

秋季，九月，汉高祖从洛阳回到长安，梁王、赵王、楚王、淮南王都跟随。

匈奴的冒顿多次干扰汉北面边境。汉高祖极为担心，便询问刘敬意见，刘敬说："天下刚定下来，士卒百姓早已疲倦，所以并不能再用武力去征服了。冒顿杀害自己的父亲自立为单于，更抢占父亲生时的妃妾，用武力作威作福，这样的人不能够用仁义去劝说，只能够从长计议，让他的后代永远做个汉臣罢了；但是我担心陛下您恐怕不能做到。"汉高祖说："那应该怎么办呢？"刘敬答道："皇上假如肯把皇后生的嫡长公主嫁于他，并送给单于优厚的礼物，那么他必定很疼爱嫡长公主，并把嫡长公主封为阏氏，她生了儿子，自然会被立为太子。陛下再常常派人把我们汉朝每年剩下，而他们缺乏的物质赠予他们，再派出能说会道的人去教导他关于礼节的道理，如果能这样做，冒顿生着的时候，肯定就是陛下的子婿，即便不在了，你的外孙也理所应当继位成为单于。陛下必然没有听过外祖父和外孙礼仪平等的吧？这样一来就不需要发动战争了，还能使得对方逐渐臣服了。但是假如陛下不肯把嫡长公主遣送去匈奴，却命令后宫或者宗室的女人而谎称公主，对方一旦知道肯定不想亲近宠爱她，这样便没什么好办法了。"汉高祖说："太棒了。"就想要马上将嫡长公主嫁去匈奴。

吕后知道后日夜哭泣，说："我只有一个女儿和太子，她怎么能被您抛弃嫁去匈奴？"汉高祖终究不能把嫡长公主远嫁过去。

九年（癸卯，公元前 198 年）

冬季，汉高祖取平民女子假称长公主，嫁给单于为妻，派遣刘敬前往和匈奴缔结和亲盟约。

◆臣司马光说：建信侯刘敬一开始说冒顿残暴，不能用仁义加以劝说，后来却主张和他结为姻亲，怎么他自己的意见都不能前后统一呢？尊卑次序，骨肉恩情，只有仁义的人才可以理解，为什么想用这些去让冒顿顺服呢？古时候的圣王驾驭夷狄，一旦夷狄顺服，便用恩德去怀柔他们，如果夷狄反叛，便用武力威慑他们，根本没听说谁与夷狄有婚约，况且冒顿把父亲看作禽兽一样猎杀，他眼里怎么会有岳父大人呢？建信侯刘敬的建议已经不切实际了，更何况嫡长公主鲁元早已是赵王的皇后了，怎么能争取过来呢？◆

刘敬从匈奴回来，便对汉高祖说："匈奴在黄河以南的白羊王、楼烦王，离长安近一点的有七百里地，轻骑快马一天一夜就能够到达关中。关中连遭战祸，百姓少，土地却肥沃富饶，可以充实人口。诸侯起事抗秦之初，要不是齐国屈氏、田氏、景氏以及楚国昭氏等诸王族的响应，是很难兴起的。而今虽然陛下把都城建在关中，事实上人烟稀少，东边还有兵强马壮的六国王族，一旦有变乱，陛下你也不能高枕无忧，所以臣恳请陛下将六国后代、豪杰、名家等迁居去关中。如此一来，平时没有战事就可以防御胡人，倘若诸侯有叛变，也能够率领他们东征；而这才是臣认为强本弱末的做法啊。"汉高祖说："不错！"十一月，迁徙齐国、楚国的大族昭氏、田氏、屈氏、景氏、怀氏等五族以及豪杰到关中，给他们美宅良田，使他们能够安居乐业，迁徙的一共十余万人。

十二月，汉高祖出行，到了洛阳。

贯高的仇家知道贯高刺杀汉高祖的事件，便上告了这件事情。于是，汉高祖下令逮捕了赵王以及想谋杀他的人。赵午一行十几人都争先恐后地要自刎，而唯有贯高大发雷霆，骂说："哪个要让你谋杀皇上的？赵王实在没有参与谋划刺杀皇上的事，现在也和你们一起被逮捕了，你们都死了，谁来证明赵王的清白呢？"于是贯高就被装进囚车密封起来，和赵王一起被押送到长安。审贯高时他供称："这只是我们几个手下预谋的，赵王真是不知道。"

狱吏动用刑具，鞭笞贯高几千下，一直审问贯高到体无完肤，但贯高都没有再招供什么内容了。吕后多次对汉高祖说："张敖应该不会做这种事，因为鲁元公主是他的夫人。"汉高祖并没有听吕后的话反而怒斥道："一旦张敖占据天下，他还会稀罕你女儿吗？"没有听吕后的话。

廷尉把贯高的供词和事情经过报告给了汉高祖。汉高祖说："可谓壮士啊。就是不知他的话是否可信，再私下问问他吧！"做中大夫的泄公说："贯高和臣是老乡，臣很了解他，他之前在赵国不受侵辱，自强自立，十分重视承诺。”汉高祖便派泄公携带令节前往贯高使用的竹床前询问他。泄公问他受的苦楚，两人谈得与平时同样痛快，后又问他：“张敖到底有没有谋反之心？”贯高说：“按人之常情，每个人都疼爱自己的儿女、父母、妻子，而我家的三族已经全被判处死刑，我莫非疼惜赵王超过我的亲人？只是想到赵王确实没有谋反，完全就是我们这些人谋划的。”贯高就把他们做这件事的本意，以及赵王不了解这件事的详细情况说了出来。泄公听了，就连忙入宫向汉高祖汇报。春，正月，汉高祖赦免赵王张敖，把他降为宣平侯，把代王如意改为赵王。

汉高祖赞赏贯高为人正直，便派泄公告诉贯高说：“赵王张敖已经给赦免了。”因此也赦免了贯高的罪。贯高兴奋地说：“我们的赵王真的赦免出狱了吗？”泄公说：“真的。”接着又说：“皇上赞赏你，因此也赦免了你。”贯高说：“我之所以不自杀而死，忍受自己被拷打得体无完肤，就是想要辩明赵王他没有反叛。如今皇上已经把赵王释放，我已经了却了责任，死而无憾了。况且我作为人臣，有了弑君篡位的罪名，没有颜面再事奉皇上。即使皇上不杀我，我也惭愧不已。”说罢就自刎而死。

荀悦评论说：贯高是首先策划谋杀国君的主犯，虽然他能够证明自己的主上赵王是清白的，但是小信不抵大逆，私行难赎公罪。《春秋》里的义是以遵循正道为最重要的，他的罪过实在不可以赦免啊。

◆臣司马光说：高祖因为骄慢而失去臣下，贯高因为狠戾而让自己的君主亡国。使得贯高有了叛逆谋反之心的，是高祖的过错；使得赵王张敖亡国的，是贯高所犯的罪过。◆

汉高祖下诏说：“丙寅日以前犯死刑以下的罪犯全部赦免。”

二月，汉高祖由洛阳回到长安。

起初，汉高祖下诏说：“赵国的臣子和宾客中，敢追随张敖来到长安的，全部灭族。”赵国郎中田叔、孟舒剃掉自己的头发，用铁器束紧脖子，装扮成赵王自家的奴仆跟随来到了长安。待到张敖免罪，汉高祖称许田叔、孟舒的为人，下令召见，与他们交谈，发现他们的才干超过了汉朝朝廷的大臣。汉高祖任命两人为郡守、诸侯国相。

夏季，六月晦（三十日），出现日食。

改任丞相萧何为相国。

十年（甲辰，公元前 197 年）

夏季，五月，太上皇于栎阳宫驾崩。秋季，七月癸卯（十四日），安葬太上皇于万年县。楚王、梁王都来送葬。汉高祖下令特赦栎阳的囚犯。

定陶女子戚夫人受汉高祖宠爱，生下赵王刘如意。汉高祖因为太子为人仁慈懦弱，又觉得刘如意像自己，虽然封他为赵王，却把他长年留在长安。汉高祖出巡关东，戚夫人也常常随行，日夜在汉高祖面前哭泣，想要立如意为太子。而吕后因为年纪大了，常留守长安，与汉高祖越来越疏远。汉高祖有点想废掉太子而立赵王为继承人，大臣们纷纷反对，但是都不能够说服他。御史大夫周昌在朝廷上强硬地争执，汉高祖问他理由是什么。周昌说话有点口吃，加上内心很愤怒，急得只是说："臣口不能言，但臣极极知道不能这样做，陛下要废太子，臣极极不奉命！"汉高祖听了欣然大笑。吕后在东厢房侧耳聆听，事过后，她召见周昌，向他跪谢说："要不是您，太子几乎就废了。"

当时赵王如意只有十来岁，汉高祖恐怕在自己死后不能保全他的性命。符玺御史赵尧于是建议为赵王配备一个地位高而又强有力，平时能让吕后、太子及群臣敬惮的相。汉高祖问："谁合适呢？"赵尧说："御史大夫周昌正是这样的人。"汉高祖便任命周昌为赵国的相，而令赵尧代替周昌为御史大夫。

起初，汉高祖任命阳夏侯陈豨为相国，监管赵国、代国边境部队。陈豨拜访淮阴侯韩信并向他辞行。淮阴侯握着他的手，屏退左右随从，与他在庭院中散步，忽然仰天叹息道："有几句话，能和你说吗？”陈豨说：“只要是将军您的指示，我都听从。”韩信说：“你所处的地位，手里集中了天下精兵；而你，又是陛下信任的大臣。如果有人说你反叛，陛下肯定不信；然而再次有人说，陛下就会起疑心；说第三次，陛下必定会愤怒地亲自率领大兵来攻打你。请让我为你做个内应，那么天下就可以夺取了。”陈豨平常就知道韩信的能力，相信他，于是说：“一定恭敬地遵奉你的指教！”

陈豨常常羡慕当年魏国信陵君魏无忌养士的行为，及至他做相国驻守边境，告假回来时，经过赵国，跟随他的宾客乘坐的车就有一千多辆，把邯郸城的官舍都住满了。赵相周昌见此情况请求入京进见汉高祖，详述陈豨门下宾客盛多，又专擅兵权在外数年，恐怕会有事变，等等。汉高祖令人再审查陈豨宾客在代国时的种种不法之事，很多牵连到陈豨。陈豨听说后十分恐慌，韩王信趁机派王黄、曼丘臣等人来劝诱他反叛。

太上皇驾崩时，汉高祖派人召见了陈豨，陈豨谎称生病没去长安，九月，他就与王黄等人一起叛逆了，自称为代王，占领了代、赵等地。汉高祖亲自率兵从东面攻击陈豨，到达邯郸，汉高祖高兴地说：“陈豨不据守邯郸却以漳水为险阻，我就知道陈豨不会有能力有大作为。”

周昌奏请汉高祖说：“常山郡一共设有二十五城，已经亡失二十城，请把都尉、郡守都杀掉。”汉高祖说：“都尉、郡守反叛了吗？”周昌说：“那倒是没有。”汉高祖说：“是他们兵力不足才使得都城丧失的，并无罪。”

汉高祖命令周昌在赵地选拔几个可以充任将领的壮士，周昌选四人并上报汉高祖。汉高祖召见了他们之后辱骂说：“这些小子可以带兵吗？”四人觉得惭愧和害怕，伏在地上不敢起身，汉高祖封给他们每人千户食邑，任命他们为将领。左右随从劝阻说：“跟随您进兵蜀、汉，征讨楚王的功臣都还没有全部封赏；今天封他们，凭的什么功劳？”汉高祖说：“这就不是你们所能知道的了。陈豨造反，赵国、代国一带都被他占有。我用紧急军书征调天下军队，至今还没有到来的，现在估计能够调遣的只有邯郸城中这些士兵而已，我为什么还要吝惜那四千户封邑，不用来抚慰赵国子弟呢？”随从们都点头说：“好主意。”

汉高祖又听说陈豨的部将很多过去都是商人，便说：“我知道如何对付他们了。”下令多用黄金去收买陈豨的部将，果然有大部分来降。

十一年（乙巳，公元前 196 年）

冬天，汉高祖在邯郸城。陈豨的部将侯敞率一万余人游动袭击，王黄率骑兵一千余人屯军曲逆，张春率一万余士卒渡过黄河进攻聊城。汉朝将军郭蒙与齐国将军迎击张春，大破陈军。太尉周勃取道太原去平定代地，兵抵马邑，久攻不下，攻下后便大加残杀。赵利驻守东垣城，汉高祖亲自率军攻击，攻下后，将地名改为真定。汉高祖又悬赏千金捉拿王黄、曼丘臣，结果其部下都将他们活捉送来，于是陈豨军队就被打败了。

淮阴侯韩信推脱有病，并未追随汉高祖攻打陈豨，不仅如此还偷偷派人去陈豨住处，与陈豨一起商议计谋。

韩信计划与家臣一同在晚上做个假诏令，从而放掉在官府的奴隶、犯罪的劳役犯等，想发动这些人去偷袭太子、吕后，部署好后，等陈豨回复消息。韩信的舍人得罪了韩信，韩信把他囚禁起来，准备马上杀掉。春季，正月，舍人的弟弟上书说韩信图谋不轨，到吕后那里秘密告发韩信想要反叛。吕后想把韩信召来，又担心他可能不服从，便与相国萧何商议，假装让人从汉高祖处来，说陈豨已经被擒，处死了。列侯及群臣闻讯都到朝中祝贺。萧何又欺骗韩信说：“你虽然病了，也应当强挺着来道贺。”韩信来到朝廷，吕后便派武士将他捆绑起来，在长乐宫钟室里斩首。韩信在斩首之前，叹息说：“我真后悔没用蒯彻的计策，竟上了小孩子、妇人的当，这难道不是天意吗？”吕后随后下令将韩信三族都连坐杀死。

◆臣司马光说：有人说首先为汉高祖奠定天下大计的是韩信，高祖与他一同从汉中起事，把三秦平定后，韩信便向北方进攻，打败赵王，威胁燕国，擒魏王而夺代地，进一步向东攻打齐并抢夺了齐地，在南边垓下又打败楚王，总的来说是韩信的功劳才使得汉能得到天下。再看他拒绝蒯彻的建议，在陈地迎接高祖，哪里有反叛之心呢？实在是因为失去诸侯王的权位后心中不快，才陷于悖逆谋反。卢绾仅仅有高祖里巷旧邻的交情，就封为燕王，而韩信只能以侯爵身份参加朝会。高祖难道没有有亏待韩信的地方吗？我认为：汉高祖用诈骗手段在陈地抓获韩信，说他亏待韩信确实是有的；不过，韩信也有咎由自取之处。当初，汉王刘邦与楚王在荥阳相持，韩信灭了齐国，不来奏报汉王却自立为王；其后，汉王刘邦追击楚王到固陵，与韩信约定共同进攻楚王，而韩信反而按兵不动；当时，高祖本已有诛杀韩信的念头了，只是力量还做不到罢了。待到天下已经平定，韩信还有什么可倚仗的呢？抓住机会去谋取利益，是市井小人之志；建立大功以报答恩德，才是士人君子的胸怀。韩信用市井小人的志向为自己谋取利益，而要求他人用士人君子的胸怀回报，不也是太难了吗？所以，太史公司马迁评论说："假如让韩信学习君臣之道，谦虚礼让，不夸耀自己的功劳，不矜持自己的才能，情况大概就不同了！他对汉家的功勋，可以与周公、召公、太公吕尚等人相比，后代也就可以永久享有祭祀了！他不去这样做，反而在天下已定之时，图谋叛逆，被斩灭宗族，不是理所当然的吗？"◆

柴武将军在参合县杀死韩王信。

汉高祖回到洛阳后，一听说淮阴侯韩信被杀了，心里既怜悯又高兴，就问吕后："韩信临死前说了什么？"吕后说："韩信说他后悔没有采用蒯彻的谋划。"汉高祖说："是齐国辩士蒯彻吧？"于是下诏齐国捕捉蒯彻。蒯彻被抓到达京师后汉高祖问他："是你教淮阴侯谋反的吗？"蒯彻回答说："是臣教他的，那小子不听我的计策，所以才自取灭亡，落到这个地步；如果用我的计策，陛下怎么能够杀了他呢？"汉高祖勃然大怒，下令："煮死他！"蒯彻大叫："哎呀！煮死我实在冤枉!”汉高祖问:“你教韩信造反,还有何冤枉?”蒯彻说:“秦朝失去江山,天下人都群起争夺,有才能、动作快的人就能先得到。古时跖的狗对尧吠叫,并不是尧不仁,而是狗本来就要对不是它主人的人吠叫。当时,我作为臣子只知道有韩信,不知道有陛下啊!何况,天下磨刀霍霍,想做陛下这般大业的人很多,只是力量达不到罢了,您又能都煮死吗?”汉高祖听罢说:“放了他吧。”

立儿子刘恒为代王,以晋阳为都城。

汉高祖下令大赦天下。

汉高祖进攻陈豨时,向梁国征调军队,可梁王彭越却谎称生病,仅派部将率兵去了邯郸。汉高祖极为愤怒,便派人责怪他。梁王由于害怕,就打算亲自去请罪。他的部将扈辄说:“王最初不去,现在受到责备了才去,去了肯定会被逮捕的,不如直接叛变。”梁王没接受。这时梁王的太仆得罪了梁王,便逃亡到了汉朝,直接上告扈辄和梁王谋划反叛。于是汉高祖便派出使者去抓捕梁王,梁王没有发觉,便被拘捕送到了洛阳。主管刑狱的官员给出审讯的结果是:“已有谋反迹象,应按法律处死。”汉高祖赦免他为平民,押送到蜀郡青衣居住。彭越向西到了郑地,遇到吕后从长安来。彭越向吕后哭泣,说自己无罪,希望能到故地昌邑居住。吕后口中应允,与他一起东行。到了洛阳,吕后对汉高祖说:“彭越是个壮士,如今把他流放到蜀郡,这是自留后患,不如就此杀了他。我已和他一起到洛阳来了。”吕后又指使彭越门下舍人控告彭越再行谋反。廷尉王恬开奏请灭彭越三族,汉高祖予以批准。三月,彭越三族都被斩首。还割下彭越的首级在洛阳示众,并颁布诏令:“有来收敛尸体者,一律逮捕。”

梁王国大夫栾布出使到齐国,他回来的时候,在彭越首级的下面奏报出使经过,痛哭失声祭祀彭越。就被官吏捉起来向汉高祖报告。汉高祖召见并大骂,还说要烹杀栾布。

正要将他放到沸水中时,栾布回头看了一眼汉高祖说:“我希望说一句话再死。”汉高祖说:“说!”栾布说:“当年皇上受困于彭城,在荥阳、成皋之间战败时，项羽之所以不能西进，只是因为彭越守住梁地，与汉联合而使楚为难。当时，只要彭越一有倾向，与项羽联合则汉失败，与汉联合则楚失败。而且垓下会战，没有彭越，项羽就不会灭亡。如今天下已经平定，彭越接受符节，被封为王，也想传给子孙后代。而如今陛下向梁国征一次兵，彭越因病不能前来，陛下就疑心他造反；未见到反叛迹象，便以苛细小事诛杀了他。我担心功臣会人人自危。现在彭越已经死了，我活着也不如死，请煮死我吧！”汉高祖认为有理，便赦免了栾布的罪，封他为都尉。

丙寅日，将儿子刘友封为淮阳王。丙午日，把儿子刘恢封为梁王。废除东郡，把地方给了梁国；废除颍川郡，把地方给了淮阳国。

夏季，四月，汉高祖从洛阳回到长安。

五月，汉高祖下诏立原秦朝南海尉赵佗为南粤王，派陆贾前往授予印信绶带，颁发符节，互通使者，让他团结安抚百越，不要成为南方边境的祸害。

当初，秦二世时，南海郡尉任嚣生病垂危时，召见了龙川县令赵佗，对他说：“秦朝极其虐暴，这让天下人受苦。据说陈胜等人发动叛乱，不晓得天下什么时候才能安定，南海这个地方遥远偏僻，我害怕乱兵到我们这里来抢夺土地，想起兵断绝秦所修的通道，用来防备，静观诸侯叛乱，可我正好重病。况且番禺前有南海的险阻，后有山塞的阻挡，从西到东有几千里，中间还有极多的中原人辅助，这里也是一州的君主啊，可以自立为国。南海郡里官吏，没有值得和我商议事情的人，我才召见你，告诉你这些事情。”于是把颁授任命的文书给了赵佗，让他去做南海郡尉。赵佗在任嚣死后就把檄文发给了湟溪、阳山、横浦关口的官吏说：“快点断绝通道，乱兵快到了，集合军队进行防守！”赵佗利用法令，逐渐处杀了秦所设置的官吏，找自己的党羽暂时代替职务。秦朝灭亡后，赵佗便攻打桂林、象郡，兼并这两个地方，自立为南越武王。

陆贾来到番禺，赵佗头上盘着南越族的头髻，伸开两脚坐着接见他。陆贾劝说赵佗："您是中原人，亲戚、兄弟、祖先坟墓都在真定。现在您违反天性，抛弃华夏冠带，想以区区南越之地与汉朝天子相抗衡成为敌国，大祸就要临头了！再说，秦朝丧失德政，各地诸侯、豪强纷纷起兵反抗，只有汉王刘邦能先入关中，占据咸阳。项羽背约，自立为西楚霸王，诸侯都成为他的部属，他可以说是很强大了。但汉王刘邦起兵巴、蜀后，便横扫天下，终于诛杀了项羽，消灭了楚军。五年之间，海内获得平定，这并非人力所为，而是上天的旨意啊！汉朝天子听说您在南越称王，却不协助天下诛杀暴逆，文武将相都请求派兵来剿灭您。但天子怜悯百姓刚刚经过兵事劳苦，所以暂且休兵不发，派我前来授您君王印信，颁发符节，互通使臣。您应该亲自到郊外迎接，向北称臣才是，而您竟要凭借新近缔造尚未安定的越国，对汉朝如此不服从！汉朝要是知道了，掘毁焚烧您祖先的坟墓，杀光您的宗族，再派一员偏将率领十万大兵压境，那么南越人杀您投降汉朝，是易如反掌的！"于是赵佗大惊失色，立即离开座位，向陆贾谢罪说："我在蛮夷民族中居住已久，太没有礼义了。"他又问陆贾："我与萧何、曹参、韩信比，谁高明？"陆贾回答："似乎是您高明些。"赵佗又问："那么我与汉朝皇帝比，谁高明？"陆贾说："皇帝继承三皇、五帝的伟业，统一治理中国；中原人口以亿计算，土地方圆万里，万物殷实丰富；皇帝能把政权集于一家之手，是开天辟地以来未曾有过的事。您的臣民不过几十万，还都是蛮夷，散布在崎岖的崇山大海之间，好像是汉朝的一个郡而已，怎么可以与汉朝相提并论？"赵佗大笑着说："我没有在中原兴起，所以在这里称王；如果我在中原，怎么就见得不如汉朝？"说完便留下陆贾与他畅饮。过了几个月，赵佗说："南越没有可说话的人，直到你来，才让我每天听到从未听过的事。"又赏赐陆贾一袋珠宝，价值千金，其他馈赠也达千金之多。陆贾最后便拜赵佗为南越王，令他向汉朝称臣，遵守汉朝的约定。陆贾回朝报告，汉高祖大为高兴，封陆贾为太中大夫。

陆贾经常在汉高祖跟前谈起诗书典籍。汉高祖骂他："我是在战马上夺得天下的，根本就不需要诗书典籍。”陆贾说：“马上可以夺得天下，可是不能在马上治天下啊！况且商汤、周武两位圣王都是用武力得天下而以和顺守天下，文治武功兼施，这才是长久保持天下的方法。当初，吴王夫差、智伯瑶、秦始皇，他们都是因为穷兵黩武而招致灭亡。假使秦国吞并天下之后，推行仁政，效法先王，陛下今天怎么能拥有天下呢？”汉高祖露出惭愧之色，说：“请你试着为我写出秦国所以失去天下，我所以得到天下及古代国家成败兴亡的道理。”陆贾于是大略阐述了国家存亡的征兆，共写成十二篇。每奏上一篇，汉高祖都称赞叫好，左右随从也齐呼万岁。该书被称为《新语》。

汉高祖生了病，厌恶接见人，在禁宫中卧床不起，命令守宫门的官员不准群臣进入，周勃，灌婴等群臣都不敢进去。这样过了十几天，舞阳侯樊哙闯开宫门直冲而入，各大臣也随后跟进。只见汉高祖正以一个宦官为枕头，独自躺在那里。樊哙等人见了汉高祖，流着眼泪说：“想当年，陛下与我们一同在丰、沛起事，平定天下，是何等雄壮！现在天下已经安定，又是多么疲惫啊！而且，陛下病重，大臣们都感到震惊恐惧；陛下不接见我们商议国家大事，就只是和一个宦官到死吗？再说陛下难道不知道赵高篡权的事吗？”汉高祖便笑着起了身。

秋季，七月，淮南王黥布反叛。

当初，淮阴侯韩信被杀害，黥布内心极为惧怕。而后彭越被诛杀的时候，朝廷还把他的尸体剁成肉酱而分赐于诸侯。使者来到淮南，不巧淮南王黥布正在打猎，看到肉酱，非常害怕，就偷偷派人部署军队，探伺附近郡县发生危机时能够应变。黥布所宠爱的美姬当时生病了，就去找医生看病，中大夫贲赫和医生住对门，贲赫给医生送了珍贵的礼物，并陪着宠姬在医生家饮酒。淮南王就怀疑贲赫和宠姬私通，要拘捕贲赫。贲赫便乘坐传车去长安呈紧急奏书，说：“黥布谋反有真凭实据，可以在他没有发动变乱之前去诛灭他。”汉高祖看过贲赫上呈的奏书后告诉相国萧何说："黥布应该不会这样做的，可能是仇家故意陷害黥布，请先拘捕贲赫，再去查验淮南王。"淮南王看见贲赫畏罪潜逃并上书，内心里就担心他已经说出了自己暗中部署军队之事，而如今汉朝使者又来验查，便将贲赫家族杀掉发兵造反。汉高祖刚一听到谋反的消息，就将贲赫赦免并任命他为将军。

汉高祖召集诸将一起征求对策。诸将们说："出兵去攻击黥布，并坑杀活埋这小子，他竟然做这种事情！"汝阴侯滕公召见前楚令尹薛公并询问对策。令尹说："黥布原本就应反叛。"滕公说："皇上分割土地，分封爵位让他为王，他还有什么原因造反？"令尹说："去年把彭越杀了，前年把韩信杀了，他们三个人是功劳等同思想一致的人，他们担心灾难降临到自己身上才先造反的。"滕公告诉汉高祖令尹的话，汉高祖召见令尹，询问令尹薛公的意见，薛公回答说："黥布不造反才是怪事。倘若黥布能出上策，那山东的土地一定不再属于汉而被他占有了，倘若他用的是中策，那就不敢确定双方的胜负了，倘若他用的是下策，那陛下就大可不用忧虑而安心睡觉了。"汉高祖说："上策是什么？"薛公对说："向东取吴，向西夺取楚，兼并齐，攻取鲁，把羽檄传令给燕、赵，如果他们坚守占领的地方，山东就不再是汉能拥有的了。""中策是什么？""向东夺取吴，向西夺取楚，兼并韩，攻取魏，抢占敖仓的米粮，阻塞成皋的关口，如此一来，胜利失败就不能确定。""下策是什么？""向东夺取吴，向西夺取下蔡，把重兵放在越，自己跑到长沙，如此一来，陛下就能够安心睡觉了，汉就没有什么损失了。"汉高祖说："黥布会使哪个计策呢？"薛公回答说："他会选择下策。"汉高祖说："他怎么会不用上策、中策，而用下策呢？"薛公说："黥布，本是骊山囚徒，他靠着自己最终成了万乘的国君，他的做法只是为自己，并不是顾及百姓、为后代子孙着想的，我觉得他这种人一定会使出下策。"汉高祖说："太好了。"便把千户的食邑封给薛公，把皇子刘长立为了淮南王。

此时，汉高祖有病，想要派太子去攻打黥布。太子的宾客绮里季、夏黄公、角里先生、东园公四人游说建成侯吕释之说：“太子亲率军队，即使立下汗马功劳地位也不会增加，而若无功劳却可能会蒙受灾祸。你怎么不去恳请吕后，让她在汉高祖跟前哭诉说：‘黥布是天下的一大猛将，很会用兵，现在要让太子去带领这些陛下以前一同起事的诸将，这就类似于羊带狼，太子是管不住他们的，况且如果黥布知道太子带兵，那他更会大胆地向西进攻了。皇上即使病了，倘若勉强卧在辎重车里来监管诸将，诸将一定会尽力的。为了妻儿，皇上即使辛苦，也请勉为其难。’”吕释之马上在当晚去见了吕后。吕后找机会在汉高祖面前哭诉，说清楚了四人建议的话语。汉高祖说：“我原本应该想到这小子是不可派遣的，我还是亲自带兵去吧。”

于是汉高祖亲自统领大兵向东进发，君臣留守朝中，都送行到霸上。留侯张良生了病，也支撑身子，来到曲邮，对汉高祖说：“我本应随您出征，但实在病重。黥布那些楚国人剽悍凶猛，望皇上不要和他硬拼！”又建议汉高祖让太子为将军，监领关中军队。汉高祖说：“张先生虽然有病在身，请勉强躺着辅佐太子。”当时，叔孙通是太子的太傅，张良代理少傅之事。汉高祖又下令征发上郡、北地、陇西的车、骑兵，巴、蜀两地的材官及京师中尉的军队三万人，作为皇太子的警卫部队，驻扎在霸上。

黥布开始叛乱时，对他的部将说：“皇上年龄大了，十分厌倦作战，一定不会亲自带兵的。原来只有彭越、淮阴侯韩信让我不放心，他们已经死了。现在剩下的没有什么可怕的，”他就叛乱了。果然不出薛公所料，黥布向东面去攻打荆。荆王刘贾逃亡，死在富陵，黥布把他的部队全部接收了，他还渡过了淮河去攻击楚。楚发起军队在僮县、徐县中间与黥布攻战，把兵分到三处，想相互援救，作为奇计。有人劝说楚将：“黥布擅长用兵，百姓一直都很敬畏他，兵法上还说：‘诸侯在自己本土作战，士兵容易由于顾家逃散’，如今又把军队分成三处，对方一旦打败我们的一处军队，那其他两处的士卒也自然而然地会逃走，不会相互救援的。”楚将不听他的劝告。果然黥布打败了楚一处军队后其他两处都四散而逃，黥布便又带兵转向西面进攻。

十二年(丙午，公元前195年)

冬，十月，黥布与高祖的军队在蕲县西边相遇，黥布军队非常精锐。汉高祖在庸城建筑营垒，看到黥布军队的布阵与项籍一样，非常厌恶。汉高祖与黥布双方能够互相望见，汉高祖远远地对黥布说：“你何苦要这样做?”黥布说：“我难道就不能做皇帝吗?”汉高祖愤怒地大骂，骂着骂着双方就交起战来。黥布失败逃跑，渡过淮河，多次停下来再战，但十分不顺，黥布只能带着百余人逃去江南，汉高祖下令让别将去追击他。

高祖率领军队回长安，经过沛县，在途中他停留住下，于沛宫设置酒席，把旧友、父老、女长辈、家族子弟全部召来陪同饮酒，共叙旧情，欢笑作乐。酒喝到畅快时，汉高祖自己作歌，欣然起舞，唱到慷慨伤怀之时，不禁流下热泪。汉高祖对沛县父老兄弟说：“游子思念故乡。我以沛公名义起事诛灭暴逆的秦朝，才夺取了天下。现在把沛县当作我的汤沐邑，免除县中百姓的赋役，世世代代不予征收。”汉高祖在沛县饮酒欢乐十余天后，才离去。

汉军的别将在洮水北、南两面攻打黥布军队，分别都大败黥布。黥布之前与番君吴芮的女儿结成婚姻，所以长沙成王臣就派士兵去引诱黥布，谎称要与他一块逃亡去越地，没想到黥布竟然就信以为真了，还追随着长沙成王臣到番阳，番阳人把黥布杀在了兹乡百姓的农舍。

周勃把代郡、雁门、云中等地平定，当城斩杀了陈豨。

汉高祖由于荆王刘贾无后代，便在刘贾死后把荆国更改为吴国，辛丑日，立侄子刘濞为吴王，辖地有三郡、五十三城。

十一月，高祖经过鲁国，以太牢的礼节祭祀孔子。

汉高祖打败黥布归来后，由于病得更重，越发想要换掉太子。张良劝说汉高祖，汉高祖却不听。张良从此称病，不再理会朝事。

叔孙通规劝汉高祖说:“从前晋献公因为宠爱骊姬,废黜太子,另立奚齐,结果造成晋国几十年内乱,被天下人耻笑。秦国也因为不早定扶苏为太子,使赵高得以用奸诈手段立胡亥为皇帝,自己的宗庙从而被灭绝。这是陛下亲眼所见的。如今太子仁义孝顺,天下都知道。吕后又与陛下艰苦创业,粗茶淡饭地共过患难,怎么能够背弃她呢?陛下一定要废去嫡长子而立小儿子,我愿先受诛杀,用脖颈的血涂地!”汉高祖只好说:“你不要这样,我只是开玩笑而已!”叔孙通又说:“太子,是国家的根本,根本一旦动摇,天下就会震动;怎么能用天下来开玩笑呢?”当时大臣中坚持反对的人很多,汉高祖明白群臣的心都不向着赵王,于是停止改立太子的事情。

相国萧何因为长安地方狭窄,而皇家上林苑中有很多空地,而且被荒弃不用,希望能让百姓入内耕种,留下禾秆不割,作为苑中鸟兽的饲料。汉高祖一听很愤怒地说:“相国你一定收了商人的大笔贿赂,才替他们算计我的上林苑!”将萧何交付廷尉,用刑具锁铐起来。过了几天,一个姓王的卫尉侍奉汉高祖,上前探问:“相国犯了什么大罪,陛下突然把他拘禁起来?”汉高祖说:“我听说李斯做秦始皇的丞相时,有善行就归功于君主,有过失就自己承担。现在萧何接受了商人的大笔贿赂,为他们要我的上林苑,以讨好下民,所以拘禁起来治罪。”王卫尉便劝说:“职事中只要对百姓有利的就向皇帝建议,这才是真正的宰相该做的事情,陛下为什么竟疑心相国收受了商人贿赂呢?况且,陛下与楚霸王作战几年,陈豨、黥布造反,您亲自率军出征。当时,相国独守关中,只要关中一有动摇,函谷关以西就不再是陛下所有的了!相国不在那时为自己谋利,反而在现在贪图商人的金钱吗?再说,秦朝就是因为不知道自己的过失才丧失了天下,李斯为秦始皇分担过失的作为,又有什么值得效法的呢?陛下为什么如此轻易地怀疑相国呢?”汉高祖听完心里很不愉快。当天,派人手持符节释放了萧何。萧何年纪已老,平时对汉高祖很恭谨,进宫后光着脚前去谢恩。汉高祖说:“相国您不要这样!相国为人民讨要上林苑,我不准许，我不过是夏桀、商纣那样的昏君，而相国您是贤相。我所以抓起相国，就是希望百姓知道我的过失啊！”

陈豨反叛时，燕王卢绾发动士兵攻打陈豨的东北方。那时，陈豨派王黄去向匈奴求救，燕王卢绾也派大臣张胜去匈奴，告诉匈奴说陈豨被击败了。张胜到胡地，之前燕王臧荼之子衍逃亡到胡地，见到张胜说：“你由于熟习胡人的事情才能被燕国重用，而燕国之所以长久存在，是由于诸侯多次谋反，战争接连不断。如今你为了燕国，着急消灭陈豨等人，等把陈豨等人灭掉后，紧接着灭亡的就是燕国了，那时你们也就会成了俘虏。你应该想方设法让燕暂缓攻击陈豨，而与胡人交好。

战事缓和后，燕国便可长久生存，即使发生汉廷征伐的紧急之事，也可以保全燕国。”张胜觉得这话很对，便私自想办法让匈奴去帮助陈豨等人攻打燕国。燕王卢绾怀疑张胜和胡人一块叛变了，便上书朝廷杀掉张胜家属。张胜回燕国后，详尽说明如此做的缘由，燕王觉得不错，于是燕王就谎称是他人的罪过，让张胜的家属得到释放，让张胜做了间谍与匈奴联系。并且偷偷派范齐去陈豨处，想让他长久逃亡，使得陈豨和匈奴交战相持，让战事久久拖延不决。

汉军进攻黥布的时候，陈豨当时正在率兵驻扎在代地。汉攻打并杀掉了陈豨，他的一位副将向汉投降，告诉了汉高祖燕王卢绾把范齐派去与陈豨互通计谋的事情。汉高祖派使者召见卢绾，卢绾借口生病不去见。汉高祖又派辟阳侯审食其、御史大夫赵尧去接燕王，趁机查问燕王左右的近臣。卢绾更害怕了，就自己藏了起来，告诉信任的大臣：“眼下只有长沙王和我不姓刘却被封为王。去年春天，淮阴侯的三族被汉杀了，夏天，彭越也被杀掉了，这全是吕氏的计谋。眼下汉高祖病了，却将政事托付给吕后，可吕后始终是个妇道人家，特意要找借口将那些异姓的王侯和功臣杀掉。”所以卢绾谎称生病不上京，他左右的大臣们也全躲藏逃亡。有人透漏了许多卢绾说的话，辟阳侯听到后，就去详细地告诉了汉高祖，汉高祖更加生气。又得到一个匈奴降汉的人，说张胜藏在匈奴做燕王的使者互通消息。于是汉高祖说：“卢绾果真反叛了！”春天，二月，汉高祖就派樊哙以相国的名义去率军攻打卢绾，把儿子刘建封作燕王。

汉高祖下令：“南武侯织，也是粤地的后裔，封为南海王。”

汉高祖攻击黥布时，被流矢射中，在归途中，病得十分严重。吕后找良医给汉高祖看病。医生进来朝拜汉高祖说：“能治好这病。”汉高祖骂那个医生说：“我本是平民一个，现在却拿三尺剑就得到了天下，这难道不是天命吗？这是命中注定的，即便扁鹊再世对我的病也不会什么好处的。”于是就不让医生治病，还把五十斤黄金赐给他好让他走。吕后问汉高祖说：“陛下百岁之时，萧何相国死后，谁来替代萧相国？”汉高祖说：“曹参可以。”吕后问曹参之后又有谁可以呢。汉高祖说：“王陵，但他稍有憨直，不过陈平能帮他。陈平很有智慧，不过很难独当此任。周勃忠厚持重不过文采不够，然而安定刘家天下必定是周勃，可以把他任命为太尉。”吕后又问王陵后面还有谁可以，汉高祖说：“这之后的事，也不是你能了解的了。”夏天，四月，甲辰日（二十五日），汉高祖在长乐宫驾崩。丁未日（二十八日）发丧，这天大赦天下。

卢绾与他的部下几千人在塞下等候机会，希望汉高祖的病快好，想要亲身去长安给汉高祖谢罪，但知道汉高祖已经驾崩，就逃到了匈奴。

五月，丙寅日（十七日）埋葬汉高祖于长陵。

当初，高祖不修文学，不过他个性开明通达，喜欢用计谋，又能接受别人的建议，即使接见戍卒、监门等小人物都和故交旧友一样。最初听从民心，约法三章。天下平定后，又命令萧何整理法律、法令，韩信申明军法，张苍制订历法及度量衡章程，叔孙通规定礼仪；又与功臣剖分符节，立下誓言，用朱砂写就，以铁制成，放入国家收存重要文书的金柜石室，妥藏在宗庙中。汉高祖虽然众事繁多，日不暇给，但创立制度规模宏远。

己巳日(二十日),太子即皇帝位,尊称吕后为皇太后。

起初,汉高祖病得十分严重,有人诋毁樊哙:“吕氏和樊哙结党,假如有一天皇上驾崩,他们会出兵杀掉赵王如意。”汉高祖十分愤怒,采用陈平的谋划,把绛侯周勃召来在床前听候诏令说:“陈平赶快用驿传马车,将周勃载去代替樊哙领兵,陈平一去军营,就立刻将樊哙杀掉。”二人接了诏令,就坐着驿传马车奔腾而去,不过到军营之前,边走边商议:“樊哙,与皇上是故交了,劳苦功高,况且是吕后妹妹吕媭的丈夫,与皇上有着直接的亲属关系,还有着尊贵的地位。皇上在气头上将他斩掉了,或许以后会后悔,不如我们现在先把他拘禁起来带给皇上,让皇上自己杀他吧。”到军营之前,在营外将高坛筑起,用符节将樊哙召来。樊哙接受诏令后,立即将手放到背后叫人把他反绑起来,被用木栏囚车押送到长安;而让绛侯周勃代他为将军,率军征讨燕国谋反的诸县。

陈平在回长安的路上,听说汉高祖驾崩,陈平由于担心吕媭给太后说他的坏话,就快马加鞭先到长安。见到使者,传令让陈平和灌婴驻扎于荥阳。陈平接到诏令,又飞快地骑着飞马进到宫内,为了汉高祖的死痛哭流涕,趁机多次请求吕后希望能做宫中侍卫。太后就将他封为郎中令,并让他做惠帝的老师。此后,吕媭的谗言才没被相信,樊哙到朝廷后就被释放,恢复原有爵位和封地。

太后下令将戚夫人囚禁在永巷,给她剃去头发,带上刑具,穿上土红色的囚服,做舂米的苦活。她又派使者去召赵王刘如意,使者三次往返,赵相周昌对使者说:“高帝生前把赵王嘱托给我,赵王年纪小,我听说吕太后怨恨戚夫人,想把赵王召去一齐杀掉,我不敢让赵王去。而且赵王也病了,不能接受命令。”吕太后听到汇报,大为愤怒,便先派人去召周昌。待周昌到了长安,才派人再去召赵王。赵王前来,还未到达时,汉惠帝听说吕太后要对赵王动怒,便亲自去霸上迎接赵王,与他一起入宫,自己带着他一同吃饭睡觉。吕太后想杀掉赵王，但找不到机会。

孝惠皇帝

元年（丁未，公元前194年）

冬季，十二月，惠帝有一天早上去打猎。赵王年纪小而没能早起，太后就让人拿毒药喂给他。天亮时，惠帝打猎归来，赵王已被毒死了。太后就将戚夫人砍断手脚、眼睛挖掉，用药熏耳，又逼她喝哑药，让她住到厕所，被称为“人彘”。几天后，召惠帝来看人彘。惠帝看到后，一问，晓得那是戚夫人，于是放声痛哭，因此就病得一年多没能起床。派人去对太后说：“这简直不是人做的事情，我是你太后的儿子，可我终究是不能够治理天下的。”从此以后，惠帝变得天天饮酒淫乐，不再理会国家大政。

◆司马光说：做儿女的，如果父母有错就应该劝谏，倘若不听劝谏，就应该哭着跟随父母。哪有守住高祖的大业，做了天下的君主，不忍心看到母亲的残酷行为，便抛弃国家而不体恤天下万民，并以放纵色酒伤害自己的？孝惠帝可以说是固执小仁不知大义了。◆

淮阳王友被另封作赵王。

春季，正月，开始在长安西北面建筑城垣。

二年（戊申，公元前193年）

冬季，十月，齐悼惠王来朝拜惠帝，在太后跟前一块喝酒，惠帝觉得齐王是自己的兄长，便叫他坐上座。太后看到后极为愤怒，将毒酒放于跟前并赐予齐王，让他给她祝寿请安时将毒酒喝下。齐王站起来，惠帝也站起来拿了毒酒给她祝寿，太后大吃一惊，就去翻倒了惠帝所拿的毒酒。齐王奇怪，所以不敢喝酒，佯装喝醉要离开，而后问清楚为毒酒时，心里突然特别害怕。齐内史中的士劝说齐王，让他把城阳郡献出给鲁元公主当作汤沐邑。太后大为高兴，就把齐王放了。

春季，正月，有两条龙于癸酉日（初四）在兰陵百姓家的水井之中出现。

陇西发生地震。

夏季，发生旱灾。

郃阳侯仲过世。

酂文终侯萧何病了，惠帝亲自来探视，趁机问他说："假如你不幸离世，谁能替代你的相位?"萧何回答说："了解臣子的没有谁比得上君主。"惠帝说："曹参怎么样?"萧何叩头说："皇上有合适人选，我死而无憾了。"

秋季，七月，辛未日(初五)萧何过世。萧何当初购买宅院田地，一定选择穷乡僻壤之地，整建家里的房屋的时候，也向来不建围墙。他说："如果后代子孙贤能，就会效仿我的节俭，不贤能，也不会被有权势的人家抢走。"

癸巳日(二十七日)，把曹参封为相国。曹参知道萧何死后，告诉家人："赶快把行装整理一下，我马上就要入朝做宰相了。"没多久后，使者果真把曹参召回京师。当初，曹参卑微之时与萧何很好。两个人的关系从萧何做了宰相后有了嫌隙，直到萧何快死之时，推荐的贤才唯有曹参。曹参替代萧何做相国，所有政事都没有改变，全按萧何制定的执行。他在各郡国官吏的选择上，把不善言辞但却质朴厚道的长者封为丞相史，官吏当中说话苛刻、注重虚名的人加以排除。他每天喝美酒，大夫、卿以下官吏以及宾客看到曹参不整治丞相之事，都前来求见想劝告他，可是他一来曹参就马上请他喝美酒；想要找机会说出建议，但曹参一直劝喝酒，直到最后喝醉离开，终究没有机会开口说话。像这样子是经常有的事情。曹参看到他人有小错，还特意替他掩盖隐瞒，所以相府总是平安无事。

曹参的儿子曹窋是中大夫，惠帝埋怨相国对政事不上心，心想："他是不是藐视我年纪小?"所以让曹窋回相府，悄悄问曹参。曹参很愤怒，把曹窋鞭笞了二百下，说："赶紧入宫侍奉皇上去吧，你不应该说天下之事。"上朝的时候，惠帝责怪曹参说："那天是我让曹窋劝诫你的。”曹参把帽子摘下谢罪说:“陛下反省一下，高帝和您相比，谁更圣明?”惠帝说:“朕不敢与先帝相提并论!”曹参接着说:“陛下觉得臣与萧何相比，谁更贤德?”惠帝说:“你可能比不上萧何。”曹参说:“陛下说得对。高帝与萧何将天下平定以后，已经把法令颁布得十分清楚。如今陛下只需要拱手垂衣，我曹参等人只需要遵照萧何的法令而不失误，不就可以了吗?”惠帝说:“说得好!”

曹参身为相国，前后三年，百姓歌颂他:“萧何建立法令，整齐而又统一，曹参代为相国，遵守而不失误，因其无为清静，人民安宁统一。”

三年(己酉，公元前192年)

春天，发动长安方圆六百里的所有百姓总共十四万六千人建筑长安城，三十天才完工。

以宗室女为公主，嫁给匈奴的冒顿单于。那时，冒顿的实力正强，派使者写信给吕太后，文辞极其傲慢无礼。吕太后十分愤怒，立刻召集大臣宰相将帅，商量斩杀使者，并发动军队进行攻击。樊哙说:“臣甘愿率领兵众十万前去攻击匈奴。”中郎将季布说:“樊哙真该杀!之前，高帝被匈奴包围于平城，那时汉兵三十二万余人，樊哙身为上将军，也不能突破匈奴的包围。如今那日被包围的呻吟声还没断绝，受伤之人刚刚痊愈能够起身，樊哙却要将天下百姓搅得不得安宁，胡说八道要率领十万兵众横扫匈奴，这岂不是当面欺瞒廷臣和太后吗?更何况夷狄像禽兽一样不懂礼貌，得到他们的坏话不值得生气，好话也不值得高兴。”吕太后说:“说得好!”便让大谒者张释回禀，书信内容相当恭逊谦虚，并向匈奴道谢，外加送八匹马两辆车。冒顿继而派使者来感谢，说:“我们不通中原礼仪，还望陛下饶恕我的无礼。”故而把良马献给汉朝并与汉和亲。

夏天，五月，立闽越君摇为东海王。摇和无诸，都是越王勾践的后代，他们追随诸侯将秦消灭，由此建立极大的功劳，老百姓称颂并归附于他，甚至将他立为王，把都城建在东瓯，世称东瓯王。

六月，发动列侯、诸侯王属地徒役奴隶二万人筹建长安城。

秋季，七月，皇家车马所在的大厩发生火灾。

这年，蜀湔氏部族叛乱，被朝廷出兵讨伐平定。

四年（庚戌，公元前191年）

冬季，十月，立张氏为皇后。张后是惠帝姐鲁元公主之女，太后想与之亲上加亲，就把她许给惠帝做皇后。

春季，正月，让郡国推举黎民中勤力农事、友爱兄弟、孝顺父母之人，将他们的赋税和劳役减免。

三月，甲子日（初七），惠帝二十岁举行加冠之礼，所以大赦天下。

将妨碍百姓官吏自由的法令减少，废除藏书有罪的法律。

惠帝到长乐宫正式朝见太后，除此之外还常去跪拜太后，多次警戒清道，打扰百姓。故而建筑阁道于武库南边。奉常叔孙通劝谏汉惠帝："这是高帝每个月出游的衣冠之道，子孙不能在宗庙的路上行走。"惠帝大吃一惊，说："废掉阁道。"叔孙通说："国君是不允许有错误举动的，可如今已经做了，黎民也知道了，将阁道废了，就是承认做错了。希望陛下在渭水北面复建原庙，每月奉帝王的衣冠出游，参拜加宽宗庙，是大孝的根本。"于是汉惠帝下令建立宗庙。

◆臣司马光说：过失，是所有人免不了要犯的，唯有圣人才能勇于改错。古代的明君，唯恐自己有错没有被察觉，特意安装诽谤木，让百姓敲打，并安放谏劝鼓，他们不会害怕百姓看到他们的过错。所以仲虺称赞成汤说："不要吝啬改过。"傅说劝诫高宗说："不要羞耻于自己的过错，更不要胡作非为。"如此看来，身为国君的人，并非没有过错即为贤能，更为重要的是要勇于改正错误。眼下叔孙通却劝诫惠帝"国君是没有错误的举动的"，这是在教国君掩盖过错继续做坏事，难道不是谬误吗？◆

长乐宫鸿台发生火灾。

秋季，七月，乙亥日（二十日），未央宫凌室发生火灾，丙子日（十一日），织室发生火灾。

五年(辛亥，公元前 190 年)

冬季，打雷，桃李开花，枣子结果。

春季，正月，再次征发住在长安城方圆六百里内的百姓一共十四万五千人建长安城，三十日才停工。

夏季，发生旱灾，水流断绝，溪谷里的水干涸。

秋季，八月，平阳懿侯曹参去世。

六年(壬子，公元前 189 年)

冬季，十月，把王陵任命为右丞相，陈平被任命为左丞相。

齐悼惠王肥去世。

夏季，留文成侯张良过世。

汉惠帝把周勃任命为太尉。

七年(癸丑，公元前 188 年)

冬季，发动车骑、材官到荥阳，以太尉灌婴率领。

春季，正月，辛丑朔日(初一)，日食。

夏季，五月，丁卯日(二十九日)，日全食。

秋季，八月，戊寅日(十二日)，惠帝崩于未央宫。大赦天下。九月，辛丑日(初五)，将惠帝葬于安陵。

当初，吕太后命张皇后取别人之子来养育，并将孩子之母杀掉，把孩子立为太子。把惠帝葬后，太子即位，由于年纪尚小，太后代行天子之权。

资治通鉴卷第十三　汉纪五

起甲寅(公元前187年)，止癸亥(公元前178年)，共十年。

【题解】本卷记录了高后吕雉元年至文帝刘恒二年共十年间的历史。记录了惠帝刘盈死后吕后执政，又杀刘邦子刘友、刘恢；记录了吕后分封诸吕，吕产、吕禄掌握朝权，架空元老陈平、周勃。记录了吕后死后，齐王刘襄在外起兵，灌婴倒戈，朝中周勃、陈平与朱虚侯刘章等发动政变，消灭诸吕，代王刘恒继位。记录了文帝刘恒削弱周勃、陈平、刘襄、刘章势力，较妥善地应对南越王称帝；以及文帝听谏言、轻田赋、绝进贡等善政。

高皇后

元年(甲寅，公元前187年)

冬季，太后想把吕氏家族的人封为王，就询问右丞相王陵。王陵说："高帝曾经杀白马和大臣们盟誓：'不是姓刘的而称王，天下人可以共同攻击他。'如今把吕氏家族的人封王，等于违背了盟约。"太后极其不高兴，就问太尉周勃、左丞相陈平，他们回答说："当年高帝平天下，把子弟封为王。如今太后暂代政事，把吕氏家族的人封为王，没什么不可。"太后听后特别高兴，就宣布退朝。王陵责备绛侯陈平："原来与高帝歃血为盟，二位难道不在？眼下高帝过世，太后一个女子却入主政事，且要把吕氏封为王；你们竟然阿谀太后，抛弃与高帝的盟约，那么有什么颜面见高帝于九泉之下？"陈平、绛侯说："眼下，当面指责，据理力争，臣等不如你，不过安定刘氏子孙，保全社稷，你却不如我们。"王陵无言以对。十一月，甲子日(二十九日)，太后任命王陵为少帝太傅，实为剥夺王陵宰相的权力。王陵借故有病，被免职返回故国。

太后接着就把左丞相陈平任命为右丞相，把辟阳侯审食其任命为左丞相，他不管理政事，就让他监视宫中一切，职责就像郎中令。审食其因此得到太后宠幸，公卿等人办理政事便去找他决定。

太后怨恨赵尧替赵隐王刘如意谋划，就将他判罪。

上党守任敖曾经是沛县监狱官吏，曾有恩于太后，太后把他封为御史大夫。

太后追封父亲临泗侯吕公为宣王，哥哥周吕令武侯吕泽为悼武王，想要逐渐将诸吕氏家族之人封为王。

春季，正月，废除抄杀三族（父、母、妻）重罪和把错误言论判为妖言的法令。

夏季，四月，鲁元公主去世，太后把公主的儿子张偃封为鲁王，公主谥号也被封为鲁元太后。

辛卯日（二十八日），封挂名惠帝儿子的刘山为襄城侯，刘朝为轵侯，刘武为壶关侯。

太后因为想把吕氏封为王，所以先把挂惠帝儿子名的刘强封为淮阳王，刘不疑也被封为恒山王，派大谒者张释风去劝说大臣们支持。大臣们请求将悼武王长吕泽的长子郦侯吕台封为吕王，分割齐国的济南郡作为吕国的封地。

五月，丙申日（初四），赵王宫殿丛台发生火灾。

秋季，桃树、李树开花了。

二年（乙卯，公元前186年）

冬季，十一月，吕肃王吕台去世。

春季，正月，乙卯日（二十七日），地震，羌道、武都道山崩。

夏季，五月，丙申日（初九），封楚元王儿子郢客为上邳侯，任命齐悼惠王儿子刘章为朱虚侯，下令让他入宫宿卫，又把吕禄的女儿嫁与刘章。

六月，丙戌晦日（三十日），发生日食。

秋季，七月，恒山哀王刘不疑去世。

发行八铢钱。

癸丑日（二十七日），封襄成侯刘山为恒山王，将名字改为刘义。

三年（丙辰，公元前 185 年）

夏季，汉水、江水大涝，淹没四千多家。

秋季，白昼出现星辰。

洛水、伊水涨水，淹没一千六百余家。汝水大涝，淹没八百多家。

四年（丁巳，公元前 184 年）

春季，二月，癸未日（初七日），立挂名的惠帝儿子刘太为昌平侯。

夏季，四月，丙申日（二十一日），太后将妹妹吕嬃封为临光侯。

少帝渐渐长大，知道自己并非皇后所生，便这样说："母后怎能将我的母亲杀死却把我挂名为子呢？我长大后，一定要叛乱。"太后听后，将少帝囚禁于永巷，向外宣称少帝大病，左右大臣均不可觐见。太后告诉大臣们："眼下皇帝大病已久，一直未好，心神惑乱而昏沉，不可继续治理天下，我们应该找个人来替代。"群臣都叩头说："皇太后心念天下百姓，所以想到要安定社稷、宗庙，考虑的细节都深远周到，我们甘愿叩头接受诏令。"便废少帝，囚禁起来并杀掉。五月，丙辰日（十一日），立恒山王刘义为帝，并给他改名为弘。由于仍然是太后暂代政事，不变更年号称元年，封轵侯刘朝为恒山王。

同年，任命平阳侯曹窋为御史大夫。

主管官员请求禁止在南越边关设市场和南越做铁器的生意。南越王赵佗说："高帝封我为王，而且允许互相流通器物。眼下太后却听信谗臣，把蛮夷区别开来，甚至要断绝器物交易，想必一定是为长沙王谋划，想要凭借朝廷的力量消灭南越并占领，以此作为自己的功劳。"

五年（戊午，公元前 183 年）

春季，赵佗自称为南越武帝，派兵攻击长沙，将长沙王军队打败，连破数县才离去。

秋季，八月，淮阳怀王刘强去世，封壶关侯刘武为淮阳王。

九月，发动上党、河东的骑兵屯驻北地。

第一次下令戍卒每年更换一次。

六年(己未，公元前 182 年)

冬季，十月，太后由于吕王吕嘉生活放纵，极其骄恣，便将他的王位废掉。十一月，封肃王的弟弟吕产为吕王。

春季，星辰出现于白昼。

夏季，四月，丁酉日(初三日)，大赦天下。

封朱虚侯刘章的弟弟刘兴为东牟侯，同时入宫做宿卫。

匈奴侵占狄道，攻下阿阳。

发行五分钱。

宣平侯张敖去世，赐谥号鲁元王。

七年(庚申，公元前 181 年)

冬季，十二月，匈奴攻打狄道，并将两千多人俘虏。

春季，正月，太后召见赵幽王刘友。刘友的王后是吕氏女儿，可刘友讨厌吕氏女，却偏爱另一个妃子。吕氏女不高兴，就远离赵，并在太后那里进谗言说："赵幽王说：'吕氏怎么能够称王呢？太后百年后，我必定攻打吕氏。'"太后因而召见赵幽王。赵幽王到达京师，便被安排在官邸，没见到太后，却被太后命令的卫士守住，不给予食物。凡偷送食物给赵幽王的大臣，便被逮捕判罪。丁丑日(十八日)，赵幽王被饿死，用平民礼节将赵幽王葬于长安平民的坟场里。

己丑日(三十日)，发生日食，白天天色极其幽暗。太后害怕，告诉左右说："这大概都是由于我的缘故吧。"

二月，改封梁王刘恢为赵王，吕王吕产为梁王。不过梁王没到封国去就任，却做了皇帝的太傅。

秋季，七月，丁巳日(七月无此日)，封平昌侯刘太为济川王。

吕媭的女儿是将军营陵侯刘泽的妻子。刘泽是高祖同曾祖父的弟弟。

齐人田生为刘泽向大谒者张卿说:“太后封诸吕为王,诸位大臣并不全都心服。营陵侯刘泽,在刘氏宗室中年龄最长,如果你现在能向太后建议封刘泽为王,那么,吕氏受封为王的格局就会更加稳定了。”张卿入宫报告太后,太后以为很有道理,就分割齐国的琅邪郡为诸侯国,封刘泽做了琅邪王。

赵王刘恢自被迁于赵后,心情一直不好。太后把吕产的女儿嫁与赵王为后,王后的随从官都是吕氏家族的人,他们擅自专权,悄悄监视赵王,让赵王什么事都不能自做主张。赵王有一位宠姬,王后派人将其毒死了。六月,赵王受不了,心情郁闷,于是自杀。太后听后,认为赵王由于宠姬而废掉宗庙的礼节,所以不同意他的后代来承继王位。

那时,诸吕专权国事把朝政。朱虚侯刘章,当时只有二十岁,相当有勇力,对于刘氏家族受到压制十分不满。他曾经入宫侍奉太后喝酒,当时太后让他做酒令官。刘章请命道:“臣是帅将之后,希望能用军法行酒令。”太后说:“准。”刘章喝得稍微有点醉时,请求能够唱首《耕田歌》,太后允许。刘章唱道:“耕地的时候要耕得深,播种的时候要种得密啊,种的苗要远而广,要用锄头除掉所有不是我们要种的苗。”太后不说话。没多久,诸吕中有一人由于喝醉了想要逃避喝酒而逃开,刘章便追了上去,拔剑将其斩杀后回去,禀告太后道:“臣依照行酒军法杀掉了一个逃避酒令之人。”太后左右之人都非常吃惊,可由于答应过刘章准他用军法行酒,所以也就不能怪罪,无奈只能停止酒宴。此后,诸吕都很惧怕朱虚侯,即使是大臣也都依赖着朱虚侯,刘氏也逐渐强大起来。

陈平害怕诸吕势力膨胀到压制不了,担心威胁自己。平时在家总是深思熟虑如何对付。陆贾前去看他,径直到厅堂坐下,陈丞相没注意到他的到来。陆贾问:“怎么如此沉思?”陈平说:“你看我在想什么呢?”陆贾说:“你已经享受了极高的荣华富贵,该是无所想了。不过你还担心,应该是忧虑诸吕的势力和国君年少而已。”陈平说:

"是的，我应该怎么办?"陆贾说："天下安，注意相；天下危，注意将。将与相关系和谐，士人就会归附；天下即使有重大变故，大权也不会被瓜分。安定国家的根本大计，就在你们二位文武大臣掌握之中。我曾想对太尉绛侯周勃说明这一利害关系，绛侯平素与我常开玩笑，不会重视我的话。丞相为何不与太尉交好，密切联合呢?"接着陆贾为陈平谋划将来平定诸吕的几个关键问题。陈平采纳陆贾的计谋，用五百斤黄金为绛侯周勃祝寿，举办丰盛的宴席，太尉周勃也以同样的礼节回报。

陈平与周勃互相紧密团结，吕氏图谋篡国的心气渐渐衰减。陈平送给陆贾一百个奴婢、五十乘车马、五百万钱作为饮食费。

太后把使者派去通知代王，要把他改封成赵王。代王婉言拒绝，想要镇守代边，继续做代王。于是太后就把她哥哥的儿子吕禄改立为赵王，而且还把吕禄父亲建成康侯释追尊为赵昭王。

九月，燕灵王刘建去世，留有后宫美人所生的儿子，吕后派人给杀掉了，废除燕王的封号。

派隆虑侯周灶去领兵攻击南越。

八年(辛酉，公元前180年)

冬季，十月，辛丑日(十六日)，封吕肃王之子东平侯吕通为燕王，封吕通的弟弟吕庄为东平侯。

三月，太后举办了求福除灾的祭祀，返回途经轵道时，看到一个与苍犬同样大的东西，抓到太后腋下，又突然消失掉。占卜者说"这是赵王如意的鬼魂作怪"。此后，太后就有了两腋的病。

太后因外孙鲁王张偃孤单衰弱且年纪尚小，于是在夏季四月丁酉日(十五日)，封张敖生前宠姬生的两个儿子张侈为新都侯，张寿为乐昌侯，让他们辅助鲁王。然后又把中大谒者张释封为建陵侯，由于他劝太后封诸吕为王，故而奖励他。

长江、汉水大涝过了堤防，淹没一万多家。

秋季，七月，太后病重，于是任命赵王吕禄为上将军，去领北军，让吕王吕产去领南军。太后告诫吕禄和吕产："我把吕氏封为王，大臣们心里都很不平，眼下我要走了，可是皇帝还小，大臣们随时可能叛乱。务必保卫宫廷掌握军队，切不可为了给我送丧，而受人所压制。"辛巳日（三十日），太后驾崩，留下诏令：大赦天下，任命吕王吕产为相国，把吕禄之女封为皇后。太后下葬后，让左丞相审食其去做皇帝太傅。

吕氏家族想发动政变，但惧怕大臣绛侯周勃、灌婴等人，不敢贸然发动。朱虚侯刘章娶吕禄之女为妻，所以得知吕氏的阴谋，就暗中派人告知其兄齐王刘襄，让齐王统兵西征，朱虚侯、东牟侯为他做内应，图谋诛除吕氏，立齐王为皇帝。齐王就与他舅父驷钧、郎中令祝午、中尉魏勃暗中密谋发兵。齐相召平反对举兵。八月，丙午（二十六日），齐王准备派人杀国相召平；召平得知，就发兵包围了王宫。魏勃欺骗召平说："齐王没有汉朝廷的发兵虎符，就要发兵，这是违法的。您发兵包围了齐王本是对的，我请求为您带兵入宫软禁齐王。"召平信以为真，让魏勃指挥军队。魏勃掌握统兵权之后，就命令包围相府；召平自杀。于是，齐王命驷钧为相，魏勃为将军，祝午为内史，征发齐国的全部兵力。

齐王派祝午到东方蒙骗琅邪王说道："由于吕氏作乱，齐王即将调动军队向西去讨伐诸吕。不过齐王觉得自己年纪较轻，不太懂得军队打仗之事，所以想把举国托付给大王您。大王您在高帝时就一直是将领，所以请大王前去临淄，与齐王共同商议大事。"琅邪王相信了祝午，便飞快地骑上马向西去与齐王见面。齐王趁势将琅邪王扣留，又继续派祝午去发动琅邪国全部军队，接受齐国率领。琅邪王劝说齐王道："大王您是高皇帝嫡长孙，依照常理说应立为帝，可如今却由于大臣怀疑未定。而我刘泽是刘氏中年纪最长的，大臣们都会等我来决定计谋。眼下你留我也没用，还不如派我去与大臣们共议大计。"齐王觉得有道理，便多准备了些车骑将琅邪王送走。琅邪王走后，齐便调兵向西去讨伐济南，把书信送给诸侯王，陈述诸吕罪过，还要领兵讨杀诸吕。

相国吕产等得知后，就派遣颍阴侯灌婴领兵去征讨齐王。灌婴走到荥阳，跟手下谋划说："诸吕拥重兵于关中，想要威胁刘氏自立成王。如今倘若我能攻破齐国，只会给吕氏增加势力。"于是便屯驻荥阳，并让使者告诉诸侯和齐王，表明想与他们和好，共同等吕氏叛乱，然后一起将其诛杀。齐王听后，把军队退于西界，依照规定，安静地等待消息。

吕产、吕禄要作乱，可对内担心绛侯周勃、朱虚侯等人，对外畏惧齐国、楚国的军队，还担忧灌婴反叛。想要等灌婴的军队和齐国的军队交战后再动手，所以一直犹豫不决。

此时，济川王刘太、淮阳王刘武、常山王刘朝及鲁王张偃，都年幼，没有就职于封地，居住于长安；赵王吕禄、梁王吕产分别统率南军和北军，都是吕氏一党。列侯群臣没有人能自保安全。

太尉绛侯周勃得不到领兵权。曲周侯郦商年老多病，其子郦寄和吕禄向来友好。绛侯周勃与丞相陈平商量，让人劫持郦商，再让他儿子郦寄前去欺骗吕禄说："高帝和吕后共同平天下，刘氏所立的九王，吕氏所立的三王，全是大臣们提议的，这都已公布给了诸侯，大家也都认可。如今太后逝世，皇帝年轻，但你拿着赵王印信，不抓紧时间前去镇守藩国，却还要在这里担任上将，留下来让诸侯大臣们质疑。你怎么不把上将军的印信归还，将军队归还给太尉率领，再让梁王将相国印信归还，与大臣签订盟约并去封国就任？这样，齐兵一定不会再叛变，大臣也就会安全了，你也能够放心地去做千里侯王了，这可真是你子孙后代万世的福气！"吕禄很赞成郦寄的计谋，想要将兵权归还太尉，就派人报告给吕产和吕氏家族的长者，有人赞成，有人不赞成，计划一直被纠结着不能决定。

吕禄信任郦寄，常与他共同去打猎，看望他姑姑吕媭。吕媭十分愤怒地说："作为上将军的你如果放弃军权，吕氏就要死无葬身之地了。"说罢便把所有的宝玉珍珠分散到厅堂下说："不用再给别人守这些东西了。”

九月，庚申日（初十）一早，平阳侯曹窋行使御史大夫权利，前去与相国吕产见面商议国家大事。郎中令贾寿正好出使齐回来，就责怪吕产说：“大王你不早去封国，眼下想走也走不成了！”然后将齐、楚和灌婴联手西向，准备诛杀诸吕之事讲述给了吕产，还催促吕产赶快入宫。这话平阳侯也听得十分清楚，很快就告诉了太尉、丞相。

太尉周勃本想进北军去，却进不去。襄平侯纪通掌管符节，太尉就让他手持符节假传帝令，送太尉周勃进入北军。太尉下令让郦寄和典客刘揭先劝说吕禄道：“皇上让太尉去镇守北军，让你前去封国即位。你赶紧归还上将军印信，将上将军职务辞去，远离京师，否则，马上就会发生灾祸。”吕禄觉得郦况（郦寄，字况）不会骗他，于是便将大将军印信解下并还给了典客刘揭，接着又把兵权授予太尉。太尉到达北军之后，吕禄已然远离。太尉一进军门，就给军中士卒下令说：“想要帮吕氏的，请露出右臂！想要帮刘氏的，请袒露左臂！”所有士卒都露出左臂。太尉便统一了北军。但还有南军。丞相陈平便召见朱虚侯刘章让他辅助太尉。太尉下令让朱虚侯镇守军门，让平阳侯告知宫中守卫：“不许相国吕产进到宫殿之门！”

吕产不知道吕禄已然远离北军，就进到未央宫里面，想要作乱。到宫殿门口后，发现进不去，就徘徊在那里。平阳侯担心打不过吕产，便快速报告太尉。太尉也是害怕打不过诸吕，所以不敢大声公开要杀诸吕，便告诉朱虚侯刘章：“赶紧入宫保卫皇上！”朱虚侯乞求给他拨些士卒，太尉便将一千多士卒拨给他。进到未央宫门时，在宫廷中见到吕产。傍晚，便攻打吕产，吕产失败逃走。天空中突然吹起大风，吕产的从官吓得惊乱而害怕打仗；朱虚侯追击吕产，把吕产杀在郎中府吏厕所中。朱虚侯杀掉吕产后，皇帝派谒者拿符节奖励他。朱虚侯想要符节谒者却不给。朱虚侯只能跟谒者一起，用谒者手上拿着的节信飞快地走，进到长乐宫杀掉了长乐卫尉吕更始。继而飞快地进入北军给太尉汇报，太尉站起来祝贺。朱虚侯说：“我们只担心吕产，如今吕产被杀，天下终于能够平定了。”便让人分头去逮捕诸吕，不管老少一律斩杀。

辛酉日（十一日），捕杀吕禄，吕媭被鞭死，派人诛杀燕王吕通，废除鲁王张偃。戊辰日（十八日），把济川王改迁为梁王。让朱虚侯刘章把诛杀诸吕的事告知齐王，并让他停兵。

灌婴在荥阳，得知魏勃才是最初让齐王动兵之人，便让使者将魏勃召来，责问他。魏勃说：“失火的人家，怎么能先管丈人之事然后才去救火？”说罢便两腿战栗发抖，退后站立，恐惧得说不上话来，最后一句话也没有说上来。灌将军看了他许久，笑道：“大家都说魏勃十分勇敢，可看起来也只是一个妄动的庸人而已，不能怎么样的。”魏勃就被释放。灌婴也罢兵于荥阳回京师。

◆班固在《汉书》的赞文里说：孝文帝时，所有人都觉得郦寄背叛朋友。所谓背叛朋友，说的是因为看到了利益便丢掉朋友的义气。郦寄的父亲是开国功臣却被人劫持，为了救父，他只能欺骗吕禄。故而即使说他摧毁吕禄来安定社稷，但他保存了君亲的大义，也是值得赞赏的。◆

诸位大臣暗地共同商量说：“少帝和梁王、淮阳王、恒山王，都不是孝惠帝真正的儿子，当年吕后设计取他人的儿子，杀死他们的生母，把他们收养在后宫中，令孝惠帝认作儿子，立为继承人和诸侯王，用来加强吕氏的力量。现在，吕氏已被灭族，但吕氏所立的人，很快就要长大，等他们掌握实权，我们恐怕都要被灭族！不如从诸侯王中另选最贤者立为皇帝。”有人说：“齐王，是高帝的长孙，可立他为帝。”大臣们都说：“正因为吕氏外戚强横，几乎危及皇帝宗庙，摧残功臣，现在齐王的舅舅驷钧，为人暴恶，好像戴着冠帽的老虎，假若立齐王为帝，驷钧一族就会成为第二个吕氏。代王是高帝在世诸子中年龄最大的一位，为人仁孝宽厚，太后薄氏一家谨慎温良。立年长的本来就名正言顺，更何况代王又以仁孝而闻名于天下呢！”于是，大臣们共同议定拥立代王为帝，并暗地派人召代王入京。

代王问左右近臣，郎中令张武等人说：“汉大臣都是高帝曾经的大将，熟练军法，很会使用阴谋，他们根本不满足于现在的爵位，只是害怕高帝吕太后的权威，不敢轻举妄动而已。如今诸吕已被杀掉，京师刚发生一番激烈战斗，他们迎接大王是个名义，不可轻信。请求大王佯装生病不可前往，静观其变。”

中尉宋昌说：“他们的建议都是不对的。秦政治衰弱，诸侯、豪杰一起起事发难，妄自觉得可以得到天下，这样的人可以以万计数，但最后刘氏继承天子之位，所有人只能断了此想法，这是首先的原因。第二，高帝将自家子弟封成王，封给大家的土地又貌似犬牙交错，从而控制大局，即稳固宗族如磐石。诸侯便都屈从于这强大的权势。另外，汉朝振兴，废除秦的繁重政令，简化法令，施恩泽于百姓，天下百姓相安无事，这样就很难动摇国势。凭借着吕太后威严，把诸吕三人封为王，从而独断专权，但是太尉仅用一个符节，到北军招呼一声，全部士兵都左臂袒露，背叛诸吕，帮助刘氏，最终消灭诸吕。这是上天恩赐所致，不是人能达到的。眼下大臣们虽然想叛乱，可老百姓不想被驱使，其党羽能够统一专权吗？现在，朝内有朱虚侯、东牟侯这样的宗室大臣，外面又畏惧吴、楚、淮阳、琅邪、齐、代等强大的宗室诸国，大臣谅必不敢另生他念。眼下高帝之子，只有淮南王和大王，大王年龄又长，天下人都知道您贤圣仁孝，所以大臣们顺应天下人心，要迎立大王为皇帝。大王不必猜疑！”代王禀报太后商议此事，犹豫未定。卜问凶吉，得到了“大横”的征兆，所得卜辞说：“横线直贯多强壮，我做天王，夏启的事业得到光大发扬。”代王说：“我本来就是王了，又做什么王？”占卜的人说：“所谓天王，是指天子。”于是，代王派太后之弟薄昭前去拜见绛侯周勃。绛侯周勃等人向薄昭详细说明迎立代王为帝的本意。薄昭还报代王说：“迎立之事是真实的，没有什么可疑之处。”代王就笑着对宋昌说：“果然如您所说。”

代王下令让宋昌共同坐车，张武等六人坐驿车，追随他去长安。到高陵后，让宋昌快速去长安查看情况，自己先停下休息。宋昌到渭桥后，看到丞相以下所有官吏都在等候。宋昌便返回禀报。代王很快到达，众臣都下拜于代王甘称臣下，代王也下车回礼。太尉周勃说："臣有事想向代王私下禀告。"宋昌说："倘若说公事，就公开说吧；假如是私事，王者没有私事可谈。"太尉跪下呈上天子的符节、玉玺。代王谢道："请到我的邸舍再谈吧！"

闰九月己酉晦日（二十九日），代王到达长安，住进了代王府邸，群臣也都追随到此地。丞相陈平等人又都行礼道："太子弘等人并非是孝惠帝亲生子，按理不应即天子位。大王才是高帝现存的最年长的儿子，应该由您来继承王位。请大王快快即天子位吧！"代王向西谦让三次，向南谦让两次，最后即天子位。众臣都按照礼节，依序侍奉。

东牟侯刘兴居说："诛杀吕氏，臣没有功劳，但臣请求去清理宫室。"便与太仆汝阴侯滕公共同进到宫室中去，对少帝说："你不是刘氏亲生子，不当立为王。"回头命令少帝旁边手拿武器的侍卫放下武器离开。但其中有几人不愿放下武器，宦者令张释命令他们按照滕公的话去做，他们便也放下了武器。滕公便把天子的车骑召来把少帝载了出去。少帝说："你们要带我去哪里？"滕公说："暂住到外面去。"便休息在少府。把少帝安置好后，恭敬地带着天子仪仗，去代王府邸恭迎代王，禀告代王道："我已经清除了宫室。"代王那晚便住进未央宫。有十个谒者手拿武器守卫未央宫前正门，说："天子在此，你怎么能入宫？"代王告诉了太尉周勃，太尉周勃前去告诫谒者，十个谒者均放下武器走了出去，代王便很顺利地入宫了。夜晚，代王把宋昌封为卫将军，命他安抚镇守南北军，任命张武为郎中令，负责巡视宫内。有司分别诛杀了梁王刘太、淮阳王刘武、恒山王刘不疑和少帝刘弘于他们的府邸。文帝刘恒返回坐在前殿，当晚，便下诏书大赦天下。

太宗孝文皇帝上

元年（壬戌，公元前 179 年）

冬季，十月，庚戌日（初一），改封琅邪王刘泽为燕王，封赵幽王之子刘遂为赵王。

陈平借口生病引退。汉文帝安慰他，陈平道："高祖的时候，周勃功劳没有我大，不过，在斩杀诸吕时，臣功劳没能比得上周勃。臣甘愿让出右丞相职位给周勃。"十一月，辛巳日，汉文帝把陈平改封为左丞相，太尉周勃为右丞相，大将军灌婴为太尉。

诸吕抢占的原来的楚、齐土地，又都还给他们。在商量斩杀诸吕的功劳时，右丞相周勃之下诸人，赏赐的金额，增加的封户，都由于功劳不同而有所区别。绛侯周勃早朝结束出殿时，洋洋得意，汉文帝恭敬地对待他，经常目送着他离殿。郎中安陵袁盎劝说汉文帝："诸吕谋反背叛，众臣们一起将诸吕斩杀。那时丞相还是太尉，手握兵权，趁此机会成就大功。眼下丞相在圣上这里可能有所骄傲，可您还是让着他，国君和大臣都失了礼数，臣觉得陛下这样做不合适。"此后每次早朝的时候，汉文帝就更庄严，丞相也更加恭敬汉文帝。

十二月，汉文帝下令说："法律，是国之根本。如今犯法之人已判罪，却还让无罪的犯人父母、妻子、同产共业的人一起连坐，从而被收做奴隶，朕觉得此种做法有所不适，废掉收入子、妻为奴的连坐法令吧。"

春季，正月，有关官员请汉文帝早立太子。汉文帝说："朕的德行不高，即使没有广泛地搜寻天下有德贤圣之人从而禅让给他天下，可也不能预先立太子啊，先立太子则会让我更加不德，这事暂缓。"有关官员说："先立太子，是看重社稷、宗庙，不忘自己治理天下的重任。"汉文帝说："楚王，是朕的季父，吴王，是朕的兄长，淮南王是朕的弟弟，这些人难道不是预先设立的继承者吗？可如今不任用有德之人，一定要传位给自己儿子，别人会觉得朕把那些贤德之人忘记了，却偏心于自己的儿子，这样就不是以国家安危为重了。"相关官员继续请求道："古时周、殷立国，安天下治国长达千余年，用的就是这种立子之道，一定要立亲生儿子为继承人，这种传统已经很久了。高帝把天下平定，是皇上太祖，后代子孙继承，世代继续没有断绝。而如今却舍掉子嗣不立，偏重新选举于宗室和诸侯，这并非高帝的本意，故而不应改变。陛下之子启最年长，又仁恩、厚道、慈爱、纯洁，请皇上把他立为太子。”汉文帝无奈应允。

三月，立太子的母亲窦氏为皇后。皇后是清河观津人，有弟弟叫作广国，字少君，小时被人抢夺卖掉，辗转卖了很多家，得知窦后被立为皇后后，就马上上书说明自己身份。皇后要见他，经询问查验，知道是真的，便把金钱宅院田地厚赐给他，并安排与他兄长一同在长安住下。灌将军、绛侯周勃等人说：“我们诸位的生命都悬挂在这两人的手上。他们出身卑微，不能不给他们选择师傅、宾客，要不他们将会向吕氏学习，这件事情对国家的安危影响太大了。”便选择了士人中德行品节较高之人与他两人同住。窦长君、少君从此成为谦谦君子，不敢拿尊贵来骄人了。

文帝下令救济那些穷困、寡、孤、鳏、独之人。又下令：“八十岁以上老人，每个月赐米、肉、酒等，九十岁以上的老人另外加赐棉絮、丝帛。赐的食物之中，应当给予米的，由县令省视，派县尉或县丞送达；不到九十岁的，由令史、啬夫送达。两千石的郡守要派佐吏（督邮）巡视，不按照诏令做的县令要责罚。”

楚元王交去世。

夏季，四月，楚、齐发生地震，二十九座山一下崩塌，大水涌溃出来。

这时，有人向皇帝进献日行千里的宝马。汉文帝说：“每当天子出行，前有鸾旗为先导，后有属车做护卫，平时出行，每日行程不超过五十里，率军出行，每日只走三十里；朕乘坐千里马，能先单独奔到何处呢？”于是，文帝把马还给了进献者，并给他旅途费用；接着下诏说：“朕不接受贡献之物。命令全国不必前来进献。”

文帝已经给天下人施恩惠，诸侯和四方蛮夷远近的人都十分和洽欢乐。便开始归顺从代来到京师有功绩的诸臣，还把宋昌封为壮武侯。

汉文帝越发了解国家政事。早朝的时候询问右丞相周勃说："天下一年有多少案子判决？"周勃谢罪说不知道。汉文帝又问："一年钱谷收入多少？"周勃继续承认说不知道，心里十分惭愧惶恐，汗流浃背。汉文帝接着问左丞相陈平。陈平说："有人专门负责这事。"汉文帝说："谁管这事？"陈平回答说："陛下问廷尉断狱之事，问治粟内史钱谷之事。"汉文帝说："假若各事都有主管官吏，那么您是负责什么事情的呢？"陈平认罪道："我很惭愧，陛下没想到我才智低劣，才让我做宰相。宰相需要做的事情是：辅佐圣上，顺应四时，调理阴阳，让天下的万物自由成长；对内使得百姓归附，卿大夫能安心担任各自责任，对外安抚镇守诸侯和四方夷狄。"文帝听后说很好。右丞相周勃很自责，出宫门后责怪陈平说："你怎么不告诉我怎么说？"陈平笑道："你是宰相还不知道自己的责任？况且你可以勉强回答陛下的长安城中盗贼数目的问题吗？"绛侯晓得自己与陈平相比才能差很远。没多久，有人劝周勃说："你已将诸吕诛杀，把代王立为帝，在天下都很有名。所以你受到厚重的恩赐，拥有崇高的地位，这样一来就会有灾难降临到你身上。"周勃也觉得自身处境十分危险，就借口生病，上奏归还宰相印信，汉文帝同意了。秋季，八月，辛未日，由左丞相陈平专任为丞相，而右丞相周勃被免去职务。

起初，隆虑侯周灶攻打南越，恰逢潮湿暑热天气，士卒都得了大瘟疫，军队越不过山岭。一年多以后，吕后去世，就停兵了。南越王赵佗也因此用武力胁迫、用财物贿赂西瓯、越、闽、骆等族，让他们归顺南越。因此有了东西一万多里的土地。他乘坐天子的车驾，悬挂天子的大旗，称号、制度均与中原相同。

汉文帝于是下令，为赵佗在真定的父母亲的坟墓设置专司守墓的民户，按每年四季祭祀；又召来赵佗的兄弟，用尊贵的官位和丰厚的赏赐表示优宠。文帝又派遣陆贾出使南越国，带去文帝致赵佗的一封书信，信中说："朕是高皇帝侧室所生之子，被安置于外地，在北方代地做藩王。因路途遥远，加上我眼界不开阔，朴实愚鲁，所以那时没有与您通信问候。高皇帝不幸去世，孝惠帝也去世了；高后亲自裁决国政，晚年不幸患病，诸吕乘机谋反，幸亏有开国功臣之力，诛灭了吕氏。朕因无法推辞诸王、侯和百官的拥戴，不得不登基称帝，现已即位。前不久，得知大王曾致书于将军隆虑侯周灶，请求寻找您的亲兄弟，请求罢免长沙国的两位将军。朕因为您的这封书信，已罢免了将军博阳侯；您在真定的亲兄弟，朕已派人前去慰问，并修整了您先人的坟墓。前几日听说大王在边境一带发兵，不断侵害劫掠。当时长沙国受害，而南郡尤其严重；即便是大王治理下的南越王国，难道就能在战争中只获利益而不受损害吗？战事一起，必定使许多士卒丧生，将吏伤身，造成许多寡妇、孤儿和无人赡养的老人，朕不忍心做这种得一亡十的事情。朕本来准备对犬牙交错的地界做出调整，征求官员意见，回答说：'这是高皇帝为了隔离长沙国而划定的。'朕不得擅自变更地界。现在，汉若夺取大王的领地，并不足以增加多少疆域；夺得大王的财富，也不足以增加多少财源。五岭以南的土地，大王尽可自行治理。即便大王已有皇帝的称号，但两位皇帝同时并立，互相之间没有一位使者相互联系，这是以力相争；只讲力争而不讲谦让，这是仁人君子所不屑于做的。愿与大王共弃前嫌，自今以后，互通使者往来，恢复原有的良好关系。"

陆贾到南越后，南越王极其害怕，给陆贾叩头谢罪，甘愿听文帝诏令，做汉朝藩臣，永远奉守进贡的职责。于是给全国老百姓下令说："我听说两贤不能并生于世。汉皇帝十分贤明，今后，我要除掉帝制，去掉天子大旗、天子车驾等。"就给汉文帝写书信道："蛮夷大长、老夫臣赵佗冒死上书给皇帝陛下，老夫是供职于旧越地的官员，幸得高皇帝宠信，赐我玺印，封我为南越王。孝惠皇帝即位后，根据道义，不忍心断绝与南越的关系，所以对老夫有十分丰厚的赏赐。高后当政，歧视和隔绝蛮夷之地，下令说：'不得给蛮夷南越金铁、农具、马、牛、羊；如果给它牲畜，也只能给雄性的，不给雌性的。'老夫地处偏僻，马、牛、羊也已经老了，自以为未能行祭祀之礼，犯下死罪，故派遣内史藩、中尉高、御史平等三批人上书朝廷谢罪，但他们都没有返回。又据风闻谣传，说老夫的父母坟墓已被平毁，兄弟宗族人等已被判罪处死。官员一同议论说：‘现在对内不能得到汉朝尊重，对外没有自我显示与众不同的地方。’所以才改王号，称皇帝，只在南越国境内称帝，并无为害天下的胆量。高皇后得知，勃然大怒，削去南越国的封号，断绝使臣往来。老夫私下怀疑是长沙王阴谋陷害我，所以才发兵攻打长沙国边界。老夫在越地已生活了四十九年，现在已抱孙子了。但我夙兴夜寐，睡觉难安枕席，吃饭也品尝不出味道，目不视美女之色，耳不听钟鼓演奏的音律，就是因为不能侍奉汉廷天子。现在，有幸得到陛下哀怜，恢复我原来的封号，允许我像过去一样派人出使汉廷；老夫即便死去，尸骨也不朽灭。改号为王，不敢再称帝了！”

齐哀王襄去世。

汉文帝得知河南守吴公和平治政，天下无双，便召见他，让他担任廷尉。吴公推举洛阳人贾谊，文帝便面见了贾谊，并把他封为博士。那时贾谊二十余岁。文帝欣赏他文辞较好，博学多识，一年内，破格让他担任太中大夫。贾谊请文帝把秦的正朔改掉，把服饰颜色改变，把官名定了，还兴办礼乐，为了建成汉朝的新制度，丢弃秦时律令。遗憾的是文帝礼让谦虚，没能大幅修改，始终没有采用贾谊的意见。

二年(癸亥，公元前178年)

冬季，十月，曲逆献侯陈平去世。

命令诸侯们都返回自己的封国去，留在京师和在汉朝做官的官吏，分别把列侯嫡长子遣送回去。

十一月，乙亥日(初二)，周勃又一次担任丞相。

癸卯晦日(三十日)，出现日食。文帝下诏说：“大臣们都反思我的失误以及我没有想到之处并告知我。另外，推荐贤良、方正、敢于强谏直言之人来担任官职，从而来改正我自己没有发觉的错误。”因此要求官吏用心做好本职工作，务必降低费用和减少徭役，给百姓行方便，去掉侍卫将军，太仆留足够朝廷用的马，剩下的全拨予驿传用。

颍阴侯的骑从贾山上书文帝，谈论治乱之道："臣听说被雷电击打的东西，全会被毁掉，万斤的重物会把一切物体压碎。如今人主的威望不仅仅是雷霆，手里拿的重物，也不仅万钧重。广开言路，虚心接纳，采纳士人意见，并给予他显赫的地位，士人还会因为惧怕而不敢表达，更何况君主恣肆暴虐、放纵物欲，不想听自己过错呢？用权势之重压制士人，用威严震慑士人，士人即便有像孟贲的勇力，舜、尧一样的智慧，也会被摧毁的。这样一来，君主就不会知道自己的过错，社稷也就危险了。过去，周大概有一千八百侯国，以九州的百姓，养活一千八百个侯国君主，百姓有用不完的劳力，君主也有用不完的财物，所有人也都在歌功颂德。秦朝皇帝用一千八百个侯国的黎民来养活他一个人，黎民筋疲力尽不能胜任劳役，用尽财物而不能满足皇帝搜刮。即使只是皇帝一人，供养他驰骋田猎的娱乐，用全国的财力也供养不起。秦皇帝活着时算计自己功德圆满，觉得子孙后代能够世代享用，可他死后没几个月，天下人就从四面夹击，使秦断绝了祖先的祭祀。秦皇帝处于灭绝中却自己没发现，是什么原因？因为所有人害怕告诉他。为什么大家不敢告诉他呢？因为秦王朝没有尊老养老的道义，没有能够辅佐的大臣，罢免了批评朝政的官员，杀害了敢当面批评谏阻的士人。所以那些谄谀逢迎、只求自保、追求利禄的无耻小人，吹捧秦始皇的德政高于尧舜，功业超过商汤和周武；天下将土崩瓦解，而没有人告知秦始皇。现在圣上使天下黎民推荐方正、贤良的士人来担任官职，所有人都高兴地说道：'咱们的君主要重兴三王的功业以及尧舜之道了。'所有士人都鼓励品学，使得品学更纯白精粹，从而接受皇上的优良品德。如今方正士人肯定都已经在朝廷中做官，皇帝又挑选一批贤者，使他们作为诸吏、常侍，与他们一块去打猎，每天去三两次。臣恐怕如此一来，政事会有所松弛懈怠，从而百官也跟着懈怠。皇上刚就位时，亲自敦促众臣要恩厚于黎民百姓，崇尚节俭，公平治罪，宽缓用刑，爱护人民，所有人都很高兴。微臣得知山东官吏颁布陛下命令的时候，百姓即使老弱病残，也都前去听令，都想在有生之年看到皇上您的功德圆满。眼下您刚名声显现，也刚有些成就，诸侯黎民都惦念皇上品德而追随您，可方正的士人，才俊豪杰的众臣，却只能追随陛下日日捉狐、捕兔、打猎，有害于国家大业，从而使得黎民期望有所断绝，臣自己替陛下可惜。古时为了让大臣们讲求廉洁，使品节高尚，不能玩游安乐，那众臣也就只能尽心工作，修好品行，端正自身，以合礼节。士人没出仕的时候在家修好品德，出仕朝廷为官时却变坏了，臣自己很为大家惋惜。陛下在与众臣游乐时，千万别忘了和方正之士、大臣们商讨国家大事，这样一来，玩游时没有丢失乐趣，朝廷也没有失去礼节，商议也没有失去度，这才是最重要的。”汉文帝表扬并采纳他的建议。

汉文帝每天早朝，跟随他的从官、郎官如果有书疏递上，没有不停车接受的。倘若不采纳书疏中的建议，就把它放在一边；言辞可以采纳的，每次都给予赞美。

文帝登上霸陵，要向西面飞驰，所以奔下险峻山坡。中郎将袁盎骑着马侍奉在旁边，握住汉文帝马缰，不让马驰骋。汉文帝问：“你害怕吗?”袁盎说：“臣得知，‘千金富翁之子，因为怕瓦片打到，所以不坐到堂外的屋檐下’。贤明的君主不做危险之事，也不祈求侥幸。如今皇上身驾六马从险峻山坡飞驰而下，倘若马受惊，车子摔坏该如何是好?陛下即使轻视自己生命，可又怎么对得住祖先和太后?”汉文帝听后才停止。

汉文帝宠幸的慎夫人，在宫里常与皇后同席。有一次去郎官官署，袁盎为了不让她和皇后同席坐便将慎夫人引到后面。慎夫人很愤怒，不肯坐，汉文帝也非常生气，起身返回禁宫。

袁盎上前说道：“臣听说‘尊卑有次序，上下才能和谐’。如今皇上既然立了皇后，慎夫人就是妾，妾和后是不能同坐的，况且陛下宠爱慎夫人，赏赐优厚就够。不过皇上您现在为慎夫人做的只会给她带来灾难。陛下难道不知道吕后对戚夫人所做的‘人彘’之事吗?”汉文帝听后才舒服点，召见慎夫人并告诉她道理，慎夫人也恩赐黄金五十斤给袁盎。

贾谊上书汉文帝说：“《管子》中说：‘仓库满了，百姓才知礼节重要；衣食充足，人民才能有羞耻或荣耀的道德心。’人民生活不充足却办好政治的，从古至今都没有听说过。古人说：‘一个男人倘若不耕种，那么就有人会挨饿；一个女人如果不织布，那么就会有人受冻。’物质生产有时令限制，不加节制使用的话，生产能力用尽也生产不出。古人治理天下，就是注意到了很细微的小事，所以他们积存蓄藏的粮食才足够用。如今远离农业投身工商业的人很多，这对天下大不利，奢侈淫靡的风气一直在增长，这是天下的大祸。祸患伤害极为流行，无法禁止，眼下国家命脉快被颠覆，却无法挽救振作。消费的人多于生产之人，天下的物质财富一定会被用尽的。汉兴起快四十年，所蓄积的公私财物，仍然很少。气候失调，长期无雨，百姓犹如饿狼般顾望疑怯；每年收成极差，富人请买爵位，输粟朝廷，可穷人只能为了生活而出卖儿女，皇上已经能够听到这些事情了。国家已经危险到这种地步了，皇上怎么能不心惊？年成有丰歉的不同，还会有饥荒，这是自然规律，汤、禹时就受过。如今倘若很不幸地出现了两三千里旱灾，天下百姓又该怎么互相帮助？边境又有战事突发，好几十百万士众，朝廷怎么补给？ 旱灾、兵灾相继发生，所有的财物都被用尽，有力气的人聚众并且四处侵夺，老人、衰弱的人和疲病的人，只能相互交换儿女，啃人食肉。政治不能通达黎民身上，来自远方的那些有能力却假冒名号自比天子的人，也发动起事，相互对抗，那时才着急想办法，就晚了！粮谷的积藏，是国家的命脉，倘若积存的粮谷多，并且还有财物剩余，那国家就不会有做不成的事情，那时攻打敌人能夺得土地，防守也能极其坚固，作战也能取得胜利，怀柔敌人并且使得远方之人依附，都能够做成！如今朝廷假如使得百姓返回到农作，让天下黎民能靠自己生活，让寄食于四处的商人、工人转而去从事农田劳作，那积存蓄藏的粮谷就够黎民生活了，从而百姓也能够安居乐业，如此一来能够使得百姓富足，天下安定，可皇上不做，就只能为天下粮谷不足而不安，臣自己为皇上惋惜！”

汉文帝为贾谊的话所感动。春，正月，丁亥日（十五日），下令开辟天子藉田，自己去耕种，从而为黎民百姓做表率。

三月，有关官员请求文帝立皇子为诸侯王。文帝下诏，先立赵幽王的小儿子刘辟强为河间王，立朱虚侯刘章为城阳王，立东牟侯刘兴居为济北王；然后才立皇子刘武为代王，刘参为太原王，刘揖为梁王。

五月，下令说：“古时候治理天下的君主，在朝廷设有向君主进谏的旌旗，以及用来书写对朝廷不满的诽谤之木，为了招徕劝谏的人和使得政治通达。而如今却规定散播妖言、不满之人有罪，这让大臣不敢直接尽情谏告于皇上，皇上也就没办法得知自己的过错了，这样不能招来贤人！将这些法令废除吧！”

九月，汉文帝下诏说：“农业，是天下的根本，也是百姓赖以生存的根本；可有些百姓却舍本逐末去经营工商业，导致粮食不够，使得我们难以生存。朕对这种情况很担忧，因此眼下亲自带领众臣耕种，以鼓励百姓务农，并恩赐天下黎民减收一半田租。”

燕敬王泽去世。

资治通鉴卷第十四　汉纪六

起甲子(公元前177年)，止辛未(公元前170年)，共八年。

【题解】本卷记录了汉文帝刘恒三年至文帝十年共八年间的历史。记录了绛侯周勃功高盖主，被文帝借口下狱，后因无罪被放；记录了淮南王刘长为母报仇椎杀审食其，骄纵谋反，在发配途中自杀，文帝心里不安，封刘长诸子为侯；记录了文帝讨平济北王反叛；记录了匈奴与汉朝致书和亲，以及中行说被迫入胡，助匈奴侵犯西汉；记录了张释之公正廉明，敢于直言上谏；记录了贾谊上书谏言，在《治安策》中提出一系列施政措施等等。

太宗孝文皇帝中

前三年(甲子，公元前177年)

冬季，十月，丁酉晦日，出现日食。

十一月，丁卯晦日，出现日食。

文帝下诏说："从前让列侯到达封国，有人推脱还没有成行。丞相，是朕所看重之人，让他替朕带领列侯去封国吧。"

十二月，免掉丞相周勃的职位，并把他派到自己的封国。乙亥日(初九)，任命太尉灌婴担任丞相，将太尉官撤销，职权归属丞相。

夏季，四月，城阳景王章逝世。

起初，赵王张敖献美人给高祖，美人得到高祖宠爱，后来怀孕。而后发生贯高谋反之事，美人受到连坐也被关到河内。美人的舅父赵兼通过辟阳侯审食其向吕后求情，可吕后却因为嫉妒不向汉高祖说情。美人生下儿子，愤而自杀。官吏带美人之子面见汉高祖，汉高祖后悔不已，给这个孩子起名为刘长，让吕后给他做母亲好生抚养，然后将其母葬于真定。后来刘长被封为淮南王。

淮南王从小失去母亲，经常依托吕后，因此在吕后、孝惠帝时没有发生灾患，可他内心经常怨恨辟阳侯，觉得他不与吕后力争，从而使他母亲死去。文帝后来即位，淮南王觉得与文帝最亲，就自恣骄纵，多次不遵守法令，汉文帝经常宽恕他。这年，淮南王入朝时陪汉文帝去苑囿打猎，与汉文帝同车，经常把汉文帝称呼为“大哥”。淮南王很有力气，能将鼎举起。他把铁椎暗自藏在衣袖中，去找辟阳侯，然后将辟阳侯椎杀致死，让部下魏敬将辟阳侯的头砍下，飞快进入宫廷，露体袒衣跟汉文帝请罪。汉文帝可怜他为了母亲，故而赦免他，没有治他的罪。那时，薄太后和太子以及大臣们都十分害怕淮南王。淮南王因此回封国后就更加自恣骄纵起来，出入时与天子一样警跸（清道），制度和称号都与天子可比。袁盎劝说汉文帝：“诸侯过于骄纵，会发生祸患。”汉文帝没有采纳。

五月，匈奴右贤王侵占黄河南边之地，劫夺侵占保护汉边塞的上郡蛮夷，杀死人民掠夺财物。汉文帝到达甘泉。让丞相灌婴调动八万五千车骑，前去高奴攻打匈奴右贤王，而后又发动中尉管辖下的以大力而闻名的特种兵归属于卫将军指挥，驻扎长安。右贤王逃跑远离边塞。

汉文帝由甘泉至高奴，顺道到太原，与前臣见面，并给予恩赐，还将中都、晋阳等地的黎民三年的租税免除，在太原游玩十余天。

起初，诛杀诸吕时，朱虚侯刘章在众臣中功劳最大，大臣们曾许诺把全部赵地封给他让他为王，把全部梁地封给其弟东牟侯刘兴居也让他为王。及至文帝得立，得知朱虚侯、东牟侯当初打算拥立齐王刘襄为帝，故有意贬抑二人的功劳，等到分封皇子为王时，才从齐地划出城阳、济北二郡，分别立刘章为城阳王、刘兴居为济北王。刘兴居自认为失掉了应得的侯王之位，功劳被夺，颇为不满；现在听说文帝亲临太原，以为皇帝将亲自统兵出击匈奴，有机可乘，就发兵造反。汉文帝得知刘兴居举兵谋反，诏令丞相和准备出击匈奴的军队都返回长安，任命棘蒲侯柴武为大将军，统领四位将军、十万军队出击刘兴居；任命祁侯缯贺为将军，率军驻守荥阳。秋季，七月，文帝自太原返抵长安。文帝下诏书："济北境内吏民，凡在朝廷大兵未到之前就归顺朝廷和率军献城邑投降的，都给以宽赦，且恢复原有的官职爵位；即便是追随刘兴居参与谋反的，只要归降朝廷，也可赦免其罪。"八月，济北王刘兴居兵败，就自杀了。

起初，南阳张释之是骑郎，当了十年都没有选充高职，就想回家。袁盎知道他的贤能，所以一直推举他，把他升为谒者仆射。

释之随从汉文帝出行，来到鲁国饲养虎的兽槛，汉文帝询问主管上林苑的官吏关于禽兽簿记录的禽兽有多少。提出了十多个问题，上林尉惊慌失措，眼睛左右瞟都没有回答上来。管虎圈的啬夫在一旁替代上林尉回复。汉文帝想要趁机试试啬夫的能力，便提问得很认真，啬夫滔滔不绝地回答。文帝说："身为上林苑官应该像他这样才对！上林尉才能不能满足职位需要。"就让释之将啬夫拜为上林令。释之停顿了一下说："陛下觉得周勃人怎么样？"汉文帝说："他为长者。"接着问汉文帝说："东阳侯人张相如怎么样？"汉文帝又回答说："同样是长者。"释之说："东阳侯和绛侯都被称为长者，可他俩说事情的时候，口才也不是特别好，都不像这啬夫一般擅长讲话还善于辩论啊，况且秦由于重视执法官吏，众臣们争相急功近利，观察得细致入微。它的不足在于根本没有实际的效果，只是空有规定罢了，不能听到自己的错误，所以国运渐衰直到灭亡。如今皇上由于啬夫的口才就把他破格提升，微臣担心所有人都会学习他，争先恐后地说而不做实事，下级很容易受到上级的强化，那速度比响之应声、影之随形还快，因此君主升贬人才得谨慎啊！"文帝说："对啊！"便不再提升啬夫为上林令了。汉文帝上了车，让张释之与他一起乘坐。车子慢慢前行，汉文帝询问张释之秦朝政治上的不足，张释之答得都很实在真诚。返回宫中之后，汉文帝便让释之担任公车令。

没过多久，太子和梁王一起乘车进入朝廷，到司马门并没有下车。释之便追去，扣留太子和梁王，没让他们进殿门，并告知他们“进入公门却不下车，是大不敬”，还上奏给了汉文帝。薄太后得知了这件事情；文帝去掉帽子，为不够细心地教子而请罪。薄太后就让使者拿着汉文帝诏令去将太子、梁王赦免了，而后他们才可进殿。文帝此后对释之很是看重，让他担任中大夫，没多久，又晋升为中郎将。

释之随从汉文帝到达霸陵，汉文帝告诉众臣说：“唉！把北山之石用作椁，后斩碎麻絮与油漆混合，把缝隙涂沾就不能动之分毫了。”部下都说：“就是！”释之说：“倘若墓中有让人心动的宝物，即使南山被铸锢也会有缝隙，人还能进去，而倘若坟墓中并没有让人心动的宝物，即便不用石椁，也不用担心什么！”文帝赞扬他的话。

这年，释之升为廷尉。有一次文帝出巡途经渭桥，有人由桥下走过，文帝乘坐的马车受了惊，就让骑兵前去抓捕，交给廷尉裁决。释之奏明他应有的罪过：“此人违反了警跸令，判决用罚金抵罪。”文帝愤怒地说：“此人将我的马吓到，还好我的马柔顺温和，假如换成别的马，一定会受伤的，而你却只判他罚金！”释之说：“法律是我们每个人都应该遵守的，法令是这样规定的，倘若判得重了，就不能让民众相信法律了。如果刚才皇上将他杀掉也罢，可交给我判决我就得公平，因为如果稍有偏颇，所有执法的人就都会可重可轻，并无标准，黎民就会不知道该怎么做了，还请圣上明察秋毫！”汉文帝很久才说道：“廷尉做得对。”

而后，抓到一个偷窃高祖庙中座前玉环之人。文帝很气愤，将他交给廷尉判罪。释之依法奏明他应是死罪。汉文帝十分气愤地说：“这个人太无法无天了，他竟然盗窃我先帝器物，我把他交给廷尉治罪是想灭他的门的，可你仅依法奏明判他死刑，这不能体现我公诚奉承宗庙的决心。”释之脱掉帽子下跪解释：“法律这样规定，判成这样已经足够。况且即便他的罪相同，也得按顺逆程度区别判刑。如今盗窃宗庙器物便判其灭门，倘若有愚民盗窃长陵高祖坟土，圣上又要如何加重罪刑？”文帝将此事告知太后，应允了释之的判决。

四年(乙丑，公元前176年)

冬季，十二月，颍阴懿侯灌婴去世。

春季，正月，甲午日，任命原御史大夫阳武人张苍担任丞相。张苍很爱读书，见多识广，特别熟通历法律令。

汉文帝召见河东郡守季布，让他担任御史大夫。有人说他好勇、酗酒、难以亲近，季布到达京城，在行邸留了一月，汉文帝见到他就让他回郡。季布又觐见汉文帝说："臣没有功劳却获得恩宠，于河东戴罪做官，圣上没有原因地召见臣，必定有人用臣欺瞒圣上。如今臣到达了京师，没做任何事，让臣远离，必定有人诽谤臣。陛下因为一人妄誉召见臣，又因为一人诽谤抛弃臣，臣恐怕这天下有识之士得知后，能够知道陛下接人待物的深浅了！"汉文帝默默无语，有点羞惭，很久之后说道："因为河东郡是我极其重要的郡，所以我召见你。"

文帝提出让贾谊担任公卿。大臣都批驳贾谊说："贾谊是个十分普通的洛阳人，年龄不大，刚读了点书，便妄想专权，会把事情都搞乱了。"所以文帝渐渐地疏远贾谊，让他担任长沙王太傅。

绛侯周勃到达封国之后，每一次河东郡的守、尉巡视属县并到达绛时，周勃都担心被杀害，就经常身着甲衣，让家人手拿武器与守、尉碰面。而后有人告知朝廷周勃想要反叛，又让廷尉处决这件事情。周勃被廷尉逮捕并审判。周勃很恐惧，不知道怎么说。狱吏也有点侮辱他。周勃送给狱吏千金，狱吏就写在木简后面："请公主给你证明你不谋反。"公主为文帝之女，嫁给了周勃的长子胜之。薄太后也觉得周勃并无谋反之意。文帝面见太后时，太后生气地将头巾丢向文帝说："诸吕之前被绛侯杀时，带领北军的军队，带着皇帝印信，他那时没有谋反，却要在小小绛县作为绛侯而谋反吗?"文帝已然看过绛侯在狱中的答辩词，向太后请罪说："狱吏正在详细调查并给他开罪。"便让使者手拿皇帝符节，将绛侯赦免，将其原有爵位恢复还封了邑。绛侯走出监狱后感叹道："我之前带领百万军队，却不知道狱吏居然这么尊贵啊!"

开始建造顾成庙。

五年(丙寅，公元前175年)

春季，二月，发生地震。

当初，秦流通的是半两钱，高祖觉得过于沉重了，使用不方便，便再次打造荚钱，从而物价飞涨，米价竟然一万钱一石。夏，四月，重新打造四铢钱，将私自铸钱有罪律令废除，黎民都能自己造钱。

贾谊劝说汉文帝说："法令使得所有人都能雇人铸造锡、铜当作钱，有敢取巧地将铁、铅混杂在一起铸造的，要处以黥刑。但是铸钱如果不取巧混杂他物，就可能得不到利益，把他物混杂铸造花费很少，却有优厚的利益可获。有些法令会把奸人招来，有些事会把祸害招来。比如眼下把铸造钱币的权利让给每个平民，百姓将自己隐藏起来从事铸钱，就需要禁止他们被厚利所引诱，让欺诈奸伪之事不再存在，即使天天用黥罪威胁，也制止不了啊。最近，一县百姓多达一百余人犯罪，加上官府捉不到而逃走的以及被官吏质疑有罪承受鞭笞的还有更多的人。朝廷将不合适的法令立下，从而引诱百姓让他们落进陷阱铸钱，这是最严重的了。况且各郡县百姓用的钱各不相同：有用轻钱的，每一百枚就会有若干加重，各地有所区别；有用重钱的，平称多到难以接受。不能建立法定的钱币，倘若管钱币的官吏又很着急将轻重统一可怎么办？这样的事情太过于麻烦，能力也不能胜任而且还苛扰百姓，可倘若任由百姓铸钱却不加以阻碍，就会使得常用的钱币轻重不同而大乱。两者都不能行得通，应该怎么办呢？如今远离农事的人多，而采铜之人逐渐在兴盛，抛弃耕耨却从事熔冶金属铸钱之人数也在增加。低劣质量的钱币日益增多，粮食五谷却不见增加。善人被引诱心动做出邪恶之事，谨慎的百姓蹈陷法网受到刑罚，用刑法将黎民处死是极其不好的，不能疏忽！朝廷得知这些顾虑，官吏必定要求'禁止私人铸钱'。如果禁止的途径不合适，一定会有很大的伤害。倘若颁下诏令禁止铸钱，一定又会增加钱币重量，增加重量的话，利益就会增大，就会有很多人偷盗了，用死刑也难以禁止了。铜造成作奸的人多可法令崩溃却毫无作用，铜在天下遍布，它的害处太大了，因此不如将铜收为国有。”

贾山也劝说文帝，提出：“钱币，是没用的，但是可以换来富贵。可是富贵是人主所拥有的，现在让百姓自己去得富贵，这相当于让他们与人主共同操持富贵之柄，这是不会长久的。”汉文帝没有采纳他们的劝告。

那时，文帝正在宠幸太中大夫邓通，汉文帝想要他富有，就赐给他蜀郡严道的铜山让他可以铸造钱币。加上吴王濞拥有豫章铜山，找来所有亡命之徒铸造钱币，然后用东海水煮成盐，所以吴国不用赋税也能很富裕。因此邓通、吴王钱币也都遍布于天下。

起初，代被文帝分成二国，让自己的儿子刘武担任代王，让刘参担任太原王。这一年把代王刘武迁改为淮阳王；让太原王刘参担任代王，并将代王之前所有的土地给了他。

六年（丁卯，公元前174年）

冬季，十月，桃、李开花。

淮南厉王刘长私自在封国中制作施行法令，将汉为他安置的官吏赶走，并要求亲自安置丞相以及两千石以上的官吏，文帝违心地应准了他的想法。淮南王私自将无罪之人杀害，还把爵位赐给人，竟高到关内侯，多次上书汉文帝言辞不恭顺谦逊。汉文帝不想亲自开口责怪他，就让薄昭写信劝讽他，用周成王时管叔、蔡叔和济北王刘兴居之事作为警告。

淮南王得到薄昭的信后，心里不舒服，让大夫但、士伍开章等七十余人与棘蒲侯柴武嫡长子柴奇图谋使用四十辆辇车在谷口叛乱，让人去匈奴、闽越联系。可事情败露，被官府治罪。汉文帝让使者将淮南王召来。淮南王到达长安，丞相张苍、典客冯敬行使御史大夫职权，与宗正、廷尉共同上奏：“淮南王刘长应获死罪。”汉文帝说：“就赦免他吧，将其王位废掉，永不封王，居住到蜀郡严道邛邮去。”与淮南王同谋之人全被杀光。刘长乘坐着辎车，命令各县用驿车传送到邛邮。

袁盎上书说："皇上一直偏爱淮南王，不给他安排严厉的师傅、辅相，才会这样。淮南王为人刚烈，眼下肯定受不了如此大的挫折摧败，微臣恐怕他会突然遭遇雾露病死途中，从而使得陛下留有杀弟之名，如何是好？"汉文帝说："我只是想让他吃点苦，马上就将他放回。"

淮南王果然生气地不吃东西死去。从县传送至雍，到达雍时被命令打开封闭的囚车，发现淮南王已死，便奏明了汉文帝淮南王已死。汉文帝很悲痛，告诉袁盎："我没有听你的话，还是让淮南王病死了，该如何是好？"袁盎说："把丞相、御史杀掉即可，以谢罪于天下。"汉文帝让丞相、御史抓捕并提审各县传送淮南王之人，他们没有打开封闭的囚车给淮南王送食物，也没有侍奉他，所以都被判死刑。用列侯之礼节埋葬淮南王于雍地，还设立三十户人家守冢。

匈奴单于给汉朝送书信道："前些时候，皇帝谈到和亲的事，与书信的意思一致，双方都很喜悦。汉朝边境官员侵夺侮辱我匈奴右贤王，右贤王未经我请示批准，听从了后义卢侯难支等人的计谋，与汉朝官吏相互敌对，断绝了两家君主的和好盟约，离间了兄弟之国的情谊，为此我惩罚右贤王，命令他向西方发展并攻击月氏国。由于苍天降福保佑，将士精良，战马强壮，现已消灭了月氏，其部众已全部被杀或投降，月氏已被我征服；楼兰、乌孙、呼揭及其附近的二十六国，都已归匈奴统辖，所有擅长骑射的游牧部族，都合并为一家，北部由此而统一和安宁。我愿意放下刀兵，休息士卒，牧养马匹，消除以前的仇恨和战争，恢复原来的结好盟约，以安定双方边境的民众。如果皇帝不希望我们匈奴靠近汉的边境，我就暂且诏令匈奴的官民远离边界居住。"汉文帝复信说："单于准备消除双方以前的不愉快，恢复原来的盟约，朕对此极表赞赏！这是古代圣明君主追求的目标。汉与匈奴相约为兄弟，用来赠送单于的东西是很丰厚的；违背盟约、离间兄弟情谊的事情，多发生在匈奴一方。但右贤王那件事情发生在大赦以前，单于就不必过分责备他了！单于如果能按来信所说去做，明确告知大小部属官员，约束他们不再违背和约，守信用，就遵守单于信上的约定。”

没多久，冒顿去世，其子稽粥即位，名号为老上单于。老上单于刚上位时，文帝又将宗室女翁主派去当单于阏氏，将宦官燕人中行说派去当翁主的师傅。中行说不想去，汉强迫他去。中行说说：“倘若非让我去，那以后必定变成汉朝祸害！”中行说到达匈奴后，就投靠单于，单于也很宠幸亲近于他。

起初，匈奴人很喜欢汉朝的棉絮、缯帛、食物。中行说说：“匈奴人口还不够汉朝一郡，所以能强大，就是由于衣食和汉人不同，不用倚赖汉朝。如今单于改变风俗，喜爱汉人物品，汉朝只要拿出十分之二就能够使匈奴全属于汉。”匈奴便把所得汉朝棉絮缯帛，做成衣裤，飞驰在草丛中，故意让衣裤都坏掉破裂，告知汉朝的缯絮没有匈奴的毡裘好，也都抛弃掉得自汉朝的食物，以告知没有匈奴乳酪乳汁美味方便。中行说于是教育单于旁边之人用分条记事之法登记和计算匈奴牲畜和人口的数目。中行说也都将匈奴送给汉朝的信封、印玺和木板等加大，言辞也都高傲起来，自诩为“日月所置、天地所生匈奴大单于”。

汉使者有时鄙视匈奴不懂礼节，中行说经常调侃汉使：“匈奴对百姓的束缚容易施行，不繁简洁；君臣的礼节可以长久施用因其简单；一国政治，正如一人身体。因此匈奴虽然伦常有些乱，可会传立其种族宗嗣。中原即使是礼仪之国，可逐渐亲属疏远，相互残杀，更有甚者将对方姓氏改掉，全是因为父兄之妻不可由子弟娶。唉！居住在土石房屋里面的汉人，你们少喋喋不休，多费口舌！汉朝所运送的棉絮米糵、缯帛等数量足够，并且质量居上就够了，说那么多何必呢？如果这样最好，倘若品质不好并且数量不够，等到秋天谷类成熟之时，那我们匈奴就用骑兵践踏你们的田土作物！”

梁王太傅贾谊给文帝上书说：“臣自己想如今天下的形势，能让人伤心痛哭的有一件，能让人流泪的有二件，觉得能让人长久叹息的有六件；剩下的伤害治国之道并且背弃情理的，就难以上书列举全面了。给汉文帝进谏的众臣们都说：‘政治已上了轨道，天下已然安定。’可臣却不这么觉得，那些说政治已上轨道，天下已安定之人，不是阿谀就是愚笨，都并非真知道治乱实质之人。正如人睡在下有火种的木柴堆上，因为还没被火烧到，便觉得相安无事，眼下天下情形便类似于这种事情，陛下怎么不让众臣都到圣上面前分条详细叙述治理国家的大计呢？臣马上就给陛下说明治国安邦的大计，请圣上仔细听并且有所选择。臣想出的大计用来管理天下，倘若圣上感觉增添了百姓的心志思虑以及困劳，却使得鼓、钟等娱乐有所减少，那就请圣上不用采纳。而事实上，采纳我的计划，不仅能使娱乐没有减少，同现在一样，还能让诸侯遵照汉朝法制，使匈奴屈服，使百姓风气质朴淳素，还不必动用兵革，在世时被称为贤明国君，死后也能成为光明的神灵，将美好的声名留到后代，让陛下建成的顾成庙成为太宗庙，能够和汉朝国运一样，永远存在，从而与先祖太祖匹配，创立作为世世代代的子孙所共同遵守的法则作为国家纲纪经典；虽然会出现品行不好，年幼愚笨的子孙，但能够保留祖先安定成业。依靠圣上的通达贤明，不难达到让稍微明白治政之人来辅助的境界。

“封立的诸侯王过于强大，就必定产生君臣上下相互猜疑的形势，封王多次遭受祸殃，陛下经常为此担忧，这根本就不是安定君主保全臣子的好办法。如今已有皇上亲弟刘长在东方谋反之事发生，亲兄之子叛乱从而向西攻击荥阳，况且眼下又有人汇报吴王也有谋反的前兆了。圣上正值壮年，对待诸侯施加恩泽，所作所为没有不当，即使这样还有人想要反叛，更别说是权势武力超过一般诸侯十倍的最大诸侯呢！然而眼下天下还能稍微安定的原因是什么呢？是因为大的侯国君主还稚弱年幼，未达壮年，汉廷替侯国安置相、傅已然手握国家大事。几年后，诸侯王都血气刚烈，已成年；而汉廷给他们安置的相、傅，陆续都借口生病，从而侯王恩赐让他们罢官返乡，那时候王便把尉、丞以上的官位全安放成自己人。这样，与济北、淮南的做法有什么不同呢？此时就是尧、舜也不能让国家安定、天下大治。黄帝说：‘拿着刀子时，要赶快宰杀牲畜；日在中，要赶快暴晒东西。要不就都会丢失时宜。’眼下要使得侯王恭顺，从而使天下保全是很容易的，可陛下为什么不早点做？等侯王叛乱时，再加以诛灭毁坏骨肉兄弟亲情，那同秦朝末期的情势有什么两样呢？汉已经幸运地打败了反叛且强大的异姓诸侯，可却不改变引起反叛的制度，所以现在已经有迹象表明同姓诸侯会追随异姓诸侯王进行叛乱，异姓诸侯叛乱的事情也必定会全在同姓侯王身上死灰复燃。祸害灾殃等变故，不知道消除改变，即使明君也不能在这种情况下安全，后世的国君该如何是好？

“臣私下考察侯王叛乱的事情，差不多是强大的侯国率先叛乱。长沙王吴芮才有二万五千封户，功劳很少，却保全了下来，权势最小而对汉朝最忠顺；这不只是由于性情和别人不同，也是由于形势使他这样。倘若从前让樊哙、郦商、周勃、灌婴占据几十个城为王，那现在他们由于作恶而亡国，也是可能的。假使让韩信、彭越之流，只居于彻侯的地位，即便今天也还能保全，也是可能的。既然如此，那么天下大计就可以知道了。要想使天下诸侯王都忠心归附汉朝，那最好让他们都像长沙王一样；要想让臣下不至于像韩信那样被杀掉，那最好让他们像樊哙、郦商那样；要想使天下安定，最好多多建立诸侯国而使他们的势力减小。力量弱小就容易用道义来指使他们，国土小就不会有反叛的邪念。这样就使全国的形势，如同身体使唤手臂，手臂使唤手指似的，没有不听从指挥的。诸侯王不敢有反叛的想法，如同辐条聚向车轮一样，都归顺天子。分割土地，定出制度：把齐、赵、楚三个王国分成若干侯国，让齐王、赵王、楚王的子孙，全都依次受封先人的那份封地，一直到分尽为止。有些封地大而子孙少的，也都分成若干侯国，暂时空着搁置起来，等着他们的子孙出生以后，再封他当侯。一寸土、一口人，皇帝也不沾他们的，确实只是为了安定太平罢了。如果做到这些，就是让婴儿做皇帝也会安宁无事，甚至于皇帝去世，只留下遗腹之子，群臣对先帝的衣物朝拜天下也不会发生动乱；这样，皇帝在世时可以实现大治，后代人也会称颂圣明。陛下是怕谁而迟迟不这样办呢？

“眼下大势正如脚肿大的病人，一只脚趾肿大到好像大腿，一只脚胫肿大得犹如腰身一样粗，平时生活一两根脚趾抽痛，脚不能够弯屈伸展，就害怕得无所恃赖。这时不治，一定会成为再也不愈的顽疾，然后即使扁鹊再世也治不好了。况且这种病还会因为脚掌反转不能行动而痛苦。楚元王的儿子，是陛下的堂弟；可现在的楚王，却是陛下堂弟的儿子了。齐悼惠王的儿子，是陛下的亲侄子；可现在的齐王，却是陛下侄子的儿子了。与陛下血缘很亲近的人，有的还没有被封立为王，以稳定天下，而那些与陛下血缘很疏远的人，有的却已经手握大权，开始形成对天子的威胁了。所以我才说国家形势之险恶，不仅仅如同人得了浮肿一样，还遭受着脚掌反转不能行走的折磨。我所说应该为之痛哭的，就是这个疾病。

“现在天下的形势，正像一个倒吊着的人一样。天子，本来是天下的头颅。为什么这样说呢？因为天子的地位至高无上。蛮夷，本是天下的双脚。为什么这样说呢？因为他们是卑贱的属臣。现在匈奴态度傲慢，侮辱朝廷，侵占土地，掠夺财物，对汉朝非常不敬，给天下制造的祸患，已经无以复加。但是汉朝廷却要每年向匈奴奉送黄金、丝棉和绚丽的丝织品。蛮夷向汉朝发号施令，这是行使人主的权力；天子向蛮夷恭敬地纳贡，这是在行属臣的礼节。脚反而朝上，头反而朝下，这样头脚倒置，谁也不能解救，这还能说国家有贤明的人吗？这是令人为之流涕悲伤的。

“现在平民居住的房屋，可以用皇帝的衣饰材料装饰墙壁；地位下贱的妓女戏子，可以用皇后的头饰来打扮自己。况且，皇帝自己身穿粗丝黑衣服，而那些富民却用华丽的绣织品去装饰房屋墙壁；天子的皇后用来加在衣领的边饰，平民的小妾却用来装饰鞋。这就是我所说的悖乱。如果一百个人生产出来的丝绵绸缎满足不了一个富人穿用，要想使天下人不受寒冷之苦，怎么能办到呢？一个农夫耕作，却有十个人聚来分食吃，要想使天下人不受饥挨饿，是不可能的；天下百姓饥寒交迫，要想使他们不做奸邪的事，是不可能的。这是应该为之深深叹息的。

“商鞅抛弃礼义和仁爱恩惠，心思全在于进取；他的新法在秦国推行了两年，使秦国的风俗日益败坏。所以秦国的人，家中富有的，儿子长大成人就与父母分家，家庭贫穷的，儿子长大后就出去当卑贱的赘婿；儿子借农具给父亲，脸上就显示出施恩的表情；母亲来拿簸箕扫帚，立即遭到责骂；儿媳抱着怀中吃奶的婴儿，竟与公爹并排而坐；媳妇与婆婆关系不好，就公开争吵。秦人只知慈爱儿子、贪求财利，这与禽兽已经没有多少差别了。直到现在，秦人的这种残余风俗还未改变，抛弃礼义，不顾廉耻的风俗，一天比一天严重，可以说是每月都在发展，每年都有不同。人们在做某件事之前，并不考虑它是否应该做，而只考虑能不能获取利益。现在甚至已有子弟杀其父兄的了。而朝廷大臣只把郡县地方官员不在规定期限内向朝廷上交统计文书作为重大问题，对于风俗的恶化，世风的败坏，却安然不觉惊怪，耳闻目睹都不能引起注意，认为那是理所当然的事。移风易俗，使天下人回心归向正道，这不是庸俗的官吏能做到的。庸俗的官吏只能做一些处理文书档案的工作，而不知道治国的大体。陛下自己又不忧虑这些问题，我私下为陛下感到惋惜！怎么不现在就确定根本制度，使君主像君主，臣子像臣子，上上下下各有等级，秩序井然，使父子六亲各自得到他们应有的地位呢？这一制度一确立，后世子孙可以久安，而后代君主就有了可以遵循的准则了。如果不确立根本制度，就如同横渡江河却没有缆绳和船桨一样，行船到江河中心遇到风波，就一定会翻船。这是值得深深叹息的。

“夏朝、商朝、周朝的君主得以称天子，天下都传袭了几十代，秦得了天下，却二世而亡。人性相差并不很大，为什么夏、商、周三代的君主有道而长有天下，秦无道而天下十分短促呢？这个原因是可知的。古代英明的君主，在太子诞生时，就按照礼义对待他，有关官员衣冠整齐庄重肃穆，到南郊举行礼仪，沿途经过宫门就下车，经过宗庙就恭敬地小步快走，所以，太子从婴儿时起，就已经接受了道德礼义的教育。到太子儿童时期，略通人事，三公、三少等官员用孝、仁、礼、义去教育他，驱逐奸邪小人，不让太子见到罪恶的行为，这时，天子从天下臣民中审慎地选择为人正直、孝顺父母、爱护兄弟、博学多识而又通晓治国之术的人拱卫、辅佐太子，使他们与太子相处，一起活动。所以，太子从诞生之时开始，所见到的都是正事，所听到的都是正言，所实行的都是正道，前后左右都是正人。一直与正人相处，他的思想言行不可能不正，就好像生长在齐国的人不能不说齐国方言一样；经常与不正的人相处，就会变成不正的人，就像生长在楚地的人不能不说楚地方言一样。孔子说：‘从小养成就如同天性，一件事情习惯了就如同自然。’学习礼义与开发智力同步进行，一起增长，所以无论如何切磋都无愧于心；接受教化与思想见解一起形成，所以道德礼义观念就如同天生本性一样。夏、商、周三代所以能长期维持统治，其原因就在于有教育、辅佐太子的这套制度。到秦朝局面全变了，秦始皇派赵高做胡亥的老师，教他学习断案判刑，胡亥所学到的，不是斩首、割人鼻子，就是灭人家的三族。胡亥头天当了皇帝，第二天就用箭射人，把出于忠心进谏的人说成诽谤朝政，把为国家深谋远虑的人说成妖言惑众，把杀人看作割草一样随便。难道这仅仅是因为胡亥天性凶恶吗？是由于赵高诱导胡亥学习的内容不符合正道。民间俗语说：‘前车覆，后车诫。’秦朝所以很快灭亡，覆车的辙迹是可见的；但如不避开，后车又将倾覆。天下的命运，决定于太子一人，要使太子成为好的继承人，在于及早进行教育和选择贤人做太子的左右亲随。当童心未失时就进行教育，容易收到成效；使太子知晓仁义道德的要旨，是教育的职责；至于使太子在习惯中养成善良的品行，就是他的左右亲随的职责了。北方的胡人和南方的粤人，刚出生时的哭声一样，吃奶的欲望和嗜好也没有什么不同；等长大之后形成了不同的风俗习惯，各操自己的语言，虽经多重翻译都无法相互交谈，有的人宁可死也不愿到那里生活，所以出现这样大的差异，完全是教育和习惯所形成的。所以我才说为太子选择左右亲随、及早进行教育是最为紧迫的事。如果教育得当而左右都是正直的人，那么太子就正了，太子正天下就可安定了。《周书》上说：'天子一人善良，天下百姓全都仰仗他。'教育太子是当务之急。

"凡人的智慧，不能看见将要发生的事，只能看到已经发生的事。礼的作用，是禁止事情在将要发生之前，法却是禁止在事情已经发生之后。所以法令的用处很容易看见，礼的价值却不容易了解。用奖赏来奖励善行，用刑罚来惩治罪恶，先王推行这样的政治，坚定如金石；实施这样的法令，准确无误如春夏秋冬四季；有了这一公正的原则，政治才能像地载天覆一样无偏无私；怎能认为先王不使用奖赏和刑罚呢？然而，人们一再称赞的礼，最可贵之处在于能将罪恶断绝于未形成之前，从细微之处推行教化，使天下百姓日益趋向善良，远离罪恶，让百姓自己都还没有觉察到。孔子说："让我断案，我与别人没有什么不同，如果说我有什么独特的见解，那就是推行仁义，使讼案不再发生。"为君主谋划，首先应审定选择什么，抛弃什么，取舍标准在内确立，相应的安危后果就会表现于外。秦始皇想尊奉宗庙安定子孙后代，这与商汤和周武王没有两样；但是，商汤、周武王施行仁政，他们的天下保存了六七百年；秦始皇统治天下才十几年就覆灭了。这里没有别的原因，就在于商汤、周武王决定取舍很慎重，而秦始皇决定取舍不慎重。天下，本来就是一个大器物；现在人来安置器物，把它放在安全的地方就安全，放在危险的地方就危险。治理国家，与放置器物无异，关键就在天子把它安置在什么地方。商汤、周武把天下安置在仁、义、礼、乐之上，子孙相传数十代，这是天下人都知道的；秦始皇把国家安置于法令、刑罚之上，几乎祸及自身，而子孙被灭绝，这是天下人都看见的。这不是充分证明了取舍不同后果完全两样吗？人们总说：‘听人讲话之道正确与否，必须观察事实，那样，说话的人就不敢胡言乱语了。’现在，有人说，治理国家，礼义没有法令好，教化不如刑罚好，君主为什么不拿商朝、周朝、秦朝盛衰兴亡的事实去观察、分析呢？君主的尊贵，如同大堂，群臣好像堂下的台阶，百姓如同平地。所以，如果有九层台阶，堂的边角远离地面，那么，堂就显得很高大；如果台阶没有层，堂的边角接近地面，堂就显得很低矮。高大的堂难以攀登，低矮的堂屋容易受到人的践踏，情势就是如此。所以古代的圣王设立了等级序列，朝内有公、卿、大夫、士，朝外有公、侯、伯、子、男等封爵，下面还有官师、小吏，一直到普通百姓，等级分明，而天子在这个等级序列的顶端，所以，天子的尊贵是一般人不可及的。

“有句俗语说：‘欲投鼠而忌器。’这个比喻很好。老鼠靠近器物，人们尚且怕砸坏器物不敢扔东西打它，更何况对于那些接近皇帝的亲贵大臣呢！君主用廉耻礼义来约束君子，所以对大臣可以命令他自杀而不能刑杀和侮辱。正因为如此，刺面的黥刑、割鼻子的劓刑都不施加到大夫身上，因为他们就在君主身边；按照礼的规定：臣子不敢察看为君主驾车的马的年龄，用脚踢了为君主驾车的马所吃的草料，就要接受惩罚，这样做是预防臣下对君主有不敬行为。现在诸侯王、列侯、三公等高官，都是天子要礼遇之人，相当于古代天子所称的伯父、伯舅；而现在却使他们与平民百姓一样接受刺面、割鼻、剃须发、断脚、笞打、辱骂、斩首示众等刑罚，这如同堂没有了台阶。遭受杀戮凌辱的人不是太迫近皇帝了吗？不提倡廉耻，那些重臣不就虽有朝廷大员的地位却像刑徒罪隶那样毫无羞耻之心了吗？望夷宫事变，秦二世被判重罪，就是投鼠而不忌器的习惯所导致的。我听说，鞋再光鲜，都不能放在枕头上，帽子再破旧，不能用来垫鞋底。如果一个人，曾经出任过高级官员，天子曾庄重地对他以礼相待，吏民曾对他俯伏表示敬畏，现在他有了过失，陛下免去他的官职是可以的，斥退也可以，命令他自杀也可以，诛灭也可以；如果陛下下令让人用绳子把他捆绑起来，押送到管理刑徒的官府，罚他做官府的刑徒，管理刑徒的小吏可以对他责骂笞打，这些恐怕是不应该让百姓见到的。如果卑贱的人熟知达官贵人一旦犯罪被贬责，我也可以对他进行凌辱，这不利于提倡尊重高官、礼敬显贵。古代大臣因为不廉洁而被罢废，不说他不廉洁，而说是'簠簋不饰'；有污秽淫乱、男女无别的，不说他淫秽，而是说他'帷薄不修'；有软弱无能不能胜任，不说他软弱无能，而说他'下官不职'。所以，显赫的大臣哪怕确实犯了罪，仍不直接点破他所犯的罪过，还是迁就他，为他避讳。所以那些罪在严谴、斥问范围的大臣，听到严谴斥问就身穿丧服，白帽悬挂毛缨，带着盛水的盘和佩剑，自发到专用于官员请罪的请室，接受处置，不用君主派人去捆绑他。其中有犯了中等罪行的，听到了判决罪名就自杀，君主不派人把刀架到脖子上杀他。犯有大罪的，听到判决旨意之后，就面向北方叩拜两次，跪着自杀，君主不派人砍下首级。君主可以说：'您自己犯有过失，我对您是以礼相待的。'君主对臣以礼相待，群臣就会自爱；君主以廉耻约束臣子，臣子就会重视气节品行。如果君主以廉耻、礼义对待臣子，而臣子却不用气节品行报答君主，那他就不是人了。这种教化风气一旦形成，那么做臣子的都会考虑操行，而不去考虑利益，坚守气节而尊重大义，所以君主可以放心地委托臣子掌管治国大权，可以把尚未成人的太子托付给大臣辅佐，这就是推行廉耻、提倡礼义带来的好处，君主有何损失呢？放着这样长期有利的事不做，却不断地实行戮辱大臣的错误办法，所以我说，这是值得长久叹息的。"

贾谊因为绛侯周勃之前被抓关在监狱里，最后被判无罪释放，呈上这道疏文来讽劝汉文帝。汉文帝真心接纳了他的意见，开始培养大臣气节，不再滥施刑罚对待臣下，此后所有有罪的大臣，都不再接受刑罚而选择自杀。

七年（戊辰，公元前 173 年）

冬季，十月，文帝下诏：对列侯的母亲、夫人、诸侯王的儿子以及二千石以上的官吏，不经批准，不得擅自逮捕。

四月，夏季，大赦天下。

六月，癸酉日，未央宫东面宫阙的疏屏发生火灾。

有人为淮南王的死唱歌道："一尺的布，可以缝补共穿；一斗的米粟，可以捣舂共食；可兄弟却不能彼此相容！"文帝听后心里难过，因此生病。

八年（己巳，公元前172年）

夏季，封淮南厉王儿子刘安等四人为列侯。贾谊明白汉文帝一定会再封他们四人为王，就劝说："淮南王悖逆而没有道德！天下谁不知道他的罪过！幸而圣上将他赦免而迁徙了，是他自己生病死的，天下人谁不认为他该死？倘若尊崇罪人之子，恰恰会导致朝廷承担毁谤之言。刘安等长大后这些人怎么能够忘记他们父亲死亡的事？战国时楚白公胜为了他父亲太子建复仇的对象是自己的祖父和叔父。白公作乱，并不是为了推翻国君夺取国家，只是由于内心愤怒，为了满足心志，才拿着武器刺向仇人的胸膛，为和仇人一起灭亡罢了。淮南地方虽小，黥布曾经在这地方反叛过，汉朝能生存下来只是侥幸。给予仇人足以危害朝廷的资本，这个决策并不高明。给予他们大量积蓄的资财，他们不是像伍子胥、白公胜那样在广阔的都市复仇，就可能像专诸、荆轲那样在朝廷之上行刺。这就是所说的给盗贼送上兵器，给猛虎添上翅膀。希望陛下深思！"文帝没有听他的谏言。

东方出现长星。

九年（庚午，公元前171年）

春季，发生大旱。

十年（辛未，公元前170年）

冬天，文帝到达甘泉。

将军薄昭杀了汉朝使者。文帝不舍得杀他。命公卿和他喝酒一起劝他，薄昭不满意让他自杀，等到汉文帝让群臣身着丧服去薄昭家里痛哭，才最后选择自杀。

◆臣司马光说：李德裕认为："汉文帝杀薄昭，确实很明断，但在道义上却有损害。当年秦康公送晋文公返国时，曾发出这样的感叹：见到舅父，似乎母亲仍然在世。何况当时文帝的母亲薄太后还健在，她只有这一个弟弟薄昭，文帝杀薄昭毫不留情，这不是孝顺母亲的做法。"我却认为，法律是天下共同遵守的准绳，只有善于运用法律的人，不分关系亲疏，无所回避，这样才能使所有的人都不敢依仗有人撑腰而触犯法律。薄昭虽然素来被称为长者，文帝不为他选择贤人做师傅去约束他，却任用他掌握兵权；他骄横犯上，以至于敢杀朝廷使者，不是依仗有人撑腰而如此大胆吗？假设文帝又赦免了他，那与后来成帝、哀帝时朝纲废弛的局面又有什么不同呢？魏文帝曾赞叹汉文帝的美德，但却不赞同他杀薄昭，说："对于母舅父，皇帝只能让他们安享富贵，不应给他们干政的权力，否则一旦违法犯罪，就又不得不依法惩治。"这是讽刺汉文帝对于薄昭不及早防患于未然，才导致了以后的恶果，魏文帝的评论，是很得当的。由此看来，要想宽慰太后之心，还是该从开始就谨慎地行事啊！◆

资治通鉴卷第十五　汉纪七

起壬申（公元前169年），止丙戌（公元前155年），共十五年。

【题解】本卷记录了汉文帝刘恒十一年至景帝刘启二年共十五年间的历史。主要记录了贾谊、晁错上疏议论政事；记录了文帝被孝女缇萦感动，废除肉刑，以及景帝纠正废肉刑产生的弊病；记录了文帝、景帝爱惜民力，轻徭薄赋，减轻农民负担；记录了匈奴侵袭汉朝边境，汉王朝求和和亲；记录了汉将守边、冯唐论将、周亚夫军屯细柳、文帝亲自劳军；记录了文帝之死，遗诏薄葬；最后还记录了丞相申屠嘉气量褊狭与梁孝王刘武恃宠而骄等等。

太宗孝文皇帝下

十一年（壬申，公元前169年）

冬季，十一月，汉文帝巡行代国；春季，正月，由代返回京师。

夏季，六月，梁怀王揖去世，没有儿子。贾谊上书说："陛下如果不赶紧定下制度，以现在的情势来看，就只能传一两代。诸侯尚且自行其是不受朝廷节制，再扩张强大，朝廷的法度就没有办法实行了。陛下当作屏障和皇太子所能仗恃的，只有淮阳国、代国两个封国罢了。代国北边是匈奴，和强大的敌人做邻居，能保全自己已经不错了。淮阳国与大诸侯相比，只像一个小黑痣在脸上，国小犹如鱼饵，大国恰好吞食，完全不足以防御大国。如今陛下拥有封立王国的权力，分封诸侯，却只能让亲生儿子做大国的鱼饵，这样设能算得上工巧吗？依愚臣之策，请皇帝把原属淮南国的封地，全划归淮阳国，使淮阳国增大，并且为梁王立继承人，把淮阳北边的两三个城和东郡划归梁国，以扩大梁国的封地。

“陛下倘若不想这么做，那就迁徙代王，而把睢阳当作都城。梁国封地起于新而北面直达黄河，淮阳国的封地囊括了原来陈国的全境并且南部直达长江，那么其他大诸侯国有二心的，也胆战心惊，不敢图谋反叛朝廷了。梁国足以抵抗齐、赵的叛乱，淮阳国足以抵拒吴、楚的进攻，这样圣上便可高枕无忧，不用担心山东诸侯叛乱了，不过这只能保持两代之利。眼下天下安定平静，恰逢诸侯年少；几年后，圣上就能够看到灾祸。秦日夜焦虑苦心，努力地想消除六国诸侯的灾祸。而现在陛下牢牢地控制着天下，一举一动都能如意，却高拱两手安坐，造成新的六国之祸，真是谈不上有见解和智识。即便你终生安全没有事故，但您看清楚了累积的灾祸，不早点定下消除的计策、暗藏祸乱；那只能等去世之后给稚弱的儿子、年老的母亲留下灾祸，从而使天下不平，这不能说得上是仁爱。”汉文帝采纳了贾谊的计策，把淮阳王刘武迁徙改成梁王，封地，北方以泰山为界，西方一直到达高阳，有县城四十几个。一年多后，贾谊去世，享年三十三岁。

改封城阳王刘喜为淮南王。

匈奴侵略狄道。

那时匈奴多次侵略边境，太子家让颍川晁错上书谈战争之事，他说：“《兵法》说：‘有一定打胜仗的将军，没有一定打胜仗的百姓。’从这句话看，安定边境，建立功名，主要靠良将，因此不可不慎重选择。

“臣又听说：用兵近距离作战急需以武器对打，当用兵近战时，需要注意三点：一是得到地形优势；二是士兵训练有素，服从命令；三是兵器锐利。按照兵法所说，步兵、车骑兵、弓弩、长戟、矛铤、剑盾等不同的兵种和武器，适用于不同的地形，各有所长；如果战场地形不利于发挥军队和武器的长处，就可能出现士兵十不如一的情况。士兵不经过挑选，军队缺乏训练、起居管理混乱，动静不一致，胜利进攻时跟不上，退避危难时不整齐，前军已经刀兵相接，后军却仍不振作，士兵不能随着鸣金击鼓进退，这是不训练军队的错误，这样的军队，士兵百不抵十。士兵手中的兵器不齐备不锋利，形同徒手作战；将士盔甲不坚固，与裸体无异；弩箭射程不远，与短兵器差不多；射不中目标，与没有箭一样；箭虽然射中却射不进身体，就与没有箭头一样。这是将领不修治武器导致的祸患，这样的军队，士兵五不抵一。所以兵法说：‘器械不锋利，是把士卒献给敌人；士卒不听号令，是把统兵将领献给敌人；将领不懂兵法，是把他的君主献给敌人；君主不精心选择将领，是把国家献给敌人。’这四点，是用兵的核心要点。

“臣又听说：小国和大国情势不同，强国和弱国态势相异，在险阻平易不同的地势上攻防之道也不相同。用谦卑的态度侍奉强国，是小国的形式；与敌人武力同等，策略是联合小国攻击大国；中国应采取的谋略内容是用蛮夷攻打蛮夷。如今匈奴的技巧战术、地理形势和中国不同：匈奴人战技的长处是：在溪涧里出入，在山坡上下，匈奴的马强于中国；一面驰马一面射箭于倾侧险阻的道路上，匈奴骑兵强于中国；在饥饿干渴中不受困阻，在风雨中疲劳作战，中国的步卒不如匈奴。中国人战技的优点是：匈奴的兵众擅长用骁锐的骑兵、轻便的战车在平地，但平原作战时造成混乱，匈奴的弓箭不能抵抗用长戟、劲弩射到的辽阔敌阵；匈奴的军队不能抵挡长短兵器交杂作战，锐利的兵刃，坚硬的甲衣，士卒都勇猛向前，弓弩手来来往往；匈奴防身的木盾、皮铠在官吏突发箭矢，并向同一目标进攻时就不管用了；匈奴士卒的两脚就应付不了来回用剑戟等武器接触的近战，以及在地面战斗。从上面分析可得：中国的战技有五种优点，匈奴的战技有三种优点。陛下还让好几十万的兵众攻打数万的匈奴兵众，我众敌寡，匈奴被迫只能用以一击十的战术。

“即使是这样的情况，但武器终究是不祥的器具，战争终究是凶险的事情；所以短暂的俯仰就可以使大国战败变成小国，强国战败变成弱国。用百姓的死亡来争夺胜利，一旦战败就很难再次复兴，到那时后悔也来不及了；古代帝王处理政务都要有万全之策。现如今胡、义渠、蛮夷等少数民族归顺中原的已经有数千人，他们的饮食习惯、骑射等技能与匈奴一样。如果陛下再赐给这些人坚固的盔甲、棉絮做的衣物、强劲的弓箭、锋利的兵器，给一些边塞的良马，任用了解他们习俗、能笼络其人心的人为将领，凭借陛下的贤明来领导他们。如果遇到艰难险阻，就派他们出兵；如果是在道路平坦的平原之地，就派轻便的战车、善于骑射的部队出击；两支队伍相互配合，各发挥其长处，再加上军队人数众多，这应该是一个万全之策。”

汉文帝很是欣赏晁错的意见，给他回了一封信，以表宠信。

晁错再次上书说：“臣听说秦发动战争派兵北击匈奴部落，向南进攻百越之地，并非为了解救百姓、保卫边塞土地，而是为了满足国君想扩大其疆土的贪欲。因此功业还未建立天下就已经大乱了。而且用兵却不知道敌方的力量强弱，发动战争的话一定会被敌人擒获，如果要驻守一定会因为被围困而死。匈奴和貉人天性耐严寒，粤、扬地区的人天性能耐暑热。而秦朝的士兵无法适应当地水土，所以戍守的人都死在边境，输送物资的人都倒在了路上。秦朝的百姓被征发，就等于被判处了死刑，因此就召集被贬的人去边境，称为‘谪戍’；刚开始是召集被贬谪的官吏和入赘女家的商人、男子，后来则召集之前做过买卖的人，随后又召集祖父母、父母曾做过商人的人，最后召集闾左的人。但是召集的事情还是不顺利，被召集的人都心怀怨恨，因为他们觉得戍守边境只有死亡而没有一点的好处，甚至是死后，连一点抚恤都得不到，这使得天下人都知道戍边的祸害终有一天会祸害到自己；陈胜戍守边境，到了大泽以后，最先高呼反秦，天下人如流水一般连续不断地跟随他一同反秦，这是秦朝强行征发百姓所带来的结果。

匈奴的衣食问题，不仰赖于土地，因此他们一定会经常侵扰边境的百姓，甚至往来迁去，常来常往；这是胡人原有的生活习惯，却迫使中国人无法安定生活并放弃耕种多年的田地。而匈奴经常在边塞打猎、放牧，窥伺边塞的士兵，趁士兵少的时候就入侵。陛下如果不解救边塞的百姓，当他们绝望的时候就会有归顺敌人的心；可另一方面如果派兵援救的话，少派兵则不足以抵抗匈奴，如果派更多的士兵，则士兵从遥远的县里刚刚到达，匈奴就已经离开了。召集的士兵太多如果不撤退的话，费用会太大；如果撤退的话，匈奴就会再次来侵扰。这样几年下去，中原的国库就会变得虚空，百姓苦不堪言。幸好陛下担心边境情势，派遣大将官吏前来，又召集士兵充实边境，这对于百姓已经是极大的恩典了。但是现在驻守边境的士兵，每年换一次，时间短得不足以让他们了解到匈奴的能力。不如挑一些常住在边境的人，种田立家，利用地形建造高城深沟堑以防御匈奴侵扰。在一些战略要地，交通便利的地方，建立城邑，每座城邑不少于一千户人家。先建造好房屋，准备好耕田的器具，再招募百姓前去居住，有罪的免罪，没有罪的可以加封官爵，免除赋税，再送给他们冬夏穿的衣服，供给粮食，直到他们能够自给自足。边境百姓，如果没有优厚的待遇，就不应该让他们长期居住在危险的地方。如果有匈奴入侵抢夺家畜，若有人能帮助丢失家畜的主人夺回丢失的牛羊，就把其中一半的牛羊送给他作为奖赏，另外，再由官府出钱补偿失主的损失。如此一来，百姓之间就能互相帮助，即使有匈奴入侵，也都能不畏惧死亡地战斗。他们这样做不是为了感恩皇上的大恩大德，而是为了保全自己及亲戚的性命，同时巩固自己的财产。如此一来，比较召集其他郡县那些既不熟悉地形而且又害怕匈奴的士兵，效果好了一万倍。如果陛下在治理国家的时候，迁移百姓来充实边境，使得远方百姓免去驻戍守边境的徭役；边境的百姓，就能父子相保，不会再发生被匈奴俘虏的事；如此一来，利益延至后代，大家都称颂陛下是圣明的君王，同秦朝与民结怨仇的办法相比，真是大相径庭。”

于是汉文帝接纳了晁错的意见，招募百姓迁移到边境。

晁错再次上书说：“幸好陛下能迁移百姓来充实边塞，大大节省了屯驻戍守边境的徭役，而且输送的费用也大大降低了，这是给予百姓的大恩惠。下级的官吏如果能真正明白陛下的恩德，奉守法令，抚恤慰问迁徙中的老弱之人，善待年轻的壮士，不要苛待欺凌他们，定能笼络其心，让先到的百姓不思念故乡而快乐安心地居住，那么生活贫困的百姓就会相互劝说一同前去边塞居住。臣听说古代要把百姓迁徙到边境，就要先品尝当地泉水的味道，观察当地阴阳是否调和，然后才建造集镇，修筑城池，经营县邑，分划宅院，先给百姓建造好房子，置好器具用物。让百姓一到就可以有居住的地方，劳作时就有可用的工具。如此一来，百姓就愿意离开故乡，并且互相鼓励前去新邑居住。然后再为百姓安设好医生和巫师，鼓励男女婚配，坟墓并列在一起，栽植树木、喂养六畜，房子完好，家道平安。这样才能使移民满意并且使其长久居住。

“臣又听说古人编制边境各县来防御敌人，方法是每五家为一伍，每伍都有一个伍长，十个伍长为一里，每一里都有一个里长（假士），每四里为一连，每连有一个连长（假五百），每十连为一邑，每一邑都有一个邑长（假候），官员都是由县邑中有保护百姓能力、有才智、了解民心、熟习地形的人担任；平时在邑内训练百姓骑马射箭，在外则教导百姓如何防御敌人。所以平时就完成了军队的编制，作战时就能奋勇杀敌。当百姓训练有素时，便不再迁徙，让他们在年幼的时候一起玩耍，而且长大后还能一起做事。夜晚发生战乱时，彼此熟悉对方的声音，听到声音就知道是谁，便可以互相支援；白天发生战争时，彼此都认识熟知，也可以相互支援；彼此友爱，甘愿为对方而死。朝廷再用很优厚的赏赐作为奖励，并且同时配有严厉的刑罚，那么他们便会勇往直前，奋勇杀敌。如果朝廷迁徙的百姓不是有才能的年壮人，那只是浪费粮食，不能用来抵抗敌人。即使迁移的人们有才能，没有好的官吏，也是徒劳的。

“陛下拒绝与匈奴订立婚姻关系，臣私下觉得匈奴会在冬天向南去侵扰边境；只要对他们来一迎头痛击，足以使他们再也不敢南下了。想要树立权威，我们就要在秋天匈奴侵扰边境时乘机予于重击；

如果匈奴来侵犯我们不能打败他们，而让他们得胜回去，那恐怕以后很难再使他们屈从。”

晁错为人刚正而又刻薄，靠辩才获得太子的宠幸，他被太子家人称为“智囊”。

十二年(癸酉，公元前168年)

十二月冬季，黄河在酸枣决口，洪水向东流溢淹没了东郡、金堤；朝廷派遣众多士兵阻塞水流。

春季，三月，废除在关隘检查的政令，出入的时候不用拿着符信。

晁错向汉文帝进谏说：“圣明的国君执政，百姓就不会挨饿受冻，并不是说圣明的国君亲自给他们供给粮食，亲自织布给他们，而是他能够带领老百姓开辟生产粮食、物质的道路。所以尧时虽有九年的水灾，汤时也出现过七年的旱灾，但国内却没有抛尸荒野的，是因为平常存储的粮食比较多并且准备充足。现在天下统一，土地和人民的总数均不少于汤、禹，加上好几年也没有发生过水灾、旱灾，可是我们国家储存的粮食仍然不够，这是为什么呢？原因就在于土地并没有完全得到利用，百姓的劳力并没有完全投入；而且生产谷类粮食的土地还没完全被开垦，山林沼泽也没完全被发掘，四方游历的人们还没有完全回乡务农。

“寒冷时我们需要衣物，不会奢求衣物的轻便美丽；饥饿时我们需要食物，不会奢求其味道鲜美；当人在饥寒交迫的时候，就顾不上礼义廉耻了。人之常情，一天不吃两餐饭就会饥饿，一年到头不缝制衣服就会挨冻。肚子饿了没有食物吃，肌肤受冻没有衣服穿，即便再仁慈的父亲也不能够保护自己的儿女，国君又怎么可能保护他的百姓呢？圣明的国君知道这个道理，就会引导百姓从事农作植桑，降低赋税，增加粮食的存储，以此来充实仓库，防备水、旱的发生，这样才能保护百姓、巩固统治。百姓，是君主要管理的对象；百姓们追求财利，像水往低处流一样，是不会选择方向的。

“那些珍珠、宝玉、金银等宝物，饥饿不能当饭吃，寒冷不能当衣服穿；但大家都认为它们很珍贵，是因为皇上使用这些东西。这些宝物重量轻，体积小，容易收藏，能够一下握在手中，带着它就可以周游四海而不必担心挨饿受冻。它们可以促使大臣们背离国君，诱惑百姓离开家乡，盗贼为之心动。逃亡之人也能很容易地就将金银珠宝拿走。米、帛、布、粟这些作物是产自土地，四时成长，投入人力才能收割，并不是一天就能有结果的；一般人搬不动数石重的东西，奸邪小人也不会认为它有利可图，但一天得不到这些物资，就会挨饿受冻。所以圣明的国君是看重五谷而不会喜欢金银珠宝的。

“现在一个五口人的家庭，服徭役的不少于两人，能够耕种的田地不超过一百亩，每百亩田地的粮食收成不过一百石。春来耕种，夏来除草，秋来收割，冬来储藏，砍伐木柴，修缮官府，服徭役；春天躲避不过尘石风沙，夏天躲避不过酷暑炎热，秋天躲避不过阴雨，冬天躲避不过天寒地冻。一年四季并无一天的休息时间；而且平时又有送往迎来、吊祭死者、慰问病者、赡养父母，养育子女，这些都是从百亩田的收入中支付。而那些行商坐贾，资本优厚的就积攒钱财来放高利贷，小一点的商贩则在市场贩卖货物，拿到珍贵的能够赢利的宝贝，天天在集市游玩，利用政府有急切需要的时机，卖的价钱一定加倍。所以他们中的男人不用耘草耕种，女人不必织布养蚕，但穿的一定是锦绣文彩，吃的一定是山珍海味，他们没有付出劳苦，却有千百钱的收入。同时，他们利用自己的富裕，与王侯将相交流，权势也超越一般官吏，使用财富互相倾轧；去千里以外游历，满路都是华丽的服饰车乘，乘坐坚固的车子，鞭策肥壮的宝马，脚穿丝鞋，身着缟衣。这些就是商人兼并农民田宅，农民四处流浪逃荒的原因。

“当今的要务，就是鼓励百姓务农。想要让百姓从事农业生产，政府就必须重视粮食；而重视米谷的方法就是把米谷当成受罚赏的依据。现在招募天下人给朝廷进献粮食，只要进献的人都可以加封官爵，免除所犯之罪。如此，农民有钱财，富人拥有爵位，粮食不至于被囤积。能够进贡粮食而加封官爵的人，都是富有的人，粮食都有盈余；向富有的人募取粮食来供给朝廷使用，那么贫民的赋税就可以减轻，这就是所谓‘减少富人财物，添补穷人的不足’，此政令一出，百姓就会得到有利的办法。现在的法令规定百姓每贡献出一匹可供战车用的马，就可以免除三人赋役；车子马匹，是天下的武器装备，所以可以免除赋役。神农的教令说：‘即便有十仞高的石头城墙，护城河百步宽，身穿钢铁盔甲的士卒百万，但如果缺少粮食的话，还是不能固守的。’从这一点来看，粮食对君王的用处最大，而这也是治政的根本要务。现在的百姓进贡粮食封至五大夫以上爵位，只能免除一人的赋役，这和贡献作战良马的人相比，待遇差距很大。爵位，是一国之君所特有的，可以随口封爵无穷尽；米谷是百姓们种植的，在土地上生长也是不会匮乏的。得到高的爵位和免除罪责，是人的强烈愿望；给那些进贡粮食给边境使用的所有百姓封爵、免除罪责，不到三年，边境的粮食一定就会很多了。”

汉文帝采纳了晁错的建议，让百姓可以贡献米谷到边境，所拜受爵位的等级按贡献米谷的多少来决定。

晁错又上奏说：“陛下能让黎民到边境进献粮食，接受封爵，这是很大的恩泽。但臣私下还是担心边境的士兵用不了那么多粮食，所以还得花大力气疏散粮食。边境的粮食能够支撑五年，足以让百姓把粮食进献到郡县里；郡县的粮食足以支撑一年以上，就能随时豁免，不要收农民的田地税。如此，陛下的恩泽就能给百姓加到身上，而百姓就会更加勤勉于农业生产，天下就会安居乐业。”

汉文帝再一次采纳了晁错的建议，下诏书说：“引导百姓农业生产的方法，从事农桑是最根本。朕已经带领天下百姓务农十年了，可是荒野并没有开辟多少，年岁一旦收成不好，百姓还是免不了挨饿受冻，这说明官吏没有尽到自身的责任，从事农业生产的人也还少。朕多次下诏书，每年都鼓励百姓种植桑树，效果却不佳，这说明了官吏接受我的诏令后，并没有卖力地劝勉百姓种植桑树。而且我们农民生活艰难困苦，官吏却不反省检讨，这时怎么能劝勉百姓呢？免除所有农民今年一半的田赋。”

十三年（甲戌，公元前167年）

春季，二月二十六日，汉文帝下诏书说：“朕亲自率领天下百姓农耕以作为祭祀时的祭品，皇后亲自种桑以作为祭祀时的祭服；应该建立起耕种植桑的礼仪！”

起初，在秦朝时期，祝官有秘祝，有灾难不祥的事发生时，祝官常用祝辞把罪过从皇帝身上推到臣下身上。夏季，汉文帝下诏书说：“我知道有上天报应之道，所有灾祸都是由于百姓的怨恨，而福运却是由道德得来的，因此百官的所有罪过，都应由朕一人来承担。现在祝官的祝辞把过错推到臣下身上，表明了朕的失德，朕非常不愿意这样做。现在就把这些废除！”

齐国太仓令淳于意犯罪，应当接受惩罚，汉文帝下诏令把他抓起来，关到长安监狱里。他的小女儿缇萦上书给汉文帝说：“我的父亲在做官期间，齐中一带的老百姓都称赞他廉洁公正，现在犯了法理应处以肉刑。但我悲痛的是受死刑的人不能再生，受肉刑的肢体不可再连接，即便受刑的人以后再想要改过自新，但却没有机会了。我愿意入官府做婢，用来抵赎父亲该受的刑罚，让他获得改过自新的机会。”

汉文帝同情怜悯她的孝心，就在五月时下诏书说：“《诗经》上说：‘简易和乐的君子，百姓敬如自己的父母。’但如今百姓一有过错，还没施行教化就处以刑罚，或许有人想要改过自新，可已经无路可走了，朕十分怜悯！刑罚严厉到砍断四肢，刻刺皮肤，终生不能恢复，这种刑罚是多么残酷而不道德啊！这怎么会是为人父母国君的本意呢！废除肉刑，由其他法令替代；另外，就以犯罪的轻重决定，只要犯人不逃亡，期满免罪。就把这些都编在新的法令上吧！”

丞相张苍和御史大夫冯敬奏请汉文帝定下律令时说：“所有应当受剃发之刑的犯人，改为男的每天晨起修治城墙，女的舂米；所有应当受刺面之刑的犯人，改为剃发、颈带铁链；所有应当受割鼻之刑的犯人改为鞭打三百；所有应当受斩断左脚的犯人改为鞭打五百；所有应该斩断右脚与杀人自首的犯人，以及官吏贪污受贿、私自挪用公家财物的犯人，这些人已经被定罪的，但又犯下鞭笞罪的，都要被公开斩首。若已被判决每天晨起修治城郭、舂米之人，服役数年便可被免罪。”汉文帝下达诏令：“批准。”

此时，汉文帝谨修自持，沉默寡言。而且将相们都是先前的功臣，文采少而朴质多。朝廷以亡秦的暴政为戒，所有建议和讨论均看重恩厚宽和，以说人过错为耻；风气影响全国，告发人隐私的风俗已经有所改善而不再有。官吏们也安心于自己的政事，百姓乐于从事自己的事业，每年都在增加蓄积的粮食，人口数量也在逐渐地增长。法禁也较宽和，对于怀疑而证据不足没有定论的案件，就从轻论断与民方便，所以刑罚大大地减少了，犯重罪而被处以死刑的案件只有四百件，而有弃置刑罚不用的德风。

六月，下诏令：“农业生产是天下的根本，没有比农业生产更重要的事了。如今勤勉从事农业生产的农民，仍然同商贩类似，也要缴田租赋税，这样本末没有区别了，这说明劝勉百姓务农的政策并不完善。那就废除掉田租赋税吧！”

十四年(乙亥，公元前166年)

冬季，匈奴老上单于带领十四万骑兵进入朝那、萧关，杀死了北地都尉卬，掠夺俘虏了很多百姓以及牲畜、财物；侵略彭阳，派出奇兵焚烧了回中宫，侦察的骑兵还到了甘泉宫。汉文帝任命郎中令张武、中尉周舍为将军，发动十万骑兵士卒，千辆战车在长安附近驻扎，以抵抗匈奴的侵袭；同时又任命昌侯卢卿为上郡将军，宁侯魏遫为北地将军，隆虑侯周灶为陇西将军，分别驻兵在三郡。皇上亲自训练士兵，申明教令，慰劳军队，恩赐士卒，并且想要亲自带兵讨伐匈奴。群臣都加以劝阻，但汉文帝不听；皇太后也坚决阻止，汉文帝才取消了亲征的决定。于是便把东阳侯张相如封为大将军，成侯董赤、内史栾布封为将军，攻击匈奴。单于留在边境内一个多月才离开。汉军把匈奴逐出边境就返回，没有斩杀匈奴。

汉文帝辇驾经过郎中官署，问署长冯唐："老人家您的家在哪里啊？"答曰："臣祖父是赵人，到父辈时迁徙到代国。"汉文帝说："我住在代国的时候，我的膳食主管高祛好几次对我谈到赵将李齐的贤能，说秦将王曾与李齐作战于巨鹿。现如今我每次吃饭的时候，都会想起巨鹿之战的事。老人家知道李齐这个人吗？"冯唐回答说："李齐还不如李牧、廉颇有才能。"汉文帝拍着大腿说："唉！我怎么就得不到李牧、廉颇这样的大将呢！如果能得到他们，我就不用担心匈奴的侵扰了！"冯唐说："陛下就算是得到李牧、廉颇，也不会重用他们的。"

汉文帝十分愤怒，站起身来进入宫禁中，过了很久，召见冯唐并责怪他说："你怎么能当众羞辱我呢？为什么不在没人的地方私下告诉我呢？"冯唐谢罪说："臣是鄙陋的人不知道避讳。"汉文帝此时正在留心匈奴的侵略，于是继续问冯唐说："你怎么就知道我不能任用李牧、廉颇呢？"冯唐答曰："臣听说上古时候的国君，在派遣大将时，跪着推动车轮，说：'朝廷内的事我做主，朝廷外的事由将军决定。'一切军功封官加赏等都由将军在朝廷外决定，然后回到朝廷再向皇上禀报，这并不是没有根据的话。微臣的祖父说李牧做赵国大将时，驻守在边疆，军中市场的租税全部用来奖赏士卒，一切犒赏恩赐都在朝廷外决定，从来不受朝廷控制。朝廷赋予他全权只要求他能够胜利成功，所以李牧才能够竭力发挥他的才能；他挑选战车一千三百辆，精锐骑士一万三千人，十万名优良步兵人，向北追赶单于，打败东胡，消灭澹林，向西抵制强秦的侵略，并且增援南方的魏、韩二国。在那时候，赵国几乎称霸天下。而后赵迁继立为王，采纳了郭开的谗言，杀了李牧，让颜聚代替，因此败北的士兵被秦擒捉消灭。如今臣自己听说魏尚身为云中郡守，军中市场的租金全用来犒劳士卒，用租税作为正饷以外的营养费，五天杀一只牛，拿出私有钱财，自费犒劳军吏、舍人和宾客，因此匈奴不敢接近云中边境，远远地躲避。匈奴入侵过一次，魏尚亲自带领骑兵战车进行攻打，斩杀了非常多的匈奴。一般士兵都是平民百姓的子弟，出身农家而参军，怎能了解伍符、尺籍的事呢？他们整天只知道捕捉敌人，奋力作战，向幕府呈报战功，所报的与实际稍有不符的情况，文吏就用法令来制裁他们，该奖赏的不予奖赏的；而那些官吏所奉行的法令却必须执行。臣觉得陛下处罚太重而奖赏又太过轻微。况且云中郡守魏尚上报的与记录中斩杀敌首的数目只差了六个，陛下就将他交给官吏治罪，剥夺爵位，判他一年苦役。由此看来，即使陛下得到李牧、廉颇，也不会重用他们！”汉文帝听了后极为高兴。当天，就让冯唐拿着符节去赦免魏尚，再次任命冯唐为车骑都尉，又把魏尚任用为云中郡守。

春季，汉文帝下诏令，扩大各祭祀场所同时增加礼器，另外还说：“我听说祝官在祭祀的祝福祷告中，都把福祉归到朕一个人身上，而不为百姓祈福，朕感到非常惭愧。以朕的不德，一个人自己享受祝官的祝愿，但是老百姓却享受不到，他们的这种行为更加加重了我的不德啊！所以命令祭祀的官人从今以后祭祀圣灵时，就不要再为朕祈福了！”

同年，河间文王刘辟去世。

起初，苍丞相认为汉朝应该得到五行的水德，鲁人公孙臣认为汉朝应该得到土德，这一观点应验时，黄龙会出现；张苍认为鲁人公孙臣说得不对，不予理会。

十五年（丙子，公元前165年）

春季，成纪出现了黄龙。汉文帝召见公孙臣，让他做博士官，与在学儒生再次论证汉朝是主“土德”，草拟变更服饰颜色、历法等诸多事宜。张苍却因此逐渐失势。

夏季，四月里，汉文帝开始去雍城微服私访，祭祀五帝，赦免天下。

九月，颁下诏书命令给诸侯王、公卿、郡守，让他们举荐贤良、言论正直的人，由汉文帝亲自设题策问。最后太子家令晁错在策问中获得最高名次，被提拔为了中大夫。晁错又劝谏要削夺诸侯权力以及变更的法令，一共有三十个篇目。尽管汉文帝并没有完全采纳他的意见，但却很欣赏他的才华。

还是这一年，齐文王刘则、河间哀王福先后去世，且都没有后代，然后就撤销了他们的封国。

赵国人新垣平善于望气，就要求觐见陛下，告诉汉文帝长安东北方向有神庇佑，并成五彩的气息。于是汉文帝就在渭阳建设了五帝庙。

十六年（丁丑，公元前164年）

夏季，四月，汉文帝在渭阳新建的五帝庙里进行对五帝的祭祀活动。于是宠信新垣平，并让他升职到上大夫一职，所赏赐的金银财宝共达到千金；而且还令博士、诸儒生杂采《六经》中记载编写《王制》，计划讨论巡守，商讨着要去封禅、打猎的事宜。又决定在长门道的北边立下五帝坛。

淮南王刘喜被再次封为城阳王。又把齐国分为六个小国；十七日，封齐悼惠王刘肥在世的六个儿子为王：杨虚侯刘将闾为齐王，安都侯刘志为济北王，武成侯刘贤为菑川王，白石侯刘雄渠为胶东王，平昌侯刘卬为胶西王，扐侯刘辟光为济南王。也封淮南厉王刘长在世的三个儿子为王：阜陵侯刘安为淮南王，安阳侯刘勃为衡山王，阳周侯刘赐为庐江王。

秋季，九月，新垣平派遣手下的人拿玉杯到皇宫贡献。新垣平给陛下说："皇宫内有珠宝的气息呈现出来。"没过多久，汉文帝就派人查看，果然有贡献玉杯之人，且玉杯上篆刻着"人主延寿"四个字。新垣平对汉文帝说："微臣占卜出太阳会再次居于天空中间。"不一会儿，太阳在西方落山，果然又居于中间。于是汉文帝便把前十七年改为元年，并令天下饮酒同庆。新垣平这时告知汉文帝说："周朝的时候泗水之中有一大鼎沉入。现如今黄河决堤发生水灾，河水已流进泗水，微臣观察到东北方向的汾阴一直有金宝之气，便料想一定是周朝的大鼎要在汾阴出现！祥瑞之兆现如今已出现，不喜迎接的话便不会来了。”于是汉文帝便派遣人员到汾阴造建庙宇，南方临近黄河，想借祭祀的时候，让周朝的鼎在这里出现。

后元年(戊寅，公元前163年)

冬季，十月，就有人劝谏汉文帝新垣平所说的话全是骗人的；汉文帝便把新垣平交给官吏治罪，并诛灭了新垣平三族。从此以后，汉文帝便再也不积极于江湖传言的风水、改造习惯、信奉鬼神的事宜了，而是把长门、渭阳的五帝祭祀，让祭祀的官员去全权办理，并按时祭祀以表敬意，自己也不再前往了。

春季，三月，孝惠皇后张嫣逝世。

汉文帝便诏令天下说："近年来五谷收成不佳，又有水灾、旱灾、疾病、瘟疫等，朕十分担心。朕既愚笨又不贤明，不清楚祸患的根源：心里想着是朕治理国家方面有所欠缺，还是行为方面有过失呢？还是天道不顺，地利不得，人事失和，使得鬼神不能享受祭祀呢？为什么会这样子呢？难道是文武百官的俸禄太少，没有用的事宜太多了吗？为何老百姓的食粮会短缺呢？度量田地亩数的数据并未减少，老百姓的人数没有增多，把人口和土地一块儿计算，与之前相比起来，仍然会有余裕；但是粮食却十分不足，这些问题究竟出在哪里呢？莫非是从事商业方面而妨碍到从事农务的百姓太多，酿酒而用的粮食太多，养家禽的米谷食物过多？这些多多少少的道理，我尚未能全懂。朕愿意和丞相、列侯、两千石以上官吏、博士一起商讨，便利百姓的任何政策，都可以深入讨论，尽情提建议，不必有所隐讳！"

二年(己卯，公元前162年)

夏季，汉文帝到雍地巡游棫阳宫。

六月，代孝王刘参逝世。

匈奴一直侵扰边境，大肆屠杀百姓、掠夺牲畜财产；云中、辽东受害最严重，每郡都有超过一万人被杀害。汉文帝很是担心，便派遣使者给匈奴送书信。单于也派遣当户(匈奴官名)回报谢罪，又同匈奴联姻和好。

八月初四，张苍丞相之位被罢免。汉文帝认为皇后的弟弟窦广国贤能、有德行，便想要拜他为丞相，说：“朕担心被天下人认为以公谋私，想了许久还是认为不合适。”然而高帝在位时刘邦的大臣，健在的人选都没有合适的。御史大夫梁国申屠嘉以前以材官的身份追随高帝，被封为关内侯；八月初四，任命申屠嘉为丞相，被封为故安侯。申屠嘉人品正直廉洁，家中从不接纳为私情来拜访的人。那时，太中大夫邓通深受汉文帝宠幸，赏赐共计巨万；汉文帝曾到邓通家宴饮过，可见对邓通是无比宠幸。有一次申屠嘉上朝，然而邓通却站在汉文帝身边，对待申屠嘉的礼节上有些不周。散朝之后，申屠嘉就乘机对汉文帝说：“陛下若宠爱群臣的话，就可以让他大富大贵；然而朝堂上的礼数，是不可以不加以整肃的。”汉文帝说：“你不必再说了，我会私下告诫他的。”早朝完毕申屠嘉回家后，坐在相府中，写了一份文召见邓通到丞相府中来，如果不来的话，就要杀掉他。邓通十分担忧，便入宫告知汉文帝；汉文帝说：“你不用怕尽管去，我会派人召你回来。”于是邓通就到丞相府中，把帽子脱掉，光着脚丫，向申屠嘉叩头谢罪。申屠嘉坐着，不回礼，还责怪邓通说：“朝廷，是高帝的朝廷。你邓通不过是个小臣，居然在大殿之上嬉戏无礼，是非常不恭敬的，应当斩杀。来人啊！现在就把他斩了！”邓通叩着头，一直叩到额头出血，申屠嘉还是不允许。汉文帝料想丞相已困住邓通，让他吃了很多苦头，就派人拿着符节去召邓通回来，而向丞相谢罪说：“他是我的弄臣，你就放了他吧！”邓通回到宫廷，在汉文帝面前哭泣说：“丞相差点把我杀了！”

三年(庚辰，公元前 161 年)

春季，二月，汉文帝到代巡游。

同年，匈奴老上单于逝世，儿子军臣单于继位。

四年(辛巳，公元前 160 年)

夏季，四月，丙寅日，发生日食。

五月，大赦天下。

汉文帝巡游到雍县。

五年(壬午，公元前159年)

春季，正月，汉文帝巡行至陇西郡；三月份，至雍县巡游。秋季，七月份，巡游到代国。

六年(癸未，公元前158年)

冬季，三万匈奴骑兵入侵上郡，另外骑兵三万入侵云中，屠杀掠夺了很多人命财物，烽火直漫延到长安、甘泉。汉文帝将中大夫令免封为车骑将军，屯驻在飞狐；过去曾经担任楚相的苏意将军，让他屯驻在句注；张武将军屯驻在北地；由河内太守周亚夫担任将军，驻守细柳；宗正刘礼为将军，驻守霸上；祝兹侯徐厉担任将军，驻守棘门；以防备匈奴入侵。汉文帝亲自犒劳军士，在霸上和棘门的军营，直接驰入军营，将军以下的全部车骑都恭敬地迎送汉文帝。没多久，又到达细柳军营，将士们身穿甲衣，武器锋利，箭上弦，弓满张，汉文帝的先驱队伍到达后，不能进去。先驱的队伍说："天子驾到!"军门都尉说："将军有令：'军中不听天子的诏令，只听将军的军令。'"不久，汉文帝即使到了也还是不允许进去。于是汉文帝就让人拿着符节给将军下诏令说："我要进入军营慰劳军士。"周亚夫下令打开营门后向汉文帝车骑说明："将军有规定：军营中不能驰骋飞马。"于是汉文帝就用手慢慢按着马辔缓缓走进。到了营房后，周亚夫将军手拿武器拱手为礼："穿戴铠甲不方便跪拜，请允许用军礼参见陛下。"汉文帝容颜严肃，内心受到感动，手扶着车上的横木，俯身为礼，派人对周亚夫说："陛下郑重地慰劳将军。"仪式结束以后才离开。出了军门之后，群臣都很惊讶。文帝说："看!这才是真正的将军!之前在棘门、霸上的军营就像儿戏一样，那些将军都很可能被敌军偷袭而俘虏的。而周亚夫，怎么可能被侵犯呢!"称赞了周亚夫许久。一个余月后，汉兵到了边境，匈奴的军队也离开了边境。于是汉文帝又任命周亚夫为中尉。

夏，四月，大旱，有蝗虫灾害。汉文帝下令诸侯不必入朝进贡。解除田猎山泽禁令，减少车驾服饰的费用，裁减官员郎吏的人数；打开公仓放粮以救济百姓；允许百姓可以出卖爵位。

七年（甲申，公元前157年）

夏，六月初一，汉文帝在未央宫崩逝。遗诏说："朕得知：天下万物没有不死的；死，是天地的常理，是万物的自然本性，所以不要过分地悲伤！当今世界，大家都赞美生而不喜欢死，因此埋葬以至于家业破败，穿重丧的孝服以至于损害身体，所以朕非常不赞同。况且朕不德，没能对百姓有帮助；现如今去世，还要让臣下百姓长期哭丧身着重服，忍受暑热寒天的痛苦，使得父子长辈哀痛，百姓哀伤，饮食减少，使鬼神祭祀废止，使朕的失德更加严重，朕怎么能对不起所有人呢！朕非常荣幸能有机会保护宗庙，以低微的身份而即圣上之位，到现在已经有二十余年了。靠上天的神灵，社稷的福佑，四方安定，很少有战事发生。朕虽然不聪敏，经常担心自己的错误行为羞辱先帝的美德。年纪越长越发担心因为失德而不能善终。如今能幸而享尽天年，有什么好悼念悲伤的呢？因此朕颁令天下的百姓官吏：遗诏到达后，哭丧三天后都除掉丧服；不得禁止百姓吃肉、饮酒、祭祀、娶妇嫁女等，应该办理葬礼而穿孝服的，不用光着脚；头系的麻巾，脚扎的麻绳，经带长度不可超过三寸；不要把丧服铺布悬挂在兵车和武器上；不要让百姓来宫中哀哭；需要到宫中哭祭的，在晚上、早晨前来，各哭十五声行礼结束就可以离开；不是在早晚哭祭时刻的，禁止擅自前来吊丧哭泣；下葬后，服大功服十五日，小功服十四日，纤服七日，一共三十六日就能换下丧服。剩下的不在这诏令范围内的，全部按照此诏令做。让百姓天下官吏知道朕的心意。霸陵的河川山陵都保持原状，不要有所变动。把宫中夫人以下直到少吏的都放回家。"初七日，葬于霸陵。

汉文帝在位的二十三年，没有增加宫室、苑囿、车骑、服御；对百姓不方便的就废除。之前有次想建造露台，召来工匠计算，需要花费百斤黄金。汉文帝说："一百斤黄金是中等人家十家财产的总和。我奉守着先帝宫室，经常担心做错事羞辱先帝，建造露台要做什么呢？"平时汉文帝身着黑色的粗丝衣服，最宠幸的慎夫人衣服长度也不会拖地，也不用锦绣文彩做帷帐，为了表示简朴敦厚，以此作为天下百姓官吏的模范。建造霸陵的墓园时，都用土瓦器具，不用银、锡、铜、金装饰，按照原有的山势地形，不再建造高大的坟堆。吴王刘濞生病不朝，汉文帝还赐给他几案手杖。群臣劝谏有时言语急切，汉文帝也经常采纳。张武等人接受金钱贿赂之事被揭发以后，汉文帝再加赏赐，让他们感到羞愧；专心用德政感化百姓，所以四海安定，因此百姓家家富足，后世君王中极少有超过他的成就的。

初九，太子刘启即位。把皇太后尊称为太皇太后，皇后为皇太后。

九月，西方有异星出现。

同年，长沙王吴著去世，由于无子，封国被废除。

开始时，高祖刘邦认为长沙王吴芮是个贤者，因此十分器重他，下诏令给御史："长沙王忠诚，应该制定律令让他确保王位。"到孝惠帝、高后的时候，吴芮庶子两人被封为列侯，传国若干代才被废除。

孝景皇帝上

元年（乙酉，公元前156年）

冬，十月，丞相申屠嘉等人启奏汉景帝说："功业没有比高皇帝更大的，道德没有比孝文皇帝更美的。高皇帝的庙，应该为汉朝皇帝的太祖庙。孝文皇帝的庙，应该为汉朝皇帝的太宗庙。"汉景帝回复说："准。"

夏，四月，二十二日，大赦天下。

派御史大夫陶青至代国，与匈奴商议和亲交好。

五月，恢复征收百姓一半的田租，在三十分中收一分税。

当初，汉文帝废除肉刑，虽然表面上是减轻了刑法，其实是在杀人：原本要斩断右脚之人被处死了；原本要斩断左脚的人改为五百鞭笞，原本应处劓刑的人改为三百鞭笞，大部分都被鞭死。同年，汉景帝下诏令说："鞭笞和死刑没有太大的区别；即使侥幸不死，也会变成残伤。现如今重新制定律法：将鞭笞五百的减成三百，鞭笞三百的减为二百。"

太中大夫周仁被任命为郎中令，张欧担任廷尉，楚元王儿子平陆侯刘礼担任宗正，中大夫晁错担任左内史。原本周仁是太子舍人，由于谨慎廉洁得到汉文帝的宠爱。张欧在汉景帝还是太子的时候就已经侍奉过他，他精通刑名的学术，有长者风度；所以汉文帝很器重他，任命他为九卿。张欧在做廷尉时，向来轻易处罚别人，专以诚恳忠厚的作风尽职，他的官府僚属都觉得他是个长者，不敢太欺瞒他。

二年(丙戌，公元前155年)

冬，十二月，在西南出现异星。

下令天下男子年二十岁就要去服徭役。

春，三月二十七日，立皇帝的儿子刘德为河间王，临江王由刘阏担任，淮阳王由刘馀担任，刘非是汝南王，刘彭祖担任广川王，刘发担任长沙王。

夏，四月，二十五日，太皇太后薄氏去世。

六月，丞相申屠嘉去世。当时内史晁错多次请求汉景帝单独召见谈论政事，汉景帝经常采纳他的建议，宠幸压倒九卿，更改了很多法令。申屠嘉相形见绌，他的建议汉景帝都未采纳，为此他非常痛恨晁错。那时晁错担任内史，因为东面出门不便，便从南面开了一个门出入。南面出入的门刚好开在太上皇庙宇旁空地的外墙上。申屠嘉得知晁错把宗庙的外墙打穿做门，就上书启奏汉景帝杀了晁错。一个宾客把这个消息告诉了晁错，晁错很是害怕，便连夜进宫拜见汉文帝，并主动向汉文帝自首。第二天早朝的时候，申屠嘉请求杀掉内史晁错。汉景帝说："晁错打穿的只是空地的外墙，而不是庙墙，一些冗散官吏住在那里；而且是我让他这样做的，晁错没有罪。”丞相申屠嘉只能谢罪。早朝结束后，申屠嘉对长史说：“我后悔没有先把晁错杀掉，再请求皇上治他的罪，现如今偏偏被晁错这样出卖了。”申屠嘉回到住处后，就吐血而亡。而晁错却因此更加显贵了。

秋，与匈奴和亲。

八月，丁未，御史大夫开封侯陶青被任命为丞相。初二，内史晁错被任命为御史大夫。

在东北方向有彗星出现。

秋季，衡山下冰雹，冰雹大的有五寸，地面深的有二尺厚。

火星逆行，刚好围绕着北极星，月亮也出现在北极星旁边；木星也背离常规通道运行到天廷。

梁孝王因为是窦太后最小的儿子，深受宠爱，梁孝王有四十几座城池，在天下最富饶的地方定居。赏赐非常多，难以概述，王府库中有成千上万的金钱，珠玉宝器比国库中的还多。在东边建筑楼台别苑，方圆三百多里，把睢阳城扩宽到七十里，建造大型宫殿，设计空中通道，从皇宫一直建到平台，有三十多里长。召集四方的青年才俊，像吴国的枚乘，齐人羊胜、公孙诡、邹阳，蜀国的司马相如等人，都与梁孝王有交情。每次上朝，汉文帝都派出使者持着节令，备着四匹马拉着皇帝专用的马车在函谷关迎接他。到了之后，对他十分宠爱；在入宫的时候，与汉文帝共同乘坐一辆辇车，在出宫廷时也同汉文帝乘坐同一辆辇车，一起在上林苑中狩猎；于是他就向汉文帝要求留在长安，有近半年时间。梁国的侍中、侍郎、谒者等都在宫廷门外挂有名册，可以随意出入，与汉代宫廷的宦官没有什么区别。

资治通鉴卷第十六　汉纪八

起丁亥(公元前 154 年)，止庚子(公元前 141 年)，共十四年。

【题解】本卷记录了汉景帝刘启三年至十六年共十四年间的历史，主要记录了吴、楚七国变乱，周亚夫领军平定七国之乱；记录了王娡与馆陶长公主刘嫖勾结，谗害栗姬、栗太子刘荣，夺得后位与太子位；记录了梁孝王刘武，放纵骄奢，刺杀朝廷命官，谋夺储位，被黜抑后郁闷而死；记录了周亚夫被景帝免官含冤绝食而死；记录了李广在边郡临敌不慌；记录了汉景帝发展农业、节约开支的施政措施；记录了汉景帝之死，司马迁、班固对"文景之治"的评价。

孝景皇帝下

前三年(丁亥，公元前 154 年)

冬季，十月，梁王进京朝拜汉景帝。那时汉景帝还未指定立太子，与梁王一同饮酒时，便从容不迫地说："等将来我过世之后，决定把王位传给你。"梁王边推辞并道谢，尽管知道陛下说的不全是心里话，但是内心却还是十分高兴的，太后也一样高兴。此时詹事窦婴上前向汉景帝拿着酒杯进酒时说："这天下乃是高祖打下来的天下，子承父业，是汉朝的制度，陛下怎么可以传位给梁王呢!"太后听到后从此便恨死了窦婴，窦婴也因此借口生病要主动辞官。太后便趁机把窦婴的名字从圣上宫门的门籍里除去了，让他没有办法上朝请愿。梁王因此变得更加狂妄骄傲起来了。

春季，正月，乙巳日，颁赦免令。

长星出现在西方。

洛阳东宫发生火灾。

起初，在孝文帝当政时，吴国太子入宫觐见皇上，还侍候皇太子并与之喝酒、下棋。吴国的太子因为棋路与皇太子发生了争执，态度不恭敬；皇太子便拿起棋盘投向吴国的太子，并把他杀掉了。尸体送回吴国埋葬，等到了吴国，吴王生气地说："天下是同一家的，死在长安便埋葬在长安了，何必要再送回到吴国埋葬！"又把尸体送回到长安埋葬了。吴王也由此稍稍地违背了藩臣的礼数，以借口生病不再早朝。汉文帝知道他是因为儿子被杀在生气，所以就查问、拘押了吴国派遣的使者，想知道吴王是否真在生病。吴王心里焦虑，就有了反叛的计划。后来他派遣使者代行秋季朝贡的聘礼，汉文帝又向使者责问吴王，使者告知陛下说："吴王确实没有生病；是因为皇上拘押了好几个吴国的使者，吴王心里害怕，所以才借口生病不上早朝了。那'眼光清楚可以察见到溪涧里的鱼是不吉祥的'，希望皇上不要计较过去，给他一个改过自新的机会。"于是汉文帝就全赦免了吴国使者，让他们都回去了，又赏赐给了吴王几案和手杖，一直到老都不用再上早朝了。吴王得以免了他的罪行，谋反的计谋也就破产了。然而因为吴王封国的所在地拥有盐、铜的生产，百姓就不必再缴纳赋税了；并且老百姓自愿去做边境的士兵的，国家还给予相当的补贴；每年都按时去看望有贤德的人士，对乡里的百姓也时有恩赏；其他周围郡国的官吏想要来吴国捕捉犯罪的人，吴国竟然公然藏匿包庇犯人，并不交出人犯。像这样的情况都有四十多年了。

晁错有好几次都上书谈及吴王的过错，可以趁机剥夺吴王的王位；但是汉文帝性情宽和，不忍心责罚于他，因此吴王也变得更加狂妄骄横了。等到了汉景帝即位时，晁错又游说汉景帝说："以前高帝刚打下天下时，兄弟不多，儿子尚小，所以赐封同姓者为侯为王，封给齐国有七十几座城池，楚国有四十几座城池，吴国有五十几座城池，还赐封了三个庶母所生的儿子，光这就分掉了天下的一半土地。现在吴王之前就有吴国太子被刺杀的嫌隙，骗说自己生病而不上早朝觐见陛下，按照古法来说是当杀的。但汉文帝宽和不忍心，赏赐给了他几案和手杖，对他的恩德很是深厚，按理他应当改过自新才对；但是他却反而更加狂妄骄奢，煮海水制造盐，利用铜山铸钱，引诱天下逃犯借此想要叛变。现在削夺他的王位会造反，不削夺他的王位也会造反。现在削夺他，很快就造反，灾难相对比较小；不削夺他，就比较慢些反叛，祸害将会更大些。”于是汉景帝就命令宗室、公卿、列侯一起共同商讨，都没有人敢责难晁错的措施；唯有窦婴持反对而力争，从此窦婴和晁错之间就有了嫌隙。后来楚王戊来朝廷觐见，晁错就说：“楚王以前为薄皇太后服丧的时候，在服丧的居室和人淫乱，请皇上现在就杀了他。”汉景帝下诏赦免了他，削夺了楚国的东海郡。等到前年，赵王犯了罪行，便削夺他的常山郡的王。胶西王印因为出卖爵位事有欺诈，削夺他六个县城。

朝廷中的大臣正在商讨要不要削夺吴国的土地，而吴王也在担心土地被不断削夺，因此就计划发动谋反；想到没有能够和诸侯王一起计划，都说胶西王很是勇敢，且很喜欢打仗，其他诸侯都惧怕他，于是就派中大夫应高去口头游说胶西王说：“现在圣上任用邪恶的臣子，听信了阿谀奉承的贼臣的话，来削夺各诸侯王的土地，这对诸侯的处罚实在是十分严重，而且还一天比一天厉害。俗话说：‘狗舐光了米糠，就会吃到米粒来。’吴国和胶西国都是出名的诸侯国，现在同时被监视，那么从今以后就不能安稳自由了。吴王身体内又有病，二十几年都不能上早朝觐见请安，因此也常担心被质疑，但是却无法陈述事情的真相，就战战兢兢，提心吊胆，也还担心罪不可恕。而且我们也都还听说过大王你因为买卖官爵的事犯了罪，也被削了土地。我们所听到的其他诸侯，罪行都没有大到要收回土地这么严重，所以我们就想朝廷肯定不单单是要削夺我们的土地而已！”胶西王说：“真有这样的事。你认为我们怎么办才好？”应高说：“所以，吴王自认为和大王有同样的忧患，他愿意和大王你一块儿应对时势，按照道理办事，牺牲自己为天下百姓除去隐患，不知大王意下如何呢？”胶西王很担忧地说：“寡人怎能这样做呢！陛下虽然逼得着急了点，但本来就只有一死罢了，还怎么敢造反不侍候朝廷呢！”应高说：“御史大夫晁错迷惑皇上，想法剥夺诸侯王的土地，诸侯们都有了造反的心，人事已坏到如此地步。又出现彗星，也发生了蝗虫之灾，这些好时机都是万代难得一见的；百姓的忧愁苦难，正是圣人所以出现的缘由啊。吴王是想要对内以杀晁错为由，对外称追随在大王成名之后，便可纵横天下，所到的地方都会配合起义，可以攻下所攻击的地方，没有人敢不服从。如果大王诚心许诺下这一句话，那么吴王就会率领楚王共同攻下函谷关，守住荥阳、敖仓的粮食，用来抗拒汉兵，治理军队驻扎的房舍，以便等待大王的来临。如果大王真的能够到来，那么天下很快就可以统一了，两个君主共同来分割治理天下，不也是可以的吗！”胶西王说：“好！”应高即刻回去向吴王告知，吴王还担忧胶西王不会来参与起义之事，就亲自作为使者，当面和胶西王许下约定。胶西的文武百官们有人听了胶西王的谋划，就劝他说：“诸侯的土地还不到整个汉朝的十分之二，如果造反，会给太后带来忧愁，不算是什么好的计谋。现在侍奉一个皇帝还那么不容易；就算是事情成功了，两个国君也会因为分土地而斗争，灾患会更加严重的。”胶西王不听劝诫，就派遣出使者去邀约齐王、淄川王、胶东王、济南王等人，他们也都答应了。

起初，楚元王喜爱读书，与鲁申公、穆生、白生等都曾拜浮丘伯为师学习《诗经》，后来做了楚国的王，就任命了其他三人为中大夫。穆生不擅饮酒，元王每次摆设酒席，经常要为穆生另外备着点果酒。等到了他的儿子夷王、孙子戊即王位时，刚开始时还备着果酒，但是到后来就全忘了。穆生就在退朝后说：“我可以走啦！大王已经不为我设美酒，说明王的热情已经懈怠；再不离开的话，楚国人总有一天会把我抓起来的，并且还会在集市上把我杀掉。”于是就借口生病卧床不起，不再与王见面。申公和白生就勉强拉他起身，说：“难道你忘记先王对我们的恩德了吗？现在君王不过是失掉了一点小小的礼数而已，你何必要如此计较呢！”穆生说：“《易经》上说：‘知几差不多就可以算神了！几是指事情发生时十分微妙的迹象，是吉凶要发生时事先表现出来的征兆。所以，君子看到了事情现出的征兆时就要即刻动手去做，大可不必整天去等待。’先王之所以会对我们三人礼貌，是因为道德仁义尚在；然而现在君王大意了，表示他现在已经忘却了道德仁义。忘记道德和仁义的人怎么可以和他长时间相处，我难道就是为了这一点点礼数的欠缺而要离开的吗！”所以就借口生病来辞谢而离开。申公和白生留了下来。楚王戊一旦有残暴淫荡的行为发生，太傅韦孟就写诗劝诫他，但是王就是不听，太傅韦孟没有办法就离开，到邹去居住。楚王戊也因为土地被削夺之事，就计划和吴王一起造反。申公和白生劝诫楚王戊，戊就把他们用绳索绑了起来，还给他们穿上囚犯的衣服，并惩罚他们在街道上舂米。休侯富派人劝诫楚王戊。王说：“叔父既然不赞同我的行为，那我起事后，我就先取了叔父的性命！”休侯也很害怕，就同母亲太夫人一起逃到了京师。

到后来朝廷要削弱吴国豫章郡、会稽郡的旨意到来，吴王就开始起兵造反了，把朝廷二千石以下的官员杀了；胶西、胶东、淄川、济南、楚、赵等国也都相继造反了。楚国宰相张尚、太傅赵夷吾劝止楚王戊，戊就把这两人杀掉了。赵宰相建德、内史王悍劝诫赵王遂，遂也把建德、王悍烧死。齐王后来就后悔了，违背了诸侯的约定而守护城池不动。济北王城池的墙坏了，还没有修好，郎中令守住城池劫持济北王，让济北王发不了兵。胶西王、胶东王为大帅，与淄川、济南一块儿攻打齐国，包围国都临淄。于是赵王调动军队到西面的边境进驻，要等吴、楚军队共同前进，让使者前去北方和匈奴谈判将兵力联合。

吴王发动了所有士兵，下令给全国百姓说：“我今年六十二岁了，亲自带领士兵；我的小儿子今年十四，也要身先士卒。因此但凡年纪大到和我一样，小到和我的小儿子相同的人，都得接受征召。”一共征发了二十几万人。吴王指派使臣到南方的闽和东越去，闽和东越也都一起发兵跟随吴王。吴王起兵在广陵，向西渡过淮河，所以与楚国的军队合并，派出使臣送书信给诸侯，指控晁错的罪状，请求和诸侯军队会合诛杀晁错。吴、楚一同攻击梁国，把棘壁攻破，杀死了数万人，乘胜追击，势不可当。梁孝王指派将军迎击，吴、楚联军又击败了梁两路的军队，梁的士兵都败亡逃跑。梁王只好固守睢阳城。

起初，汉文帝临终时，劝诫太子道："倘若有紧急的情况发生，周亚夫是一个可以真正带兵打仗的人。"等到七国叛乱的文书呈报上来，汉景帝就任命中尉周亚夫当太尉，带领三十六个将军及其部队进击吴、楚两国，调遣曲周侯郦寄攻打赵，派将军栾布攻打齐；又召回窦婴，任命他为大将军，让他率兵驻守在荥阳，用来监控齐、赵两国的军队。

起初，晁错所修改的法令有三十章之多，令诸侯纷纷议论加以抗议。晁错的父亲得知了这件事情，便从颍川赶来京城，告诉晁错说："圣上刚登上天子的位置，你掌权处理国政，侵占剥削诸侯的土地，间离了别人的骨肉亲情，让别人到处议论，惹来很多怨恨，你为什么要做这些呢？"晁错说："原本就应该这样做。如果不这样做，天子的地位不受到尊崇，宗庙也就得不到安稳。"他的父亲说道："刘氏的天下稳定了，但是晁氏家族却不安稳了，我要离你而去了！"便喝毒药自杀，临死前他说："我不忍心见到灾难降落到我身上！"过了十几天，吴、楚七国一起叛乱了，以诛杀晁错为理由。

汉景帝和晁错商讨发动军队的事情，晁错想要让汉景帝率兵亲征而他留在长安；又建议说："徐、僮两县周边的地方是吴国还没有攻占的，可以拿出来送给吴国。"晁错向来与吴国的宰相袁盎不和，有晁错所住所坐的位置，袁盎就经常避开；袁盎出现的地方，晁错也主动避开；二人从未在一起交谈过。等到晁错当了御史大夫，派官吏审查袁盎拿了吴王多少贿赂，给他判罪；汉景帝下诏赦免他，贬他为平民。吴、楚两国的叛乱发生后，晁错对丞、史说："袁盎拿了吴王很多财物，所以才会专门为吴王掩饰阴谋，对别人说吴王不会叛乱；但是现在吴王居然叛乱了，我要求给袁盎判罪，原因是袁盎应该清楚吴王的阴谋。”丞、史说道：“叛乱的事发生之前，判袁盎有罪是可以杜绝叛乱的行为的；但是现在各个诸侯的军队都已经向西攻向京都来了，判袁盎的罪又有什么用！况且袁盎也不应该会有什么阴谋的。”晁错犹豫不决。有人把这个消息告知了袁盎，袁盎很担心，连夜去见窦婴，向窦婴说清楚了吴之所以叛乱的缘由，并且希望见到圣上，亲自向圣上汇报。窦婴进宫向汉景帝表明了袁盎的想法，汉景帝就召见袁盎。袁盎入宫见汉景帝的时候，汉景帝正在和晁错商量着怎样调动军粮。汉景帝问袁盎：“现在吴、楚已经叛乱，你有什么看法？”袁盎回答说：“不用顾虑什么！”汉景帝说：“吴王用铜山铸钱，煮海水为盐为诱饵，招揽天下的豪杰，到年老发白的年纪还做叛乱的事，若是他的计划不够完美的话，又怎么会出兵叛乱呢！怎么你还说他没能力去有所作为呢？”袁盎回答说：“吴铜钱海盐确实是有利益的，但是又怎么能引诱到豪杰呢！就算是吴国真的得到豪杰，也只会帮助吴王行义，是绝对不可以叛乱的。吴能够招揽到的人都是一些年轻的无赖、逃命的犯人和私铸钱币的坏人，就是因为这些人在互相诱使而引起叛乱的。”晁错说：“袁盎分析得不错。”汉景帝说：“那你要给我出什么样的计谋呢？”袁盎回答说：“希望圣上让左右的大臣回避。”汉景帝让旁人走开，只剩下晁错在。袁盎说：“我说的话，任何臣子都不能够知道。”圣上就让晁错走开。晁错退到东厢，心里十分恼恨袁盎。圣上追问袁盎的看法，袁盎回答说：“吴、楚两国互相通信，说道高皇帝分封子弟为王，每人都有自己的土地，而现在贼臣晁错私自贬谪诸侯，剥夺诸侯的土地，所以才会叛乱，准备一起向西进军，一起杀死晁错，恢复他们原有的封地才罢休。现在的办法只能是把晁错杀掉，派出使臣宣布赦免吴、楚七国，恢复他们本有的封地，这样七国就会不打仗直接退兵。”于是汉景帝沉默不说话，过了很长时间才说：“我在想，斩杀晁错以后的结果是否能如我所愿？我是不会因为爱惜他一个人而不向天下诸侯谢罪的。”袁盎说：“我的计策就是这样的，希望皇上认真想一想要怎么做！”于是汉景帝任命袁盎为太常，秘密收拾行装上任。过了十几天，汉景帝授意丞相陶青、中尉陈嘉、廷尉张欧弹劾上报晁错的过错说："晁错的所作所为辜负皇上的恩德和信任，要使皇上与群臣、百姓疏远，又想把城邑送给吴国，毫无臣子的礼节，犯下了大逆不道之罪。晁错应判处腰斩，他的父母、妻子、兄弟不论老少全部公开处死。"汉景帝批复说："同意所拟判决。"晁错对此却一无所知。壬子，汉景帝派中尉召晁错，欺骗他说坐着车巡察市中，于是，晁错穿着上朝的官服在东市被斩首。汉景帝就派袁盎与吴王的侄子、宗正德侯刘通为使臣，出使吴国。

谒者仆射邓公正担任校尉，上书给汉景帝分析军队战争的情形，和汉景帝见了面以后，汉景帝问他说："你从军中而来，听到晁错被杀，吴国和楚国撤兵了没有？"邓公说："吴国准备叛乱已经有几十年了，他是因为被剥夺封地而发怒，诛杀晁错只是借口，其实他的心意并不在杀死晁错。而且臣下担心天下的士大夫都不敢再向朝廷进忠言了。"汉景帝说："为什么呢？"邓公说："晁错担忧诸侯过于强大无法控制，所以请求削减王国封地，从而尊崇朝廷，这本来是造福万世的好事。计划刚刚实行，他本人突然被杀。这样做，对内堵塞了忠臣的口，对外替诸侯王报了仇，我私下认为陛下不应该如此。"于是圣上喟然长叹说："您说得对，我也很后悔杀了晁错！"

袁盎、刘通到达吴国，吴、楚已经开始攻击梁的营壁了。宗正刘通因为和吴王有亲属关系，先入内会见吴王，告知吴王，让他跪拜接受汉景帝的诏书。吴王得知袁盎来了，明白袁盎要劝说他，就笑着回答说："我已经做了东方的皇帝了，还向谁跪拜呢！"不想见袁盎面，把他留在军营中，准备强迫他担任吴军的将领；袁盎不情愿，吴王派人看守他，准备要杀死他。袁盎寻机逃脱回来向汉景帝汇报出使情况。

太尉周亚夫对汉景帝说："楚军剽悍敏捷，与他们正面交锋很难取胜，我建议放弃梁国，先断绝吴、楚军队的粮道，这样才可以制伏他们。"汉景帝允许了。亚夫就乘坐六匹马的驿传车，打算在荥阳会集军队。军队出发至霸上，赵涉拦住去路，劝说周亚夫："吴王一向很富有，早就收买了一批甘愿为他献身的刺客。他明白将军你要有行动，必定会在崤山、渑池之间的险要地段安排刺客对付您；而且打仗讲究的是神妙秘密，将军为什么不改变路线，从此处向右走，经过蓝田，出武关，到达洛阳！这样绕着走，不过差一两天，你把军队直接开入武库，擂响战鼓。参与叛乱的诸侯王听到了，会认为将军是自天而降呢。”太尉按照赵涉的计划去做，到达洛阳，高兴地说：“七国共同叛乱，我乘坐驿车平安到达此处，想不到还能够完全抵达。现在我已驻守荥阳，荥阳以东没有什么可担心的了。”派出使臣到崤、渑之间搜查，果然抓住了吴国的伏兵。周亚夫就向汉景帝奏请，让赵涉担任护军。

太尉领兵向东北到达昌邑。吴国猛烈进攻梁国，梁王多次派使者向条侯周亚夫求救，周亚夫不答应。梁又派出使臣向汉景帝诉说条侯不肯救援，汉景帝派人命令条侯周亚夫出兵救梁，但周亚夫不执行汉景帝诏令，仍坚守营垒，不派军队出战，而只派弓高侯等人率领轻便的骑兵从淮泗口出发，断绝吴、楚军队的后路，堵塞吴、楚的粮道。梁国派中大夫韩安国及楚相张尚的弟弟张羽为将军；张羽作战勇猛，韩安国指挥持重，才得以挫败吴军。吴军想向西进兵，但因梁军据城死守，便不敢越过梁向西进兵；就攻向条侯的军队，在下邑会合，吴军急于求战，但条侯坚守营垒，不肯出兵作战。吴国粮食断绝士兵饥饿，多次挑衅，条侯一直不应战出兵。周亚夫的军营中，夜间突然惊乱，内部互相攻击，混乱的情况传到条侯的帐幕边，周亚夫坚持睡着不起，过了一会儿，就恢复平静了。吴兵攻向军营的东南角落，亚夫派令士兵抵抗西北方；不久，吴、楚的精兵果然突袭汉营西北，但攻不进去。吴、楚的士兵有很多因为叛乱离散或饥饿而死，吴王就领兵撤退了。二月，周亚夫派出精锐军队追击，大胜了他们。吴王濞丢下他的军队，与数千精壮士兵连夜逃跑；楚王刘戊自杀。

吴王起初举兵叛乱的时候，吴的大臣田禄伯担任大将军。田禄伯说：“军队屯聚在一起而向西攻击，没有其他可以出奇兵的通道，难以成功。臣愿意率领五万士兵，另外沿长江、淮河逆流而上，收复淮南、长沙，进入武关，和大王军队会合，这也是一路奇兵！”吴王太子劝阻说：“大王有叛乱之名，这样的军队不能让别人带领，假若别人也背叛您，又该怎么办？况且让别人带兵而另辟战线，容易产生许多其他利害问题，只是白白地削弱了自己的力量！”吴王就没有批准田禄伯的请求。

吴国的青年将领桓将军劝吴王说：“吴国多的是步兵，步兵利于在险阻的地方作战；汉多的是车骑兵，车骑兵利于在平地作战。希望大王不进攻沿途的城池，径直往前进，马上向西占领洛阳武器仓库，得到敖仓的粮食，凭借山势和黄河天险号令诸侯，即使没有进入函谷关，天下就已经被您平定了。倘若大王进军缓慢，因沿途攻占城邑而延误时机，汉军的车骑兵一到，飞驰进入梁、楚的郊野，那大事就坏了。”吴王问老将军们的意见，老将说：“这不过是年轻人想显露锋芒罢了，怎知道考虑大局呢！”于是，吴王不采用桓将军的计策。

吴王独揽全军指挥权。军队还没渡过淮水，全部宾客都能做到校尉、司马、候、将，只是不用周丘。周丘是下邳人，逃亡至吴，爱喝醉酒，品行不好，吴王看不起他，所以不任用他。周丘就自己求见吴王，劝说吴王：“臣因为是没有才能，无法在行伍里任职。我不敢要求带兵做官，只希望从大王处得到汉朝的一个符节，必定做成一番事业来回报大王。”吴王就给了他。周丘取得符节，连夜驱车进入下邳县城；下邳的官民得知吴王叛乱，所以都紧守住城池。周丘到达驿所，找来下邳县令，让随从人员用罪名把县令杀了，然后找来他们兄弟所认识的贤豪官吏，告诉他们说：“吴国叛乱，大军马上就到，屠灭下邳城不过用吃顿饭的时间；如果先归降吴王，家室必定保全，有本事的人还能立功封侯。”官吏出去后，转告给其他人，下邳的官民就都归顺了吴王。周丘一夜之间得到了三万人，派人向吴王汇报，就率领他的军队向北方攻取城邑；打到城阳时，周丘的军队已有十多万人了，打败了城阳中尉指挥的军队。周丘得知吴王失败逃走，自己估计无法和他共同成就事业了，就领兵返回下邳，还没有到达，因背上生毒疮而死。

壬午晦日，三十日，发生日食。

吴王弃军逃亡后，军队就崩溃瓦解，有些士兵就投降了太尉条侯周亚夫和梁军。吴王渡过淮水，向丹徒逃走，想借东越自保，有军队一万多人，并召集逃散的士兵。汉派人以金钱利禄引诱东越，东越便骗吴王出来劳军，派人用矛戟刺杀了吴王，装上他的头颅，派人乘传车疾驰到汉朝廷报告。吴的太子驹逃亡到闽越。楚、吴总共造反三个月，都被消灭了，诸将于是才认为太尉周亚夫的计谋很正确；但是，梁王却因此与太尉有了矛盾。

当胶西王等三个诸侯王的叛军围困临菑的时候，齐王派路中大夫报告天子。天子又让路中大夫回报齐国，要他坚守，说："朝廷军队已经打败吴楚叛军了。"路中大夫赶回时，三国的军队已把临菑城重重包围，无法入城。三国的将领迫使路中大夫与他们结盟，说："你回去这样说：'汉兵已然被攻破了，齐要赶快向三国投降，要不会被屠杀。'"路中大夫答应了，但到了临菑城下，看见齐王时，却说："汉已经派出了百万大军，让太尉周亚夫指挥，打败了吴楚军队，正领兵前来救齐，齐一定要坚守不降！"三国就把路中大夫杀掉。齐国起初被包围得很紧急时，暗中与三国互通计谋，但盟约没有定好；恰好路中大夫从汉朝廷而来，齐王的大臣们又劝他不能向三国叛军投降。恰逢汉将栾布、平阳侯曹襄等率军到达齐国，打败了三国的军队。解除了临菑之围以后，汉军将领听说齐王当初与三国密谋勾结，就准备调集军队攻打齐国。齐孝王害怕，服毒自杀。

胶西王、胶东王、菑川王分别领军队返回封地。胶西王打着赤足，坐在草席上，喝着水向母亲太后谢罪。胶西王太子德说："汉兵回还时，臣仔细观察，发现他们已经很疲惫，可以突袭，希望召集大王的残余军队去袭击他们！如果突袭不能获胜，再逃入海岛隐蔽，也还不晚。"胶西王说："我的士兵都已然败坏得不能再使用了。"弓高侯韩颓当给胶西王送信说："我奉陛下诏令杀不义的叛徒：投降的能够赦免，恢复原有的故土；不投降的就消灭。王你打算怎么办？我等你的决定。"胶西王袒身露体，到达汉军营垒前磕头谒见弓高侯说："微臣依照律令不小心，让百姓受到惊扰，劳累将军辛苦远道来到我们这穷困的封国，微臣请求用剁成碎肉之罪来惩罚我！"弓高侯手拿金鼓与胶西王见面，说："你也在为打仗之事痛苦吧？我希望听听你起兵叛乱的经过。"胶西王膝行叩头，回复说："先前陛下用事的官吏是晁错，他任意改变高皇帝的律令，抢占诸侯的土地。卬等人觉得他不义，担心他将天下败乱了，因此联合七国发兵要将晁错杀掉。如今据说晁错已然被杀，卬等恭敬地罢兵返回。"将军说："你倘若觉得晁错不好，怎么不报告陛下？况且也没有陛下兵符、诏令，就自己调动军队攻打守义没有叛乱的国家，以此来看，你不仅仅是要杀掉晁错。"便向胶西王宣读陛下诏书，说："你自己解决吧！"胶西王说："如同卬的人死有余辜！"就自杀身亡，太后、太子也都死了。胶东王、淄川王、济南王全被杀。

郦寄的军队到达赵国，赵王领兵返回到邯郸守住城池。郦寄攻击七个月，依然没攻下。匈奴听说吴、楚战败了，也不愿进入边境。栾布大胜齐国带兵返回，与郦寄军队联合引接河水灌溉赵城，水把城灌坏，赵王就自杀而亡。

汉景帝由于齐国开始时并没叛逆之心，由于被迫而与叛军谋划，并非齐国的罪过，因此召见齐孝王太子寿并立他为懿王。

济北王也想自杀，以求保全妻子儿女。齐人公孙玃对济北王说："微臣愿意尝试看能否请梁王替大王说情，让梁王将大王的心意转达给陛下。倘若游说没有被采纳，再死也不迟啊。"公孙玃就去见梁王说："济北土地，东面连接强大的齐国，南面被吴、越牵制，北面被燕、赵胁迫。这样子可以说是随时会四分五裂的国家，靠权谋不足以自守，靠武力也不够抗敌，又缺少怪异神灵的方法来抵抗国难；即使对吴王有答允叛乱的失言过错，可不是济北王的本意，仅是权宜之计。倘若济北王看清实情，表现出不愿顺从的迹象给吴王，那吴王必定能先绕过齐国，不用在齐坚城之下屯兵，而能一举消灭济北，招抚燕、赵，聚集他们的兵力，那山东诸侯的合纵就没有间隙可乘。如今吴王联合诸侯军队，驱使没有受过训练的民众，向西与陛下争权夺势。可济北却一直谨守臣节不投降，让吴王得不到帮助而失去盟国，只能小步而进，最终如同瓦土崩塌一样溃散，失败破灭到了不能挽救，这也许是济北的功劳啊。弱小的济北与诸侯夺胜争强，好比用小牛羔羊的弱小身体与狼虎一般的敌人抵抗。可济北王依然不屈服于敌人，对陛下的忠心能够说专一而真诚了。这么大的道义与功劳，还让陛下质疑，弄得自缚双脚，低头敛肩，手抚衣带表达忏悔，他还懊悔没与吴王合计，不敢前去归汉，这对汉朝社稷是没有好处的。微臣害怕此后，朝廷都要被守职的藩臣怀疑了！微臣私自思考：能途经西山，径直去长乐宫，到达未央宫，卷袖露臂力争正义的，也就大王一人而已。大王倘若应允，上能够得到保全亡国的功劳，下能够拥有安定百姓的名声，道德能够深入骨髓，恩泽能够永无穷尽！希望大王认真地考虑。”梁孝王听后极其高兴，就让人飞马报告陛下；济北王因而才没被判成谋反之罪，还改封至淄川。

河间王太傅卫绾攻打吴、楚有功劳，陛下把他任命为中尉。卫绾曾凭借中郎将的身份侍奉汉文帝，为人不虚华，恭谨忠厚。陛下做太子时，曾召汉文帝近臣喝酒，卫绾谎称生病没参加。汉文帝即将逝世时，嘱咐陛下说：“卫绾是一位长者，你要好好地对待！”因此陛下也十分信任宠爱他。

夏季，六月，乙亥日，下诏说：“官吏百姓被吴王濞所蒙蔽而应该受连坐之罪的，与逃军、逃犯等，都赦免。”

汉景帝打算让吴王之弟德哀侯广之子继承吴国、楚元王子刘礼继承楚国。窦太后说：“吴王年岁已大，为了宗室本应和善恭顺，可他却带领七国叛乱，让天下纷乱，不能立他的后代！”不同意吴立后代，只准许楚立后代。乙亥日，改封淮阳王刘余为鲁王，汝南王刘非为江都王，封地是之前的吴国土地，封宗正刘礼为楚王，封皇子刘端为胶西王，刘胜为中山王。

四年(戊子，公元前153年)

春季，恢复关卡，凭符信出入。

夏季，四月，己巳日，立皇子刘荣为皇太子，皇子刘彻立为胶东王。

六月，大赦天下。

秋季，七月，临江王阏逝世。

冬季，十月，在戊戌晦日，出现日食。

起初，吴、楚七国谋反，吴的使者到淮南，淮南王准备调动军队以响应。他的宰相说："倘若大王非要响应吴王的话，微臣愿意做领兵的将帅。"淮南王就把军事委托给他。宰相取得兵权后，就不听淮南王命令，站在汉朝一边，守住城池，汉朝又让曲城侯领兵解救淮南，淮南王因而才保住了封国。

吴的使者到了庐江，庐江王不答应与吴王联合，使者来回出使至越。到达衡山后，衡山王坚守城池，没有叛乱之心。而后吴、楚被攻陷，衡山王入宫拜见陛下。陛下觉得他忠贞节信，就犒劳他的辛苦，说："南方地势低且潮湿。"把衡山王迁徙到济北作为王以为褒奖。庐江王由于把越当作边境，因此多次让使者去与越交好，后改封为衡山王，在长江以北为王。

五年(己丑，公元前152年)

春季，正月，建造阳陵邑。夏季，劝说百姓迁至阳陵，赐给钱币二十万。

派遣公主嫁给匈奴单于。

改封广川王刘彭祖为赵王。

济北贞王刘勃逝世。

六年(庚寅，公元前151年)

冬季，十二月，打雷，连着数天下雨。

起初，陛下做太子时，薄家女子被薄太后立为太子妃。而后即帝位，将薄家女子升为皇后，可不被宠爱。秋季，九月，废掉皇后薄氏。

楚文王礼逝世。

起初，燕王臧荼有个孙女名叫臧儿，嫁给槐里王仲，生下儿子王信和两个女儿后，王仲就死了；臧儿改嫁长陵田氏，生下儿子田蚡、田胜。汉文帝时，臧儿长女嫁给金王孙，生下女儿金俗。臧儿为儿女卜筮命运，卜筮这样说道："两个女儿都会大贵。"臧儿就夺走金氏的夫人，金氏生气不愿与夫人道别。臧儿把女儿纳进太子宫中，生下儿子刘彻。王夫人在怀刘彻时，梦见太阳进入她的怀里。

而后汉景帝即位，长子刘荣是太子。他的母亲栗姬是齐国人。汉景帝的姐姐长公主刘嫖想要将女儿嫁于太子刘荣，栗姬觉得后宫的美人全依赖长公主的关系才能与陛下见面，心怀嫉妒，因此不同意太子刘荣娶长公主女儿；长公主又想让女儿嫁给刘彻，王夫人答应了。此后长公主每日称赞王夫人的优点而毁谤栗姬，汉景帝自己也觉得王夫人很聪慧，加上之前怀孕时梦见太阳入怀的瑞应，所以不能一时决定立谁为皇后。王夫人明白汉景帝不喜欢栗姬，就利用汉景帝怒气还没消除时，暗中让人催促大行令向汉景帝请求立栗姬为皇后。汉景帝气愤地说："这是你应该说的话吗？"就论罪将大行令处死。

七年(辛卯，公元前150年)

冬季，十一月，己酉日，太子刘荣被废为临江王。太子太傅窦婴虽然力争仍不能成功，就称病，请求免辞。栗姬恨怨而死。

庚寅晦日，出现日食。

二月，丞相陶青被免职。乙巳日，封太尉周亚夫为丞相。废止太尉官职。

夏季，四月，乙巳日，立王氏为皇后。

丁巳日，立胶东王刘彻为皇太子。

同年，任命太仆刘舍为御史大夫，济南太守郅都为中尉。

起初，郅都为中郎将，敢于直言进谏。曾跟随汉景帝入上林苑，在贾姬如厕时，野猪突然冲进厕所。汉景帝眼看着郅都，让他去救，但郅都没动；汉景帝要手拿武器亲自救援贾姬。郅都跪上前说："倘若失掉一个女人，能够再进一个女人，天下不缺像贾姬这样的女人。皇上即使不以性命为重，也要对太后、宗庙有所交代！"汉景帝才停下，野猪也走开了。太后听到后，赐给郅都百斤黄斤，从此器重郅都。郅都为人，勇敢剽悍公正廉洁，不拆阅私人书信，不接受犒劳馈赠的财物，不接受私人谒见。等到他后来成为中尉，崇尚苛酷严厉，施行律令时不论贵戚；因此列侯、宗室都不敢正眼看他，称呼他为"苍鹰"。

中元年(壬辰，公元前149年)

夏季，四月，乙巳日，大赦天下。

发生地震。衡山原都下冰雹，大的有一尺八寸。

二年(癸巳，公元前148年)

春季，二月，匈奴入侵燕国。

三月，临江王荣抢占太宗庙墙隙建设宫殿，被召到中尉府对簿公堂。临江王希望得到刀笔，向陛下写信谢罪，可中尉郅都严禁狱吏给他；魏其侯让人找机会给临江王送刀笔。临江王已然写好向陛下谢罪的书信就自杀而亡。窦太后知道后十分愤怒，而后就用严苛的律令判郅都的罪并将其杀掉。

夏季，四月，西北有彗星出现。

立皇子刘寄为胶东王，刘越为广川王。

秋季，九月，甲戌晦日，出现日食。

起初，梁孝王由于与汉景帝是至亲的关系又有功劳，得到汉景帝赏赐的旌旗，有千乘车驾万人骑士跟从，进出都有戒严的警跸。梁孝王宠爱羊胜、公孙诡，让公孙诡当作中尉。羊胜、公孙诡有许多偏邪奇异的谋划，想让梁孝王作为汉帝的子嗣。废栗太子时，太后心想让梁王当作汉帝后嗣，利用摆置酒宴的间隙对陛下说："陛下可以把车驾托付给梁王。”汉景帝起身说：“有道理。”酒宴结束后毕，汉景帝请教于大臣，大臣袁盎等人说：“不行。之前宋宣公由于立弟弟而不立儿子为太子，出现连绵五代不停止的祸乱。小不忍则乱大谋，因此《春秋》主张大义为先。”此后太后的意见就不被采纳，太后也再没有提起过。梁孝王再次上书说：“但愿陛下将一条车道赐给我，使我能够径直到长乐宫，我独自让梁国士民建一条让我能够朝拜太后的通道。”袁盎等都说不能那样做。

梁王因此怀恨袁盎和议政的官吏，就与羊胜、公孙诡合计，想要私下让人刺杀袁盎和其他十几个议政官吏。不料刺客没得手，汉景帝于是质疑梁王；逮捕到刺客后知道果真是梁王做的。汉景帝让田叔、吕季主前去排查梁王之事，要捉到羊胜、公孙诡。羊胜、公孙诡在梁王后宫躲藏，十几个使者到达梁国后，急切要求二千石的梁国官吏将羊胜、公孙诡交出来。从梁宰相轩丘豹和内史韩安国往下，全国大肆搜捕，一个多月也没有搜到。韩安国听说羊胜、公孙诡在梁王宫内躲藏，就进宫见梁王，哭着说：“国君受辱官吏该死。大王缺少贤良的官吏才走到眼下这个地步。如今搜不到羊胜、公孙诡，微臣要求辞官，并赐我去死！”梁王说：“怎么会这么严重？”安国哭得很痛苦地说：“大王考虑一下与圣上的关系，与临江王相比谁亲？”梁王说：“没有临江王亲。”安国说：“作为嫡长太子的他只为母亲说错一句话，就被废成临江王；而后又由于抢占太宗庙墙空地的事，最终在中尉府自杀。什么原因呢？是由于不能在治天下的时候因私情扰乱公理。今大王身为诸侯，却被邪恶官吏的不实之说引诱，并枉法自恣，触犯皇上的法禁，扰乱朝廷大法。皇上因为太后，不舍得把律令加到大王身上；太后日夜哭泣，期望大王可以改过自新，可大王一直没有清醒觉悟。倘若太后逝世，大王还能够依附谁呢？”话没说完梁王就流了许多泪，向安国谢罪说：“我如今就将羊胜、公孙诡交出来。”梁王就让羊胜、公孙诡自杀，并交出尸体。汉景帝此后就对梁王有了怨恨。

梁王十分担心，就让邹阳进入长安，进见皇后兄长王信说：“你的妹妹深得陛下宠爱，后宫无人能及，而您也有很多不遵守道理的事迹行为。如今就要将袁盎被刺的事件彻查到底，倘若梁王认罪被杀，那时太后就没有对象发怒了，一定会痛恨切齿你们这些被宠爱的官吏，我很为你着急啊！”王信说：“如何是好？”邹阳说：“倘若长君您能够悄悄地劝说让陛下不要追究梁王之事，那你肯定能稳固地交结好太后，太后也会深入骨髓地感谢你的恩德。你的妹妹就可得到皇帝和太后两宫的宠爱，使得你们的势力如同金城般稳固。以前舜的弟弟象，天天想杀死舜，等到舜立为天子，还是把象封到有卑。由此可知仁人对于自己的兄弟，不会有隔日的怨恨，也不会藏匿怒气，总会爱他亲他的。因此后世才如此赞赏舜的美德。你用这个来说服皇上，期望能将梁王之事作罢。”王信说：“行。”就找机会进宫向汉景帝进言，汉景帝才稍稍解除怒气。

那时，太后因为担心梁王之事而绝食，早晚都在不停哭泣。汉景帝也很烦恼。恰好田叔等人彻查梁王事件归来，到达霸昌厩，把梁王的供词全部拿火烧掉，两手空空来见陛下。陛下说：“梁王有罪状吗？”田叔回答说：“有犯死罪的事的。”陛下说：“证据呢？”田叔说：“陛下请别问梁王的事。”陛下说：“原因是什么？”田叔说：“如今梁王有罪而不诛杀，那汉朝的律令就要作废了。如今倘若依法杀了梁王，太后会伤心得吃不下睡不稳，这也是让陛下忧虑的事。”汉景帝极其同意他的做法，就让田叔等人谒见太后，还说：“梁王不晓得刺客的事。计划暗杀事件的人，是他宠爱的官吏羊胜、公孙诡，他们已然依照律令受戮死亡了，梁王一切安好。”太后听后，立刻起身坐着吃饭，精神也恢复了。

因而梁王上书陛下请求朝见。到关口后，茅兰说服梁王，让他乘坐平民车子，只带两个骑兵侍衙入关，藏身到长公主的宅院里。汉派使者迎接梁王，梁王已然入关，骑兵车辆都在外衙，却不晓得梁王下落。太后哭着说：“皇上果真把我儿子杀了！”汉景帝恐惧担心。然后梁王背着刑具，在北阙下向汉景帝谢罪。太后和汉景帝都极其高兴，相对哭泣，感情又和好了。梁王的随从官全被召入进关。可从此汉景帝就更疏远梁王，不与他乘坐同一辆车了。汉景帝觉得田叔很有才能，就把他升作鲁国宰相。

三年(甲午，公元前147年)

冬季，十一月，废除诸侯国的御史大夫官职。

夏季，四月，出现地震。

发生旱灾，严禁卖酒。

三月，丁巳日，封皇子刘乘为清河王。

秋季，九月，发生蝗虫灾害。

西北方有彗星出现。

戊戌晦日，出现日食。

起初，汉景帝废除太子刘栗，周亚夫极力反对，可没有结果；从此汉景帝开始疏远周亚夫。而梁孝王上朝的时候，经常说条侯周亚夫的坏话给太后。窦太后说："皇后的兄长王信可以封为侯。"汉景帝推脱，说："起初南皮侯、章武侯，先帝在世时不把他们封为侯，到了我即帝位才封为侯；王信不能够封侯。"窦太后说："人生在世，要根据各自当时的情况办事。窦长君在世时，儿子彭祖始终没被封为侯，他死后，却被封侯了，我极其感慨！皇上就赶快把王信封为侯吧！"汉景帝说："我要和丞相商量一下。"汉景帝就与丞相商量。周亚夫说："高皇帝有约定：'不是刘氏不能够封王，不是有大功不能够封侯。'如今王信即使是皇后兄长，但无功劳，倘若封他为侯，有违高皇帝的规约。"汉景帝默然而止。而后，匈奴王徐庐等六个人投降汉朝，汉景帝想封为侯以劝勉后人。丞相周亚夫说："他们反叛匈奴国君投降陛下，圣上封他们为侯，日后怎么责怪不守臣节的官吏呢？"汉景帝说："丞相的意见不对。"就把徐庐等人全部封作列侯。周亚夫就托病请求免职。九月，戊戌日，周亚夫免官。任命御史大夫桃侯刘舍为丞相。

四年(乙未，公元前146年)

夏季，出现蝗虫的祸害。

冬季，十月，戊午日，出现日食。

五年（丙申，公元前 145 年）

夏季，立皇子刘舜为常山王。

六月，丁巳日，大赦天下。

发生水灾。

秋季，八月，己酉日，未央宫东阙发生火灾。

九月，下诏："所有不能明确判断的可疑犯罪案情，即使律令条文规定要处以重刑，可不让人心服的，就再会审决定。"

发生地震。

六年（丁酉，公元前 144 年）

冬季，十月，梁王来京师朝见，上书汉景帝请求留在京师，汉景帝不许。梁王回国后，暗自不开心。

十二月，改变廷尉、将作等官名。

二月，乙卯日，汉景帝巡视雍地，到五畤郊祭。

三月，下雪。

四月，梁孝王逝世。窦太后得知后，哭得很伤心，不吃东西。说："皇帝果真杀了我儿子！"陛下既哀伤又害怕，不知如何是好。就与长公主商量，把梁分割成五国，将孝王五个儿子全封为王：刘买为梁王，刘明为济川王，刘彭离为济东王，刘定为山阳王，刘不识为济阴王；把汤沐邑都封给五个女儿。将这些计划上奏给太后，太后才高兴，为汉景帝这样安排吃了一顿饭。孝王没死时，财物巨万，死后，府库还剩余四十几万斤黄金。其余的财物一样多。

汉景帝减少了对罪犯的笞打次数之后，受笞刑的人还难保全生命；就再次减少笞刑，该笞打三百下的，减为笞打二百，该笞打二百下的，减为笞打一百。又制定了实施笞刑的法令：用于打人的笞杖，长为五尺，用竹子做成，根部手握之处，竹管的直径为一寸；末梢为半寸薄的竹片，竹节全要磨平。被判处笞刑的人，笞打他的臀部；一个罪人打完之后，才更换行刑的人。从此以后，受笞刑的人就得以保全了。但这样一来，死刑很重而不到死刑的其他惩罚又很轻，百姓就把违法犯罪看得很轻淡了。

六月，匈奴攻入雁门，到达武泉，进上郡，夺去苑中的好马。战死的官吏士兵有两千人。陇西李广为上郡太守时，有次只有一百多骑兵跟随外出，恰逢匈奴几千个骑兵，匈奴瞧见李广，觉得是汉军诱敌用的骑兵，都很惊慌，爬到山上布阵。李广的一百多个骑兵都极其害怕，要驰马逃走。李广说："我们远离大军有几十里，我们一百多骑兵逃走的话，匈奴一旦发现一定会追杀，把我们全部射死。如今我们留下来，匈奴一定觉得我们是汉大军的诱敌之饵，一定不敢攻打我们。"李广命令全部骑兵："向前！"到了离匈奴阵地二里的地方就下令不进，说："都解下马鞍下马！"骑兵们说："敌人靠近我们况且人数很多，倘若攻打我们应该如何是好？"李广说："敌人觉得我们走了，可我们解下马鞍说明我们不走，让他们更觉得我们是诱敌的。"于是胡人骑兵就不敢攻打了。在监视他们的队伍中出现一个骑白马的匈奴将军；李广上马，与十几个骑兵飞奔过去将骑白马的敌将射杀后返回到自己的骑兵队伍中，再次将马鞍解下，下令士兵都放了马，高卧休息。此时恰好黄昏，胡兵一直觉得不解，不敢进攻。半夜之时，胡兵也觉得汉有军队在附近埋伏要在夜晚攻打，因此带领军队远离了。天亮后，李广就返回到大军驻地。

秋季，七月，辛亥晦日，出现日食。

自从郅都死后，长安及附近的皇族宗室有许多人凶暴犯法。汉景帝就征召济南都尉南阳人宁成出任中尉。宁成的治政仿效郅都，但清廉不及郅都，然而宗室皇族、地方豪强人人都恐惧不安。

城阳共王刘喜逝世。

后元年(戊戌，公元前143年)

春季，正月，汉景帝下诏说："审判案件，是国家的重大政务。人有智愚的不同，官有上下的区别。有疑问的案件要上交给有关机构复审；有关机构仍难以断案的，要上交廷尉复审。下级把疑案送呈上级复审，而发现断案有错误，送呈疑案的官员不必负担任何责任。主要是想让审案的司法官员，一定重视从宽判案。”

三月，大赦天下。

夏季，汉景帝下诏，特许百姓相聚饮酒五天，允许百姓卖酒。

五月，丙戌日，发生地震。上庸连续地震二十二天。城墙被毁坏了。

秋季，七月，丙午日，丞相刘舍被免官。

乙巳晦日，出现日食。

八月，壬辰日，将御史大夫卫绾任命为丞相，卫尉南阳直不疑被封为御史大夫。起初，直不疑做郎官时，有同住的郎官告假回家，不小心拿错同住郎官的钱走了。没多久同住的郎官发现丢掉金子，怀疑不疑是小偷；不疑跟对方承认谢罪，买来金子给他。而后告假返家的郎官返回，还了金子，丢金子的郎官极其自责。不疑因而被称赞为长者，官位稍稍上迁至中大夫。有人诽谤直不疑，说他与大嫂通奸。不疑听后说：“我没有兄长，怎么会有大嫂。”一直不说自己冤枉。

汉景帝在宫中召见周亚夫，赐食物给他，仅仅为他准备大块没切的肉，还没有准备筷子。周亚夫心有不平，回头找尚席索要筷子。陛下笑着说：“如此还不够你用吗？”亚夫脱下帽子下跪给陛下谢罪，陛下说：“站起来吧！”亚夫就快步走出宫门。陛下看着他离开，说：“看他愤愤不平的样子，确实不能辅助太子。”

不久后，周亚夫的儿子替他父亲买通工官取得能够当成陪葬品的甲盾五百具，却不给工作劳苦搬取甲盾的佣工工钱。佣工清楚亚夫儿子偷买官家器物，就上书偷偷告发亚夫儿子，此事牵涉到亚夫。汉景帝接到上书，就交给法官判决。法官要求录亚夫口供，可亚夫不说话。汉景帝生气地说：“我不用你的口供！”就把这件事交给廷尉处理。廷尉责怪周亚夫说：“君侯你要反叛吗？”亚夫说：“怎么说是要谋反呢？微臣买的是丧葬用的器具。”法官说：“你即使不在地上叛乱，也是想要在地下谋反！”掌法的官吏更加急迫地侵辱他。起初，法官逮捕亚夫时，他想自杀，可他的夫人制止了他，他才没死，于是就被交给廷尉判决。亚夫五天没吃饭，最终吐血而亡。

同年，济阴哀王刘不识逝世。

二年(己亥，公元前142年)

春季，正月，一天出现三次地震。

三月，匈奴入侵雁门，太守冯敬与匈奴作战，不幸战死。朝廷征发战车和骑兵、步兵驻防雁门郡。

春季，由于收成不好，严禁内郡百姓喂马粮食，违禁的没收马匹。

夏季，四月，下诏说："损害到桑织的是编组刺绣；损害到农事的是彩饰雕刻。受冻的原因是桑织受到损害，饥饿的本源是农事受损害。受冻饥饿一块儿出现时很少有百姓能够不为非作歹。皇后自己植桑织布，朕也要自己下田耕种，生产宗庙祭神所需要的祭服、祭品，给天下人做模范。减少膳食官，省去徭役赋税，不接受献物，让天下人可以做桑织农事，让百姓平常有储蓄，来抵抗所有祸害灾难。有钱的人不可侵凌穷人，强壮的人不抢夺弱小者财物；幼童孤儿得以养育，年老的人得以长寿。今年收成不好，民间很少有粮食，怎么回事呢？也许是虚伪欺诈的人做了官，把贿赂财物当作买卖人情的工具，抢占万民资产，抢夺百姓财物。县丞是地位高的官吏，与强盗盗取百姓财物，违犯了律令，确实不应该！如今让所有二千石的官吏都把自己的职务做好。不明事理、昏聩、没做好自己职务的官吏，丞相彻查后报告朕再定罪。把这些规定告诉所有人让他们知道朕的想法。"

五月，下令家中资财达到四万钱的就能够做郎官。

秋季，出现大旱灾。

三年(庚子，公元前141年)

冬季，十月，出现日食、月食，日月连续五天变成赤红色。

十二月底，天空打雷；日光呈紫色；五大行星逆行，停留在太微星座；月亮从天廷中部穿过。

春季，正月，下诏说："农业是天下的根本。黄金、珍珠、美玉之类的东西，饥饿时不能当饭吃，寒冷时不能做衣穿，把它当作货币使用，不知它何时使用何时废止。近来有时年成不好，或许是因为从事工商末业的人多，从事农业的人少。命令郡国官员，一定要提倡发展农桑，多种树，这样就可以得到衣服和食物等用品。官吏如果征发百姓，雇他们去开采黄金、珍珠、美玉，就按偷盗的罪名，把所得作为赃物来定罪处置。二千石官员如果听之任之，也按同样的罪名处置。"

甲寅日，皇太子进行加冠礼。

甲子日，汉景帝在未央宫驾崩。太子就皇帝位，才十六岁。尊皇太后为太皇太后，皇后为皇太后。

二月，癸酉日，安葬孝景皇帝于阳陵。

三月，封立皇太后的同母弟田蚡为武安侯，田胜为周阳侯。

班固《汉书》的赞文说：孔子说："现在的民众，与三代圣明的君主推行王道达到天下大治所依靠的民众，没有什么不同。"确实是这样啊！周末、秦代政治的弊病，在于法网繁密，政令严苛，但奸邪盗寇却防不胜防。汉朝建立以后，废除繁苛的法令，让民众休养生息；到孝文帝时，用谨慎俭朴的作风治理国家；孝景皇帝遵守这种作风。五六十年之间，风俗焕然一新，百姓淳朴敦厚。说到天下大治的时代，周代有成康之治，汉代有文景之治，真是美好啊！

汉朝建国，承接的是秦末凋敝的社会残局，营造繁多而财力匮乏，纵是天子都不能配备四匹同样毛色的马匹拉车，将相有的只能坐牛车，平民百姓没有积蓄。天下平定之后，高祖就命令商人不许穿丝织的衣服、不许坐车，并且加重征收他们的租税，用这些办法来控制和羞辱商人。孝惠帝和高后在位时，因为天下刚刚平定，又放松了限制商人的律令，但是商人的子孙，仍然不允许做官为吏。朝廷计算官吏俸禄和官府各项费用的总额，据此向百姓征收赋税。从天子一直到有私邑的封君，都以各自区域内的山川、园池、市井商业税收作为各自费用的来源，而不向朝廷领取经费。经由陆路、水路运输到京师，供给各官府使用的来自崤山以东地区的粮食，每年不过数十万石。接着是孝文帝、孝景帝先后治理国家，清廉公正，谨慎俭朴，安养天下百姓，七十多年之间，国家无事，如果不发生旱涝灾害，百姓就可以人人自给，家家足用。城乡的粮仓都装满了粮食，府库中贮存了剩余的物资；京城国库中的钱累积万万，串钱的绳子都已朽烂，无法清点数目；京城粮仓中的陈旧粟米一层盖一层，装满太仓而流出仓外，只好在外面堆积着，以至于腐烂而不能食用。百姓居住的大街小巷都可看见马，在田野间的马匹更是成群结队，骑母马的人要受到排斥而不能与人聚会。把守里巷大门的人吃的是白米好肉；做官的人长期任职，可在任期内把子孙抚养成人，有的人则把官名作为自己的姓。因此，人人自爱而不愿触犯法律，以行义为先而避免羞辱。在这个时期，法网稀疏，百姓富足，有人依凭钱财骄横不法，以至于兼并土地；那些豪强之辈，在乡间作威作福，横行霸道。享有封地的宗室贵族、大夫、公、卿及以下官员，互相比赛谁更奢侈，房屋、车辆、衣服都不顾地位名分地僭越于上，没有限度。任何事物发展到鼎盛就会走向衰败，这是客观的变化规律。从此之后，孝武帝对内穷奢极欲，对外攻打夷狄各族，天下萧条，财富全都耗费完了！

资治通鉴卷第十七　汉纪九

起辛丑(公元前 140 年), 止丁未(公元前 134 年), 共七年。

【题解】本卷记录了汉武帝刘彻建元元年至元光元年共七年间的历史。主要记录了汉武帝试图夺权, 窦太后死, 武帝才开始掌权; 记录了董仲舒建言“罢黜百家, 独尊儒术”; 记录了东瓯迁入内地, 闽越反汉被平, 淮南王刘安上书《谏伐闽越》; 记录了汉武帝招纳文学之士, 司马相如上书邀宠、东方朔直言敢谏; 记录了武帝日益专制, 朝臣谄媚, 万石君石奋、汲黯的行为形成对比; 此外还记录了李广出世。

世宗孝武皇帝上之上

建元元年(辛丑, 公元前 140 年)

冬季, 十月, 汉武帝下令推荐贤良、方正、直言极谏的人才, 由汉武帝亲自主持考试有关古今治国之道的, 参加考试的有一百多人。广川人董仲舒回复说: “道是国家达到天下大治所必须经过的道路, 而乐、礼、义、仁是具体的工具。所以圣王逝世之后, 他的子孙却能够长久地拥有天下, 往后好几百年都和平安定, 这全是礼乐教化的结果。国君都希望国家和平安定, 但政治混乱、国家变得危险的却有很多; 是因为国君任用的人才不恰当, 而且治理政务的方法也不妥当, 最终使得国家败亡。周朝在幽王和厉王的时候逐渐衰败, 并不是没有治国之道, 而是幽王和厉王不遵守治国之道。直到宣王的时候, 他仰慕先王的德政, 于是他学习其精华弃其糟粕, 重新振兴了文王和武王的功业, 使得周朝再次复兴, 这是宣王日日夜夜不休不眠地推行善政的结果。

“孔子说: ‘人能发扬光大道义, 而不是道义在发扬光大人。’ 所以治乱兴废都掌握在君主自己的手中, 而不是上天下达的命令, 不可违背；如果君主的行为荒谬背离道义，就会失去统治地位。作为君王，就应该内心端正，以端正朝廷，端正了朝廷才能端正百官，端正了百官才能端正天下百姓，端正了天下百姓才能端正全国。端正了全国，则夷狄各族就没有不归顺正道的，天下就再没有邪恶奸诈之气掺杂，这样，风调雨顺，阴阳和顺，万物和谐生长，百姓安居乐业，繁衍生息，所有福运吉祥之物，都会一起降临，这时候，真正的王道才算建立！

"孔子说：'凤凰鸟已经不再飞来，洛河已经不再出现龙图，我还是算了，不必再有所作为了！'这是孔子认为自己的德行可以招致这些祥瑞之物，而由于自己地位卑贱再也招致不来这些祥瑞之物，为此感到悲伤。现在陛下贵为天子，拥有四海的财富，处在可以招致祥瑞之物的尊位，掌握了可以招致凤凰鸟、洛河图的权势，同时也具备了招来凤凰鸟、洛河图的才智：德行高尚，恩泽深厚，智慧贤明，心意纯美，爱护百姓，和善士子，可谓是有仁义道德的君主了。可是天地没有感应，祥瑞之物也没有出现，原因是什么呢？大概是因为没有用道义教化百姓，使得他们没有走上正道。百姓们追财逐利，就像水往低处流一样，只能用道义来感化使其约束，而无法阻止。古时候的帝王明白这个道理，所以身为君王治理天下，没有不把教化当作最重要事情的。在都城设立太学以兴起教化，在郡县里设立县学和乡学，用仁政来感化百姓，用道义来磨砺百姓，用礼仪来节制百姓，所以虽然刑罚较轻但是却没有人敢触犯禁令，这真是因为施行教化而风俗美好。圣王继位于乱世，把余留下来的邪风恶俗全都废除，恢复教化，予以崇高的地位；等到做好教化之后，好的习气风俗才会养成，子孙遵循圣上的教化，即使过五六百年也不会衰败。秦朝废弃古圣先贤的教化之道，只注重当下实行的统治政策，所以十四年就衰亡了，秦朝所遗留的毒害和残余影响至今还未清除，使得风俗习气败坏刻薄，百姓欺诈顽劣，屡屡触犯法令，不接受教化，腐败到如此地步。臣私下打个比方：如果琴瑟的音律不协调，严重的时候必须拆下旧弦更换新弦，才能正常弹奏；同样的道理，政令行不通，严重的时候必须彻底革新，才能治理好。所以汉朝得天下以来，一直想取得天下大治的成就，但至今仍旧没有治理好，问题就在于应该改革的时候而没有改革。

“臣听说圣王治理天下时，让臣民在幼小的时候就去学习，长大后依据各自的才能授以官位，用官爵俸禄去培养他们的美德，用刑罚去遏制犯罪的发生，所以百姓都懂得礼义并以冒犯长上为耻。周武王施行大义而平定残暴的商纣王，周公制作礼乐制度以此修饰文政；直到周成王、周康王盛世的时候，监狱里四十年没有犯人：这是教化的感化、仁义的影响，而不是严酷刑法的效果。到了秦朝就变了。主张申不害、商鞅的法令，采用韩非的学说，反对圣王的仁义道德，提倡虎狼一样贪心狠毒的风俗，只图其表而不考察其实际，做好事的人未必能免受刑罚，而犯了错误的人也未必一定会受到刑罚。所以朝廷官员都不考察实情，用虚辞掩饰而不注重实际的政务，表面上侍奉君王忠心耿耿，内心却产生了背叛君王的想法，用虚伪来掩饰奸诈，追逐财利，根本没有羞耻之心；所以受刑的人很多，被杀的个个牵连，但犯罪行为却并没有被制止，这正是风俗的影响使他们如此的原因。现在陛下拥有天下，百姓没有不顺服的，但并没有因此给百姓带来功德，可能是因为陛下还没有注意到这个问题吧。《曾子》上说：‘尊重自己所听到的，就会变得高明；施行自己所知道的，那么前途就会无限光明。高明光大，不在于别的，只是因为自己内心的专心致志。希望陛下能将所听到的道理，诚心实意地去实行，那么陛下就和夏禹、商汤、周武三王的功德没有什么不一样了！

“平时不培养士人但总是想求得贤能之人，就好比不去雕琢玉石而希望它有光彩一样。培养士人的重点，兴办太学是最重要的；太学是造就贤人的地方，推行教化的根源。现在让一郡一国的百姓应对皇帝主持的考试，没有人能应答举贤良文学的政文，这是王道已断绝的缘故。臣希望陛下兴办太学，设置贤明的老师，以此培养天下的士人，经常组织考试，使他们竭尽自己的才能，这样就可以得到天下的英才俊彦了。现如今的郡守、县令，都是百姓的榜样，秉承陛下的德意，宣传陛下的教化；因此这些作为榜样的人如果不贤能，那国君的德威就不能宣扬，恩惠也就不能施于百姓。现在的官吏不仅不能教化民众，还不能执行朝廷的法令，残暴欺压百姓，为了得到财利而狼狈为奸，百姓孤弱贫困，受尽冤屈，失去生业，完全违背了陛下的本意；因此阴阳不调和，凶气充满四周，万物不能正常生长，百姓得不到周济，这都是地方官员昏庸所导致的结果！

“官吏大多是郎中、中郎、二千石官员的子弟，挑选郎官又全都依靠财产，这必然会使得所选的人不一定都是贤能。古人所说的功绩，并不是以官吏政绩的大小来划分等级的，也不是指做官时间的长短；所以才能小的虽然干了许多年，但仍旧还是小官，有贤能的虽然做官的时间没有多久，但也依然可以辅佐大臣，所以官员们都竭尽自己的才能，尽心职守以建立功业。而如今的官员却不这样。只要做官久了就可取得富贵，任职时间长了就可做到高官，于是紊乱了廉耻，贤能与庸碌混淆，无法辨明真伪。臣认为应该派列侯、郡守、二千石以上的官吏挑选各自属下中有才能的人，每年选送二人做宿卫，用这种方法来判断大臣们的才能；如果所推荐的人是贤才，做宿卫，就应该予以赏赐，如果所推荐的人是没有才能的人，就予以责罚。如果按照这个方法，二千石的官员都会尽心尽力去寻求有才能的人，也就可以得到天下的贤士，并予以重任。得到天下所有的贤人，那三王的功业不难建造了，也可享有尧、舜的美名。不能把当官的年限作为升官的标准，要注重他是否有才能，酌情考量才能予以官职，核定其品行后确定其官位，那么廉洁耻辱就会分得清清楚楚，贤能与庸碌也就不会混淆了。

臣听说积小成大，积少成多，所以圣人没有一个不是由默默无闻再到声名远扬的，由地位卑微再到地位显赫。尧兴起于诸侯之位，舜起步于深山之中，都不是一天就显赫起来，而是慢慢积累的。自己所说的话，不可再阻塞起来；自己表现出来的行为，也不可能再掩盖；言行举止，都是治理国家的关键，君子以此来感动天地。所以从小事慢慢做起可以成就大业，谨小慎微的人可以功德彰明；如果本身积累了善行，就好比人不知道身高每天都在增加一样；如果本身积累了恶行，就好比自己没有觉察而灯火已经熬干了灯油；这就是尧、舜得以成就美名，而桀、纣成为后人警惕的原因。

“享乐有节制而不淫乱，反复行善而不满足，这就是道义。道义是永远不会有弊害的；弊害之所以会产生是因为道义的丧失。执行先王的道义有所偏废，所以政治昏乱政令行不通，这就要改正偏废之处，以补救政治的弊害。三王的治国之道，依据各有不同，并不是彼此的道义不同，而是为了挽救衰败的时代，所遇到的情况不同而已。所以孔子说：‘无为而治的人就是舜啊！’变更历法，修改服色，不过是顺应天命；其他方面要全部遵循尧的治国之道，哪里改变过了呢？所以君王只有更改制度之名，而没有更改治道的实际内容。但是夏朝崇尚忠，殷朝崇尚敬，周朝崇尚礼，这是为了补救上代的缺失，才提出的不同治国方法。孔子说：‘殷朝沿用夏朝的礼仪制度，有所增减是可以知道的；周朝沿用殷朝的礼仪制度，有所增减是可以知道的；以后继承周朝而兴盛的，虽然历经百世，也是可以知道的。’这就说明历代君王所用的治国之道就是忠、敬、文三样了。夏朝沿袭虞舜的礼仪制度，不说有所增减，是因为两者的治国之道完全相同，而所崇尚的原则也一样。道义的根源在于天，天不变，道义也就不会变：所以大禹继承了舜的道义，舜继承了尧的道义，因为没有需要改革的弊政，所以不说他们有所增减。由此看来，如果继承太平盛世，其道义就一样，如果继承乱世，其道义就要有所改变。

“现在汉朝在乱世之后兴起，继承乱世，其道必须有所改变，应该减少周朝的礼仪，而提倡夏朝的忠直之道。古时候的天下，也是现在的天下，同样的天下，用古代的天下来衡量现代的天下，为什么古代的天下与现代的天下相比相差甚远，且现代的都比不上古代的天下？为什么政教会错谬乖戾而且慢慢衰败呢？是古道有所丧失，还是违背了天理？

“天对于万物的给予是有分别的！给予牙齿的就不再给予角，给予翅膀的就只给两只脚，即得到了大利的，就不能再获得小利了。在古代的时候得到俸禄，不靠体力来吃饭，也不从事商业活动，这也就是得到了大利，不能得到小利，符合天意。如果已经得到了大利，又再去争夺小利，天都不能满足他，更何况是人呢？这就是百姓之所以怨声载道、为衣食不足而苦恼的原因了。那些受君主宠爱同时又居于高位的人，家庭富裕的同时又享受厚禄，仰仗着富贵和权势与百姓争夺利益，百姓怎能争得过他们呢？百姓渐渐地走向困境，最后陷入贫困。富人生活富足，财富有余，穷人生活贫困，内心忧愁；百姓活着没有兴趣，怎么可能避免犯罪呢！这就是刑罚虽然繁多，而犯罪不能制止的原因。天子、大夫是百姓所效仿的对象，也是远方民众从四方向中央观望的对象；近处的人看见模仿，远处的人远远观望效法，怎么可以身居高位而做出普通百姓的行为呢？那些急于追求财利，又常常担心没有钱财的，是普通百姓的想法；急于追求仁义道德的，常常担心不能感化民众的，是大夫的想法。《易经》说：“背着财物又坐车，会引来盗贼。因为坐车是君子才可以的，而背负重物是普通百姓的事；这句话是说身居高位的君王，去做普通百姓做的事，灾祸必定会因此降临。如果身居君位，就该有君子的德行，那么除了用公仪体做鲁国宰相的方法，实在别无他法。

“《春秋》重视天下一统，这是天地间不变的原则，从古至今不会变更的道理。现如今老师讲的道理大多不相同，人们的言论内容也不同，诸子百家的旨趣也不一样，所以君主也不保留统一的标准，多次改变法制，臣下不知道应当遵守什么好。臣下认为，但凡不属于《六艺》内容与孔子学说的，都应该禁止，不允许它们并存发展，邪僻不正的学说被灭绝，国家的政令才能统一，法度才能明明白白，百姓也知道应该遵从什么了。”

汉武帝很欣赏董仲舒的回答，就封他为江都国丞相。会稽人庄助也以贤良的身份回答汉武帝的策问，汉武帝命他担任中大夫。丞相卫绾上奏说：“所推举的贤良，有人研究申不害、韩非、苏秦、张仪的学说而扰乱了国家的政事，臣请求将他们废除。”汉武帝同意了。董仲舒少年时研究《春秋》，孝景帝时为博士，进退的时候不做不合礼节的行为，学者们都尊称他为老师。后来担任江都国丞相，侍奉易王。易王是汉武帝的兄长，一向很骄横，喜欢逞血气之勇。董仲舒以礼仪约束他，易王很敬重地接受了。

春，二月，大赦天下。

汉朝采用三铢钱。

夏，六月，丞相卫绾被免职。初七，魏其侯窦婴担任丞相一职，武安侯田蚡担任太尉。汉武帝崇尚儒术，窦婴、田蚡都喜好儒术，于是共同推荐代地的赵绾为御史大夫，把兰陵的王臧推荐为郎中令。赵绾请求兴建明堂作为诸侯朝拜的地方，并且推荐他的老师申公。秋季，汉武帝派出使者带上束帛和宝玉，驾着四匹马拉的安车迎接申公。申公到了之后，就去觐见汉武帝。汉武帝询问申公关于治乱的事情，申公年龄已八十多岁了，回答说：“治理国家不在多说话，而在多做事。”此时汉武帝正喜爱美妙的文辞，听见申公如此回答，便沉默不语；但是既然已把申公招来了，就任命他为太中大夫，把他安置在鲁国的邸舍中，与他商议设立明堂、四方巡狩、更改历法及服色等事。

同年，内史宁成犯罪，被判剃发，并戴上铁镣服刑。

二年（壬寅，公元前139年）

冬季，十月，淮南王刘安上朝。汉武帝认为刘安是叔父辈而且才能高，因此非常尊重他，每次宴会见面谈话，到日暮黄昏才停止。

刘安和武安侯田蚡的关系一直很好，刘安入朝的时候，田蚡到霸上迎接他，对他说：“皇上没有太子，您是高皇帝的亲孙子，若您施行仁义道德，因此扬名于天下。当皇上驾崩的时候，除了您谁还有资格继承皇位呢？”刘安非常高兴，就送给田蚡很多金钱财物。

太皇窦太后喜欢黄老学说，而不喜欢儒家学说。赵绾请求不再向太皇窦太后居住的东宫奏报政事。窦太后听说后非常生气，说："这个人是想成为第二个新垣平吧。"暗中调查赵绾、王臧违法之事，责备汉武帝，汉武帝就下令停止建立明堂，其他兴办之事全都停止。把赵馆、王臧交给狱吏，最终他们都自杀了。丞相窦婴、太尉田蚡被罢免，申公也因病被免职回家。

当初，汉景帝因太子太傅石奋和四个儿子都做了二千石官，总计其家五口官秩之和，称石奋为"万石君"。万石君没有文才，但做事谨慎诚敬，没有人比得上。子孙做小官，回来看望他，万石君也必定穿朝服见子孙，不称呼他们的名字。即使子孙有过错，也不责备他们，只坐在一旁，对着餐桌不许吃饭；子孙们相互责备，让长辈脱去他们的上衣，露出臂膀，向他请罪，表示悔改，才允许吃饭。成年子孙坐在他旁边，即使闲暇没事的时候也得戴好官帽。他主持丧事的时候，面容极为悲伤。子孙们按照万石君的教导，都以孝顺谨慎扬名于郡国。后来赵绾、王臧因研究儒学而获罪，窦太后就认为儒生富于文采，但欠缺质朴；现在万石君一家人话不多，却能躬身实行，于是就让万石君的长子石建担任郎中令，小儿子石庆担任内史。石建在汉武帝身边侍奉，需要他进谏的时候，让其他人回避之后极力劝谏，言辞恳切且详细周到，但在百官上朝时，就好像不会讲话一样；汉武帝因此很喜欢他。石庆曾做过太仆，在汉武帝外出时为其驾车，汉武帝问车有几匹马，石庆用马鞭一一点数，然后举起手说："六匹马。"石庆是万石奋儿子中言词最为简赅的。

窦婴、田蚡被免职后，以列侯身份闲居在家。虽然田蚡不任官职，但因与王太后是同母弟的关系而受到汉武帝的亲近，多次提议都被汉武帝采纳；那些趋炎附势的人纷纷离开窦婴，归附田蚡，田蚡日益骄横起来。

春季，二月初一，发生日食。

三月，乙日未，太常柏至侯许昌被任命为丞相。

当初，堂邑侯陈午娶了汉武帝的姑姑馆陶公主刘嫖，汉武帝能够当太子，是得到了刘嫖很大的帮助；因此公主把女儿陈娇嫁给太子做正妃，后来汉武帝即位后，太子妃就升为皇后。窦太主觉得自己很有功劳，向汉武帝无休止地请求赏赐和照顾，汉武帝就认为这是一个祸害。皇后嫉妒骄傲，受到专宠却没有子嗣，求医问药花费了九千万钱，想求得儿子，但最后仍旧是没有孩子；所以后来就渐渐失宠了。皇太后对汉武帝说："你刚刚即位，大臣们还未顺服，就要先建明堂，太皇太后已经非常生气了；现在你又冒犯了长公主，一定会受到重责的。女人都喜欢听好话，你要加倍小心！"于是汉武帝对窦太主、陈皇后的态度稍微缓和，以礼相待。

汉武帝去霸上举行除灾求福的祭祀，回来的时候，途经姐姐平阳公主的家，看中了歌女卫子夫，卫子夫的母亲卫媪是平阳公主家的婢妾，于是平阳公主就把卫子夫送进了宫里，子夫渐渐地受到汉武帝的恩宠。陈皇后听说以后十分生气，几次自杀；汉武帝更加生气了。

子夫的同母弟卫青其父亲郑季，原本是平阳县的县吏，后来被派到平阳侯家里当差，和卫媪私通生下了卫青，用母亲的卫姓。卫青长大后，在平阳侯家当车骑奴仆。馆陶公主刘嫖派人把卫青关起来，想杀了他；卫青的好朋友骑郎公孙敖和一帮好汉把卫青救走了。汉武帝得知消息后，就召见卫青，命他担任建章官监兼侍中，大加赏赐，几天就累积了千金。没过多久又把子夫封为夫人，卫青为太中大夫。

夏季，四月，有一颗像太阳一样的星，出现在晚上。

新设茂陵县。

这时大臣们又纷纷议论，都认为晁错被杀十分冤枉，他们想办法想抑制诸侯王，数次向汉武帝上奏诸侯王的罪过，甚至于达到吹毛求疵的地步，还鞭打诸侯王的部下，逼迫他们为其诸侯王做过的罪恶之事做证；各诸侯王都很悲愤怨恨。

三年（癸卯，公元前 138 年）

冬季，十月，代王刘登、长沙王刘发、中山王刘胜、济川王刘明入朝拜见汉武帝。汉武帝设置酒宴款待他们，中山王刘胜听到音乐就大哭起来。汉武帝问他为什么哭，他回答说："悲伤的人听到悲哀的音乐就会更加悲伤，有哀思的人听到叹息会更加哀思。现在臣心中的忧愁已经很久了，听到幽妙精微的音乐，就不知不觉地潸然泪下。作为亲属关系，陛下称我为兄长。臣承蒙皇上的恩典，被皇上封为东方的藩臣，现如今群臣与皇上的关系上没有微薄之亲、鸿毛之重。但群臣结党议论，互相勾结，使皇室宗族被摒弃排斥，骨肉亲情丝毫无存。臣私下感到很悲伤！"并把官史欺凌诸侯的情形报告给了汉武帝。于是汉武帝就以礼厚待诸侯们，减轻有关部门对诸侯的约束，以此来增加皇族宗室亲人之间的情谊。

黄河之水在平原郡泛滥。

全国大饥荒，出现了人吃人的现象。

秋季，七月，有一颗异星出现在西北天空。

济川王刘明犯了杀死中傅的罪，被废除王位，贬迁到房陵县。

七国败亡以后，吴王的儿子刘驹逃到闽越，怨恨东瓯国杀了他的父亲，经常怂恿闽越攻打东瓯。闽粤王听从了刘驹的建议，派兵包围了东瓯，东瓯国派人向汉武帝告急。汉武帝询问田蚡该如何是好，田蚡回答说："越人互相攻击，是常有的事；他们为人反复无常，从秦开始便不再让他们臣属，这次不必为他们的战事而兴师动众去援救。"庄助说："我只担心力量太小而无法去援救他们，恩德不够无法施加给他们；如果能援救他们为什么要抛弃他们呢？而且秦把咸阳都抛弃了，更何况是闽越呢！现如今小国无法解决困境前来告急，皇上却不援救，他们还有什么人可以求救；而皇上又怎么能够保护全天下的诸侯呢？"汉武帝说："田蚡（太尉指田蚡，但此时田蚡已经不再担任太尉，有误）的观点不可以采纳。我刚刚即位，不想拿出虎符从郡国征兵。"于是就派遣庄助持节向会稽征调军队。会稽郡守根据法令拒绝征调军队，庄助就杀了一名司马，传达了汉武帝的旨意，会稽郡守才愿意发兵渡海去援救东瓯。大军还没有到达，闽越就已经撤退了。东瓯请求全国百姓内迁，于是就将全部民众迁移过来，安置在长江、淮河之间。

九月三十日，发生日食。

汉武帝刚刚即位的时候，就召集天下有文学才华、聪明才智的士子，提拔他们。天下士人中有很多人都上书议论政事的得失，以展示自己的才能，自我推荐的士子数以千计，汉武帝选拔其中优秀的士子予以重任。庄助最先得到提拔；后来又得到吴人朱买臣、赵人吾丘寿王、蜀人司马相如、平原人东方朔、吴人枚皋、济南人终军等，都侍奉在皇帝的左右，让他们经常跟大臣们辩论，互相以义理文辞驳难，大臣们往往都屈服于他们之下。然而司马相如只是因为擅长文辞歌赋而得到宠幸；东方朔、枚皋立论根据不足，但言谈幽默，汉武帝就把他们当艺人蓄养起来，即使经常赏赐，但始终不愿意把国事朝政大事委托给他们。东方朔也仍旧留意汉武帝的神态，察言观色，常常直言进谏，对汉武帝也有所帮助。

这年，汉武帝开始微服出行，北到池阳县，西至黄山官，南到长杨官打猎，东至宜春官游乐，和那些擅长骑射的侍卫约定好在殿门会合。经常夜晚出去，把自己称为平阳侯；天刚亮，到达终南山下，射鹿、野猪、狐狸、野兔，马践踏了田地里的庄稼，农夫们大声叫骂。鄠县和杜县的县令要把他们抓起来，侍从们把汉武帝的车驾等物告示县令，才得以脱身。还有一次曾在夜晚到了柏谷，寄宿在客店，向客店老板要汤水，老板说："没有汤水，只有尿水。"老板又怀疑汉武帝是盗贼，召集了一些年轻力壮的小伙子准备攻击汉武帝；老板娘觉得汉武帝气度、相貌都不同于一般人，就阻止她的丈夫说："这位客人不是一般人，而且又有防备，不要对他有所图谋。"店老板不听。老板娘就把他灌醉，捆绑起来。年轻的小伙子们也散去了，老板娘就杀鸡向客人谢罪。第二天，汉武帝回宫，召见老板娘，赐给她千斤黄金。任命店老板为羽林郎。后来汉武帝又设立秘密更衣休息的地方，从宜曲宫以南有十二处，晚上就投宿在长杨官、五样官等宫殿。

汉武帝考虑到路远辛苦，又被百姓当作忧患，就派太中大夫吾丘寿王把阿城以南、盩厔以东、宜春以西这个范围内的土地大小和价值登记在簿籍里面，准备全部规划为上林苑，和终南山连在一起。又下令中尉、左右内史上报各辖区内荒田数目、赠给鄠、杜两县百姓以作为补偿。吾丘寿王办完事情以后回来奏报，汉武帝开心地称好。这时东方朔在一旁，向汉武帝进谏："终南山是天下的屏障，汉兴起时，离开三河，留居在霸水、浐水以西，定都在泾水、渭水以南，这些地方都被称为全国的陆海，也就是秦之所以能够降服西戎，吞并六国的原因。南山上出产玉、石、金、银、铜、铁、木材等材料，各行各业都需要它，百姓们也依赖它维持生计。同时盛产粳、稻、梨、栗、桑、麻、竹箭，土地适合生长姜和芋，水中也有许多青蛙和鱼，贫苦的人得以家家富足，不必再担心饥寒之苦；所以酆和镐之间，号称是肥沃之地，每亩土地价值一斤黄金。现在把它划为上林苑，断绝了人们林业渔产的经济来源，夺取了百姓们肥沃的土地，使得朝廷缺乏费用，百姓也无法从事耕种植桑，这是不能这样做的第一个理由。让荆棘得以蔓延，扩大狐狸、兔子的活动范围，增大虎狼活动的空间，破坏百姓祖先的坟墓，拆除百姓的房屋，使年幼的为此思念故土，年老的因此伤心流泪，这是不能这样做的第二个理由。赶走百姓而建造上林苑，四周修筑起高大的围墙，策马东西奔驰，驾车南北狂奔，而地面上又有深沟大渠。一时的欢乐，可能危害到皇上没有防备的车驾，这是不能这样做的第三个理由。商纣王在宫中设置九市而导致诸侯反叛，楚灵王建造章作台，导致百姓离散，秦始皇兴造阿房宫而使得天下大乱。我这个地位低下的愚臣冒犯皇上的旨意，罪该万死！"汉武帝就封东方朔为太中大夫，赏赐黄金一百斤。但是还是修建了上林苑，就按照吾丘寿王所奏报。

汉武帝又喜欢亲自猎熊、野猪，追捕野兽。司马相如上书劝道："臣听说万物中有类别相同的而才能却不同的，所以力气大的就数乌获，行动敏捷就数庆忌，勇猛就应该是孟贲和夏育。依臣愚见，人的才能确实有不同，野兽也是如此。现在陛下喜爱穿越险要之地，追杀凶猛的野兽，万一突然遇到力大无比又超级凶猛的野兽，一下子猝不及防，冒犯了陛下的随从车辆，车子来不及掉头，侍卫们来不及采取应变措施，虽有乌获、逢蒙的绝技也无法施展，似乎所有枯树朽木都在与陛下为难。这如同胡、越在陛下车毂下反叛，而夷、羌在后车横木上挑衅滋事一样，这样岂不是很危险！即使皇上准备得很周到万无一失，没有祸患，但这些危险本就不应该是天子所接近的。即使清除道路后再走，车子在路中间奔驰，也还会经常出现马具断裂的危险；更何况涉过茂草之中，驰骋在丘陵之上，眼前有捕获猎物的欢乐，心里却无防备，那危害是很容易发生的。放弃皇帝尊贵的地位，不注意自身的安全，却偏偏喜欢冒那种万有一失的危险，并以此为娱乐，臣私下认为陛下这样做是不可取的。聪明的人在灾祸还没有发生之前就已经看出了，而有智慧的人在危险还没有形迹的时候便知道如何躲避，因为灾祸总是隐藏在不轻易被人觉察的地方，而人们疏忽大意的时候发生。所以俗语说：‘家藏千金，就不要坐在壁屋的檐下。’这句话虽然指小事，但可以比喻大事。”汉武帝认为这些话很有道理。

四年（甲辰，公元前 137 年）

夏季，刮起一场像血一样红的风。

六月，大旱。

秋季，九月，有一颗异星出现在东北天际。

同年，南越王赵佗去世，其孙文王赵胡继位。

五年（乙巳，公元前 136 年）

春季，废除三铢钱，推行半两钱。

设置五经博士。

夏季，五月，出现蝗虫灾害。

秋季。人月，广川惠王刘越、清河袁王刘乘均逝世，因没有后代继位，封国被撤销。

六年（丙午，公元前 135 年）

春季，二月初三，辽东高祖庙发生火灾。

夏季，四月二十一日，高帝陵园中供便坐休息之殿发生火灾；汉武帝身着素服五天。

五月二十六日，太皇太后去世。

六月初三，丞相许昌被免职；武安侯田蚡担任丞相。田蚡骄横奢侈：建造的住宅比任何大臣的都好，田园都很肥沃；去市场上购买各种郡县所产出物品，车马络绎不绝；经常受到各地贿赂的财物；他家中的金玉、美女、狗马、声乐、珍奇古玩，多得不计其数。每次入朝奏事，坐着谈上大半天，汉武帝把他的建议都采纳了；他推荐人做官，有的已经做到了二千石的位置，把汉武帝的一些大权都弄到了手，汉武帝就对他说："你任命官吏任命完了没有？我也要任命官吏。"田蚡曾请求把考工官署的土地拨给他来扩建住宅，武帝生气地说："你为什么不直接要武库！"从此以后田蚡才稍稍收敛了些。

秋季，八月，有彗星出现在天空的东方，彗尾横扫天际。

闽越王骆郢派兵进攻南越边境的城池；南越王赵胡遵守汉朝的约定，不敢擅自发兵抵抗，就派人上书向武帝告急。于是汉武帝称赞南越王有忠义行为，派遣大军援助，派大行令王恢从豫章出兵，大农令韩安国由会稽出兵，攻打闽越。

淮南王刘安上书劝告汉武帝说："陛下统治天下，推行德行，实施恩惠，天下太平，百姓安乐，都认为这辈子再也不会见到战争了。现在听相关的官员说要出兵攻打越国，臣私下认为陛下应该慎重考虑出兵的事。

"越是教化之外的地方，那里的人们都剪断头发、刻绘文身，不能用礼仪之邦的法度进行管理。所以从夏、商、周三代起，胡、越都不接受中原的历法，并不是我们不强大，无法征服他们，也不是我们没有威力，无法控制他们；只是认为越人的土地无法居住，百姓也不好统治，不值得劳烦中原王朝为其费心。自汉朝平定天下七十二年以来，越人互相攻击的事件不可胜数，可是皇上从未带兵进入越地。臣听说越人没有城邑、村庄，只是散落居住在山谷之间、竹林之中，习惯于水中作战，熟悉使用小船，地方幽暗深僻，河流险阻；中原的士兵不知地势险恶而深入其中，一百个人也打不过他们的一人。就算占领了他们的土地，也无法设置郡县。进攻的时候，也无法速战速决。从地图上看他们的山川和要塞之间，距离不过几寸，而相距却有数百里甚至上千里那么远，而且险峻地形和丛林都不能清楚地显示在地图上；看起来极其容易，行动起来却十分艰难。天下仰赖祖宗神灵的庇佑，四海之内极其太平，白发老人一生从未见过战争，夫妇得以长相厮守，父子长期互相照顾，这是陛下的恩惠。越人明面上称为我们的属国，却一直不给朝廷上贡，不为朝廷负担一兵一卒的徭役；他们互相攻打，陛下却要发兵援救，这是为了蛮夷而劳烦中原！而且越人天性愚笨鄙薄，为人反复无常，背弃盟约，拒绝接受中原的法令制度，不是一天养成的恶性。越人一不接受天子诏令，就立刻发兵讨伐，臣担心以后战争不会停息了。

“近几年粮食歉收，百姓等待靠出卖爵位和子女，来接济粮食和衣物。承蒙陛下恩泽，得以救济，百姓才不至于死于沟壑之中；接连四年收成不好，第五年又有蝗灾，百姓的生活还没有恢复正常。现在又要派兵远征千里，自备衣服、粮食，深入越人的土地，肩抬着轿翻山越岭，拉着舟船跋涉水中，这样就要走几百里甚至上千里，再加上路途树林茂密，竹子丛生，舟行水中，经常会撞击在石头上；深林中有许多蝮蛇、猛兽，在夏天盛暑时节，上吐下泻，以及霍乱等传染病接连不断地发生；还没有爆发战争，死伤就有了许多。前些时南海王叛变，陛下已去世的大臣刘长派将军简忌带兵讨伐，俘获了他们的军队，将其安置在上淦。后来他们再次叛变，正好天气炎热又多雨，将士们长期居住在舟中，撑篙划桨，还没有开始打仗就已经得病死了大半；父母流泪，孤儿啼哭，变卖全部家产，到千里之外迎接子孙的尸骨，抱着骸骨含泪而归。悲哀的气氛，持续好几年不能停止，年老的人到现在都记忆犹新，当初还没有进入越地灾祸就已经如此严重。陛下的德行可配天地，贤明如同日月，恩泽及于飞禽走兽，爱心施加于一草一木，只要有一个人挨饿受冻而不能终其天年而死，陛下都会为他感到悲怆。现在四海之内太平无事，却要让陛下的士兵死亡，暴尸于荒野，鲜血染红山谷，边境城门早闭晚开，人心惶惶，还担心早晚性命不保。臣私下认为陛下应该慎重考虑出兵的事。

"不熟悉南方地形的人，都觉得越国人多兵强，能侵扰边境城市。淮南还没有被分成淮南、衡山、庐江这三国的时候，很多人在边境做过官，臣私下听他们说，越国的风土与中原不同；越国境内高山险阻，人迹罕至，车辆不通，自然的地理条件使他们内外隔绝。他们进入中原，一定要从领水而下，而领水两岸的山势高峻陡峭，水流湍急，能把石头冲走击破舟船，不能用大船运载粮食。如果越人要反叛，一定会先在馀干境内开荒种田，然后侵扰边境，再伐木造船。而我们边城的守卫也很谨慎，如果有越人犯边伐木的，常常会拘捕他们，烧毁他们所积聚的木材，就是百个越人的部落联合行动，对我们的边城也是无可奈何的！而且越人身单力薄，不擅长在陆地作战，又没有车骑、弓箭等武器装备，然而越国之所以不容易被人攻击，是因为他们据守险要的地势，而中原人也不适应越地的水土。臣听说越国的兵士有数十万，所以我们想要攻入越地，就要有五倍于他们的兵力，拉车运粮的士兵还不包括在内。南方天气潮热，临近夏天的时候非常容易患瘴热（一种疟疾），暴露在阳光下，住在水上，蝮蛇毒虫侵扰，就会出现疾病。士兵还没有和敌人开战，就有十分之二三的已经病死了，就是把全部的越国人俘虏了，也不能够补偿我们的损失。

"臣得到消息说：闽越王骆郢已被他的弟弟甲杀了，甲也因此被杀，越人没有首领统治。陛下如果想让他们归顺，就应该派出大臣去慰问他们，用恩德、奖赏招纳他们来，他们一定会携幼扶老来归顺陛下的。如果陛下不想让他们来中原居住，就应该为他们另册封新君，使其世世代代延续，让其灭亡的国家重新获得生存，建立王侯制度，以此畜养越国，他们一定会派人质到中原，永远做汉朝的藩臣，世世代代效忠纳贡。陛下只要用一寸见方的印策，一丈二尺长的绶带，就可以震慑境外的民众，无须劳费一兵一车，不损坏一件兵器，而陛下的恩威俱在越地。现在派兵深入越地。一定会引起他们的惊恐，以为我们要对他们赶尽杀绝，一定会像野兔、雉鸡一样逃窜到山林险阻之地。如果离开越地，他们又会聚集起来，留下驻守，积年累月，百姓为战争所苦，粮食缺乏，盗贼就会纷纷兴起。臣听老年人说：秦的时候，曾经派都尉屠睢攻击越国，又派监郡御史禄开凿渠道运输军饷，越人逃入深山丛林之中，攻不进去；就让军队驻守在这些空地，时间久了以后，士兵们都感到十分疲惫，越人出击，最后秦军大败。于是又把犯罪的人召集来让他们来防御越人。当时，内外动乱，民不聊生，因此结伴逃亡，相互勾结为盗贼，于是，崤山以东的诸侯乘机起事。战争是凶险的事，一方情况紧急，四面都要惊动。臣担心恐怕发生了变乱，其他奸罪之事就会从此开始。

“臣听说天子的军队只征讨而不参与战争，意思是说没有人能与天子的军队抗衡。如果越人怀着侥幸心理来同我军对战，我军的贱役中有一人受伤而不能归队，就算是砍下了越王的头颅，臣还是私下为大汉感到羞辱。陛下以四海作为边境，所有百姓都是陛下的奴仆。陛下把恩泽施加给天下百姓，使百姓安居乐业，则陛下的恩泽将覆盖万世，传给子孙，施惠至世世代代，无穷无尽，那天下安定，就如同四面联系起来的泰山一样；夷伙之地，不值得天子花一天的时间游乐，以免受汗马之劳的烦劳！《诗经》上说：‘王道真能普及天下，徐国会自然归降。’这句话的意思是王道伟大，远方的民众也都愿意来归服。臣私下以为将官们率十万士兵去办的事，只要一个使臣就可以办好！”

这时，汉军已经出发，还未越过山岭，闽越王骆郢已经发兵把守险要抵抗。其弟骆余善就与宰相、王族商量说：“大王擅自发兵攻击南越，发动之前没有请示汉朝。所以天子派兵来讨伐。汉军人多兵强，即使我们侥幸取胜，汉朝也还会派来更多的军队，直到我们全部夭亡为止。现在我们杀掉大王以向天子谢罪，天子的军队就会班师回朝，我国就得以保全；如果天子不接受，我们就与他拼死作战；如果我们不能取胜，就逃亡海上。”大家都说：“好！”便用短矛杀了闽越王，派使者把闽越王的头颅送给了大行令王恢。王恢说：“我们来就是为了杀死越王。现在你们把他的头颅送来，又以此谢了罪，没有开战闽越王就死了，真是一件大好事。”于是便让部队驻守在方便的地方，停止继续进兵，并告知大农令的部队，又派人拿着闽越王的头颅急报天子。天子诏令两位将军息兵，说：“骆郢等人是罪魁祸首，只有无诸的孙子繇君丑没有参与此事。”于是就派中郎将立丑为越繇王，祭祀闽越的祖先。骆余善杀了骆郢，威震全国，民众拥护他，他就自立为王，繇王不能制止。武帝知道以后，认为此事不值得再次出动大军，就说：“骆余善多次和郢策划叛乱，但后来领头杀了郢，让我们汉朝的军队免受战争的劳苦。”于是就封骆余善为东越王，与繇王共同治理国家。

汉武帝就派庄助谕告南越王讨伐的经过。南越王赵胡叩头说：“天子能为小臣兴兵讨伐闽越，臣就是死也无以报答天子的恩德！”于是就派遣太子婴齐到汉朝的宫廷做宿卫，对庄助说：“我国刚刚遭受侵扰，请使者先回，我正日夜赶做衣裳，准备觐见天子。”庄助回去的时候，途经淮南国，汉武帝又让庄助向淮南王刘安谕告讨伐闽越的事，还褒奖刘安上书的好意，刘安称谢并表示自己没有天子那般远见。庄助离开南越后，南越的大臣们都劝告南越王说：“汉朝兴兵杀骆郢，也是借此震慑南越。况且先王赵佗曾说：‘侍奉天子不要失礼就行了。’总之，不要听信使臣的好话，去觐见天子，不然的话就回不来了，这是要亡国的情势。”于是赵胡就称病，最终还是没有入朝去觐见汉武帝。

这年，韩安国担任御史大夫。

东海太守濮阳人汲黯升为主爵都尉，列于九卿。开始，汲黯担任谒者，因威严而让人敬畏。东越相互攻打的时候，汉武帝派汲黯前去暗中视察，还没有到东越，只到了吴郡就回来了，报告陛下说：“越人相互攻击，他们的本性就是如此，不值得劳烦天子的使者。”河内郡失火，连续烧了一千多家的房子，汉武帝派汲黯前去视察，回来后报告说：“百姓家失火，是因为房屋彼此靠得太近，火势蔓延，没有什么可值得忧虑的。臣途经河南的时候，河南遭受水、旱之灾的有一万多户人家，甚至有父子相食的悲惨之事发生，因此臣谨慎地便宜行事，手里拿着符节打开河南粮仓以救济灾民。臣恳请归还符节，甘愿接受矫制之罪。”汉武帝认为他有实德就没有降罪于他。汲黯在东海镇守的时候，整肃官吏，治理百姓，喜好清静无为，挑选好的丞、史处理政事，汲黯只把握大的方向，不去苛求细微的小事。汲黯经常生病，躺在内室中不出门；一年以来，把东海治理得很好，受人称赞。汉武帝听说后，召见他并让他做主爵都尉，位列九卿。他做事在于无为而治，总览大局，不拘于法令条文。

汲黯为人，倨傲不讲礼节，经常当面给人以难堪，不能容忍别人的过错。当时汉武帝正招募有学识的儒士，汉武帝说：“我想如何如何。”汲黯说：“陛下内心满是欲望，而表面上却总是说要实行仁政，这如何能学习尧、舜的治道方法！”汉武帝沉默不语，紧接着就生气了，变了脸色。朝会结束后，公卿们都替汲黯担心。汉武帝退朝后，对左右侍卫说：“汲黯简怎么能如此愚直呢？”有些大臣指责汲黯，汲黯说：“天子设置公卿辅佐之臣，岂敢阿谀奉承，陷陛下于不义的境地！更何况我身居此位，纵然爱惜自己的身体，怎能让朝廷受辱？”汲黯经常生病，生病快三个月了；汉武帝多次让他休假，但是病一直都没有痊愈。最后又生病了，庄助代他请假，武帝说：“汲黯这人怎样？”庄助说：“如果让汲黯做官，他的能力不会超过一人；但是如果让他辅佐年幼的君王，一定能坚守城池，请也请不来，赶也赶不走，纵然自认为像孟贲、夏育一样勇猛的人，也不能动摇他！”汉武帝说：“是。古代有哪些社稷之臣，像汲黯这样的，可以说是很接近的了。”

匈奴派使者来请求和亲，汉武帝让大臣们商讨。大行令王恢是燕国人，熟悉匈奴的情况，便建议说："汉朝和匈奴和亲，这种关系维持不了几年，就背弃了盟约；就应该拒绝他们，发兵攻打。"韩安国说："匈奴迁徙像鸟儿一样，难以制伏，自古以来，大家都不把他们当人看。现在汉军北上千里与他们争利，必然会人困马乏；而敌人以逸待劳，这是十分危险的。倒不如答应和亲吧。"群臣中多数都赞同韩安国的建议，于是汉武帝决定和匈奴和亲。

元光元年（丁未，公元前 134 年）

冬季，十一月，由于接受了董仲舒的建议。首次下令各郡国推举"孝"和"廉"各一人。

卫尉李广担任骁骑将军，驻守云中郡，中尉程不识担任车骑将军，镇守雁门郡。六月，撤军。李广和程不识都以边境太守的身份带兵，在当时都很有名。李广行军作战时不约束队伍，也没有布阵，只在水草附近的地方扎营，士兵们都很方便，也不击铜铃作为警卫，幕府文书也十分简单。他还是把视察兵派得很远，但是他还没有遇到过袭击。程不识整治军队，行军整齐，宿营布阵，击打钢铃，官吏处理军中文书直到天亮，军队难得有休息的时间，但也没有遇到过袭击。程不识说："李广管理军队极为简单，如果敌人突然进攻，就会无法抵抗了，但他的士兵都安逸快乐，都愿意为李广战死。虽然我的军队管理烦琐，但敌人也不敢侵犯我。"可是匈奴更畏惧李广的胆识，士兵也都愿意跟从李广，而不愿跟从程不识。

◆臣司马光说：《易经》上说："军队出动要谨守纪律，否则就会带来祸害。"说明治理大军如果不用法令，必然会发生祸害。李广带兵，让士兵们自由随性。以李广的才能，是可以这样做的，但不可以效仿他。为什么呢？因为后人像他一样是很难的，更何况跟他同时为将的人！普通人的本性，大多追求安逸快乐而无法看清身边的灾祸，这些士兵既然认为程不识烦琐而都愿意跟从李广，势必会引起仇视上级而不服从命令的事情。由此可见疏略简易军律的害处，不只是李广军队无法抵抗敌人的突然袭击罢了！所以说“军事行动要以军纪严明贯彻始终”，带兵的人，也只有严格行事才可以。效仿程不识即使没有战功，但也不会失败；效仿李广，就很有可能会灭亡啊！◆

夏季，四月，大赦天下。

五月，汉武帝亲自主持考试，推荐选拔贤良、有文学才能的人。

秋季，七月二十九日，发生日食。

资治通鉴卷第十八　汉纪十

起戊申(公元前133年)，止丙辰(公元前125年)，共九年。

【**题解**】本卷记录了汉武帝刘彻元光二年至元朔四年共九年间的历史。主要记录了汉武帝元光二年在马邑伏击匈奴，因消息走漏失败，汉、匈双方持续战争，汉朝派卫青领军对匈奴进行关市之战、雁门之战，以及汉朝收复河南、设朔方郡等等。记录了唐蒙、司马相如怂恿汉武帝与西南夷通，与张骞通西域；记录了武帝舅田蚡跋扈专权，杀害窦婴、灌夫；记录了公孙弘念《公羊春秋》而封侯拜相；记录了主父偃建言"推恩法"；记录了武帝信用酷吏张汤、赵禹，以及汉武帝被骗子李少君、谬忌等人愚弄等等。

世宗孝武皇帝上之下

元光二年(戊申，公元前133年)

冬季，十月，汉武帝刘彻巡行去雍州，祭祀五帝之神。

汉武帝很尊敬有用祭祀灶神能长寿不老方法的李少君。李少君是已故的深泽侯舍人，他以长生不老的方术游遍诸侯，没有妻子儿女，隐瞒生长地和他的年龄。因为人家都知道他能长生不死和役使鬼物，都送他很多物品，他的衣食、金钱经常有余而用不完。大家都不知道他是一个什么样的人，觉得少君能生活富足却不营产业因此更加争抢着侍奉他，相信他。少君擅长巧妙说话，并且说得很准。他曾经陪武安侯喝酒，有一个九十几岁的老客人，少君说他与老人的祖父一起射过箭还说出那个地方。使得在座的客人都大吃一惊的是老人儿时曾陪祖父射过箭，知道那地方。少君对圣上说："灶神祭祀能够役使鬼物，可以役使鬼物就可以让丹沙变成黄金，从而增加寿命，能够看到蓬莱山仙人；封禅的祭祀放在看到蓬莱仙人之后，就能像黄帝一样长生不死。臣曾经去海上游历过，看到送给臣大得像瓜一样的枣子吃的仙人安期生。安期生往来于蓬莱山，不合意的话就隐居起来，合意就现身如凡人。”汉武帝于是便开始亲自祭祀灶神，让方士去找蓬莱安期生之类的仙人，还要将丹沙等药剂化成黄金。没住多久，李少君病死了，汉武帝认为他不是死去而是升天化去，所以海边齐、燕迂诞怪异的方士，便更喜欢谈神怪的事了。

亳人谬忌禀告汉武帝祭祀太一神的方策说：“太一神的配祭是五帝之神，太一神是天神中最高贵的。”汉武帝于是建立太一神庙在长安东南的郊外。

家住雁门郡马邑县的豪富聂壹，通过大行令王恢给汉武帝传话说：“汉与匈奴刚结亲和好，相信而且亲近我们，我们能够用利引诱他们前来边境，随后用偷袭攻打埋伏的军队，这是一定能够胜利的办法。”汉武帝找来公卿询问大家的想法。王恢说：“下官得知代国于国家完整的时候，边境内和中国的战事又连接不断，北面还有强大胡人的侵扰，但代国黎民依然抚育幼子，养育老人，仓库的粮谷经常富裕，按时令栽种树木，匈奴不敢任意侵扰。如今用圣上的威声，已统一四海之内；但匈奴依然不停地抢劫侵扰，由于匈奴不害怕。因而下官私自觉得派兵攻打匈奴要好一些。”韩安国说：“下官得知高皇帝曾被围困于平城，七天没有吃东西，解围后返回皇上之位时，便没有了愤怒心理。皇上不会为了个人的愤怒而伤害了天下人的公义，跟着天下人心而变得宽宏大量，因而派遣刘敬与匈奴和亲结好，到如今已然有连续五代的好处了。下官私自觉得别攻打匈奴好。”王恢说：“下官反对这种说法。高帝拿着锐利武器，身着甲衣，几十年走遍天下，是为了让天下民心获得休息，而不为报复平城那次仇怨，并非力量做不到。令有仁德的人所痛心的是：如今边境多次传来匈奴攻打汉境的消息，士兵战死受伤的，让中国境内丧车多得彼此可以相望。因而说攻打匈奴比较好。”安国说：“这些话下官不赞同。下官得知定住营地，等对方士兵劳累时攻打；治理好我方士兵，等对方士兵混乱；用兵之人，是要让我方士兵饱食，等待敌方士兵饥饿；因而与敌兵交战消灭敌人兵众，攻伐敌国毁灭敌国都城，或按兵不动，让敌国疲惫，这全是圣人用兵的办法。如今我们倘若长驱直入敌境，卷起甲衣，行动快速轻疾，是不容易成功的。由于军队倘若横行的话，中路可能由于受击中断，纵行的话，前面便会受威胁压迫。行进缓慢的话便少有利益，走不到千里远，人马都会缺乏食物，前进快速的话会补给不上粮食缺乏。《兵法》说：'倘若将军队送给敌人，一定会被擒获。'下官因而说不攻打匈奴较好。"王恢说："这话下官反对。下官如今所主张的攻打，原来不是要攻打对方，发动军队长驱直入；只是将他诱到边境，顺着单于的野心，我们再选调骁勇的壮士、骑兵，准备暗中埋伏，后将险阻地形看清楚，用地形掩护当作警戒。等我们情形稳定后，或者断绝敌人后路，或者正面面对敌人，或于敌人右边扎营，或于敌人左边扎营，这样一来，便能够活捉单于，敌人军队不论怎样完好，我们也一定能够攻取胜利。"汉武帝采纳了王恢的意见。

夏季，六月，御史大夫韩安国被任命为护军将军，骁骑将军由卫尉李广担任，轻车将军由太仆公孙贺担任，将屯将军由大行令王恢担任，材官将军由太中大夫李息担任，带领有才智的军官、车驾骑兵一共三十余万人，于马邑旁边的山谷中隐藏，打算与单于约好进入马邑，后冲出军队进行攻打。暗中让聂壹当间谍，逃亡到匈奴，对单于说："我可以将马邑的县丞、县令杀掉，使得马邑城投降，能够获得整个城的财物。"单于由于贪爱财物相信聂壹，觉得他的说法对，允准了聂壹。聂壹便杀了个死刑犯，将头悬挂于马邑城下，跟单于的使者表达诚实，骗他说："希望快点派兵过来，马邑的长吏已经死了！"单于于是越过长城，带领十万兵马进到武州塞，在距离马邑一百多里的地方，没有人放牧却看到牲畜布满原野，觉得十分奇怪。便着手进攻路亭，俘虏并要杀死雁门尉史，尉史便将汉兵所驻扎的地方告诉了单于。单于很惶恐地说："我原来便质疑了。"便带兵返回，又说："天意让我得尉史救了匈奴!”便把尉史封为天王。边塞附近都传单于已然回去了,汉兵直追到长城边,觉得追不到了,便都回来。王恢另外从代地出兵攻打胡人的辎重车,可当知道单于回去了,还有众多士兵后,就不敢出兵攻打。

汉武帝对王恢十分恼怒。王恢说:“本来说好我们的军队在匈奴军队进到马邑城后与单于接战,而由下官攻打他们的辎重车,可以得胜。可如今单于没到马邑城就返回了,下官仅有三万的士兵,打不过敌人,只怕会自取其辱。下官原本便明白返回来会被杀,可是下官依然是保全了圣上三万的士兵。”于是王恢被发到廷尉处理,廷尉判:“王恢不敢向前,观望逗留,应该斩杀。”王恢给丞相田蚡送千金,田蚡不敢跟汉武帝讲情,却对太后说:“王恢最先筹划马邑战事,如今由于事情失败了便杀了他,相当于给匈奴报仇。”汉武帝面见太后时,太后将田蚡的话转告给了汉武帝。汉武帝说:“王恢是首先计划马邑战事的人,依照他的意见发动好几十万天下军队。况且即使没办法捉到单于,王恢带领的士兵倘若能攻打匈奴的辎重车,也能够安慰士大夫的心理。如今不杀王恢,没办法给天下人交代。”王恢得知这个消息后,只能自杀。此后,匈奴便断绝了与汉朝和亲的想法,常常去汉边境盗劫数不胜数的财物,攻打道路边的要塞;但是匈奴依然喜爱汉人财物,贪图于关市与汉人做买卖的利益;汉朝也满足匈奴的心意不断绝关市的买卖。

三年(己酉,公元前132年)

春季,黄河水从顿丘向东南流。夏季,五月,丙子日,黄河又于濮阳瓠子决堤,流注巨野,淹没十六郡,通到泗、淮。汉武帝下令郑当时、汲黯发动十万士兵塞河,可是塞好后又经常崩坏。那时鄃是田蚡的食邑,河的北方是鄃县,决堤在河的南面,鄃县食邑因为没出现水灾收入特别多。田蚡对汉武帝说:“河、江的决堤是天注定的事,很难人为勉强阻止填塞,阻止填塞河水不一定顺应天意。”会望气使用术数的人也如此觉得。汉武帝于是便停了许久,不做阻止填塞河水之事了。

早在孝景帝时，魏其侯窦婴担任大将军，武安侯田蚡担任诸郎，田蚡侍奉窦婴喝酒下跪起身便犹如子侄；可没多久田蚡逐渐高贵，受到宠幸并成为丞相。魏其侯失去权势，宾客更少，仅有燕国宰相颍阴人灌夫没有离去。窦婴便优待灌夫，互相借重援引，两人交游好得犹如父子一般。灌夫为人正直刚勇，好喝酒使性，必定凌辱那些势力高于自己的人，几次由于喝酒冒犯了丞相，丞相便上奏告发他说："黎民以灌夫家人于颍川横行为苦。"便将灌夫与他的宗族囚禁收捕起来，最终判罪弃市。魏其侯上书汉武帝想要救灌夫，汉武帝下令让他与武安侯在太后宫里争论，武安侯与魏其侯因而互相攻讦毁谤。汉武帝询问朝廷大官："谁对？"韩安国觉得两个人都对，郑当时觉得魏其侯对，可后来不敢坚持，仅有汲黯觉得魏其侯对。汉武帝当时对他们发脾气说："我将你们一同杀掉算了！"说完便退朝。汉武帝起身，去太后宫，侍奉太后就餐，太后生气不吃，说："如今我还在，那些人便已然欺侮践踏我弟弟；等我百年之后，只怕就会更陷害凌辱了！"汉武帝不得已，只能杀掉灌夫家族；又下令让法官治魏其侯的罪，判他弃市。

四年（庚戌，公元前 131 年）

冬季，十二月晦日（三十日），通过商讨，终究在渭城将魏其侯杀了。春季，三月，乙卯日，武安侯田蚡也去世。而后淮南王刘安事败后，汉武帝得知田蚡收了刘安很多黄金，还对武帝不恭顺，便说："倘若武安侯还在的话，一定判他斩杀宗族的罪！"

夏季，四月，天降霜雪，冻死野草。

御史大夫韩安国整治丞相之事，帮武帝引导车驾，不小心由车上摔下，摔成了跛子。五月，丁巳日，由平棘侯薛泽担任丞相；韩安国由于生病被免官。

发生地震，大赦天下。

九月，将中尉张欧任命为御史大夫。韩安国在病好后，又恢复中尉官衔。

河间献王刘德做事切实，爱好古道还竭尽全力做学问，他用布帛黄金寻求好书，获得与汉朝廷数量相等的很多书。那时淮南王刘安也乐于搜集古书，可他所找到的多是不切实用的浮辩之书；而献王刘德得到的书，都是秦还没焚书以前用古文写成的书。他搜集有关礼乐的古代事迹，稍微地将古书增加到五百多篇，一举一动都中规中矩，合乎儒者之道，平时身着儒者衣服。因而他与很多的山东儒者都有交游。

五年（辛亥，公元前130年）

冬季，十月，河间王刘德来面见汉武帝，把雅乐献给朝廷，还回答汉武帝所策问的三十几件事以及有关三雍的制度问题；河间王刘德的回答都能切合事理，文辞简略，可意旨却十分明确，都以儒家之道为主。汉武帝下令让太乐官经常习练河间王刘德所献的雅乐，虽然每年在一定的时间备用，可还是不常运用到。春季，正月，河间王刘德去世，中尉常丽报告汉武帝说："河间王为人厚道诚敬，眼光深远，智慧明达，温和仁慈，品德良好，爱护下属，行为端正，恭谨节俭，对于鳏寡很有恩德。"大行令上奏汉武帝说："《谥法》上说：'聪明睿智称为献。'可把他的谥号称为献王。"

◆班固《汉书》的赞文说：鲁哀公之前说过："寡人生长于深宫中，成长于妇人手上，从不知道什么叫惧，什么叫忧。"这些话倘若真没错，那即使不想使国家陷入危亡的绝境，也是不可能的了！因而古人觉得安逸宴游便犹如毒药，享受富贵却没有道德修养，称为不幸。汉朝兴起之后，诸侯王有数百个之多，大抵都违失道德，骄奢淫逸，直到孝平帝。原因在哪儿呢？在于他们沉溺于恣肆放荡的享乐中，所处的情势就让他们这样啊。一般贫苦的黎民，还被他们的习俗所牵绊左右，更别说是富贵的哀公之类了！"要想不同于一般人，只能伟大雅正才能行为卓越"，这句话河间献王非常接近。◆

起初，王恢征讨东越时，让番阳令唐蒙劝说晓谕南越。南越以蜀地的枸酱善待唐蒙，唐蒙询问枸酱从哪里得来的。南越人回答说："途经西北方的牂柯江运来，牂柯江有几里宽，途经番禺城下。"唐蒙返回长安，询问蜀地商人。商人说："蜀地人都拿着枸酱偷偷地到夜郎去卖，仅有蜀地出产枸酱。夜郎靠近牂柯江，江有一百多步宽，足以让船行走。南越靠着财物让往西一直到桐师的夜郎全部归附，可却一直不能用君臣之礼召唤他们。"唐蒙便上书劝汉武帝说："南越王乘坐左挂大旗的黄车，犹如皇帝一样，东西土地有一万多里，名义是朝廷外的大臣，实是一州之主。如今从豫章、长沙出兵，十分难走的水路很多。下官私自得知能够招到十几万精兵，渡过牂柯江乘船，出乎越人预料是攻打越人的奇计。倘若能用蜀、巴的富饶，汉军的强大，为夜郎设置官员，打通通往夜郎的道路，是十分容易办到的事。"汉武帝采纳了唐蒙的意见。

汉武帝便将唐蒙任命为中郎将，带领一千士兵，运送辎重车和粮食的人一共一万多，从巴、蜀筰关进去，见到夜郎侯多同。唐蒙用汉朝的恩德和声威晓谕他们，说好汉朝为夜郎设置官员，让多同的儿子做夜郎令，将财物厚赐他。夜郎旁边的小邑都贪图汉朝的衣物绵帛，觉得通往汉廷的道路困阻险要，汉廷最终不可能拥有他们，因而都暂时听从唐蒙的约定。唐蒙返回朝奏报，汉武帝将这些地方改为犍为郡，发动巴、蜀的士兵修治从僰道到牂柯江的道路，有好几万士兵，许多士兵因此病故。唐蒙用军令将逃亡的带头之人杀掉，巴、蜀的黎民十分害怕。汉武帝听后，便让司马相如去责怪唐蒙等人，顺便告知巴、蜀的黎民那种做法不是皇帝的意见。任务完成后，司马相如回朝奏报。

那时，邛、筰的君长得知汉朝与南夷通好，有很多愿意做汉朝的下官仆，请求按照南夷为他们设置官员，他们还获得很多赏赐。汉武帝询问司马相如的想法，司马相如说："邛、筰、冉駹都离蜀很近，路也容易开通；秦时道路曾通达过，还设了郡县，到汉朝才废弃的。如今倘若道路能再畅通，在当地设置郡县，比南夷还好。"汉武帝觉得很对，便让司马相如担任中郎将，手拿皇帝的符节前去，副使王然于等人也乘坐传车，利用蜀、巴的财物钱币贿赂西夷；邛、筰、冉駹、斯榆的君长希望做他的内臣。将旧有的边境关隘除掉，让关隘更开广，向南到达牂柯江为界，直通到零关的山路，向西到若水、沫水，建桥在孙水，通至邛都，设置十几个县、一个都尉，附属于蜀。汉武帝非常高兴。

为了抵抗匈奴，汉武帝下令找来万人役卒修治雁门险要困阻的地区。

秋季，七月，吹起大风，拔掉树木。

女巫楚服等人，教导陈皇后（汉武帝第一任皇后陈阿娇）蛊惑男人的媚术以及用咒诅压伏别人和祭祀的办法，事情被发觉，汉武帝让御史张汤查办追究此事。张汤深入调查楚服的同党，共有三百多人相株连而被杀，楚服在街上被斩首。乙巳日，给皇后赐册书，罢废后位，收回皇后印玺，退居到长门宫。窦太主（汉武帝姑母馆陶公主刘嫖、皇后的母亲）害怕惭愧，叩头向汉武帝谢罪。汉武帝说："因为皇后所作所为不合大义不能不废后位。你不要听那些虚妄的言语，让你的内心产生恐惧、嫌怨，而应更信仰道来安慰自己。即使被废，皇后依然受到与被废前一样的供奉，上宫和长门宫也没什么太大的区别。"

起初，汉武帝曾经在窦太主家摆置酒席，窦太主宠爱卖珠儿董偃，汉武帝也把很多衣冠赐给董偃，称为"主人翁"，不用名字称呼，使得"主人翁"侍奉饮食。此后天下没有人不晓得董君受到汉武帝宠爱。董君经常陪伴汉武帝在平乐观驰马逐兽，在北宫游戏，还参与蹴鞠、斗鸡大会和马、狗竞足的比赛，汉武帝极其快乐。汉武帝帮窦太主在宣室安置酒席，让谒者把董君招引进宫。那时，中郎东方朔手拿戟站在阶边，将戟放下上前对汉武帝说："董偃犯了三样罪，怎么能够进入宣室？"汉武帝说："细细说来。"东方朔说："第一件罪过是，董偃用下官的身份私自侍候公主。第二件罪过是扰乱婚姻的礼节，伤害朝廷的制度，败坏男女的风化。圣上正当盛年，集中心思于《六经》，董偃崇尚淫靡的享受，以奢侈为急务，享尽狗马的欢乐，放纵耳目的贪欲，不遵守经义劝人向学，反而是国家最大的盗贼，也是勾引国君淫靡的大凶。”汉武帝听后默默不说话，许久后说道：“我已然安置好了酒席，这次饮酒后便改正。”东方朔说：“不是合法度的政事不到先帝的正室宣室商量。慢慢地侵害淫乱会演变成篡夺。因而易牙受害而竖貂淫惑齐桓公，庆父死亡而保全鲁国。”汉武帝说：“很好！”下令停止在宣室安置酒席，改在北宫设，董君从东面的司马门被引接进入，东方朔被赐给黄金三十斤。董君的宠爱从那时起逐渐衰减。此后，很多贵人、公主都逾越了礼节制度。

汉武帝把张汤任命为太中大夫，张汤与赵禹共同协商各种律令，一定要让律令条文严峻。为严格控制在职的官员，设下见知法，所有官员都互相监督，有罪便奏报。汉朝用法严苛就是从这个时候开始的。

八月，出现螟虫之灾。

同年，朝廷征召学过圣贤道术能够通晓当代事物的官员和百姓，让各县按顺序给予廪食并与计簿使者共同前去朝廷。

淄川人公孙弘回对策问说：“我听说上古尧舜在位的时候，不用尊贵的官爵和丰厚的奖赏，但百姓却相互勉励行善；不重用刑罚，但百姓却不犯法，这是因为君主为百姓做出了正直的表率，而且对待百姓很讲诚信；到了末代，用尊贵的官爵和丰厚的赏赐，百姓却得不到劝勉，设立严酷的刑罚，却不能禁止百姓违法犯罪，当时的君主本身不正，对待百姓又不讲诚信。用丰厚的奖赏和严酷的刑罚，还不足以鼓励行善、禁止作恶，只有靠讲信用，才能达到这一目的。所以，根据人的才能而委任官职，就能各司其职，做好工作；抛弃无用的虚言，就能了解事情的真相；不制作无用的器物，就可以减少对百姓的赋税；不在农忙季节征发役夫，不妨害民力，百姓就会富裕；有德的人受到重用，无德的人被罢免，朝廷就尊贵威严；有功的人升职，无功的人降级，群臣就会明白退让的道理；判处刑罚与罪过相应，就能制止犯罪；给予奖赏与贤能相符，就能劝勉臣子。这八条，是治理国家的根本。天下百姓，让他们各自从事生产就不会发生争斗，事情得到合理的解决就不会怨恨，让他们接受教育知道礼义就不会使用暴力，君主爱护他们，他们就会亲近君主，此是治理天下的当务之急。礼义，是百姓甘愿服从的；再用奖赏和刑罚来推行礼义，百姓就不会违犯禁令了。

"我听说：气相同就能互相影响带动，声相同就能互相呼应。现在，君主在上面使自己的言行符合德义，百姓在下面与君主相谐调，所以心和就能气和，气和就能形和，形和就能声和，声和就会出现天地安和了。所以阴阳调和，风雨适时，甘露降下，五谷丰登，六畜兴旺，茁壮稻谷生机勃勃，红色瑞草萌生成长，山岭不光秃，湖泊不干涸，这是天地安和的最佳状态。"

当时有一百多人回对策问，公孙弘的名次被太常上奏排在后面。呈奏应对的策文给汉武帝后，公孙弘被汉武帝提升成第一，封他做博士，在金马门做顾问。

齐人辕固已经九十几岁了，也是凭借着贤良的身份被召来。公孙弘不敢正视且十分恭敬地侍奉辕固，辕固说："公孙先生，你一定要说正事，学正道，不可通过学邪道求荣媚世！"有很多儒生谤毁辕固，辕固便告老还乡。

此时，巴、蜀四郡，正在开凿通达西南夷的山路，要把士兵所需粮饷运送千余里。几年内，西南夷多次反叛，发动军队攻打汉兵，士兵也饥饿疲惫，路依旧不通，很多人由于遭到湿气炎热侵扰死亡，让汉朝花费巨资却依然没能开凿成功。汉武帝十分不安，下令让公孙弘去视察。公孙弘归来向圣上奏报，坚决说西南夷没用，但汉武帝不相信他。公孙弘每次早朝面见汉武帝时，都只是说说事情的大概，让汉武帝自己选择，不愿当廷争辩，也不愿当面指斥。所以汉武帝看到他富有辩才，品行厚道谨慎，用儒术修饰自身，熟知政事与法律，便十分欣赏他。他一年内升到左内史。

每次公孙弘奏报政事，汉武帝有时不答应时，他不当廷争辩。经常与汲黯在汉武帝有空的时候，请求跟汉武帝申述，先由汲黯讲，公孙弘进行补充，汉武帝经常十分高兴，汉武帝能接受两人所请求的，所以身份逐渐地更加宠贵。公孙弘曾与公卿约好意见的内容，可一到汉武帝面前，便都只顺应汉武帝的意旨，违反约定。所以汲黯当廷责怪公孙弘："齐人大部分没真情实意而狡诈；如今把原先与我们商量的意见都背叛了，真是对人不忠！"汉武帝询问公孙弘。公孙弘谢罪说："不知道下官的人，觉得下官是不忠，知道下官的人，便会觉得下官是忠心的。"汉武帝认可公孙弘的话。被宠幸的左右大臣每次诋毁公孙弘时，汉武帝就会更加厚待他。

六年（壬子，公元前 129 年）

冬季，开始征收商人车船的税金。

大司农郑当时建议说："穿过渭水建设直到黄河的渠道，关东的粮食容易被直接转运，又能够使渠道附近的一万多亩黎民田地被灌溉。"春季，下令召来几万役卒开凿渠道，依照郑当时的意见做。三年后，开通渠道，人人都觉得十分方便。

匈奴侵占上谷，掠夺杀死黎民官员。朝廷让骑将军公孙敖由代地出兵，骁骑将军李广由雁门出兵，车骑将军卫青由上谷出兵，轻车将军公孙贺由云中出兵，每位将军各带领一万骑兵在关市附近攻打胡人。卫青到了龙城，得到一共七百俘虏与胡人首级；公孙敖被胡人打败损失骑兵七千；李广也被胡人打败；公孙贺什么也没有得到。李广被胡人活捉了，被放于两匹马之间，让他躺着盛在网子里，走了十余里；李广装死，突然跃上胡儿马背，鞭打着马向南飞驰，抢夺胡儿弓箭，逃回到汉朝。汉朝将李广、公孙敖拨给廷吏处理，被判死刑，应当斩杀，而后由于出钱赎罪废为庶人；仅有卫青被封为关内侯获得爵位。虽然卫青出身奴仆，可才能勇力超过一般人，擅长射箭骑马；对待士兵有恩惠，对待士大夫也很有礼节，有将帅的才能，士众又都乐于听他的，因而他出兵常常能建立功勋。天下臣子从此钦佩汉武帝能很好地任用人才。

夏季，出现蝗灾，大旱。

六月，汉武帝巡行至雍。

秋季，匈奴多次侵扰边境，侵略渔阳特别严重。把卫尉韩安国任命为材官将军，驻扎在渔阳。

元朔元年（癸丑，公元前128年）

冬季，十一月，汉武帝下令说："朕给执事大臣特别下诏，让他们推举孝顺之人，起用廉洁之士，想能蔚成风气，光大美好先圣的德业。三个人一起走，一定会有值得我学习的老师；十户人家的小地方，也一定有忠信的人。如今由于积德累行的君子被小人所阻，教化不能尽量下达黎民，所以整个郡都没有推荐一个人而致使不能闻达于圣上。古人治政的办法是：奖赏推荐贤人的；用戮死处罚阻挠蒙蔽贤人的。如今便规定二千石以上的官员不推举廉孝贤人便有罪！"有司上报汉武帝说："不推举孝子，不依诏书去行的人，以不敬皇帝罪论处；不去察求廉士，说明不能胜任本身的职务，应当被免官。"汉武帝认可了奏报内容。

十二月，江都易王刘非逝世。

汉武帝之子刘据，是卫夫人所生。三月，甲子日，将卫夫人立为皇后，并大赦天下。

秋季，二万匈奴骑兵侵占汉境，杀死两千多人，又杀害辽西太守，韩安国的营垒也被包围；还侵占雁门、渔阳，在每个地方杀死一千多人。韩安国将营垒往东迁徙，在北平屯驻；几个月后病死。汉武帝再次召来李广，让他担任右北平太守。匈奴用"汉朝飞将军"称呼他，还躲避他，不敢侵占右北平好几年。

将军李息从代出兵，车骑将军卫青带领骑兵三万由雁门出发；卫青斩杀匈奴有好几千人。

东夷薉君南闾等总共二十八万人投降，设置为苍海郡；征伐东夷等国时，士兵车徒的费用，与征伐南夷相等，让燕、齐之间的黎民生活困苦，民心骚动起来。

同年，长沙定王刘发、鲁共王刘馀都逝世。

无终人徐乐与临淄人严安、主父偃，都给汉武帝上书，讨论政事。

起初，主父偃游历燕、赵、齐，没有好的待遇，那些儒生都不容纳他，排挤他。他到处借贷都借不到钱，家里十分贫穷，便向西进入关中，在宫廷下上书汉武帝，早上刚上报，黄昏时便被召入宫。所说的九件事中八件都是关于律令的；剩下便是劝汉武帝不要讨伐匈奴，他是这样说的："《司马法》说：'喜好打仗的国家即使强大也必定会灭亡；在天下既定时忘记战备，必定会给国家带来危险。'兵器不是吉祥的器具，生气愤怒悖逆道德，与人抢夺是最差的行为。一意专心希望穷兵黩武、打胜仗的国家，都后悔了。

"之前秦皇帝吞并了战国诸侯，追求胜利而不休息，还要再攻打匈奴。李斯劝说：'不能够这样做。匈奴没有积粮的仓廪，随意迁徙，犹如鸟儿飞翔一样，不住在城郭里，也不好控制。并且军队深入匈奴境内一定断绝粮食；即使粮食随着军队后行，由于工作繁重，也无济于事。俘获他们的黎民后不可调教，也无法设置官吏进行管理；胜利时仅有将他们黎民杀掉，占有他们的土地没有利益；这不是为民父母所应做的；长远的计策不是用战争让匈奴称心快意，而使中国国力消散。'秦皇帝不采纳李斯的劝告，便让蒙恬带领军队开辟千里的土地，把黄河当作边境，攻击胡人。占有本来是咸卤、沼泽的土地，五谷不能生长。随后军队在野外暴露十余年，死亡的人不计其数，召来天下男子丁壮守护北河，可终究还是没能越过黄河向北推进，是因为武器没有备好、士兵不够吗？不，是由于不可能做到客观的形势。还让天下人用车船转运粮食，飞快地输运草料，由背海的琅邪郡、东陲郡开始，辗转输送至北河，大约三十钟的粮食，到时只剩下一石。让女子努力纺纱织麻，连帷幕都不够用，男子卖力耕作，粮饷依旧不足，黎民离散，年老弱小的人、孤儿寡妇不能被养育，道路上的人死得多，彼此能够相望，这便是天下人背叛秦的原因。

“高皇帝平定天下后，在边境攻占土地，得知匈奴的军队于代谷外面聚集，便想攻打。御史成上前劝说：‘不可。匈奴人的本性，便犹如禽鸟飞散野兽聚集一样，行踪不定，要攻打他们便犹如攻打人的影子一样攻打不到。如今下官私自为圣上操心，用美盛的德行，去攻击匈奴。’高帝不听，便向北抵达代谷，果真便出现了包围平城之事。高皇帝事后十分后悔，便让刘敬前去匈奴定下和亲之事，随后百姓才将两方动干戈作战的事忘记。

“匈奴已然不是一代不好控制了；他们的主业就是驱掠人畜财物、入侵边境，这是他们本来的天性。上至周、殷、夏、虞时代便不责怪规范，不将他们当作人，把他们当做禽兽蓄养。下官最恐惧的事，也是黎民疾苦的原因是圣上不往上看周、商、夏、虞传统的做法，却往下承袭近代的失误。”

严安给汉武帝上书说：“如今天下黎民，奢侈浪费使用财物，衣裘、宫室、车马等，都竞相修饰；让五声有节奏感，调和五声；让颜色有文采外现，混杂颜色；重视五味，向别人夸示财富，引诱人贪欲，面前所摆食物竟有一丈见方那么宽。看到美好的东西便羡慕是百姓的本性，因而这种风气是教导百姓不加节制奢侈，这样物质便不能充足，此时百姓便会追求声色的物质享受而离弃农桑的劳作了。声色的享受不能随便得到，因而带剑的勇士借口大肆杀人，一般士绅便不惜用欺诈的手段，来抢夺财物，一般人也不晓得羞耻是什么，因而有很多人犯法。下官愿意为百姓定下制度让贫富之间彼此不相炫耀，来调和他们的心理，防止百姓的贪淫，心志一稳定则阴阳和谐，刑罚减少，万物繁茂，盗贼消失。之前秦皇帝心志荒逸，野心十分大，想要扬威国外，让屠睢带领海军攻打越，又让蒙恬领兵攻打北方的胡人。那时，秦的灾祸是南方与越相抗，北方又与胡人结兵，在没有用处的土地上驻兵，一去不复返。十几年间，成年女子输送运转粮食至前线，成年男子身着甲衣上战场，痛苦不已，一个接着一个地在路旁树下吊死。穷兵黩武所带来的灾祸是：秦皇帝去世后天下都叛变，并被绝了祭祀，灭了后代。因而秦由于国强失败，周由于国弱失败，都不是改变政策带来的。如今圣上要让夜郎前来朝贡，攻占薉州，招降西夷，建筑城邑，降服僰、羌，焚烧匈奴的龙城，深入他们的土地，谏言的人都认可这种做法，可这绝不是治天下长远的计策，只是站在下官的利益来考虑的。”

徐乐给汉武帝上书说：“下官得知天下的祸患，不在于瓦解，在于土崩，古代与当下道理都一样。

“土崩是什么？秦的末代那样便是。陈涉本身不是大人、名门望族、王公的后代，在家乡没有什么好名声，也没有曾子、墨子、孔子的才能，更没有一寸一尺的土地，以及猗顿、陶朱那样的财富，甚至没有千乘诸侯的尊位；可为什么他在贫穷的里巷中拿着矛戟起兵，袒露一边手臂大声疾呼，天下就闻风跟随他？是因为在上位的不知道百姓有怨恨，国君不关心民生困苦，政事没有修好已然败坏的风俗。这三样是陈涉叛秦的依据，也就是所谓的土崩。因而说天下的灾患在于土崩。

“瓦解是什么？赵、齐、楚、吴的作乱便是。七国计划叛乱朝廷，都号称自己是拥有披甲的士兵几十万，兵车万辆的国君，财物足够用来奖励士兵黎民，声威也足够使国内臣民慑服；可为什么他们本身反而被活捉在中原，更不能向西争夺一寸一尺土地？并不因为他们的兵力比陈涉弱小，也不是权势轻微于匹夫。七国的作乱会失败是因为，那时很多百姓快乐地生活在乡里，先帝的德化还没有衰竭，所以诸侯没有获得国境外的援助，所谓瓦解便是这种情形。因而说天下的灾患不在于瓦解。

影响国家安危的，以及贤明国君应该仔细留心观察的事情最清楚的关键就是以上所说的两点。

近来，边境战事侵扰，又加上有几年关东的五谷收成不好，岁收一直不能回复，百姓大都十分穷困；依照常理来看，推演情势，会出现百姓有不安于住家的事。百姓心不安容易导致动乱，进而就是土崩的情势了。因而贤明的国君能明白安危的机微，观察万化的本源，消除还没成形的灾患，在庙堂上将政事筹划办好，重点在于让天下没有土崩的情势。”

奏报书信呈到汉武帝手上，汉武帝便找来徐乐、严安、主父偃三人，对他们说：“为什么我们相见这么晚，你们都在哪里了！”把他们都任命为郎中。汉武帝特别亲近宠幸主父偃，在一年中共有四次升迁，直至做到中大夫；大臣贿赂他的财物累积有千金之多，只是因为害怕他在汉武帝面前讲坏话。有人对主父偃说：“你太霸道了！”主父偃说：“我在世做不到大夫具备的五鼎食物，死时便用鼎镬来烹煮我好了！”

二年(甲寅，公元前127年)

冬季，汉武帝赐给淮南王刘安几案手杖，不用上朝。

主父偃劝汉武帝说：“古时候天子、诸侯强弱的形势分明，诸侯地方不超过一百里，容易被控制。如今诸侯地方有千里之大，有的联结数十个城市，平时骄傲奢侈容易做出过分的事，紧急事情一出现，便背叛京师，凭借他的强大与其他诸侯联合；用律令来将他们的土地削减分割，叛乱的事件便要出现，犹如之前晁错所说的一样。如今仅有嫡长子继立，有的诸侯有十几个子弟，剩下的人即使是骨肉也没有一尺土地，则不能发扬仁孝的道理。还请圣上下令诸侯分封子弟，推广恩泽，用土地封所有子弟为侯，他们人人都能十分高兴还能实现自己的愿望；圣上将恩德施给王侯子弟，实际上是分割他们的土地，如此一来，不用分割王侯的势力便会稍微减弱了。”汉武帝采纳了主父偃的想法。春季，正月，下令说：“有要推广恩泽的诸侯，各自写清楚呈上分封子弟的土地，朕将为他们定下名号。”此后开始分割藩国，王侯的子弟也都被封为侯。

匈奴进到渔阳、上谷，掠夺杀死官员百姓一千多人。朝廷让李息、卫青由云中以西出兵至陇西，在河南攻打胡人中的白羊王、楼烦，楼烦、白羊王逃走，便夺取了河南地，还得到俘虏与胡人首级有数千人，一百多万只羊、牛。汉武帝下诏将卫青封为长平侯，卫青的校尉张次公、苏建也都有功劳，封次公为岸头侯，苏建为平陵侯。

主父偃说："河南土地肥沃，外有黄河的险阻，蒙恬曾在那儿建城用来追逐匈奴，消灭胡人的根本办法是省掉国内戍卒由水路与陆路转输粮食的麻烦，从而使得中国的武力增强。"汉武帝将主父偃的意见转达给公卿讨论，大家都觉得不方便。可汉武帝居然采纳了主父偃的计划，派苏建带领十几万人去建筑新设的朔方城，随后完善秦朝时蒙恬建的要塞，巩固朔方城，以黄河为屏障。从十分远的地方将粮食转运过来，费用有好几千万，山东地区附近的百姓都受到劳累，官府的仓库都变得一无所有；汉还放弃了上谷地区斗辟县造阳地，送给了匈奴人。

三月，乙亥晦日，出现日食。

夏季，招募十万百姓迁至朔方。

主父偃劝汉武帝说："刚建立茂陵，可以让天下杰出豪俊的人物，与煽动群众作乱的人，以及富有的大家族，都能迁到茂陵；这样做对外能够消除狡猾奸恶之人，对内能够充实京师，这就是所谓不杀人而灾害已消除的方法。"汉武帝采纳了主父偃的想法，将郡国中的杰出豪俊人物和家财三百万以上的人迁徙到茂陵居住。

轵人郭解，是关东的大侠客，也在被迁徙的名单中。卫将军替郭解说话："郭解，家里贫穷，不合于被徙的名单。"汉武帝说："郭解是个权势高到能让将军为他说话的平民，说明他的家庭并不贫穷。"最终还是迁徙了郭解的家族。郭解平生因为人家瞪他一眼，便杀了很多人，汉武帝得知后，便下令要将郭解拘捕并治罪，郭解所犯的罪都在大赦之前。轵县有个陪使者侍坐的儒生，有个客人赞赏郭解为人，儒生说："怎么能够说郭解是贤士呢？他专门做违犯律令的事！"郭解客人听到这话后，便将儒生的舌头切断并杀了。因此官员责怪郭解，杀人的人绝没有人知道是谁，郭解也确实不知道谁杀的。官员便上奏说郭解没罪，公孙弘坚持说："郭解是个行使权势，专做侠士之事的平民，人家瞪他一眼便杀人；郭解不知道谁杀了儒生比郭解亲杀还严重，应当判处大逆不道之罪。"便将郭解灭族了。

◆班固说：古代诸侯立家，皇上建国，由卿大夫至庶人，各有等级，因而下民侍奉长上没有窃夺的野心。周室衰微后，诸侯决定征伐、礼乐；晋文公、齐桓公后，大夫是世世代代的权臣，执掌国家命脉的是陪臣。政事慢慢地衰微，直到战国出现连横合纵的说法，自此列国的公子都凭借王侯公族的权势，争着做侠义之事，对待学狗盗物、学鸡鸣叫的低俗食客，全以宾礼，比如赵国的平原君，楚国的春申君，齐国的孟尝君，魏国的信陵君。可信陵无忌解决赵平原君的急难时便穷夺符节，假借君命，杀死统军的将领，自己带兵；赵国宰相虞卿，救济知己魏齐的危急时割舍国君与朝廷的利益；他们全是为让自己的名声能于天下显扬，要在诸侯中取得尊重，那些扼腕四处游谈之人都将那四个豪杰当成首领。于是出现背弃公利为结成死党的说法，也就废除了固守职责侍奉长上的道义。后来汉朝兴起，律令宽疏，并没有将刚才说的缺点改过匡正。所以代国的丞相陈豨用千辆车子做随从队伍，淮南王刘安、吴王濞等人招来的宾客都有数千人，犹如魏其、武安之类的外戚大臣都在京师追名逐利，犹如剧孟、郭解这类平民身份的游侠也在乡里之间横行驰走，百姓们也都宣扬他们的声名事迹，羡慕他们的成就，觊觎他们的名声，他们的力量能使公侯折服，他们权势遍布州郡之间。最终虽然他们在刑法之中陷身，可却能与自杀身死的人有同样名声，正如季路、仇牧，即使死亡，也不后悔。因而曾子说："上位之人失去道德，民心离散已经很久了。"倘若上位的明主不用礼节法度来统一百姓的行为，向百姓表示出恶、好标准，百姓不会知道律令，更不会让行为趋于正！古代的正法：对三王来说，五霸的行为，是罪人；对五霸来说，六国的行为，也是罪人；对六国来说，四位豪杰的行为，又是罪人。何况郭解这类用卑贱的匹夫身份，窃夺生杀大权之人，所犯的罪过已然不容赦免。看他谦虚不夸耀、帮助人渡过难关、救济穷困、爱护众人、个性温良，也都不同凡响。可惜只是悄悄地投身于低劣的行为中，不能进到道德领域，搞得自身被杀，宗族灭亡，不是命不好，都是他自己造成的。

荀悦评论说：世上有三游，是破坏道德的奸贼：一是游侠，二是游说，三是游行。树立名气声望，作威作福，结交私人党羽，用来称强于世的，称为游侠；修饰辩辞，设置诡计诈谋，周游天下以操纵时势的，称为游说；和颜悦色，以此迎合当世君主的喜好，结连党羽，扩大虚名以谋取权利，这样的人，称作游行。这三类人，都是产生祸乱的根源；他们伤害道德，败坏法度，迷惑民心，所以先王慎重对待。国家有士、农、工、商四种民众，各自从事自己的职业；凡是不从事这种种职业的人，称为奸民。没有奸民，王道政治就实现了。

三游的形成，都出现在末世，周、秦两代的末世尤为严重。君上不明，臣下不正，制度不立，纲纪废弛；把社会舆论的褒贬作为尊荣或困辱的依据，不去核实这些舆论的真假；根据好恶来决定利害关系，不考虑是否属实；根据喜怒决定奖赏或惩罚，不去分析其中的道理。上下相互冒犯，万事全都混乱错误，因此，发表评论的人，看对方与自己交情的厚薄来决定怎样张口说话；负有推荐官员职责的人，估量对方和自己关系的亲疏而用笔写出推荐评语；善与恶的区分，错误地受众人评价的制约；功与罪的判定，也和国法的规定相矛盾。像这样的话，就不能遵循道义去谋求利益，也无法根据道义去避开祸害。所以君子违背礼义，小人触犯法律，奔走游说，越职侵权，破坏法度，追求浮华，摈弃实质，争着追求一时之利。轻视尊奉父兄的大义，而重视对待宾客的礼节，减少骨肉之间的亲恩，而加重朋友之间的情谊，忘记了自己修养的原则，而追求众人的赞誉，损伤衣食来源的农桑本业，用来满足盛宴豪饮的欲望，馈赠礼物的人挤满了门庭，探访问候的人在道路上随处可见，私人交往的书信比官府公文繁忙，处理的私事此官府公事还多，于是，流俗形成，而正道却衰败了。

所以，圣明的君主在位时，治理国家，整顿百姓，严明有关制度；善与恶的区分主要取决于是立功还是犯罪，而不受舆论毁誉的扰乱，听其言还得责求行事，举出名还要指出实。所以，名不副实的称之为虚，表里不一的称之为伪，毁誉不符合实际的称之为诬，议论事情丧失原则的称之为罔。虚伪的行为不许出现，诬罔的言论不得流行，有罪恶的人不能侥幸逃避惩罚，没有罪恶过失的人不必担忧恐惧，私人请托处处碰壁，贿赂无人接受，抛弃浮华虚文，淘汰虚言巧语，禁止强词夺理，杜绝不正当的智谋，斥退百家之学的纷乱，统一于圣人的最高道术，用仁爱恩惠来教育百姓，再用礼乐制度加以修饰，就会风俗稳定而达到天下大治了。◆

燕王刘定国与父亲康王的姬妾通奸；又夺走弟弟的妻子当作自己的姬妾。还把肥如县令郢人杀了，郢人的兄弟上书告刘定国，主父偃泄露出来这件事，公卿们希望将刘定国杀掉，汉武帝准了。刘定国于是自杀，封国被废除。

齐厉王刘次昌和他的同母姐纪翁主（即齐懿王刘寿之女，因其生母姓纪，故又称纪翁主）通奸。主父偃想将女儿嫁给齐王，齐纪太后不答应。主父偃便对汉武帝说："齐有千金的市场租税，临淄有人家十万户，民众都十分富裕，超过长安财富，非皇上宠爱的儿子、亲生兄弟分不到那里为王。如今得知齐王与姐姐淫乱而且他对待亲属日益疏远，希望圣上治他罪！"汉武帝于是便将主父偃拜为齐国宰相，并让他追究齐王淫乱之事。主父偃到齐国后，立马便治后宫的宦官罪，口供牵涉齐王，齐王十分害怕，便服毒自杀。主父偃年轻时曾到燕与赵、齐等国游历，在他地位显贵后连续地将燕、齐两国弄垮。赵王彭祖十分害怕，通过上书的方式告主父偃接受诸侯金钱，因而才有很多诸侯子弟被封为王。等到齐王自杀，汉武帝得知这个消息后十分生气，觉得主父偃逼令齐王自杀，强劫齐王，便让他返回，并让执法官员处理。主父偃认同接受诸侯贿赂金钱，可确实没有逼迫齐王自杀。汉武帝本来不想杀主父偃，可公孙弘说："齐王自杀之后，封国废除，由于没有后代，入属于汉，改设为郡，元凶是主父偃。倘若皇上不杀主父偃，无法向天下诸侯谢罪。"于是，汉武帝便下诏杀了主父偃全族。

张欧被免官，汉武帝要让蓼侯孔臧做御史大夫。孔臧推脱说："臣下家世代职业是研究经学，还请皇上让臣做太常，与堂弟侍中孔安国共同整理古人的典籍，让这些古人的教训永远留给子孙后代，从而继承下官家世代所做的工作。"汉武帝便把孔臧任命为太常，对他优礼厚赐，犹如三公一样对待他。

三年(乙卯，公元前126年)

冬季，匈奴军臣单于去世，他的弟弟左谷蠡王伊稚斜自封为单于，臣单于的太子於单被打败并投降汉朝。

任命公孙弘为御史大夫。当时，刚打通西南夷，在北方建筑朔方郡，又在东方设置苍海郡。公孙弘多次劝谏汉武帝，觉得没有什么意义的是去奉守没有用处的土地却让中国国力衰敝疲惫，因而请求将设郡的计划废弃。汉武帝让朱买臣等人问难公孙弘设置朔方郡的好处，朱买臣等人把设置朔方郡的便利写了十条，可公孙弘没能驳倒一条。公孙弘便谢罪说："下官是山东鄙人，不知道设置郡能有如此多的便利，下官还请专一奉守朔方，废置苍海、西南夷。"汉武帝准许了。春季，苍海郡被废除。

公孙弘饮食不注重肉味，用布做被面。汲黯说："公孙弘在三公中所得的俸禄最多；可他还用布做被面，真是骗人。"汉武帝询问公孙弘实际情况，公孙弘谢罪说："确有此事，臣在九卿之中与汲黯交情最好，可今日朝廷上诘问臣的事，确实击中了臣的缺点。与小官员没有区别，用三公的身份做被面，犹如汲黯所说的一样确实是在掩饰巧诈而钓取名声。倘若没有汲黯的忠心，圣上不会听到这些责怪我的语言！"汉武帝觉得公孙弘极其礼让谦虚，就更尊敬他。

三月，大赦天下。

夏季，四月，丙子日，匈奴的太子於单，被封为涉安侯，过了几个月，就去世了。

起初，投降的匈奴人说："月氏是个强国，原来住在祁连、敦煌之间，后来被匈奴冒顿攻破了。老上单于把月氏王杀了，并且把他的头拿来做饮酒的器具。其他月氏民众知道了这件事，纷纷逃亡到远方，都在心里埋怨匈奴，没有人愿意和匈奴一起作战。”汉武帝招募能够到月氏通使的人。汉中的张骞以郎官身份响应招募，从陇西出发，直接前往匈奴地区，非常不幸地被单于捉到了，于是把他留在匈奴。十几年后，张骞终于得到逃出的机会，向西面奔向月氏，走了几十天后，便到了大宛。听说汉地大物博、财物富饶，大宛想要和汉通使却没办法，看到张骞后，心里十分高兴，就为他准备了译员和向导，带着他去了康居，费尽九牛二虎之力才到了大月氏。大月氏太子继立，称王之后，击败了大夏季，把大夏的土地分割并占为己有，这些土地适宜居住，富饶肥沃，很少有敌人入侵，因此大月氏王并没有打算向匈奴报仇雪恨。虽然在月氏待了一年多，张骞还是没有摸清月氏的心意，没办法只好返回汉朝。他想要从羌回到汉，傍着南山行走，但是一不小心又碰上匈奴军，被拘留了一年多。正赶上匈奴国内战争连连，伊稚斜将太子於单赶出匈奴，张骞就趁机和堂邑氏的奴仆甘父一起逃往汉朝。汉武帝任命甘父为奉使君，张骞为太中大夫。刚出发时，张骞带领了一百多人，时隔十三年，只剩两个人活着回来了。

好几万匈奴骑兵进攻边塞，代郡的太守恭被杀死，同时杀死一千余人。

六月，庚午日，皇太后去世。

秋季，西夷被废弃，同时设置夜郎、南夷两县、一个都尉，然后逐渐命令犍为郡自行保全并完善地方设置，将精力全部集中建筑朔方城。

匈奴攻入雁门，掠夺、杀死一千多人。

就在这一年，任命中大夫张汤为廷尉。张汤是一个心机深重的人，靠卖弄自己的才能来使人信服。当时汉武帝喜好文学，于是张汤假装很尊敬文人，启用公孙弘、董仲舒等人；让千乘兒宽担任奏谳掾，将古义作为审案的根据。他办案依照的原则：皇帝想要治罪，和监、史要重判的人，就是他所要办罪的人；皇帝打算释放，和监、史准备从轻处罚的人，就是他所要释放的人。正因为这样，他很受汉武帝喜欢。对老朋友的子弟们，张汤尤其照顾爱护；他经常问候诸公侯，无论寒暑都没有间断过。因此虽然张汤定的法令条文苛刻、妒忌前贤、不公正，但是仍然被很多人赞誉。有好几次汲黯在汉武帝面前谴责张汤说："作为正九卿，对上不能宣扬先帝的丰功伟绩，对下又不能抑制天下人罪恶的心，让国家安定，人民生活富有，使监狱没有犯人，只会纷纷更改高皇帝时的法律！你这样胡作非为，难道不怕会绝子绝孙？"张汤和汲黯经常在一起讨论法令，张汤的言论大都死板教条，条文深苛；汲黯则刚正不阿，一身浩然正气，不轻易屈服，有时怒气冲天，就骂道："天下人大都说刀笔吏做不到公正公平，果然说得好！张汤就是那个让天下人侧眼不敢正视、害怕得不敢前进的人。"

四年（丙辰，公元前 125 年）

冬季，汉武帝巡视甘泉。

夏季，匈奴攻入上郡、定襄、代郡，每地大约各有三万骑兵，掠夺大量金银财宝，杀死好几千人。

资治通鉴卷第十九　汉纪十一

起丁巳(公元前 124 年)，止壬戌(公元前 119 年)，共六年。

【题解】本卷记录了汉武帝刘彻元朔五年至元狩四年共六年间的历史。其中最主要记录了卫青、霍去病北伐匈奴。其次记录了淮南王、衡山王谋反被灭；记录了公孙弘封侯拜相与汉王朝实行尊儒活动；记录了桑弘羊等推行一系列经济措施；记录了酷吏张汤、甯成、王温舒为推行政策严刑峻法；记录了直臣汲黯继续批评武帝，名将李广以四千军士对阵匈奴四万部众，以及李广随卫青北伐失道自杀等等。

世宗孝武皇帝中之上

元朔五年(丁巳，公元前 124 年)

冬季，十一月，乙丑日，薛泽被罢免官职。公孙弘被任命为丞相，同时封为平津侯。

从公孙弘时期，丞相开始被封为侯。就在这时，汉武帝想要大展宏图，于是公孙弘开辟了东阁小门，以此来让有能力的人一起商讨国家大事。在上早朝的时候，一起讨论对国家有利的政事。汉武帝还让大臣中文学修养较高的人和延请进来的贤人论辩。公孙弘曾经奏报说："假如十个强盗拉开弓弩，即使是一百个官吏也不敢上前逮捕他们。所以请求禁止百姓携带弓弩，这对国家是非常有利的事情。"汉武帝于是让群臣讨论这个建议。侍中吾丘寿王说："臣听闻古代制作矛、戟、弓、剑、戈这五种兵器，是为了禁止暴力战争与邪恶的，而不是为了伤害他人。在秦统一了天下后，销毁了甲衣武器，折断了锋利的刀刃；后来百姓拿着马鞭大杖、耰锄相互打斗，仍然有很多犯法的人，直至有多到抓不完的盗贼，最后秦因为混乱而灭亡。因此圣王专注于感化教育民众，而减少法律禁令，因为他明白法律并不会起到作用。《礼记》中有：‘国君的世子出生时，要用蓬做的矢、桑做的弓来庆祝。’这正说明了男子长大后应该做的事。不论是圣上还是庶人百姓均有大射的礼节，这样的道理代代都一样。臣听闻圣王发扬教化是通过射礼，从没有听说过弓箭是禁止使用的。并且我们所要禁止的是盗贼用来为非作歹的行为；即使攻击他人掠夺财产是死罪，还是禁止不了，是因为这些犯案的恶人从来就不怕死刑，不打算躲避。臣担心的是官吏禁止不了恶人带着弓箭胡作非为，无辜的百姓们用弓箭自卫，却触犯了法令，这相当于特许盗贼发威，反而让百姓无法进行自救。臣自认为这样做是不正确的。”这份奏报给武帝阅后，武帝因此而责难公孙弘，公孙弘马上屈服并认识到错误。

公孙弘生性易猜忌，虽然表面宽厚，却心机深重。只要是那些曾经和公孙弘有过摩擦的人，不论远近亲疏，虽然表面上公孙弘跟他们友好，但最后还是会找机会报仇。董仲舒是一个清廉正直的人，认为公孙弘只会谄媚、阿谀奉承，因此公孙弘嫉恨他。胶西王刘端骄纵放肆，犯了好几次法，杀伤了很多二千石官吏。于是公孙弘故意推荐董仲舒做胶西王的宰相，董仲舒后因生病被免去该官职。汲黯常常诋毁文官，当面触犯公孙弘，于是公孙弘想设法除掉汲黯，对汉武帝进言：“在右内史管辖的区域中大多显贵的宗室、大臣，如果不用有重望的大臣很难治理，请求将汲黯迁为右内史。”汉武帝听从了公孙弘的建议。

春季，发生大旱。

匈奴右贤王数次侵扰朔方。汉武帝派车骑将军卫青率领三万骑兵由从高阙出发，任命卫尉苏建为游击将军，左内史李沮为高弩将军，太仆公孙贺为骑将军，代相李蔡为轻车将军，全部由车骑将军卫青统领，从朔方出发；大行李息、岸头侯张次公为将军，均由北平右侧出发；共十几万人，抗击匈奴。右贤王自认为汉兵距这边很远，不会很快到达，于是大肆喝酒，喝醉了。卫青等人的部队离开边塞六七百里，夜里就到了匈奴驻扎的地方，将右贤王包围。右贤王震惊，连夜逃走。只带数百名强壮的骑兵击溃包围圈向北方逃去。右贤王的裨将十几人被汉兵俘虏，俘虏共一万五千多人，家畜数百万头，于是将军卫青凯旋回朝。

到了边塞，汉武帝派使者拿着大将军的官印，任命卫青为大将军，管辖所有将领。夏季，四月，乙未日，卫青被加封八千七百户，同时他的三个儿子伉、不疑、登都被封为列侯。卫青一再推辞说："臣能够幸运地在行伍做到大将军，靠陛下的神灵，军队才能获得巨大的胜利。都是所有校尉竭尽全力战斗的功劳，臣已经得到了加封，臣的儿子还在襁褓之中，并没有为国家效力，圣上却割土封他们为三侯。这不是臣作为将领劝勉战士们奋力打仗的心意啊。"汉武帝说："朕并没有忘记其他校尉的功劳。"于是封都尉公孙敖为合骑侯，都尉韩说为龙额侯，公孙贺为南窌侯，李蔡为乐安侯，校尉李朔为涉轵侯，赵不虞为随成侯，公孙戎奴为从平侯，赐李沮、李息和校尉豆如意为关内侯。

于是，卫青所受的尊宠在大臣中没有人能超过，公卿以下的官员们都对他很谦卑，只有汲黯对他行平等礼节。有人劝说汲黯："圣上对大将军的封赏是要让官员们都在大将军之下，大将军地位尊贵，你怎么可以不对他下拜？"汲黯说："以大将军这样的身份，有宾客向他行揖礼而不拜，这样才能体现大将军礼贤下士，声望肯定会加重的。"听到这些话，大将军卫青更加欣赏汲黯，经常与汲黯讨论国家大事，对待汲黯比平时还要好。大将军虽然地位显贵，但在宫中伺候汉武帝时，汉武帝会坐在床边看着他，透露轻视的意思；丞相公孙弘在闲暇时间觐见汉武帝，有时候汉武帝会不戴帽子；但是在汲黯觐见时，汉武帝必然戴帽子见他。有次汲黯觐见送奏折，汉武帝坐在武帐中，没有戴帽子，一看见汲黯，慌忙躲进帐中，派人接受了汲黯的奏折。这就是汲黯所受到的尊敬礼遇。

夏季，六月，汉武帝颁布诏令说："我听说古人以乐劝化百姓，以礼引导百姓。现在已经没有了礼、乐的章法，朕非常不安。命令礼官勤勉学习，重拾礼乐，为天下人做榜样！”于是丞相公孙弘联合大臣们上奏：“希望圣上批准为博士官设置五十名弟子，让他们免掉赋役；区分出他们能力的高低，分别让他们担任文学、掌故、郎中，如果有非常优秀的人才，就上奏圣上。至于那些才不够从事学问的，就废除官位。此外，官员们中有可以掌握一种或以上才能的，请选拔他们，让其担任较高职位。”汉武帝听从了他们的建议。从此，大夫、公卿、官吏、士人中多了很多文学之士兵。

秋季，匈奴一万骑兵进攻代，杀死都尉朱英，掠夺了一千多民众。

起初，淮南王刘安喜欢读书作文，希望自己有一个好的声誉，招募了数千个宾客、术士。他臣属和宾客之中，很多是江淮那边轻浮的人士，经常用淮南厉王因迁徙而死的事来刺激他谋反。建元六年，彗星出现在空中，就有人对刘安说：“以前吴军谋反的时候，就有彗星出现，有数尺长的光，发生了血流成河的战争。现在天空都被彗星的光照亮了，天下将要发生大的战争了。”淮南王心里很赞同，就大力准备战争需要的装备，积攒金银钱币。

这时，郎中雷被得罪了淮南王太子迁，正赶上汉武帝命令想要从军的人前往长安，雷被就请愿要到长安从军以抗击匈奴。太子在淮南王面前说了雷被的坏话，雷被就被淮南王斥责了，并且没有被批准去长安从军，淮南王这么做是要警告后人，不能得罪太子。同年，雷被向长安逃亡，向汉武帝上书表明自己的心意。汉武帝命令廷尉处理这件事情，由于淮南王被牵连，公卿请求治淮南王的罪。淮南王太子迁打算派人穿卫士服，站在淮南王身边拿着武器，一旦汉使出言不逊，就杀掉他，进而发动军队造反。汉武帝派中尉宏到淮南王处了解情况，淮南王见中尉和颜悦色，就不打算发兵。公卿上奏说：“淮南王刘安阻止奋力抗击匈奴的人！不积极执行皇上的命令，按律应该斩首弃市。”为了惩戒淮南王，汉武帝下令削夺淮南王两个县的土地。

没过多久淮南王很难过地说："我施行仁政，却被削减土地。"觉得无比耻辱，因此加快地进行造反行动。

淮南王刘安和衡山王刘赐相互埋怨记恨，彼此不相容，疏远了礼节。衡山王刘赐听说淮南王计划叛变，担心被吞并，就广结善缘，打造造反需要的器具，认为由他发动军队平定江、淮之后，淮南以西的土地，就可以占为己有。衡山王的王后徐来在王的面前，说太子爽的坏话，衡山王准备废了太子爽，立太子爽的弟弟孝为太子。衡山王就把太子爽囚禁起来，孝却佩戴王印，王让孝接待宾客。前来的宾客暗地里知道衡山王、淮南王有造反的计划，就一直怂恿衡山王。于是衡山王命令孝的宾客江都人陈喜、枚赫制造金属的兵车、箭矢，准备好将相军吏等的印信，刻好天子符玺。秋天，衡山王在朝拜汉武帝时路过淮南；淮南王与他称兄道弟，于是两人冰释前嫌，结下联盟，为造反做准备。衡山王便上书给汉武帝，以生病为借口向汉武帝谢罪不能去朝拜，汉武帝赐书信允许他不朝拜。

六年(戊午，公元前 123 年)

春季，二月，大将军卫青从定襄发兵，向匈奴进攻；任命合骑侯公孙敖为中将军，太仆公孙贺为左将军，翕侯赵信为前将军，卫尉苏建为右将军，郎中令李广为后将军，左内史李沮为强弩将军，都归属大将军指挥；在斩杀好几千敌人后归还，在定襄、雁门、云中整顿军队。

大赦天下。

夏季，四月，六将军由卫青带领从定襄出发，再次进攻匈奴，杀死俘虏敌人数万人。右将军苏建、前将军赵信大约三千多骑兵与单于的军队偶遇，苦战一天多，汉军差不多死完了。赵信曾经是胡人的小王，向汉朝投降，被封为翕侯，此时他打败仗了，匈奴引诱他投降，他就率领大约八百名残兵败将投降匈奴。苏建的军队全部阵亡，只剩他自己脱身，回到了大将军兵营。

议郎周霸说："大将军自发兵以来，从来没有杀过败将。现苏建独活，应当杀死，以此来彰显将军的威信。”军正闳、长史安说：“这样做是不对的。《兵法》说：‘自己弱小但坚持战斗，仍旧会被强大的敌人擒获。’苏建以数以千计的骑兵抵抗单于万数的军队，苦战一天多，士兵都死了，仍然没有投降的心思，一个人回来，如果杀了他，意味着以后打了败仗就不用再回来了，因此不该斩杀。”大将军卫青说：“我能够因和圣上关系密切而带兵为将，不必担心没有威信，周霸劝我要彰显威信，不符合为人臣子的心理。并且按大臣的责任即使有权弑将，大臣却因受到圣上的荣宠，不敢在境外随意取人性命，不如将这件事上报圣上，让圣上自己决断，从而表示为人臣子的不敢独断专行，如此不是更好吗？”官吏都说：“好！”就囚禁苏建，并带到汉武帝所在的地方。

起初，平阳县吏霍仲孺，在平阳侯家任职，和卫青的姐姐卫少儿私通，有了霍去病。十八岁时，霍去病担任侍中，善骑马射箭，又跟着大将军卫青攻打匈奴，担任票姚校尉一职，与轻骑八百人，在距大军几百里的地方，前去寻找战机，斩杀捕捉了比自己伤亡数还要多很多的敌人。于是汉武帝说：“票姚校尉霍去病斩杀两千多敌人，俘虏了匈奴相国、当户，杀死单于祖父辈藉若侯产，活捉了叔父罗姑，功劳再一次在诸将尉之首，因此任命霍去病为冠军侯。上谷太守郝贤第四次跟随大将军，抓捕杀死两千多敌人，封郝贤为众利侯。”

同年，有两位将军折损，翕侯的部队也全部阵亡，没有太多功劳，因此不再加封大将军，只赏赐千金。右将军苏建被带到汉武帝面前，汉武帝没有斩杀他，废为庶人来赎罪。

单于降得翕侯赵信后，将他封为自次王，让自己的姐姐嫁给他，并且和他一起计划进攻汉朝的事情。赵信建议单于越过更北的沙漠，以此来引诱汉军，让汉军疲惫不堪，待汉军极为困乏的时候进攻，别向边塞靠近。单于认同赵信的计策。

此时，汉朝每年会招募数十万士兵去攻打胡人，汉武帝对斩杀或捕捉敌人的人赏赐的黄金有二十几万斤，而战死的汉军士兵战马有十几万，因水陆转运武器盔甲的花费还不算在这里面。因此大司农的财政紧张，用来供养战士都不够。六月，汉武帝下诏允许百姓买官职，也可以拿钱来抵罪，如果想要免罪或减罪，用钱可以求得减免。设立奖赏的官职，称武功爵，买一级便得十七万钱，总值三十几万金。如果买高到千夫的武功爵，便可以优先当官。于是官吏之道变得纷繁复杂，官职也没有规矩了。

元狩元年（己未，公元前122年）

冬季，十月，汉武帝在雍地巡行，五畤祭祀时，碰巧捕捉到一只野兽，有一支角，每个脚上有五个蹄。有关官员说："皇上您虔诚地祭祀，上天为了报答您，赐一角兽与皇上，应该是麟。"于是在五畤欢庆，专门在祭祀时加一只牛，用来烧烤。过了一会儿，有关官员又说："帝王应该用上天所降的祥瑞为年号，不该用一、二、三……记录，第一个年号是'建'，第二个年号为长星的缘由用'光'，当今的年号因为在郊祭获得一角兽就设为'狩'吧。"因此济北王认为汉武帝要封禅，献出泰山和附近的县邑给汉武帝；汉武帝用其余的县邑作为补偿。

淮南王刘安和宾客左吴等人昼夜计划着造反的事情，根据地图来部署部队进攻长安的路线。使者从长安回来，骗他说："皇上膝下无子，汉朝的政治是办不好的。"他就很开心；假如说："汉朝的政治做得不错，皇上也有儿子。"淮南王就会非常生气，认为使者没有说真话，所述并非事实。

淮南王召来中郎伍被商量造反的事。伍被说道："作为淮南王，这种亡国的话怎么说得出来呢？看来王宫中已经一派荆棘满生，露水沾衣的衰败气象了！"淮南王非常生气，就把伍被的父母抓起来。过了三个月，又召见伍被问他那件事，伍被说："以前秦朝无道，非常奢侈，尽做些暴虐的事情，百姓十家中有六七家想要造反。在战争中高皇帝以行伍出身，却被拥护为天子，这就是常人说的'利用对方不利趁机打击'，高皇帝就是在秦人失败的时候起事的。大王只看到高皇帝轻松取得天下，怎能不看看近代的吴、楚失败的事情呢！吴王管辖四郡，国家富裕，人口很多，制订好了计划，就派遣军队向西，在大梁的时候被击败了，向东逃跑，最后死掉了，也断绝了子孙的祭祀，为什么？是因为他违背天理不懂把握时机。如今大王的军队，士兵数量连以前吴、楚的十分之一都不到，现在天下太平，又于吴、楚的一万倍之时，大王坚持要造反，不听臣的意见，臣可以看到大王将舍弃千乘的地位，被圣上赐死，在朝堂上死在东宫了。”淮南王起身，听得泪流满面。

淮南王有一个庶子叫作刘不害，年龄最大，不被淮南王喜欢，王后、太子也不将他看作儿子、兄长。不害的一个儿子建，有很高的才能并且英武，对太子怀恨在心，暗地里派人告密，说太子企图谋害朝廷中尉，廷尉便治太子的罪。

淮南王很担心太子，想要造反，又问伍被说：“以前吴国发动军队造反，你觉得是对还是错？”伍被说：“是错的。臣听闻吴王很后悔，希望您别做吴王后悔做过的事。”淮南王说：“吴王不知道如何造反！他竟然一天之内让四十几个汉将通过成皋，现在我切断成皋的入口，占据三川险地，让山东的部队过来，如此完美地做事，左吴、朱骄如、赵贤都认为有很大的希望成功，你却偏偏说只有灾难没有好运，为什么？照你所说，是不可能侥幸成功了？”伍被说：“必须要造反的话，臣有个愚蠢的主意。现在诸侯已没有造反的想法，百姓也没有怨声载道。您可以假冒丞相、御史上奏，请求把郡国富裕的人们、豪杰派遣到朔方，然后多派甲兵，催他们快点起身；再假造诏书，让受宠的大臣、诸侯太子入狱；这样就会引起民怨，使诸侯的内心恐惧，再派说客游说他们，如此便可有十分之一的希望成功！”淮南王说：“可以这样做。不过，我觉得不用这么费事。”

于是淮南王着手制造皇帝玉玺，同时制作了丞相、将军、御史大夫、中二千石、军吏、周边的都尉、郡太守等人的印信和汉使者所用的符节。打算派人装作得罪了淮南王向京师逃亡，一旦大将军发动军队，就马上杀死他。并且说：“汉廷的大臣中，只有汲黯是敢于谏言，舍生取义的人，很难被不正当的事迷惑，游说丞相公孙弘他们，就好像拿下覆盖的东西，使枯叶掉下一样简单！”

淮南王想招募国中的士兵，但恐怕宰相、二千石的官吏不接受，便与伍被商量，先杀掉宰相、二千石官吏。再派人穿着捕盗的士兵的衣服，从东方手持军令高呼：“南越兵攻入边界了！”准备利用此机会造反。

这时正赶上廷尉因雷被的事捉拿了淮南太子，淮南王知道后，便与太子商量，把宰相、二千石的官吏召来杀掉，以此发动军队造反。宰相到了，中尉、内史都没有到。淮南王心想只杀宰相没什么效果，就放了宰相。由于淮南王一直在纠结该不该造反。太子便自刎，但没死。

伍被请求见执法的官吏，把淮南王谋反的事报告给了官吏。于是官吏捉拿淮南王、太子和王后，将王宫包围，搜捕了准备和淮南王造反的仍然留在国内的全部宾客，搜到了造反的证据，上报汉武帝。汉武帝命令公卿搜捕淮南王的共犯，派掌管亲属的宗正用自己的手谕将淮南王治罪。淮南王在宗正还没到的时候就自杀了。太子迁、王后荼和所有谋反的人都被灭族。

汉武帝认为伍被平时经常赞美汉朝，不想杀他。廷尉张汤说：“伍被是第一个替淮南王计划造反的人，他不可以被赦免。”便赐死伍被。侍中庄助向来与淮南王交情好，私底下曾和淮南王一起商讨过造反的事情，也被优厚地贿赂过。汉武帝不想杀庄助，但张汤力辩，认为：“庄助是皇上的心腹，出入宫禁门户，在外却和诸侯私交甚好，如果不杀他，以后怕就不好执法了。”于是庄助被判杀头弃市。

衡山王刘赐上奏给朝廷，请求废除太子刘爽，另立刘爽的弟弟刘孝为太子。太子爽听到消息以后，立即派遣亲信白嬴到长安上书朝廷，说“刘孝私自制造兵车、金属的箭矢，与王的姬妾通奸”，想要破坏衡山王立刘孝为太子的计划，刚好主管部门逮捕了所有和淮南王一起计划造反的人，在衡山王儿子孝的家中捉到了陈喜，官吏弹劾刘孝是藏匿陈喜的首犯。刘孝听说“律法规定：自己先行自首的，可以免除罪责”，他以为是真的，就先主动地告诉朝廷和他一起谋反的枚赫、陈喜等人。公卿奏请汉武帝逮捕衡山王治罪，衡山王因此自刎而死。王后徐来、太子爽及刘孝等人被当众斩首，所有一起参与谋反计划的人一律灭族。

总计淮南、衡山两个案件，被牵连延伸的列侯、二千石官吏、豪杰等，死亡的有几万人。

夏季，四月，大赦天下。

丁卯日（二十一日），汉武帝立儿子刘据为太子，年仅七岁。

五月，乙巳晦日（三十日），发生日食。

匈奴一万人进入上谷，杀死数百人。

起初，张骞从月氏返回汉朝，详细地向汉武帝报告西域各个国家的风俗：“大宛在汉的正西边，差不多有一万里远。当地百姓定居，耕种田地；有很多擅长奔跑的马，马汗像血一样红；有城郭和房屋里居住，跟中国一样。大宛的东北是乌孙，东面是于窴，于窴的西面，水向西流，流入西海，东边水流注入盐泽。盐泽一带的河流在地下流走，往南就是黄河的根源所在。盐泽距离长安差不多有五千里远。匈奴西边的边界在盐泽的东面，一直延伸到陇西的长城，南方和羌人接壤，将我国通往西域的道路隔断。乌孙、康居、奄蔡和大月氏都是游牧国家，跟随着放牧牲畜的水草居住，跟匈奴风俗一样。大夏位于大宛西南方，其风俗跟大宛风俗一样。臣在大夏时，曾经看到邛都邛山出产的竹杖和蜀地的细布，臣问他们：‘从哪里弄来的这些东西？’大夏国的百姓说：‘我们国家的商人去身毒买来的。’身毒位于大夏东南几千里之外，当地的风俗是定居，和大夏一样。根据我的猜想，大夏离我国有一万二千里，位于汉的西南方；现在身毒国又位于大夏东南几千里，当地有我国蜀地的东西，所以身毒距离蜀地应该不是很远。如今派使者出使大夏，从羌国境内经过，地形险恶，羌人又讨厌；稍微往北走一点，又会被匈奴人抓走；如果从蜀地前往大夏，道路应该很平直，又没有强盗侵扰。”

汉武帝听到大宛及大夏、安息之类的国家，都是大国，有很多奇异的物品，人民定居，和中国人的生活非常一致，但国力薄弱，很喜欢汉朝的财物。北面大月氏、康居之类的国家，兵力较强盛，但是可以用财物贿赂，引诱他们入汉廷朝拜。如果能够不通过战争让他们归附，那么我国的疆域就可扩大一万里，通过重重的翻译，引来不同习俗的国家来朝拜，中国的恩威德泽将遍布四海之外，汉武帝欣然同意，觉得张骞说得都很对。就命令张骞从蜀、犍为等地，征召使者王然于数人，一共分四条路同时出发，一条从駹出发，一条从冉出发，一条从徙出发，一条从邛、僰出发，目标都是身毒国，每条路都走了一二千里，北方被氐、筰所阻挠，南方被巂、昆明所阻挡，都不能前进。昆明一带没有君长领导，百姓有很多都是盗匪，经常劫杀汉的使者，所以这些路始终没有人打通。但是汉朝因为寻找前往身毒的道路，才把通向滇国的道路打通。滇王当羌问汉朝使者：“汉和我相比，哪国比较大？”后来夜郎侯也这样问汉朝使者。以往因为道路堵塞，所以各自独霸一州为王，不知道汉朝土地的广大。使者回国后，不断地夸滇是个大国，可以想办法让滇国依附汉朝。汉武帝也留意起来，又进行西南夷地区的经略了。

二年（庚申，公元前 121 年）

冬季，十月，汉武帝巡查到雍，祭祀五帝。

三月，戊寅日，平津献侯公孙弘逝世。壬辰日，汉武帝任命御史大夫乐安侯李蔡为丞相，廷尉张汤为御史大夫。

任命霍去病为骠骑将军，率领一万名骑兵从陇西出发，进击匈奴，经历了五个王国，辗转作战了六天，越过焉支山千余里，斩杀了折兰王和卢侯王，俘虏了浑邪王的儿子以及相国、都尉，俘获和斩杀的敌人有八千九百多人，夺得休屠王祭天用的金人像。汉武帝下诏书加封霍去病二千户。

夏季，霍去病又与合骑侯公孙敖率领几万名骑兵同时从北地出发，分两路进攻匈奴。卫尉张骞、郎中李广也同时从右北平出发，分路进击。李广率领四千名骑兵为先锋，差不多走了几百里远，张骞率领一万骑兵殿后。匈奴左贤王率领四万骑兵将李广包围，李广的军吏士卒都很恐惧；李广就命令自己的儿子李敢独自率领几十名骑士，飞马直穿胡人的骑兵队伍，再分别从左右两边回还军营，向李广汇报说："匈奴兵很容易对付！"军吏士卒内心情绪才安定下来。李广命令部下将士布成圆形战阵，阵势向外，胡人赶忙加以射击，箭如雨下，汉兵死亡过半，箭也快要用尽了。李广就下令士卒拉满弓但不要发射，而他自己用大黄（连弩之名）射击匈奴将领，一连杀死好几个人，胡人的攻势更加溃败消解了。此时已是日暮时分，军吏士卒都吓得面无人色，唯有李广的心意精神依然不变，更加紧整顿行伍战阵，军中士卒都钦佩他的勇气。隔日，汉军再度拼命激战，死亡的吏卒过半，但所杀的匈奴士卒，人数也超过自己的损失。这时，正好博望侯的大军也赶到了，匈奴的军队才撤离。汉军非常疲倦，不能从后追击，只好撤兵。根据汉朝律法：博望侯因为迟到误了会兵的时机，应当处死，赎身后贬为平民。李广的军队功过相抵，没有封赏。而骠骑将军霍去病深入匈奴地区二千余里，与合骑侯公孙敖失去联系，不能互相救援。骠骑将军越过居延，经过小月氏，到达祁连山，俘虏单桓、酋涂王，相国、都尉也率领二千五百人投降，斩杀对方三万二百人，俘获裨小王七十余人。汉武帝又加封霍去病五千户，封他有功的部下鹰击司马赵破奴为从票侯，校尉高不识为宜冠侯，校尉仆多为煇渠侯。合骑侯公孙敖因为在路途逗留，不和骠骑将军会兵，按律法当斩杀，赎身后贬为平民。

当时，资质老的将领们所率领的士、马、兵全都比不上骠骑将军，骠骑将军所率领的经常是经过精挑细选的骁锐，但骠骑将军也敢于深入匈奴腹地，他常常与雄壮的骑士走在大部队的前面；他的军队也是非常幸运，从来没有陷入过困境。而老将们常常迟留落在后面，没有遇到敌人，因此骠骑越来越尊贵，和大将军卫青差不多了。

匈奴侵入代、雁门等地，杀死数百人。

江都王刘建和他的父亲易王所宠幸的淖姬等人以及妹妹征臣通奸。有一次，刘建到雷陂游玩，刮起了大风，刘建派遣两个郎官乘坐小船进入雷陂的水塘里，船翻覆了，两个郎官落在水里，用手抓着船沿，在水里忽隐忽现，刘建在水边观看，高兴得大笑，下令不可以援救，结果两个郎官都被淹死了，总共杀死三十五个无辜的人，专肆做一些淫乐残暴的事情。他自己知道犯的罪很多，担心被杀，就跟王后成光一起命令懂巫术的越女，用巫术求神降临，请神加灾殃给汉武帝。又听到淮南王、衡山王有反叛的阴谋，他也制造兵器，假刻了皇帝的玉玺，做好了谋反的工具。后来事情败露，主管官员奏请拘捕斩杀；刘建自杀，王后成光等人都被判斩杀弃市之罪，封国被取消。

胶东康王刘寄去世。

秋季，匈奴浑邪王投降汉朝。之前住在西面的匈奴浑邪王、休屠王被汉朝所杀和俘虏的人有几万，单于非常生气，要召回他们，把他们两人都杀掉。浑邪王和休屠王都很担心，计划投降汉朝，先派遣使者去边境，要汉人跟汉武帝报告他们的心意。此时，大行李息正率领士卒在黄河边筑城，遇到了浑邪王的使者以后，用快马驿快速向汉武帝报告。汉武帝得到消息后，担心浑邪王是诈降，真正目的是偷袭边境，于是下令骠骑将军霍去病派兵前往迎接。休屠王后悔投降，浑邪王将他杀掉，吞并了他的部下。骠骑将军霍去病渡过黄河以后，和浑邪王的部队彼此相望。浑邪王的部下看到汉朝军队以后，有很多人不想投降，逃跑的人很多。骠骑将军霍去病飞马进入到匈奴军营之中，才见到浑邪王，把想要逃亡的八千人都杀掉，就单独派遣浑邪王一个人乘着传车到了汉武帝的居住地，率领浑邪王的部下全部渡过黄河。投降的匈奴士卒有四万多人，号称十万。到了长安以后，汉武帝赏赐给他的有好几十万钱物；赐浑邪王食邑一万户，封为漯阴侯，封浑邪王的部下呼毒尼等四个人为列侯。又加封骠骑将军霍去病一千七百户。

在浑邪王投降的时候，汉武帝征收两万辆车去迎接，由于县官没钱，只好赊欠百姓来买马，百姓有的把马藏起来，一次收不到足够的马。汉武帝非常生气，要赐死长安令，右内史汲黯说："长安令并没有犯罪，臣黯被斩杀，百姓才会把马交出来。再说匈奴投降汉朝背叛他们的君主，我们只用让所经过的诸县，依次用传车把投降的匈奴人慢慢地送来就好了，怎么能惊扰天下百姓，弄得国家疲惫不堪，去为匈奴做事呢!"汉武帝不语。过了不久，浑邪王抵达长安，与浑邪王有交易的人，共有五百人按律当死，汲黯在高门殿请求谒见汉武帝，对汉武帝说："匈奴向我们进攻，阻挡交通要道，拒绝和中国和亲，我们派兵攻打匈奴，受伤死亡的国民数不胜数，以数百万计算费用。臣建议陛下让被捉到的胡人做那些从军死于战事的家属的奴婢，收缴的钱财也赐予这些家属，对百姓的苦难谢罪，也顺应了百姓的心意。如今不仅没有做到，浑邪率领大军投降，给予他们的赏赐多到使国库空虚，还要让善良百姓侍奉他们，就像纵容孩子一样，百姓怎能晓得和匈奴人在长安做生意，会被执法的官吏以随便携带财物出关治罪呢! 圣上不仅不用匈奴的财产向痛苦的百姓们谢罪，还用苛刻的法令杀害五百多无知的人，所谓'为保护叶子而伤害枝条' 便是如此，陛下这样做臣私底下认为不应该。"圣上默然不许，说："我很久没有听汲黯说过这样的话了，现在他又在胡乱评论了!"

没过多久，就遣散投降的匈奴人在沿边的五郡故塞外面居住，因为都在黄河以南，就允许他们保留本国风俗，但隶属于汉。而从金城河以西，傍着南山延续到盐泽，没有匈奴，有时会有侦查的匈奴前来，不过非常少。

休屠王太子日磾和母亲阏氏、弟弟伦都在官府为奴婢，在黄门养马。时间过了很久，有一次汉武帝在游玩时看马，妃嫔立在两边，日磾等十几人牵着马经过宫殿时，没有不偷看的，轮到日磾，他却不敢看。日磾身长八尺二寸，长得威严，养马养得壮硕。汉武帝觉得奇怪，便询问他的身世，日磾仔细地奏报自己的身世。汉武帝更加觉得奇怪，当天就赐他汤水沐浴、整饰衣冠，让他当马监，后又迁侍中、驸马都尉、光禄大夫。日磾获得汉武帝荣宠后，从不做错事。汉武帝很亲信他，累积了千金之多的赏赐，每当汉武帝外出，他一定在车左右侍奉，连在宫廷内都在汉武帝身边侍候。皇亲贵胄们私下抱怨："圣上偶然得到一个胡人小儿，却对他这么宠幸。"汉武帝听到了，却更加宠爱日磾。由于休屠人做金人来祭祀天神，所以赐日磾的姓氏为金。

三年（辛酉，公元前120年）

春季，有彗星出现在东方。

夏季，五月，大赦天下。

在淮南王谋划造反时，胶东康王刘寄听到一些造反的事情，私底下也为战争防守做准备。后来官吏在处理淮南王造反的事时，胶东王被牵连。王夫人是胶东王刘寄的母亲，也是皇太后的妹妹，与汉武帝最亲密，她心里非常难过，以至于生病死亡，不敢立康王的后代为胶东王。听到这些消息，汉武帝心里很是同情，便封胶东康王刘寄的长子刘贤为胶东王；同时封他喜爱的小儿子刘庆为六安王，管辖衡山王以前的土地。

秋季，匈奴入住右北平、定襄，在每个地方都有骑兵数万名，杀死数千人。

山东发生大水灾，百姓都饥饿难耐。汉武帝派使者发放郡国仓库的所有粮食，还是不够，同时劝说富人、百姓、官吏能够借钱给灾民的，可以将姓名上报汉武帝；但还是不够救急，就遣散灾民到关以西的地方，来充实朔方以南的新秦中的人口，总共七十几万人，由县官提供衣食，前几年提供给百姓田产家业。汉武帝的使者分开监督，相互往来。消耗了以亿计算的费用，数不胜数。

汉朝得到浑邪王领地后，陇西、北地、上郡便很少被匈奴侵扰了，汉武帝就下令减少戍边战士的一半，来减少百姓的徭役。

汉武帝想要讨伐昆明，由于昆明有个三百里见方的滇池，于是，挖昆明池供士兵练习水上作战。这时，法令更加严苛，很多官吏由此被废官。由于经常发生战争，又有许多百姓买到五大夫和免徭役的权利，于是很少有能服徭役的人了。于是任命五大夫、千夫为官吏，如果不愿就任就出马。但凡失职的官吏，便都在上林苑砍荆棘，挖昆明池。

同年，在渥洼水中得到了神马。汉武帝设立乐府，派司马相如等人作诗，任命宦者李延年为协律都尉，佩挂二千石官阶的印信。作诗与琴弦配合，造出符合八音的曲调。所创作的诗大都比较雅正，仅仅掌握一经的人，是不能懂得歌词大意的，一定要接受《五经》的专家教授，才能通透。得到神马后，便编成以神马为题材的诗加以传唱。汲黯劝说道："凡是圣明的君王制作乐章，往上应该是赞扬继承祖先的德业，往下应该是为了教化人民，而如今陛下获得一匹神马，就要作诗拿来歌唱，在宗庙中协律唱出，先帝和百姓怎么会知道诗歌的内容是什么呢?"汉武帝听了不说话，很不开心。

汉武帝招揽士大夫很积极，好像常常怕人才不够；但是因为个性严厉刻薄，群臣中，尽管平日都是汉武帝宠爱信任的人，偶然犯了一点小过错，或发现有欺罔之罪，往往立即按法诛杀，不会有所宽恕。汲黯因为这劝汉武帝说："陛下寻求人才那么辛苦，还没完全发挥他的作用，就已经把他杀了。用有限的人才，供应陛下无穷尽的诛杀，臣担心天底下的贤才将要因此丧尽，那么陛下能够和谁一同治理国家呢!"汲黯说这番话时表现得很愤怒，武帝却笑着解释说："什么时候都不会没有人才，只是担心没有人能发掘罢了。如果善于发现，又何必担忧没有人才！那些所谓的人才，就像有用的器物一样，有才能但是又不能够全部施展，和没有才干一样，我不杀的话还能做什么!"汲黯道："臣虽然无法用言辞把陛下说服，但是在心里还是觉得陛下说得不对，我希望陛下从今往后能加以改正，不要觉得我是愚蠢不懂道理。"武帝回头看看周围的群臣说："如果汲黯自己说自己是阿谀的小人，那是不对的，但自己说自己愚笨，难道不是这样吗!"

四年(壬戌,公元前119年)

冬天,主管官员上奏道:“县官经费匮乏,而豪富的大商人冶金铸币、煮海水为食盐,家里的积蓄累积到万金,却不肯资助国家的紧急需求,所以请皇上变更钱币来充足费用,并且打击那些浮华奸邪和吞并别人财产的人。”当时,禁苑中有一种白鹿,而少府存有很多的银、锡,于是就用一尺见方的白鹿皮,四边绣上五彩花纹,称之为皮币,价值四十万钱。王侯、皇族在朝觐聘享的时候,必须要用皮币加上玉璧,这样才可以通行无碍。又把银、锡制造成白金,分为三等:大的为圆形,龙作为图案,价值是三千;其次是方形,马作为图案,价值为五百;小的是椭圆形,龟作为图案,价值是三百。又下令地方县官把半两钱销毁,改为铸造三铢钱,凡是私自铸造各种钱币的人一律判死罪。但是官吏和百姓私自铸白金的人仍然数不胜数。

因此汉武帝任命东郭咸阳和孔僅为大农丞,主要负责盐、铁的事务;桑弘羊以擅长计算而被重用。东郭咸阳本来是齐国最大的煮盐商人,而孔僅是南阳的大冶炼商,二人都集聚了千金的财产;桑弘羊为洛阳商人的儿子,他精于心算,年仅十三岁就做侍中。三个人商讨财务的经营都能剖析细微。

汉武帝颁发诏令给百姓,凡是私自铸造铁器和煮海水为盐的人,就受钳左脚之刑,没收器具。公卿大臣又奏请汉武帝下令给工商业者,让他们各自估计上报自己财物有多少,大抵二千钱纳税一算(百二十钱);凡是百姓中有小型马车或者五丈长以上船只的,也都要征算。凡是隐藏财物不呈报的,或者呈报不真实的,都罚戍守边塞一年,没收缗钱入官。能够告发别人藏匿财物不报,或者上报不真实的人,就把没收的钱的一半给告发的人。这些法令大部分出自张汤的设计。张汤每一次上朝奏报政事,奏报国家财用情况都到很晚,天子也因此忘记了吃饭。这时,丞相只不过是充数而已,天下的政事都由张汤决策。百姓受到骚扰,不能过安定的生活,内心都怨恨张汤。

起初,河南人卜式屡次请求捐赠财物给朝廷,用来援助边境的防务，汉武帝就派使者去问卜式："你是想当官吗？"卜式回答说道："臣小时候就种田牧羊，不懂做官的规矩，臣不想做官。"使者又问他说："你的家里是不是有什么冤情，想要说清楚实情？"卜式说："臣一生和别人没有纠纷，乡里人中贫困的，臣就借给他钱，为非作歹的人，臣就教导他，臣所居住的地方人们都跟从臣，臣又怎么会被别人所冤枉呢！没有什么事想要说清楚的。"使者说："若是这样的话，你这么做到底是为了什么？"卜式说："天子征讨匈奴，按照臣的看法，有才能的人就应该战死边境以全臣节，有钱的人应该拿出积蓄，只有这样做匈奴才能被消灭。"汉武帝因此认为卜式是贤者，打算让他地位尊贵，以劝勉百姓，因此就把卜式召到京城，任命他为中郎，赐给他左庶长的爵位，赏给他十顷的土地，并且宣告天下，让天底下的百姓都能够清楚地知道卜式的为人。没过多久，卜式又升迁为齐国太傅。

春季，在长安东北天空有彗星出现。夏季，在长安西北天空出现长星。

汉武帝与各个将领商议说："翕侯赵信为单于出谋划策，常常以为我国军队不能够度过大沙漠，就算到了匈奴也不能久留，现在我们就大举征召士卒，一定要达到我们的目的。"于是就用粟养十万匹战马，命令大将军卫青、骠骑将军霍去病各自率领骑兵五万，另外私人驮运衣物和跟随的马有四万匹，运送辎重车辆的步兵有好几十万人，紧跟在大军后面，而那些敢于力战到底深入敌军的骑士，都由骠骑将军掌管。骠骑将军先要从定襄率兵出发，以抵挡单于；从俘虏的敌人口中得知单于在东方，于是改令骠骑将军自代郡出发，命令大将军卫青自定襄出塞。郎中令李广屡次请求随军出征，天子觉得他年纪太大，不准；过了很长时间，才允许，任命李广为前将军。太仆公孙贺被任命为左将军，主爵都尉赵食其被任命为右将军，平阳侯曹襄被任命为后将军，都归大将军卫青所管。赵信为单于谋划说："汉兵横穿大漠后，人马必然都很疲惫，我们可以坐等俘虏敌军。"于是单于把自己全部辎重带到北方更远的地方，命令精锐的部队在沙漠以北等候汉军的到来。

大将军卫青出边塞之后，自俘虏的口中知道了单于所住的地方，就亲自率领精兵前往出击，而命前将军李广与右将军的队伍合并，由东路进军。李广知道东路绕远并且水草也少，他自己主动向大将军卫青请求说："我的任务是前将军，但是现在大将军却要命令臣从东路出发。况且臣自幼就与匈奴作战，到现在才有机会正面抵挡单于，所以臣愿意率兵在前，先与单于死战。"大将军卫青曾经暗中接受了武帝的告诫，说"李广年已老大，而且命运也不好，不要让他与单于正面作战，恐怕他不能完成擒获单于的任务"。而公孙敖不久前失去侯位，大将军卫青想让公孙敖和他一起抵挡单于，让公孙敖作战立功得回侯位，所以下令前将军李广的军队走东路。李广得知内情后，坚决地向大将军卫青推辞，但大将军卫青不接受。李广没有告辞便起身离开，心里非常恼火。

大将军卫青出塞有一千多里远，横穿大漠，看见单于的军队排好列阵在等待。于是大将军卫青下令战车环绕一周连接在一起，作为营垒，然后率领五千骑兵攻击匈奴，匈奴也放出差不多一万骑兵与汉军相抵抗。恰好那时太阳将要落山，狂风吹起，沙砾扑打在士兵的脸上，两方的士兵都不能分辨对方，汉增派左右两翼的军队包围单于。单于见汉兵人多，而且士兵马匹都很强，估计自己不能打过汉兵，就乘坐六匹健骡所拉的车子，率领数百名精壮的骑兵，径直冲破汉朝的包围，向西北方向飞奔逃去。这时已经是黄昏时分，汉军和匈奴的士兵仍然在混乱地搏杀，双方损失的人数大抵相当。汉军左校抓到的匈奴俘虏说，单于在黄昏之前已逃离了，于是汉军就派轻疾的骑兵连夜追击，大将军率领的军队紧随其后，匈奴士兵也四散逃走。将近天亮的时候，汉军共追了二百多里，没有捉到单于，擒获和斩杀的匈奴军有一万九千人，而大军到窴颜山赵信城后，夺得匈奴囤积的粮食让士兵吃饱，在此地停留了一天，然后把赵信城剩余的所有粮食烧毁才走。

前将军李广和右将军食其的军队因为没有向导，在沙漠中迷失了道路，落到了大将军卫青后面，没赶上和单于会战。直到大将军卫青引兵回来，经过沙漠南部时才遇到两位将军。大将军派长史责问李广和赵食其迷路的情形，并紧急命令李广到幕府去受审对证。李广说："是我自己迷失道路，所有校尉都没有过错，我自己现在就到幕府去接受审问。"李广对部下说："本将军从束发初冠开始，便和匈奴打仗，大小合在一起共有七十余次，现在能侥幸地能追随大将军出发攻击匈奴单于的军队，但是大将军改调我的任务，让我绕远道前进，又迷失了道路，这难道不是天意吗！况且我已六十高龄，终不能再和那舞弄笔墨的书吏打交道啊！"就拿刀自杀而死。李广为人廉洁，得到天子赏赐时往往分送给部下，和士卒一起吃喝，做二千石的官四十几年，家里仍然没有多余的财产。他的手臂像猿猴一样，擅长射箭，估计射不中的话就不放箭。他率领的军队，在缺水缺粮的地方，看见了水，士兵们不先喝够，他绝不靠近水，士卒不先吃饱，他绝不吃食物。士卒因此敬爱他，乐于为他所用。百姓听到消息后，不管年老年壮，也不分认识与否，都为李广痛哭，就连整个军队也毫不例外。右将军食其被交给执法的官吏治理，被判死刑，赎身后废为庶人。

单于逃走时，单于士兵中很多人混杂在汉军中想要追随单于，却很久不能会合。右谷蠡王都认为单于死了，便自立成单于。过了数十天，原来的单于找到他的部队，这时右谷蠡王才肯抛弃单于名号。

骠骑将军霍去病的骑兵、辎重车、兵车和大将军卫青都相等，却无裨将，李敢等人就全部担任大校，类似于裨将，由代、右北平开始出发深入二千多里，穿过了沙漠，偶遇匈奴左方军队，抓捕了韩王、屯头王等三个人，当户、都尉、相国、将军八十三人，在封禅姑衍、狼居胥山，穿过沙漠，一共俘获七万四百四十三个敌人。汉武帝以五千八百户奖励骠骑将军，继续奖励骠骑将军下属右北平、太守路博德等四人担任列侯，把三百户奖励给从票侯破奴等两人，封校尉李敢为关内侯，二百户食邑。受赏赐和封为官的有很多人。可是大将军卫青没能加封，部下没有被封为侯的。

匈奴被两军出塞进攻，在边塞检阅时私人和官家马匹一共高达十四万，返回到边塞时只剩下不过三万匹。

汉武帝增加了大司马的官位，骠骑将军霍去病、大将军卫青都被封为大司马，并且颁布法令，让大将军和骠骑将军的官位俸禄一样。从这之后，大将军卫青的权势日益衰退，而骠骑将军霍去病却日益尊贵。大将军卫青以前的宾客、门下士有许多转去侍奉骠骑将军霍去病的，都能得到官职爵位，唯独任安不愿意这样做。

霍去病为人寡言沉稳，不外泄机密，敢作敢当，有胆气。汉武帝曾经想要教他学习孙子、吴起兵法，他回答道："打仗作战只看对付敌人的策略方法怎样罢了，用不着学习古代的兵法。"汉武帝为他修建府第，要他去观看，他说："还没有消灭匈奴，没有心思顾虑家里的事！"因此，汉武帝更加敬重宠爱他。但是因为他从小就身份尊贵，不懂怜恤士卒，他率军出征时，汉武帝为他派遣掌管膳食的太官，装了几十车的食物跟随服侍他；等到班师返回时，辎重车中装满剩下来的粮食和肉食，而士卒却有人挨饿受饥；他在塞外的时候，士卒因为缺少粮食而饿得连站起来都不行了，可是霍去病本人却还在修建蹋鞠的地方。霍去病做的事像这一类还有很多很多。但是大将军卫青为人很慈爱，尊重士子，礼让谦退，以温柔谦和的性格博取汉武帝的喜爱。二人的心志操节大概就是这样的。

这个时候，汉朝俘虏和所杀的匈奴人数总共有八九万人，但是汉朝士兵死亡的人数也有好几万。从这以后匈奴逃遁远离边塞，而沙漠以南的地方再也没有匈奴的王朝了。汉军渡过了黄河，从朔方以西一直到达令居，很多沟渠被挖通了，设置了屯田的官员，派吏卒共有五六万人屯田，逐渐向北蚕食匈奴的土地；但是也因为缺少马匹，不再大举攻击匈奴了。

匈奴采纳赵信的策略，委派使者到达汉朝，用友好的言辞请求与汉朝和好亲睦。汉武帝命令群臣讨论对策，有的人主张和亲，有的人主张使匈奴屈服。丞相长史任敞说道:“刚刚把匈奴打败,处境困难,应该让单于做汉朝的外臣,到边境拜见天子。”汉朝就委派任敞出使匈奴会见单于,单于特别生气,扣留任敞不让他回来。这时,博士狄山觉得答应和匈奴和亲比较有利,汉武帝为此询问张汤,张汤说道:“那是愚蠢的文人说的无知的话。”狄山说:“我虽然愚笨,却是愚忠;至于御史大夫张汤,其实是诈忠。”于是汉武帝把脸一沉说:“我派遣你去做郡守,你能够保证敌人不侵入边境,来劫物盗财吗?”狄山说:“不能保证。”汉武帝又说:“做县令怎么样?”狄山回答道:“也不能够保证。”汉武帝又说:“那么镇守一障之间怎么样?”狄山心里想:被责问得回答不出来,只怕要被执法官吏治罪。无奈只好说:“能。”于是汉武帝派遣狄山登障防守;过了一个多月,匈奴斩下狄山的人头而去。从这以后,文武百官震惊害怕,再没有人敢侵犯张汤了。

这年,汲黯因为触犯法律被免去官职,汉武帝把定襄太守义纵任命为右内史,河内太守王温舒为中尉。

在这之前,宁成担任函谷关都尉时,出入关的官吏百姓们都说:“宁可遇见正在喂奶的老虎,也不要遇到宁成发怒。”等到后来义纵被任命为南阳太守,途经函谷关,宁成恭恭敬敬地走在路边送、迎他。义纵到了郡城后,马上就治宁成的罪,使宁成家族支离破碎。南阳的官吏百姓震恐异常,重足而立,不敢轻举妄动。义纵后来又被改封为定襄太守,刚刚到任,定襄监狱中犯重罪或轻罪系狱的犯人二百多人,犯人的兄弟、宾客以及偷偷入狱探视的二百多人,全部加以拷问,罪状是“替判死刑的犯人私自开脱罪名”。就在当天,杀害了四百多人,呈报朝廷。从这以后,郡里官吏百姓心里很恐惧。那个时期,赵禹、张汤因为执法深峻严苛而位列九卿,但是他们还能够把法令作为辅助政治的工具,而义纵则专门用鹰隼击杀飞鸟的残暴方式治理百姓。

王温舒开始做广平都尉时,他在郡里挑选豪勇敢当、勇往直前的十几人作为属吏，当成心腹，暗中掌握这些人犯罪的详细情况，放纵他们去追查盗贼。假如这些心腹做得能使王温舒满意，那么不管他们犯多少法令，都不会治罪；假如他们躲避不尽职尽责，就依据他们原来犯罪的情况加以斩杀，或者满门抄斩。因为这样，齐国、赵国的郊野之间，盗贼都怕得不敢接近广平，广平也获得“路不拾遗”的美誉。温舒升职河内太守，在九月上任，命令郡长备好五十匹马在河内到长安道上设置驿站，然后拘捕郡里豪勇狡猾之徒，相互牵连的有一千多家。王温舒上书奏请朝廷，把罪大的诛杀全族，罪小的判处死刑，其家财全部没收以偿还他们所得的赃物。奏报上呈天子，不过两三天就取得了天子的批准，论罪杀人，致使流血十余里，河内郡的人都很惊奇他的奏文，觉得太过快速了。到了十二月底，郡中没有人出声，没人敢在夜晚行走，四野也听不到因为强盗而引起的狗吠声。凡是逃亡的要犯，就到附近郡县或封国追捕。当时正好是春天，王温舒跺着脚叹息说：“唉！如果冬天能延长一个月，足够做完我要做的事了。”

汉武帝听到义纵和王温舒的所作所为，觉得他们特别有才能，将他们提升为中二千石官。

齐国人少翁，以能召唤鬼神的方术求见汉武帝。汉武帝宠幸的王夫人死了，少翁在夜晚召唤鬼魂，和王夫人的相貌一样，汉武帝在帷幕中看到了王夫人。于是就任命少翁为文成将军，赏赐很多财物给他，并用宾客礼节来对待他。少翁又劝汉武帝建造甘泉宫，中间作为台室，画上天、地、太一各鬼神，设置祭祀的器具，用来招请天神。一年多以后，他的方术渐渐衰微无效，鬼神不来。少翁就用捏造的帛书来喂养牛，然后假装不知道，对汉武帝说：“这只牛肚里有怪物。”杀了牛查看，结果看到了帛书，书里所说的都是奇怪的事。汉武帝认识少翁的笔迹，问少翁本人，果然是假造的帛书，于是就把文成将军少翁杀掉，再把他的事迹隐瞒起来，不想让人知道。

资治通鉴卷第二十　汉纪十二

起癸亥(公元前118年),止辛未(公元前110年),共九年。

【题解】本卷记录了汉武帝刘彻元狩五年至元封元年共九年间的历史。记录了张骞第二次通西域,为保西域路通,汉朝驱逐匈奴,增设张掖、酒泉二郡;记录了汉王朝讨平南越、东越、西南夷,设立岭南九郡,迁东越人于江淮,设立西南四郡;记录了汉王朝推行算缗、告缗,白金、皮币,盐铁官营、平准均输等政策,充实国库;记录了汉武帝为求长生,迷信鬼神,宠信方士,以及司马相如怂恿武帝封禅,汉武帝大兴祭祀,登封泰山,实行改元"元封"等等。

世宗孝武皇帝中之下

元狩五年(癸亥,公元前118年)

春季,三月,甲午日,丞相李蔡犯下了盗占汉景帝陵园外空地用来作为墓地的罪,应该交给廷吏处理,但是他先自杀了。

废止三铢钱,重新铸造五铢钱。于是很多百姓私自偷铸钱币,楚地特别厉害。

汉武帝认为淮阳是楚地的交通要冲之地,所以就召见汲黯,要任命他为淮阳太守。汲黯跪地道谢,不愿意接受印信,汉武帝数次下诏强行授命他,他才接受诏令。汲黯在汉武帝面前哭泣说道:"臣自己觉得将要老死无用,不能再拜见陛下了,没想到陛下又收留并且任用臣。臣时常患有犬马之疾,能力不能胜任郡守的职务。臣期望做个中郎。出入宫禁之中,以补救陛下的遗漏错误之处,这是臣的意愿。"汉武帝说:"你瞧不起淮阳吗?我现在任命你去,是因为想到淮阳官吏百姓彼此之间相处得不好,我只是想借重你的威严,你能够轻松地处理政事。”

汲黯辞别汉武帝之后，拜望大行令李息说：“我汲黯被遗弃到地方郡县上任，再不能够参与朝廷的议事了。御史大夫张汤智谋足以拒绝别人的劝谏，狡诈足以掩盖自己的过错，专务那些谄媚的言语和巧辩的文辞，不肯严正地为天下人说话，专门迎合天子的心意。凡是天子心里不喜欢的，就跟着毁谤，凡是天子心里喜欢的，就跟着赞扬。喜好惹是生非，玩弄法律条文，在朝廷内，心怀欺诈来左右天子的心性，朝廷外又挟持奸猾的官吏，以此来增加自己的威望。您身居九卿高位，如果不早点向皇上进言，您就会和张汤一起受惩罚。”李息因为惧怕张汤，始终不敢向汉武帝进谏；后来张汤倒台了，汉武帝也把李息判了罪。

汉武帝任命汲黯用诸侯宰相的俸禄做淮阳郡守，十年之后汲黯去世。

汉武帝颁布诏书，命令将奸猾的官吏和百姓放逐到边疆。

夏季，四月，乙卯日，汉武帝把太子少傅武强侯庄青翟任命为丞相。

汉武帝在鼎湖宫病得很严重，所有巫师医生都召来了，病还是治不好。游水发根说，上郡有个巫师，生病时神君就附在他身上。汉武帝把上郡巫师招来，在甘泉祭祀，等到病发作时，派人问神君，神君就说道：“天子不用担心疾病；等病稍微好转时，请坚持和我在甘泉宫相会。”于是等汉武帝病稍稍好了，就起来前往甘泉宫，等病彻底痊愈后，又在寿宫设置酒肴等祭物来侍奉神君。神君是肉眼看不见的，但听他的声音和凡人声音相同，神灵忽来忽去，来的时候风声肃静，住在房间的帷幕里。神君所说的话语，汉武帝都接受，并派遣人把神君的话记下来，称为“画法”。神君说的那些话，都是一般世俗人能晓得的，并没有特殊之处，但汉武帝内心偏偏很喜欢；这些事都很神秘，一般人无法知道。

那时候汉武帝突然起身要前往甘泉宫，路过右内史管理的界域，一路上治安不好，汉武帝生气地说："义纵认为我不会再走这一条路了吗！"因此憎恨在心。

六年（甲子，公元前 117 年）

冬季，十月，下雨，无冰雪。

汉武帝颁下向工商抽税的"缗钱令"后，又尊崇卜式，但是百姓一直没有人愿意拿出自己的财产，来帮助县官增收经费，于是杨可上告汉武帝说"缗钱令"太过放任没有节制。义纵觉得杨可是扰乱法律骚扰百姓，命令部下捕捉杨可手下的人。汉武帝觉得义纵废阻诏书，破坏调查漏税的事情，把义纵斩杀了。

郎中令李敢，怨恨大将军卫青使他父亲李广含恨而死，就攻击并伤害了卫青，卫青把事情瞒着不公布。没过多久，李敢陪从汉武帝到雍地甘泉宫狩猎，骠骑将军霍去病就把李敢射死。霍去病那个时候正是宠幸尊贵的时候，汉武帝为他遮盖这件事情，说李敢是被鹿撞击而死。

夏季，四月，乙巳日，汉武帝在太庙中册立皇子刘闳为齐王，刘旦为燕王，刘胥为广陵王，第一次制作敕封诸王的文书。

自从铸造白金、五铢钱之后，官吏和百姓因犯了偷铸五铢钱、白金罪而被处死的就有几十万人，至于那些不被发觉的人更是很多很多，可以想象天下人几乎都在偷铸金钱了。由于犯法的人多，官员杀不完。

六月，汉武帝下令委派博士褚大、徐偃等六个人，分别巡查各郡国，告发那些兼并百姓财产的豪暴之徒和那些郡守、国相、官吏等犯罪的人。

秋季，九月，勇冠三军的景桓侯霍去病去世了。汉武帝特别哀伤，为他修建坟冢，样子就像祁连山。

当初，霍仲孺于平阳侯家服役的时间快到了，回到家乡后，娶了媳妇，生了儿子霍光。霍去病年壮长大后，这才知道生父是霍仲孺。霍去病被封为骠骑将军，攻打匈奴时，中途路过河东，就派遣属吏迎接霍仲孺，为霍仲孺买了很多奴婢、田宅后才离去；之后从匈奴班师回朝时，顺便带霍光向西走，到了长安，保荐他为郎官，后来把霍光的官位逐渐升到奉车都尉、光禄大夫。

就在这一年，把大农令颜异处死了。

当初，颜异因为廉洁正直逐步升到九卿高位。汉武帝和张汤商议要铸造白鹿皮币，询问颜异的意见，颜异说："现在王侯都是用黑色璧玉朝贺天子，价值只值数千钱，而以白鹿皮币加上璧玉，价值倒是值四十万，等同本末颠倒。"汉武帝听了心里不高兴。颜异又和张汤有嫌隙，后来有人因为其他事情控告颜异，汉武帝就把颜异交给张汤治罪。事情是颜异和客人谈话时，客人谈到汉武帝当初颁布的诏令中有不合理的地方，颜异没有作声，只是微微撇了一下嘴唇，却在心里加以讥诽。张汤向汉武帝奏报判决的内容："颜异身为九卿，看到诏令有不合理的地方，不入宫进言，而在内心讥笑诽谤，论罪应当除以死刑。"从这以后，汉朝有了腹诽的例子，而公卿大夫大多都谄媚阿谀以求得容身免招杀身之祸了。

元鼎元年（乙丑，公元前 116 年）

夏季，五月，大赦天下。

济东王刘彭离骄傲强悍，经常在日暮黄昏时，和他的奴仆及亡命少年数十人一起抢劫杀人，夺了别人财物，并以此作为自己的嗜好，被他所杀的人，已经发现的竟有一百多人，因此获罪而王位被废黜，贬逐到上庸。

二年（丙寅，公元前 115 年）

冬季，十一月，张汤因为有罪而自杀。

当初，御史中丞李文和张汤有嫌隙，张汤所赏识的官吏鲁谒居知晓张汤的心意，就暗中派人上书汉武帝告发李文所做奸事，汉武帝把事情交给张汤处理，张汤把李文判处死罪。张汤明知是鲁谒居干的，汉武帝问："告发的事情是怎么发生的？"张汤还故意吃惊地说："这大概是李文的故人埋怨他而告发他的。"后来鲁谒居生病时，张汤亲自为他按摩脚。赵王刘彭祖一向怨恨张汤，听说此事后就上书汉武帝告发说：“张汤是个大官，竟然为一个小吏按摩脚，估计要一起做大坏事。”汉武帝将这件事情交给廷尉处理。鲁谒居病死了，事情牵连到鲁谒居的弟弟。把他暂时拘留在导官的官署里，张汤正好在导官处理其他案件，见到了鲁谒居的弟弟，打算暗中帮助他，但表面上假装不认识他。鲁谒居的弟弟不知道张汤的心意，就怨恨张汤，让人上书给汉武帝，告发鲁谒居和张汤一起谋划共同诬陷李文。汉武帝将此事交给减宣处理，减宣以前和张汤有嫌隙，等到主办这件事时，就追究这件事的经过，但一时还没有上奏汉武帝。正好此时有人偷盗孝文帝陵园埋藏的金钱，丞相庄青翟上朝时，和张汤预先约好一起向汉武帝请罪，但是到了汉武帝面前时，张汤却不谢罪。汉武帝便派遣御史调查丞相，张汤想以“丞相明知事实故意放纵”的罪名使丞相获罪，丞相庄青翟很害怕。丞相的长史王朝、朱买臣、边通都是先前的九卿，官禄二千石，他们的卿位都在张汤之前。张汤好几次代理丞相事务，知道这三位长史一向很有才能，就故意欺凌折辱他们，三位长史都很怨恨张汤，想以死谏告发张汤的奸事。就和丞相筹划，派小吏去拘捕调查商人田信等人，然后散布说：“张汤要向皇上奏请实施什么法令时，田信每每事先知道，所以他囤积物资待价而沽，就这样成为大富，再把所得到的和张汤平分。”这些话，汉武帝听得很清楚，汉武帝就问张汤说：“我所做的事，商人一般早先知道，更加囤积财物，好像有人把我的计划透露给商人。”张汤不谢罪，又假装吃惊地说：“本来就会有人透露的。”减宣也进言鲁谒居等人陷害李文的事件。汉武帝觉得张汤心怀不轨，当面欺瞒，就派赵禹严厉地责问张汤，张汤这才上书谢罪，说：“陷害我的人，就是丞相三个长史。”就自杀身亡了。张汤死后，其家里的财产价值不过五百金。兄弟和儿子们要厚葬张汤，张汤的母亲说：“张汤是天子重臣，遭受污言秽语中伤而死，怎么还能厚葬呢！”就用牛车载着，只有内棺没有外椁。汉武帝听到张汤死后的情况，就按照罪名把三个长史全部诛杀。

十二月，壬辰日，把丞相庄青翟捉捕下狱，他自杀而死。

春季，汉武帝修建柏梁台。制造承接露水的盘子，有二十丈高，七人合围那么大，用铜铸成；上面装有仙人手掌，用来接着露水，再掺和玉屑一块儿喝，据说可以长生不老。宫室的修建，从此一天天兴盛起来。

二月，汉武帝任命太子太傅赵周为丞相。

三月，辛亥日，汉武帝把太子太傅石庆任命为御史大夫。

天降大雪。

夏季，发大水，关东饿死的人数以千计。

这年，汉武帝任命孔仅为大农令，桑弘羊为大农中丞，逐渐在郡、国设置均输法（各地把产量比较多的物质输送给官府，官府按当时的价格购买，再到其他的地方卖掉），来把货物流通起来。

白金价值逐渐变得很便宜，百姓不愿意使用，最后废弃不用了。于是禁止所有郡、国铸钱，只允许上林苑的三官铸钱，命令天下只有三官所铸的钱才能使用。这样一来百姓铸钱的情形更加减少了，因为计算费用得不偿失，只有手艺高的工匠和大奸恶的人才偷铸钱。

浑邪王归降汉朝以后，汉兵将匈奴追击驱逐到大漠以北、盐泽以东的地方，空空的看不到匈奴人出现，前往西域的道路已经可以通行。于是张骞提议说："乌孙王昆莫原本是匈奴的藩属，后来兵力逐渐强大，就不愿意再朝拜侍奉匈奴，匈奴攻打不过，只能远离。如今匈奴单于刚刚受到我朝的沉重打击，而过去浑邪王的辖地空无一人，蛮夷的习俗是留恋故土，又贪爱我朝的财物，假如能利用这种时机，以丰厚的礼物贿赂乌孙，使他们东迁，住到以前浑邪王管辖的土地，和汉朝结为兄弟之国，就情景看他们应该会听从于我朝的调遣，他们一听从于我朝，就等于摧毁了匈奴的右臂一般。联结乌孙以后，乌孙西边的国家，像大夏之类，都能够招来他们作为边境外的藩属。"汉武帝觉得很好，就把张骞任命为中郎将，带领三百人，每个人各带两匹马，所带的牛羊数以万计，又带价值几千万的金钱币帛；还有很多持有天子使节的副使，张骞在路上，只要有方便通向其他国家的道路，就可以派遣副使通使其他各国。

张骞到达乌孙之后，乌孙王昆莫接见张骞时，礼节特别倨傲。张骞以天子的旨意晓谕他们说："乌孙假如能够向东住在故土上，那么汉朝就许配公主做昆莫夫人，结成兄弟之邦，一起对抗匈奴，匈奴就不堪一击了。"但乌孙由于远离汉朝，不知道汉朝的大小；并且长久以来一直臣服于匈奴，又靠近匈奴，朝中的大臣都很害怕匈奴，不愿意迁移到东方。张骞在乌孙停留了许久，得不到明确的答复，就分别派遣副使出使到康居、大宛、安息、大月氏、大夏、于阗、身毒和所有附近小国。乌孙派出向导和翻译把张骞送还回国，使者有几十个人，有几十匹马，随着张骞回报汉朝以此道谢，顺道窥察汉朝的大小。这年，张骞回归到汉廷，汉武帝任命他为大行。一年多后，张骞所委派的出使到大夏之类国家的使臣，大都和他们的使臣一块儿来到京城，于是汉朝和西域才开始相通。

西域地区一共有三十六个国家，中部有河流，南北有大山，南北宽一千多里，东西长六千多里，东面和汉朝的玉门、阳关相连接，西面则和葱岭交界。中部河流有两个源头，一条从于阗流出，一条从葱岭流出，然后汇合在一起，往东注入盐泽。盐泽距离阳关、玉门有三百多里。从阳关、玉门前往西域有两条路：从鄯善沿着南山北面前行，顺着河流向西走到莎车，这是南面的一条道路；从南面的道路向西越过葱岭就到了大月氏、安息。从车师前王廷沿着北山，顺着河流向西走到疏勒，这是北面的一条道路；从北面的道路向西越过葱岭，就到了康居、奄蔡、大宛等国。这些国家之前都归属匈奴，匈奴把西边的日逐王封为僮仆都尉，让他管辖西域，经常住在危须、尉黎、焉耆之间，向其他国家抽取赋税，特别富足。

乌孙王既然不愿意返回东方，汉朝就在浑邪王以前的土地上设置酒泉郡，渐渐迁徙、征召百姓前去居住，以充实人口；后来又另外设置武威郡，以此来断绝匈奴和羌人部落联络的道路。

汉武帝得到大宛的汗血宝马之后，特别喜爱，把它称为“天马”。于是不断地派出使者，以求取天马。出使外国的使臣，多的一次有数百人，少的一次有一百多人。每个人所带的东西大致和博望侯张骞出使时一样，之后次数一多，习惯之后，人数就少了。汉朝一年中派往西域的使者多的时候大致有十几次，少的时候有五六次；时间长一点的有八九年，短的几年就回来。

三年（丁卯，公元前 114 年）

冬季，把函谷关居民迁移到新安。

春季，正月，戊子日，汉景帝陵园发生火灾。

夏季，四月，天降冰雹。

关东十几个郡、封国严重饥荒，出现人吃人的现象。

常山宪王刘舜去世，儿子刘勃继承王位，因为宪王生病时不侍候父王和守丧时不遵守礼节而被废黜，放逐到房陵。一个多月之后，汉武帝改封宪王子刘平为真定王，常山被设置为郡，这样一来五岳全在汉武帝的领辖之内。

汉武帝将代王刘义改封为清河王。

这年，匈奴伊稚斜单于身亡，其儿子乌维单于继承王位。

四年（戊辰，公元前 113 年）

冬季，十月，汉武帝到雍巡行，祭祀五帝。汉武帝颁布诏书说：“现在敬奉天帝，由朕亲自郊祭，但后土却没有祭祀，按照礼节说是不相符的。”于是就命令有司官员讨论办理，有司商量的结果是于沼泽中的圆丘上设置后土祠。汉武帝就从夏阳向东方巡行至汾阴。那时，汉武帝第一次巡察国、郡，河东郡守没料到汉武帝会来视察，来不及准备好一切供应之物，就惶恐自杀。十一月甲子日，在汾阴的黄河边高地上设置后土祠。汉武帝亲自祭拜，就像敬奉天帝一样。祭祀完毕，就巡幸到荥阳，后来到了洛阳，把周的后代姬嘉封为周子南君。

春季，二月，中山靖王刘胜去世。

乐成侯丁义举荐方士栾大给汉武帝，说栾大和文成将军少翁同出一个老师。汉武帝正在后悔不该杀了文成，所以得到栾大，心里很是高兴。栾大以前侍奉胶东康王刘寄，他与人为善说话好听，富于智谋，并且敢讲大话，从不迟疑。栾大告诉汉武帝说："我常常在海中来往，看见过羡门、安期等仙人。只是因为我地位微贱，所以他们就不相信我；又只认为臣是康王手底下的侯者之一罢了，不懂方术。我的老师说：'可以炼成黄金，可以塞好黄河的决堤，可以得到长生不老的药，也可招来仙人。'可是我担心和文成下场一样，所有方士在那时候都会闭上嘴巴，不敢谈方术了！"汉武帝说："少翁只是吃马肝身亡，假如你能使方术显灵，得到长生不老药，我不会吝惜爵禄的！"栾大说："我的老师没有求别人，都是别人求他。如果陛下非要招致仙人，就必须尊崇求仙的使者，让他成为陛下亲近的下属，用待客的礼节对待他，这样他才可以和神人通言。"于是汉武帝要求栾大做个小方术作为证明，栾大作法使旗子相斗，果然旗子真的相互撞击。这时，汉武帝正担心黄金炼不成和黄河决堤，就把栾大封为五利将军，后又封其为天士将军、地士将军、大通将军。夏季，四月乙巳日，栾大被封为乐通侯，食邑二千户，赐给他上等的宅子，僮仆一千人，乘坐的帷帐、器物、车马等充斥他的家里，汉武帝又把卫长公主嫁于他，送他黄金十万斤。汉武帝还亲自到他的宅子探望，派遣供给他财物、慰问他的使者一直不间断。从太主、相、将以下，均在他家里设置酒宴，赠送财物给他。汉武帝又刻了带有"天道将军"的玉印，命使者穿着羽衣，晚上站在白茅上；五利将军栾大也穿着羽衣，站在白茅上接受玉印，用来表示不用臣礼见天子。栾大和汉武帝见面不过数月，就佩了六个印信，尊贵震惊天下人。于是沿海一带燕、齐之间，无不受到鼓舞，自说自道有神秘的方术，可以招致神仙。

六月，汾阴一位名叫锦的巫师，在魏脽后土祠附近取得大鼎，河东太守将此事上报朝廷。汉武帝派人去核查，证明巫师所得的鼎是真的，没有欺骗，就以礼祭祀，迎鼎到甘泉宫，随着汉武帝走，把鼎进献给宗庙和皇天上帝，收藏在甘泉宫。文武百官都向汉武帝拜寿恭贺。

秋季，立常山宪王的儿子刘商为泗水王。

当初，条侯周亚夫做宰相时，丞相史是赵禹，相府中的人都称赵禹公平廉洁，但周亚夫不重用他，说："我特别了解赵禹做事公平不伤害人，但持法太深苛，不适合做大府的官。"后来赵禹做少府的官，但比其他九卿持法都严酷峻急；到后来，一般的官吏执法都很严酷深峻，而赵禹反而得到公平宽和的名声。

中尉尹齐一直以敢于杀人而出名，后来做到中尉，一般百姓官吏的风气更加败坏。就在这年，尹齐因为被指控不能胜任职责的罪。汉武帝于是又把赵禹任命为廷尉，王温舒任命为中尉。四年后，赵禹因为上了年纪，被贬为燕国宰相。

这时的官吏办理政事，都把残酷苛刻作为时尚，只有左内史兒宽，鼓励农业生产，减少刑罚，处理诉讼罪案，争取人心；他选择任用仁慈厚道的人为下吏，推广恩情给下属，不追求名声，因此官吏百姓特别敬爱信任他；他在收租税时，缓急都很恰当，借贷给需要钱的百姓，因此税租的收入不多。之后因为战争的需要而征收租税，兒宽因为税收不足，考核时政绩最差，应该免官；百姓听说要把兒宽免官，都害怕失去兒宽，所以富足的家庭用牛车载着，较小的家庭用人工担负着，都把要缴付的租税上交官府，好像绳索般不断，考察结果变成第一。汉武帝因此对兒宽更加另眼相看。

当初，南越文王赵胡派遣儿子赵婴齐到汉朝廷做侍卫，婴齐在长安娶了邯郸樛氏女子为妻，生了儿子赵兴。文王去世后，婴齐继承王位，就收藏了他祖先武帝的印玺，上书给汉武帝请求立樛氏为王后，赵兴为世子。朝廷好几次派遣使者提醒婴齐入朝晋见汉武帝。婴齐喜欢自操生杀大权，怕一旦入朝觐见之后，朝廷会用法令比照约束境内诸侯一样来拘束他，所以一直借口生病，不愿意入朝觐见汉武帝。婴齐去世后，谥号明王。太子赵兴继立，其母亲被封为太后。

樛氏在还没有成为婴齐的爱姬时，霸陵人安国少季曾经和她有私情。这一年，汉武帝派安国少季前往南越，告谕王太后、南越王入朝觐见汉武帝，可以等同境内诸侯看待，汉武帝又命令谏大夫辩士终军等前往宣明天子的言语，勇士魏臣等人帮助他们做决定，并命卫尉路博德率领军队驻屯在桂阳等待使者。由于南越王年龄小，王太后又是汉朝人，安国少季到南越后，又和太后私通，这件事国内人大都知道，所以很多人不拥护太后。太后害怕发生内乱，也想依靠汉朝声威来巩固自己的地位，就数次劝解群臣和南越王向汉朝请求归属；所以借这次朝廷使者到来的机会立即就派使者上书给汉武帝，请求比照境内诸侯，每三年朝觐一次，解除边境关卡。于是汉武帝答应了，赐给南越王丞相吕嘉银印和太傅、内史、中尉等印信，其他的官吏允许南越王自己设置；废黜南越旧有的脸上刺字、割鼻子等刑罚，使用汉朝的法律，全部比照境内诸侯。汉朝的使者都留在南越国，以安抚南越。

汉武帝到雍巡行，将要举行郊祭仪式，有人建议说："泰一神辅佐着五帝，应该立泰一神，而由皇上亲自郊祭。"汉武帝疑惑不能决定。齐人公孙卿说："今年得到宝鼎，冬季十一月初一清晨是冬至，与黄帝时一样。"公孙卿有本书札，里面记载说："黄帝得到宝鼎，那一年十一月初一的清晨是冬至，共三百八十年之后，黄帝成仙升天。"利用汉武帝宠幸的人呈奏给武帝。汉武帝非常高兴，召见公孙卿询问，公孙卿说："我是从申公那儿接到这本书，申公说：'汉朝应当和黄帝的兴盛一样，汉朝的盛世是曾孙和高祖之孙的时代。这时宝鼎一出现，就能和神明相通，黄帝在明庭迎接众神，明庭就是现今的甘泉宫。黄帝于首山开采铜矿，在荆山下铸造宝鼎，宝鼎铸成以后，有龙从天上垂下龙须迎接黄帝，黄帝骑上龙背，和群臣及后宫七十多人一块儿升天。'"于是汉武帝说："唉！我如果真能和黄帝一样登天升仙，我看待摒弃妻子就好像抛弃坏鞋一样！"就把公孙卿任命为郎官，让他在东方的太室等候迎接神灵。

五年(己巳,公元前112年)

冬季,十月,汉武帝在雍祭祀五畤,然后越过陇县,爬上西方的崆峒山。陇西郡守因为汉武帝来得太突然,没来得及准备,使得汉武帝随从的官吏没有东西吃,心里很害怕,就自杀了。于是汉武帝向北从萧关出发,率领几万名骑兵在新秦中打猎,训练边境的军队后才返回。汉武帝见新秦中一带有些地方有千里之内没有亭缴等防御设备,于是把北地太守及以下有关的官吏全部杀掉。汉武帝又到甘泉宫,建造祭祀泰一神的祭坛,所用的祭祀用具与在雍祭祀五畤时的相同,但又增加了其他的祭品。又建五帝坛围绕在泰一祠坛下面,四周再用祭品祭祀追随泰一神的北斗神和群神。十一月辛巳朔日,冬至,天就要亮时,汉武帝开始祭拜泰一,白天拜日,晚上拜月,祭祀时,祭坛点起很多火光,祭坛旁边又设置烹煮的器具。主管官员说:"祠坛上面有光彩。"又说:"白天时有一道黄气升到天空。"太史令司马谈、祠官宽舒等人请求汉武帝三年举行一次郊祭,汉武帝下令答允照办。

南越王、王太后整理行装,带着贵重的礼物,作为朝觐汉朝的礼物。南越王的宰相吕嘉上了年纪,历任三代南越王的宰相,他的宗族里的成员做到长吏的有七十多人,男的全部娶了王族的女子,女的全嫁给王族的子弟、宗室,与苍梧秦王也有亲属关系,在南越国中特别受尊敬,得到的民心支持超过了南越王。南越王上书汉武帝表示归附,吕嘉好几次劝止南越王,但是南越王都不听;吕嘉便有了背叛的心,好几次借口生病,不接见汉朝使者。汉朝使者都很注意吕嘉的行为,却碍于情势,伤害不了他。王太后、南越王也担心吕嘉等人发起叛乱,想要借助汉朝使者的势力,杀死吕嘉等人,因此就设酒席宴请汉朝使者,大臣等都侍候陪坐喝酒。吕嘉的弟弟是将军,带领士卒在宫廷外。吃酒时太后对吕嘉说:"南越归顺于汉,是国家的利益,但是宰相你却苦苦地认为不可行,这是为什么?"想用这些话激怒使者。但使者非常犹豫,双方僵持起来,使者还是没敢发动。吕嘉觉得情形不对，就站起来走出去了。太后非常生气，想要用矛撞击他，南越王阻止了太后。吕嘉就出去了，在他弟弟的保护下回去了。吕嘉借口生病，不愿意跟汉朝使者和南越王见面，但是背地里和大臣谋划叛乱。不过因为南越王本来就不想杀吕嘉，吕嘉也清楚，因找不到借口所以经过几个月依然没有发动叛乱。

汉武帝听说吕嘉不听命令，南越王、王太后因为弱小孤单不可以压制，汉朝使者又胆小不敢决定；但汉武帝又觉得王太后、南越王已归属汉朝，唯独吕嘉作乱罢了，不足以发动军队讨伐，要派庄参率领两千人出使南越。庄参说道："假如用和好的态度前去，有几个人就够了；假如要用武力前往，两千人不足以有啥作为的。"推脱不想接受，汉武帝于是就把庄参的官位废了。郏地有个壮士名叫韩千秋，是以前济北的宰相，他自告奋勇地说："以小小的南越国，还有王太后、南越王做内应，唯独宰相吕嘉在叛乱，臣期望带三百个勇士前去，必定把吕嘉斩杀报答皇上。"于是汉武帝派遣王太后的弟弟樛乐和韩千秋带两千士卒前去，进入南越境内。吕嘉等人就叛变了，下令给南越国中的百姓说："国王年龄小，太后是中国人，又和使臣淫乱；只想获得一时的好处，拿完了先王的宝器入汉廷献给天子来求得谄媚；所派的随从，很多到了长安，就缚绑卖给人当仆人；取得自己一时的利益，不论赵氏的社稷，也不为万代的子孙计划考虑。"就和他的弟弟带领士兵攻打，杀了王太后、南越王和汉的使臣，派人告诉所有郡县和苍梧秦王，把明王的大儿子，也就是明王越籍妻子所生的小孩术阳侯建德立为南越王。韩千秋的士兵进入越境，攻陷几个小地方。之后越人放开大道使他深入，又供给他粮食，还没到达番禺四十里的地方，越人运用士兵攻击韩千秋等人，韩千秋等人被消灭掉了；派人把汉朝使臣的符节密封起来，放在边塞上，并且说些欺骗好听的话向汉武帝请罪，又发动军队驻守南越的重要关口。

春季，三月，壬午日，汉武帝听说南越叛乱了，就说道："虽然韩千秋没有功劳，也算是众军之首，他的儿子延年封为成安侯；樛乐姐为南越王太后，是首个乐意归顺汉朝的人，他的儿子广德封为龙亢侯。”

夏季，四月，赦免天下。

丁丑晦日，发生日食。

秋季，派遣伏波将军路博德从桂阳出发，直下湟水；楼船将军杨仆从豫章出发，直下浈水；归义越侯严为戈船将军，从零陵出发，直下离水；甲为下濑将军，直下苍梧；这些将军都带领着犯人和淮、江以南的楼船总共十万人一块儿出发。越驰义侯遗另外率领蜀、巴的犯人，征召夜郎的军队，直下牂柯江，一块儿在番禺会合。

齐国宰相卜式上书给汉武帝，恳请让他们父子和齐国熟习船战的人，一块儿前往南越为朝廷效力。汉武帝下诏令褒奖卜式，赐给他关内侯的爵位，黄金六十斤，田地十顷，昭告给天下吏民知晓，但吏民并没有人响应。那时候列侯数以百计，都无人要求从军攻打南越。正好九月品尝新酿的酒，祭祀宗庙，列侯为了汉武帝诏令，而贡献黄金帮忙祭祀。少府负责省察黄金的成色和斤两，贡献的黄金中有颜色不好和重量不够的，汉武帝全下令以不敬之罪加以弹劾，被剥夺爵位的有一百零六人。辛巳日，丞相赵周因为事先知晓列侯所献助祭的黄金斤两不足，而把他判罪，关在监牢里，自杀身亡。

丙申日，任命御史大夫石庆为丞相，封为牧丘侯，那时国家正是多事的时候，桑弘羊等人致力求利，王温舒之类的人又执法严苛深峻，而兒宽等人推崇文学，都做到九卿，进而执掌朝廷大事。政事并不取决于丞相，丞相石庆也不过是谨慎敦厚罢了。

五利将军准备好行李，向东方出发，入海寻求他所说的老师。但到了海边他又不敢入海，就去泰山祠。汉武帝派人跟在身边检查，但是没有看到什么。五利胡乱地讲他看到他的老师，他的那些方术都不能应验，犯了欺诬蒙骗的罪，把他判罪腰斩，介绍人乐成侯也被判弃市的死罪。

西羌士兵十万多人叛乱，和匈奴互通使者，攻打故安，包围枹罕。匈奴人进入五原，杀死了太守。

六年(庚午，公元前111年)

冬季，征召士卒十万余人，派遣将军李息、郎中令徐自为征讨西羌，把西羌之乱平定。

楼船将军杨仆进入南越境内，先攻陷了寻陿，击碎石门，挫败南越的锐气，带着数万士兵等着伏波将军路博德一起前行，楼船在前面，到达番禺。宰相吕嘉、南越王建德固守住番禺城。伏波在西北面，楼船在东南面。黄昏时刻一到，楼船放火烧城，打败越人。伏波设置营垒，派遣使臣去招越人投降，凡是投降的人就赐予侯印，再放回去招降其他人。楼船尽力攻烧敌人，敌人被驱赶到伏波设置的营垒中。一直到黎明时候，城中的越人全投降了。宰相吕嘉、南越王建德已经乘着夜色逃入海中，伏波将军委派人加以追踪。校尉司马苏弘捉到了建德，南越设置的郎官都稽捉拿到了吕嘉。戈船、下濑将军的士兵和驰义侯所征召的夜郎士兵还没到达，南越就已经被平定了。就把南越土地设置为南海、苍梧、郁林、合浦、交趾、九真、日南、珠崖、儋耳等九个郡。军队返回长安，汉武帝加封伏波将军；楼船将军杨仆被封为将梁侯、校尉司马苏弘为海常侯、都稽为临蔡侯，越的降将苍梧王赵光等四人均为侯。

公孙卿于河南等待神仙，说在缑氏城上看到仙人的足迹。春季，汉武帝亲自到达缑氏城观看足迹，问公孙卿说："不会再像五利、文成那样骗人吧?"公孙卿说道："神仙对人主并没有所求，只是人主要求神仙；求仙道路如果不宽假时日，神仙是来不了的。说到神仙的事情好像很荒谬怪诞，只要积累些时间，依然可以招来神仙。"汉武帝信服了。于是就命令各郡、国打扫街道，整治神祠、名山、宫观，以求得神仙的到来。

为了平定南越举办的祭祀酬神，祭祀泰一神和后土，第一次使用鼓乐舞蹈祭祀。

驰义侯征召南夷的军队要进攻南越。且兰君担忧到南越路途遥远，其他的国家就会俘虏他们老幼弱小的人，因此就和他的部下一起叛乱，杀死犍为太守和汉使者。汉朝就征召巴、蜀等地的犯人，和本应攻打南越的八个校尉，在中郎将郭昌、卫广的带领下攻击且兰君，把且兰君和邛君、莋侯杀了，于是平定南夷，设置牂柯郡。夜郎侯原先倚靠南越，南越被消灭之后，夜郎就入汉廷拜见，被汉武帝封为夜郎王。冉駹都震动害怕起来，恳求归顺汉朝，并要求设置官吏，就把邛都设为越巂郡，莋都设为沈黎郡，冉駹设为汶山郡，广汉西边的白马设置为武都郡。

起初，东越王馀善上书给汉武帝，请求带领八千士卒随着楼船将军杨仆去攻打吕嘉；军队到达揭阳后，以海上风浪太大作为借口，军队不再出发，抱着观望的心态，暗中派人出使南越。之后汉兵攻陷番禺，东越兵并未到达。杨仆上书给汉武帝愿意顺道带兵攻打东越；汉武帝因为士卒疲倦困劳，不答应请求，只让校尉们停在梅岭、豫章来等待命令。馀善听说楼船将军恳请汉武帝要杀害他，汉兵已来到边境，就叛乱了，他发动军队在汉兵要经过的道路上抵抗，把将军驺力称作吞汉将军，率军进入白沙、武林、梅岭，杀害了汉朝三个校尉。那个时候，汉派遣大农张成和原来的山州侯刘齿率领士兵屯驻在那里，他们不敢出兵攻打，反而撤退到方便有利的地方，之后两个都因为胆怯、畏惧的罪名被杀。馀善自己称为武帝。

汉武帝要再次派杨仆领军讨伐东越，但是因为杨仆夸耀上次讨伐南越的功劳，就用书信责怪他说："将军的功劳只有抢先攻破寻陿、石门罢了，并无杀将夺旗的功勋，怎么值得向人夸耀呢！上次攻陷番禺，捉到投降的人作为俘虏，挖掘死人也当作虏获敌人的人数，是第一种过错。让吕嘉、南越王建德从容获取东越作为援助，是第二种过错。士卒连续几年暴露在野外，将军不体会他们的劳苦勤勉，而恳求他们以传车在边境通行，使将军能够很快回家，怀揣着金印、银印，挂着三样印绶，向乡里夸耀，是第三种过错。丢失战争有利时机，而没有乘胜追击敌人，流连照顾妻妾，但以道路险峻作为借口，是第四种过错。问你蜀地刀价是多少，却假装不知道，抱着虚假的态度而侵犯国君，是第五种过错。接受诏令，却不到兰池宫，隔了一天又没有回来说明原因；如果你问到属吏问题他却不回答，命令他又不听，应当判什么罪呢？把你这种心理展现在外，在江海的阵地上能获得士卒的信任吗？现今你带军深入东越，能够掩盖自己上面的错误吗？”杨仆害怕地回答道：“臣愿意尽自己的性命以求赎罪！”汉武帝就派遣横海将军韩说从句章出发，渡过海从东方前去，楼船将军杨仆从武林出发，中尉王温舒从梅岭出发，任命越降将为下濑、戈船将军，从白沙、若邪出发，来攻打东越。

博望侯张骞因为通使西域而获取了尊贵，和他一块儿出使过的属吏争着上书汉武帝，告知外国珍奇宝物和奇风异俗等，以求能得到通使。汉武帝因为西域太遥远，不是一般人所愿意前往，就接受他们的要求，给予他们符节，招募属吏百姓，不管他们的出身高低，让他们准备好人众就派他们前往，以扩大出使的道路。使者们来回之间，免不了有违背汉武帝旨意和侵夺钱币财物的事，汉武帝为了使他们能熟练出使的事，经常再三调查而判重罪，以激励他们，让他们为求赎罪而再次出使，结果出使的事连续不穷，而使者也轻易地就会违抗了法令。出使的士卒官吏，也经常称赞在外国所看见的事情，说得多的就给予正使的符节，说得较少的任他做副使，因此那些乱讲话没有品行的人争着这样做。所以出使的人全部是穷人家的孩子，把随身带的出使的官物占为己有，售出货物以多报少，占为自己的。外国也厌倦汉朝使者每个人所说的话轻重不真，心里想汉兵距离遥远不能够攻到，就禁止给汉使食粮来为难汉使。汉使食物匮乏断绝，因此积怨到互相攻击。而车师、楼兰等小国家也在沿途打劫，攻打劫夺汉朝使臣王恢等人特别严重，而匈奴的奇兵也经常偷袭汉使臣。使者以此争着向汉武帝禀告西域虽然都有城邑，但是兵力衰弱，容易攻击。于是汉武帝派遣浮沮将军公孙贺，带领一万五千骑兵，从九原出发二千余里，到浮沮井而回头；匈河将军赵破奴带领一万多骑兵从令居出发几千里，到达匈河水而回还；为的是驱走匈奴人，不让他们偷袭汉的使者，却看不见一个匈奴人。就分割酒泉、武威的地方设置为敦煌、张掖郡，迁移百姓，来补充当地人口。

这年，齐国宰相卜式做了御史大夫。卜式在任时，曾经说："国、郡百姓大都不喜欢县官所造的盐铁工具，因为质量不很好，价钱比较贵，有时强迫百姓购买；而船只还有税金，因此经商的人便少了，而货物不能够流通也就涨起来。"汉武帝之后不再喜欢卜式。

起初，司马相如生病就要死的时候，有书信留下来，信里颂扬汉武帝的功德，说到符兆瑞征，劝说汉武帝到泰山封禅。汉武帝特别感动，正好那时取得宝鼎，汉武帝正在和公卿儒生们商量封禅的事情。但是因为封禅的礼节已经断绝不能用了，无人知晓仪式，但是方士们又说："封禅的寓意就是综合所有不死的道理。黄帝以上，封禅时都会招来怪异的事物，也可以和神灵相通，而秦皇帝就不能上泰山封禅。陛下假如非要上泰山，慢慢上去，假如没有风雨，就表明上帝答应陛下上山封禅了。"汉武帝于是命令儒生们采用《周官》《王制》《尚书》的文辞内容，草具封禅的礼仪，经过好几年依然没有拟好。汉武帝问左内史兒宽，兒宽说："在泰山、梁父封禅，昭明天子姓氏以求得吉祥，这是帝王盛美的行为；但是献礼的仪式，并没有记载在经书里。臣以为封禅成功后，就可以和天地神祇开合交通，只要依据圣主的意思，制定妥当的仪式就行，群臣是没有办法陈列出礼仪的。现在马上就要举办封禅的大事，让大臣们优游宽暇了好多年，让他们每人都可以竭尽全力去研究，但是最后还是没有研究成功。天子树立了中和的道德目标，兼赅天下国家万事万物，而加以条理通顺，就好像金玉的声音相互振荡飞扬，为完成上天的吉庆，留给万代子孙不朽的根基。"汉武帝就自己制定封禅的礼仪，很多地方采用儒术作为文饰。汉武帝把封禅的祭器给儒生们瞧，儒生们有的人说"和古代的不同"，于是汉武帝将所有儒生废弃不用。汉武帝又用古人之道，先夸示军威停止战争之后，再举行封禅。

元封元年(辛未，公元前110年)

冬季，十月，汉武帝下诏说："南越、东瓯都已经伏罪投降；西蛮、北夷却还有很多地方不能安宁和睦；朕要去视察边境地带，亲自执掌军令，设置十二部将军，带领军队。"就启程出发，从云阳开始，经过北方的上郡、西河、五原等地，从长城继续前进，向北穿过单于台，到达朔方，邻近北河；汉武帝统率十八万骑兵，军旗挥动连起来有一千多里，以展现武备，来威胁匈奴。汉武帝派遣使者郭吉告知单于说："南越王的首级已悬挂在汉廷北面宫阙。现在单于自信还能够作战的话，我们汉朝皇上自己率兵在边疆等待；假如不敢作战的话，就以臣子礼节臣服于汉，为什么只会远离汉朝，而逃藏在沙漠北方呢？沙漠北方气候苦寒，又没有水草，为什么这样自找苦吃呢！"郭吉话说罢，单于特别生气，立刻斩杀负责引见郭吉的人，而且留下郭吉，把他迁逐到北海边。但是匈奴也特别胆怯丧气，一直害怕出现。汉武帝回还京师，在桥山祭祀黄帝坟，在须如解除军备。汉武帝说："我听说黄帝成仙不死，现在却有坟墓，为何呢？"公孙卿说道："黄帝已经成仙登天而去，群臣想念他，所以把他的衣冠做成坟墓埋葬了。"汉武帝感叹地说："我以后成仙升天去了，群臣也应该在东陵埋葬我的衣冠吧？"就回到甘泉，祭祀太一神。

汉武帝因为卜式不熟悉文章的道理，就把他的官职降为太子太傅，任命兒宽当御史大夫。

汉兵进入东越边塞，东越一般派遣军队在险阻的地方防守，这次派遣的是徇北将军，驻守在武林。楼船将军部下钱塘人辕终古杀害了徇北将军。之前的越衍侯吴阳以他的城邑七百人，在汉阳围攻越军。越建成侯敖和繇王居股杀死了馀善，带领他的部下投降汉朝。汉武帝把终古封为御儿侯，吴阳为卯石侯，居股为东成侯，敖为开陵侯；又封横海将军说为按道侯，横海校尉福为缭荌侯，东越投降的将军多军为无锡侯。汉武帝因为闽地地势困阻险要，好几次叛乱，最终给后人带来灾难，就下诏将军们把百姓全都迁徙到淮、江之间，使闽地没有一个人。

春季，正月，汉武帝到缑氏巡行，以礼节祭祀中岳太室，随着祭祀的官吏在山下几次听到好像有呼叫“万岁”的声音，汉武帝下命令要祭官加祭太室祠，禁止百姓砍伐中岳太室的草木，并且封山下的三百户给予太室祠，来奉祀太室的神。

汉武帝到东方海上视察，举办典礼以祭祀八神。齐国人上书谈奇妙方术和怪异事迹的人，以万计算，汉武帝就征召更多船只，让那些说海上有神仙的共计数千人驾船去寻找蓬莱的神仙。公孙卿拿着使者符节常常先走，探查名山。到达东莱，对汉武帝说：“臣在夜晚看见一个巨人，身长有几丈，接近时就看不见，足迹特别大，和禽兽的脚印一样。”群臣也有人说：“看见一个老人牵着狗，说‘我想要见当今皇上的面’，不一会儿就消失了。”汉武帝看见巨大脚印还不太相信，之后群臣又说到老人的事情，汉武帝就特别相信是仙人，因此留宿在海边，给予方士们传车，又派遣几千个使者到海上寻找神仙。

夏天，四月，汉武帝回到京师，到了奉高，在梁父用礼节祭祀八神之一的地主。乙卯日，命令侍中和儒者戴礼帽，把笏插在绅带，衣冠整齐，举办射牛仪式，准备举办封禅，在泰山下东方封土为坛，以为祭祀。坛的高度有九尺，宽度有一丈二尺，坛下备有玉牒书，书的内容特别神秘。典礼完毕之后，汉武帝单独和奉车都尉侍中霍子侯登上泰山，再举办封祭，这些事情都秘而不宣。隔天从山北下山。丙辰日，在泰山下的基址，靠东北的肃然山举办禅祭，就像祭祀后土的礼节一样，汉武帝都亲自祭拜，穿着黄衣，全部用乐舞。用淮、江间出产的三脊的茅草荐神，用五色的泥土做坛。晚上在祭祠附近，好像有光彩呈现，白昼时白云由封土中升起。汉武帝封禅完后回到京师，坐在明堂上，群臣轮着祝贺歌颂功德。汉武帝下诏令说：“朕以微小的一身，继承最崇高的天子宝座，谨慎小心唯恐道德修养浅，不懂礼义的道理，所以才从事祭祀八神。祭祀时天地神灵赐给瑞应，有特别的景象出现，隐隐地好像有喊万岁的声音，把怪物震惊，想要停止不祭但又害怕，所以就登泰山举办封祭，又到梁父，然后在肃然山上举办禅祭。朕先要自我革新，再好好地和士大夫们重新开始，就以十月为元封元年。凡是朕视察所经过的地方如博、奉高、蛇丘、历城、梁父等地，百姓的田租赋税，都可以宽贷免除，商人也不必缴纳今年的税金。凡是输财买官的百姓爵位升高一级。”又定下五年巡狩一次，在泰山举办封禅的事情，并且命令诸侯们都在泰山下建筑邸舍备用。

汉武帝在泰山封禅后，没有风雨的灾害，方士们更向汉武帝说蓬莱的神仙似乎可以见到，于是汉武帝高兴地希望真的能看见神仙，就又向东到海上看望。汉武帝想要亲自浮海寻找蓬莱诸神仙，群臣进谏他，但没有人能劝止。东方朔说：“神仙是自然得到的，不用急着寻找。假如那些传说中的神仙真有仙道，不必担心求不到；但是如果没有仙道，就是到蓬莱见到仙人，也没有什么好处。臣希望陛下只要返回宫廷，静静地等待，仙人就会自己降临。”汉武帝这才打消浮海求仙的计划。正好奉车都尉霍子侯突然生病，一天之间就死了。霍子侯是霍去病的儿子。汉武帝感到很悲哀，就离开海上，沿着海边，到北边的碣石，从辽西巡行，经过北方的边境，到了九原，五月，才到达甘泉。绕行一周总共一万八千里。

起先，桑弘羊是治粟都尉，主持大农的事物，掌管全部盐铁的事情。弘羊创设平准法，让远方的百姓以当地的土产，根据最贵时商人所转卖的价钱，折算为贡赋，而由大农的均输官转运到价高的地方出售。在京师设置平准令，主持天下郡国委运到朝廷的财物。大农所属各官吏，完全掌握了天下货物，物价高时就出卖，物价低时买进，要让富商大贾无法获得利益，而各种物价也不会飞腾涨贵起来。当时汉武帝巡行各郡县，所经过各地的赏赐，用了帛五百匹，金银、钱币用万万计算，这些费用都由大农支付。弘羊又请求允许备用的官吏可以捐粮以补授实官，犯罪的人也可以捐粮抵赎所犯的罪。这样一来，山东漕运的食粮每年增加六百万石，一年之中，甘泉、太仓的谷仓都装满了，边境地带也有余粮，各种货物都经过均输，京师的存帛有五百万匹，百姓不增加赋税而天下却能够富饶。于是汉武帝赐桑弘羊爵位为左庶长，又赐他黄金百斤。

这时候发生小旱灾，汉武帝命令官吏求雨。卜式进言说："县官应该以租税为衣食的财源，现今桑弘羊命令官吏坐在市场上，贩卖货物以求财力，把弘羊杀死，天就会下雨。"

秋季，有彗星出现在东井，十几天后，又有彗星出现在三台。望气官王朔说："观看结果只看到土星出现好像瓜子那么大，一会儿就消失。"有关官员都说："陛下建立汉家的封禅体制，上天以德星报答陛下。"

齐怀王刘闳去世，没有儿子，封国废除。

资治通鉴卷第二十一　汉纪十三

起壬申(公元前109年),止壬午(公元公元前99年),共十一年。

【题解】本卷记录了汉武帝元封二年至天汉二年共十一年间的历史。主要记录了汉与匈奴之间时和时战,特别记录了苏武出使匈奴被扣,坚贞不降;赵破奴伐匈奴全军覆没,被俘投降;李广利在天山与匈奴交战,先胜后败;李陵率步兵五千北伐匈奴,兵败投降。记录了汉王朝讨伐朝鲜,设立四郡;记录了李广利两次讨伐大宛,损兵折将,耗费抢粮,迫使大宛签订城下之盟。此外还记录了汉武帝迷信淫祀、大兴土木,任用酷吏,设立十三州刺史,以致官逼民反,官吏蒙混,粉饰太平等等。

世宗孝武皇帝

元封二年(壬申,公元前109年)

冬季,十月,汉武帝到雍去祭祀五帝祠;归来时,又祭祀了泰一神,并且献上祝祷文,祈求福祥,还祭拜了德星。

春季,正月,公孙卿说道:"我在东莱山,看到了神仙,好像说是想见天子。"汉武帝于是亲自到缑氏城去,拜公孙卿为中大夫,然后到了东莱,小住了几天,但是并没看见什么,只看见了巨人的足迹而已。于是又派遣好几千名方士四处去拜求神仙,并且收集灵芝药草。当时正逢大旱,汉武帝既出而无功,便去祭祀在东莱曲成县的万里沙祠。夏季,四月,在返回途中,又祭拜了泰山。

先前,黄河在瓠子堤上曾经决了口,之后经过了二十多年都没去堵塞它,于是年成经常不好,楚、梁地方受害特别严重。这一年,汉武帝知晓了,便派遣汲仁和郭昌两名官员,调动几万士兵,去填塞瓠子堤的黄河决口。汉武帝到达泰山祭祀过后，归来时，还亲自到黄河决口，沉下白马和玉璧到河中去祭河伯，并且命令群臣和所有随从人员，从将军以下，都要背负柴薪去堵塞决口，最后终于把瓠子堤上的黄河决口填堵起来了。于是就在上面建筑了一座宫室，名叫宣防宫。又疏导黄河北行的二条水道，如夏禹治水时的情况一样。楚、梁等地才又恢复安宁，而不再闹水灾。

汉武帝回到长安。

始令越巫拜祭各种鬼神和上帝，而且用鸡骨来占卜事情的凶吉祸福。

公孙卿说："神仙喜爱住在高楼上。"于是汉武帝就命令在长安兴建桂观、蜚廉二观，在甘泉兴建延寿、益寿二观，派遣公孙卿带着汉武帝给他的信符，并且摆设了迎神的器物，来等候神仙。又在甘泉兴建通天茎台，台下备有祭祀用的各种礼器。更在甘泉宫加修前殿，广建宫室。

起先，在战国时代燕国全盛的时候，曾经据有朝鲜、真番，并且在那儿派置了官吏，修筑了城寨，来管辖他们。秦消灭了燕后，这些都属于辽东郡的边外地区。汉朝兴起以后，因为嫌这些地方离朝廷很远，不好防守，便又修筑了辽东郡原有的边塞，一直到浿水为界，而将该地划属燕王。后来燕王卢绾造反失败，逃入匈奴。燕人卫满也逃亡在外，聚集了一千多个党徒，头发都向后梳成一个锥形的髻，像蛮夷人的样子，也都改穿了蛮夷人的衣服，向东逃出了边塞，渡过浿水，在一个秦时用来伺敌而现在已空无人在的障塞上，住了下来。慢慢地，他已经能指挥真番、朝鲜蛮夷和从燕国逃亡到这里来的人，使他们臣服，统治着他们，于是便自立为王，定都王险。恰好在孝惠帝和高后时，天下刚刚安定，辽东太守就约卫满当汉朝的外臣，负责约束塞外的蛮夷，不让他们到边界来偷盗骚扰；所有的蛮夷君长，假如要觐见汉天子，则不加禁止。所以，卫满得以在这个时候，利用他的兵威和财物，去侵略周围的小国，逼使他们降服，像真番、临屯就都来归顺他，使得地方扩充到有方圆几千里大。后来卫满把王位传给了他的儿子，又传到了他的孙子右渠，这时候，从汉朝引诱来的逃亡的人，比以前更多了，而且他却未去觐见过汉天子。辰国虽然曾想上书请求入见汉天子，又被阻挡了。这一年，汉朝派遣使臣涉何去劝谕右渠，右渠却始终不肯接受汉朝的诏谕，于是涉何便离开了右渠，准备回国。到了边界的时候，在浿水上，他派遣了替他驾驭车马的随从，去刺杀送行的朝鲜裨王长，然后立刻渡浿水，奔驰入关塞，于是回去报告汉武帝说："我已杀死了朝鲜的将领。"汉武帝嘉奖了他刺杀朝鲜将领的功劳，也就不责备他不能完成使命，还任命他为辽东郡东部都尉。朝鲜因怨恨涉何，就派兵来攻击，杀了涉何。

六月，甘泉殿内的斋房中，长了九茎连叶的灵芝草，汉武帝因此颁下诏令，赦免天下。

汉武帝因为天旱而担心，公孙卿说："黄帝封祀时，也曾遭到大旱，封土干了三年。"汉武帝就下诏书说："天降旱灾，想要晒干我所封的土地吗！"

秋季，在汶水上修立明堂。

汉武帝招募天下死囚入伍从军，派遣楼船将军杨仆率军从齐渡过渤海，左将荀彘从辽东郡出兵，去讨伐朝鲜。

起初，汉武帝曾经派遣王然于用击破南越和诛平南夷的兵威，去劝晓滇王入朝称臣。滇王有部众数万人，他的东北边又有劳深、靡莫这两个西南夷的小国，都和他同姓而且互相依倚为援，所以不肯朝汉。劳深和靡莫还经常侵犯吏卒和汉朝的使者。于是汉武帝就派遣将军郭昌和中郎将卫广，调发巴、蜀的军队，去消灭劳深和靡莫，而挥兵逼临滇国。滇王举国来降，并且请置派官吏，而且能入朝称臣。于是就改滇为益州郡，颁赐滇王王印，使他依旧统治滇民。

这时，汉已经消灭两越，平定了西南夷，设置了十七个新郡，并且因循当地原有的习俗来治理他们，免除他们的赋税。从南阳、汉中以南旧有的各郡，各根据地方远近，供给新郡官吏士卒所需的财物、粮食、邮传车以及马的配件用具等物。而那些新郡，却常有局部的反叛，杀害官吏，汉朝就调派南方的吏卒去诛讨他们，一两年内，动用了一万多人，所需的费用，都依赖大农的供应。大农因为借着均输法，利用盐铁的收入，来补充税收的不足，所以能充分供给。但是军队所经过的各县，就只能是提供所需，不使匮乏而已，不敢行擅赋法。

这一年，任用御史中丞南阳人杜周为廷尉。杜周表面看起来很宽厚，内心却很严厉，用法深刻至骨。他的做法大抵依仿张汤。当时，封诏审理的案件更多起来，俸禄达二千石的大官员，被拘禁在诏狱中的，前后加起来不少于一百人。一年之中，送到廷尉去办理的案子，多达一千多件。案情重大，因此被牵连到案的，有几百人，京师各官府所审问的，则多到六七万人，由于属吏的深文牵附，所累及的更增加到十万多人。

三年(癸酉，公元前108年)

冬季，十二月，打雷；下的冰雹大如马头。

汉武帝派遣将军赵破奴攻击车师。破奴带领七百多骑兵先行，俘虏了楼兰王，于是击破了车师，又乘着战胜的军威围困乌孙、大宛这些小国家。春季，正月，甲申日，把赵破奴封为浞野侯。王恢因为帮助赵破奴攻击楼兰国有功劳，也把他封为浩侯。于是从酒泉以西，都置亭筑城，布列了障碍，一直延伸到敦煌郡的玉门关。

始作鱼龙曼延和角抵戏等戏术。

汉兵进入朝鲜境内，朝鲜王右渠派兵占据了险峻的地方来抵抗。楼船将军带领齐兵七千人先到王险。右渠在城上防守，探知楼船的兵力很少，就带兵出城去攻打楼船。楼船的军队打败了，四处逃窜，在山中躲藏了十多天，好些走散的士兵才逐渐被收编起来，于是又集结在一起了。左将军率军攻击朝鲜浿水西边的军队，可是都不能击破它。汉武帝因为两位将军不能在战场上得利，就派卫山凭借着军队的威势去诏谕右渠。右渠见到了汉朝的使者，便叩头请罪说：

“我是愿意投降的，只是因为害怕被两位将军所诈骗，而且横遭杀害；现在看到汉天子的信符，就请接受我的投降吧。”右渠于是派了太子到汉廷去谢罪，并且献出了五千匹马，还馈赠了军粮。当朝鲜太子领着一万多部众，携带着兵器，正要渡过浿水时，左将军和汉使者因为怀疑他们会叛乱，就对朝鲜王的太子说：“既然已经投降了，就应该命令你的随从人员不要携带武器。”太子也怀疑使者和左将军会用计谋杀害他们，就不肯渡过浿水，又带领着他的部队回去了。卫山回到朝里向汉武帝禀告了这件事情，汉武帝便诛杀了卫山。

左将军攻破了浿水上的敌军，就向前推进，直到城下，包围了城的西北方。楼船将军也前去会师，屯驻在城的南方。右渠于是固守着城池，相持了好几个月，城都不能攻下。左将军所带领的燕、代两地的士兵多半都很强悍，而楼船将军所带领的齐兵，因为已经尝过战败、受困、忍辱、逃亡的滋味，所以兵众都很胆怯害怕，将领也心怀羞愧而沮丧不振，当他包围右渠的时候，身边就经常携带着议和用的信符。左将军则极力地在进攻。朝鲜的大臣们就秘密地派遣使者，利用机会，私与楼船约降。正在来回商量，尚未做成决定的时候，左将军便一再和楼船将军约期，要共同会战朝鲜，楼船将军因为想达成朝鲜的约降，就不派兵去和左将军会合。左将军也派人利用机会去招降朝鲜，朝鲜不答应，心中只想要归附楼船将军，因此，汉朝的两位将军间就不能相亲睦。左将军心里想，楼船前次作战，有丧败的过失，现在竟和朝鲜暗中通好，而朝鲜又迟迟不肯降，因此怀疑楼船将军有叛乱的阴谋，只是时机不到，还不敢行动而已。

汉武帝以两位将军包围敌人的城邑，却彼此相乖违而不能团结一致，使得战争持久不绝，便派济南太守公孙遂前去纠正，并且使他可以就时势的有利发展，相机行事，做全权处理。公孙遂一到达，左将军便说：“朝鲜早就应当被攻下，持久而攻不下的缘由，是多次约请楼船将军共同作战，他都不来。”同时把他一向所怀疑的事情，都一一向公孙遂做了报告，并且说：“现在到了这种情形，如还不逮捕他，恐怕会变成大祸害。”公孙遂也觉得很对，就用汉武帝所颁下的符节，去征召楼船将军到左将军的军营商议大事，同时命令左将军的部下当场逮捕楼船将军，兼并了楼船的部队；随后向汉武帝禀告。汉武帝认为这样做是不对的，就杀了公孙遂。

左将军兼并两军之后，就急迫地进击朝鲜。朝鲜相路人、相韩阴、尼谿相参及将军王唊四人，共同计议说：“原来我们要向楼船投降，楼船现今被捕，现在两路兵马都由左将军一个人带领，对我们的进攻比以前更加急切，我们恐怕抵挡不了，而国王又不肯投降。”于是韩阴、王唊、路人便都逃跑向汉军投降，路人死在路上。夏季，尼谿相参派人刺杀朝鲜王右渠，然后奔来投降。由于王险城还没有被攻下，所以右渠的大臣成已又起来反叛，再度攻杀官吏。左将军就派遣右渠的儿子长和想奔来投降而死在路上的路人的儿子最，去告知他们的人民，诛杀了成已。这样，终于平定了朝鲜，把它划分为乐浪、临屯、玄菟、真番四个郡。封参为澅清侯，阴为萩苴侯,唊为平州侯，长为几侯，最因为父亲首先起义来投降，不幸死了，父子都建有特别大的功劳，所以被封为涅阳侯。

左将军被征召归来以后，因为犯了作战时互相猜忌、争夺功劳、计虑乖违的过失，被杀。楼船将军也犯了当他兵到列口时，本应当等待左将军会合后，才能够有所行动，却擅自先行纵兵与朝鲜交战，以致伤亡了很多兵士的过失，本应该诛杀，结果是功过相抵，贬为平民。

◆班固说：玄菟郡、乐浪郡本来为箕子的封地。当箕子住在朝鲜的时候，曾拿礼义来教诲朝鲜的人民，并且教他们耕桑纺织，还替朝鲜的民众立下八条禁令：杀人的，立刻偿命；伤人的，要用谷禄去赔偿损失；盗人财物的，假如是男子，就没入为家奴，假如是女子，就没入为婢女；想要自以钱财赎回他的自由之身的，每人要出五十万，但是虽然因此能够免沦为奴婢，世俗却还是会蔑视他的为人，无人敢和他谈论婚嫁。

所以当地的民众，始终没有敢去盗人财物的，也不必关闭门户，妇人也都很诚信，一点也不淫放邪僻。朝鲜农民，利用竹编的笾和木质的豆，作为饮食的器具；城里的人，则学着官吏的样子日常利用杯形的器皿来饮食。郡里的官吏，刚从辽东郡派来的时候，看到这里的民风很淳朴，门户财货都不必闭藏。等到一些商贾来了以后，夜里就有了盗贼，习俗才慢慢浇薄起来。现今触犯法禁的越来越多，禁令已达到六十多条了。想起当初箕子能以仁德贤惠来教化人民，真是太可贵了！当然朝鲜人民的性格柔顺，也不同于南蛮、西戎、北狄三方的民族。所以孔子伤悼仁道的不得施行，想要乘桴筏住在东夷，实在是有原因的啊！◆

秋季，七月，胶西于王刘端去世。

武都的氐民叛乱，分徙到酒泉去。

四年（甲戌，公元前107年）

冬季，十月，汉武帝到雍去祭祀五帝祠。通过了回中，向北出了萧关，经过独鹿、鸣泽，从代回来，又行幸河东。春季，三月，祭祀后土，赦免了汾阴、夏阳、中都死罪以下的囚犯。

夏季，发生大旱灾。

匈奴自从霍去病、卫青直捣沙漠以来，一直希望能再有机会重来掠夺汉朝边塞，于是便远迁到北方，休养士兵马匹，练习打猎骑射，经常派遣使者到汉庭来，用甘美的言辞，要求和亲。汉廷派了北地人王乌等去窥伺匈奴的虚实动静。王乌随着匈奴的习俗，舍去符节，进入毡帐见单于，单于很喜欢他，就编说了一些甜言蜜语，假装答应要让他的太子到汉朝去当人质。汉朝还派遣了杨信到匈奴去，杨信却不肯遵从匈奴的习俗，于是单于说："按照原有的盟约，汉朝曾经派遣公主来，而且提供缯絮等丝织品和食物，前来和亲，匈奴也因此不去侵掠汉朝的边境。现今却要违反以前的约定，要命令我的太子去当人质，这是不可能的事情。"杨信回去以后，汉朝又派王乌前去，匈奴单于便又拿甘美的话来献媚他，想要多得一些汉朝的财物，于是就欺骗王乌说："我想要到汉廷去见见汉天子，跟他结为兄弟。"王乌归去禀告了汉武帝。汉朝因此为单于在长安建造了一座官邸。匈奴说："要不是派遣汉朝的贵人当使者前来，我是不会和他诚心诚意交谈的。"匈奴派遣他的贵人出使到汉朝，生病了，汉朝送药物给他服用，想要治好他的病，却不幸死了。汉朝便派遣路充国佩戴着二千石官员的印绶出使匈奴，以护送这位匈奴贵人的丧仪，并且赠送了价值几千金的优厚赙礼，还说："这是汉朝的贵人。"单于觉得汉朝杀害了匈奴尊贵的使者，就扣留了路充国，不让他回去。单于所说的那些话，只是白白地诈骗王乌，一点也没有要入见汉天子及派遣太子去当人质的意思。于是匈奴便经常派骑兵去侵犯汉朝的边境。汉朝就任命郭昌为拔胡将军，和浞野侯屯驻在朔方郡东，以防胡人。

五年(乙亥，公元前 106 年)

冬季，汉武帝视察南方，到了盛唐，遥祭了在九疑山的虞舜。登上灊县的天柱山，从寻阳过江，亲自在长江中射杀蛟龙，捕获了它。汉武帝的船队前后相接，千里不绝。到了枞阳，就往北到琅邪，沿着海岸走，所经过的地方，都依礼祭祀那些名山大川。春季，三月，回到太山，又行封祭。甲子日，开始在明堂祭祀上帝，以高祖神位配用；同时，就在那里接见诸侯王、列侯，并且接受郡国所呈上的租税钱粮等簿籍。夏季，四月，赦免天下，所经过的县，都不要它们缴纳今年的租赋。回来后，又到甘泉去祭祀泰畤。

长平烈侯卫青去世。为他建起了一个墓地，样子像匈奴国中的庐山。

汉武帝斥退了胡、越，开拓了地境，于是设置交趾、朔方两州，连冀、幽、并、兖、徐、青、扬、荆、豫、益、凉等州，总共十三部，都派置刺史去管理这些地方。

汉武帝因为感觉到一些文武名臣快要竭尽，就下诏说："要建立那超乎寻常的功业，必须要有异于寻常的人才。因此一匹马虽然凶暴不能驯服，但奔驰而能跑千里，一个士民，或因有被世所讥论的牵累，而能立功名。一匹因为有逸气而会翻车的马和一个卓异不俗而放废不遵法度的人，都在于要能善加统驭而已。因此特命各州、郡，要将吏、民之中，有才能俊秀、超群出众者，可任为相、将及出使到绝远的国家，为国辛劳的人，察举出来。”

六年（丙子，公元前 105 年）

冬季，汉武帝视察到回中。

春季，在首山下建造了一座首山宫。

三月，视察到了河东，祭祀后土，赦免了汾阴判斩首之刑以下的囚犯。

汉朝已经打通了西南夷，设立了五个郡，为了使这些地界都能相连接，直通到大夏去，于是每年派遣了十几批的使臣，经过这些新郡。但是都在昆明被拦阻，使者被杀了，连财物也都被抢夺。因此汉武帝就赦免了京师里那些罪犯，让他们从军，派遣拔胡将军郭昌统率他们去攻击昆明，砍杀了数十万首级。以后又派遣使者前往，结果还是不能打通到大夏去的路。

秋季，发生了大旱灾和蝗虫灾害。

乌孙国的使臣到了汉朝，看见了汉朝的地广物博，回去之后就向他的国君做了报告。乌孙国因此更加重视汉朝。匈奴听说汉朝和乌孙有交往，很气愤，想要去攻打乌孙；这时，在乌孙西南的月氏、大宛那些国家，也都朝奉汉朝了；乌孙于是很害怕，便派遣了使者到汉朝去，希望能娶到汉朝的公主，和汉朝结为兄弟。汉武帝和群臣商量了以后，答应了乌孙的要求。乌孙用一千匹马作为聘礼来聘娶汉女，汉朝以宗室江都王刘建的女儿细君为公主，嫁给了乌孙王，所赠送的礼物特别丰富；乌孙王昆莫封细君为右夫人。匈奴也选派了一名女子嫁给昆莫，封为左夫人。公主在乌孙是自己治理宫室而居住，岁时则屡次与昆莫相会，置酒饮食。因为昆莫年纪大了，言语有所不通，公主常常觉得很忧愁，想要回到汉朝去，汉武帝听到公主的处境，很同情她，每隔一年，就派遣使者带一些锦绣和帷帐去送给她。昆莫说：“我年纪大了。”因此要他的孙子岑聚娶公主。公主不愿意，上书给汉武帝禀告了这些情形。汉武帝回信给公主说："就顺从乌孙的民俗吧！因为我们的目的是想联系乌孙国一起消灭匈奴人啊！"所以岑娶就娶了公主为妻子。昆莫去世，岑娶继位为乌孙王，王号为昆弥。

这时候，汉朝的使者向西越过了葱岭，到达安息国。安息王也派遣使者，准备好黎轩国善变魔术的艺人和鸵鸟蛋献给汉朝，连同其他一些小国欢潜、大益、车师、扜罙、苏䪥等，都随着汉使去朝贡汉武帝，汉武帝特别高兴。西方这些国家的使者，来来往往，络绎不绝，汉武帝每到沿海视察，都让外国宾客跟从着，大抵都经由人多的地方去，然后散发币帛赏赐他们，准备丰富的物品来厚待他们，借此夸示汉朝的富有丰厚。还比赛角力，出示各种变异不常见的东西和演出一些特别的戏剧，让都邑人都来观赏。又一一地赏赐他们，布置酒池肉林，让外国宾客到四处去参观每一个仓库所储藏的财物，来显示汉朝的充实伟大，使他们倾慕惊骇。大宛国附近生产葡萄，可以酿酒，也盛产苜蓿草，天马最喜爱吃它；汉朝使者便采了种子回来，汉武帝把它种在离宫别观的旁边，一望无际。可是因为西域各国在地理上特别接近匈奴，对匈奴派遣的使者常有恐惧感，所以对待匈奴使臣的礼仪，超过了给汉使者的礼物。

这一年，匈奴的乌维单于去世了，他的儿子乌师庐继位，因为年龄还小，就称作"儿单于"。从此以后，单于便更向西北迁移，左方的军队驻守到云中郡，右方的军队驻守在敦煌郡、酒泉郡。

太初元年（丁丑，公元前104年）

冬季，十月，汉武帝视察到了泰山，十一月，甲子朔日，冬至，在名堂祭祀上帝。向东到达海滨，考察到海上去访求神仙的人和那些方士追求神迹的情景，虽然没什么效验，都没见到什么；反而派遣了更多的人去访求，期望能碰到神仙。

乙酉日，柏梁台发生火灾。

十二月，甲午朔日，汉武帝亲自到高里山祭祀，祭拜了后土之后，到达渤海，想要接着向蓬莱仙岛遥遥祭祀，期望能因此到得了蓬莱仙庭。春季，汉武帝回来后，因为柏梁台发生了火灾，所以就接见了诸侯，在甘泉接受国、郡所呈上来的租税钱粮等会计簿记，并且在甘泉建造了诸侯官邸。

越国人勇之说："依照越国的习俗，遭受火灾之后再起造新屋，一定要比旧房子高大些，以大胜小来压制他。"于是建造了建章宫，设计了千门万户。东面为凤阙，高二十多丈；西面是唐中，周围有几十里的虎圈；北面开凿了一个大池，中建渐台，高二十多丈，叫作太液池，池中筑有蓬莱、方丈、瀛洲、壶梁，这些像海中仙岛、龟鱼之类的东西；南面有玉堂、璧门和鸵鸟的形象等一类东西。又建造神明台、井干楼，高五十丈，有车道彼此相连着。

大中大夫公孙卿、壶遂、太史令司马迁等说："历法和纪年都已经坏乱了，应当再改编历法。"汉武帝就下诏要兒宽和博士赐等共同商量，觉得应当改用夏朝的历法。夏季，五月，命令卿、遂、迁等共同修改汉《太初历》，用正月为一年的开始，颜色以黄色为贵，印文的字数限用五个，又命定官名，协和音律，制定宗庙百官的礼仪，定为常法，永垂后世。

匈奴儿单于喜爱杀伐，国民都很不安心；同时又闹天灾，牲畜多半因此而死。左大都尉便派人伺机向汉朝报告说："我想要杀掉单于来投奔汉朝，可是汉朝离我们这里太远了，期望能赶快派兵来接应我，我马上就发难。"汉武帝就派遣因杅将军公孙敖建造了一个塞外受降城去接应他。

秋季，八月，汉武帝视察到了安定。

曾经出使到西域的汉朝使者说："大宛有良马，就在贰师城，他们把它藏起来，不肯给汉朝的使臣。"汉武帝就派遣了壮士车令等带着千金和金马，去向大宛要求交换贰师城的良马。大宛国王就和他的大臣们商量说："汉朝距离我国太远，并且汉使假如从盐水中的沙漠过来，那里不生草木，水又咸苦，路很难走，所以行人常常自陷于死亡；从北方来的话，那里又有匈奴的阻挠；从南方来，则缺乏水草，路途上又常常没有城郭居民，所以多半都会缺少食物。汉朝的使臣有几百人成批地来，每每因为得不到粮食，而死亡过半。像这样的情景，他们又如何能够派大军来呢！他们对我国是没有什么办法的。说到那贰师城的马，是大宛国的珍宝呀！”因此就不肯送给汉使。汉使特别生气，便恣意大骂，而且椎破金马，随后离开。大宛国的贵人生气地说：“汉朝的使者特别蔑视我们啊！”赶走了汉使，便通知在大宛东边的郁成国去拦阻攻打他们，杀害了汉使，取走了他们的财物。

于是，汉武帝因此很生气。所有曾经出使过大宛的人，就像姚定汉等全部说：“大宛兵力不强，汉兵假如真的派到大宛国去打仗，不过三千人，用强弩去射击他们，就能够把他们都俘虏起来。”汉武帝曾经命令浞野侯带领着七百个骑兵去俘虏了楼兰王，因此觉得姚定汉等人所说的话是对的；并且也为了想要把宠姬李氏的兄弟封为侯，就命令李夫人的哥哥李广利为贰师将军，征调了属国的六千名骑兵和郡国中游手好闲的少年几万人，前去攻打大宛。因为是希望到达贰师城去获得良马，所以就称为贰师将军。任命赵始成为军正，曾任浩侯的王恢派为军队的向导，由李哆担任校尉，管制军事。

◆臣司马光评论说：汉武帝为了想要把宠姬李氏的兄弟封为侯，而派遣李广利带兵去讨伐大宛，他的意思是觉得没有功劳的人是不可以封侯的，这是不想违背高帝当年的规定啊！说到行军用兵这种大事，是关系到国家的安危、人民的生死，假如不辨贤愚，不选择贤能的人去任用，单要凭侥幸去获得尺寸的功劳，借以为名实，而去偏向他所亲爱的人，那么，就不如让他无功而封他为侯来得好。由此可见，武帝是只知道封国，而不知道如何去置备将领。假如因此而说武帝为了能遵守先帝的约定，我觉得这是错的。◆

中尉王温舒为了获得不当利益而作奸犯法，罪当诛族，结果自杀了；当时，他的两个弟弟和两个弟妇家，也各因犯了其他的罪而被诛族。光禄勋徐自为说：“真是悲哀啊！古时候有诛三族的，而王温舒的罪，却至于同时而刑及他自己和他的两个弟弟及两弟妇五族啊！”

关东发生了蝗虫大灾害，蔓延到西边的敦煌。

二年(戊寅，公元前103年)

春季，正月，戊申日，牧丘恬侯石庆去世。

闰月，丁丑日，任命太仆公孙贺为丞相，封为葛绎侯。当时朝廷正是多事的时候，所以经常去督查责备大臣。从公孙弘之后，丞相每每因为事情而遭受刑杀，石庆虽然因为做事谨慎，得以善终，可是也经常受到谴责。所以公孙贺被引拜为丞相时，不愿意接受印绶，还叩头流泪而不愿起来。汉武帝便起身离开，公孙贺不得已，才接受了任命。出来后，对人说："我从此危险了。"

三月，汉武帝巡视到了河东，祭祀后土。

夏季，五月，征用吏民的马匹来整补车骑队马匹的不足。

秋季，闹蝗虫灾害。

贰师将军西征，经过了盐水，沿途的小国都恪守城池，不肯提供粮食，攻也攻不下；假如有攻下的，就能得到食物，攻不下的，过了几天后，也就离开了。等到了郁成，能跟到这里来的士兵，不过几千人而已，每一个都显得又饥饿又疲乏。所以攻打郁成的时候，被郁成打得大败，许多士兵都被杀伤了。贰师将军便和李哆、赵始成等人一块儿商议："到达郁成这种小地方都还攻不下，何况是到了大宛的国都呢！"于是就带兵退了回来。到达敦煌，剩下的士兵不过十分之一二。便派遣了使臣上书给汉武帝说："因为路途太远，又缺少粮食，士兵不是担心和敌人交战，而是忧虑饥饿，同时带的人也太少了，不够用来攻拔宛国，所以请求能暂时停兵，等增派士卒之后，再去攻打。"汉武帝听了，特别生气，就派遣使者阻拦在玉门，说："假如有军士敢进入玉门的，立刻砍头。"贰师将军很畏惧，就因而停留在敦煌。

汉武帝还认为受降城距离匈奴太远，就派遣浚稽将军赵破奴带领二万多骑兵，远出到朔方西北二千多里的地方去，预期到达匈奴的浚稽山后再回来。浞野侯到了所预期的地方，匈奴的左大都尉便想发起政变，却被发现，单于就杀掉了他，又调派左方的部队去攻击浞野侯。浞野侯便也捕获斩杀了几千名匈奴人，然后返回，结果在还没到受降城四百里的地方，竟然被匈奴的八万骑兵包围了。浞野侯因为在晚上亲自出来找水，匈奴便在偶然的机会里，活捉了浞野侯，于是就着急去攻打他的军队，军吏们因为害怕亡失将领而被诛杀，彼此间都没有相劝突围归汉的人，所以全军就被匈奴消灭了。儿单于特别兴奋，便派骑兵去攻打受降城，因打不下来，就入侵边塞，抢劫一番，随后离开。

冬季，十二月，兒宽去世。

三年（己卯，公元前102年）

春季，正月，胶东太守延广为御史大夫。

汉武帝东行，巡察沿海的地方，视察关于神仙的事儿，却得不到什么征验，后来汉武帝叫负责祭祀的官员去礼祭东泰山。夏季，四月，归来后，遵行旧有的制度，封祭泰山，又去祭祀了石闾。

匈奴儿单于死了，因为儿子年龄还小，因此匈奴人就立他的叔父右贤王呴犁湖为单于。

汉武帝派遣光禄勋徐自为，到达五原郡的榆林塞外几百里，远的甚至到几千里外，建造防敌用的城堡、障蔽、列亭，西北一直延伸到庐朐，同时派遣游击将军韩说、长平侯卫伉屯驻在附近；又派遣强弩都尉路博德在居延泽上修城。秋季，匈奴大批入侵定襄、云中二郡，劫杀了几千人，打败了好多个俸级为两千石的大官员而去，并且一路破坏光禄勋所修建的城堡、列亭、障蔽；又派遣右贤王侵入酒泉、张掖二郡，劫掠了几千人。这时候，正好碰到军正任文率兵来救援，于是匈奴失去了所掠夺的一切而去。

这一年，睢阳侯张昌因为犯了对太常的祭祀有所缺失的过错，被撤销封国。

起初，汉高祖曾经分封一百三十个功臣为列侯。当时正在战乱之后，一些大的城镇和著名的都市，人民因为战争的关系都逃跑了，户口少得寥寥可数，十分才留下二三而已。所以封为大侯的，大的也不过以万家罢了，小的就只有五六百户。他在赏土地爵位给人的时候，发誓说："即使黄河变成像衣带一样狭窄，泰山也如砥石一般细小，所封赏的诸侯，仍能长久存在，得以永远传到后世的子孙。"同时还颁给功臣们示信的符契，并且用白马作为盟誓时的牺牲。等到高后时，又依照列侯功劳的大小，一一排下他们的先后位次，之后把这些登录好的列侯功籍，收藏在宗庙里，副本则存放在官府中。到了文帝、景帝，经过了四五代，流亡的人民都已经回到了故乡，户口数也越来越多，大的列侯，所拥有的户口，多到三四万户，小的诸侯国，也都加了一倍，他们的资财，也都像户口数一样更加富厚。于是他们的子孙，生活态度就骄恣放逸起来，常常抵触禁条法令，以至于丧身亡命，封国也被撤除。到了现在，不过留下四个人而已，当然这期间，法网也稍显苛细了些。

汉朝丧失了浞野侯的士兵以后，参加商议国事的公卿们，都请求停止进击宛国，先专力去攻伐匈奴。汉武帝因为已经出兵讨伐宛国，想到宛国不过是一个小国罢了，却攻击不下，这样，被大夏等国知晓了，一定会越来越蔑视汉朝；而且宛国的良马也一定得不到，乌孙、轮台等国也会蔑视欺凌汉使，而被外国所耻笑。于是就惩罚事先议论攻伐宛国将有不利并且发言非常激烈的邓光等人，还赦免囚犯，调发一些游手好闲的青年及边郡骑兵。过了一年后，共派遣了六万人到敦煌去，而那些担负私人装备，私自跟从的，尚不在此数，其他还有十万头牛、三万匹马、上万的驴子和骆驼，所携带的粮食、兵器、弓弩都很齐备。天下因此骚动，相传奉命攻打宛国的，总共有五十多校尉。因为宛国的城中没有水井，是汲取城外的流水到城内去供饮用的，汉军于是就计划调派治水的工人去迁移流经城下的水源，让它流到别处去，使城中没有水喝，并想就原来用以引水入城的水道，去攻打宛国的城池。还调派十八万驻军到酒泉、张掖二郡的北面去，又设置居延、休屠二县，驻扎军队，来拱卫酒泉。同时天下亡命的或有罪的吏民，以及入赘女家为婿的人、商人、以前在市中有户籍的、父母和祖父母在市中有户籍的，凡七种人，都被充调从军。又载运干粮提供贰师将军，转运的车马人众相连不断。还任命了两个熟悉马匹的人，一人为执马校尉，一人为驱马校尉，准备在攻破宛国时，去选取他们的良马。

于是贰师将军又向西域进发，因为兵多，所到的小国，没有不迎接的，还都拿出食物来提供汉军食用。到了轮台国，轮台国不肯投降。汉军于是就进攻轮台，攻了几日，攻下了，就把轮台国恣意地屠杀了一番。从此向西，一路无阻地到达宛国都城，这时汉兵共到了三万人。宛国军队于是迎击汉军，汉兵也射杀宛兵而打败了他们。宛兵便退守入城，坚守他们的都城。贰师将军想要转攻郁成城，又担心停止攻势后，会让宛国有时间想出其他的诡计，就先到宛城，引决了宛城的水源，使它改道他去，于是宛城就深受忧苦，而汉军这时又包围了城池，攻击了四十多天。宛国的贵人便商议说："因为以前国王毋寡藏匿良马而杀害汉使，所以汉军才会来攻击我们，现在我们如果杀了宛王，并且献出良马，汉兵应该是会解围的；假如到时还不能解围，再力战而死，也不为晚啊！"宛国贵人都以为是，就一起杀掉了宛王。同时因为宛国的外城已被攻破了，宛国贵人中的一个勇将煎靡又被俘虏，于是宛人大为恐慌，都走避到城中去。贵人杀害了宛王后，就拿着宛王毋寡的头，派遣人到贰师那里去，和贰师相约说："汉军不要来攻打我们，我们将献出全部的良马，任由你们随便选取，并且供给汉军食物。假如你们不听劝说，我们将杀掉所有的良马，康居的救兵又将到来，救兵一到，我国在城内，康居由城外，我们将从内外和汉军作战。你们仔细想想，到底要怎么办才好？"这时候，康居窥视汉兵尚在强盛的时候，不敢前进。贰师将军则听说大宛城里最近刚获得汉人的协助，他知晓掘井的办法，并且城内的食物还不少，就考虑："我们此来，所要诛杀的罪魁是毋寡，现在毋寡的头已经送来了，像这个样子，假如还不答应解围的话，那么，他们一定会坚守城池，而康居等到汉兵疲惫以后如赶来救援宛国，那汉兵就一定会被击破的。”所以便答应了宛国的请求。宛国就交出良马，让汉军自己去选取，而且准备了许多食物供应汉兵食用。汉军便选取了几十匹大宛良马，以及中马以下雌雄各三千匹，而立原先就经常善待汉使的大宛贵人名叫昧蔡的为宛王，和他结盟后就罢兵回去。

起初，贰师将军从敦煌西边出兵，分成几支军队，由北、南两军进攻，校尉王申生带领一千多人由另一条路到郁成，被郁成王攻破消灭了，其中有几个人逃脱，跑到贰师将军那里。贰师将军就命令搜粟都尉上官桀去攻打郁成。郁成王逃亡到康居，上官桀追赶到康居去。康居听说汉兵已攻破宛国，就献出郁成王给上官桀，上官桀命令四个骑士捆绑守护着送到贰师将军的军营里。上邽的一名骑士赵弟恐怕郁成王在路途上逃脱了，就拔剑砍下郁成王的头，追赶着去送给贰师将军。

四年(庚辰，公元前 101 年)

春季，贰师将军班师回朝。贰师沿途所经过的小国，听说宛国已被击破，都派遣他的子弟跟到汉朝来朝贡进献，拜见汉武帝后，就留在汉朝当人质。军队回到玉门，带回了一千多匹军马。此次军队再度出征大宛，当时军中也不缺乏粮食，战死的也不很多，可是将帅属吏却很贪婪，不爱惜士卒，侵取士卒的粮饷，因此死得特别多。汉武帝因为他们远到万里外去攻伐宛国，所以不记他们的错失，于是下诏令封李广利为海西侯，赵弟为新畤侯，任命上官桀为少府，军中的官吏当上九卿的有三人，当诸侯相、郡守以及享有两千石俸禄大官员的有一百多人，当一千石以下的官员的有一千多人；愿意从军的，所封的官也都超过他们自己的希望；因为犯罪而被派遣充军的，都赦免他们的罪，但是不另外再去奖励他们的功劳，也赏赐了士卒们价值有四万钱的财物。

匈奴听说贰师将军征伐大宛，想要加以拦阻，因为贰师带领的军队很壮盛，不敢去抵挡，就马上派遣骑兵到楼兰国，借着楼兰国的掩护去窥伺汉军，想要截断汉军的后行部队，使他们首尾不能相顾。

当时汉军的军正任文正屯驻在玉门关，捕到了俘虏，得知这种情形，就报告了汉武帝。汉武帝就命令任文顺路率兵去捕捉楼兰王，送到朝廷来对簿责问。楼兰王说："小国处在大国中间，不两边归附，无法自求安定，请能举国迁入汉地居住。"汉武帝认为楼兰王的话说得也很有道理，就放他归国，也借着楼兰国，要他去窥伺匈奴的动静，匈奴从此也不再亲信楼兰国了。

自从大宛被攻破以后，西域各国都特别惧怕震动，汉朝派到西域去的使臣，因此都能尽到他的职责。所以从敦煌以西，一直到盐泽这一带，到处都筑起了亭障，并且在轮台、渠犁这些国家，都驻守了几百名屯田的兵士，派置了使者、校尉去统领保护那些有关屯田的事情，以便收成五谷来供应出使在外国的汉人。

经过一年多以后，宛国的贵人觉得昧蔡太会献媚汉朝，使得宛国遭受汉兵的屠杀，就共同计划杀掉了昧蔡，立毋寡的兄弟蝉封为宛王，并且派遣他的儿子到汉朝去当人质。汉朝便派人去赏赐安慰他。蝉封和汉朝约定，每年献上天马两匹。

秋季，修建明光宫。

冬季，汉武帝巡行到了回中。

匈奴呴犁湖单于死了，匈奴立他的弟弟左大都尉且鞮侯为单于。汉武帝就想要趁着讨伐宛国的余威去困住匈奴，于是下诏令说："高皇帝留给我平城的忧恨，高后时，单于致汉朝的书信，内容极为背礼叛乱。从前齐襄公报了九世的仇恨，《春秋》上面大大地赞美于他。"且鞮侯单于刚刚继位，也害怕汉军来袭击他，就说："我是儿童，哪里敢和汉朝的皇帝相比较，汉朝的皇帝是我的长辈啊！"因此便全部送回原被扣留在匈奴而不肯投降的汉朝使者路充国等人，还派遣使臣来朝贡。

天汉元年（辛巳，公元前100年）

春季，正月，汉武帝巡行到了甘泉，祭祀泰畤。三月，巡行到河东，祭祀后土。

汉武帝嘉奖匈奴懂得道理，也派遣了中郎将苏武送回被扣留在汉朝的匈奴使臣，顺便还赠给单于很丰厚的财物，报答他对汉朝的好意。苏武便和副中郎将张胜，以及临时委任，一起出使的属员常惠等人，一块儿出发。到了匈奴，就准备好了礼物送给且鞮侯单于。想不到单于却因此反而越加骄傲起来，这真不是汉朝原先所期望的啊！

这时候正好碰到缑王和长水人虞常等，以及原由卫律所带领而现在已投降匈奴的部属，暗中计划劫持单于的母亲阏氏投奔汉朝的事情。卫律这个人，他的父亲本是长水地方的匈奴人，卫律因为和汉朝协律都尉李延年很要好，延年就推荐卫律出使匈奴。回来以后，听说延年全家被捕杀，就逃亡到匈奴那里去投降了匈奴。单于很喜欢他，便和他商议国家大事，封他为丁灵王。虞常在汉朝的时候，早就和副中郎将张胜有交情，因此便暗中去拜访张胜说："听说汉朝的皇帝特别怨恨卫律，我能替汉朝埋伏下弓弩手去射杀卫律。我的母亲和弟弟目前都在汉朝，期望事成以后，他们能得到汉朝的赏赐。"张胜答应了他，并且拿了一些东西送给他。以后经过了一个多月，单于外出打猎，只有阏氏和一些子弟留守，虞常等七十多人便想要发难，其中有一个人却趁夜逃去向匈奴告发了这件事。单于的子弟们就发动兵士同虞常等作战，缑王等全战死，虞常被活捉。

单于便派遣了卫律来审问这件事。张胜听到这个消息，害怕以前和虞常的谈话被审问出来，就把事情的经过告诉了苏武。苏武说："事情已到这种地步，这件事一定会牵连到我们，如等到被匈奴人侵犯侮辱了才不得已而死，将更加辜负国家，有辱国体。"因此便想自杀。张胜和常惠就慌忙一起阻拦他。后来虞常果然牵引出了张胜。单于很生气，召集了很多贵族商议，想要杀掉汉朝的使臣。左伊秩訾说道："谋杀卫律就要处死，假如他们这次是要谋害单于的话，那么，又将要怎样去加重他们的罪刑呢！所以应该设法让他们都投降我们。"单于便派卫律把苏武找来接受审问。苏武告诉常惠等说："屈挫了节操，辱没了使命，虽或还能生存，又有什么脸回到汉朝去呢？"就抽出所佩的刀往自己身上刺去。卫律吓了一跳，亲自抱住了苏武，急忙把医生找来，在地面上挖个坑，在坑内点燃有烟无焰的小火，把苏武背向上，脸朝地面放在坑内，然后按揉他的背部，使血液流出，不让它瘀积在体内造成伤害。苏武昏绝过去，过了好半天，才又渐渐地醒转过来。常惠等都哭了，把苏武抬回汉使所住的营帐。单于很赞许他的节操，早晚都派人去慰问苏武，同时逮捕了张胜。

苏武的伤势一天天好起来，单于便派遣人去探望苏武，想要劝他投降。于是就要苏武共同去审问虞常，想要趁着审问的机会，胁迫他投降。等到了在审问庭上用剑砍杀了虞常以后，卫律便说："汉朝的使臣张胜，谋划杀害单于的亲近大臣，该判死刑。可是单于现今招降你们，只要投降，就可以宽恕你们的死罪。"说罢，举起了剑，就想要去砍杀张胜，张胜立刻请求投降。卫律又告诉苏武说："副使有罪，正使应当连带治罪！"苏武说："本来就没有参与谋划，和他们也没有任何亲属关系，说什么连带治罪呢？"卫律又举起了剑，做出要砍杀苏武的样子，苏武不为所动。卫律说："苏君！卫律过去背负了汉朝，投降匈奴，幸运地蒙受单于的大恩德，封赐我为丁灵王，拥有了几万人的部众，归自己所有的马匹畜生，也多得漫山遍野，我在匈奴所享受的富贵，到这种地步！苏君今天投降，明天也会和我一样；否则你只是白白地牺牲自己，把身体拿来当肥料，肥美了草野而已，又有谁会知道你呢？"苏武不理会他。卫律又说："苏君，就照我的话投降，我愿意和你结拜为兄弟；假如现在不听从我的意思，以后想要再见到我，还有这个可能吗？"苏武大骂卫律说："你身为汉朝的臣子，却不顾恩义，背叛了你的国君和亲人，甘心投降为外族的俘虏，我要见你做什么！并且单于信任你，让你来审判别人的生死，却不能平心静气，主持公道，反要挑拨汉天子和匈奴单于之间的感情，你好从旁坐观两国的灾祸和损失。从前南越杀害了汉朝的使者，结果被夷平为九个郡；宛王毋寡杀害了汉使，结果被砍了头，还被悬挂在汉朝的宫阙下；朝鲜杀了汉朝的使者，也被马上消灭；现在就只有匈奴还没有罢了。你已明知我是不会投降的，假如想要让汉朝和匈奴两国发动战争，匈奴的灾祸就从杀我开始了。”卫律知道到底是没有办法胁迫苏武的，便报告了单于。单于却更加要苏武投降，就把他监禁在本是储藏米粟的大地窖中，一点也不给他饮食。天下雪了，苏武卧在地窖中，就嚼着雪，并取毡上的毛一同吞下去充饥解渴。这样过了几天，苏武并没有死。匈奴觉得是神，就把他移到北海上没有人居住的地方，要他去放牧公羊，说：“等到公羊生了小羊才准回国。”又分别隔离了苏武出使匈奴时所带去的随行官属常惠等人，把他们拘禁在不同的地方。

上天飘下了白毛。

夏季，发生大旱灾。

五月，赦免天下。

朝廷调派因罪被革职发配到边外去的人屯守五原郡。

浞野侯赵破奴从匈奴逃回汉。

这一年，济南太守王卿当了御史大夫。

二年（壬午，公元前 99 年）

春季，汉武帝巡行到东海郡。回来后又行幸回中。

夏季，五月，派遣贰师将军李广利率领三万骑兵出酒泉郡，在天山攻击匈奴的右贤王，斩获了一万多个匈奴人的首级回来。于是匈奴便大规模地包围贰师将军，使得汉军短缺了好几天的粮食，也死伤了很多人。幸赖代理司马陇西人赵充国和一百名壮士的突围陷阵，贰师将军领兵跟随着他，才得解围。汉兵死了十分之六七，赵充国身上也受了二十多处创伤。贰师将军把这次的战况奏闻汉武帝，汉武帝就下了诏令征召赵充国到他所巡幸的地方去，汉武帝亲自接见他，探看他的伤势，并且很赞叹他勇敢的表现，于是就把他任命为中郎。

汉朝又派遣因杅将军敖率兵出西河郡，和强弩都尉路博德于涿涂山会合，但却无所虏获。

当时，李广有个孙子叫李陵，官职侍中，善于射箭骑马，能爱惜人才，善待士卒。汉武帝觉得他有李广的风范，任命他为骑都尉，派遣他带领丹阳郡内的五千楚国人，在酒泉、张掖一带教习射术，以防止匈奴。等到贰师将军攻打匈奴时，汉武帝命令李陵，要他替贰师将军掌管军需行李。李陵却叩头请求说："我所率领的那些屯驻在边境上的士兵，都是荆楚地方的勇士，全是奇才剑客，力能伏虎，每射必能中的，因此请能自成一部，到达兰干山的南边去分散单于的兵力，不让匈奴专心和贰师将军对敌。"汉武帝说："那么我将要拿什么来配置给你呢？我已经调派很多的军队出去，再没有什么骑兵能够给你了。"李陵回答说："我不用骑兵，我愿意以少击众，就凭着五千步兵，就要直入单于王庭。"汉武帝听了，特别赞赏他，并且答应了他的请求。汉武帝因此命令路博德带兵在路上接应李陵的军队。路博德也羞于当李陵的后援部队，就向汉武帝进言说："现在正是匈奴战马肥美的时候，不能和匈奴交战，请阻止李陵，等到春天的时候，再一起出动攻打匈奴。"汉武帝特别生气，怀疑是李陵后悔，不想出兵，却教路博德上书，就命令路博德带兵到西河去攻打匈奴。命令李陵在九月出发，从遮虏障，到东浚稽山南边的龙勒水上，来回观看匈奴的动静，假如没看见什么情况，就回来，到受降城去罢兵休息。李陵于是就带领他的五千步兵，从居延向北行了三十天，到了浚稽山安营扎寨。把所经过的山川地形，全部画下图来，派遣部下的骑兵陈步乐带回上书汉武帝。步乐被汉武帝召见时，提到李陵将带领那些得力的军士，竭尽一切地来报效国家，汉武帝非常高兴，任命步乐为郎官。

李陵到了浚稽山，和单于碰见了，匈奴差不多用了三万骑兵包围李陵。李陵的部队就驻扎在东西两浚稽山间，用辎重车环绕为营，固守阵地，准备作战。当李陵率领军士在军营外排成阵式，前排拿着戟和盾，后排拿着弓和弩前进的时候，匈奴看到汉军不多，就只向军营冲过去。李陵也迎向前去与匈奴交战，全部的弓箭都同时发射，匈奴兵便应弦而倒，退到了山上，汉军乘胜进击，杀死了几千名匈奴人。

单于大为震惊，就召集了左右方的八万多名骑兵，齐向李陵攻击。李陵边战边向南方退走，过了几天，退到山谷中，依然继续作战。兵士中了敌箭受伤的，凡是中箭多次伤重的就乘车，中了两次箭的推车，只中了一箭的，还是要拿着武器作战，如此又砍杀了三千多个匈奴兵的首级。然后带着兵退向东南，顺着以前出兵龙城的老路走。四五天后，到了一处大水泽的芦苇丛中，匈奴便在上风放火，李陵也命令兵士预先纵火烧掉附近的草木芦苇，让匈奴人放的火不会烧过来。向南退到了山下，单于正在南山上，于是就让他的儿子带领着骑兵去攻打李陵。李陵的军队在树林间徒步战斗，又杀了几千人，在交战中，还趁机发出可以连发的弓弩射向单于，逼得单于逃向了山下。这一天，捕获了匈奴人，据他说："单于说：'这些都是汉朝的精兵，我们攻破不了他们，却天天引着我们向南方渐渐地靠近了边塞，这会没有埋伏的部队吗？'每一个官拜当户的匈奴君长也都说：'单于自己率领了几万名骑兵，攻击汉朝的几千人，都消灭不了他们，那么以后将没有办法再去差遣要求防守边境的官兵，而且会让汉朝更加轻视匈奴。再在山谷间继续攻击，还有四五十里的地方，假如到了平地，还破不了汉军，那就只好回去了。'"

这时李陵的军情更加紧急，匈奴的骑兵又那么多，一天都要交战几十次，但是虽然如此，汉军还是杀了二千多名匈奴人。因此匈奴就显得好像很不利，便想要退走，正好遇到李陵的部队里有一个军侯管敢，被他的长官校尉所屈辱，逃去投降匈奴，就向他们报告说："李陵的部队并没有后援，箭矢也快用完了，只剩下将军的校尉成安侯韩延年和部属各八百名士兵为前导，用黄色和白色的旗子为标帜；应该派遣精悍的骑兵去射杀他们，汉军就会被击破。"单于得到了管敢的消息，特别高兴，便派遣骑兵去包围汉军，大声疾呼说："李陵、韩延年赶快投降吧！"于是就拦阻汉军的退路，急切地攻击李陵。李陵被困在山谷中，而匈奴人高居在山上，箭像雨一样地从四面八方发射下来。汉军再向南行，还没到鞮汗山，五十万枝箭都用完了，便抛弃了车子。兵士尚剩下三千余名，都只拿着从车辐上砍下来的直木头当武器，军吏则带着短刀逃到狭谷，单于便从山壁上投下大石块遮断谷口，阻止李陵的退路。汉兵死了很多，不得继续前行。黄昏后，李陵穿着便衣，独自走出军营，阻止左右的跟随，说："不要跟我，大丈夫当一身独取匈奴！"过了很久，李陵回来了，叹息着说："大军已经失败了，死定了！"于是就把全部的旌旗都破坏了，连同珍宝一起埋葬在地下。李陵又感叹地说："能再得到几十枝箭，就足够用来脱身了。现在已经没有兵器了，再打下去，到了天亮，便只有等着被捉，假如我们大家就这么解散，各自逃亡，说不定还会有人可以逃回去向天子报告的。"于是命令军士每人各拿二升的干粮，一片冰块，约好逃到遮虏障去会合。到了半夜，便敲了鼓，要唤起战士，可是鼓却不响。李陵和韩延年就一起上马，有十多名壮士伴随着，几千名匈奴骑兵在后面追赶着他们，结果韩延年战死。李陵说："我无脸回去回报皇上了！"于是就降了匈奴。汉军到处逃跑，逃到边塞的，只有四百多人。

李陵失败的地方，距离边塞有一百多里，守边塞的人已先向汉武帝报告了这件事情。汉武帝希望李陵能够拼命去战斗，后来听说李陵投降了，汉武帝很生气，就责问陈步乐，步乐便自杀了。群臣也都怪罪李陵，汉武帝便拿这件事情问太史令司马迁的意见，司马迁极力为李陵辩护说："李陵侍奉亲长，能尽到孝道，与朋友交，能言而有信，常常奋不顾身来谋救国家于急难，这些品德在他的心胸中蓄积修养，使他颇有国士的风范。现在却因为替国家办事而有了一些不幸的事情发生，就使那些保全性命和妻子的臣子，随即构陷了他的罪过，实在是可哀痛的事啊！况且李陵所带领的步兵，不到五千名，却深入战地，抑制了敌人几万人的部队，使得匈奴忙乱得来不及去拯救将死的人和扶治伤息，敌人又悉数派出弓弩手一起去包围李陵，使得陵军辗转战斗在千里之地，箭用光了，又无路可走，兵士都只是空拉弓弩，拿着刀刃，面向北方与敌人拼个死活。能够获得人臣的尽力效死，就是古代有名的将军，也不会强过他啊！李陵身虽然陷败，但是他所摧破的匈奴兵是那么多，也足够使他扬名于世了。现在李陵身陷匈奴而没有战死，应该是想要等待一个合适的时机去立功赎罪，来报效汉天子的啊！”汉武帝觉得司马迁是在胡言乱语，想要诋毁贰师将军，而代替李陵游说，于是就把他下狱，施了宫刑。

时间长了，汉武帝很后悔当时所下诏令的错误，使得李陵深陷匈奴而得不到救助，便说：“应该在李陵受命率领出塞的时候，再下令让强弩都尉路博德去接应李陵的军队；当时犯了预先下诏令要路博德为李陵后援的过失，才使得那老将能别生奸诈而胡言乱语上奏。”于是便派遣使者慰劳赏赐从匈奴重围中逃回来的李陵旧部。

汉武帝用法制来统御人民，喜好重用严酷的官吏，而郡守和那些诸侯国里掌有治理大权的二千石官员又差不多都很暴虐，因此使得吏民们反而更加不怕犯法了。东方的盗贼更是一天天多起来，成群的匪徒，多到几千人结集在一起，到处攻打城邑，夺取军械库里的兵器，释放牢里的死囚，捕捉羞辱都尉、郡太守，杀掉了两千石大官员。而一些聚集在一起有几百个，四处去劫掠乡里的匪徒，更是多到无法计算，路上都没有人敢走，全部被盗贼阻断。这时，汉武帝才派遣御史中丞和丞相长史去督察剿灭这些盗匪，但是已无法禁止了，因此又命令光禄大夫范昆和以前的九卿张德等人，穿着表示尊宠的彩绣衣服，带着皇帝所颁发下来的符节，以及军中的印信，以紧急动员令征发军队去围剿，砍杀了很多盗匪的首级，人数众多的，达到一万多名，还依照法律杀害了一些纵容匪徒、提供给他们饮食，应当与匪徒同样犯罪的人，各郡中，甚至有几千人的。几年之后，才抓获他们的首领，但是那些逃跑的小土匪，到处逃亡后，又结党盘踞，骚扰山川道路，还经常集聚群居在一块儿，官兵对他们也没有什么方法。汉武帝于是就制定《沈命法》，法条上规定：“当群贼猖狂的时候，居然没有察觉到，或者是虽然发觉了，而不去捕捉，捕获了却超过了期限，或没达到相当成绩，从二千石的大官员以下，一直到小吏，所有的承办人员，全部要处死刑。”之后县里的小吏因为害怕被处死，即使有了盗匪，也不敢往郡府里去报告，因为害怕捕获不到他们时，又会连累到郡府，郡府恐怕并坐，也命令他们不要往上报。所以盗贼就慢慢地多起来，府县上上下下彼此都在隐藏事实，而以虚文掩盖，诈称无盗，来躲避法律的制裁。

这时候，暴胜之奉命为直指使者，所诛杀的二千石以下的官员更多，威势震惊了州郡。到了渤海郡，听说那里有一个叫作隽不疑的人特别贤能，就派人去要求和他见面。隽不疑容貌很是尊严，衣冠非常壮美，暴胜之见了，鞋子都来不及穿好，就赶紧站起来去迎接他，等登上了厅堂彼此坐好了，隽不疑便用手按在席位上先表示敬意，然后进上戒辞说：“我隐居在渤海这种滨海的地方，听到您暴公子的声名已经很久了，可是直到今天才有机会拜见你，并且和你说话。说到当官吏的道理，太过刚强就容易被摧毁，太过柔弱，又会被抛弃。所以做事的态度应该是，施加威信以后，接着便要施给他恩惠，然后才能建立你的功绩，显扬你的名声，长久地享用你的爵禄。”暴胜之很虚心地接受了他的劝诫，等从渤海回去以后，就上表推荐了隽不疑，汉武帝便任命他为青州刺史。济南人王贺也当了绣衣御史，因为追捕魏郡的盗匪时，常常违法地放掉他们，由于奉派办事如此不能尽责，所以被免了职，便感叹地说：“我听说，能救活一千人的，他的子孙会受到封赏，现在我所救活的人，有一万多名，我的后代当会兴盛起来吧！”

这一年，封从匈奴投降过来的介和王成娩为开陵侯，让他带领楼兰国军队去攻打车师。匈奴派遣右贤王，统率几万名骑兵去救援车师，汉兵失利，于是引兵退回。

资治通鉴卷第二十二　汉纪十四

起癸未(公元前98年)，止甲午(公元前87年)，共十二年。

【题解】本卷记录了汉武帝刘彻天汉三年至后元二年共十二年间的历史。前半卷写武帝年老昏聩、喜怒不定、凶残好杀；后半卷写武帝悔过自责，真情袒露。本卷记录了武帝晚年迷信多疑，奸人乘机掀起巫蛊大案，卫皇后自杀，太子兵败自尽，死者累计万人，汉武帝查明太子之冤，进行奖惩，建思子宫以怀；记录了李广利北伐，因家族系狱，败于匈奴，投降后被卫律忌恨，被杀祭神；记录了汉武帝知错能改，不迷信方士，追悔穷兵黩武，下轮台罪己诏，息兵养民。记录了汉武帝立幼子刘弗陵而杀其母钩弋夫人，临终托孤于霍光、金日磾等，以及班固、司马光对武帝的评价等等。

世宗孝武皇帝下之下

天汉三年(癸未，公元前98年)

春季，二月，王卿有罪自杀，任命执金吾杜周为御史大夫。

始定由政府酿酒专卖。

三月，汉武帝巡行到了泰山，修建坛台，行祭天礼，祭祀过明堂后，接纳了各地方呈送上来的租税钱粮等簿籍。在归途中，顺道又去祭祀常山，埋下黑色的玉。那些方士建议立祠去迎接神仙，以及入海去访求蓬莱仙岛的事情，结果都没有效验，但是公孙卿还说看见了巨人的足迹拿这种事来为自己的荒谬辩解。于是汉武帝就更加厌恶轻视方士们怪诞迂阔的话，但是仍与他们保持联系，存有幻想，希望有一天真能遇到神仙。从此以后，倡言建祠奉神的方士就更多了，但是他们的征验怎么样，是大家有目共睹的。

夏季，四月，发生大旱灾。于是就下令赦免天下。

秋季，匈奴入侵雁门郡。太守因为迟疑怯弱，不能当机立断，结果被处死。

四年(甲申，公元前97年)

春季，正月，在甘泉宫接见诸侯王。

征召全国人民中，凡是犯法的官吏，或是亡命、赘婿、商人、旧有市籍、父母有市籍、祖父母有市籍等七种人，都去从军，再加上一些勇敢之士，于是派由贰师将军李广利带领六万名的骑兵和七万名的步兵，出朔方郡；派强弩都尉路博德也率领一万多人去和贰师会合；游击将军韩说则带领三万名步兵出五原郡；因杅将军公孙敖率领一万名骑兵和三万名步兵出雁门郡。匈奴听说汉朝派了大军压境，就赶紧把他们的妻子、资产远远地迁移到余吾水北边；单于则带着十万兵马在余吾水的南边等候，打算和贰师将军交战。贰师引兵回师，汉军便和单于一连战斗了十几天。游击将军韩说则没遭遇匈奴军队，没有收获。因杅将军和左贤王作战，战争不顺利，引兵回师。

当时，汉武帝派遣公孙敖深入匈奴地区，去迎接李陵，敖领军前去，无功而回，就说："我捉到了俘虏，说是李陵在教单于训练军队来防备汉兵，臣以为毫无所得，不能完成任务。"汉武帝就杀了李陵一家人。听说，原来训练匈奴兵的，是投降匈奴的汉将李绪，不是李陵。后来，李陵便派人去刺杀绪，单于的母亲大阏氏就要杀李陵，单于便把李陵藏匿到北方去；等大阏氏死后，才回来。单于把女儿嫁给了李陵为妻，封为右校王，和卫律同样都很受尊宠重用。卫律经常在单于左右办事，李陵则居住在外，有了国家大事才召他入议。

夏季，四月，立皇子刘髆为昌邑王。

太始元年(乙酉，公元前96年)

春季，正月，公孙敖因为他的妻子用巫术害人，因此受到牵连，被处以腰斩之刑。

把郡国中的富豪英杰迁到茂陵去。

夏季，六月，赦免天下。

这年，匈奴且鞮侯单于去世了，他的两个儿子，大的为左贤王，次的为左大将，因为左贤王还没有奔丧，贵人们觉得他病了，于是就改立左大将为单于。左贤王听说了这件事情，害怕进去。左大将就派人去把左贤王找来，让位给他。左贤王以身体有病加以推脱，左大将不听他的，告诉他说："假如真的不幸死了，再传位给我。"左贤王答应了他，便立为单于，就是狐鹿姑单于。以左大将为左贤王，几年之后，左贤王病死了，他的儿子先贤掸不得继位为左贤王，改任为日逐王。单于任命了他自己的儿子为左贤王。

二年（丙戌，公元前 95 年）

春季，正月，汉武帝巡行到了回中。

杜周去世，光禄大夫暴胜之被任命为御史大夫。

秋季，发生旱灾。

赵中大夫白公上奏请求开凿河渠来引入泾水，从谷口起，到栎阳止，注入渭中，长二百里，能够灌溉四千五百多顷的田地，所以就叫作白渠。人民都得到了丰足。

三年（丁亥，公元前 94 年）

春季，正月，汉武帝巡行到甘泉宫。二月，到东海郡，得到了一只红雁。又到琅邪郡，在成山礼拜太阳，又登上了之罘山，然后坐船从海上回来。

这一年，皇子刘弗陵诞生。刘弗陵的母亲是河间人，姓赵，被封为婕妤，住在钩弋宫，怀了十四个月的身孕才生下皇子。汉武帝说："听说以前的尧帝也是过了十四个月的怀胎才被生下来，现在钩弋所生的儿子也是一样。"于是就把钩弋的儿子所诞生的房间门命名叫尧母门。

◆臣司马光说：当国君的人，他的动静举止是不可以不谨慎的，因为产生在心里面的意念，必然会表现为外在的行为，那么天下的人就没有不知道的了。当生下弗陵的时候，皇后和太子都平安无事，但是却命名钩弋的儿子所诞生的室门叫作尧母门，这是不应该如此取名的。所以一些奸邪不正的人，在预测汉武帝的意思的时候，就知道汉武帝很疼惜他的小儿子，想要立他为后，于是便有了危害皇后和太子的心意，最终酿成了巫蛊之祸，这实在是很可悲的事呀！◆

赵国人江充被任命为水衡都尉。开始，江充为赵敬肃王的门客，因为得罪了太子丹，就逃亡在外；然后跑到汉武帝那里去告发赵太子的一些阴私事情，于是太子就被废掉了。汉武帝召见了江充。看见他相貌魁梧，穿的衣服也很轻细靡丽，觉得特别；就和他讨论政事，结果很是满意，他因此受到宠信，被任命为直指绣衣使者，派去督察贵戚和近臣的言行，看看有没有过于奢侈犯法的。江充在纠举弹劾的时候，毫不忌讳，所以汉武帝觉得他很忠心正直，所上奏的也都很合汉武帝的心意。还曾跟随汉武帝到甘泉宫，在路上遇到太子派往甘泉去的人，乘坐着车马，在专供天子行走的大马路上奔驰，江充就把他们纠举出来，交给官府去治理。太子听到这件事，派人向江充谢罪说："并不是我爱惜这些车马，实在是不想让皇上知道这件事，觉得我平日都不去教管这些左右部属。希望江君能饶恕他们！"江充不听，就上奏给汉武帝知道。汉武帝说："当一个人臣，应当是这样！"于是就更加受到信任，他的威视也因此震惊了京师。

四年（戊子，公元前93年）

春季，三月，汉武帝巡行到泰山。壬午日，在明堂祭祀高祖，用来配享上帝，同时接纳了各方所呈上的租税钱粮计簿。癸未日，在明堂祭祀孝景皇帝。甲申日修建坛台，行祭祀天礼。丙戌日，祭拜石闾山。夏季，四月，到达不其县。五月，归来，到建章宫，随即下诏赦免天下。

冬季，十月，甲寅晦日，日食。

十二月，汉武帝到雍去祭祀五畤。西行到安定、北地二郡。

征和元年（己丑，公元前92年）

春季，正月，汉武帝回来，到建章宫去。

三月，赵敬肃王彭祖去世。彭祖娶了江都易王所喜爱的淖姬，生了一个男孩儿，叫作淖子。当时淖姬的兄长在汉朝廷里当宦官，汉武帝询问他说："淖子这人怎么样呢？"回答说："他做人多欲。"汉武帝说："多欲就不适合君临国家，统领人民。"汉武帝又问武始侯刘昌怎么样，他回答说："这个人没犯什么过错，也无荣誉。"汉武帝说："这就可以了。"便派遣使者去封立刘昌为赵王。

夏季，大旱灾。

汉武帝住在建章宫，看见一个男人带着剑进入中龙华门，怀疑他是一个怪异的人，就命人去捕捉他。那个男人就丢下剑逃跑了，奉命去找他的人没有追上他。汉武帝特别生气，就杀掉了掌管宫门出入的门侯。冬季，十一月，调发了三辅的骑士，在上林苑中大肆搜捕奸人，关闭了长安城；到了十一日才解禁。这时便萌发了所谓的巫蛊之祸。

丞相公孙贺的夫人君孺，是卫皇后的姐姐，贺因此受到宠信。公孙贺的儿子敬声代他父亲继任为太仆，骄傲奢侈，不遵守法律，擅自动用了掌管京城门内的北军经费一千九百万，事情败露后，被关进了监狱。这时，汉武帝要捕获阳陵大侠朱安世的命令特别急迫，贺便自请去追捕安世，希望能替敬声赎罪，汉武帝答应了。后来果然捕获了安世。安世笑着说："丞相将有灾难，连累你的宗族了！"就在狱中上书给汉武帝，说："阳石公主和敬声私通，皇上将要去往甘泉宫的时候，便派遣巫师在天子所驰走的马路上，埋下了木偶人，然后烧香祈祷，诅咒皇上，说了一些坏话。"

二年（庚寅，公元前 91 年）

春季，正月，汉武帝把公孙贺关进监狱，追查犯罪的事情；结果父子都死在狱中，全家也都被诛杀。于是任命涿郡太守刘屈牦为丞相，封为澎侯。屈牦，是中山靖王的儿子。

夏季，四月，刮大风，把房屋都吹翻了，树木也吹断了。

闰五月，诸邑公主、阳石公主和皇后的弟弟卫青的儿子长平侯伉，都因为巫蛊的事情被杀。

汉武帝巡行到了甘泉。

起初，汉武帝二十九岁时才诞下戾太子，特别疼爱他。等到长大了，因为性情显得很仁慈、宽恕、温文、恭谨，汉武帝嫌他没什么才干，不像自己；而所喜爱的王夫人生了儿子刘闳，李姬生了儿子刘旦、刘胥，李夫人生了儿子刘髆，皇后和太子便因为汉武帝的宠爱渐渐地衰退了，常有不能安稳的感觉。汉武帝知晓了，告诉大将军卫青说："汉朝各种事情都才开始建立，加上四面的夷狄又来侵扰我国，假如我不改变制度，会令后代子孙无所遵守，不派兵征讨，天下将不得安宁。为了这些，便不得不劳动人民。假如后代又像我这样劳师动众，那便会走上亡秦灭亡的老路子啊！太子很敦厚稳重，又喜爱安静，一定能安定天下，不会让我担心。要想找一个能遵守文治成法，而不尚武功的君主，哪有比太子更好的人选呢！听说皇后和皇太子心里有不安的感觉，怎么会有这种想法呢？你可以把我的这个意思带去劝解他们。"大将军卫青叩头感谢。皇后听到这个消息，便去掉首饰，前去请罪。太子每次进言，劝谏征伐四夷的事情，汉武帝就笑着说："我来承担这些劳苦，让你将来安逸些，不是很好的吗！"

汉武帝每次出外巡行，常把后事托付给太子，宫内的事情托付给皇后。有所审定的事情，等汉武帝回来以后，就把其中最为重大的向汉武帝报告，汉武帝也不会有什么异议，有时候甚至不去省视它。汉武帝用法很严厉，多任用苛刻峻厉的官吏；太子则很宽厚，常常会去昭雪冤案，奏使从轻，所以虽然能得到百姓的心意，但是一些执法的大臣很不高兴。皇后害怕这种事情久了会得到罪责，经常劝告太子，应该留心吸取皇上的意思来判决案件，不应该擅自有所宽赦。汉武帝听到了这件事，认为太子的做法是对的，而皇后的劝告是错的。大臣中一些比较宽厚的长者都附从太子的决定，而一些执法深酷的大臣却都在损毁他；因为奸邪的大臣们，党同的人比较多，所以称誉太子的人少而毁谤的人多。等到卫青去世后，在大臣当中，再也没有一个像外家卫青一样的人来供他依靠支持，所以奸臣们就都争先去构陷太子。

汉武帝与诸子日疏，皇后也难得一见。太子曾经去见皇后，过了很久才出来。黄门苏文就去报告汉武帝说："太子和宫人在一起嬉戏。"汉武帝便增加太子的宫人到两百名。太子后来知道了这件事，心里特别恨苏文。苏文和小黄门常融、王弼等人便常常在暗中侦查太子的过失，之后又添油加醋地向汉武帝报告。皇后知晓了这件事情，也特别生气，就教太子去向汉武帝报告，杀掉苏文这一班人。太子说："只要我们不犯过错，何必害怕他们呢！皇上是很聪明的，绝不会听信奸邪小人，这是不必担心的！"汉武帝身体曾经有一点不舒服，派常融去把太子找来，常融回来后向汉武帝报告说："太子看起来有一点高兴的样子。"汉武帝听了，默默不语。等到太子来了，便仔细察看他的相貌，发现有流过泪的痕迹，而表面上却装出像是没事一般地谈笑着，汉武帝觉得很奇怪，便暗中查问，才知道了实情，就诛杀了常融。皇后从此也特别去注意预防一些闲隙是非，避免发生一些不必要的嫌疑，虽然已经很久不再受到汉武帝的宠信，但是仍然受到相当的礼待。

这时候，方士和一些巫师多聚集在京师，大多是以邪道来迷惑群众，施展他们的幻术，可以说是无所不做。女巫则在宫中穿梭，教美人一些什么消灾去难的法术，每间屋子都埋下了木偶人，然后去祭拜这些木偶人。由于相互妒忌就怒骂，更相举发，说对方诅咒皇上，希望神明会加害他，真是大逆不道。汉武帝知道了这件事情，非常生气，杀掉了很多后宫里的人，还牵累到一些大臣，一共死了几百人。汉武帝对于巫蛊，即有了疑心。又一次，在白天睡觉，就梦到了有几千个木偶人，拿着木棒要来攻击他，汉武帝惊醒以后，便因此生了病，于是精神上就老觉得恍惚不安，又很健忘。江充因为感到自己和太子及卫氏有间隙，看到汉武帝年老了，恐怕驾崩后，会被太子杀掉，因此便玩弄奸计，说汉武帝的疾病，是由于巫蛊的关系。所以汉武帝便派江充为钦差大臣，去审治有关巫蛊的案件。江充带着胡巫就去挖掘土地，寻找木偶人，捕捉那巫蛊以及在夜里祭祀祈祷诅咒汉武帝的人，他还预先派人在别人的住处埋下木偶，又用其他的东西污染埋木偶的地方作为记号，假托是鬼魅的痕迹，于是派胡巫去查看那所谓的鬼所污染之处，让他们由此而知那里有巫蛊，然后把它挖出来，就收捕了他们来调查审问，用烧红的铁去挟持或炙烤他们，使他们不得不屈服地认罪。人民有以巫蛊相诬陷的，属吏就以大逆不道来问罪，从京师、三辅牵连到郡、国，因此被判刑而死的前后有几万人之多。

这时候，汉武帝岁数已高，怀疑左右的人都在弄巫蛊祈祷诅咒他；所以这些人到底有没有如此做，都没有人敢替他们申冤。江充知道了汉武帝的心意，便借着胡巫檀何的话说："宫中有了毒蛊的气息，不设法去除掉，皇上的病是治不好的。"汉武帝便要江充进宫查勘，江充到了宫禁里面，便打坏了皇帝的宝座，开始挖掘土地，寻找巫蛊。汉武帝又派按道侯韩说、御史章赣、黄门苏文等协助江充办理这件事情。江充先从宫里很少得到汉武帝临幸的夫人那里查办起，依次查问到了皇后和太子所住的地方。因为到处挖掘，使得太子和皇后连个摆床的地方都找不到。江充说："在太子的宫里，所挖的木偶特别多。又有帛书，上面所写的都属大逆不道的言论，应当奏明皇上。"太子特别害怕，便问少傅石德该怎么办。石德因为害怕身为师傅，会受到牵连而被杀，便告诉太子说："前丞相父子、两位公主和卫氏都是因为这种事情被定罪问刑的。现在巫师和使者来挖了地，得到了证物，不知是巫师所放的呢，或者是原本就有的，已是百口莫辩了。现在之计，可伪出皇上的信符，假托君命，去收捕江充等人，关到监狱里去，然后去追查他们奸计。并且，现在皇上在甘泉宫养病，皇后和太子的家吏派遣去问安的都得不到消息；不知道皇上的存亡如何，而奸臣却是如此猖狂，太子就不想想秦代时候扶苏的事情吗？"太子说："身为人子，哪里可以擅行诛罚！不如回去谢罪，希望能因此得到宽赦。”太子就打算到甘泉宫去，而江充却急着要挟制太子，太子没有办法，就接纳了石德的计谋。秋季，七月，壬午日，太子派遣门客假装为汉武帝的使臣去逮捕江充等人。按道侯说怀疑使臣的身份，不肯接受诏令，派去的门客就击杀了说。事成之后，太子亲临监斩江充，骂他说：“赵国的俘虏！从前你告发了赵太子，使得太子被废，祸害了你们赵国国王父子的关系，这还不够吗？你现在又要来捣乱我们父子的感情了！”又在上林苑中烧烤了胡巫。

太子派遣舍人无且，带着信符，乘夜到未央宫殿的长秋门，偕同长御倚华，一一向皇后报告了这件事。于是便调发了宫里的车马，载运着射手，拿出军械库里的兵器，派出了长乐宫的卫队。当时长安城里一片混乱，都说太子造反了。苏文等人由于很快地散走，得以逃回甘泉宫，便向汉武帝报告说是太子造反。汉武帝说：“太子一定是心里害怕，又气愤江充等人，所以有此变乱。”就派人去把太子找来。被派来的人不敢进，便回去报告说：“太子已经造反了，要杀掉我，我只得赶快逃回来。”汉武帝很生气。丞相屈牦听说太子造反，便抽身逃走，连印绶都遗失了，派了长史，乘着快马，也急急忙忙地跑去奏报汉武帝。汉武帝问长史说：“那么，丞相在做什么呢？”回答说：“丞相害怕这件事情宣扬出去，已经把他压下来了，还不敢发兵进讨。”汉武帝生气地说：“事情已经这样乱纷纷了，还有什么隐秘可言！丞相一点都没有当年周公的风范，周公不是杀害管叔、蔡叔了吗？”于是就给丞相诏敕说：“捕杀造反的人，自会有奖赏。交战时，就借牛车来保护身体，不要和他们短兵相接，多伤害士卒。要坚持关闭城门，不要让那一班造反的人逃出去！”太子也向文武百官宣令说：“皇上病困在甘泉宫，一点消息都没有，我怀疑这里面会有变诈；可能是奸臣想要叛乱。”汉武帝于是便从甘泉宫回来，到了城西的建章宫，下令调派三辅附近各县的部队，其中二千石以下的，由丞相兼领。太子也派遣使者矫令赦免长安各官府的狱囚，令少傅石德和宾客张光等分别带领；派长安囚徒如侯，带着信符，去调发驻屯在长水和宣曲的胡骑，都要整装会合。这时候，正好侍郎马通被派到长安来，就追捕如侯，然后告诉匈奴人说："这信符是假的，不要去相信它！"便杀了如侯，带引着骑兵进入长安。又调派用楫、棹行船的楫棹士给大鸿胪商丘成。起初，汉朝的符节是纯赤色的；因为太子也持用纯赤色的符号，所以就又加上黄色的羽毛来识别。

太子到达屯驻北军的南门外后停住，召来了护北军使臣任安，给了他信节，命令他派兵。任安拜见了信节；入了城后，就不出来。太子只能引兵离开，逼着东、西、南、北四市的人，共有几万人，到长乐宫的西门，碰到丞相带领的军队，会战了五天，死了几万人，所流的血，多到能漫延流往路旁的水沟里。民间都传说"太子造反"，因此民众都不附从太子，归降丞相的士兵则很多。

庚寅日，太子被打败，向南奔到覆盎城门，司直田仁开了城门，觉得汉武帝与太子之间，有父子的感情，不想去困扰他；太子得以逃亡。丞相由于这件事情，要想问斩田仁，御史大夫暴胜之对丞相说："司直，是二千石的官吏，应当先请求皇上，怎么可以杀害了他！"丞相就放了田仁。汉武帝知晓了之后，特别生气，便交给法庭去询问御史大夫说："司直纵放了叛乱的人，丞相想要杀害他，这就是合法的；大夫何故擅自去阻止他？"胜之很害怕，便自杀了。汉武帝又令执金吾刘敢和宗正刘长奉着策命收回皇后的印绶，皇后也因此自杀了。汉武帝觉得任安是个老官员，看见了有兵事，想坐观成败，看哪个胜利了，再去归顺他，怀有两个心意，不忠诚国家，就和田仁一块儿都腰斩处死。汉武帝因为马通捕捉了如侯，就把他封为重合侯，长安公子景建从马通逮捕了石德，封其为建德侯，商丘成力战逮捕了张光，封为秺侯。从前在太子宫门进出的太子客人，都被问罪处死了；随着太子发兵的，依据叛乱的法令灭族；被太子威胁一块儿叛乱的吏士，都被发派到敦煌郡去。因此太子逃跑在外，便开始在长安各城门派置部队守着。

为了太子的事儿，汉武帝特别气愤，群臣也都很害怕，但是不知道该怎样办。壶关三老令狐茂就上书说："臣听说：父亲就像上天一样，母亲就像大地一样，但是子女就像万物一样，所以天地都能平安，万物就能繁茂；母爱父慈，子女就能孝顺。现今皇太子为汉朝的嫡子，荷承万世的功绩，体纳祖先的重大责任，对于血亲来说，是皇帝嫡出的长子。但是江充呢？不过就是一介布衣百姓，乡里一个卑微的小官；陛下却对他居显重用，他就带着皇上的旨意来胁迫皇太子，造作掩盖他的欺诈奸邪，一般的奸诈小人也都跟着发生了失误，所以，亲戚间的感情，就被阻隔得不能沟通了。太子因此进则不能见到皇上，退则受困于乱臣，单独含着愁怨冤屈而没地方告诉，因此咽不下去心里的那口怨气，就把江充杀掉了，又因为害怕而戴罪逃跑，于是就子盗父兵，那也不过是希望能救助他的灾难，以求得福气，图能免于刑责罢了。我觉得皇太子这样做，并无邪恶不轨的心意。《诗经》说：'那来往不断的苍蝇，会玷污洁白的食物，把它变得又脏又黑，所以应当让它停留在那远远的园圃的篱笆上去，不要让它飞到宫殿里去。平易和乐的君子，也不能听信谗言，因为那奸诈的小人，也会变得邪恶，所以应当遗弃到荒郊野外，不能让他在朝上。假如让谗言无限制地流传，连周边的诸侯国都会互相混乱起来，所以应当仔细查看！'从前江充在赵国时，曾经杀害赵太子，这件事儿天下无人不知晓。皇上不去深究他，却去责怪皇太子，发了大脾气，派遣大军就要去逮捕他，由丞相亲自带兵。这样的事情，聪明的人是不会进谏的，辩士也不会去说它，臣在私下里很伤心！所以请求陛下能放宽心情，慰安心意，稍微注意一下应该接近的人，别忧愁皇太子的得失，赶快撤兵，不能让皇太子长久地在外逃亡！这也是我的一片忠心，冒死陈述，待罪建章宫下。"奏章上闻以后，汉武帝有了觉悟，但是还不能扬言放过太子。

太子向东逃到了湖县，藏在泉鸠里。所藏的人家因为贫穷，经常用卖鞋子所得来的钱供给太子平常所需要的。太子有个朋友就住在那里，听说很有钱，就派人去，因此被察觉了。八月，辛亥日，就有官员来逮捕太子。太子自己想想是逃不掉的，就进到房里去，把门关上，上吊自杀了。山阳郡有个男子，名字叫作张富昌的，也在逮捕队伍里当一名士兵，就用脚把门踹开，新安令史李寿赶快走向前去抱住太子，将他解下来，主人家遂因抗旨而被打死，皇孙两人也一同遇害。汉武帝很感叹太子的去世，就把李寿封为邘侯，张富昌封为题侯。

起初，汉武帝给太子于长安杜门外修建了博望苑，使他能和宾客互相来往，依着太子的喜好去做，所以那些宾客才有机会经常拿跟正道相违背的异端，进贡给太子。

◆臣司马光评论说：古时圣明的君王教诲太子时，是会替他选择严正不偏、敦厚贤良的人来做他的师友、保傅，使得他能整天都跟他们在一块儿交往学习，使得在太子左右前后的人都是正直的人，出入起居都能遵循正道，即便如此，还会有因为言行不正放荡而致使祸害的事情发生。但是现在让太子自己做主去选择交往的宾客，而顺从着太子喜好。正直的事物人情，是不容易和他相近的，而偏好献媚的，容易和他到一块儿去，这自然是一般人经常有的情景，也难怪太子没有好下场。◆

癸亥日，发生地震。

九月，任命商丘成为御史大夫。

立赵敬肃王小儿子偃为平干王。

匈奴侵入上谷、五原两郡，伤害抢夺当地的官吏群众。

三年(辛卯，公元前90年)

春季，正月，汉武帝视察到了雍，到达北地、安定两地。

匈奴侵入酒泉、五原，杀害了两名都尉。三月，汉武帝派李广利带领七万人出五原，商丘成带领二万人走出西河，马通带领四万名骑兵出酒泉，去攻打匈奴。

夏季，五月，赦免天下。

匈奴单于听说了汉军进攻的消息，就把他们的军需品和眷口等全都向北迁徙到郅居水。左贤王的人民也被驱迫向北渡过余吾水六七百里，停住在兜衔山；单于则亲自带领精兵渡过姑且水。商丘成的军队开到了匈奴管辖范围内，从偏斜小路去追赶匈奴，却没有看见什么，于是就把军队调了回来。匈奴便派了大将，会合李陵，带领三万多名骑兵去追赶汉军，转战了九天，到达蒲奴水，匈奴军出兵失利，逃跑了。马通的军队则到了天山，匈奴派了大将偃渠带领二万多名骑兵去拦截汉军，看见汉军的强盛，便带兵逃跑了；结果是，马通军队没什么得失。这个时候，汉朝害怕车师国会来阻挡马通的部队，便派开陵侯成娩，带领了楼兰、尉犁、危须等西域六国的部队，一块儿去围攻车师国，尽得车师国的民众回去了。贰师将军出了边疆，匈奴派遣右大都尉，会合卫律，带领着千名骑兵，在夫羊句山的山隘里截击汉军，被贰师将军攻破了，贰师就乘胜追击到范夫人城（现今蒙古）；匈奴一直在逃跑，害怕与汉军对抗。

起初，在贰师将军要带军出发时，丞相刘屈氂为他送行，送到了长安北边的渭桥。李广利说："期望你能早日请求把昌邑王册封为太子；将来如果能继承皇位，那么之后还会有什么值得担心的呢！"屈氂应允了。昌邑王，是贰师将军的妹妹李夫人的儿子；贰师的女儿是屈氂的妻子，因此他们全想把昌邑王立为太子。这件事恰好被内者令郭穰知晓了，便向汉武帝告发说："丞相夫人向神明祈祷诅咒皇上，并且和贰师将军一块儿祈求，要让昌邑王为帝。"于是汉武帝便去纠察此事。果真如此，就以大逆不道的罪名治他们的罪。六月，下令用载运食物的厨车，载运着屈氂游行示威，在东市把他腰斩了，妻子在华阳街被砍了头；也把贰师将军李广利的妻子收捕了。贰师将军得知了这个消息，特别害怕担忧，他的一个属下胡亚夫也是因为躲避罪行才从军的，就向贰师将军进言说："现今都把夫人家小给捕获了，假如你回去，要是不符合别人的心思，就正好被这案件给连累。到那时，才想要到郅居水以北去投降匈奴，这还有可能吗！"贰师将军心里面开始动摇，便想要深入匈奴地界去夺取功劳，就向北到郅居水上。这个时候匈奴已经离开了，贰师将军就派护军带领二万名骑兵过了郅居水，但是碰上了左大将和左贤王所带领的二万名骑兵，和汉军交战了一天，汉军杀害了左大将，匈奴兵死伤特别多。军长史和决眭都尉煇渠侯相谋划说：“贰师将军心怀鬼胎，想要害了众人以求得功劳，害怕一定会失败。”就谋划共同设法逮捕贰师将军。贰师将军知晓了这件事，便杀了长史，带兵回到燕然山。单于得知汉军已经非常疲劳，就亲自带领五万名骑兵去拦截贰师将军，杀伤了许多人；又乘着晚上，在汉军前挖掘深沟，沟深有几尺，之后从后快速攻打汉军，汉军叛乱；贰师将军便投降了。单于平时就知晓他是汉朝的一员大将，于是就把女儿嫁给了他，所受到的恩宠，多于卫律。他的宗族，也因此都被汉武帝杀灭了。

秋季，闹蝗虫灾害。

九月，前城父县县令公孙勇和门客胡倩等人算计谋反，胡倩诈称是光禄大夫，说是派遣他来督查讨盗贼事，结果被淮阳郡太守田广明知道了，派军队去逮捕了他。公孙勇穿着绚丽的彩绣衣物，乘坐着富贵者乘坐的驷马高车，到达了圉县，被圉县守尉魏不害等人杀掉了。汉武帝于是就封不害等四个人为侯。

官员民众以有关巫蛊的事儿来告发的，经过求证查核，多不确定。汉武帝已经知道太子是被江充胁迫，害怕慌乱，无法自明，这才起兵杀掉江充，并没有其他的意思，这时候，恰好有在高庙卫寝的郎官田千秋，向汉武帝上了个特别的奏章，说：“儿子窃取父亲的兵马，应该判他笞刑。而天子的儿子有过失杀了人，又有什么罪呢！臣之前做梦梦到一名白头老翁叫我这样说。”汉武帝于是完全醒悟了，就召见田千秋，告知他说：“父子之间的感情关系，这是一般人所难得讲清楚的，只有你能清楚地指出。这是高庙的神灵派遣你来教我的，你应该晋级为在我前后辅佐的人。”就立即任命田千秋为大鸿胪，并且杀害了江充全家族，在横桥上烧了苏文；之前在泉鸠里追杀太子，原先被任职的北地太守的人，之后也被灭族。汉武帝伤感太子没有罪过，便修建了一座思子宫，又在湖县修建了归来望思之台，思望太子魂兮回来，天下人听说后都很悲伤。

四年（壬辰，公元前89年）

春季，正月，汉武帝视察了东莱，亲自到海边，想要乘船到海上寻找神仙山。群臣都向汉武帝劝谏，汉武帝不听劝告；而这时候恰好刮着大风，天地一片黑暗，海水波涛汹涌。汉武帝在这里停留了十多天，因为找不到乘坐的船，就只能回去了。

二月，丁酉日，雍县的天气晴朗，却无故打了三次雷，同时还掉下两块陨石，黑色如痣一般。

三月，汉武帝在巨定耕田。归来后，又到泰山去修建坛台而行祭天礼。庚寅日，在明堂行祭祀礼仪。癸巳日，祭祀石闾，迎接群臣，于是汉武帝说：“自从我即位以来，所做的事都很狂放，因此违背事情天理，使天下人都沉陷在愁苦之中，实在是后悔莫及。从此之后，凡是有会伤害百姓，浪费天下财物的事情，都要撤了停办。”田千秋说：“讨论仙人的方士特别多，但是没有明显的验证，臣恳求都能把他们撤了。”汉武帝说：“大鸿胪说得太对了啊！”便全都撤退了所有那些想说什么能迎接到仙人的方士。从这之后，汉武帝经常对着大臣们自我感叹地说：“我以前也实在是愚蠢，方士把我骗了。天下怎么会有神仙，全是些妖邪胡作非为！不过，假如能节约食物，食用药物，是比较可以减轻些疾病的。”夏季，六月，归来，行幸甘泉。

丁巳日，任命大鸿胪田千秋为丞相，封为富民侯。田千秋并没有其他的才能，也没有三年功绩经验，就是以一句话的方法悟出了汉武帝的心思，只在几个月间就得到了宰相的位置，还被封了侯，这是世上没有过的事啊！但是他做人聪明敦厚，在其位名副其实，因此业绩超过了前后几任的宰相。

原先，搜粟都尉桑弘羊和丞相、御史上书说：“在轮台东方有灌溉耕耘的农地，面积在五千顷之上，可派遣会从事垦殖的兵士前去，设置三名校尉分别去监管这个地方的事务，多种五谷；张掖、酒泉派遣骑兵司马去担当警戒；召集健壮敢于从边的群众到屯田的地方去灌溉开垦，并且渐渐地修建些亭障，直接连到西边，来威胁西域各个国家，帮助乌孙。”汉武帝就颁布了圣旨，痛苦地说了以前所做的让人后悔不已的事情：“之前有司曾上奏说，想要加强人民的税务，使每个人增加三十钱，目的是补助边境的开支，原来这是在加深困破那些无依无靠的人民啊！现今却又要求派兵士前去轮台屯垦。轮台远在车师国的西边还有千里路呢，之前开陵侯攻打车师时，虽说打赢了，降了他们的皇上，但因为缺乏食物，路程遥远，在路上死了的就有几千个人那么多，现今更别说是要到再西点的国家呢！以前是我不能明察，因为军候弘的进言，说是：‘匈奴绑住了马的前后蹄子，放置在城下，而且派遣人骑马赶来报告我们说：“中国人，我们就送给你们马吧！”’这时候，又因为汉朝派遣去的使者，被匈奴长时间地押扣下来不放他回去，所以就派贰师将军带兵前往，想要借这件事来让我们派遣去的使臣能有些威信。古时，卿、大夫参与商议国家大事，都不能决定，还要参考蓍龟，假如卜筮时并不吉利，就害怕去做。前次曾经拿所谓匈奴捆住马匹的报告，演示给丞相、御史、二千石、诸大夫、郎、学经书的人，就这样郡、属国都尉等人去研究，结果都觉得是：‘匈奴自己绑住了他的马匹，这是很不吉祥的。’也有人觉得是：‘匈奴只是想要显示他的强大罢了。讲到那些能力不足的人，常常会夸他自己的才能，来向人表达他的能力不弱。’那待诏公车的方士、太史、研究星相的人、望气和太卜龟蓍诸人都觉得：‘那就是吉祥的事！表示一定会把匈奴攻破，这样的好机遇，假如没有了，是不会再有第二次了。’又说是：‘派遣将军向北征讨，一定在鬴山攻克敌人。经过卜卦能得到的，诸将中，以派贰师将军带军前往，最是吉利。’因此我就亲自调遣贰师去鬴山，命令他一定不能纵兵深入。现今说明卜卦时所得的和那些计议谋略征兆，居然都是荒唐的，之后重合侯逮捕了匈奴的斥候兵，这才说道：‘所以把马绑起来，说是因为匈奴听说汉军要来了，所以便派遣巫人这样作法，来誓死反抗敌人，并求得神明庇佑啊！’匈奴经常说：‘汉军特别强盛，但是忍不住饥渴，而且丢掉了一头狼，就会驱走千只羊。’因此以前贰师败了，士兵就有的被俘虏，有的战死，有的甚至自己解散，这种惨痛的教训，就经常在我心头萦绕，永远不会忘记。现在又请求到遥远的地方轮台去屯田，想要在那里修建隧道亭障，这是在扰乱劳动天下百姓，不是在强盛人民啊！我不忍再听闻这种事！大鸿胪等又建议，要召集些囚徒，派遣到匈奴去，奖赏刺杀单于，来打击报复对匈奴的怨恨。这种方法，是连春秋五霸都觉得羞耻而不愿做的。而且匈奴每每获得投降的汉人的时候，常常都会更加提挈夹持，身上全加以搜索，害怕会藏着兵器什么的，还会就所知道的来审问他，这样又如何能按我们的计谋去行事呢！因此现在最要紧的事，是在严禁暴敛苛征，修马复令，停止擅赋法，尽力农事，来补偿军备上的缺陷，不会空乏罢了。郡国中二千石的官吏，每个人都要上奏养畜马匹的方法和弥补边备的计划，就和派遣来呈上计簿的人一块儿赴京奏对。”

所以，汉朝就不再出兵匈奴，而且把田千秋封为富民侯，公告给百姓，希望能富裕人民。又把赵过任命为搜粟都尉。赵过能使用轮流耕作的方法，改良田土的贫瘠，能有好收成，耕耘所用的工具，又都很灵巧方便。他就拿这些来教诲人民，所以农民既能省力省时，而且收获得又多，人民都觉得很便利。

◆臣司马光说：天下实在是不能够缺少人才啊！当汉武帝喜欢进攻四夷，谋划边境功劳时，那些精锐勇敢不害怕死的人就充斥了朝廷，于是就向四方开阔领地，壮大国土，每件事无不如意。之后，就要安息百姓，重视农业了，就会有像赵过这样的人出来教诲人民耕种，人民也会蒙受到好处。这是因为国君自身的倾向爱好不一样，士民就会去做不一样的反应，以迎合时势的原因。假如真的能使汉武帝都有夏、商、周三王的气量，来复兴商、周那时的太平盛世，怎么会没有像夏、商、周三代时一样的臣子出来为了国家谋划事情呢！◆

秋季，八月，辛酉晦日，日食。

卫律嫉妒贰师将军的受宠，恰好遇上匈奴单于的母亲阏氏病倒了。卫律就对匈奴的巫师下命令，要他这样说："先单于特别生气地说：'我们匈奴之前想要出兵时，在近郊誓师，常说要捕得贰师将军来祭神，现在为什么不用贰师祭神呢？'"于是匈奴就逮捕了贰师将军。贰师将军骂着说道："我要是死了的话，一定会灭掉匈奴。"匈奴就杀了贰师将军来祭祀社神。

后元元年（癸巳，公元前 88 年）

春季，正月，汉武帝巡行到了甘泉，泰畤祭祀后，就到安定去。

昌邑哀王刘髆去世了。

二月，赦免天下。

夏季，六月，商丘成因在祭拜孝文庙时，犯了出言不逊的罪，自杀。

起初，侍中仆射马何罗跟江充关系很好，等到卫太子发兵时，何罗的弟弟马通因为力战太子有功劳，把他封为重合侯。之后汉武帝杀害了江充的全族，以及他的党羽，何罗兄弟便恐惧受到连累，就密谋叛乱。侍中驸马都尉金日磾看到他们的心思不太正常，心里就怀疑他们，在暗中查看他们的举动，和他们一块儿上下宫殿。何罗也发现日磾的心思，因此一直找不到下手的时机。这时，汉武帝巡查到了林光宫，因为日磾有点生病了，就躺卧在殿中休息。何罗与马通及小弟安成假装得到命令，趁着夜黑出去了，把使役的人都杀掉了，调发士兵。第二天一大早，汉武帝还没有起床，何罗无故从外进来。这时日磾正要如厕，忽然心有所动，立即进去，坐在内门下，不多一会儿，何罗袖中暗藏凶器从东厢房来了，看见日磾，吓得脸顿时变了色，便赶紧走向汉武帝的卧房。恰好要进去的时候，一不小心触碰到宝瑟，僵了一下。日磾这才有机会抱住何罗，就大声传呼："马何罗叛乱！"汉武帝惊着了。前后的人都拔出了兵器想要抗拒他，汉武帝害怕一块儿砍中日磾，就阻拦他们，让他们不要格斗。日磾把何罗丢到殿下，绑住了他。经过追问审理，参与谋划的人都被治了罪。

秋季，七月，地震。

燕王刘旦觉得按照顺序当把他立为太子，上述恳求入宫宿卫。汉武帝特别气愤，便在北阙杀了他派遣来上书的人；并且因为他又犯了藏匿犯人的罪，把涿郡的良乡县和渤海郡的安次、文安两县削减了。汉武帝所以就很讨厌燕王刘旦。燕王刘旦能说会道，又聪慧，而且学问很高，他的弟弟广陵王刘胥有勇力，两人的言行举止却都不遵守法律，犯了许多错误，因此汉武帝都不立他们为太子。

那时钩弋夫人的儿子刘弗陵，只有几岁，但是身体长得很高大强壮，又懂得了很多事情，特别聪慧，汉武帝很是喜爱他，心里中意他为太子；但是考虑到他年纪还小，母亲也特别年轻，因此思索了很久，这才下定决心。于是就想要借大臣来帮助他，就查看群臣，发觉只有奉车都尉、光禄大夫霍光为人忠厚，可以把大事托付给他。汉武帝就命令内廷的画工，画了周公怀抱着成王，让他面朝前方，接受诸侯拜见的一幅图画给予霍光。过了几日，汉武帝找借口谴责钩弋夫人；夫人害怕得脱下耳饰、首饰一直磕头。汉武帝说："把她带下去，送到掖庭的监狱里去！"夫人回头看着汉武帝，汉武帝说："赶紧走！你没命了。"最后杀害了夫人。过了没多久，汉武帝闲来无事坐着，问近前的人说："外面的人对这件事怎么评价，说了些什么呢？"近前的人回答说："一般人说：'既然已经要立她的儿子为太子，为何不能留下太子的母亲呢？'"汉武帝说："确实，这不是那些平凡的人能知道的。古时国家之所以会乱，就是因为国君年龄小，他的母亲却正是壮年时候。于是女主独自居住而傲慢骄矜，并且放纵淫乱，这是没有办法禁止得了的。你们听说过吕后的事吗！因此我不能把她留下啊！"

二年(甲午，公元前87年)

春季，正月，汉武帝在甘泉宫接受众诸侯拜见。二月，到达盩厔县的五柞宫。

汉武帝病重了，霍光哭着问道："如果有什么不能预测的，谁可继立？"汉武帝说："你还没理解到之前给你的那张画的含义吗？要立少子，你就应当像周公一样辅导他。”霍光叩头推让着说：“我不如日磾啊！”金日磾也说：“我，不是本国人，不如霍光；并且这样会让匈奴小看汉朝啊！”乙丑日，下令把刘弗陵立为皇太子，年龄八岁。丙寅日，任命霍光为大司马、大将军，金日磾为车骑将军，太仆上官桀为左将军，拜受遗命，辅导少主，又把搜粟都尉桑弘羊任命为御史大夫，全在汉武帝卧室的床前接受遗命。霍光伺候武帝，在宫廷内进出了二十多年，当武帝外出时，就遵从武帝的座车，在宫中就常常伺候在武帝左右，谨慎小心，没有犯过错误，周密安详，为人稳重谦虚，每一次进出宫廷和下殿出门，行止都有固定的地方，守卫宫门的仆射和郎官曾经私下观察辨识他，发现位置准确，居然没有一点差别。日磾虽然常常在汉武帝左右，但几十年了都不敢正眼看汉武帝；赐予他的宫女，也害怕亲近；汉武帝想把他的女儿接到后宫，他也不愿意；金日磾戒慎笃厚如此，因此汉武帝非常看好他。日磾的大儿子是汉武帝的弄儿，汉武帝特别喜欢他，渐渐地弄儿长大成人了，行为不谨慎，有一次在殿下和宫人玩耍，恰好被日磾看见了，因为厌烦他的不正经，于是就把他杀掉了。汉武帝知晓以后，特别生气。日磾叩头谢罪，仔细报告了之所以杀死弄儿的情景。汉武帝非常哀痛，因为这而流泪，后来，心里很尊敬日磾。上官桀开始是因为特别有气力，所以汉武帝特别宠爱他，把他任命为未央厩令。汉武帝身体以前因为生病，后来好了，发现所献上的马多很瘦小，于是很气愤地说：“未央厩令觉得我再也看不见马了吗？”他被交给有司审理。桀叩头说：“我听说皇上病了，整天担心，实在不能把心思放在养马上！”话没说完，泪就流下来了。汉武帝觉得他很关心自己，所以便亲近了他，把他任命为侍中，又渐渐地提升为太仆。这三个人都是汉武帝平时所亲信喜爱的人，所以特别举荐了他们，交代给他们身后辅导幼主的任务。丁卯日，汉武帝在五柞宫驾崩，停灵在未央宫前殿。

汉武帝善于用人，聪明能断，执法严厉，毫不留情。汉武帝的女儿夷安公主嫁给隆虑公主的儿子昭平君，隆虑公主之后因为病太重了，就拿了千斤黄金和一千万钱要先替昭平君预赎死罪，期望他之后要是真犯了罪，能被免除死罪，汉武帝应许了。隆虑公主死后，昭平君渐渐地骄恣起来，最终因喝醉了酒把公主的保姆杀死了，被拘囚；廷尉因为他是隆虑公主的儿子，于是就请汉武帝来判罪。左右的每个人都替他向汉武帝求情说："之前他已经预先赎过罪，陛下应许了他。"汉武帝说："我妹妹到了这样大年纪才怀孕生下了一个儿子，死后又把他交给我。"说完就因为这件事情流泪了，叹了很长时间的气，又说："但是法令是先帝制定的，假如因为我妹妹而枉曲了先帝制定的法令，那我死后还有什么脸入祀高庙呢！并且这样做，也对不起在下的百姓。"于是就允许廷尉的上奏，心里面却很悲伤，左右的人也都因为这同悲。这时待诏宦者署东方朔上前去祝福说："臣听说圣王施政，有奖励的时候，并不因为是仇敌，就避开不奖励他；有所谴责，也不是因为有着至亲的关系，就差别对待。《尚书》上说：'一个当国君的人，应该公正无私，无帮派，王家所走的正道，是很开阔平坦的。'这两种是五帝所看重的，三王最难能可贵的呀，但是陛下做到了，天下人民真的是很荣幸的！臣朔捧着酒，冒死再拜，祝福万岁寿！"汉武帝原先很气东方朔，经过责问东方朔后，知道了东方朔的用心，就把东方朔任命为中郎官。

◆班固赞说：汉承接着历代帝王的衰弊以后，汉高祖拨乱反正，文帝、景帝则集中力在教养百姓，至于礼敬仪文，稽考古道诸事，还多缺略。孝武帝刚刚继位，就有卓越的见识，罢废了诸子杂说，而显扬了《六经》，所以就同很多人商议，访求贤良，推荐了茂才俊民，让他们去为国家建立勋功；还建了太学，整顿了郊祀的礼仪，修订岁时节气的法度，改颁历法，协调音律，创作诗乐，建立封禅仪文，敬礼百神，继续周朝之后，全部号令文章，又都可述鲜明，让后代能够延续大业而有夏、商、周三代的风范。假如以武帝的雄才大略，而且不改变文帝、景帝的勤俭恭谨，来治理人民，那么，虽然是《诗经》《书经》上所赞颂的时代，又如何赢得过他呢！

臣司马光说：孝武帝纵欲奢侈，苛敛繁刑，对内建设了那么多的宫殿，对外经常去征伐四夷，信奉神怪，过分地四处去巡游访求，让百姓生活贫困，万不得已起而为盗为贼，这样的情景，跟秦始皇相比，大概差不多。可是秦因此灭亡，汉因此而富强，正是孝武帝能尊奉先王的正道，知道该怎样继承遵守，厌恶小人的欺诈蒙蔽，能接纳忠直的言论，又能赏罚分明，好贤不倦，晚年又知迁善改过，身后托付给辅导幼主的人得当，这就是他有亡秦的过失的原因，但是能够消除亡秦的灾难的原因吧！◆

戊辰日，太子继位(即汉昭帝)。汉昭帝的姐姐鄂邑公主在宫中教养年仅八岁的汉昭帝，霍光、金日磾、上官桀同掌尚书事。霍光辅导幼主，全部政令全都由自己颁布，当时，天下百姓都在期待、盼望霍光能有很好的表现和措施。殿中以前发生怪事，有一天晚上，让群臣吃了一惊，霍光害怕有变难，找来管理皇帝玺印的尚符玺郎，想要收缴皇帝的玺印。尚符玺郎不愿意把玺印给霍光，霍光想要去抢夺，郎按剑说："我宁愿被杀死，也不能够把玺印交给你！"霍光很欣赏他的尽忠职守，觉得他做得很对。第二天，下命令把这名郎官的官等提升了两级。百姓知晓了这件事情都更加敬重霍光。

三月，甲辰日，安葬孝武皇帝于茂陵。

夏季，六月，赦免天下。

秋季，七月，东方出现彗星。

济北王刘宽因为悖礼逆伦，犯下了禽兽行为，因此自杀。

冬季，匈奴侵入朔方，抢劫当地的官吏人民；汉调遣军队驻扎在西河，左将军上官桀到北方的边疆去巡察。

资治通鉴卷第二十三　汉纪十五

起乙未(公元前86年)，止丙午(公元前75年)，共十二年。

【题解】本卷记录了汉昭帝刘弗陵始元元年至元凤六年共十二年间的历史。记录了武帝子燕王刘旦在齐地作乱，被青州刺史隽不疑捕灭后，与盖长公主、上官桀、上官安父子、桑弘羊结党，企图杀霍光，废昭帝、立燕王，因人告密，盖长公主、燕王自杀，上官桀父子与桑弘羊被诛；记录了霍光执政初期与张安世、杜延年共同辅佐昭帝，宽和俭约，革除武帝弊政，而后独揽大权，诬杀大臣，执政严苛；记录了匈奴分裂，势力衰落，远避西北；记录了被拘十九年的苏武荣归；记录了霍光支使傅介子假装出使楼兰，刺杀楼兰王；此外还记录了些怪异事件。

孝昭皇帝上

始元元年(乙未，公元前86年)

夏季，益州的夷人，共有二十四个市邑、三万多人都来反叛。朝廷于是就派遣水衡都尉吕辟胡去招募官兵，并调发蜀郡和犍为郡的精勇，组成了救急部队，前往征讨，大破了叛乱的夷人。

秋季，七月，赦免天下。

下大雨，一直下到十月，渭桥因此断绝不通。

起初，武帝刚刚去世的时候，曾经发给诸侯王报丧的诏敕，燕王刘旦接到诏书后不愿意哭，说："诏书封口太小，京师恐怕发生叛乱了。"便调派亲近的臣子寿西长、孙纵之、王孺等到长安去，以问礼仪为借口，暗暗地打听朝廷的事儿。等到下了诏令奖赏旦三十万钱，增加了一万三千户之后，燕王刘旦特别气愤地说："我应该被立为皇帝，说些什么奖励呢！"就和宗室中山哀王的儿子刘长、齐孝王的孙子刘泽等人勾结商量，谎称在武帝时曾接到诏令，命令他主持国家大事，整理军备，治理人民，来防治非常事故。郎中成轸告知刘旦说："大王当为汉朝的嗣君而竟然不升用，你应出面去求取，不可能坐等着得到啊！假如大王一起兵，全国人民即便是女子，也全会欢呼起来，来追随大王的。"刘旦就马上和刘泽商量，发出奸诈的信件，说："少帝不是武帝的儿子，是所有大臣一块儿扶立的；天下百姓应当一起来攻打他们！"就派遣人把它播散到郡国去，来动摇民心。刘泽回去就计划从临淄起兵，准备把青州刺史隽不疑杀掉。郡国中的一些无赖奸猾被刘旦招来，收集了铜铁来制造甲兵，好多次检查他勇健有力的官兵和机动部队，调派人民，来练习士卒马匹，大举射猎，以等候日期，配合临淄的发兵。郎中韩义等人有几次劝说燕王刘旦不能够这样做，刘旦就把韩义等共十五人给杀了。这时候恰好有缾侯刘成知晓了刘泽等人的计划，就告知了隽不疑。八月，不疑逮捕了刘泽等，而且报告了朝廷。朝廷派了大鸿胪丞来受理这个案子，牵扯出了燕王。最后，朝廷下来命令，说因为燕王是天子至好的亲人，不会去追究；但是刘泽等都被杀害了。隽不疑因为这样被升为管理京师的京兆尹。

不疑当上了京兆尹，吏民都特别尊敬他的威严。每巡查到县里去，省录囚徒的罪况，查验有没有被冤枉的事情，回来后，他的母亲就问他："是否有被冤枉而减少罪行的案件？又救活了多少个人？"假如不疑纠正了许多件冤枉的案子，他的母亲就非常开心；假如没什么要平反的，他的母亲便会特别生气，甚至就不饮食。因此不疑为官，严格而不残酷。

九月，丙子日，秺敬侯金日磾去世。武帝病得很严重的时候，曾经留过遗书，把金日磾封为秺侯，上官桀为安阳侯，霍光为博陆侯；全是按照从前逮捕叛逆者马何罗等的功劳大小来封赏的。日磾觉得汉昭帝年龄尚小，不愿意接受赏赐，霍光等人也害怕接受。等到日磾病得严重了，霍光告知他封赏的事情，日磾这才躺在床上接受了印绶，就在这一天去世了。汉昭帝的左右有日磾的两个儿子赏和建随侍，年龄和汉昭帝相当，和汉昭帝起居作息都在一起。赏为奉车都尉，建为驸马都尉。待到赏继承为侯，佩戴两条承印的丝绶，汉昭帝就告知霍将军说："金氏兄弟两人，不能够使他们都佩戴两条丝绶吗？"霍光回答说："赏是继他父亲为侯。"汉昭帝笑着说："侯爵的赏赐，就是在将军和我的把握中吗？"霍光回答说："按照先帝的规定，被封为侯的人都是对朝廷有功劳的人才。"这件事就没再谈论下去。

闰月，派之前的廷尉王平等五个人，揣着信符，举荐良才，巡行郡国，询问民生有无受冤枉的、疾苦的，官吏中有无没有尽职的人。

冬季，大地不结冰。

二年(丙申，公元前85年)

春季，正月，把大将军霍光封为博陆侯，左将军上官桀封为安阳侯。

有人向霍光进谏说："将军听见过诸吕的事情吗？因为处在伊尹、周公辅导帝王的位置，代理国事，专横独断，却离弃皇室的人，不跟他们一块儿承担职务，因此得不到天下人的信任，最终遭受败亡的命运。现今将军担负着特别重要的位置，皇帝又是少年，因此应当接受皇室里的人，还要经常和大臣们一起商量国事，一反诸吕的所有作为。如此，就能免除灾患。"霍光很赞同这个劝说，于是就选择宗室中能够重用的人，楚元王的孙子刘辟彊和宗室刘长乐被任命为光禄大夫，刘辟彊又为长乐卫尉，管理长乐宫的守卫事宜。

三月，派使者向缺乏种子和口粮的贫民发放赈贷。

秋季，八月，下诏令说："以前经常闹灾害，今年麦子和蚕丝的收成不太好，所救济出借的食粮和种子不要归还，今年的田赋也不能让人民再缴。"

当初，武帝征伐匈奴，深入到匈奴境界，猛追匈奴，总共有二十多年，使匈奴的马匹牛羊都不能够顺利地怀孕生产，匈奴困顿至极，并且感到特别厌苦，就经常有要和汉朝和亲的意思，但是都不能够实现愿望。狐鹿孤单于有一个同父异母的弟弟任左大都尉，做人很是贤能，国人都归降他。单于的母亲阏氏，害怕之后单于不能让他的儿子继承王位，而立了左大都尉，于是就暗暗派人把左大都尉杀害了。与左太尉同一个母亲的哥哥很怨恨这件事情，就不愿意在每年的正月，到单于的庭院去参与集会。这一年，单于病得很严重，临死的时候，告知全部的贵族说："我的儿子年龄尚小，还没有本事去管理国家大事，我想要立我的兄弟右谷蠡王。"待到单于去世后，单于的正后颛渠阏氏就和卫律等人商议，隐藏了单于死亡的消息，假装带着单于的命令，把他的儿子左谷蠡王改立为壶衍鞮单于。右谷蠡王和左贤王就都怀着埋怨，想要带领他的手下向南去归降汉朝，因为害怕单靠自身不能实现愿望，便威胁卢屠王，要和他一块儿向西去归降乌孙。卢屠王向单于揭发了这件事情，单于就派遣人去审问查证。右谷蠡王不仅不服罪，而且把这个叛国罪行加到卢屠王身上，国人都觉得他特别冤枉。于是二王就远去了，回到他们住的地方，不愿意在每年的五月到龙城去祭祀鬼神天地。匈奴的势力从此开始衰落。

三年(丁酉，公元前 84 年)

春季，二月，西北方显现了彗星。

冬季，十一月，壬辰朔日，发生日食。

当时，上官桀和霍光彼此的关系很友善。霍光休假出宫的时候，上官桀经常代替霍光入宫去审问政务。霍光的女儿是上官桀的儿子上官安的妻子，他们有一个女儿，年龄才五岁，上官安想借霍光的举荐，把她接到后宫去；霍光觉得她年龄还小，不愿意。昭帝大姐盖长公主，暗暗接近宠幸他儿子的宾客河间人丁外人，上官安平常就和丁外人关系很好，就说服外人说："我的闺女长相端正，假如能凭着盖长公主而能有机遇得以入宫为皇后，这样，凭着我父子在朝廷任职，又能够有皇后内亲的关系，而能再位居更尊显的位置，这依赖于您的玉成。按照汉朝原先的制度，经常以列侯来配给公主，因此到了那个时候，您不必害怕不被封侯呢！"丁外人听说了特别高兴，就把这事向盖长公主说了。盖长公主也非常愿意，便下命令把上官安的女儿征召入宫为婕妤，又任命上官安为骑都尉。

四年(戊戌，公元前83年)

春季，三月，甲寅日，把上官氏立为皇后，赦免天下。

西南夷中的姑缯、叶榆这两个种族的人又叛乱了，汉朝就派了水衡都尉吕辟胡，带领益州的手下去进攻他们。辟胡按兵不进，蛮夷就把益州太守杀掉了，趁着战胜的余威和辟胡决战，军士因为战死和淹死的有四千多人。冬季，又派了大鸿胪田广明去进攻他们。

廷尉李种因为故意放走死囚，而被处死。

这一年，任命上官安为车骑将军。

五年(己亥，公元前82年)

春季，正月，昭帝的外祖父赵父被追尊为顺成侯，也赏赐了二百万钱、奴婢和住宅给顺成侯姐姐君姁，来使他们富足。每一位兄弟都依照亲疏关系得到赏赐，但是无一个在朝廷任职的。

有一个男子，乘坐着黄牛车，到达未央宫北阙，说自己是卫太子。设在奏事的公车和北阙掌管上书的官署，就向上级奏报了这件事情。上面就下命令让公、卿、将军、中二千石的官员一块儿去辨认。长安城内聚来几万围观的吏民。右将军带领手下在阙下守卫，以备非常。到场辨认的丞相、御史和中二千石等官吏都害怕发言。京兆尹隽不疑到了之后，就下命令让随从逮捕了这人。有人说："这是不是卫太子尚不能肯定，不能操之过急！"不疑说："各位为什么怕卫太子！春秋时代，卫灵公太子蒯聩，把卫灵公得罪了，抗旨出奔晋，等到蒯聩的儿子辄继承灵公之位，就拒绝了蒯聩，不让他回国当卫君，《春秋》上特别赞成他这样不因为父亲的命令而拒绝祖父之命的做法。卫太子把先帝得罪了，逃跑后而不归罪就死了，但是现今却自己跑来了，这是一个罪人呀！"就把他送往奉诏系治罪犯的监狱里去。汉昭帝和大将军霍光听说了这事，很奖赏隽不疑的想法，说："任命公卿大臣，应该用明大义、经术的人。"所以，满朝廷的人就很崇拜不疑，一些在显要地位的人，都觉得比不上他。之后廷尉就问那个自称是卫太子的男子姓甚名谁，哪儿的人。结果审出了是来骗人的。原来这个人是夏阳人，姓成，名方遂，家住在湖县，以卜筮为生。有一个前太子的舍人曾经向方遂问卜，告知他说："你长得很像卫太子。"方遂心想他这话有利益可图，就期望能假装卫太子来谋取富贵。最后，这个人因为诬罔不道，被判刑，腰斩而死。

夏季，六月，封上官安为桑乐侯。上官安渐渐淫乱骄恣，在宫中赐宴之后，都会对来的客人说："我的女婿和我一块儿喝酒，喝得非常高兴！"看到皇帝的服饰，就要人回去，想要用火烧掉自己的东西。他的儿子因为生病去世了，就仰头破口大骂上天。他的悖理顽劣就像这样。

罢去儋耳、真番两个郡。

秋季，大鸿胪广明、军正王平攻打益州，砍掉的敌人首级以及捕捉到的敌人共有三万多名，同时又获得了马畜等五万多头。

谏大夫杜延年看见国家承续武帝连年的兴兵和奢侈之后，多次向大将军霍光说："每年年谷的收成都不好，大部分人民还在外流浪，应当修立孝文帝时的政事，拿宽和和俭约来怡悦民意，垂示大众，顺应天心，这样，年谷的收成可能会渐渐变好。"霍光接受了他的建议。延年是之前的御史大夫杜周的儿子。

六年(庚子，公元前 81 年)

春季，二月，下令有关官员问郡国所推荐出来的文学贤良之士，了解他们对于民生疾苦，以及怎样教化的大事，建议如何。都回答道："请废掉盐、酒、铁等由政府专门买卖的条制和汉武帝时所设置的用来运输货物的那些均输官，不能和天下人民争夺利益，要以节俭来示众，这样，教化一定强盛起来。"桑弘羊认为这种提议不好，加以辩难，觉得："这是国家的大事业，是制裁四夷、安定边疆、充足费用的基础，是不能够被放弃的！"于是关于盐铁专卖等问题的辩论，就从这儿开始了。

当时，匈奴把苏武迁移到北海边之后，匈奴就不再供应苏武的食物，苏武没有办法，只能把野鼠储藏在洞穴中的野生果实挖掘出来充饥。拿着汉朝的符节去放羊，不管睡眠还是起身都一直带着，因此节上的旄都脱落了。苏武在汉朝时，同李陵都官拜侍中；李陵投降匈奴时，心怀愧疚，所以害怕去拜访苏武。时间长了，单于就派遣李陵去北海，并为苏武备好了酒食，还有很多歌舞节目，之后便告知苏武说："单于听说子卿和陵平时交情很深厚，因此派我来开导你，计划很心平气和地以礼来相待。我觉得你终究是没有机会再回汉朝去的，只能在这里白白地受罪，在这种荒凉的地方，你的守义守信又怎样能被别人看见呢！你的两位兄弟苏贤和苏嘉，之前都因为犯了罪自杀了；我到这里的时候，太夫人很不幸已经去世了；你的太太尚年轻，听说已改嫁了；只剩下两个女儿、两个妹妹，跟一个男孩子，现在已经过了十多年了，还不知生死。人生像朝露一样，只要太阳出来，就会被晒干，是很短暂的啊！为什么要长久地这样自讨苦吃呢！陵刚归降的时候，心里也是迷迷惘惘，恍恍惚惚的，像是失去什么似的，自己很痛心，觉得对不起汉朝，再加上年老的母亲当年又被囚禁在少府的保宫里。因此子卿现在坚决不想投降匈奴时的心情，比较起来，怎么能超过陵当时的境遇呢！而且陛下现在已经很年老了，法令常常随意更改，而且大臣们没有罪而遭到杀害的已有几十家，所以，假如能重回朝廷，也不知道能不能保住性命。子卿！你这样守节，是为了什么呢！"苏武说："苏武父子没有建立什么功德，但是能有今天的地位，全是陛下成全的，我们兄弟，或爵封通侯，或位为列将，都是朝廷的大臣，我总是希望能有机遇来为国牺牲。现在有了牺牲性命报答国家的机会了，虽是受到汤镬的烹煮，或斧钺的砍杀，我实在是很心甘情愿的！臣子侍奉国君，就像儿子侍奉父亲一样。儿子为父亲而牺牲，是没什么可怨恨的。请你不要再说了！"李陵和苏武宴饮了几天，又说："子卿，你不管怎样一定要听我的话啊！"苏武说："我自知我是一个就要死的人了，右校王，你假如非要我投降，那么就请结束今日的欢聚，我立刻就死在你的面前！”李陵看见他为国尽忠的忠诚，叹了口气说：“唉！真是一个正义之人！陵和卫律的罪行，真是可以上通天庭了！”就流下了眼泪，衣襟都被沾湿了，然后和苏武离别了。赠给苏武几十头牛羊。

从这之后，李陵又到达北海，告知苏武汉武帝已经去世了。苏武就向南痛哭得特别伤心，一连几个月，整天都要哭泣守丧。待到壶衍鞮单于继位，他的母亲阏氏因为不能守正，所以国内显现出乖析离异，不能团结，便常常害怕汉兵会来偷袭，于是卫律就和单于商量，要匈奴能够和汉朝和亲。汉使到达匈奴国，要求能把苏武等人放回来，匈奴假称苏武已经去世了。之后，汉使再次来到匈奴国，常惠私底下见到了汉使，就让汉使告知单于说：“天子在上林苑中狩猎时，射到了一只绑有用绢帛写的一封信的大雁，里面说苏武等人被囚禁在海上荒无人烟处。”汉使听说了非常高兴，就用常惠所说的话去怪罪单于。单于听完话后，看着左右，表情很是惊讶，就向汉使谢罪说：“苏武等人的确还活着。”就把苏武和马宏等人放回。马宏这个人，他曾和前副光禄大夫王忠一起出使西域各国，但是他的部队被匈奴所攻击，王忠战死了，把马宏活捉了，当时他也不愿意投降。因此匈奴把这两个人放回来了，是期望能借这个机会来表达对汉朝的亲近。于是李陵就备好了酒食向苏武庆祝说：“现在你能够回到汉朝去了，匈奴人都称道你忠贞的名节和不辱使命的事迹，也已扬名于汉廷，就算是以前刻画在竹帛上和借着彩笔所绘画出来的史书里，那些杰出的人物和不朽功业，也胜不过你现在的功绩！陵虽然胆怯懦弱，拙劣无能，但是当时假如汉廷能宽恕饶过我的罪过，保护我年老的母亲，使我能有这个机会去施展那抑积在心中，想要去洗尽丧败的奇耻大辱的愿望，或许我也会像春秋时代鲁国的曹刿似的，在柯邑联盟时，代替鲁庄公齐桓公，使得全归还鲁国侵略的土地，而且对汉朝也会有所报答，这是我那时一整天都不会忘记的想法。想不到汉朝居然逮捕杀害了我全家，造成了世上一件最大的耻辱，事情既然已经到了这个地步，那我还有什么好留恋的呢！唉！全部都完了，我这才向你提起来，是想让你知道我那时的心意罢了！”李陵说完，非常伤心地流下了眼泪，就和苏武告别。

单于集聚了当时跟苏武一块儿来的随从官吏，除去原先已经投降和死亡的，随着苏武回汉朝去的，总共有九个人。到达京师，汉昭帝下令苏武呈上一份备有牛、羊、猪的祭礼，去祭祀汉武帝的陵庙，又任命他为管理各外族属国政务的典属国，每月俸禄为一百八十斛俸米的中二千石，还奖赏了二百万钱，住宅一处，公田二顷。苏武被拘禁在匈奴总共是十九年，刚刚出使到匈奴的时候还是壮年，等到鬓发白了才回来。霍光、上官桀过去和李陵有很深的交情，于是就派了李陵的老朋友陇西人任立政等三个人，一块儿到匈奴去想接他回去。李陵说：“要回到汉朝不是件难事，但是大丈夫已经遭受过一次羞辱，不能再有第二次羞辱！”李陵害怕回到汉朝之后，会遭到丧师投降的怪罪，于是就留在匈奴不回去了，最后死在匈奴。

夏季，发生旱灾。

秋季，七月，按照文学贤良之士的建议，把掌管专利事业的官员撤销了。汉武帝末年的时候，天下因为虚损，户口减了一半。所以霍光得知了那时政务的重要，就减轻徭赋，与民休养生息。至今，又要和匈奴和亲，为了让百姓富足，天下太平，所以就稍微有了文帝和景帝时候的政绩。

因为西南夷的钩町侯毋波，曾经带领西南夷的君长和人民，攻击造反的人，立下大功，因此就下诏令把他封为钩町王。将田广明赐为关内侯。

元凤元年（辛丑，公元前 80 年）

春季，武都郡的氐人叛乱，便派了执金吾马适建、龙頟侯韩增、大鸿胪田广明，带领了三辅和太常中的罪犯，把他们的刑罚免掉，前去攻打叛乱的氐人。

夏季，六月，赦免天下。

秋季，七月，乙亥晦日，日全食。

八月，改年号为元凤元年。

上官桀父子已经得到显贵的地位，很感怀盖长公主帮忙的恩德，就想要代替丁外人请求能把他封为侯，但是霍光居然不答应。又替外人希望能任命他为光禄大夫，为了让他有被汉昭帝召见的机会，最后霍光又不接受。盖长公主所以很怨恨霍光，而上官桀、上官安父子多次替外人请求官爵都不能实现，也觉得很惭愧。又因为上官桀的岳父所信任的一个在少府充任太医监，名字叫作充国的人，没有经过允许，盲目进入宫殿里，就被囚在监狱中，还被判了死刑。看着冬月就要过去了，处决的日子也快到了，盖长公主就替充国用了二十匹马去赎罪，所以才被免除了死刑。于是上官桀、上官安父子便特别怨恨霍光而更感谢盖长公主。在先帝时，桀拜官为九卿之一的太仆，地位在霍光之上，待到上官桀、上官安父子都当上了将军，上官安的亲生女儿又是上官皇后，霍光只是他的外祖父，反而独揽朝政，不让其他人来过问，所以，上官桀父子就跟霍光开始争夺权力了。燕王刘旦觉得是昭帝的哥哥，应该成为皇帝，最后竟没有当上皇帝，所以一直怀恨在心。还有御史大夫桑弘羊，为朝廷创下了酒业专卖的法规，以及铁、盐也由政府专门开发，不让民间自己经营的法规，为国家取得了许多的利益，就自己矜夸对国家有功，因此想要替子弟谋个一官半职，所以也和霍光之间有了怨隙。于是盖长公主、上官桀、上官安、桑弘羊就全和燕王刘旦一起商议反对霍光。

燕王刘旦派遣孙纵之等一共十多批人，带了很多善于奔驰的良马和金银财宝去贿赂盖长公主、上官桀、桑弘羊等人。上官桀等再派人假装是燕王的使臣，想向汉昭帝进谏，说："霍光把郎、羽林军等禁卫军，都聚集起来，开始大规模地训练检阅，和皇上巡查时的情况一样，也戒严管制全部的交通要道，而且在少府中，专给皇上准备膳食的太官，预先派遣到目的地去把饮食备好。霍光只是个大臣，是不应该这样的。"又说，"苏武出使到匈奴，一共约有二十年，都没有愿意投降匈奴，把他释放回国后，只把他任命为典属国；大将军的长史杨敞，并没有什么功劳，但是当上了搜粟都尉，又自作主张选调加强他自己的校尉。霍光如此地专制恣意，恐怕会有不轨。臣旦愿意归还王爵的符节玺印给朝廷，回到宫中去，侍卫在皇上左右，好侦察奸臣的变乱。”他们商量要等到霍光休假出宫的时候，才把这个燕王的奏章呈上去。这时代理霍光职务的上官桀，就想要利用职权，把这个事批交给手下负责的官员去处理，桑弘羊想要和其他的大臣一同威胁霍光，逼他退让屈服。最后等奏章呈上去以后，汉昭帝居然把它留了下来，不愿意批交下去。第二天早上，霍光听说了这消息，便停在绘有周公辅成王像的西阁中待命，没有进到殿内去见昭帝。汉昭帝就问：“大将军在哪儿呢？”左将军上官桀回答说：“因为燕王揭发了他的罪状，因此害怕进来。”汉昭帝就宣读：“召大将军。”霍光进来了，脱下他的帽子，叩头谢罪。汉昭帝说：“将军，请把官帽戴上，我知道这奏章不是真的，你没有罪。”霍光说：“陛下是怎样知道的呢？”汉昭帝说：“你到广明去检查禁卫军，是这几天的事儿；从你被选拔为校尉那天起，距离现在也没有十天，燕王怎会知道这个事件呢？并且你假如真想要图谋不轨，也用不上校尉呀。”这时候汉昭帝只有十四岁，居然能如此明辨是非，这就使得在场的左右侍从和尚书等人都很吃惊。那呈上奏章的人，因为不是真的，最后果然害怕得跑掉了，于是就下令赶紧去收捕他。上官桀等心里都特别害怕，就向汉昭帝说：“这是小事，也不必去深究了。”汉昭帝不愿意听从。后来，上官桀的同伙还有人进谗言去诬陷霍光的，汉昭帝就非常生气地说：“大将军是一个忠臣，是先帝委托来辅佐我的人，胆敢有毁谤他的，要依法治罪。”这以后上官桀等就不敢再说什么了。

◆唐代李德裕评论说：人君的德行，至明是最为崇高伟大的。能明察就可以照见奸邪，这样，不管是什么邪恶也都没有办法蒙蔽得了他，像汉昭帝就是一个先例。周成王跟他比起来，就有愧色了。汉高祖、文帝、景帝都比不上他呀！当成王听到蔡叔、管叔放出对周公无益处的谣言时，就派周公进退两难地带兵东征。汉高祖听说陈平以前在魏、楚做过事，之后又叛离了楚、魏，就想要丢掉他这个心腹大臣不再用了。汉文帝原来想让在河东任郡守的季布，命为御史大夫，但是有人说他好酗酒使气，不好接近，不能为天子的大臣，于是就把他遣归河东郡；又因为听信了不好的话，疑心贾谊是一个专好弄权、坏乱体制的人，就有意疏远了这个有才能的人。汉景帝误信只要杀了晁错就能够退解七国之乱的话，最后杀了位为三公之一的御史大夫晁错。刘向所说的："执持着怀疑的心思，就可能会招来一些谗贼的人对于贤哲忠良的残害毁谤。"就是这个道理。如果昭帝能够得到像伊尹和吕尚一样的能人去辅助他，这样，所造成的太平盛世，将连康王和周成王也不能同他比较呀！◆

上官桀等计划让盖长公主备好酒席，请霍光去赴宴席，之后埋伏士兵，把霍光杀了，趁机把昭帝废掉，迎立燕王刘旦来做天子。刘旦就派了驿马往来传递信息，答应事成之后，把上官桀封为王，还向外联系了好几千名郡国中的英雄。燕王刘旦把这个计划告知了燕相平，平说："大王之前也和刘泽联盟商议过，最后事情没能办成就被发现的原因，是刘泽平时凡事都喜好浮夸，又爱好侵凌，因此失败了。平听说左将军上官桀平时也很草率简慢，车骑将军又年少而骄矜，臣害怕他们会像刘泽的命运一样，不会做成大事；又害怕事成的话，他们会背叛大王，不让大王去接天子位。"燕王刘旦说："前日有一个男子来到了北阙，自己说是以前的卫太子，长安城内的群众听说了这消息，都赶来围观，正在喧哗议论得不可开交时，大将军害怕会闹事，就派遣士兵列阵，以防万一。而我，是先帝的长子，是天下人特别信任的，不必担心他们会不同意我呢！"之后燕王告知群臣说："盖长公主送来的消息说，我们的计划就怕被大将军和右将军王莽发觉。现在右将军去世了，丞相也病了，期望这次事情一定可以办成功，没多久就可以得到验证的。"于是就命令群臣都备好行装，计划到长安去。

上官安又谋划要诱骗燕王刘旦，等他来了之后，便要把他杀掉，之后趁机把昭帝废掉，把上官桀改立继位者。有人就问："那么皇后要如何做呢？"上官安说："追逐麋鹿的猎狗，怎么还顾得上小兔子呢！而且现在只是依恃皇后的尊重，只要国君的心思转移时，那我们只想做一个平凡的人，也是达不到的。这实在是特别难遇到的一个好机会啊！"恰好有一个盖长公主的舍人的父亲，掌管收取稻田租税的稻田使者燕仓，知晓了这个计划，就向大司农杨敞揭发。杨敞平素就很慎重，也害怕事，因此不敢向上揭发，就请了病假歇息，而转向谏大夫杜延年检举。延年就向上报告了。九月，便下令丞相率领着中二千石的官员，去追捕孙纵之和上官桀、安、丁外人、桑弘羊等，连同他们的宗族，都一块儿杀了，于是盖长公主也自杀了。燕王刘旦听说计划已经泄露，便把燕相平找来，告诉他说："事情失败了，我们就趁此举兵可以吗？"平回答说："左将军已经死了，这件事老百姓都已经知道了，不可发兵啊！"燕王很担心烦恼，便准备了酒席，和妃妾、群臣饮别。这个时候正好汉昭帝下达了盖有印玺的公文来责备燕王刘旦，刘旦就用印绶绞死了自己。王后、夫人跟着燕王刘旦一块儿自杀，有二十多人。最后天子还特别地用了恩惠，赦免了王太子建的死罪，把他废为平民，燕王刘旦被赐给一个刺王的谥号。皇后因为年龄还小，没有参与计谋，又因为她是霍光的外孙女，因此没被废掉。

庚午日，任命右扶风王䜣为御史大夫。

冬季，十月，封杜延年为建平侯，燕仓为宜城侯，故丞相征事任宫因为追捕到了上官桀，封为弋阳侯，丞相少史王山寿以引诱上官安入府门，封为商利侯。很久以后，文学济阴郡魏相在对策的时候，认为："之前，燕王大逆不道图谋的时候，韩义挺身而出竭力诤谏，结果被燕王杀了。韩义并没有像比干跟纣王似的，和燕王有任何亲戚关系，却践行了比干的节操，因此应该封赏显扬他的儿子，来显示给天下人民知道，让他们明白身为人臣应该遵守的道理。"于是就把韩义的儿子韩延寿提拔为谏大夫。

大将军霍光因为朝中没有勋旧大臣，而光禄勋张安世，从先帝那时起就官拜尚书令，志节行谊都很纯正笃实，就建议任用张安世为右将军兼光禄勋，来辅助他处理朝政。张安世是故御史大夫张汤的儿子。霍光又因为杜延年揭发了叛乱阴谋，对国家有贞节忠义，就提升他为太仆，又加官为右曹官及侍中。霍光执法严厉，杜延年则经常以宽大的处世态度来协助他。吏民有上书疏陈政事时，经常先交予延年去审查可否，之后再上奏。可以试用为官的，就奏请试用，内则或为丞相和御史两府所试用的胥吏属官，外则或为县令。试满一年，就将这些试用官员的任职情状，向上奏闻；如果有奸邪不实的，就依据法律判他应有的罪刑。

这一年，匈奴调发屯驻在西、东两方的右、左两部，总共两万名的骑兵，分为四队，一起入侵边境。汉军便去追赶他们，被砍掉首级和被俘虏的匈奴兵总共有九千人，还活捉了瓯脱王。汉军并没有损失伤亡。匈奴看见瓯脱王被捉到汉朝去，害怕他会指引汉军去攻击他们，就远去到西北方，不敢向南来追逐水草，放牧牛羊；朝廷于是就调派人民驻屯在边疆瓯脱地区。

二年（壬寅，公元前 79 年）

夏季，四月，汉昭帝从建章宫移居到未央宫。

六月，赦免天下。

这年，匈奴又派了九千名骑兵屯驻到受降城，来防备汉军，在余吾水兴建桥梁，为了万一遇上急迫的事情发生的时候，可以渡过此桥，向北逃走。匈奴想要向汉朝请求和亲，又害怕汉朝不答应，因此就不愿意先提起和亲的事，却常常让左右的人去暗示汉朝的使者。于是劫略侵凌汉朝边境的事情就越来越少，对待汉朝使者的态度越来越好，期望能因此渐渐地达到和亲的目的。汉朝也利用这个机会来牵制着他们。

三年（癸卯，公元前 78 年）

春季，正月，泰山有一块大石头可以自己竖立起来；上林苑中有一棵早已枯死，横倒在地上的柳树，又自己生长起来，有一只虫把它的叶子吃成了一些文字，说是："公孙病已立。"于是少府属官符节令鲁国人眭弘便上书说："枯倒的柳树又现生机，大石自行竖起，应该是会有平民出来当上皇帝的。枯树再生，是表明那已废的公孙氏，会又强盛起来吧？汉室承继尧运之后，有他传国的年数，应该寻求贤人，把帝位禅让给他，自己退为百里侯，来顺应天命。"结果，眭弘因为这而犯了造作妖言，迷惑众人的罪，被杀了。

匈奴单于派犁污王来侦察汉朝的边塞，得到情报后，就回去汇报，说是酒泉、张掖两郡的兵力不比从前了，假如出兵试着去攻打，有希望能够得到这些地方。这时，汉军先已获得来降的匈奴人，从那里得知他们的计谋，天子就下令边塞守军要非常注意防备警戒。没过多久，匈奴的犁污王和右贤王果然带领了四千名骑兵，分成三队，侵入张掖郡的日勒、屋兰、番和三县。属国都尉和张掖郡太守就派兵出击，大破匈奴兵，只有几百人逃脱。汉属国义渠胡的君长义渠王射杀了犁污王，汉就奖赏了他二百斤黄金、二百匹马，同时把他封为犁污王。从这以后，匈奴再也不敢侵入张掖郡了。

因为盖长公主和燕王的叛乱，桑弘羊的儿子桑迁戴罪逃亡，被藏在他父亲的旧属侯史吴家。之后桑迁被捕获，依法处决了，侯史吴也因为这被关进监狱。等到有了一个能够减免刑罚的机会，侯史吴这才从监牢里被释放出来。当廷尉王平和少府徐仁奉命一起审理此谋反的案件时，都觉得"桑迁因为父亲谋反，依据法律被治了罪，而侯史吴在他逃亡时，虽然藏匿了他，但这算不上藏隐造反的人，而是藏匿了牵连入罪的关系人"，所以就依赦免令免除了吴的罪名。但是后来侍御史再次审理这件案子时，却以"桑迁通达经术，明知父亲谋反而不去谏诤，就和造反的人本身的罪刑一样了。侯史吴之前是一个月俸三百石米粮的官吏，竟身为谋首而藏了人犯，这就不会和平民藏匿从犯的情形一样了，因此吴不能赦免"的理由，奏请重核治罪。并且弹劾廷尉和少府纵容了反叛者。少府徐仁，正是丞相田千秋的女婿，因此田千秋多次都在为侯史吴说话；但是又害怕大将军霍光不愿意听从，田千秋就聚集了中二千石的官员和博士在未央宫北阙的公车门聚集，讨论侯史吴依照法律当得何罪。参加议论的人得知了大将军的意思，都觉得侯史吴违法不道。第二天，田千秋把大家的意见密奏上去。霍光于是由于田千秋擅自召集中二千石以下的官员商议时事，又因为在内朝和外朝的言论不一样，就要把廷尉王平和少府徐仁都关进监狱去审问。满朝官员都害怕丞相会因为这也受牵连入罪。太仆杜延年就书写了建议上陈霍光，说是："官吏纵容了犯人，应当治何罪，可有常法可循。现在竟污蔑侯史吴为不道，这恐怕是用法太过分深刻。又丞相往常并没有什么意见执持，只有一点，就是好与在下的人商议罢了。但他现在的行为，不过就是按他平时言行的表现罢了，别无他意。对于自作主张召集中二千石官员聚集，确实是很不对，很无礼。但是我觉得丞相在位已久，也算得上是一个故旧老臣，而且曾经在先帝时辅佐过先帝，要不是因为有重大的变化，是不会轻言把他废弃的。偶尔民众会有一些埋怨狱法太过分苛刻，官吏办案太过于严酷诬罔。现在丞相所讨论的，又是有关讼案的事，假如因此让案情也牵扯到丞相身上，恐怕是不符合百姓心中的期望的，这样将会使得下面的人喧哗惊异，群众私下评论是非，而弄得谣言四起。我很为将军担忧或许会因为这而有损声誉，而且令天下人失望。"但霍光仍觉得廷尉和少府是在玩法就随意轻重，终于最后都把他们拘关进监狱里去。夏季，四月，少府徐仁自杀，王平和官拜左冯翊的贾胜胡都被腰斩了。最后丞相终于没有被牵连到，而且终丞相一生，霍光都和他做同事，他没有被贬黜过。杜延年论议公正，而且能和睦朝廷，他的所作所为，就像这样。

冬季，辽东郡的乌桓族叛乱。起初，由于冒顿攻破了东胡，溃散的东胡人就散布在鲜卑山和乌桓山，这些人最终演变为鲜卑、乌桓两族，世代都臣属于匈奴，接受匈奴人的指挥差遣。汉武帝派霍去病攻破了匈奴的左地，就把乌桓人迁徙到上谷、渔阳、右北平、辽东各郡的塞外去，为汉朝观察匈奴的动静。设置了护乌桓校尉来监督管理他们，让他们不得和匈奴再有来往。可是从这以后，他们的势力却逐渐壮大起来，最终造反了。

原先是匈奴以三千多名的骑兵侵入五原郡，屠掠了几千人。之后，更派遣了几万名骑兵，向南沿着边塞到处猎取，还攻打塞外的亭障城堡，抢夺吏民而去。这时，汉朝边郡的烽火警报特别地灵通精明，匈奴每每到边郡来劫掠骚扰的时候，都很快就被警觉，一经发觉，致斩获不多，这样，就很少再来入侵边塞。汉朝又捕得归降匈奴人，依据他们说的，乌桓人曾经把先单于的坟墓挖掘了，因此匈奴人特别恨他们，正要派遣二万名骑兵去攻打乌桓。霍光听说了这消息以后，就要派兵去拦截匈奴，把这计划告知了护军都尉赵充国，征求他的意见。充国觉得："乌桓最近常来边塞，现在匈奴要去攻打他们，这对于我们汉朝来说，无疑是有利的。并且匈奴最近也很少再来侵盗掠夺，北方边境幸好已能平安无事，假如在蛮夷自相攻打的时候，我们也插上一手，出兵去拦截他们，以至于又招来了蛮夷的侵扰，生出了不必要的事情来，这可不是什么好计谋啊！"霍光就改问中郎将范明友的建议，明友说是能够出击。于是就任命明友为度辽将军，带领二万名骑兵出了辽东。匈奴得到了汉军要来的消息，就带兵退走。那时，霍光曾经告诫明友说："部队不会空无所获平白地开出去，假如落在匈奴之后，来不及攻击他们，就改去攻击乌桓。"乌桓那时正为匈奴兵所中伤，明友的部队既落在匈奴之后，来不及去拦截他们，就趁乌桓疲敝时，向它进兵攻击。最后砍得了六千多个首级，虏获了三个乌桓王的头颅。匈奴因为这害怕得很，就不敢再行出兵了。

四年(甲辰，公元前 77 年)

春季，正月，丁亥日，昭帝加冠。

甲戌日，富民定侯田千秋去世。当时朝廷大事都取决于大将军霍光。千秋虽然身居丞相的地位，并没有实际的权力，只是厚重敬慎，自守本分罢了。

夏季，五月，丁丑日，孝文帝庙的正殿有人纵火，引起火灾。汉昭帝和众臣都穿着素服，调遣中二千石官员，督导着将作大匠的属官左、右、后、前、中五校人员前去重新修建。经过六天的整修，终于兴建完成了。掌管孝文帝陵寝事宜的太常和庙令、丞、吏、郎，都被判了一个大不敬的罪名；由于这时正好遇到六月的大赦，太常辕阳侯江德被免为平民。

六月，赦免天下。

当初，扜罙派遣了太子赖丹到龟兹国去做人质；后来贰师将军出击大宛回国，就带着赖丹到了京师。霍光于是采用桑弘羊以前提议屯田轮台的意见，任命赖丹为校尉，带领军队屯驻轮台。这时龟兹的贵族姑翼便报告他的国王："赖丹本来是派到我国来当人质，臣属于我国的，现在却到了汉朝去，当了汉朝的官员，来到轮台，逼近了我国，要在那里屯田，这必危害我国。"龟兹王就杀掉了赖丹，然后上书汉廷去谢罪。

楼兰王去世，这消息被匈奴第一个探知，就让楼兰王派在匈奴当人质的儿子安归回到楼兰国去，因此得以被拥立为新的楼兰王。后来汉廷便派遣使者到楼兰国去，要新王到汉廷去朝见汉帝，楼兰王推辞不去。楼兰国的位置于西域各国中，最靠近东边，距汉朝最近，正对着白龙堆沙漠地带，这里水草缺乏，过去常常要迎送汉使，为他们提水担粮，负责引路，又多次受到那些吏卒的抢夺，于是在心里对汉朝早早就有了警戒，觉得不宜和汉朝交往。之后楼兰又为匈奴当反间，在中间挑拨，好几次截杀汉朝的使者。在汉朝当人质的楼兰王的弟弟尉屠耆，后来归顺汉朝，才把这些一一地说了出来。所以当骏马监北地郡人傅介子出使大宛国时，汉昭帝就命令他趁机去责备龟兹和楼兰。介子到了龟兹、楼兰，责问了他们的国王，他们就都向汉朝表示顺服谢罪。介子从大宛回国时，又到龟兹，正好遇见匈奴使者也从乌孙回来，正在龟兹，介子就带领着和他出使西域的那些吏士，一起把匈奴使者给杀了。回国后，就把这些事情奏闻汉昭帝，汉昭帝就把介子任命为中郎，又提升为平乐监。

傅介子告知大将军霍光说："龟兹、楼兰心意不定，多次叛乱，但没受到该有的诛讨，对他们没什么惩罚。介子经过龟兹时，认为他们的国王对人很友好，没有怀疑，我们如果要惩处他，能够很容易得手；希望能奉命前往刺杀他，来显示汉朝的威望，使西域各国看到！"大将军说："龟兹离汉朝路程这样遥远，我们先从楼兰国开始试试吧。"于是就奏明昭帝，派了傅介子前往。介子和同往的士卒，都带着币帛黄金，对外宣称，说这些全是要拿去赏赐给外国的，就到了楼兰。楼兰王不愿意亲近傅介子，介子就假装要带兵离去，到达楼兰国的西界，傅介子就要那楼兰国管理通译的人去转告楼兰王说："汉朝的使者带着锦绣和黄金要来赏赐给西域各国，但是楼兰王不接受，我这就要离开贵国，要往西边的其他各国去了。"同时，拿出了币帛和黄金展示给译者观看。译使回去向楼兰王汇报了这个消息，楼兰王想要贪图汉朝的钱物，就赶来接见汉朝的使者。傅介子便接待了他，跟他一起坐饮，还陈列了所携带的财物展示给他看，大家全喝醉了酒。介子告知楼兰王说："天子派遣我来，有机密的话要私底下报告给国王知晓。"楼兰王就站了起来，跟着傅介子到了军帐中，把左右随从屏退了，要独自和汉使谈话。于是有两名汉朝的壮士就从楼兰王背后去刺杀楼兰王，两把刀刃交叉贯穿到了胸前，楼兰王马上就死了，他左右的那些人和显贵的大臣就都散走。傅介子将楼兰王身负汉朝的罪行告诉了楼兰人，说是："汉天子派了我来诛罚你们的国王，要改立在汉朝当人质的前王的弟弟尉屠耆。汉朝的大军立刻就开到，大家不要轻举妄动，不然将会自己招来亡国的惩罚！"傅介子就砍下了楼兰王安归的首级，坐着轻快的马车赶回汉京，将楼兰王首级在北阙悬挂示众。

于是把尉屠耆立为国王，楼兰国改称为鄯善国，为他刻了国王的图章，还将宫女赏赐给他当夫人，又给他准备了行李和坐车。由丞相带领着文武百官送到长安城北的横门外，给他饯行。鄯善国王自己向天子恳求说："我身在汉朝已有很长时间了，现在回国去，自己觉得形单势弱，而且前王还有儿子在，我回去后害怕会被他们杀害。我国中有一座伊循城，那里的土地很好，希望汉朝能派一位将领去那里积谷屯田，让我能够依赖他的威势自保。"汉朝于是派了四十名吏士和一名司马，到伊循去屯田，以镇抚鄯善国。

秋季，七月，乙巳日，封范明友为平陵侯，傅介子为义阳侯。

◆司马光评论说：王者对于戎狄的态度是，当他们叛乱时，就去攻讨他们，归顺了就放了他们。现今楼兰王既然已经认罪了，却马上就杀掉他，这样，之后再有叛乱的人，就没有办法去抚慰他们了。假如觉得他们有罪而一定要去征讨他们，就应该派军誓师，明示他们应得的惩罚。现在却派遣使者，拿币帛黄金去诱杀他，那么，以后再有奉命出使到各国去的，还会得到他们的信任吗！而且以大汉的强盛，却对蛮夷施行盗贼式的伎俩，不也是一件很可耻的事吗！论者或许会赞美傅介子，认为他的功劳很大，其实这是不对的啊！◆

五年（乙巳，公元前76年）

夏季，发生了大旱灾。

秋季，撤销了象郡的设置，使它分属于牂柯、郁林两郡。

冬季，十一月，打起了大雷。

十二月，庚戌日，宜春敬侯王䜣去世。

六年（丙午，公元前75年）

春季，正月，招募郡国中的囚徒去修建东郡玄菟郡的城池。

夏季，赦免天下。

乌桓又来入侵边塞，于是派度辽将军范明友出击乌桓。

冬季，十一月，乙丑日，任命杨敞为丞相，官居少府的河内郡人蔡义为御史大夫。

资治通鉴卷第二十四　汉纪十六

起丁未(公元前74年),止癸丑(公元前68年),共七年。

【题解】本卷记录了昭帝刘弗陵元平元年至宣帝刘询地节二年共七年间的历史。记录了昭帝无子去世,被立的昌邑王刘贺因荒唐悖谬被废;记录了宣帝的成长经历,因昌邑王被废,被迎立为帝;记录了霍光掌控朝权,包庇毒死宣帝发妻许皇后的妻子;记录了霍光之死,张安世主政,魏相上书压抑霍氏权力;记录了赵广汉用峻法治京城,于定国为廷尉,受到朝野称颂;记录了夏侯胜平易敢言,受太后、皇帝尊敬,儒士引以为荣;记录了匈奴不断受挫、势力衰弱而想与汉朝和亲;记录了宣帝亲政后加强法制,发挥郡国长官作用。

孝昭皇帝下

元平元年(丁未,公元前74年)

春季,二月,朝廷下诏减免七岁到十四岁的百姓每年每人必须交给天子的口赋钱十分之三。

夏季,四月,癸未,汉昭帝在未央宫驾崩,没有儿子来继承皇位。当时,汉武帝的儿子只有广陵王刘胥一人,大将军霍光和群臣商议将让何人继位的时候,大家都赞同广陵王。广陵王本因为品行失检,所以先帝弃用他,因此霍光内心觉得很不安。在郎官中有人就上书说:“之前周太王把长子太伯废弃了,而立太伯的弟弟王季为继承人;文王也把长子伯邑考舍弃了,而立武王为后。这都说明怎样处置才是最合适的,如果合适的话,虽是废长立少,也是行得通的。像广陵王这样的人,不能够继承大统。”这些话正切合霍光的心思。霍光就把郎官的奏章出示给丞相杨敞等人看,而且提拔了这个郎官上任了九江太守。当天就奉了皇后的命令，派行大鸿胪事少府史乐成、宗正刘德、光禄大夫丙吉、中郎将利汉等人去迎接昌邑王刘贺，派遣了七辆传车，火速去把他载来迎接到长安的官邸。霍光又向皇后禀告，把右将军张安世改调为车骑将军。

刘贺，是昌邑哀王的儿子，在封国中平时的表现就是特别狂放，行为没有节制。在汉武帝的丧期里，他照常去游猎。曾到方与县去，没有半天就驰骋了两百里。中尉琅邪人王吉上奏章向他上书说："大王不喜好读书求学问，但是很爱好到处游玩，勒马乘车，无度奔驰，所以嘴巴就一整天不得不疲于怒喝呼喊，双手就为了系绳执鞭而忍受辛苦，身体也会遭到驾车驰骋的劳累的，早上就要冒着雾露的侵袭，白天则要蒙受灰尘的吹拂，夏天便要接受酷暑的暴晒，冬天又要为疾风所偃仆侵迫，常常用那柔弱的身体，去触犯那劳心尽力的毒害和烦扰，这不是养生的道义，也不是进仁修义的长策。在宽敞的屋子里，坐在细软的地毯上，有高超的老师在前面监督，然后跟着去勤奋诵读，从上古的唐尧、虞舜的圣迹，论到商、周的强盛，考求仁人圣贤的风范，学习治国平天下的道理，高兴地奋发研习，高兴得忘记了饮食，于是能慢慢地革新自己的品德，这样的快乐，哪是在纵马奔驰上所能得到的呢！当读完了书，歇息的时候，就把左右手伸一伸，身体弯一弯，头上下动一动，转一转，来增强形体的健康，进进退退地走走路，来坚实脚力，还可以吸进新鲜的空气，吐出废气，来练练五脏，专心聚神，来使我们的精气舒畅，使心神愉快，这样养生，怎能不长寿呢！大王真能专注这样做，那么，心里存有了尧、舜的志向，形体上又有古代仙人王子乔和赤松子一样的寿命，美好的声誉，渐渐地传到了朝廷，一切的福禄自然就会降临，而国家也一定安定太平了。皇帝特别地圣明仁爱，对于武帝的去世，到现在还没有忘记，思慕不已，因此关于宫中别馆、园囿池榭、弋射行猎等任何一种游乐，都还没有去接触过，大王也应当早晚注意以此为念，来迎合皇帝的心思。现在全部的诸侯当中，说起骨肉亲情，是没有比大王更加亲的了。大王与皇帝论亲属关系来说，则如同是皇上的儿子，有着父子的情分；就地位来说，则有君臣的关系。一个人同时拥有两种身份，肩负着两种责任。所以在施恩加爱和行仁由义等言行中，假如仅有一点点细微的地方疏忽了，注意力不够集中，只要传闻到朝廷中去，就会影响大王享国在位的幸福啊！”昌邑王于是下令说：“我对于学行的造诣，是有过失，不能勤勉努力，中尉对我特别尽忠，多次辅佐我，把我的错误指正。”就派遣谒者千秋赏赐中尉五百斤牛肉、五石酒、五束干肉。但是后来昌邑王贺依然肆无忌惮地放纵起来。

郎中令山阳郡人龚遂，为人刚毅忠厚，特别有节操，看见昌邑王这样，对内就向昌邑王极力劝谏，对外就指责傅相的辅佐无方，更是引据经典的旨义，罗列祸福得失的道理，痛切规诫，以至于涕泗交流，当面去说昌邑王的错误。使得昌邑王害怕得甚至掩着耳朵起身离去，说：“郎中令真会羞辱人啊！”昌邑王曾有过很长一段时间，跟掌管膳食的导车侍从的驺奴和宰人，一起游戏娱乐，吃喝玩乐，并且过分地赏赐他们。龚遂入宫见昌邑王，流着眼泪，爬行向前，连左右侍从都跟着流下眼泪。昌邑王说：“郎中令为何哭呢？”龚遂说：“臣心痛国家危险了！特此来请求大王可以赐给我一些时间，我要私下向大王说出我心里面的话！”昌邑王就把左右侍从屏退了。龚遂说：“大王知晓胶西王因为无道而遭到灭亡的事吗？”昌邑王说：“不知晓啊！”龚遂说：“臣知道胶西王有一个佞臣侯得，胶西王的所作所为，实在就像夏桀和商纣一样，但是侯得却说像尧、舜。胶西王非常喜欢他的巴结逢迎，就经常和他坐卧在一起，而且只相信他的乱语邪言，导致灭亡。现在大王也在亲近那一班小人，慢慢地浸染了那些邪恶的人全部的习气，这是一个存亡的紧要关头，必须要谨慎小心啊！臣请求既能通达经书又品行端正的郎官，和大王生活在一起，等到坐下来的时候，就可以诵读诗书，站起来的时候，也会有机会学习一些仪文礼制，这样对于大王来说，应当是有好处的。”昌邑王应允。龚遂就挑中了郎中张安等十个人去伺候昌邑王。但是只过了几天时间，昌邑王就把张安等人全都赶走了。

昌邑王曾经看见一只高大的白狗，颈部以下和人长得差不多，头上戴着乐舞人所用的，由五彩丝线织成的方山冠，但是却没有尾巴，就问龚遂，龚遂说："这是上天用来警告大王的，表明大王身边的人，都是披戴着人的衣裳的狗啊，假如能把他们丢掉，就会得到永存，不去掉他们，就会灭亡。"后来又听到有人喊叫："熊！"仔细一看，果然看到了大熊，但是左右大臣都没有看见，昌邑王就又问龚遂，龚遂说："熊是山野里的野兽，却来到了宫室中，但是被大王一个人看见，这是上天在警告大王，害怕将来宫室中要变得一无所有了，这是国家危亡的征象啊！"昌邑王就仰天长叹说："那些不吉祥的事物，为何一件接一件地出现呢！"龚遂叩头说："臣不敢欺瞒那一片忠心，所以多次说到上天对于国家的危亡所表示的劝诫，让大王不高兴。其实说起那国家的存亡，怎么是臣如何说就会怎样应验的呢！那全在于大王自己的啊！恳请大王能在心里自己想想。大王如果能诵读三百零五篇的《诗经》，让言行能合于诗中的义理，那么就能使得王道完备，人事和洽。现今大王的所作所为，有哪一样是合于《诗经》中哪一篇的义理的呢？大王的位置，是诸侯国的国王，但是行为确实比平民还要浑浊，像这样的情形，要求能继续生存下去，是很难的。要想败亡，却很容易，大王应当要深深地去省察！"之后又有血污染在昌邑王的座位上，昌邑王又问龚遂，龚遂大喊道："宫室中不多久将变得空无所有了，妖异的事情，一件一件地来。国家已面临着危亡了。见到了血，这是一样将要有忧惧阴险的事发生的征兆啊！大王应当要谨慎敬畏，自我反省！"但是昌邑王一直改不掉他那荒诞的言行。

等到征召昌邑王到长安的文书给送来了，夜漏还没过完一刻，就赶快借火揭开文书。当日正午，昌邑王就动身进京；下午申时，就到达了定陶县，总共奔跑了一百三十五里的路程，因此侍从们的坐骑沿路上累死了不少。王吉上书劝诫昌邑王说："臣听说殷高宗武丁居丧的时候，有三年不言语。现今大王也因为昭帝的丧事被征召入京，因此应当日夜哭泣悲伤而已，对于国事要小心谨慎，不要任意发号施令！大将军仁爱、勇智、忠信德行，天下人都知晓，他侍奉孝武帝二十多年，没有过错误。先帝临终时，把天下大事托付给他，要他辅佐幼君。大将军就怀抱在襁褓中的幼君，施展教化，代行政事，使得天下太平，即使是周公和伊尹的政绩，也超不过他。现在昭帝逝世，因为没有后代，大将军就考虑到谁是能够继承帝位的人，于是就牵持攀引，而立了大王，他的忠厚和仁爱哪里是有限量的呢！所以臣希望大王能去侍奉他，尊敬爱戴他，国家大事都听从他的，大王只要拱手而治，南面称帝就行了，不需要去有所指挥。请大王能留意，常常记住我这些话，不要把它疏忽了。”

昌邑王到达济阳县，居然去求买会常常鸣叫的长鸣鸡，在路上又去买了汇集竹木做成的积木杖。路过弘农县时，又差使奴仆长善，将从民间弄来的美女藏在装载衣物的车上。到达湖县，长安派遣来的使者，就为他抢夺女子的事去责怪昌邑王相安乐。安乐告知了龚遂，龚遂就去问昌邑王，王说：“没有听说这件事啊！”龚遂说：“假如真的没有，那就不用为了爱护一名奴仆，而败坏了自己的道义品行！请收捕长善，交予官吏去处理，来冲洗大王的污点。”于是就拽着长善的头发，交予卫士长去依据法律处置。

昌邑王到了霸上，大鸿胪便到郊外去迎接，掌管车马的驺奴就奉献上天子的坐车。昌邑王就派遣他的太仆寿成驾车，郎中令龚遂陪在车右。将要到安城东的广明亭和东都门时，龚遂说：“根据礼法，奔丧的，望见了国都全部要哭。那是长安城的东都门了啊！”王说：“我因为喉咙痛，所以不能哭。”到了城门，遂又提醒昌邑王。王说：“城门和外郭门一样的嘛！”快要到未央宫的东门时，龚遂说：“昌邑王的吊哭帐设置在这个东阙外大马路的北边，在未到吊哭帐的地方，有一条南北通道，距离吊哭帐骑马只有几步路罢了。到了那儿，大王应当下车，然后面对着东阙，向西面匍匐哭泣，直到尽哀为止。”王说：“好。”到达应该下车的地方，昌邑王依照该有的仪式哭泣了一番。六月，丙寅日，昌邑王接受了皇帝的印信，继承了皇帝的称号。并把皇后尊奉为皇太后。

壬申日，安葬孝昭皇帝于平陵。

昌邑王被立为帝之后，荒淫嬉戏，没有节制。原来在昌邑的官吏，都被征调到长安来，而且经常不依资历，就把他们的官爵升迁了。之前的昌邑王相安乐，被提升为长乐宫的卫尉。龚遂看见了安乐，就流着泪向他说："大王被立为天子之后，渐渐自满骄傲，而且不再听从我的劝谏了。现今还在昭帝的丧期，却整天和左右近臣在一起吃喝游戏，看虎豹相斗，还聚集了九旒的旌旗和作为前导的革车，到东西四处去盘游，所作所为都违背了常理。古制宽大，规定了大臣可隐退；现今却欲退不得，想要假装发狂，又害怕被人看穿了。再这样下去，未来恐怕要牺牲了生命，世人还要耻笑的啊！这该怎么办呢？您，是陛下当昌邑王时的丞相，应当要极力去劝阻才是啊！"

昌邑王梦里看见有苍蝇的粪便堆在西阶东边，大约有五六石那么多，用大的屋瓦盖着，就问龚遂这是为什么。龚遂说："陛下读的《诗经》中不是之前已说过了：'那飞来飞去的苍蝇，因为会变黑为白，使干净的变成脏乱，因此应当让它远远地停留在那园圃的篱笆上，不能够让它飞到室内来。一样的道理，一个平易和乐的君子，也不会去听信谗言。'现今陛下左右的谗人非常多，就像是这些苍蝇的粪便。因此应当注意进用先帝大臣的子孙，去接近他们，让他们成为陛下的左右近臣。假如舍不得放弃从昌邑来的那些故旧，而且听信了谗言阿谀的人，必定发生灾祸。希望能转祸为福，那些人全部都被加以摒除，我就是该先被弃逐的一个。"昌邑王不听从。

太仆丞河东郡人张敞上书进谏道："孝昭皇帝早年逝去没有儿子，大臣们都很害怕，就去推举贤才，要来继承宗庙，当向东去欢迎大王的时候，就害怕进京太迟了。现今天子以壮年刚刚即位，天下人都拭目以待，着急想看到有哪些美俗善政。但是结果却是辅国的大臣还没有受到褒奖，从昌邑来的那些后进小臣居然先得到升迁，这是最大的失误啊!”昌邑王也不听信他的话。

大将军霍光这个时候很是烦懑忧心，就私下为这件事情亲自向平时所亲近的旧属大司农田延年问计。延年说:“将军是国家的重要的大臣，既知晓这个人不能够承当重任，为什么不去报告太后，建议另外改选贤能的人来拥立他呢?”霍光说:“现今就是想要这么办，不知道古时候曾经有过这种事情没有?”延年说:“伊尹辅佐商朝的时候，以前放逐了昏庸无道的太甲，来安定国家，后代的人都赞扬他的忠心。将军如能也这么做，那就是汉朝的伊尹了。”霍光就引荐延年供职在殿中，被任命为给事中，为了随时商量国家大事，暗中又和车骑将军张安世商议策划。

当昌邑王出去游玩的时候，光禄大夫鲁国人夏侯胜就挡在车驾前面进谏说:“上天长久阴霾而不下雨，这表示人臣将会有谋逆的事情发生，将要对皇上不利。现今陛下外出，是想要到哪儿去呢?”昌邑王很生气，指责夏侯胜妄作邪说妖言，就把他捆绑了，交予官吏去审理。官吏将这件事报告了霍光，霍光没有依法处理他。后来霍光以为是张安世泄漏了他们的说话，就去责备张安世，其实张安世是一点也没泄漏什么，于是就把夏侯胜找来追究原因。夏侯胜回答说:“在《鸿范传》里说:‘一个当国君的人，如果处事多失，得不到中道，就会上招天罚，使得天气经常阴霾，不会放晴。君乱且弱，下激民怒，因此就有下人要讨伐皇上的灾祸。’因此不敢明言下人将要讨伐皇上，所以只说是‘臣下有逆谋’。”霍光和张安世听了，都大吃一惊，因此更加重视熟悉经术的人。侍中傅嘉也多次进谏，王也把嘉捆绑了，把他关进监狱里去。

霍光和张安世已经商量好了，就派田延年去向丞相杨敞报告。杨敞听后，特别吃惊害怕，不知道该说些什么，吓得汗流浃背，只是恭维地应诺而已。延年站了起来，就到了更衣处去。杨敞夫人慌忙从东厢跑出来告诉杨敞说:“这是国家大事，现今大将军已经商量好了，派九卿来告诉你，你还不快答应，和大将军同心合力，还在那里犹豫不决，是会先被杀害的啊！”延年从更衣处回来，杨敞夫人就向延年应允了这个计划，说是：“遵奉大将军的命令。”

癸巳日，霍光召集丞相、御史、将军、列侯、中二千石、大夫、博士在未央宫会议。霍光说：“昌邑王德行混乱，害怕会危害到国家的安宁，该如何呢？”群臣听了都发愣惊慌，吓得面无人色，不敢发言，只是恭敬地应诺着而已。田延年便站起身来，走上前去，离开了座席，手按着剑，说：“先帝把年幼的孤儿托付给将军，也把治理天下的重责大任寄托给将军，这是因为知道将军是既忠心又贤能，能够安定刘氏的天下。现在自从昌邑王为帝以来，下面的群众对他的行为非常不满，因此人心不安，纷纷议论着，国家将会因此沉陷进倾亡的危险境地；但是汉朝的历代帝王所传用的谥号，都加有一个‘孝’字，就是为了要使子孙能永远保全天下，让祖先可以享受到子孙的祭祀。现今假如汉家因此而亡国绝祀，那么将军即使也因为这而死，又有什么脸去见先帝于九泉之下呢？因此今天所讨论的事，应当赶快做一个决定，不得再迟延推托，群臣中如果有犹豫不决，迟迟才答应的，请应允我立刻用剑杀了他！”霍光谢罪说：“九卿对我的责怪是对的！天下人纷纷议论着，对政局都觉得不安，我霍光是应该受到责难的。”因此参与计议的人全叩头请求说：“天下全部的人民的生命安危，都维系在将军一人的身上，我们都将听从大将军的命令！”

霍光就和群臣一同进见太后，向太后详细地说明昌邑王不能继立为帝的情况。皇太后就乘车到了未央宫的承明殿，下命令各处宫门的守卫，不让昌邑王手下的群臣入宫。当昌邑王去觐见了太后回来，坐着车想要回到未央宫的温室殿去时，在宫中黄门内工作，属少府黄门令掌管的宦官们，每个人都各自把持控制着一扇门，在昌邑王进去以后，就把门关起来，昌邑王手下的群臣都不得进入。昌邑王问：“为什么关了宫门？”大将军霍光跪着说：“有皇太后的命令，不允许昌邑王部下的臣子们进宫！”昌邑王说：“慢慢来吧，何必弄得这样吓人呢！”霍光派人把昌邑王的臣子们都赶到了金马门外去。然后让车骑将军张安世率领禁卫骑兵去逮捕了二百多人，把他们送到廷尉的监狱去。还命令以前在昭帝宫中的侍中和中常侍们看守着昌邑王。霍光又告诫那些中常侍和侍中说："要小心地看住他，假如让昌邑王突然间死了或是自杀了，那就要让我对不起天下人，我就担了一个谋害君主的罪名。"昌邑王这个时候还不知道自己会被废掉，就告诉左右的人说："我那些在昌邑王府任职的臣僚侍从们犯了什么罪，为何大将军把他们都逮捕起来了呢?"

没多久，有皇太后的命令要召见昌邑王。昌邑王得到消息要召见他，心里慌乱了，就说："我犯了什么罪为什么要召见我呢?"皇太后披着用珍珠串成的短袄，穿着很隆重严肃的服饰，坐在陈列有矛、钺、盾、戟、弓箭等兵器的帷帐中，保卫在左右的几百名侍从全带着武器，掌管护卫侍从的期门武士，每人都带着戟，在殿阶下排列守卫着，群臣按照官阶的大小按照顺序走上殿来，然后就命令昌邑王跪伏在皇太后面前听候诏令。霍光和群臣一起署名奏劾昌邑王的罪状，由尚书令读着奏章说："丞相臣敞等人，冒死来向皇太后陛下进谏：因为孝昭皇帝早逝，就派遣使臣去征调昌邑王来主持丧事，穿着儿子为父丧所穿的，用粗麻布制成，衣的四边仅仅用剪刀截割，不用针线缝制的孝服，他却没有一点悲哀的心思，还抛弃了一切应当讲究的义理和礼制，在入京途中，不饮用居丧时应该吃的素食，竟然饮酒食肉，甚至派随从的官吏去抢夺民间妇女，用来遮人眼目，用装饰有帷幕的车子载运着，送到他沿路上在驿站中所住的房舍里去。刚刚到达京师，拜见了太后，把他立为昭帝的太子，在守丧时期，也常常私自命人购买鸡肉、猪肉来吃。在昭帝灵柩前，行了受玺礼，接受了皇帝的玺印，就了位后，随即把玺拿了出来，就没有再封存起来，这是特别不慎重，很不当的行为。还让侍从官分别带着符节，接进昌邑王府中的侍从官、管马厩的人，以及官奴等共二百多人，到宫中来，常常和他们在宫内游乐。又给昌邑王府中的侍中写了一封信，说：'皇帝问候侍中君卿：命令府中的中御府令高昌，取府中藏的黄金千斤，赏赐给君卿，好去娶十个太太。’昭帝灵柩还停放在前殿，却拿出乐府中的器乐，迎进昌邑中的乐府人，在后宫击鼓打拍，歌唱吹奏，演奏欢乐着；昌邑王还把祭祖庙时祭泰一神和奏乐的乐工都召入后宫，把全部的音乐都演奏了起来。又乘着很隆重的供天子巡行时乘坐的车驾，跑到未央宫北边的北宫和桂宫一带去游观弄猪斗虎的杂技。又取用皇太后所乘坐的小马车，使官奴乘着在宫廷两边奔驰嬉游。还和孝昭帝从前的宫女蒙等人淫乱，并下命令给在宫廷内管理宫女的少府属庭令官掖，说：‘有谁胆敢把这件事情泄漏出去，就要处以腰斩的罪刑！’……”皇太后听到这儿，中途把尚书令的诵读打断了，喊了一声：“停！一个做晚辈的，应当这样地违背常理乱来吗！”昌邑王听了皇太后的责怪，就离开座席，跪伏于地。尚书令又继续念着说：“……昌邑王把诸侯王、列侯和二千石官所戴着的青绶、紫绶、赤绶等印绶，和秩比六百石以上官员所戴着的墨绶，及二百石以上的官员所佩戴的黄绶，全拿给昌邑府中的郎官们和一些被赦免为良人的奴隶们佩戴。把宫中库藏的金钱、刀剑、玉器、有文采的绸缎等许多器物，全赏给了同自己在一起游戏的人。还和侍从官、官奴在夜里饮宴，荒迷在酒食当中。又单独在夜里，在温室殿中，陈设了接受贵宾时才有的很隆重的九宾仪式，接见他的姐夫昌邑关内侯。新君继位，在既葬故君未满三十六天，还没有举行祭祀祖先宗庙的仪式时，就下令派使者拿着符节，准备了三份羊、猪、牛兼具的祭品，去祭祀他的父亲昌邑王刘哀的陵墓，而且既入继昭帝，竟还口称‘嗣子皇帝’。自从即帝位以来，才二十七天，就派了使者，来来往往，一直不断地，携带着符节，下令给各官署，去征调物质，总共有一千一百二十七次。昌邑王这种迷乱胡为，无道荒淫，失掉了皇帝应有的仪法和礼制，败坏了汉室的制度。臣敞等人多次向他劝谏，非但不改，反而一天天严重。唯恐因为这样会危害国家，让天下不安。臣敞等人曾小心地和博士商量过，他们全都说：‘现今陛下继承孝昭皇帝之后，行为却是这样邪僻荒淫，不守法度。’‘在五辟之中，罪名最大的，莫过于不孝了。’之前的周襄王，因为不能体会母亲的心意，好好地去侍奉她，使得弃国出奔，《春秋》上就说：‘天王出奔于郑。’因为不孝而出奔在外，被天下人所弃绝。祖宗是比国君还要重要的，像陛下这样的人，是不能够顺应天心，也不配去祭祀祖庙，不配去当老百姓的君父，因此要废掉他！臣请派能负责的官员，准备一份牛、羊、猪的祭礼，前去祭祀高庙，向高祖仔细地说明废立昌邑王的事情。”皇太后就下命令说：“照准！”霍光让昌邑王站起来，之后行跪拜礼去接受皇太后的诏令，昌邑王说：“我听说：‘天子只要有七个谏诤的臣子，就算他荒淫无道，也不会丧失天下的。’我怎么能就被废掉呢？”霍光说：“现今皇太后已经下诏令把你废除了，如何能把你称作天子呢！”就走上前去抓住他的手，把他身上所戴着的玺绶解了下来，献给了皇太后；然后扶着昌邑王走下台阶，出了金马门，群臣都跟着去送行。昌邑王朝着西面拜辞说：“我这人真的是太愚蠢糊涂，担负不起汉朝的大事！”就起来坐上了天子的副车，大将军霍光把他保护着送到昌邑王原设在京师的住宅。霍光谢罪说：“你昌邑王的种种作为，上天把你弃绝了，我宁愿对不起你，也不会对不起国家，希望你自己保重，我再也不会跟着你了。”霍光说完，流着眼泪便离开了。

群臣都启奏说：“古时候但凡被放逐废弃的人，都会把他们斥退隔绝到很远的地方去，不让他再干预政事。因此请把昌邑王驱逐到汉中郡的房陵县去。”皇太后就下了诏令，命刘贺回到昌邑去，而且赏赐了他一块有两千户的汤沐邑，特供给他沐浴斋戒的资费，作为日常的费用，以前王府中的家财也全送给刘贺；就连哀王的四个女儿，每人也被赐给汤沐邑一千户；只是撤销了昌邑国的封国，依然改名为原来的山阳郡。

昌邑王手底下的群臣，因为在昌邑国时，对于昌邑王的罪过，不会及时奏闻举发，因此汉廷不能事先有所知悉，也不能全心地诱导辅佐昌邑王，使昌邑王陷入罪大恶极的地步，因此把他们都关进监狱，总共诛杀了两百多人；唯有中尉王吉和郎中令龚遂因为曾经多次忠直地去进谏昌邑王，得免死罪，他们被剃掉头发，判了一个前去筑城伺寇的罪刑。昌邑王的老师王式也被关在监狱里，原判决也应当处以死刑，后来治狱使者审问他说："你作为昌邑王的老师，为何不上奏劝谏昌邑王呢？"王式回说："我是拿《诗经》三百零五篇整天去教导昌邑王的，讲到忠臣、孝子的篇章，就特别为昌邑王反复诵读；讲到陷于无道危亡的国君，就流泪为昌邑王深切地说明。我是用三百零五篇的《诗经》去劝谏昌邑王，因此就别无谏书。"治狱使者就把这话上奏上去，所以也被免除了死罪的判决。

霍光觉得群臣既向皇太后上奏，而由太后来督察政事，太后就应当明了经学，于是就向太后报告，命令由夏侯胜教导太后研读《尚书》，因此就提升了夏侯胜为长信少府，去掌管太后所住的长信宫的各种事宜，还把关内侯的爵位赐给他。

起初，卫太子娶了鲁国的史良娣，生了个儿子刘进，被称为史皇孙。皇孙娶了涿郡的王夫人，生了儿子病已，被称为皇曾孙。皇曾孙生下来几个月，就遭受到巫蛊的祸害，卫太子的三个儿子、一个女儿，以及全部的妻、妾都遭到杀害，只有皇曾孙活了下来，但也受牵连被关在大鸿胪的郡邸狱。之前的廷尉监鲁国人丙吉奉命审理巫蛊的案子，丙吉心里知道卫太子没有叛乱的事实，更加可怜皇曾孙的幼小无罪，就选择了较为敦厚谨慎的女囚徒渭城人胡组和淮阳人郭征卿，让她们来养育皇曾孙，住在一个宽敞明净的地方，丙吉每天都去看望他两次。

巫蛊的案子常年不能被审定，之后汉武帝病了，来往于长杨宫和五柞宫，那些专门从事观望云气、占候征兆的人就说，在长安城的监狱中，有天子的气象，于是汉武帝就派了使者，分别去通知被关在长安各官府中的监狱里的人犯，无论罪名轻重，全部都要杀掉。官拜内谒者令的郭穰，就在夜里到了郡邸狱去调查，丙吉紧闭着门，不让使者进来，说："这里有皇曾孙在。其他人尚不能无罪就被处死，更别说是皇上的亲曾孙呢？"双方僵持到天亮，郭穰一直没办法到郡邸狱去查案，只能回去奏闻汉武帝，于是就弹劾了丙吉。这时汉武帝也醒悟了，说："这应当是上天的旨意呀！"就赦免了全部关在郡邸狱的囚犯，皇曾孙靠着丙吉的保护才得以逃生。

事后，丙吉告知郡邸狱的守丞谁如说："皇曾孙不应该住在郡邸狱中。"就让谁如致书京兆尹，连同胡组一块儿都送到京兆尹那儿去；最后京兆尹不愿意接受，就回来了。等到胡组的刑期届满，把她释放回去的时候，因为皇曾孙被她带惯了，产生了感情，特别想念她，丙吉就拿出了自己的钱来雇用胡组，把她留下来，同郭征卿一块儿继续抚养皇曾孙。等过了几个月，皇曾孙比较适应了，才让胡组离去。之后，主管掖庭府库的少内的属官啬夫，告知丙吉说："我们没有了诏令依据，没有办法得到粮食来供养皇曾孙。"丙吉就把他自己所得到的肉类和食米，每月拿去供给皇曾孙食用。皇曾孙生病了，有好几次严重得几乎没有办法救活，丙吉就常常要保育皇曾孙的保姆注意给他服药，他对皇曾孙的照料爱护，是很有恩惠的。之后丙吉听说史良娣有母亲贞君和哥哥恭都还健在，就带着皇曾孙去交给他们抚养。贞君这时年龄已经特别大了，看到这个曾孙孤苦伶仃，特别可怜，就由她自己来照顾抚养。

那时的掖庭令张贺，曾经侍奉过戾太子，因为怀念过去戾太子的恩德，又特别同情皇曾孙的遭遇，就很谨慎尽心地看护着皇曾孙，还拿出了自己的钱来给他，教他读书。到皇曾孙长大成人了，张贺便想把孙女嫁给他。这个时候，昭帝刚刚成年，身高八尺二寸，张贺的弟弟张安世为右将军，辅助昭帝施政，听说贺赞扬皇曾孙，想把孙女嫁给他，就特别生气地说："皇曾孙是卫太子的后代，幸好能以平民身份得到了天子施给衣食，就已经很好了，不要再提起嫁女给他的事情。"于是张贺就不再提这件事了。那时任职在掖庭令的暴室啬夫的许广汉，有一个女儿，张贺就备好了酒食邀请许广汉饮宴，到了酒酣耳热时，张贺就代替皇曾孙做媒说："皇曾孙是皇帝的近亲，未来就是再差，也是一个关内侯，可以把女儿嫁给他啊。"广汉应允了。第二天，广汉的妻子听说了这件事，特别生气。但是因为许广汉很尊敬掖庭令张贺做媒，于是不受他妻子反对的影响，就跟皇曾孙定了亲，结了婚；张贺拿出了家财作为聘礼。皇曾孙从这以后就依赖广汉兄弟和他的外祖母家史氏，他还跟东海人澓中翁读《诗经》，资质特别高，也很好学；同时也很喜欢交游助人，斗弄鸡狗的，所以对于乡里间的邪恶奸诈，官吏做事的好坏，全都很了解。他经常在各皇帝的陵庙间周游往来，也走遍了三辅的每一个地方，更是曾经在左冯翊莲勺县的盐池中被人困辱过。特别喜欢到京兆的杜县和扶风的鄠县这一带去，常常就待在长安南边的下杜城。每当在春天或秋天宗室朝会时，就住在长安城中的尚冠里。

待到昌邑王被废弃，霍光和张安世诸大臣商议继位的人选，还没有所决定时，丙吉就上书给霍光说：“将军侍奉孝武皇帝，接受辅佐幼孤的托付，担负天下的重责大任。孝昭皇帝早逝而且没有子嗣，因此人民都觉得非常忧惧，想要赶紧知道到底谁是继立的君主。在发丧时，就依大义确立了支属的昌邑王为继承人选，但是因为所立的昌邑王无道荒淫，因此又依大义把他废掉；天下百姓对于这种种决定，没有不钦服的。现在国家、宗庙和群众的生命都操在将军的一言一行之中，我曾经私底下去收集群众的建议，发现他们所谈论的，在列位中的诸侯和宗室，并无著闻于民间的。而遗诏所扶养的处身在掖庭和外家史氏中的那位汉武帝的曾孙名叫病已的，吉以前奉命在郡邸办巫蛊的案子时，看见他还很幼小；现在已经十八九岁了，他通达经学，有好的资质，品行节操都很安雅平和。请将军详细大义，参卜蓍龟，像这样的人才，是应当受到褒奖显扬的，就先让他入宫侍奉太后，使天下的人都能很清楚地认识了解他，然后再决定大计，那天下百姓全都蒙福了！”杜延年也知道皇曾孙品德很好，所以也劝霍光和张安世能立他为帝。

秋季，七月，霍光坐在掖庭上，聚集丞相以下的官员一同商议继立皇帝的人选，便又和丞相杨敞等人上奏皇太后说：“孝武皇帝的曾孙病已，今年十八岁，从师学过《诗经》《论语》《孝经》，持身节俭，仁慈爱人，可以继立孝昭皇帝之后，来奉承宗庙的祭祀，治理天下百姓。臣冒死奏闻!”皇太后就下命令说：“行。”霍光就派宗正刘德到皇曾孙在长安尚冠里的家去，请皇曾孙沐浴，赐给他天子府库中的衣服，并由太仆杜延年驾着轻便小车，把他迎到宗正府来斋戒休息。庚申，到达未央宫，见到了皇太后，先封他为阳武侯。过了很久，再由群臣奉上天子的印绶，即了皇帝位，就是汉宣帝，之后去谒见高庙；尊皇太后为太皇太后。

掌理举劾按章，接受公卿奏事的侍御史严延年弹劾霍光说：“大将军专擅人主的废弃，无人臣的礼法，不符合道统。”奏章虽然被压下来了，但是朝廷特别敬畏他。

八月，己巳日，丞相安平敬侯杨敞去世。

九月，大赦天下

戊寅日，任命蔡义为丞相。

当初，许广汉把女儿嫁给了皇曾孙刘病已，过了一年，生了一个儿子刘奭。过了几个月后，皇曾孙刘病已被立为皇帝，许氏被封为婕妤。这个时候，霍将军有一个小女儿，和皇太后有特别近的亲戚关系，当公卿商议要改立皇后的时候，大家心里都猜测应是霍将军的女儿，但是没说出来。此时宣帝却下令要寻找没当皇帝之前的一把老剑。大臣们都知道宣帝是用旧剑来比喻旧妻的含义，就把许婕妤立为皇后。十一月，壬子日，就立了许氏为皇后。霍光觉得皇后的父亲许广汉之前曾经下蚕室，被罚过宫刑，不适合封国，后来过去一年多，才被封为昌成君。

太皇太后从未央宫来到长乐宫居住。长乐宫开始有驻军宿卫。

中宗孝宣皇帝上之上

本始元年(戊申，公元前 73 年)

春季，汉宣帝下令有关官员审定大臣们商议大事，扶立皇帝，以安宗庙的功劳。大将军霍光加封了一万七千户，连同以前所食采邑的户口数，一共是两万户。从车骑将军富平侯张安世以下，加封的有十个人，封侯的有五个人，赐爵位为关内侯的有八个人。

大将军霍光叩头要归还执政权给宣帝，但是汉宣帝谦让不愿意接受；所以全部的大小事情都先向霍光说明，之后再奏闻汉宣帝。自从昭帝时起，霍光的儿子霍禹和他的哥哥的孙子霍云就都当了中郎将，霍云的弟弟霍山为奉车都尉、侍中，率领胡、越等外族归附的部队，霍光的两个女婿邓广汉、范明友分别为长乐宫卫尉和未央宫卫尉，霍光的兄弟，以及兄弟辈的女婿，和霍光的外孙辈，都分别为奉朝请，遇朝廷有事，全都可以召请参加朝会，或任命为诸曹、大夫、骑都尉、给事中等官，全部的远近亲族，都在朝廷上，盘根错节地盘据了朝廷的显要地位。等到昌邑王被废了，霍光的权力更加威重，每次朝见汉宣帝，汉宣帝都显得很虚心，表情也很严肃，对霍光表现得非常有礼貌。

夏季，四月，庚午日，地震。

五月，凤凰飞集在胶东国和千乘郡一带。于是就赦免天下，停止征田地租赋。

六月，下诏令说："之前的皇太子葬在湖县，还没封给谥号，也没按照时间去祭祀；现今应当议定谥号，并设置园邑。"主管官员就上奏说："依照礼法，继为人后的，就是要过继为他人的子嗣；因此要贬抑他的亲生父母，不得不去祭祀他们，这就是敬爱祖宗的义理啊。陛下现今继为孝昭帝之后，承继他宗庙的祭祀。因此我觉得陛下亲生父亲的谥号能够称为悼，本生母亲的谥号为悼后；所以皇太子谥号戾，史良娣谥号戾夫人。"并且改葬了戾太子和戾夫人。

秋季，七月，下诏令封燕刺王太子刘建为广阳王；立广陵王刘胥的小儿子刘弘为高密王。

当初，因为上官桀和霍光争权，之后霍光就把上官桀杀害了，于是就遵循武帝的法令制度，用刑罚来严格要求属下，因此不学无术只知徇俗的官吏，就都崇尚严酷，竟然以严厉苛刻酷虐残暴为有才干；但是河南太守丞淮阳人黄霸却不同寻常，他用法宽和，所以独以温和宽厚知名。汉宣帝流落在民间时，深知人民都苦于官吏的急迫苛察，现今听说黄霸用法平和，就征召来担任廷尉正的工作；他多次审决疑案，朝廷上都称赞他持法公平。

二年（己酉，公元前72年）

春季，大司农田延年因为犯罪自杀。原来是处理昭帝的丧事时，由大司农负责去租用民车，田延年就谎报租车的价钱，以少报多，总共骗取了三千万钱，最后被仇家揭发了。霍将军就把延年找出来询问，本来想代替他开脱，找了一些能够使他安全而不必受刑罚的办法，没想到延年居然拒绝霍光有意为他避忌隐讳，说："根本就没这回事！"霍光就说："假如真的没这回事，那就要让有司去追问到底了！"之后，御史大夫田广明看到这件事情的严重性，就为田延年去告知太仆杜延年说："依《春秋》大义是能够将功补过的。当在商议废立昌邑王的时候，要不是田延年子宾的一番话，废立的事情，将不能如愿达成。因此现在就由汉宣帝出三千万来赔偿，你看怎么样？请能把我的话转告大将军。"杜延年就把这话告诉了大将军霍光，大将军说："真的，他确是一名勇士啊！当他发表他的高见时，确实曾震惊朝廷。"霍光讲到这里，就举手摸着自己的心说："使我到现在心里还特别害怕。感谢田大夫，就请去告诉大司农，要他明白，让他到牢狱去，由大家秉公审理吧。"御史大夫田广明听了霍光这一些话，知道霍光很气田延年的拒讳，所以不肯原谅他，就派人去告诉田延年，田延年说："这件事就只有期望天子能宽恕我了，我有什么脸去坐牢，让大家来指我，笑我，让那些狱卒囚徒在我背后吐口水骂我呢！"于是便紧闭阁门，一个人待在书斋里，袒露着一只手臂，拿着刀，东西来回地走着。几天以后，有使者呼唤田延年到廷尉那里去。当田延年听到使者已到司农，司农在揭开诏书鸣鼓时，就自杀了。

夏季，五月，宣布诏令说："孝武皇帝亲行仁义，奖励威武，功德显盛，可是在他的庙寝里，却没有适当的舞乐相配合，朕觉得特别地哀伤。这要跟列侯、二千石和博士们一同来商议商议。”于是群臣便在朝廷中开了个大会来讨论这件事情，大家全说：“应当如诏书所指示，为武帝庙演奏相称的舞乐。”长信少府夏侯胜却说：“武帝虽然有攘斥四方边夷，拓广我国疆域的功劳，但是杀了太多的民众，费尽了人民的财力，奢侈无度，使得天下虚靡，百姓离散，死亡了大半的人口，蝗虫的灾害到处都是，数千里地都不长五谷，甚至因饥饿而人吃人，国力财货到现在都不能有什么储积；对人民并无德泽，所以不应该替他选立庙乐。”公卿们就都责难夏侯胜说：“这是诏书的意思啊!”夏侯胜说：“不可全凭诏书。人臣的道理，应该直言进谏，持论公正，不能够苟且曲意去顺服旨意。我的建议已经说出口了，即便因此而死，也不后悔!”于是丞相和御史都向汉宣帝弹劾夏侯胜非议诏令，毁谤先帝，不合人臣应守的道理；也指责丞相长史黄霸曲护放纵夏侯胜，不检举夏侯胜的不是；最后两个人都下了牢狱。主管官员便上请尊称孝武庙为世宗庙，庙乐奏用《盛德舞》和《文始五行舞》。武帝当年巡狩所到过的郡国也都立了庙，就像高祖庙和太宗庙一样。夏侯胜和黄霸在监狱里关久了，黄霸就想向胜学习《尚书》，夏侯胜拿因罪将死的理由加以推脱。黄霸说：“早上能听受到道理，就算是晚上死了，也无遗憾的。”夏侯胜很赞扬他的话，就教他《尚书》。在监狱里又过了一年，他们都不断地讲论着。

当时，嫁到乌孙去的江都公主去世了，汉朝又使楚王戊的孙女解忧为公主，嫁给岑娶为妻。岑娶的匈奴妻子生的儿子泥靡年龄还小，在岑娶就要死的时候，就把国家让给叔父的儿子翁归靡，告知他说：“等泥靡长大了，要把国家还给他。”翁归靡立为乌孙王后，号为肥王，仍娶了楚王戊的孙女解忧公主为妻，生了三男、二女。长男叫作元贵靡，次男叫万年，三男叫大乐。昭帝时，公主上奏给朝廷说：“匈奴和车师一起来侵略乌孙，希望天子能来救援乌孙!”于是汉朝就蓄养士卒马匹，商量要去攻打匈奴，恰好遇到昭帝逝世，宣帝就派遣光禄大夫常惠出使乌孙。嫁给乌孙王的解忧公主和乌孙昆弥便都派遣使者上书说："匈奴又接连调发大军，入侵乌孙。还派遣了使者来告知乌孙说：'赶紧把公主带来！'想要断绝乌孙和汉朝的联系。乌孙昆弥愿意派出国内五万名精悍的骑兵，尽全力去抗击匈奴，希望天子也能派兵来救救公主和昆弥！"起先，匈奴曾多次侵犯汉朝的边境，因此汉朝也想要出兵去讨伐匈奴。于是，在秋天，就大举出兵，调派御史大夫田广明为祁连将军，率领四万多名骑兵，出西河郡；度辽将军范明友带领三万多名骑兵，出张掖郡；前将军韩增带领三万多名骑兵，出云中郡；后将军赵充国为蒲类将军，带领三万多名骑兵，出酒泉郡；云中太守田顺为虎牙将军，率领三万多名骑兵，出五原郡；约好各开到边塞外两千多里地去。还用常惠为校尉，带着符节，监护乌孙的部队，一块儿去攻打匈奴。

三年（庚戌，公元前 71 年）

春季，正月，癸亥日，恭哀许皇后驾崩。那时，霍光夫人霍显想要让她的小女儿霍成君为皇后，但是想不出办法来。恰好遇见许皇后怀孕，生病了，有一名叫淳于衍的女医，被霍显所钟爱，曾经入宫去看护皇后的疾病。淳于衍的丈夫赏是一名掖庭户卫，告诉淳于衍说："你可以去拜见霍夫人，求她能让我当安池监。"淳于衍就依赏的话去求霍夫人显。霍显便心生一计，辞退了左右的人，称呼淳于衍的字号，告诉淳于衍说："多亏少夫以事来相求，我也有事要求少夫，可以吗？"淳于衍说："夫人的话，有什么不可以的呢！"霍显说："将军向来就很喜爱小女成君，想要使她大大地显贵，希望能拜托少夫你啊！"淳于衍说："这怎么说呢？"霍显说："妇女生产是一件危险的大事，经常是十死一生。现在皇后即将生产，可趁着这机会下毒药把她除去，成君就可以成为皇后了。如承蒙你的尽力，事成以后，将和少夫同享这些富贵。"淳于衍说："药是由很多医生共同诊断调配的，而且又有先行尝药再上给皇后的人，这怎么会有机会去行毒呢？"霍显说："这一切都在于少夫的安排了。现在将军统领天下，谁也不敢说任何话！

要是有什么紧急的事情发生，一定会袒护你的，只怕少夫没这个意思罢了。”淳于衍考虑了很久，最后说：“我愿意尽力而为！”就槌打了有剧毒的附子，带进了长定宫。皇后生产后，衍取了附子掺入太医所开的大丸药中让皇后饮用，过了一会儿，皇后说：“我的头麻痹烦苦，药中莫非有毒吗？”回答说：“没有啊！”于是就更加烦闷，终于去世了。淳于衍出来后，就拜见霍显，霍显就慰问了她，但是不敢马上重谢淳于衍。后来有人上书告发群医对皇后的医护没有尽心尽力，便把他们都关进监狱，弹劾他们未尽人臣之道。霍显很害怕着急，就把这些事情全部告诉了霍光，然后说：“既然做错了，现在便只好设法不要让官吏去逼问淳于衍了。”霍光听了，大为惊讶，就想要自行检举，却又忍不下心，在那里犹豫不决。这时正好告发的奏书呈上来了，霍光就签署奏书，而不追究淳于衍的罪。于是霍显就劝霍光把他的女儿纳进宫去。

戊辰日，五名将军从长安出发出征匈奴。匈奴听说汉兵大举出击，老弱的便先奔走，都驱赶着牲畜，远远地逃跑了，所以五名将军攻战便没有太多的俘获。夏季，五月，罢兵。度辽将军自张掖出塞一千二百多里，到了蒲离候水，斩首及捕获的敌人共有七百多名。前将军从云中出塞一千二百多里，到了乌员，斩首及捕获的敌人共有一百多名；蒲类将军从酒泉出塞一千八百多里，西到候山，斩首及捕获的敌人，加上所捕得的单于使者蒲明王以下的人员，一共有三百多名。因为听说匈奴已经退走了，所以都没有到达所预期的地点就收兵回师。于是汉宣帝便轻轻地责备了他们的过失，而宽恕了他们，没加给他们罪刑。祁连将军则从西河出塞一千六百里，到了鸡秩山，斩首及捕获的敌人总共有十九名。这时正好遇到奉派到匈奴去，现今要回汉朝的冉弘等人，居然说是鸡秩山西边有很多匈奴的军队，祁连将军就警告冉弘，教他要说这里已经没有匈奴了，他们要准备撤兵回朝。御史属官公孙益寿进谏，以为不可以如此欺上瞒下。祁连将军不听，于是就引兵回朝了。虎牙将军从五原出塞八百多里，到了丹徐吾水边，就按兵不动，斩首及捕获了一千九百多名敌人，带兵回来。汉宣帝因为虎牙将军没有到达所预定到的地方去，还假称所虏获的战果，以少报多了，而祁连将军明明知道有敌人在前，却停留不进，所以都把他们交给了官吏去审理，于是他们就都自杀了。汉宣帝便提升公孙益寿为侍御史。

乌孙昆弥亲自带领五万骑兵，会合校尉常惠，从西方出击匈奴。到达右谷蠡王的王庭，捕获了单于的父辈尊长，以及嫂嫂、居次、名王、犁污王的都尉、千长、骑将以下四万人，还有马、牛、羊、驴、骆驼七十多万头。乌孙都取回了自己所获得的战利品。汉宣帝因为五名将军全是劳师而无功，只是常惠奉命出击匈奴而能有所斩获，就封他为长罗侯。匈奴的民众负伤逃去的，和畜生因远迁其他地方而死亡的，特别地多。于是匈奴的威势就从此衰竭，因此很怨恨乌孙。

汉宣帝又派遣常惠，带着黄金和币帛，去奖赏给乌孙有功的贵人。于是常惠就趁机奏闻汉宣帝，说是龟兹国以前杀掉校尉赖丹，还未受到诛讨，请求顺路去打击他。汉宣帝不应允。大将军霍光就暗示常惠，到了西域时，要能够审度事宜，见机行事。常惠和吏士五百人一起到了乌孙，当从乌孙回来时，就派遣了所经过的在龟兹国西边的各国士兵，总共有二万人，又命令副使去征召了在龟兹国东边的各国部队二万人，和乌孙的军队七千人，从三面去攻击龟兹。在双方的兵士还未交战之前，常惠就先派人去责问龟兹王以前杀掉汉朝使者的罪状。龟兹王就谢罪说：“那是在我先王时，被贵族姑翼所迷惑，与我没有关系，我是无罪的。”常惠说：“假如是这样的话，就把姑翼捆送过来，我就放了你。”龟兹王就抓了姑翼送到惠那里去，常惠便杀了姑翼，然后回国。

发生大旱灾。

六月，己丑日，丞相阳平节侯蔡义去世。

甲辰日，任命长信少府韦贤为丞相。

任命大司农魏相为御史大夫。

冬季，匈奴单于亲自率领几万名骑兵攻打乌孙，逮捕了一些老弱残兵。正好要回去时，遇到下大雪，只一天时间，积雪就有一丈多深，人民、畜生冻死了不少，生还的不到十分之一。于是在匈奴北方的丁令人，便趁着匈奴衰弱的时候，进攻了匈奴的北方，乌桓又入侵匈奴的东方，乌孙攻打了匈奴的西方，三国所攻杀的匈奴人共有几万名，还有几万匹马，牛羊则不计其数；再加上饿死的，人民总共死掉了十分之三，畜生去掉了十分之五。匈奴因此大为虚弱，原臣服于匈奴的国家，这时候都叛乱了，这些小国不断对其进行攻击和骚扰，匈奴都再也无能为力去加以理会。后来，汉朝又派出三千名骑兵，分为三路，一起攻入匈奴地境，逮捕了几千名匈奴人而回；匈奴始终不敢报复，而且更加向往与汉和亲，汉朝的边境因此便较为太平了。

这一年，颍川太守赵广汉被任命为京兆尹。颍川的习惯是，豪杰全会结为朋党。所以广汉便设置了信箱，接受吏民的投书，使他们能相互告发，于是他们之间就有了怨恨嫌隙，奸党就因此零落解散了，盗贼不敢兴起。后来，投降汉朝的匈奴人说，在匈奴中都听到广汉的声名，所以他就被提升为京兆尹。广汉对待部属，特别委曲求全，当追究事功，褒扬善举时，就把一切的功劳，都推给他的属下，而且是诚心诚意，发自至诚，自然而行的，所以属吏们都愿意听从他的差遣即便赴死也不逃避。广汉耳聪目明，都能深知属吏们力所能及的，以及他们做事时是否能全力去做；假如有不尽力的，便收捕他，使他没有办法逃脱罪刑；审判调查之后，罪名马上成立的话，就立即伏罪。广汉特别善于辨明真伪，以得实情，连乡里间一点点的非法奸诈，都能知道。长安曾有几个少年人，在里邻中一个极隐僻的空房子里聚会，计划共同去抢劫人家的财物；才坐下来谈论，话还没说完，广汉就派属吏来收捕他们，办了他们的罪，使得他们都一一口服心服。他对于秘密罪案的举发，精察如神。京兆的吏治，因此清明，吏民们都不住地称扬他。长老们相互传闻，认为从汉兴以来，所有掌理过京兆的长官，没有一个能及得上他的。

四年(辛亥,公元前70年)

春季,三月,乙卯日,册立霍光的女儿为皇后;赦免天下。起初,许后因为出身微贱,升登皇后的日子也不长,因此所使用的随从坐车服饰等都很节俭。等到霍后被拥立了,所乘用的车驾,以及侍从官,就越来越多,每对官属有所恩赐,出手便以千万计,和许后时的情形,是完全不一样了。

夏季,四月,壬寅日,有四十九个郡国同一天发生地震,有的地方山崩,有的地方毁坏城郭、房子,总共死亡了六千多人。北海和琅邪两地都震坏了宗庙。汉宣帝于是下诏令给丞相、御史,以及中列侯、二千石和博问经学的才士,问他们怎样去应付灾异,没必要隐讳。还下令给三辅、太常和内郡国等,要他们各推荐一名贤良方正之人。之后大赦天下。汉宣帝则穿着素色的衣服,避开正殿五天。又释放了夏侯胜和黄霸;还命夏侯胜为谏大夫、给事中,黄霸为扬州刺史。

夏侯胜的为人,执守正道,又很质朴无华,平易而没有官架子,有些时候,会常常称呼汉宣帝为君,或是在汉宣帝面前,不称群臣的姓名,而误称他们的字号;汉宣帝也因他的质朴而亲信他。他曾经入见汉宣帝,出来后,便将汉宣帝告诉他的话向外传开,之后被汉宣帝听见了,便责问夏侯胜,夏侯胜说:“因为陛下所说的,特别善美,因此臣就向外宣扬了。尧帝的言语布满天下,到今天还被人所传颂。臣觉得陛下的言论也可以传颂,因此就加以传颂了。”朝廷每有重大的议论,汉宣帝知晓胜平素就很正直,就告诉他说:“先生要提出直言,不要因为以前议立庙乐事,被下过监牢,就有所畏惧!”又把夏侯胜任命为长信少府,之后又被改任为太子太傅。夏侯胜九十岁时去世,太后曾因此赐钱二百万,又为胜守五天的丧,来报答胜曾经当过她老师的恩德。儒者都引以为荣。

五月,凤凰飞集到了北海郡的安丘和淳于两县。

广川王去因为犯了杀害他的老师和姬妾共十多个人的罪,有的是销熔了铅、锡灌到他们的口中致死,有的是加以分尸,还掺入毒药去煮他，使他腐烂。于是被废去王号，迁移到上庸；所以他便自杀了。

地节元年（壬子，公元前 69 年）

春季，正月，西方出现了彗星。

楚王刘延寿因为广陵王刘胥是武帝的儿子，万一天下有了改变，必定会被拥立为皇帝，就暗中依附并且帮助他，还为他的后母弟赵何齐娶了广陵王的女儿作为妻子，又顺道派何齐奉上书信给广陵王说："请常常注意听听，看看外面的情况，不要落在别人的后面，以致失去得天下的机遇！"何齐的父亲长年就上书汉宣帝揭发了他，这件事就交给有司去审问，于是都谢罪承认了。冬季，十一月，刘延寿自杀。刘胥则被免于追究。

十二月，癸亥晦日，发生日食。

这一年，于定国当了廷尉。于定国判处疑案，执行法律，专在可怜那些鳏寡无依的人，过恶的事实或犯法，假如不能确定的话，就从轻发落，对于罪案，能特别谨慎小心地去处理。因此朝廷便赞扬他说："张释之当廷尉时，决罪皆当，因此天下无冤民；于定国当了廷尉，人民知道他执法宽平，因此都没有会被冤枉的担心。"

二年（癸丑，公元前 68 年）

春季，霍光病重了。宣帝亲临慰问，因为霍光的病，宣帝常常哭泣。霍光就进谏感谢汉宣帝探病的恩德，同时表明愿意分出自己侯国的封邑三千户，来封给他哥哥的孙子奉车都尉霍山为列侯，使能继承他哥哥霍去病的基业。当天，便任命霍光的儿子霍禹为右将军。三月，庚午日，霍光去世。皇太后及汉宣帝都亲自去吊丧，还命令由中二千石的官员去负责治丧事宜，赐给他的棺木和其他埋葬等应用的器物，都和汉宣帝的制度相似，给他的谥号叫作宣成侯。又征调河内、河南、河东三郡的差役去挖掘修建霍光的坟墓，设置了一个有三百户人家的园邑，作为霍光的墓园，还派有主管和丞掾等官吏去伺候护卫；并下诏令免除他后代子孙的租赋徭役，赐予他们同等的爵邑，使他们世世代代都不会有赋役之累。

御史大夫魏相上封事说："国家新近丧失了大将军，应该提拔功臣来镇抚诸侯国，不要空下那显要的官位，来杜塞他人对于权位的争夺。可以任用车骑将军张安世为大将军，不要使他兼掌光禄勋事宜，让他的儿子延寿为光禄勋。"汉宣帝也想要任用他。夏季，四月，戊申日，便派用张安世为大司马、车骑将军，掌领尚书事。

凤凰飞集到了鲁国，众鸟也全跟着它。于是大赦天下。

汉宣帝为了报答大将军的恩德，就把霍光的兄长霍去病的孙子霍山册封为乐平侯，命令他以奉车都尉去掌管尚书事。于是魏相就借由昌成君许广汉上奏封事，说："《春秋》讥贬了世代为卿的人，也憎恨宋国的成公、襄公、昭公三世都无大夫，使得诸侯和大夫没有上下之分，还痛恨鲁国大夫季孙氏的专擅政权，这些全使得公族日渐卑微，终于危乱了国家。自从后元以后，王室势弱，政由显要大臣专擅。现今霍光死了，他的儿子又为右将军，他哥哥的儿子则为近要之官，领尚书事，兄弟和女婿们都具有权势，为带兵官，霍光夫人霍显和女儿们都在长信宫里著有名籍，有的时候在夜里也自由地进出闱闼，骄奢放肆，恐怕会慢慢地变得不可制约，所以应该设法去减损他们的权力，破解他们的阴谋，好稳固汉家万世的基业，保全功臣的后代。"又按照旧例：所有的上书，全要写成两份，其中一份标明是副本，掌领尚书事的人，就可以先揭开来看看，假如认为所说的不够善美，不合心意，就斥去而不去奏闻。魏相又通过许广汉向汉宣帝建议，取消奏章副本，防止言路蔽塞而欺骗汉宣帝。汉宣帝接纳了魏相的意见，认为很对，就下令任用魏相为给事中，全部都顺从他的计划。

汉宣帝因由里巷中被拥立为天子，知道民事的艰难。自从霍光去世，才亲自料理政事，所以便励精图治，每五天就要亲自听取政事。所以从丞相以下，都要各自依靠他们的职位，上奏所管理的事情，表达他们的意见，之后从中来考求他们的功德才能。那些侍中及尚书，获有功劳，当予升迁，以及具有特殊善行的，就都从优封赏，而且延及子孙，使他们都能久在职位，而不常去改换。所以尚书权重，而且能谙习故事，法度也都很全备，君臣都能安于政事，一点也没有敷衍随便的意思。当任命诸侯、刺史，和郡守辅相时，就亲自接见咨询他们，留意他们的心意所向，再在事后考察他们的所作所为，来考证他们的言论，有言行不符合的，一定要探知原因。还经常赞扬他们说："民众之所以能安居乐业，而无叹息愁恨的心意，是政治清平，所有的诉讼都能受到审理而毫无冤滞的原因啊。能和我一起治理这种和乐太平的国家的，就是那些优秀的郡守、诸侯相和刺史吧！"他认为太守是吏民的根本，经常改变他们，吏民就不能安心接受他们的管辖；假如人民知晓他们将长时间治理他们，不可诬罔欺骗他们，就会顺从他们的教化。所以当这二千石官员有了治理的成效时，就颁下玺书去激励他们，提高他们的俸禄品位，奖赏给他们奖金，有的甚至封到了关内侯；有了公卿出缺，就从所嘉勉表扬的二千石官员中，依次选用。因此汉代中的优良官吏，这时候是最多的，世人称这时为汉室中兴。

匈奴的壶衍鞮单于去世了，他的弟弟左贤王就被拥立为虚闾权渠单于，于是以右大将的女儿为大阏氏，而贬退了以前的单于所宠爱的颛渠阏氏。颛渠阏氏的父亲左大且渠便心怀怨恨。这时汉朝因为匈奴不能再来侵犯边境，就废弃了塞外的那些城堡，使人民得到休养生息。单于听说了这个消息，特别高兴，便召集贵族一起计议，想要和汉室和亲。左大且渠想破坏这件事情，就说："从前汉使到我们这里来的时候，部队就紧跟在使者的后面。现在我们能够效仿汉朝，也派出兵士跟随使者，先让使者到汉朝去。"于是就亲自恳请要和呼卢訾王各率领一万名骑兵，向南依靠着边塞前行猎取，之后会合，再一起进入汉朝的边境。当他们远在塞外行军，还没达到汉朝边境的时候，却遇到了三名骑兵，逃到汉朝去投降，说是匈奴想来入寇汉边。于是汉宣帝就下令守边的骑兵，驻扎到要害的地方去，还派了大将军的军监治众等四个人，带领五千名骑兵，分为三队，都开到塞外的几百里地去，各捕获了几十名匈奴人回来。当时匈奴因为逃掉了三名骑兵，因此不敢入侵汉边，就引兵退去。这一年，匈奴闹饥荒，畜生和人民死了十分之六七，还要调派两支各有一万名骑兵的部队去防备汉朝。秋天，以前被匈奴征服，让居住在左边地境的西嗕人，从君长以下几千人，便都驱赶着畜生，离开匈奴，在边境上，跟匈奴的守军交战，很多人被杀伤了，之后南奔去投降汉朝。

资治通鉴卷第二十五　汉纪十七

起甲寅(公元前 67 年)，止己未(公元前 62 年)，共六年。

【题解】本卷记录了宣帝刘询地节三年至元康四年共六年间的历史。记录了霍氏家族骄奢横行，权势削弱，就准备屠戮大臣，废掉宣帝，最后被灭；记录了大臣上奏协调宣帝与霍氏关系，宣帝不纳；记录了能吏尹翁归、黄霸、龚遂的事迹；记录了郑吉、司马喜经略西域，冯奉世讨平莎车，赵充国经略西羌；记录了丙吉有功不言，疏广与其侄疏受隐退，以及疏广教子等等。

中宗孝宣皇帝上之下

地节三年(甲寅，公元前 67 年)

春季，三月，汉宣帝下诏令说：“我曾听说有功劳而不奖赏，有罪行而不诛讨，那么，虽是唐尧、虞舜来管理天下，也不会教化天下人民。现今胶东国的辅相王成，招怀百姓，劝勉不怠，使得流亡各地的人民，自己来申报户籍的，有八万多人，治绩非比寻常。应封赐成关内侯的爵位，俸禄为中二千石。”但王成在还没来得及被征用时，就病死了。之后又下诏命令丞相、御史，去询问郡、国派来京师呈上财政簿书给中央的诸侯国长史或郡的守、丞等人，问问他们对于政令得失的见解如何。有的人就回答说：“之前的胶东国辅相成，假报户籍，伪自增加户口数，来得到奖赏显扬。之后一些俗吏就多半只是虚名，而没有实际。”

夏季，四月，戊申日，宣帝把他的儿子刘奭立为皇太子，任命丙吉为太傅，太中大夫疏广为少傅，又封太子的外祖父许广汉为平恩侯，封霍光的哥哥的孙子中郎将霍云为冠阳侯。

霍显听说立了太子，气得吃不下东西，还吐了血，说：“他是汉宣帝还在民间未被拥立为皇帝时生的儿子，如何能被立为皇太子！假如往后皇后生了儿子，难道反令他只被封为王而已吗？”同时还唆使皇后，教她去毒杀太子。于是皇后屡次召赐太子饮食，保姆和乳母就先试吃，所以皇后虽然每次都带有毒药，却苦无机会下手。

五月，甲申日，丞相韦贤因为年纪大了，身体又不好，请求退休。所以就赏赐给他一百斤黄金，和用四匹骏马拉的车子，可供坐乘，让他辞职，退隐到他的私宅去。丞相退休的先例，是从韦贤开始的。

六月，壬辰日，任命魏相为丞相。辛丑日，丙吉被任命为御史大夫，疏广为太子太傅，疏广的侄儿疏受为少傅。

太子的外祖父平恩侯许伯，觉得太子年龄太小，提议让他的弟弟中郎将舜去监护太子家。汉宣帝就问疏广的建议，疏广回答道：“太子是国家的储君，所接触的师友，一定是天下的俊才，不应当单和外家许氏接近。并且太子本身已有太傅、少傅的辅佐，需要的官属已经备全，如今又让舜去监护太子家，这就表明太子是亲外家，不会广受辅佐，是很浅显的，这不是使太子得从天下俊才中增加他的德行的方法啊。”汉宣帝很赞赏他的话，于是就把这件事情告知了魏相，魏相居然脱下官帽谢罪说：“这样的见解，不是我们比得上的。”疏广所以受到汉宣帝的器重。

京师下了特别大的雹，大行丞东海人萧望之便上疏说，这是由于大臣当政，由一姓专权所致。汉宣帝平时就听到萧望之的声望，就把他任命为谒者。那时汉宣帝正在广招贤良，人民就常常上书说出他们的意见，这些意见就都交给萧望之去处理调查；萧望之就将比较高明的，转请丞相、御史去提拔他们，次者，由中二千石官员去命令他们试行所提出的方法，或从事其他的工作，等到任满一年，再奏闻他们试行的结果怎么样；所提出的意见不足以采行的，就上奏汉宣帝，然后将他们遣归故里。但凡所处理上奏的，都能符合宣帝的旨意。

冬季，十月，汉宣帝下诏说：“上次在九月壬申日发生的地震，朕特别地害怕。有能规诫朕失过的，以及那些贤良方正和直言极谏的才士，都应来匡正朕所注意不到的地方，对在显职的官吏，也可提出他们的过失，不要有所隐避！朕鲜能寡德，不会使夷狄顺眼，所以在边境驻屯以防备外族侵入的部队，就一直不被撤除。现在如又要整顿军队，增派到外地去屯守，长久地劳苦百姓，这不是用来安定天下的办法。因此应当罢去车骑将军张安世和右将军霍禹这两位将军的屯兵！”又下诏令说：“所有划定为养鱼畜兽的园囿，凡是还没用来供赏玩，我还没去过的，都开放租借给贫民去生产使用。郡国中的馆舍，也不要再去修建。流亡在外的人民，有重回到乡里的，就借给他们公田和五谷种子去开发利用，并且不征收他们的丁口税，也不派给他们徭役。”

霍氏家族的人骄慢奢侈，放肆无节制。太夫人霍显，广筑府第，大兴土木，还修造坐车，车上的扶手处和坐垫上，都加上彩画和绣花，车子的外表也全镀上黄金的颜色来装饰它；皮里面填满棉絮，又用熟皮包住车轮，来衬垫车轮，减少车行的颠簸，由侍婢们用五彩的丝绳拉着车子，带着她在府第里游玩，还和家奴的总管冯子都淫乱。霍禹和霍山也都在那里修建房宅，常常骑着快马在长安西上林苑中的平乐馆驰骋。霍云上朝谒见汉宣帝时，就多次托病不去，而私自外出游玩，带着众多的宾客，到黄山宫的苑囿中去张围打猎，只派个戴苍巾的官奴上朝递个名片通名报姓而已，并不亲自朝见，这种悖理的行为，都没有人敢责备他。霍显和女眷们不分日夜地，随时出入上官太后所居住的长信宫中，没有时间，也没有一定的顺序。

宣帝从在民间时，就听说霍氏因为受到显盛尊贵的日子已经太长了，内德的表现已不很善美。现在既亲临执政，就任命御史大夫魏相在宫中供职办事。霍显就告诉霍禹、霍云、霍山等人说：“你们从不想怎样去继承大将军遗下的功业，现今由大夫魏相在宫中供职任事，如果别人一说你们的坏话，还能保全得了自己的身家性命吗？”后来，魏家和霍家的家奴，有一次在路上相遇，彼此都不肯让路，霍氏的家奴就冲进御史府，想要去踢御史大夫的府门。御史为此向霍氏家奴叩头，霍氏的家奴才肯离去。有人将这件事告知了霍氏的主人们，霍显等才感到忧虑。

正好魏大夫后来当上了丞相，屡次在退朝时去谒见宣帝谈论政事；并且平恩侯和侍中金安上等人，也能够随意地直接在宫禁中掌管机要的尚书省出入。当时霍山当尚书令，汉宣帝又下令凡官吏人民假如要奏事，可以用密封的方式，直接呈奏，不必经由尚书令来转达，群臣如果要觐见皇帝，也可以径自来去，不必通报尚书令，于是霍氏更感到已无实权，便非常嫌忌厌恶他们。汉宣帝略略听说过霍氏毒杀许皇后的事情，却还未能查明，就改调霍光的女婿度辽将军、未央卫尉、平陵侯范明友为光禄勋，调出他的二女婿诸吏、中郎将、羽林监任胜为安定太守。几个月以后，又调出霍光的姐夫给事中、光禄大夫张朔为蜀郡太守，关系很远的孙女婿中的中郎将王汉为武威太守。不久，又改调霍光的长女婿长乐卫尉邓广汉为少府。戊戌日，改由张安世为卫将军，凡长乐、未央两宫卫尉以及城门、北军的部队都归他管辖。把霍禹任命为大司马，但无实权，在服制方面也只让他戴小冠罢了，不是以前大司马大将军时代的戴武弁大冠，又无印绶；还撤去了他所带领的手下的那些屯兵和官属，只让霍禹的官名跟以前的霍光一样，都称作大司马罢了。又收回范明友度辽将军的印绶，只给他担任光禄勋而已；还有霍光的第三个女婿赵平，本是散骑、骑都尉、光禄大夫，也带领着一部分驻屯军，现在也把赵平的骑都尉印绶收回了。凡是统率胡骑、越骑的将官，或是带领羽林军的，和担任长乐、未央两宫卫尉的，和那些率领驻屯军的人，一律都调换成宣帝所亲信的皇后许氏家和外祖史家的外戚子弟来代替。

起初，在孝武帝的时候，因为征调频繁，百姓耗损，那些极度困乏的人民，就铤而走险，做出很多犯法的事情来，奸诈寇盗的事件一直不断，于是就命令张汤、赵禹这一班人去制定法令，而定出了所监临的主管犯罪以及知人犯法不举告是为故纵罪，属下要一起判刑的法条；对于定罪过严，栽赃陷害之罪的官吏，假如犯了错误，都加以宽恕；官吏释放囚犯，如有疑心是有意放纵的，就加上更多诛罚。从那之后，一些虚浮奸邪的人，和诈伪险狡的法令，就都以此转相比拟，禁条就越来越多，律法的苛细繁杂，使得公牍规条满桌满室，到处都是，连主管官员都不能看完。所以，郡国中那些承办官员，引用法条时，就互相解释不同，不能统一，有的犯的罪行一样，却有不一样的判决。那班奸猾的官吏，就可以像生意人做买卖似的，去受财弄法，想要放他一条生路的，就依靠能够活命的法规去审理；想要他死的，就利用可以判他死刑的案例来给他定罪，让那些评论是非的人，对于这种情况，都感到很哀伤冤屈。

廷尉史巨鹿人路温舒就进谏说："臣听说春秋时，齐国因为有姜无知杀害齐襄公所制造的祸害，才有之后桓公的兴起，晋国有献公听信骊姬谣言世子申生，并逐出夷吾、公子重耳等的灾难，晋文公也因此才会在诸侯中称霸；近代也有由于赵王如意的不得善终，又因为诸吕的叛乱，而孝文皇帝乃得立为太宗的事情。这样看来，祸乱的变作，是将要开启圣人的兴起，在连续变乱的局势之后，必定会有特别的恩德，这就是贤人圣哲所以用来彰明天命的呀。从前，昭帝去世而无后代，立了昌邑王刘贺之后，却是那样地荒淫悖乱，这就是上天要用来开启圣哲，使他能有机会兴起。臣听说：按照《春秋》的义法，在国君被杀之后继任君位的，就不说即位，这是要求继位必得于正道，是在重视国君的布政施教，一统天下，要他能在刚受命执政的时候，就能谨慎小心。现在陛下初即帝位，这是顺应天意，所以应该改掉前代的过失，在刚接受天命之始，就使一切政教的布施，合乎正道，去掉那些无谓的虚礼具文，解决人民的疾苦，来顺应上天的旨意。臣听说，暴秦时，有十项大的缺失，其中有一项缺失，现在还存在，就是那些办案的官吏过于残暴了。狱讼，是关乎天下国家命运的，已死的人，是不会复生的，已经断了的东西，是不能使它再连续起来的。《尚书》上记载皋陶的话说：'与其枉杀无罪的人，不如妄免犯有大错的人。’现今那些办案的官员，不是这样的，他们彼此之间相互驱使，都认为办案要能苛刻，才算得上能明察秋毫，于是对所有事深求的人，就获得无私公正之名，而平和的人，却会给他带来许多灾祸。所以那些办案的官吏，都期望能将人置于死地，并不是他们怨恨某人，是因为想得到平安，所以就只有将人处死罢了。因此死人的血，在市区里流转，受刑的囚犯，四处都是，被判死刑的人，每年有好几万。这是圣贤仁人所引为哀伤的事，天下之所以没能太平，就是这个原因。说到人之常情，全是在安和时，就乐于生计，一旦有了哀愁，就想找死，在残酷的刑罚下，什么样的口供都会取得！所以囚犯因为受不了刑罚的痛苦，就假托言辞，胡乱地承认了过错；官吏为了方便取得囚犯的罪证，就指引着他去做不实的表白；等到要将案情呈上去时，又担心不是事实口供会被上级批驳下来，又用心计谋，下一次周全地推敲，于是奏上去的罪状，就是使善听狱讼的皋陶听了，也认为这个人是死得活该，虽判了死刑，还不足抵偿他的罪名。为什么会这样呢？因为熬审成狱的人太多，而且舞弄文法所罗织的罪证看起来又特别明确的呀。因此俗话说：‘虽然是在地上画成一个牢狱，无论怎样也不愿意陷进去；即便只是把木头雕刻成官吏，也必定不肯入对质证。’这全是在疾恨狱吏的残暴成风，是人民悲痛的写照啊。期望陛下能减少法制，宽免刑罚，那么天下又可以太平，教化又可以风行于世。”汉宣帝很赞赏他的意见。

十二月，下命令说：“最近官吏执法，越来越善于用文辞，而善于巧饰，这是由于朕的寡德所制造的啊！审判讼案时，假如审判得不合适，就会使有罪的人产生罪恶的心理，而使没有罪刑的人遭受到刑戮，这样的人世间的不平，会制造出父子间的怨恨，朕特别地忧伤！目前派廷尉史在郡里审理罪案，职位太轻了，俸禄也太少了，因此要设置廷尉平来平决诏狱，俸禄六百石，员额四名。一定要能谨慎公平，来符合朕的心意！”于是就在每年秋天以后，呈上议定刑案时，汉宣帝就常常在未央宫的宣室殿斋戒居住，之后谨慎地判下他的决断，案件的审理被称为公正平允。

涿郡太守郑昌上书说："现今圣明的君主亲自去诉讼，虽不设置廷尉平，刑案的审理，也将自己能平正；因此假如是为后代着想，倒不如去注意削除那些不方便人们的禁令法律。复杂的律令，等整理确定之后，乡民就知晓该怎样去避免触犯法令，奸猾的官吏也将没有办法舞文弄法了。现今不去厘正狱政的基础所在，却设置了延尉平来注意到弊端的末梢，等到有一天，政治衰弱，汉宣帝疲倦听事时，这样，新设置的延尉平，就将会弄权乱法而成为祸首了。"

昭帝时，匈奴派遣了四千名骑兵到达车师国去屯田。等到汉朝派了五将军攻打匈奴时，屯军在车师的匈奴骑兵就慌乱地逃跑，车师就又和汉朝通好；于是匈奴特别生气，就要车师国的太子军宿到匈奴去做人质。军宿，是焉耆国王的外孙，不想去匈奴做人质，就逃到焉耆去，车师王就改立另一个儿子乌贵作为太子。待到乌贵立为车师王，就和匈奴结了姻亲，教唆匈奴去拦住路经乌孙的汉朝使者。

这一年，侍郎会稽人郑吉和校尉司马憙，带领着一批被免除刑罚而被改判屯田的罪犯，到渠犁去屯田积谷，于是征调了一万多名不会再逐水草而是去过城居生活的西域诸国兵士，连同所率领的一千五百名屯田兵士，一块儿去攻打车师国，最后直接攻破了车师国。车师王请求投降。匈奴就派兵攻击车师。郑吉和司马憙就率兵北向，与匈奴遭遇，匈奴不敢进前。郑吉、司马憙留下一名掌管候望的候吏和二十名士卒守护着车师王，吉自己则带兵回到渠犁去。车师王害怕匈奴会带兵来杀害他，就以轻骑飞奔乌孙。吉就迎娶他的妻子，送到长安。匈奴把车师王的弟弟兜莫改立为车币王，汇集一些留下来的民众向东迁移，害怕再居留在原住地。于是郑吉就派了三百名吏卒开始驻屯到车师去补这个空缺。

汉宣帝从刚即位，就常常遣使者去寻找他的外祖父母这一家人；找了很久，也找了许多地方，特别多的人都好像是，但确实都不是。这一年，终于找到了外祖母王老太太，和这位老妇人的儿子无故和武。汉宣帝就赏赐给无故和武关内侯的爵位。才十天左右，就赏赐了好几万。

四年（乙卯，公元前66年）

春季，二月，赐外祖母为博平君，封舅父无故为平昌侯，武为乐昌侯，

夏季，五月，山阳、济阴下了像鸡蛋一样大小的冰雹，积深有二尺五寸，砸死了二十多人，飞鸟也都被击打死了。

下诏令说："从现今开始，但凡是身为人子的，藏匿了父母，不去揭发父母的罪状，或是妻子隐藏她丈夫的罪行，孙子藏了祖父母的罪状的，都不会去办他们隐藏嫌犯的罪。"

把广川惠王的孙子文立为广川王。

霍显和霍禹、霍山、霍云等人看见自己的势力一天天被剥夺，经常相互面对哭泣埋怨。霍山说："现今丞相魏相掌握政权，皇帝特别地相信他，彻底改变了大将军时候定下的法令，揭发了大将军的错误。还有，那些读书的儒生，大部分是贫家出身的人，他们离家乡很远，客居京师，大部分生活困苦，饥寒交迫，因此都喜欢说大话，胡言乱语，没有一点顾虑，不晓得去避开忌讳，大将军原先经常很敌恨这班人。现在陛下却喜欢和这班儒生讨论事情，不管什么人，都能够擅自呈上奏章，批判是非，这些奏章大多是讨论我们家的。曾有人上了奏章，说我们家兄弟全都很骄慢放肆，话里说得特别痛切，我就把这封奏书放到一边，没呈给皇帝看。后来上书的人越来越狡诈，他们居然完全进呈密封的奏章了，皇帝每次看见有人上书，就派中书令出来把奏章拿走，根本不经过尚书来转呈，是越来越不信任我了。我听到民间纷纷传说：'霍氏毒杀了许皇后。'难道真的有这种事吗？"霍显听了，心里很害怕，就把实情一一告诉了霍禹、霍山、霍云。霍禹、霍山、霍云都特别意外地说："既然这样的话，为什么不早点告诉禹等人呢！汉宣帝外调、拆离了我家的很多女婿，原来都是这个原因。这是大事，假如被揭开了，所遭受的惩罚不会小，这该如何办呢？"于

是霍氏就开始产生图谋不轨的心思了。

霍云的舅舅李竟有一个好朋友张赦，看到霍云家的人终日惶惶不安，便告诉李竟说："现在是丞相和平恩侯在掌权，可以让太夫人去同上官太后商量，先把许广汉和魏相这两个人杀掉。能够左右皇帝的，现在就全仗太后一个人了。"结果，这些事情被长安城里的一个平民张章知道了，就去出首告发，这案子就交给廷尉、执金吾去审理，就逮捕了张赦等人。后来又下了诏令，要他们停止抓人。霍山等人更加恐惧，都以为是："这是皇帝碍着太后的面子，所以才不追究的。可是要整我们的迹象已经显露了，时间长了，还是会发生的，等到再一发生，那就要灭族了，不如我们先下手吧。"于是就让霍家诸女都各自回去通知他们的丈夫早做防备，他们都说："这灾祸是免不了的了，我们怎么会躲得过呢！"

恰好这时发生李竟因为犯了和贵族往来的罪被审讯，在供词中涉及了霍氏，汉宣帝便下诏说："霍云、霍山不适宜居住在宫禁中，应当免去他们宿卫的职务，回到自己的府上去。"山阳太守张敞就呈了一个密封的奏章给宣帝说："臣听说鲁国的公子季友，因为立了鲁僖公，安定了鲁国，有功于鲁；晋国的赵衰，因为随从重耳的出亡，以及返国即位，称霸诸侯，建有功劳；陈国的田完，从陈国逃奔到齐国去，帮助齐桓公完成了霸业。这些人因此便都得到应有的酬劳，恩泽甚至延及他们的子孙。结果，田氏子孙任为齐卿，田和便篡夺了齐国。到周安王的时候，赵氏世为晋卿，到了赵鞅，便和魏、智、韩瓜分了晋国；季氏则世为上卿，专掌了鲁国的政事。所以孔子撰作《春秋》一书，追究各国盛衰的原因，就极力地讥刺世卿的把持朝政，认为是使国家遭受衰乱的原因。从前，因为大将军来决定国家大计，安定了宗庙，把天下统一了，功劳也不小。但是周公的辅佐成王，也不过是七年，就把政权还给成王，而大将军霍光从武帝后元二年起，到宣帝地节二年去世时止，却已有二十年的岁月，在这二十年间，全国的命运，全在他的掌握之中。在他权势鼎盛的时候，真的可以惊动天地，而侵逼阴阳，自天子以下，天下事一直受到他的左右。所以，朝廷大臣应当要有人出来明言进奏，说：‘陛下奖赏宠赐之前的大将军，来感谢他的功德，已经是很尽意尽心了。但是近来有一些辅政大臣，却又开始专权，外戚内亲的势力都要强盛了，使得君臣的分别混淆不清，因此请能罢退霍氏的三名列侯，使他们都回到自己的府中去；还有卫将军张安世，也应当赏赐给他几杖，使他退休，之后在一年四时中，常常派人去慰问他，或是召见他，以列侯的身份来当皇上的顾问。’之后皇上再次颁布诏书，说是因为霍大将军过去对朝廷有着太多的恩惠，所以不许所奏，经过群臣依循义理再三地谏诤之后，皇上才答应了。这样一来，天下人民一定都会认为陛下是一位不忘功德的君主，而且也会觉得在朝的大臣们都很知书达理，霍氏的世世代代子孙，也不会有什么忧患苦难发生。但是现在朝廷上却听不到有什么人出来直言进谏，而直接让皇上亲自去颁下诏书处置他们，这不是一个好的方法啊。现在霍山、霍云两位诸侯已经被罢黜，一般人的心情相去是不太远的，所以依臣的心理来揣测，如此一来，大司马和他的那些亲族部属等关系人物，必定都会产生害怕的心理。那么让皇上的近侍臣子们有了自危的心理，这不是一个好的方法。臣敞愿意在朝廷为这件事首先发言，只是我现在远在山阳为太守，无法晋见皇上，请陛下审察！”汉宣帝很赞同他这个计谋，可是却不召见他。

霍禹、霍山等人的家里，常有一些稀奇古怪的事情发生，全家人都很忧愁。霍山说：“丞相擅自削减了祭祀宗庙用的羊、兔、蛙等动物的祭品，我们可以就这个理由来办他擅议宗庙的罪！”于是就商议要让太后为宣帝的外祖母博平君设宴，同时也宣召丞相魏相和平恩侯许广汉等以下的大臣来赴宴，之后派范明友和邓广汉假装太后的名义，捕杀许、魏这一班人，再趁此废掉宣帝，改立霍禹为帝。计划已经约定好了，还没有动手，霍山却被任命为玄菟太守，太中大夫任宣也被任命为代郡太守。结果此阴谋竟被人发现了。秋季，七月，霍云、霍山、范明友自杀。霍显、霍禹、邓广汉等人被捕；霍禹被处腰斩，霍显及她的女儿们和霍禹的同辈弟兄都被判死刑弃市；一起被霍氏牵连定罪遭到杀害的总共有几十家。太仆杜延年因为是霍氏的旧交，也被免官。八月，己酉日，皇后霍氏被废，移居到上林苑中的昭台宫去。乙丑日，下诏令封赏告发霍氏阴谋造反的人张章，和期门董忠、左曹杨恽、侍中金安上、史高等人，章为博成侯，高为乐陵侯，恽为平通侯，安上为都成侯，忠为高昌侯。恽是丞相杨敞的儿子；安上是车骑将军金日磾的侄儿，高是史良娣的侄儿。

起初，因为霍氏的奢侈，茂陵人徐福便说："霍氏必定会灭亡。太奢侈了就不知道谦顺，不知谦顺就会犯上。犯上的人，就是违背常道，一个位在众人之上的人这样，那么大家必定会来忌害他。霍氏掌权的时日已经很久了，因此想要杀害他的人也有很多。天下人都想去谋害他，而他们的言语和行为又违反常道，这样，他们不被灭亡，还等什么呢！"于是就上了奏章说："霍氏的权位太显盛了，陛下假如是在宠爱厚待他们，就应当及时去节制他们，不要让他们因为这样发展到过分的程度，而灭亡了！"连续上了三次奏章，全没有被采纳，只回说"知道了"而已。之后霍氏被杀害了，那些告发霍氏谋反的人都得到封赏，有人就为徐福上了奏章给汉宣帝说："臣听说有一名客人去拜访一家主人，看到主人的炉灶有一个直立的烟囱，烟囱的旁边堆积了一些木柴，客人就告诉主人说：'烟囱要改造得弯曲一点，并且要把那些木柴搬离得远一点，不然将会发生火灾！'主人听了不言不语，不表示任何意见。不久，主人家果然失火了，幸亏经过左右邻居共同的救助，火才被扑灭。于是主人家就杀了牛，备了酒席，来感谢邻人的帮助，被火烧得皮肉焦烂的人被请坐在上席，其他的人都被照着他们帮忙救火时卖力的情形如何依次而坐，却没有把建议改装烟囱的人列在邀请的名单内。便有人告诉主人说：'以前如果你能听从那位客人的话，现在就不必花费这些牛肉酒食来请客，根本都不会有什么火灾发生。现在论起救火的功劳而邀请宾客，这是什么道理呢？'主人这才恍然大悟，把那位客人也请了来。现在茂陵人徐福，就曾几次上书说到了霍氏将会有变乱发生，应当事先去预防杜绝。过去如果徐福的建议能够得到重视采行，那么，国家就不必破费土地和爵位去封赏给那些告密的人，大臣也不致有因叛乱而被诛杀灭族的恶果。过去的事情既然已经过去了，但是徐福却没有蒙受到赏赐，请陛下再审察审察，希望能重视那富有预见性的建议，让他能处在后来才劳碌奔忙的那些人之上！”汉宣帝这才赏赐给徐福十匹布帛，之后还任用他为郎官。

宣帝才即位的时候，去拜祭高庙，大将军霍光随侍皇帝的车驾，侍从在身旁，这时汉宣帝的内心便特别怕他，就如同有针刺在背上一般的感觉。之后车骑将军张安世替代霍光随侍，汉宣帝身体才敢从容伸展，才觉得自然舒坦，不再紧张，而安宁妥帖。等到霍光死了，他的宗族都遭到了杀害，所以民间便传言：霍氏的灾祸，早从随宣帝去拜祭高庙时，就已经萌生了祸根。过了十二年后，又把霍皇后迁到了云林馆去，于是霍皇后就自杀了。

◆班固评论说：霍光接受武帝要他辅佐幼主的嘱咐，承担汉朝皇室的重托，匡正国家，安定社稷，拥立昭帝、宣帝，即使是周公和伊尹的功业，也胜不过他！可是霍光不学无术，昧于事理；掩饰了他的妻子霍显毒杀许皇后的计谋，把他的女儿立为宣帝的皇后，沉浸在满足权势地位的欲望中，增加了灭亡的灾祸，所以死了才三年，宗族便都被杀害，真是悲哀啊！

臣司马光评论说：霍光辅佐汉室，是个很忠义的人；但是竟不能因此而庇护他的宗族，使其免于刑祸，这是为什么呢？说到那威势和福禄，原是属于国君刑赏统御人民的利器；为人臣子的掌握了它，而且久久不归还国君的话，就很少有不遭到祸害的。以孝昭皇帝的聪明，十四岁便知道上官桀的奸谋，他那时就已经是可以亲理政事的了。何况孝宣帝十九岁才即位，人又那么聪明刚毅，且能明了民生疾苦，而霍光却久掌大权，不知避忌，还多方面安插自己的人，分置在朝廷上担任显要的职务，使得下则为吏民所埋怨，上则为人主所怨恨，大家都切齿痛恨，侧目而视，只要时机一到，就会动手去除掉他，霍光居然能避免自身遭到祸害，这真是侥幸，更何况他的子孙又都是那么骄慢奢侈，这就更促成了灾祸的来临！虽是如此，这时，假如孝宣帝能只以俸禄地位恩赐给他的子孙，使他的子孙们成为富有的人，使他们去享食丰厚收入的大县，按时上朝去聚会，也就足够报答霍光对汉室的恩德了；但是宣帝却又委任给他们政事，授予他们兵权，等到事故丛生，争端也累积得多起来了，对于他们的兵权和官职才加以裁撤剥夺，于是就引起他们的怨恨忧惧，而产生了叛乱的阴谋，所以这哪里全是由于霍氏自家加给他们私人的灾祸呢？也是由于孝宣帝的放纵所慢慢地造成的啊。从前斗椒在楚国作乱，庄王就把他的宗族诛灭了，但是却赦免了子文的孙子箴尹克黄，觉得子文如果因此绝了后代，那么以后将如何来奖励像楚成王的令尹子文那种曾经毁家以纾国难的好人呢！像霍显、霍禹、霍云、霍山等人所犯的罪，虽然都应该判他们死刑，但是霍光对汉室的忠勋，却不可因此让他无后；现在竟使得霍家没有一个生存的人，孝宣帝也是太过于刻薄少恩了！◆

九月，下诏减少各地的盐价。又命令各郡国中每年所解上的囚犯，有因被鞭打以及饥寒疾病而死的，就记下他们的籍贯、姓名、官爵、履历、住址等，由丞相和御史考核数目的多少呈报上来。

十二月，清河王刘年因为乱伦被罢废，移居到房陵去。

这一年，北海太守卢江人朱邑因为治绩最好被升迁为大司农，渤海太守龚遂被调入为水衡都尉。原先，渤海的邻郡盗贼到处都是，原因是到处在闹饥荒，二千石的大官员无法制伏他们。汉宣帝要选出一个能去治理那些乱贼的人，丞相和御史就推荐以前昌邑王的郎中令龚遂，汉宣帝于是就把他任命为渤海太守。当召见龚遂时，汉宣帝问他："你要怎么样去治理渤海郡，来使那些盗贼平息？"龚遂回答说："海边的地方，没有受到汉宣帝的教化，离京师太远了，那里的人民遇到饥寒交迫的困境，而官吏却不去体恤他们，因此使得陛下的那些原本是纯洁善良的人民，没有办法所以聚集为寇。现在陛下是要派臣去借由兵威来平定他们，还是要以德去感化安抚他们？”汉宣帝说：“我之所以要选择贤良的人去，当然是要他能去安抚他们啊。”遂说：“臣听说，治理乱民就好像是治理乱绳一样，是不可以急躁的；只有慢慢来，才有希望治好他们。臣希望丞相和御史暂且不要拿法规来拘束臣，让臣去全权处理。”汉宣帝应允了他的要求，还赐给他黄金来勉励他。龚遂坐着传车到了渤海郡边界，郡里的官吏听到新太守来了的消息，就派遣了士兵去迎接他。龚遂把他们遣散回去，还下了公文命令所属各县说：“立马撤掉全部预备去逮捕盗贼的官吏，那些拿着锄头、镰刀和耕田用具的人，全是良民，官吏不得去审问搜捕他们；只有拿兵器的人才是盗贼。”于是就独自一部车子，在无随从护卫下，独行到太守官邸。盗贼获得了龚遂颁布下来的教令之后，马上便解散了，都放弃了他们原先所拿的弓弩兵器，改拿锄头、镰刀，于是把匪乱就都平定了，人民又都能安居乐业。龚遂又下命令打开官府的粮库去救援贫民，派用贤良的官吏去安抚治理人民。龚遂看见齐地的民俗奢侈，偏好一些小技艺，不从事耕作，便以身作则，起居衣食都很朴实省俭，还劝诫人民要勤于农桑，要每人都去种树养家畜。人民有带刀带剑的，就要卖了剑改去买小牛，或他们把刀卖了改去买牛，还会问他们：“你为什么把壮牛和牛犊佩戴在身上？”龚遂常常去劝勉人民，还经常到各处去巡行，于是渐渐地，郡中的人民，每家便都有了积蓄，就再也没有讼案发生了。

乌孙公主的女儿嫁给龟兹王绛宾为夫人。绛宾就上书给汉朝说：“很高兴能娶到汉天子的外孙女，所以愿意和乌孙公主的女儿一块儿朝见汉天子。”

元康元年（丙辰，公元前65年）

春季，正月，龟兹王同他的夫人来朝见汉宣帝，汉宣帝把印绶颁赐给他们，还把夫人封为公主，所给的赏赐特别优厚。

开始在京兆杜县兴建宣帝的陵寝，改杜县为杜陵。把丞相、将军、列侯、有二千石的大官员和百万钱财的富翁都迁到杜陵去。

三月，因为凤凰飞集到泰山和陈留，在未央宫也降了甘露，因此下诏赦免天下。

主管官员又奏言，宣帝生父史皇孙的园邑悼园，应该上尊号，称作皇考；夏季，五月，兴立了皇考庙。

冬季，设置了掌理建章宫宫门的卫尉。

赵广汉喜爱任用新进而世代为吏又年少的官家子孙，专在奖励劝勉他们的强劲以及锋锐的气节，做事要求迅疾，一切不求曲避，所作所为，大部分都很敢行果决，一点也不迟疑为难，最后居然因此而遭到败亡。广汉曾经因为私人的怨恨，找了个可以判死刑的借口，杀掉了荣畜。有人就上书告了赵广汉，这件事便交给丞相及御史去查办。广汉觉得怀疑丞相夫人曾因嫉妒而杀害侍婢，便想要拿它来威胁丞相办案，丞相却反查办得更为急迫，毫不理会他。广汉就带领着吏卒等部属到了丞相府去，把丞相夫人找来跪在庭下接受审问，又抓走了十多名奴婢。丞相便上书自诉，这个事情就交给廷尉去审理。最后，事实上丞相因为婢女犯了过失，就鞭打责罚了她，等到了外宅，她却自缢而死，并不是像广汉所说的那种情形。汉宣帝便把广汉关进廷尉掌管的监狱去，很厌恶广汉，让廷尉去审判。有几万吏民听说了，就围守在宫阙外面哭泣，说："臣民们活着对皇上并没什么好处，因此愿意代替赵京兆死，使得京兆尹赵广汉再继续来治理养护小民们！"广汉终于还是被判处腰斩而死。广汉担任京兆尹的时候，为人处事很是清明廉洁，可以制驭威震一些势强豪横的达官贵人，让人民得以乐业安居，所以老百姓都怀念歌颂他。

这一年，少府宋畸因为随意讨论，"凤凰没到京师去，只飞到彭城，不足颂扬赞美"，最后把他贬为泗水王综的太傅。

汉宣帝选用能通达政事的博士和谏大夫，到各郡国中去当郡守或诸侯王相，任命萧望之为平原太守。望之上奏章说："陛下哀怜百姓，恐怕教化不能遍及天下，所以把谏官都外调到各郡去当地方官。朝廷上就会觉察不出施政时是否犯了过错，因为没有了直言劝谏的诤臣，这就是所谓的忧念到了那些末端细节，却忽略了它的内在啊！”汉宣帝就征召望之回到中央来担任少府的工作。

东海太守河东人尹翁归，被调入为右扶风，因为在郡里的治绩很优良。翁归为人，公正、廉洁、详审、精明，郡中的官吏人民，对那些奸猾邪恶作奸犯科的人，贤和不贤，都了解认识他们。这些吏民的资料，每一县都各设有簿籍登录，对于各县一些奸邪犯法的事，翁归都能亲自去审断，不假手他人。有以严急著名的县令，翁归就要他稍稍宽缓些。吏民稍有怠慢的，就登录披阅他们资料的那些簿籍来看清楚他们平常的行为，方便处理。逮捕犯人一定是在秋、冬的课吏大会中，和巡视各县时，而不在无事的时候，这样更可以用来警惕群众。对于罪犯的逮捕，是用以一儆百的方式，并不一网打尽。因此上至官吏，下至人民，对他的施政执法，都很顺从，也都很害怕犯错，而能改正。他在扶风任上，选用了清廉平正疾恶如仇的属吏，让他们去担任较为显要的职务，还以礼接见他们，忧乐好恶都和他们相同；有辜负翁归的，也一定依法处罚他们。翁归功绩如此，但他还是那么温和、善良、谦恭、退让，并不因为自己的才能而对人有所骄慢，所以在朝廷上更获得了大家的推许称誉。

起初，乌孙公主的小儿子万年很想得到莎车王的宠爱，莎车王死后无子，当时万年身在汉朝，莎车国的人民想要得到汉朝的保护，又想要得到乌孙国的欢心，便上书汉朝，请求万年能来当莎车王。汉朝应允了这件事，就派了使者奚充国护送万年到莎车国去。万年刚立为莎车王，便显得很凶暴，莎车国的人民全都不是很高兴。

汉宣帝命令群臣推荐可以奉派到西域去的贤才，前将军韩增举荐了上党人冯奉世，于是冯奉世就以尉卫的属官卫候的身份，带着信节，护送大宛各国的宾客到伊循城去。那时，正好遇到以前的莎车王的弟弟呼屠征，会同邻国，一起杀害了莎车王万年和汉朝的使者奚充国，自立为王。当时匈奴又派兵去攻打北道上的车师城，因为攻不下城离去了。莎车国便派遣使者到处扬言：“汉朝和西域交通往来的北道上各国，都已经顺服匈奴了。”于是便攻取南道上各国，与他们一起饮血为盟，叛离汉朝。从鄯善国以西，汉朝要通西域各国的南方道路，就阻断不通了。那时都护校尉郑吉和司马憙都在北道上的西城各国，奉世和他的副手严昌便一起计议，觉得假如不赶快去攻击这个叛离的国家，莎车国就会渐渐强盛，局势便不好控制，而一定会危害到西域各国。于是就拿着汉朝的信节，去通告西域各国的国王，调派了他们的部队，南北道各国的军队一共有一万五千人，一块儿去进攻莎车国。攻下了莎车国的城池，莎车王自杀，就把他的首级传送到长安去，改立了他另一兄弟的儿子为莎车王。于是西域各国又都平定下来，声威震惊了整个西域，这个时候，奉世才撤兵报告汉宣帝。汉宣帝就召见韩增说：“恭喜将军举荐得人。”

奉世在事平以后，就向西到了大宛国。他斩杀了莎车王的消息被大宛王听说，对他的礼敬比其他人还要隆重，因此，得到了大宛国的名马“象龙”，回归到了汉朝。汉宣帝特别高兴，便计议要封赏奉世。丞相和将军都觉得可以封赏他，只有少府萧望之以为“奉世奉派到西域去，是有特别任务的，却擅自假借君命，节外生枝，调发了西域各国的部队去攻击莎车国，虽立有功劳，但是不足为后人效法。假如因此而封赏奉世，就开创了之后奉派到西域去的人，因为利之所在，都会以奉世作为仿效对象，大家都会动不动便争着去调派西域兵，在万里外的西域去求取功劳，而为国家在夷狄间惹是生非，这种风气是不能够被鼓励的。所以奉世不应该接受封赏。”汉宣帝很赞赏望之的意见，就任命奉世为光禄大夫。

二年（丁巳，公元前 64 年）

春季，正月，赦免天下。

汉宣帝想要封立皇后，当时魏郡馆陶公主的母亲华婕妤、淮阳宪王钦的母亲张婕妤和楚孝王嚣的母亲卫婕妤，宣帝都很宠爱她们。汉宣帝想要立张婕妤为皇后；过了一段时间以后，因为受到霍氏想陷害皇太子的戒惕，便改选后宫中没有儿子而且谨慎的人为皇后。二月，乙丑日，封了长陵人王婕妤为皇后，要她善尽母职，去抚养太子，封他的父亲奉光为邛成侯。但是皇后并没受到宠幸，很难觐见皇帝。

五月，下诏令说："讼狱，关系到万民的生命。如果能使得在生的人一点都不觉得怨恨，死去的人也不觉得遗憾，这才叫作精通法律的官吏啊。现在的情况却不是这个样子。执法的时候，有的狱吏用心巧诈，随意割裂法条，作两可的解释，便于出入人罪；律令的引用，深浅各不相同；所上奏的报告，不符合事实，连汉宣帝也没有办法辨识。所以，四方百姓将有何仰赖呢！因此二千石的大官员，应当各自去督察你们的官属，不要任用这种欺心枉法的人。官吏之中，如有人擅自差遣人民去从事劳役，饰治饮食传舍，来接待打发使臣以及宾客，使他们称心如意，以致逾越了职责，冒犯了刑法，来攫取不该有的声名称誉，这就譬如站在薄薄的冰层上面，来等待太阳的出来一样，不是很危险的吗！现今天下人民遭受到流行病的灾害侵袭，非常严重，朕很同情他们，因此各郡国中遭到严重灾害的人民，不必缴今年的田租赋税了。"

又说："听说之前天子的名字，原因是不常被用到而难知，但是却易于避讳。所以现在我要把我的名字改叫作询。"

匈奴的大臣们都觉得："车师国的土地很肥美，又靠近匈奴，现今却让汉朝获得了它，等他们多开垦了田地，积蓄了粮食，一定会来危害我们的国家，不可以不去争取。"因此便好几次派兵攻击在车师国屯田的人。郑吉就率领着在渠犁屯田的七千多名士卒去救援他们，结果匈奴把他们围困了。郑吉就上书说："车师距离渠犁还有一千多里，在渠犁的汉兵很少很少，照这种形势看起来，是无法去救援车师的，请增加屯田的士卒。"汉宣帝就和后将军赵充国等人商议，想要趁着匈奴现在正是衰弱时，派兵去攻击它的右地，使它无法再去骚扰西域。

魏相却上书劝谏说："臣听说：救乱诛暴的部队，叫作义兵，兵以义动，可以王天下；敌人加兵于我们，不得已而起兵应敌的，叫作应兵，以兵去应敌，可以胜敌；为了一点小事故而好勇斗狠，忍不下心中的愤怒而出兵的，叫作愤兵，为了好勇斗狠而出兵，一定会失败；为了贪求别人的土地和财货宝物而出的兵，叫作贪兵，因贪而兴起的部队，一定会被击破；依仗着国家的广大和人民的众多，为了想向敌人表现威风而动员的部队，叫作骄兵，骄矜的部队一定会被灭掉。以上这五种胜败的原因，不只因为人事不同的关系，实因天道如此啊。近来匈奴曾对我们表示出一些善情美意，所捕得的汉人，马上就把他们遣送回国，也未曾再来侵犯我国边境；这一次，虽然争着要在车师国屯田，那是不足介意的。听说诸位将军想要兴兵侵入匈奴地境，臣不知道如何兴兵，将假借什么名义！现今边境各郡都很困穷匮乏，连皮衣都要父子轮流共穿，吃野草的果实，常常都会有活不下去的忧心，所以不可以再动用他们去从军杀敌。所谓'大军之后，必有凶年'，就是因为人民以他们那愁苦的气息，伤害到了天地间那阴阳寒暑的调和。出兵虽然打了胜仗，还会有跟着来的忧患，害怕灾害的变乱，会由此而生。现在郡国中担任郡守或诸侯相的人选，都不得其人，风俗非常浅薄，不时有水灾、旱灾发生。依今年的情形统计，子弟凶杀父兄、妻子杀害丈夫的，就有二百二十二人，臣认为这种情形，算不上是叛乱。现在皇上左右的近臣，不知忧此，却为了一点点的愤恨不如意，要兴兵到远方的夷狄去报复，这恐怕会是像孔子所说的：'我担忧季孙的忧患，不在外边的颛臾国，而是将发生在他自己家的屏风之内啊。'"汉宣帝接受魏相的意见，只派长罗侯常惠，率领着张掖、酒泉的骑兵，到车师去接应郑吉和那些吏士回到渠犁去。又征召在焉耆的前车师太子军宿，立他为车师王，把车师国的人民都改迁到渠犁去。于是将原为车师国的那一片土地都送给了匈奴。把郑吉任命为卫司马，派他监护鄯善国以西，汉与西域交通的南道。

魏相喜好观览国家故事以及前人所呈给皇帝的一些便宜章奏，常常条录汉兴以来的国家便宜行事，以及贤臣贾谊、晁错、董仲舒等所建言的，奏请汉宣帝施行。魏相又命令他的属官到各郡国去考核，和那些休假的官员休假期满，从家里回到丞相府时，他们把在各地所听见的一些特殊的消息拿来向魏相报告。偶然有逆贼或风雨的灾变，郡守按下不往上报告的，魏相就把它上报上去。和御史大夫丙吉共同辅佐宣帝施政，汉宣帝都很看重他们。

丙吉为人深沉厚重，为人谦虚。自从宣帝即位，一直不提之前对宣帝的恩德，因此汉宣帝从来都不晓得他过去对自己的功劳。恰好遇见掖庭的宫婢则，让她在民间的丈夫上奏章给宣帝，说是自己以前有过抚养保护汉宣帝的功劳，奏章便交到掖庭让他们去查问，则的答话当中，引到使者丙吉，说他知道情况。掖庭就让人带着则到御史府去看望丙吉，丙吉认出了他，告知则说："你以前犯了抚养皇曾孙不谨慎的过失，被鞭打了，你有什么功劳！只有渭城人胡组和淮阳人郭征卿是真正有恩德于汉宣帝的。"于是就分别奏陈胡组等人一起抚养时的劳苦情形。汉宣帝就下命令让丙吉去寻找胡组和郭征卿；结果他们都已经死了，不过有子孙存在，便都接受了很多的赏赐。又下令让则不必再在掖庭当宫里的婢女，让她外出恢复平民的身份，赐给她十万钱。汉宣帝还亲自问她当时的情形，然后才知道丙吉过去对自己曾有过恩惠，却始终不肯说出来，于是汉宣帝就特别赞许他。

汉宣帝因为萧望之对于经典很是明白，又能守正不浮躁，讨论从容而有见地，才华足以担任宰相的职务，想要仔细试一试他从政办事的能力，又把他调到地方去，任命他为左冯翊。望之从中央的少府被降调到地方去，担心是因为自己的言行有不合汉宣帝的意思，便移书称病，不去就职。汉宣帝知道萧望之的心思，就派侍中成都侯金安去转达他的本意，劝解望之说："我所重用的大臣，都是让他经历尝试过怎样治理人民这个阶段，之后来考核他办事的能力。因为君从前担任平原太守的时日浅短，因此现在又拿三辅的政事来考量你的能力，并不是因为听到你有什么缺失，才降调你的。"萧望之于是便去就职治事。

从前，掖庭令张贺经常在他的弟弟车骑将军张安世的面前，称赞皇曾孙的才能之美并谈一些怪异的征候，张安世则每次都制止他，认为少主昭帝在上，不应当去称述曾孙。等到宣帝即位，张贺已经死了，汉宣帝告知张安世说："掖庭令生前常称赞我，将军阻止了他，这是对的。"汉宣帝为了追念张贺的恩德，想要祭告他，把他追封为恩德侯。还要派两百户人家为他守墓园。张贺有个儿子早死，就抚养了安世的小儿子彭祖当作自己的儿子。彭祖小时候又同汉宣帝坐在一起读书，因此汉宣帝也想要封赏他，打算先赐给他关内侯的爵位。可是安世却极力地辞谢汉宣帝要给张贺的封赏；又要求减少守护墓园的户口数，使少到三十户。汉宣帝说："我这是为了掖庭令，不是为将军你啊！"张安世才没有坚持，不敢再说话。

汉宣帝心里忌讳着被废居在山阳郡的前昌邑王刘贺，就下诏敕给山阳太守张敞，要他谨慎防备为乱的盗贼，审查往来过客的动静言行，并命他不得泄露密令他去督察的诏书。敞于是条录呈奏刘贺的居处情形，说明他被废黜以后的种种征验，说："前昌邑王的样子是，皮肤青黑色，眼睛小小的，鼻尖锐小卑下，须眉很少，身体高大，半身不遂，行走不便。臣敞曾经和他说话，想要探问他的想法，就拿猫头鹰作比喻来启发他说：'昌邑这里有很多的猫头鹰。'前昌邑王说：'是啊！从前贺到西边的长安去时，没什么猫头鹰，等到回来的时候，向东到了济阳，这才听到猫头鹰的叫声。'观察前昌邑王的服饰、言谈、坐起等的表现，就像是一个白痴一样。臣敞还上前进言：'之前为哀王歌舞的人张修等十人，都没有儿子，留在哀王的墓园里，可以放他们回家。'前昌邑王听说了之后说：'这些宦者守护着墓园，生病了我不去理会他们，彼此杀伤了，也不去治疗他们，我要他们早些去死，太守为何要把他们遣走呢？'他在本质上就是喜好乱亡，根本没有仁义之心。"汉宣帝因此知道刘贺是不足畏惧的人。

三年（戊午，公元前 63 年）

春季，三月，下诏令册封以前的昌邑王刘贺为海昏侯。

乙未日，下诏令说："朕在卑微时，御史大夫丙吉、中郎将史曾、史玄、长乐卫尉许舜，侍中、光禄大夫许延寿等，都曾有恩德于朕，还有之前的掖庭令张贺，辅导着朕去研求文学经术，恩德尤深，功劳特别大。《诗经》上面不是说过：‘接纳了人家的恩德，一定要去报答他。’原是他弟弟安世的儿子，所以现在要封张贺所领养的儿子侍中，中郎将彭祖，为阳都侯，追谥张贺为阳都哀侯，丙吉为博阳侯，史曾为将陵侯，史玄为平台侯，许舜为博望侯，许延寿为乐成侯。”张贺有一个孤孙名叫张霸，才七岁，也被任命为散骑、中郎将，赐给他关内侯的爵位。下至郡邸狱中的囚犯，所有过去曾帮助过皇帝的人，凡曾经有过保护抚养皇曾孙的功劳的，都受到了官禄、田宅、财物的赏赐，宣帝都各依他们恩德的深浅来报答他们。

丙吉就在临到要受封的时候却病了；汉宣帝担心他将一病不起，便打算派人在授给他印绶时，趁便在他家里封拜他，要给他这项荣誉必须赶在他还活着时。太子太傅夏侯胜说：“这病不会让他死的；臣听说，积有阴德的人，必定会享受到他应得的富贵荣华，而且还会荫及子孙。现在吉还未受到报偿而得了重病，这病绝不会是绝症的。”之后丙吉的病果然治好了。

张安世自己觉得，地位太过于显盛，因为父子都封了侯，就辞退了一些官俸，宣帝就下命令给大司农的都内，不必登录为公产，要他把张安世退还的这几百万没有名目的钱另外保管。张安世为人谨慎周详，每次参与商议国家大事，等到做出决议之后，就称病请假外出。听到有诏令发下来之后，才显示出惊异，之后派属官到丞相府去探听消息。因此从朝廷的大臣以下，无人知道他曾参加过这项商议。他曾经推荐过别人，推荐的人知道了以后，就赶来道谢，安世特别生气，觉得：“推举贤达的人，是应当做的，不用私下来道谢！”就告诉门房，谢绝他的来访，不想再见到他。有个郎官，始终没被升迁过，但是立过很大的功劳，便自行向安世表明了他的意思，张安世回答说：“明主知道你的功劳很大，替国君办了事，为人臣子的，虽然有了功劳，怎么能够自己来说呢！”就拒绝了他的要求。但是没过多久，这位郎官却得到了升迁。安世自己认为他父子的地位都很富贵，心里很不自在，就代替他的儿子延寿请求外调为地方官，于是汉宣帝就把延寿任命为北地太守；一年多之后，汉宣帝体谅到安世的年老，又征调延寿为左曹、太仆。

夏季，四月，丙子日，把皇子刘钦册立为淮阳王。这个时候皇太子已经十二岁，读通了《论语》和《孝经》。太傅疏广就告知他的侄儿少傅疏受说："我听说：'知道满足，就不会受到屈辱，知道适可而止，就不会带来危险。'现今官已然当到了二千石，可以说是官成名立了，在这种情形下，假如还留恋不愿意离去，害怕之后会有令人悔恨的事情发生。"那天，疏广、疏受父子就一起称病，上疏恳请退休。汉宣帝也批准了，还赏赐了二十斤黄金给他们，皇太子也送了五十斤。一些公卿旧交在东都门外设置了酒席为他们饯行，总共有几百辆送行的车子。道路上围观的人都说："这两位大夫真是贤明啊！"有的人在赞扬叹息之余，甚至为他们激动得流泪了。

疏广、疏受返回了故乡，天天都让他的家人去卖些黄金来置办些饮食，宴请族人故旧、宾客，跟他们一块儿娱乐。有些人就劝疏广拿些黄金去替子孙买些产业，疏广说："我难道是老到昏了头，连子孙全都不知道体念！我只是想到，我自己原有一些旧的房舍田产，就让子孙在那些产业中去勤勉耕种，就足够提供衣食的需要，和一般人的生活情况一样了。假如现在又增加了一些产业给他们，让他们有了盈余，那只会让子孙因为这懈怠堕落罢了。一个多财货而贤能的人，就会减少他的志气；一个愚蠢而多财的人，便会增加他的过失。而且富有的人，常常是众人怨恨的对象，我不可以因为没有能力来教化我的子孙，去增加他们的过失而招惹众人的怨恨。况且这些黄金，是圣君用来赡养老臣的，所以便乐于和邻里、族人一起来享受皇上的赏赐，以颐养我的天年，这很恰当！"于是全宗族的人都对他心服口服。

颍川太守黄霸命令传送文书的邮亭、每一乡的长官都要养鸡喂猪，用来赡养那些鳏夫、寡妇和孤苦无依的人；之后又发出手示，命令遍设父老、师帅、伍长等地方上的属官，分置在民间各处，劝解乡民怎样去行善防奸，并且要他们勤于农事，努力生产，讲求节用，种植树木，畜养禽兽，戒除奢侈浪费。对于政事的处理，细碎得就像米盐一样，在刚开始时，好像啰唆繁杂得很，但是黄霸却是这样地专精注意而能把它推行起来。见到了吏民，在交谈之际，黄霸就会从中去追究端绪，问他一些隐私的事情，来供参考。因为他的聪明和远见，吏民常常没有办法知道他是用怎样的办法来知道这么多的事情的，大家都很赞赏他的神奇督察，对他是连一点小事也不敢欺骗的。于是一些奸邪妄为的都逃亡到了别郡去，在他管理的郡里，盗贼便逐渐地减少。黄霸运用勤力以德服人，如果有不能因为这顺从善良的，然后才被运用刑罚。对于重要的僚属，都尽可能地使他能够安心地做事，而不去任意伤害或更动他。颍川郡许县的县丞年纪大了，耳朵聋了，督邮提议要将他免职。黄霸说："许县丞是一个清正的好官员，虽然老了，还能接待宾客，进退应对，即使有些重听，怎么会有关系呢！姑且好好地照顾他，不要亏待了贤人。"有的人就问他这是为什么，黄霸说："假如经常更动幕僚的话，那些被送走旧吏迎接新官的费用，和那些奸吏趁着新旧交接的机遇，隐藏了账簿，窃取了财物，这种种公私方面的消费，都相当可观，都要出自民膏民脂。所换了的新僚属，又不知就是好的，有的甚至还不如之前的，所以就仅仅增加一些慌乱而已。治理人民的办法是，只要把那些太过分、太不像话的去掉就可以了，不要太刻薄。"黄霸对人宽和而内心严明，很得吏民的爱戴，辖下的户口数逐年地增加，治绩被评定为全天下最优秀的，所以被征召为京兆尹。可是不久，由于犯了罪，连续好几次被减了官俸；之后又下了诏令，让他仍然回到颍川去当太守，太守的俸禄本有二千石，最后他是以八百石居官。

四年（己未，公元前 62 年）

春季，正月，诏令说："年龄在八十岁以上的人，假如不是由于诬告罪，或是杀伤了人，剩余的错误都不论罪。”

右扶风尹翁归去世，家中没有一点积蓄。秋季，八月，汉宣帝下命令说：“翁归为人廉洁清平，做事很公平，治理人民，政绩很突出。因此现在要赏赐给翁归的儿子一百斤黄金，让他可以去祭祖祀神。”

汉宣帝命令有司去追查现在已经失去侯爵的高祖时候的功臣子孙们，结果查到了在槐里的公乘周广汉等一百三十六人，汉宣帝赏赐给他们每人二十斤黄金，还把他们的徭役免除了，让他们能够去奉祀祖先，世世代代，永不衰绝。

丙寅日，富平敬侯张安世去世。

起初，扶阳节侯韦贤去世，长子韦弘因为犯了罪被囚禁在监牢里，家人就假托是韦贤的遗命，要次子大河郡都尉玄成为承袭爵位的后嗣。玄成很清楚这不是他父亲韦贤的心思，就装疯卖狂，躺到大小便上，并且胡言乱语，表现出昏乱的样子来。等韦贤被埋葬了以后，应该有人去承继韦贤的爵位时，玄成就凭着病狂而不去接受征召。大鸿胪就将这种情况呈奏上去，汉宣帝就把它批交给丞相和御史去办理。负责查办这件事情的丞相属官就给了玄成一封信说：“古人的辞让，必定有他的文采义理可供观览，因此能够传后世。现在你只是毁坏容貌，装疯卖傻，蒙受屈辱而已，光彩暗然而不彰，这确实没有意义！你的托词，是没有道理的。我这个人一直就很鄙陋愚笨，现今谬为丞相的属吏，来审查这件事情，期望你能稍稍听听外间对你的疑议，明知悔改；否则的话，等到被查出来是假病，恐怕就会有损你的清高，也会让我变成一个不肖的小人。”玄成的朋友侍郎章也上奏说：“圣明的君王是贵能以礼让来治国的，因此应当要厚待玄成，不要小看了他的心志，应该使他能安贫乐道，优游自得。”可是丞相和御史却以玄成实际上并没得狂病，而把实情呈奏上去要弹劾他，汉宣帝便下令免罪，要引他来接受任命；玄成不得已，接受了爵位。汉宣帝嘉勉他的志节，任命他为河南太守。

车师王乌贵逃亡到乌孙去，乌孙便留下了他，不把他遣回。汉朝就派遣使者前去责备乌孙，乌孙便把乌贵送到汉天子那里去。

起初，武帝开设了武威、敦煌、张掖、酒泉等河西的四个郡，隔绝了羌和匈奴相通的道路，也赶走了羌人，不使他们居住在湟水附近的肥美地带。等到宣帝继承皇位，光禄大夫义渠安国奉派到羌人所住的地方去巡行；先零族的酋长就说："期望能常常让我们渡过湟水，到达湟水的北边去，准许我们在民众所不耕种的地方去放牧。"安国就答应把这件事情呈奏给汉宣帝。后将军赵充国便弹劾安国奉使在外，处事不谨慎。以后，羌人就依照从前所提的这些请求，抵法冒禁地去强渡湟水，郡县无法去禁止他们。

从这以后，先零就和其他的羌人首领二百多人，解除了过去的仇恨，相互交换了人质以取信，还订下誓约，彼此自相亲结，想要入汉为寇。汉宣帝知道了这件事，便问赵充国，充国回答说："羌人以往能够容易被控制，是因为他们无大君长，诸羌种都各自有他们的酋长，经常互相攻击，权势不可以合并。三十多年前西羌反叛时，他们也是相互之间先解除仇恨，订下合约，再去攻打令居，之后与汉相互抗衡，过了五六年才平定。匈奴常常引诱羌人，要和他们一块儿攻击张掖、酒泉等地，然后就让羌人居住在那里。近来匈奴被困在西方，我怀疑他们曾经又派遣了使者到羌中去和他们相互勾结。臣恐怕羌人的变乱不只是这样罢了，他们将会和其他的种族再次结合起来，所以应当在他们还没反叛的时候，事先设法去防备他们。"之后过去了一个多月，羌侯狼何果然派了使者到匈奴去借兵，要去攻打鄯善和敦煌，来断绝汉朝到西域各国的通路。充国觉得："依狼何的威势，是没有办法独自想出这个计策的，我怀疑匈奴的使者已经到达羌中，先零、罕、幵等部落才会把仇恨解除，互相订下盟约。到了秋天马肥时，必定会发生羌变的。现今我们应当派使者去巡查守卫在边疆上的部队，要他们预先防御，还要命令他们去监视各羌种的动态，要让诸羌化解掉他们之间的联盟，来发觉羌人的阴谋。"于是御史和丞相两府又提议派遣义渠安国去巡视观察各羌人的情况，辨别他们逆顺的情况。

这时，农业每年都丰收，一石谷子的价格是五钱。

资治通鉴卷第二十六　汉纪十八

起庚申(公元前61年)，止壬戌(公元前59年)，共三年。

【题解】本卷记录了宣帝刘询神爵元年至神爵三年共三年间的历史。记录了宣帝迷信鬼神，王褒、张敞上书劝谏，宣帝罢之；记录了宣帝奢侈浪费，宠信外戚，宣帝不听从王吉的劝谏与提出的执政弊政，使王吉谢归；记录了西羌起祸，赵充国平息叛乱。记录了郑吉因功封侯，首任西域都护；记录了丙吉任丞相识大体；详细记录了韩延寿任颍川太守与任左冯翊时的礼义教化，政绩斐然；记录了匈奴握衍朐鞮单于自私残暴，使匈奴分裂等等。

中宗孝宣皇帝中

神爵元年(庚申，公元前61年)

春季，正月，汉宣帝第一次巡行到了甘泉宫，在泰畤祭祀天神；三月，巡行到河东，祭祀后土神。汉宣帝仿照武帝旧规，对于斋戒祭祀的礼仪，非常小心谨慎，又采纳方士的建议，增修了很多的神祠；汉宣帝还听说益州有金马神和碧鸡神(今云南省昆明县东有金马山，县西南有碧鸡山)，可以通过设坛祭拜请到，于是就派遣谏大夫蜀郡人王褒带着符节前去寻找。

当初，汉宣帝听说王褒有过人的才智，便召见他，命他作了一篇《圣主得贤臣颂》。文章里说："贤人，是国家的利器。任用的官吏贤能，那么国家的举措便可以进退简易，又能普遍获得良好的功效；就如同器物锐利了，那么花费的力量就可以节省一些，而取得的成效却很大一样。所以，工人如果使用不锋利的工具，即使终日劳动辛苦，努力工作，也难成器物；假如让巧匠来铸造宝剑干将，让黄帝时视力最清楚的离娄来负责测量，让春秋时鲁国的公输班来削度长短正斜，那么，即使要兴建长宽各一百丈的五层高台，也仍会井然有序，一点也不混杂，这是因为有了利器并且能用在能工巧匠手中的原因呀。如果让一个平庸的人去驾驭一匹劣马，即使伤害马的口角，把马鞭都抽坏了，也还是不能让它向前行进；而驾驭像啮膝、乘旦这样的良马，又由古时候的骑术精良的王良去执辔御马，由善于改进车辆的韩哀去扶舆驾车，便可以周游八方极远之地，而且瞬息可以到达万里之遥，为什么这么快呢？之所以能跑得如此远而且快，是因为有了骏马，又有善于驾驭的人。所以，穿着凉爽的麻布衣服的人，就不会苦于盛夏的炎热；穿着温暖柔软的貂皮、狐皮外衣的人，就不必担忧严冬的寒冷。这是为什么呢？因为他们有了防备寒暑的器具。贤人、君子也正是圣明的君王用来治理天下的利器。从前，周公为了亲自接见贤士，侍奉天下君子，吃一顿饭要停顿三次，沐浴一次要束起三次头发，所以能教化人民，因此刑罚措施都用不到，老百姓不触犯法律，牢房都被空置；齐桓公用苇、松、竹加上油脂制成巨大的火炬，在庭中照明，用来不分昼夜地礼贤下士，贤士便从四面八方而来，因此成就了他九合诸侯，平定天下的霸业。由此看来，作为君临天下的一国之主，当没有得到贤人的时候，旁招博访，在天下广求贤才，是何等地勤劳，等到任用了贤才以后，便将国家政事一一托付给他们去办理，那又是何等安逸。作为臣子的，也要善于选择君王。从前，贤能的人在没有得到明君的赏识之前，他所图谋的事，所揆度的计策，都不能得到君王的重用；即使披肝沥胆，表露忠诚，君王还是不能信任他；做官不能施展他的才能，遭斥逐也并非有什么过错。所以成汤的贤相伊尹，在地位微贱的时候，相传曾屈就在庖厨鼎俎之间，做烹调饮食的活，用滋味去取悦汤；姜太公吕尚在没有得到周文王的提拔之前，也曾困在朝歌磨刀当屠夫，宰杀牲口；虞国的大夫百里奚，在晋国灭虞国之后，相传曾以五件羊皮，被赎到秦穆公那里去，最后被授以国政；卫国人宁戚，在不得志的时候，曾是车夫，借着齐桓公外出时，在车下喂牛时叩牛角而歌，才能成为齐大夫。这些有贤能的人，都曾遭受过失意的忧患。等到他们遇到明君、圣主，所做的计谋筹划，都符合君王的心意，规劝进谏立即被君王采纳，无论进退左右都能表现出他的忠诚，居位任职也能施展他的才能谋略，于是功成名立，朝廷便用土地、爵位来封赏他，使他光宗耀祖。因此，国家一定要先有圣明的君王，然后才会有贤能的人臣。所以老虎一长啸，风声自然凛冽，飞龙一兴起，云气自然涌出，蟋蟀一定待到秋天才鸣叫，蜉蝣一定在阴天才出现。《易经》说：'圣君在位德备天下，就像神龙飞腾在天空，为万物所瞻依，这是大人之路亨通，有才德的人，应当趁此时机去行志立功。'《诗经》说：'生在周王的国度里贤士众多。'因此，世道太平，主上圣明，那么俊美而有才能的人，就会不求自来了。所以元首是那么明哲显盛，而股肱又是那么敬慎有威仪，精神意气，聚为一体，这种君臣的相得益彰，更加表露出了君主的圣明，以及臣子的贤能，即使用擅长鼓琴的伯牙操弄古琴'递钟'，善于射箭的逢门子使用良弓'乌号'，他们得心应手，志意相合的情形，也不足以用来比喻此时君臣融洽的种种。所以圣主必须等待贤臣的辅佐，而后才能光大他的功业，贤士也只有等待明主的赏识，才能显示出他的才干。君上臣下相互需要，欢乐无憾，如此融洽，实在是千载难逢，有任何的言论，都可以不生猜疑，就像鸿雁的毛羽遇到了顺风，便越飞越高，大鱼放到大溪流里乘着顺水，越游越远一样。君臣之间，如果能如此地融洽，那么，有什么弊端不能被破除的，有什么利益不能被兴举的！于是圣贤的教化必将充满四海，和乐传播天下，远近都来贡献，万福也全聚集起来了。所以圣主目力所及，不必处处窥望，就能通过贤臣，看清天下万事万物；耳力所及，也不必处处周全，就能通过贤臣，听到所有的言论。这样既尽到了使天下太平的责任，也满足了安乐悠闲的期望，祥瑞自然降临，人君的寿命也将因此而无穷尽了，这就是长生之道，何必像长寿的彭祖那样去俯仰屈伸，像仙人王侨、赤松子那样去呼吸吐纳，去与世俗隔绝，离群独居，然后才可以长寿成仙呢!”此时，汉宣帝也喜好寻求有关神仙的事迹，所以王褒在这篇颂词里，便特别提到有关神仙的事情。

京兆尹张敞也上了奏章进谏汉宣帝说:“请求明君能抛弃对车马的喜好，疏远方士那些荒唐的言论，潜心研究帝王之术，天下大概就可以兴盛太平了。”汉宣帝因此便完全罢斥了那些主制药物的方士。最初，在赵广汉死了以后，被任命为京兆尹的人都不称职，只有张敞能继承广汉的政绩；他的谋略聪明，虽然远不如赵广汉，但是他能借助经术和温文雅正来弥补他的不足。

汉宣帝很注意修饰，所使用的宫室和车服都比汉昭帝时华丽奢侈；外戚许氏、史氏、王氏又很受尊宠。谏大夫王吉便上书汉宣帝说:“陛下以圣明的资质，总揽万方事物，专心思虑天下大事，将要实现天下太平，所以每次下达诏书，百姓都高兴得好像又重获生机一样。臣低头想想，天子如此，对于百姓，可以说是极大的恩德，但是却不可以说是尽到了治国理民应有的根本。能使天下长治久安的君主，并不是世间所常有的，如今的公卿贵臣有幸遇到明君圣主，却只是言听计从而已，却未有能提出建立万世基业的长远计策，来使圣明君主治理天下，能有夏、商、周三代那样的太平盛世。他们只专注于约期聚会、审理报告、听断狱诉罢了，这不是建立太平盛世的基础。臣听说，对于人民，不能因为他们弱小无助，就去克制他们，不可因为他们愚昧无能，就去欺凌他们。圣主在皇宫中听治天下，举措得当，则受到万民称颂，政事稍有差失，那么，天下人便都会提出批评，所以应该谨慎挑选身边的辅佐大臣，注意任用执行命令的官员。选任在身边的大臣，可以用来帮助端正自己的身心，执行命令的官员，能替皇上去宣扬德行教化，这才是建立太平盛世的根本所在。《孝经》记载孔子的话说:‘使君王平安，百姓得到治理的，没有比推行礼更好的办法了。’这不是一句空话。作为君王，在尚未制定新的礼仪之前，可先实施与当今情况相适用的古代圣明君主制定的礼法，去挑选引用。臣请求陛下能顺承天意，弘扬大业，和公卿大臣以及儒生们，一起研究古代的礼仪制度，推行圣王的制度，使我们这一代的人民，都能达到不鄙诈、不夭折的既仁义且福寿的境地。果真如此，自然能蔚成成王、康王时候的良风美俗，且能像殷高宗武丁一样享国百年！臣私下见闻所及，将我现在所注意到的，不合正道的事物，分条列出呈奏陛下，恭请陛下裁定。”王吉认为：“当今世俗聘娶妻子，要送给女方很多财物，贫困的人家便付不起这些聘礼，因此便不想生孩子。还有，在汉室的那些列侯，聘娶了天子的女儿，或是在诸侯国中，国人娶到了诸侯的女儿，都让男方去侍奉女方，让丈夫去屈从妇女，颠倒了阴阳刚柔的次第，所以发生了很多次女人为乱的情况。古人所使用的衣服、车马，都按照地位的贵贱，有很清楚的区别；现在则上下不分，混乱一团，毫无节度，因此使得人人只知贪财求利，甚至连死都不害怕了。周王之所以能使得天下太平，让刑罚形同虚设而不须用到它，就是因为他能防微杜渐，在邪恶还未萌发的时候便去禁绝它。”王吉又说：“舜和汤不袭用三公、九卿的后代，而举荐了贤人皋陶、伊尹，结果那些谗佞的小人，自然便都远避他而去了。现在却让那些鄙俗的官吏可以庇荫他们的子弟担任官职，这些人大多都是些骄慢不顺，不明古今义理的人，对老百姓一点好处也没有，所以官吏应该要公开征选，寻求贤才来充任，应该废除父兄可以荫任子弟为官的法令；对于陛下的外戚及故旧，可以赏赐他们丰厚的财物，却不宜让他们身居高位。还要禁止那种角力的角抵游戏，减少乐府艺人，节省那些掌管刀剑及玩好器物的少府属官的尚方用度，向天下表明，提倡勤俭建国。古代的工匠不去造作细致华丽的器物，商人不会去买卖奢侈浪费的东西，这并不是以前的工匠、商人要比别人贤明，而是因为当时的政治教化使他们能如此的啊。”汉宣帝认为王吉的建议太过于迂腐而不切实际，不再宠信他。王吉就称病回到他的家乡琅邪郡去了。

义渠安国到羌中，便召集先零部落各首领共三十多人，然后将其中特别傲慢不顺从的都杀了；又纵兵去攻击先零人，杀掉了一千多人。

于是所有已经归顺的羌族部落以及归义羌侯杨玉等，都觉得又愤怒，又恐惧，想到羌族尚未有什么变乱，而汉朝官吏竟已无故杀人，于是认为汉朝不可信赖，不足以归顺，就威胁其他弱小种族，一起背叛汉朝侵犯边境，攻击城镇，杀死官吏。义渠安国便派骑都尉带领三千名骑兵去防备羌人。行进到浩亹，遭到羌人的袭击，损失了很多的军需装备和武器。安国便率兵撤退，到达令居，将战况呈奏朝廷。

此时赵充国已经七十多岁，汉宣帝觉得他年纪太大了，便派丙吉去询问哪一位可以带兵。充国回答说："没有哪一个可以比老臣更好的了！"汉宣帝就派人去问他说："将军估计羌人的势力如何？我们应当派多少兵力去？"充国说："百闻不如一见。行兵打仗之事很难预测，应该身入其境，才能确切了解状况。臣愿到金城郡去，绘制当地的地形，制定攻讨的方略，再一起奏闻。那羌人不过是蛮夷小种，逆天背叛汉朝，不久就会灭亡，请陛下把这责任交给老臣，不必担心！"汉宣帝笑着说："好。"便派出大军到金城去。夏季，四月，派赵充国率领金城军队，去攻打西羌。

六月，在东方天空出现了彗星。

赵充国到了金城，等到兵士集结到一万人时，便打算渡过黄河，又恐怕被羌人所截击，于是夜里派遣了三个营部的军士，令他们悄无声息先去渡河，渡过黄河后，即刻建立阵地，防备羌人来犯；到了天亮，全部准备好了，于是大军便按照顺序渡过了黄河。羌人发现以后，派遣数十上百名骑兵，在汉军左右奔驰骚扰，赵充国说："我们的兵马刚渡过河，还很疲倦，不可以去追击这些羌人，他们必定都是些骁勇的骑士，很难制伏他们，同时还恐怕他们只是来引诱我们的部分兵士而已。要攻击羌人的话，就要以能消灭他们为目标，小小的战利，不要去贪求。"便下命令不去攻击羌人。赵充国一方面派骑兵去四望峡侦察，发现峡中并无羌人出入，于是又趁夜引兵到了落都，然后聚集各营部的高级将领说："我就知晓羌人不太擅长用兵！如果他们能调派几千人守在四望峡中，绝了我们的去路，我军哪能到达这里呢!”

赵充国带兵，经常都很注意派出侦探敌情的斥候兵到远处四面八方去侦察，行军时必定做好战备工作；扎营时，必定注意营垒的坚固，做事待人尤能守正不矜躁，能爱护士卒，与敌相遇，一定是先做好作战计划才派兵交战。于是一路上便很顺利地向西推进到了在金城的西部都尉府，每天都用丰盛的食物让将士们饱餐，士卒都希望能有机会为他效力立功。羌人好几次来挑战，赵充国都下令坚守。后来活捉到了敌人，从他们口中得知羌族的首领经常相互责备说：“告诉你不要造反，现在汉天子派赵将军率军前来，他已经八九十岁了，善于用兵。我们想要跟他拼一死战，不会有这个机会的。”

起初，罕、幵的首领靡当儿派他的弟弟雕库来告诉金城西部都尉说：“先零人企图反叛。”几天后，果然反了。雕库族人有很多就在先零部族中，都尉便留在雕库作为人质。赵充国到了这里，认为雕库无罪，便放了他，要他回去告诉各戎夷首领说：“汉朝的大军是来诛讨有罪的人，你们分清楚彼此，不要和有罪的人一起遭到被灭亡的命运。汉天子要我通告所有的羌人：犯了法的人如果能戴罪立功，去捕杀其他犯法的人，可以免除罪刑，还会根据他捕杀大豪、中豪、下豪以至女子及老弱的功劳大小，给他几十到几千钱的赏赐；又会把他所捕到的妇女和财物全部赐给他。”赵充国打算先凭借着威信去招降罕部落、幵部落以及那些因被劫持而反叛的人，来破解羌人的阴谋，等到他们非常疲困的时候，再去攻击他们。

此时，汉宣帝已经征发内郡各处的士兵以及屯边的士卒共六万人。酒泉太守辛武贤上奏说：“各郡军队都屯扎在南山，使北边边境很空虚，这种形势不能维持太久。如要等到秋、冬再出兵，那是羌虏还远在边境外时的策略。现在羌虏早晚都来寇边进行骚扰，当地气候寒冻困苦，汉军马匹是耐不住寒冬的。不如在七月上旬，携带三十天的粮食，分兵从张掖、酒泉，去合攻在鲜水上的罕、幵两部羌人。虽不能歼灭他们，但是可以夺取他们的畜产，俘虏他们的妻女，然后就率兵退还，等到冬天再次出击，我们的大军经常如此攻击，羌人一定会被吓坏。”汉宣帝把这奏章交给赵充国，让他发表意见。赵充国认为：“每匹马要去背负一个战士三十天的粮食，就有米二斛四斗，麦八斛，又有衣装、兵器要负载，在如此重负下，很难再去追逐羌虏。羌虏必定会计算出我军进退的速度，稍稍撤退，随着有水草的地方，遁入山林去。我军如果也跟着深入，羌虏就会依据前方的险要，守住后方的要塞，断绝我军粮道，那么便一定会使我军有伤亡危险的顾虑，而受到夷狄的嘲笑，这种耻辱是很难报复回来的。而辛武贤却认为可以因此得到他们的畜产，俘虏他们的妻女，这些应该都只是空话，并非最好的计策。要知道，是先零第一个起来反叛的，其他部族只是因为受到胁迫才起来作乱。因此臣认为，要舍弃因反叛和遭劫略而附的这种愚昧过失，放在一边不去提起，先对先零进行诛讨，来威胁罕、幵两部，让他们知道应该悔过迁善，停止叛乱，汉朝便会因此赦免他们叛逆的罪责，然后再选派熟识他们习俗的贤良官吏去加以抚慰和解。这才是既能保全兵力，又能获得胜利，安定边境的策略。”

汉宣帝又把赵充国的奏章交给群臣去讨论，参与商议的公卿都认为：“先零的兵力强盛，而且又依仗着罕、幵的帮助，不先击破罕、幵两部，对先零是没有办法进攻的。”于是汉宣帝任命侍中许延寿为强弩将军，就近任命酒泉太守武贤为破羌将军，颁赐给他玺书，褒奖接纳他所提出的策略。又下诏书责备赵充国说：“现在到处都在向前方输送粮食，百姓为此都很受骚扰，将军率领一万多名部众，不及早利用秋天水草旺盛的时候，去同羌人争夺他们的畜产牛羊以及谷麦粮食，却要等到冬天，羌虏都要聚积准备过冬时，才去攻击他们，但那时羌人大多藏匿在山中，依恃着险要的地方，将军手下的兵士，却要忍耐着寒苦，连手脚都冻裂了，如此又有什么好处呢！将军不体念国家耗费巨大，想要拖延数年，然后来战胜敌人，当将军的人，有谁不想要打这个如意算盘呢！现在命令破羌将军辛武贤等带兵，在七月去攻击罕、羌两部。将军要率兵同时出击，不得再有迟疑！”

赵充国上书汉宣帝说：“陛下以前曾赐下诏书，打算派人去劝晓罕人，告诉他们汉朝的大军将要到来，但是汉军并不是诛讨罕人，想要以此来瓦解羌人联合叛汉的计谋。臣因此派遣幵酋首领雕库去宣扬天子的恩德；罕、幵等羌人都得知了天子的诏令。如今先零羌杨玉依恃山形木石的坚固，并等待机会出山骚扰，罕羌没什么犯乱，而现在却要放掉有罪的先零，先去攻击无罪的罕人，免了罪犯的诛讨，而去击杀无罪的人，兴起一次兵难，造成两件祸害，这不是陛下的本意啊！臣听说《孙子兵法》上有一句话，说的是：‘胡乱进攻敌人的话，就会使自己处于劣势；可以注意防守自己，就会使攻守都能绰有余裕。’又说：‘善于打仗的人，会设法去引诱敌人，不会被敌人所引诱。’如今、羌企图入寇敦煌、酒泉，我们本应该整饬兵马，训练战士，等待敌人的到来，坐在那里，用引诱敌人的战术，以我方的安逸精锐，去攻击敌人的疲倦劳苦，这才是使我们获胜的方法啊。现在因为敦煌和酒泉二郡的兵力太少，还不足以防守，却反要去攻击羌虏，放弃制伏羌人的战术，改为会被羌人所制伏的战术，臣认为这样做是不对的。先零羌人因为想要反叛汉朝，所以和罕、幵化解了过去的仇恨，而且订立了盟约，但是他们心里也会担心汉兵一到，罕、幵会背叛他们。臣认为先零羌的计谋应当是希望罕、幵先受到攻击，然后再去解救罕、幵，来巩固他们彼此间的约定。所以当我们先去攻罕、幵的时候，先零羌一定会帮助他们。现在是羌虏马匹正肥壮，粮食正富足的时候，我们如果去进攻，恐怕不能损害到他们什么，却正好让先零有机会去施加恩德给罕、羌，来坚定他们间的盟约，团结他们的党羽。羌虏间的交往一稳固，且能彼此党同密合，只要聚集精兵二万多人，再去胁迫其他的弱小部族，附和他们的羌人一多，像莫须这些小族羌人，就不能轻易脱离其控制。如此，羌兵越来越多，再想要去诛讨他们，就得用多上好几倍的力量。臣担心那时候，国家的忧烦困扰，当以十年计，就不只是两三年的事了。依据臣的计策，先诛灭先零以后，罕、开这些羌人就无须再劳动大军的诛讨，他们自然就都会屈服。万一先零被诛灭，而罕、开仍不屈服，那么，到了正月，我们再去攻打他们，这才是合理的计策，时机也才能恰到好处。如果现在出兵，确实看不出有何好处！”戊申，赵充国上了奏章。秋季，七月，甲寅，汉宣帝再下诏书，听从了赵充国的计议。

赵充国带兵到了先零所在的地方。羌虏屯驻太长时间，已经懈怠下来，忽然见汉朝大军到来，慌忙抛弃军需装备，企图渡过湟水，但是逃亡的道路却非常狭隘，赵充国便慢慢地去追赶他们。有人便说：“逐利宜速，而我们却太慢了。”赵充国说：“这些都是走投无路的穷寇，不可以去逼迫他们。慢慢地追赶，他们就会没命地逃走，假如被逼急了，他们便会回过头来拼命的。”大家都说：“有道理。”羌虏几百个人被水淹死，投降以及被汉军杀掉的，有五百多人。又俘获了十万多头马、牛、羊，车子四千多辆。当汉军到了罕人居住的地方以后，赵充国下令不得烧毁他们的部落，不得在他们的田里放牧牛马或收割农作物。罕羌听说此事，都很高兴地说：“汉军果然不攻击我们啊！”羌人的酋长靡忘就派人来说：“期望能让我们回到原住地去。”赵充国就上奏朝廷，没有得到回音。靡忘亲自跑来归顺，赵充国赐给他饮食，还放他回去劝晓他的族人。护军以下的军官都向赵充国进谏说：“他是一个叛逆的羌贼，不可以擅自释放他！”赵充国说：“各位这样说，只是寻求公事上的名正言顺，认为不释放靡忘，便不触犯刑法，是为了保护自己，免遭罪责而已，并不是忠心为国家！”话还没说完，汉宣帝的诏令下来了，命令靡忘将功赎罪。后来罕羌果然没有用兵就被平定了。

汉宣帝下诏书命令破羌将军和强弩将军到赵充国屯驻的地方去，在十二月的时候，和充国会合，进攻先零。当时投降的羌人有一万多名，赵充国预想他们一定失败，本打算撤除骑兵，改让他们去屯田积谷，等待羌人因自身疲惫而败亡。正在草拟奏章，还没有呈奏上去时，就得到进兵的命令，赵充国的儿子中郎将赵卬便很担心，就让人去劝赵充国说："如果下令出兵，真的会使我们损兵折将，倾覆国家的话，那么，将军是可以固守而不出兵的。如果出兵是有利有弊，不一定就会使国家倾覆，那便出兵算了，何必和汉宣帝去争论呢？否则，一旦不合汉宣帝的意思，派那尊宠的绣衣御史来指责将军的不是，将军自身很难保全，还操心什么国家的安危呢！"赵充国感叹地说："怎么话说得这么不忠于国家呢！如果原先能采纳我的建议去预防羌人，羌虏会闹到现在这样猖獗的地步吗！当初要推荐能够先行派遣到羌中去的人，我推举辛武贤；丞相和御史却又建议派遣义渠安国，最后义渠安国一去，居然败坏了大事，激起了羌变。在金城、湟中的粮价一斛才八钱时，我告知司农中丞耿寿昌说：'赶快买进三百万斛的粮食储藏起来，羌人看到我们兵精粮足，就不敢妄动了！'最后耿中丞只请求买进一百万斛，而实际上只是得四十万斛而已；义渠安国再次出行，又耗费了一半。错失了这两个计策，才使得羌人敢起来叛逆。只要以前小有差错，就会造成大错，这是过去已经被应验的事实。现在战事久持不下，假如四方的夷狄有什么忽然的变动，大家都趁机起兵造反，那么，即使再明智的人出来，也不能把残局收拾好。到了那个时候，让人担心的事情，就不只是羌人了。所以我主张要死守，圣明的君主应该体会到我的忠言。"

于是，赵充国便呈上他主张屯田的奏章说："臣所率领官吏军士，和牛马饮食需要的粮食、稻草，需求甚多，现在兵难又僵持不下，徭役征调不断，恐怕会因此生出其他的变故，臣很替陛下担忧，这实在不是当初在庙堂上所谋算的可以克敌制胜的策略。而且羌人很容易通过计谋来攻破，而难以依靠武力镇压去瓦解，因此臣心里觉得攻击不是上策！据臣估计，从临羌向东到浩亹，羌虏以前所开垦的私田和公田，加上民众还没有开垦的，有两千顷以上，这之间，原先所建造的用来传递文书的邮亭驿站，大多数已经被破坏。臣以前曾带着兵士入山，砍伐掉六万多棵木材，都放在湟水之滨。臣恳请能撤除骑兵，剩下步兵一万二百八十一人，分别屯驻在各紧要的地方，到了冰雪融解时，再顺着水流运下木材，拿来修筑那些乡间的邮亭，疏导沟渠，整顿湟峡以西的七十处道路桥梁，让道路交通可通达到鲜水附近。到了春天，大家都出来垦田播种，每人分三十亩地。等到了四月，粮草都长成后，就调派郡里的骑兵以及属国中的胡骑各一千名，去当这些屯田人的巡逻兵，为他们策应护住这些粮草。有了收成，便充实运入金城郡，来增加粮食积蓄，节省大量费用。现今由大司农运来的粮食，足够一万人一年食用。谨呈上屯田的处所以及所需器用的清册。”

汉宣帝下诏说：“如果按照将军的计划，羌虏叛乱当在何时平定？战事何时可以平息？你再好好地计划考虑，然后再奏闻！”

赵充国便呈上详细情形说：“臣听说帝王的军队，是以保全军力来战胜敌人的，所以便崇尚谋略，而不轻易去拼杀。‘百战而能百胜，不是最好的战略，因此应当先使自己立于不败之地，使敌人无法胜我，之后再乘敌人的虚懈，去得到胜利。’蛮夷外族的习俗，虽然和我们礼仪之邦有所不同，但他们想要把危险躲避了，争取有利，爱护亲属，畏惧死亡的这些心情，却都和我们一样。现在羌虏丢掉了他们肥美的土地和茂盛的牧草，正为不知如何寄命托身，将远逃何处而担心忧愁，父子兄弟，心志相违，人人都产生叛逆的心。而明主如果能班师罢兵，留下一万人来屯田，顺应天时，利用地利，等待已经虚懈，即可制伏羌虏的机会，虽然未必就能立即剿灭他们，战事大概在一年内可以平息。现在羌虏已经被瓦解，投降的人前后加起来有一万七百多名，还有那些接受了我方的劝导，要回去转告自己同伴不再与朝廷为敌的羌人，也有七十批，这些全部是我们不用发兵，可以坐等破解羌人的利器。臣敬谨一一举述不出兵而留士卒屯田的便利总共十二项：让步兵九个营部、官吏士卒共一万人，留下来屯田，来作为战备，一方面又可利用屯田积粮，恩威并行，这是一项好处；又因为屯田而排斥羌人，让他们不会回到肥沃的土地上去，使他们贫困破产，以促成羌人渐渐互相叛离的趋势，这是第二项好处；屯田和民田可以同时并作，互相不妨碍，不影响农事的耕作，这是第三项好处；军队和战马一个月的粮食，可以维持屯田士卒一年所需，所以撤去骑兵，能够省下一笔很大的费用，这是第四项好处；到了春天，调集士卒，顺着黄河、湟水将谷物粮食运到临羌县，展现于羌虏看，能够向他们耀武扬威，为后世垂示这种可以御敌的利器，这是第五项好处；利用闲暇，运下先前所砍伐下来的木材，来整修邮亭驿站，充实金城郡，这是第六项好处；如果出兵羌虏，要冒险而无必胜的把握，不出兵的话，可以让那些叛乱的羌虏逃窜在那风寒的地方，受到寒露的侵袭和疾病冻伤的痛苦，这是坐着等待胜利的方法，是第七项好处；没有路上的障碍，和需要深入追击或遭到死伤的损失，这是第八项好处；对外不让羌虏得到可以利用我们的间隙来攻击我们的机会，对内不损害到我们的威武尊严，这是第九项好处；又不会惊动到在黄河以南地区大等羌人而使他们生出其他的变端，这是第十项好处；整治了隍峡中的道路桥梁，使交通可以直达鲜水，来掌控西域各国，使汉朝的威势传扬到千里之外去，使行军就好像是从枕席上过去一样容易安全，这是第十一项好处；庞大的军费支出已经节省，徭役自然会停息的，就可以转移注意力来防止突发事故，这是第十二项好处。留下来守护屯田，可以得到十二项利益，出兵进击羌人，就会失掉这十二项利益，所以当何去何从，敬请皇上抉择！”

汉宣帝又下诏说：“战争有希望在一年内平息，是在今年冬天吗，还是别的什么时候呢？将军难道就没考虑当羌虏听说我们要整顿军队时，会汇集他们的壮丁勇士，去攻击骚扰那些屯田的人，以及沿途屯驻的守兵，而且又会再次杀掠我们的百姓，那么，到了那时，将如何来制止他们呢？将军考虑良久后再把建议呈奏上来！”

赵充国再次上奏说：“臣听说：军事行动要以谋略为根本，所以多算的人胜过少算的人。先零羌的精兵，现在剩余不过七八千人，又因为丢失了原有的土地，分散于远离家乡的地方，力量都分散了，加上非常饥寒，因此叛乱先零而来归顺我们的人，绵延不断。臣觉得羌虏的破败，可计日以待，最慢将在明年春天，因此说战争可望在一年之内平息。臣私下里以为，北部边境从敦煌到辽东一千五百多里长的土地，在边塞以及各个亭障里所驻守的吏卒有几千人，羌虏常常派出大批军队去攻击他们，却战胜不了他们。现在即使撤掉我们的骑兵，可是羌虏看到屯田的军士是一万名的精兵，从现在起，到三月底，羌虏的马匹又是疲弱的时候，所以一定不敢将他们的妻子丢在其他部族，然后远涉山河前来侵袭我们，也不敢把他们的妻子送还原住地去。因此臣便预料羌虏必定各自在他们现在所处的地方自行瓦解，这是我们不需出兵作战，羌虏自行破灭的策略。至于羌人的那些小骚扰，或偶尔杀害我们的百姓，这原本是难以立即禁制防备的。臣听说每战如果没有必胜的把握，不应随意去动用刀刃；每攻如果没有必有所取的把握，不应随意去劳师动众。如果真的出了兵，虽然不能灭掉先零，但能使他们绝不再有任何骚扰，那么出兵是可以的。如果还是同现在一样，仍然禁止不了他们的小规模侵扰，而我们却又放弃了可以坐待取胜的方法，去采取冒险的行动，终究得不到好处，只是白白使自己疲困不堪，贬低了国家的威重，使自己损伤了自己，那就不是治理蛮夷的道理了。还有大军一旦派出塞作战，打完仗回来后，人人都会有归志，就很难再让他们留屯，以防备羌人，而湟中又不能无人戍守，如果这样，则徭役又将兴起，来来去去，将更加频繁，臣认为这样太不方便了。臣私下也想到：如果尊奉陛下的诏令出塞，带兵远击羌蛮，用尽皇上的精兵，将车辆武器散离到战场上，虽然并不能因此立下一丝一毫的战功，却可以苟且避嫌，并且可以免掉随后而来的罪责，但是为人臣子的，不能尽忠国家，贪图便利是对陛下的不忠，不是明主以及国家的福分！”

赵充国的奏章每次呈上去，汉宣帝就交给公卿大臣去讨论。最初，赞同赵充国计谋的人占有十分之三，后来增加到十分之五，最后变成十分之八。汉宣帝便下诏书责备那些原先反对的人，这些人都叩头佩服赵充国的建议。丞相魏相说："臣不了解军事的轻重利害关系。后将军赵充国经常在筹议军事计划，他的意见通常是正确的，臣担保他的计谋一定是行得通的。"

于是汉宣帝就下诏赵充国，赞许并且接纳了他的计划。同时也因为破羌将军辛武贤和强弩将军许延寿多次建议去攻打羌人，因此同时采纳了两方面的意见，也下令破羌、强弩两将军和中郎将印出击。强弩将军出击后，降服了四千多人。破羌将军也砍杀了两千个羌人的首级，中郎将印连砍杀带投降的，总共也有两千多人；而赵充国所降服的又有五千多人。后来汉宣帝便下令撤兵，留下赵充国去从事屯田的工作。

大司农朱邑去世。汉宣帝因为他是一位奉公守法的官吏，特别怜惜他，就颁下诏书，赏赐给他儿子一百斤黄金，以用来祭祖供神。

这一年，汉宣帝任命前将军、龙頟侯韩增为大司马、车骑将军。

丁令人近三年来经常掠夺盗取匈奴人的财物，抢劫杀害了几千人。匈奴也派了一万多名骑兵前往攻击丁令国，但是没有任何收获。

二年(辛酉，公元前 60 年)

春季，二月，因为长安里有凤凰飞集，同时也降下了甘露，便下令赦免天下。

夏季，五月，赵充国上奏说："羌人本来差不多有五万名军民，被砍杀了七千六百人，又招降了三万一千二百人，淹死在黄河和湟水，还有被饿死的，总共五六千人，现在约计那些脱逃的，以及和煎巩、黄羝一起逃亡的人，不会超过四千人。羌人首领靡忘等人都保证规劝这些叛羌余众前来归降，所以请求允许撤回屯兵！"汉宣帝批准后，赵充国便班师凯旋。

赵充国的好友浩星赐，前去迎接赵充国，并且劝他说："大家都觉得破羌将军和强弩将军的率兵出击，斩杀了很多羌人，也使不少敌人投降，所以羌虏才败亡的。但是有见识的人都明白，羌虏那时已是无路可走，即使不派兵出击，他们也立马就要自行投降。现今将军回来了，见了汉宣帝，也应该归功于强弩和破羌二将军，觉得你自己并不能与之相比的。这样做对将军是比较好的。”赵充国说：“我已经老了，爵位已然很高了，怎会因为避免自我矜夸一时的用兵之事，而来欺骗圣明的君主，不根据事实上奏呢！用兵的形势，是国家的大事情，应当要为后人立下榜样。我不惜余命，当毫不保留地为陛下明白分析军事上的利害，不然万一突然去世，还会有谁去说它呢！”赵充国最终依他的本意回复了汉宣帝。汉宣帝很赞同他的谋略，就让辛武贤回去当酒泉太守，把赵充国任命为后将军。

秋季，羌人若零、离留、且种、儿库一起把先零的首领犹非和杨玉的头砍了下来，还有那些羌人各部首领弟泽、阳雕、良儿、靡忘等也带领煎巩、黄羝一班人总共四千多名来投降汉朝。汉宣帝就封若零和弟泽两人为帅众王，剩下的人都被封侯，或封君。首次开设了金城属国来安置投降的羌人。

汉宣帝于是下诏令要求各方推举可担任护羌校尉一职的人。当时赵充国生病，丞相、御史、车骑将军、前将军四府都举荐辛武贤的小弟弟辛汤。赵充国听到这个消息，急忙从病床上起来，上奏汉宣帝说：“辛汤酗酒任性，不可让他去负责蛮夷事宜。不如派辛汤的哥哥辛临众担任此职。”当时辛汤已经拜受任命护羌校尉的印信和皇帝符节，结果汉宣帝因此又下令改用临众。后来临众因病免官，连后将军府一起算上的五府官员，便又都举荐了辛汤。结果辛汤果然经常酗酒之后虐待羌人，引起了羌人的反叛，到底如赵充国所料。辛武贤破羌的功劳因为赵充国，没得到什么奖赏，很怨恨赵充国，便上书告发中郎将赵印以前曾经向他泄露中枢的机密谈话，结果赵印被交给狱吏去审理治罪，于是便自杀了。

司隶校尉魏郡人盖宽饶，刚直清正，做事又特别公正清明，经常因此冒犯汉宣帝的心意。当时汉宣帝正是一味注重刑法，不管教化，并且任命宦官为中书官，由他们掌权的时候，盖宽饶便上了一道秘密奏章说:“现在圣贤之道逐渐衰微,儒家教化不被重视,还任用宦官当权,拿法律来代替诗书的教化。”又引用《易传》说:“五帝将天下视为公有,三王将天下视为私有,把天下视为私有的是把帝位传给子孙,把天下视为公有的是把帝位传给圣贤。”封事奏上去以后,汉宣帝认为盖宽饶是在怨谤朝廷,便把封事交给俸禄为中二千石的九卿去处理。当时的执金吾便提议说:“宽饶的心思是要求汉宣帝禅位给他,大逆不道!”谏大夫郑昌则同情宽饶是一位忠直忧国的人,只因为议论国事不合汉宣帝的心意,遭到文法官的诋毁打击,就上书替宽饶辩解说:“臣听说山上有了猛兽,因此就没有人敢去采摘野草;国家有了忠臣,奸邪小人便不敢肆意为非。司隶校尉宽饶,居不求安,食不求饱,生活特别简朴;进有一片忧心为国的忠忱,退有守节赴死的正气;上无外戚许氏、史氏一样的亲属的庇护,下无近臣像金日、张安世的支持;因为身负督察职责,又是正道直行,所以结下了不少的仇恨,而少有人去帮助他,使得他的上书坦言陈述国事,遭到有司处以极刑的纠劾。臣有幸能列名在诸大夫之末,任职谏官,因此对于这件事情,就不敢不有所进言!”汉宣帝不听他的申辩,九月,盖宽饶被交给有司审理,宽饶用自己的佩刀,在北阙下自杀,人们没有不哀怜他的。

匈奴的虚闾权渠单于,带领十多万骑兵,依循边塞进行围猎,企图侵入边塞。在还没入侵时,恰好有一名匈奴人题除渠堂逃亡归顺汉朝,禀告了这件事情,汉朝就封他为言兵鹿奚鹿卢侯,之后派了后将军赵充国,带领着四万多名骑兵,分别驻扎在边境上的朔方、五原、云中、雁门、代郡、北平、定襄、渔阳、上谷九个郡,来预防匈奴的侵犯。经过了一个多月,单于重病吐血,因而不敢入侵汉境,退了回去,汉朝也就把兵撤了回来。于是匈奴便派遣题王都犁胡次等来到汉朝恳请和亲。但是还没有来得及回报时,单于就死了。虚闾权渠单于在刚继位的时候,就把颛渠阏氏罢黜了,右贤王屠耆堂就和颛渠阏氏私通,当右贤王要到龙城去聚会时,颛渠阏氏告知他单于病重，暂时不要远离。几天后，单于去世，掌权的贵族郝宿王刑未央就派遣人去召集诸王，诸王尚未到达，颛渠阏氏就和他的弟弟左大将且渠都隆奇商议，把右贤王立为握衍朐鞮单于。握衍朐鞮单于是乌维单于耳的曾孙。

握衍朐鞮单于即位后，性情凶恶残暴，杀了刑未央等人，任用且渠都隆奇，又罢免了虚闾权渠的子弟近亲全部的职务，而用自己的子弟去代替他们。虚闾权渠单于的儿子稽侯狦没有被立为单于，就逃到他的岳父乌禅幕那里去。乌禅幕本是乌孙和康居间的一个小国的国王，因为常遭到外来的侵略，就带领着几千名部众去投降匈奴，狐鹿姑将自己侄儿日逐王的姐姐嫁给他，让他仍然率领着他的部众，住在西部地区。日逐王先贤掸的父亲左贤王本来应当立为单于，最后让给了狐鹿姑单于，狐鹿姑单于应允以后再立他为单于，国人因此都说日逐王应当做单于，日逐王平时就和握衍朐鞮单于有间隙，便带领着他的部众要去归顺汉朝，派人前往渠犁，向骑都尉郑吉联络通报。郑吉就调派渠犁和龟兹等国五万人前去迎接日逐王一万二千口人和小王将十二人，跟随郑吉到了河曲。途中有很多逃亡的，郑吉便追杀了他们。于是就领着他们到了京师长安，汉宣帝便封日逐王为归德侯。

郑吉攻破了车师国，降服了日逐王以后，威震西域，于是便兼护车师国以西的北道各国，所以称为都护。都护的设置，是从郑吉开始的。汉宣帝封郑吉为安远侯，郑吉便在西域各国的中心设立了幕府，修建乌垒城，离阳关有两千七百多里。匈奴从此更加衰弱，不敢再在西域与汉朝争胜，原先设在西域监领西域各国的僮仆都尉，从此便罢废了。都护负责督察乌孙、康居等西域三十六国的动静，如果发生事变，就马上奏闻，可以安抚的，就安抚他们，不能安抚的，就出兵讨伐他们，汉室的号令，从此得以颁行于整个西域。

握衍朐鞮单于把他的堂兄薄胥堂改立为日逐王。

乌孙昆弥翁归靡通过长罗侯常惠上书给汉朝说："愿意立汉朝的外孙元贵靡为继承人，希望能让他也娶汉朝的公主，结成两重姻亲，从此永远背离匈奴。”汉宣帝便下令让公卿商议此事。大鸿胪萧望之认为：“乌孙是离汉朝很远的一个国家，难保不发生事变，不能答应他。”汉宣帝赞赏乌孙在本始二年破了匈奴，立了大功，又难断离和乌孙旧有的姻亲关系，便以乌孙公主解忧的妹妹刘相夫为公主，赐给她很多的嫁妆，让她嫁到西域去，还派常惠护送她到了敦煌。还没有出离边塞，就听说翁归靡死了，乌孙的贵族，都依照原先的约定，立岑娶的儿子泥靡为昆弥，称为狂王。于是常惠上书说：“希望能暂时留少公主在敦煌。”一方面，常惠飞驰到乌孙去，对于乌孙不立元贵靡为昆弥，和迎娶少公主的事，更加责备。在汉朝的宫廷上，为了这件事情，汉宣帝又把它交给公卿去商量。萧望之又提出：“乌孙脚踏两条船，难以和他缔约结盟。现今少公主因为元贵靡没有被立为昆弥而回来，我们对夷狄没有失信，这是我国的福分。假如少公主不回来，因为身在绝域，就需要遣使者馈赠补给，那又将兴起徭役。”汉宣帝接纳了他的意见，召回了少公主。

三年(壬戌，公元前59年)

春季，三月，丙辰日，丞相高平宪侯魏相去世。夏季，四月，戊辰日，丙吉被任命为丞相。丙吉喜好礼让，不亲理小事，崇尚宽大，那时候人们都认为他很知大体。

秋季，七月，甲子日，大鸿胪萧望之被任命为御史大夫。

八月，汉宣帝下诏说：“官吏不清廉公正，国家就不能得到治理。现在一些小官吏都事务繁忙，薪水少得可怜，像这样子，想要他们不去非法侵夺百姓的利益，是很艰难的。所以现在要增加那些小吏的薪水，月俸在百石以下的，提升十分之五。”

这一年，东郡太守韩延寿被任命为左冯翊的长官。当初，韩延寿担任颍川太守，颍川在赵广汉于本始三年为太守时，为了破除当地豪杰结为奸党，设法使吏民相告讦而结怨后，民俗多相怨咎成仇。延寿便改弦更张，教导百姓礼让；又召集年纪大阅历丰的长者，跟他们议定嫁娶和丧祭等各种礼节，基本上依照古礼，不允许超过规定。

百姓们都能遵循他的教导。于是那些贩卖祭祀鬼神用的假车、假马，和为送给阴间鬼魂所制造的假器物，都被丢弃在街市上没人要了。黄霸接替延寿为颍川太守，就依循延寿的方法，因此而将颍川治理得非常出色。韩延寿做官，崇尚礼仪，喜欢古时的教化，所到过的地方，一定要聘请当地的贤士，以礼相待，来广泛地听取建议，接纳他们的批评意见；更去表扬能孝顺父母、友爱兄长、德行高尚的人，还去修筑校舍，在春、秋两季，举行乡射嘉礼，更以礼会民，陈设钟鼓、管弦等乐器，讲究比射时相互揖让的古礼；也重视考察军队，检查兵士，设备斧钺旌旗，学习骑马射箭等事；又修理城墙，收取赋税，都于事先明白公布日期，注意约期聚会。所以官吏和百姓都很敬畏他，顺服他。韩延寿在地方上又设置乡正、里正以及伍长等地方管理人员，督促百姓彼此都以孝悌为榜样；规定不得收留奸邪小人，左邻右舍或是乡野田间一有不寻常的事故发生，马上向官吏通知报告，使得邪恶的人都不敢去韩延寿管辖的地界。刚开始的时候，这样的事情看起来好像很繁杂，可是到了后来，官吏就再也不用辛苦地去追捕盗贼，人民也没有了犯法受鞭刑的痛苦，大家都能循规蹈矩，安居乐业。韩延寿对待属下，既能施加恩惠，但约定也很严明，如有人欺诈辜负了他，他一定会很痛切地责备自己说："难道是我对不起他了，不然他为什么会这样做呢！"使得他下属的官吏听到了这些话，都自悔自伤，他的县尉武官甚至因此自杀。在门下办理杂事的那些由自己聘请来的门下官吏，也羞得拿刀去割自己的脖子，幸亏被人救活，才不致割断。这时韩延寿便又伤心哭泣，并派官员和医生前去治疗护视，又厚赐他家，免除他家的徭役。在东郡太守三年任内，他能使得命令一下达，便能彻底执行，一有禁止，大家也不敢去冒犯，狱讼因而大大地减少，所以他便被提升为左冯翊的长官。

韩延寿出外巡视左冯翊的属县，到了高陵县，百姓中有两兄弟因为相互争田，来向他报告。韩延寿因此觉得特别感慨伤心，说："我侥幸担任左冯翊一职，为一郡的榜样，现在竟不能去教化百姓，使百姓有了兄弟相争的事情发生，这既有损风化，更让县令、县丞、啬夫三老等官吏都感到耻辱，这全部的罪过都在我左冯翊一人身上，我应该先辞退反省。”当天，便谎称病假，不管理政事，躺卧在宿舍中，闭门思过。让全县的人，不知道如何办才好，啬夫、县令、县丞、三老也都自缚待罪。于是争田的两兄弟的族人，就一个个地去责备他们；让这两兄弟觉得特别后悔，都自己剃去头发，脱去上衣，前往请罪，愿意以田地相让，从此不敢再起争端。于是一郡和洽，大家都互相诫勉，不敢再犯同样的错误。韩延寿的恩德，遍及左冯翊所统辖的二十四县，无人敢再有所争讼的。因为韩延寿能推诚待人，所以官吏百姓也不忍去欺骗他。

匈奴握衍朐鞮单于又杀害了先贤掸的两个弟弟；乌禅幕曾经为他们求情，没有接受，心里很气愤。后来左奥鞬王去世，握衍朐鞮单于自己立了他的小儿子为奥鞬王，留居在单于的朝廷。奥鞬的贵族便立了以前的奥鞬王的儿子为王，一块儿向东迁徙。单于的右丞相就带领一万名骑兵前去攻打他们，可是却损失掉了几千人，未能取胜。

资治通鉴卷第二十七　汉纪十九

起癸亥(公元前58年),止壬申(公元前49年),共十年。

【题解】本卷记录了宣帝刘询神爵四年至黄龙元年共十年间的历史。主要记录了匈奴握衍朐鞮单于兵败身死,匈奴五分,呼韩邪单于与郅支单于对立,呼韩邪单于归附汉朝,而郅支单于率部西移,迁都坚昆,威慑西域诸国;记录了严延年、韩延寿、杨恽被朝廷用刑不当杀害;记录了黄坝上书言祥瑞,被张敞弹劾,黄坝又推荐史高为太尉,被宣帝痛斥;记录了太子刘奭好儒学被宣帝斥责,王政君受太子宠爱生子;记录了汉宣帝画中兴功臣十一人于麒麟阁;记录了宣帝死,班固高度评价宣帝等等。

中宗孝宣皇帝下

神爵四年(癸亥,公元前58年)

春季,二月,因为京师长安飞集了许多凤凰,又降下了甘露,因此便下诏令赦免天下。

颍川太守黄霸,担任郡太守前后有八年,政治越来越清明。当时,凤凰和神雀常常飞集到各郡国,飞到颍川郡的特别多。夏季,四月,汉宣帝下诏令说:"颍川太守黄霸,能明确宣示各项教令,使百姓归化,孝子、悌弟、贞妇、顺孙渐渐地多起来,农民不再为田界而争,道路上也无人去贪取失物,又能照顾孤寡老人,救助贫苦穷弱,使得有些监狱八年来都没有重罪犯人;所以现今要赐给他关内侯的爵位,还有一百斤黄金以及二千石的俸禄。"在颍川郡里的那些孝悌有德义的人和地方上的三老、力田等官员,也都根据他们的表现,分别赐给爵位和布帛。几个月以后,汉宣帝又征召黄霸担任太子太傅。

五月，匈奴握衍朐鞮单于派他的弟弟呼留若王胜之来朝见汉宣帝。

冬季，十月，有十一只凤凰飞集到杜陵。

河南太守东海人严延年施政残暴阴毒，大家都觉得罪当处死的人，却被他突然释放；觉得不应该死的，却不顾正理地把他杀了，使得属吏和百姓不能探知他的意向如何，宽严在哪儿，都害怕得不敢违犯禁令。冬天，严延年把全部属县的囚犯都集中到郡府来审理定罪，鲜血流淌数里，河南郡人都称他为“屠伯”。严延年平时就很轻蔑黄霸的为人，等到了两人处在邻郡为太守，褒赏的时候，黄霸却超过了自己，心里很不服气。河南郡界内发生了蝗虫的灾害，府丞狐义外出巡视灾情，回来后，去见严延年。严延年说：“这蝗虫难道正好是凤凰的食物吗？”狐义因为年龄大了，很是悖乱，听到了严延年的话，心里感到非常惶惑不安，又因为平常就畏惧延年，便很害怕会被中伤陷害。严延年以前曾和狐义一块儿当过丞相史，实际上对狐义是很亲近厚待的，所以赐予他很多东西。可是，狐义却觉得非常害怕，就去卜卦，结果竟得到死卦，心中便很不高兴，就请假到长安去，之后上书告发延年十项罪名；奏章呈上去以后，便喝了毒药自杀，以表明所言属实，绝无欺瞒。于是这案件便交到御史丞那里去审理调查，果然查到了严延年确曾口出怨言、诽谤政治等几件事。十一月，严延年终被判处大逆不道的罪名，遭到处决。

当初，严延年的母亲从东海郡来，打算和严延年一块儿在年终时祭神过年；到了洛阳，正好遇见他在处决囚犯，觉得非常惊恐，便留在都亭里，不愿意进到郡守府中去。严延年就到都亭去拜见母亲，母亲不想见他。严延年脱了帽在阁下叩头，过了很长时间，母亲才迎接了他，并一再责备严延年说：“你有幸能担任一郡的太守，负责方圆千里的地方，却没听到施行什么仁爱教育，来引导保护百姓。反利用刑罚大量杀人，想要借此立威。这难道是作为父母官所应有的心意和态度吗！”严延年就认了错，又叩头谢罪，并用车把母亲带回府舍。

母亲办完了年终的祭祀后，告知严延年说："一个人要敬畏天道神明，不可以随意杀人，不然会遭到报应。我不想在年老的时候看到自己年轻的儿子被刑杀！我走了，我要离开你回到东海郡去，如果你不改过行善，我会在那里代替你先整好墓地，等待你的噩耗！"于是没有到过年便走了。当回到东海郡时，见到兄弟族人，又跟他们提到了这件事。一年多之后，严延年还是被判了死刑，东海郡人都很称扬他母亲的贤明智慧。

匈奴握衍朐鞮单于暴虐凶残，爱好杀伐，全国上下都不顺服他。太子和左贤王又屡次诋毁东部地区的贵族，东部地区的贵族们都心里有怨言。恰好这时乌桓派兵去攻击匈奴东边的姑夕王，很得人民的归向，单于特别生气。姑夕王也很害怕，便和乌禅幕以及东部地区的贵族一起立了稽侯㹪为呼韩邪单于，调派了东部地区的兵士四五万人，向西攻击握衍朐鞮单于，到达姑且水北边，尚未交战，握衍朐鞮单于的部队就输了，握衍朐鞮单于派人去告诉他的弟弟右贤王说："匈奴人都来围攻我，你愿意派兵来帮我吗？"右贤王说："你不爱护人民，杀害了兄弟和诸贵族。你就死在你那个地方吧，不要跑来玷污我！"握衍朐鞮单于特别生气，自杀而亡。左大且渠都隆奇就逃窜到了右贤王的地方，于是他的民众就全都投降了呼韩邪单于。呼韩邪单于回到了朝廷，几个月后，就把兵撤走了，让他们都各回到原来的地方去。因此便在民间找到了他的哥哥呼屠吾斯，立为左谷蠡王，还派遣人去告知右贤王的贵族，要他们把右贤王杀掉。这年冬天，都隆奇和右贤王一起立了日逐王薄胥堂为屠耆单于，派遣了几万士兵向东攻打呼韩邪单于，呼韩邪单于败走。屠耆单于便返回本地，而派遣了他的长子都涂吾西为左谷蠡王，最小的儿子姑瞀楼头为右谷蠡王，留下来住在单于的朝廷。

五凤元年（甲子，公元前57年）

春季，正月，汉宣帝到甘泉宫去祭祀泰畤。

皇太子举行加冠典礼。

秋季，七月，匈奴屠耆单于派遣先贤掸的哥哥右奥鞬王和乌藉都尉各率领两万骑兵驻扎在东部地区，以防备呼韩邪单于。这个时候，西方的呼揭王前来和唯犁当户商议，要一起陷害右贤王，说右贤王想要自立为单于。屠耆单于就把右贤王父子杀了；后来知道右贤王是冤枉的，又杀害了唯犁当户，于是呼揭王很害怕，就背叛了他，自立为呼揭单于。右奥鞬王听了，就自立为车犁单于，乌藉都尉也自立为乌藉单于。于是匈奴总共有了五个单于。屠耆单于就亲自率兵向东去攻打车犁单于，派都隆奇攻打乌藉。最后乌藉和车犁都被打败，向西北方向逃走，之后和呼揭单于的士兵会合，总共有四万人。后来乌藉和呼揭都去除了单于的称号，一块儿推尊车犁单于。屠耆单于听说后，就一方面派左大将、都尉带领四万名骑兵分别屯驻在东方，以防备呼韩邪单于，自己就带了四万名骑兵，向西去攻打车犁单于。车犁单于最后被打败了，就又向西北方逃走。屠耆单于就率兵转向西南，留下来守着闟敦这个地方。

汉朝那些论议匈奴形势的人多半都说：“匈奴为害汉朝已经很久了，可趁他们现在分崩离析的时候，派遣士兵去消灭他们。”汉宣帝便询问御史大夫的意见。萧望之回答说：“《春秋》襄公十九年记载，晋国的大夫士匄率军征伐齐国，在路上听说齐侯去世的消息，便率兵撤回，君子赞扬他不会去攻击有丧事的国家，觉得这种恩德能够使孝子钦服，这种正义可以感动诸侯。匈奴前任单于，倾慕汉朝的礼仪教化，一心向善，曾称弟归降，派使者来恳请和亲，天下人民都很喜悦，四方的夷狄也无不知晓。不幸的是还没能奉守约定，就被贼臣杀害；现在假如就去讨伐他们，这是在乘人之危而幸灾乐祸，他们必定会逃亡到远方。我们不依顺义理去调动士兵，部队恐怕会徒劳而无功。所以，我们现在应当派遣使者去吊唁安慰他们，在他们衰微的时候协助他们，在他们遭受灾患的时候救济他们；这样，四方外夷听说了这件事情，一定都会珍视我朝的仁义。如果因此由于我们的恩惠，使得恢复他们的地位，一定会称臣服从我们，这是一种盛德啊。”汉宣帝接纳了他的建议。

冬季，十二月，乙酉朔日，出现日食。

韩延寿接替萧望之担任左冯翊的长官。萧望之听说韩延寿在东郡时，挪用了一千多万的公款，便派御史前去调查。韩延寿听说了这个消息，就也带着属吏，调查萧望之担任左冯翊任时的账目，最后发现在属官廪牺里的官钱，也被挪用了一百多万。萧望之就上奏自诉说："因为职责的关系，牵连到天下全部的事情，因此知道有问题的，就害怕不去查问，但是现在却反因此而被韩延寿所胁持。"汉宣帝因此也不认为韩延寿是对的，便分令他们各自去追究他们的怀疑。结果萧望之的部分都没有查到事实，而萧望之派御史去东郡查核的，却查出韩延寿在每年大试骑士的日子，超越礼制，奢靡僭妄；又动用官府里的铜器，等候月食时，铸成刀剑，规制就跟尚方所制作的一样；还动用官钱，私自雇用管理徭役的官吏供他差遣；并加装自己车辆甲胄，共花费三百万以上。韩延寿因此就被指控犯有狡猾悖理的罪名，处以死刑。当时有几千名管理百姓送他到渭城去，不管老小，都去扶持他的囚车，争着送酒肉给他吃。韩延寿因为不忍心拒绝他们，但凡送来的都喝，总共喝了一石多的酒。又派遣部属分头去向送别的官吏道谢，告诉他们说："辛苦你们这样远送受苦，延寿虽死无恨！"百姓听了，都流下了眼泪。

二年(乙丑，公元前 56 年)

春季，正月，汉宣帝到了甘泉宫拜祭泰畤。

车骑将军韩增去世。五月，把将军许延寿任命为大司马、车骑大将军。

丞相丙吉年纪大了，汉宣帝很看重他。萧望之却常常轻视诋毁丙吉，汉宣帝对此很不高兴。丞相司直接上奏汉宣帝，弹劾萧望之对待丞相的礼节态度很傲慢，又称萧望之曾派有属吏去为自己家买卖东西，属吏竟用私钱增添了十万三千的费用去讨好萧望之，请求汉宣帝逮捕萧望之，把他关在监狱里审问。秋季，八月，壬午日，下诏令贬萧望之为太子太傅；把太子太傅黄霸任命为御史大夫。

匈奴呼韩邪单于派了他的弟弟右谷蠡王等向西去侵犯屠耆单于的军队，斩杀掳掠了一万多人。屠耆单于听说了这个消息，立即亲自带领六万名骑兵袭击呼韩邪单于。最后屠耆单于兵败自杀。屠耆的小儿子右谷蠡王姑瞀楼头就和都隆奇逃到汉朝归顺。东犁单于则向东投降了呼韩邪单于。冬季，十一月，呼韩邪单于的左大将乌厉屈和他的父亲呼遬累乌厉温敦看到匈奴处于混乱中，便率领着他们的部众几万人前往汉朝投降；乌厉屈被封为新城侯，乌厉温敦为义阳侯。这时，李陵的儿子又拥立乌藉都尉为单于，呼韩邪单于就捕杀了他。于是呼韩邪单于又迁移到单于的王廷，可是只有几万名部下而已。屠耆单于的堂弟休旬王自立为闰振单于，住在西部边境；呼韩邪单于的哥哥左贤王呼屠吾斯也自立为郅支骨都侯单于，住在东部边境。

光禄勋平通侯杨恽，做人廉洁无私，可是却爱夸耀自己的才能，加上性情妒忌苛酷，喜好揭发别人的隐私，所以在朝廷上招来了很多人的怨恨。由于杨恽和太仆戴长乐交恶，有人上书告发长乐的是非，长乐便疑心是杨恽让人去告发的，就也上书告发杨恽的罪状，说："杨恽曾上书替韩延寿辩解，郎中丘常告诉杨恽说：'听说君侯为韩冯翊讼冤，他怎么会活成呢？'杨恽说：'事情不会那么容易，为人正直的人未必就能保全！我还不能自保呢！这真如人们所说的："老鼠所以不得进入地穴，是因为它含了一个环形的草垫子啊。"'又告知长乐说：'正月以来，天气久阴不下雨，臣下将要发生叛乱，这是《春秋》上所记载，夏侯胜也谈论过的事情。'"于是这个案子就交给廷尉去审理。廷尉于定国把调查的结果上奏给汉宣帝，说杨恽心怀怨恨，散布妖言邪说，大逆不道。汉宣帝因为不忍心杀他，便下诏令把戴长乐和杨恽两个人都贬为平民。

三年（丙寅，公元前 55 年）

春季，正月，癸卯日，博阳定侯丙吉去世。

◆班固评论说：古人确定一件事物的称号，必定是从他相类似的事物来命名，远的从天地间的各种事物去取用，近的由我们身上的各部名称来假借。所以《尚书》上便将君王比喻为元首，将臣子比喻为股肱，表明他们是一体的，是相辅相成的关系。因此，君臣的互相配合，是自古以来的一种常理，是一种自然的趋势。近观最近汉朝的一些宰相，高祖开国时，有萧何和曹参的功盖群伦；汉宣帝中兴汉室，又有丙吉和魏相的著闻当世。那时，官职的升降，井然有序，各级机构健全适当，公卿大多都能称职，天下百姓都讲求礼让。观察他们历代的施政情形，的确是君明臣贤，那时所以能成就一片太平盛世，哪里是凭空得来的呢！◆

二月，壬辰日，黄霸被任命为丞相。黄霸擅长治理百姓，做了宰相后，声誉比当郡太守时有所下降。当时，京兆尹张敞家养的鹖雀飞集到丞相府去，黄霸认为那是神雀，便商议要奏闻汉宣帝。张敞就向汉宣帝纠劾黄霸说："臣看见丞相约同中二千石、博士，一同询问郡国派来报告本年度工作情况的长史和守丞，有关替百姓生利除害，推行教化的事情，要他们一条条回答。有的报告说他们能使农民不争田界，男女不相混乱，路不拾遗，而且能推举孝子、贞妇人数的，于是这些人就被合为一批，先来上殿接见；有能列举出事实，但是不能确定人数的，便列为下一批；凡是不按照这个规定教令百姓的，列在后一批呈进。对于这种教化，丞相嘴上虽然没有明言，但是心里却希望各郡国都能这样施行。在长史、守丞对答时，臣的家中养的鹖雀，正好飞聚在丞相府的屋顶上，丞相以下有几百个人都看到了。从边郡派来的官员，都知晓这是出产自羌中的鹖雀，可是宰相询问他们时，都假装不知道。丞相就商议要把这件事情奏给汉宣帝知道，说：'臣正在问各郡国派来呈上来的计簿的长史、守丞有关兴举教化的条目时，上天派遣了神雀下来。'之后知道是从臣张敞的家里飞来的，才停议这件事。郡国派来的那些长史和守丞暗笑丞相虽然宅心仁厚，拥有智略，但是有些相信稀奇古怪的事情。臣张敞不敢诋毁丞相，确实是恐怕群臣不敢向皇上报告这件事，而长史、守丞又畏惧丞相的指责，舍弃现有的法令，各自执行私设的教令，专在法外增加了要求，破坏了原有的纯朴风气，使大家只注意到虚伪的外表，徒有教化之名，而没有教化的事实，于是倾危摇摆、懈慢怠惰，言行甚至奇异反常。如果不在京师里，率先倡导百姓能互让田界，男女能分路行走，还要能路不拾遗，那么，对区分人民德行上是廉、是贪、是贞、是淫，其实是毫无益处的，却只是以虚伪的政绩列为天下第一，这当然是不可以的。即使是诸侯先这样做，使得虚假政绩欺骗朝廷，这也非同小可。汉朝承继秦朝的各种弊端之后，加以通达变化，制定了律令，是用来鼓励善行禁止奸恶的；贯穿综合，分条析理，都已经很完备详细，不能再有所增加。所以应该命令显贵的大臣，明确指示各郡国的长史、守丞，回去告诉他们的二千石官员，要注意推举三老、孝悌、力田、孝廉、廉吏各科人员，必须推举出合适的人才来，全部的郡国的各种事情，都要以法令为依据，不得擅自增加其他的条款教令；敢有弄虚作假来求取不当名誉的，一定先遭到刑戮，以查清楚真正的善恶。"汉宣帝嘉许接纳了张敞的建议，便召集那些到京师来报告工作的长史、守丞，将张敞的意思，派侍中去告诫他们。黄霸因此觉得非常惭愧。

再有，乐陵侯史高因为是宣帝祖母史良娣兄长史恭的长子，凭借外戚的关系，再加上过去的恩惠，官拜侍中，位置很是尊贵，黄霸便推举他担任太尉的职务。汉宣帝就派尚书去把黄霸找来，问他说："太尉这个官职，已经有八十多年废弃不用了。宣明教化，凡事能深入精微，使得刑狱没有冤屈，地方上全无盗贼，这就是你的职责。至于任免将相，那是我的责任。侍中、乐陵侯高，是我亲近的大臣，是我自己的近亲，材质高下，我非常了解，你为什么要超越你的职责去举荐他呢？"于是派尚书令去听取黄霸的回答。黄霸脱下了官帽，承认过错，请求宽恕。经过了几天，才得免罪。从这以后，黄霸再也不敢有所建议。可是从汉朝建立以来，说到那些治理人民的官吏，还是以黄霸居第一位。

三月，汉宣帝到河东去祭祀土神。减少百姓从七岁到十四岁每人每年须缴纳的口赋钱；又赦免了处斩首死刑以下的囚犯。

六月，辛酉日，汉宣帝任命西河太守杜延年为御史大夫。

设置西河和北地等属国，来安置投降汉朝的匈奴人。

广陵厉王刘胥派巫人李女须诅咒汉宣帝，希望自己能成为天子。事情被发觉后，就用毒药杀死了巫人以及宫人一共二十多名灭口。公卿都请求汉宣帝诛杀刘胥。

四年(丁卯，公元前 54 年)

春季，刘胥自杀。

匈奴单于归顺称臣，派遣他的弟弟右谷蠡王到汉朝做人质。汉朝因为边境上没有了外族入侵的战事，便下令将戍守士卒减少十分之二。

大司农中丞耿寿昌上奏说："因为连年丰收，谷价很低，农民收益减少。依照以往惯例：每年都要从关东漕粮四百万斛提供京师食用，一共要动用六万人转运。现今应该只要输入三辅、弘农、河东、上党、太原各郡的粮食，就够京师使用，这样就可以比从关东去运粮要节省一半以上的人力。"汉宣帝接纳了他的建议。耿寿昌又说："应该命令边塞各郡都修建粮仓，在谷价低微时，增加价值购买，谷价昂贵时，减价卖出，称作常平仓。"于是百姓大感方便。汉宣帝便下诏令赏赐给耿寿昌关内侯的爵位。

夏季，四月，辛丑朔日，出现日食。

杨恽失去爵位以后，废居在家，就去经营产业，用赚取财货自我娱乐。他的朋友安定太守西河郡人孙会宗就给杨恽一封信，劝谏告诫他，说："大臣被罢黜贬谪以后，应当闭门谢客，惶恐思过，装出可怜的样子；不应当营治产业，交结宾客，去博得称誉。"杨恽是丞相杨敞的儿子，很有才能，年轻时就在朝廷中崭露头角，只因一时受到暧昧言语的中伤，触犯当道，遭受罢黜，内心怨恨不平，于是就回了孙会宗一封信，说："我私下曾这样想过，自己的罪过已经够大了，品行已有亏损了，从此将永远做一个农夫来度过余生，所以我才亲自带着妻儿，尽力去经营产业，耕田种桑，灌溉园林，贡纳赋税，没想到竟因为这遭到讥评议论！人情所不能加以阻止的事，那圣人也就不去禁制；所以即使国君和父亲是至尊至亲的人，但是为君父送终守丧，过了一定的时间，也要除服。我得罪皇上，到现在已有三年了，农家的耕作本来劳苦，每年到了暑期，或者是年终腊祭，一定免不了要宰只羊，烧烤些肉来吃，也要喝些酒来犒劳自己，当酒酣耳热时，仰面朝天，拍打着瓦盆，自然会放声唱起歌来，那歌词是：'田彼南山！芜秽不治；种一顷豆！落而为萁。人生行乐耳，须富贵何时！'这自然是太放肆荒唐了，可是我却不晓得有什么不对啊。"杨恽的侄儿安平侯杨谭也告诉杨恽说："你犯的罪并不大，又曾有告发霍氏叛乱的功劳，将会被再次任用的！"杨恽说："有功劳又有什么用呢！这样的皇上是不值得替他尽力的。"杨谭说："当今皇上也的确是这样的。司隶、韩冯翊都是很尽力的官吏，最后都因事被杀了。"恰好这时出现日食，有一名名叫作成的马夫头，便上书告发说："杨恽骄慢奢侈，不知道悔改。上天所以会闹日食，全是他的原因。"奏章便交到廷尉那里去查办，最后找到了杨恽写给孙会宗的书信，汉宣帝看了便很厌恶他。廷尉就判杨恽一个大逆不道的罪名，处以腰斩的罪刑，妻儿贬到酒泉郡；杨谭罢免为平民，所有和杨恽要好的官员，像未央卫尉韦玄成以及孙会宗等人，也都被罢免了官职。

◆臣司马光说：以汉宣帝的英明，加上魏相和丙吉当丞相，还有于定国担任廷尉，却有赵广汉、盖宽饶、韩延寿和杨恽的死，并且都不符合群众的心意，这实在是汉宣帝善政的一项很大的缺憾！《周官·小司寇》上所明言规定八法，有议贤和议能两条，但凡是廉吏或者有道义的人犯了罪，全要先为他请命，像赵广汉、韩延寿治理人民，能不说他们是有才能的人吗？像盖宽饶、杨恽的刚直，能不说他们是有德行的人吗？既然这样，那么就是犯了死罪，都还要应该设法宽恕，况且是罪不及死呢！扬雄在他的《法言》中，认为韩冯翊告发萧望之，是咎由自取。其实之所以让延寿触怒汉宣帝，是由于萧望之的刺激。汉宣帝不能明

察，却使韩延寿独自遭到罪刑，这很过分，太不应该了！◆

匈奴闰振单于带领他的部众向东攻击郅支单于。郅支迎接战役，杀死闰振单于，兼并了他的军队；于是就向呼韩邪进攻。呼韩邪兵败退走，郅支就建都单于王廷。

甘露元年（戊辰，公元前 53 年）

春季，正月，汉宣帝到甘泉去祭祀泰畤。

杨恽被杀之后，公卿就上奏说："京兆尹张敞，是杨恽的朋党，不应该让他再占据官位。"汉宣帝因为爱惜张敞的才能，独将弹劾张敞的奏章留了下来，不批交下去。后来，张敞派下属官员絮舜外出审理案件，絮舜获知张敞被奏劾的消息，就私自回家，说："张敞在京兆任上的日子已不久了，怎么还回去办案子呢！"张敞听到了絮舜说的话，就派属吏去逮捕絮舜，他被关在监牢里，经过日夜的调查审问，竟找了借口，判他死罪。当絮舜将要被执行死刑时，张敞派主簿拿着教令去告诉絮舜说："我这所谓的五日京兆，现在究竟怎么样呢？冬天已经过去，期望能苟延一点性命吗？"于是便把絮舜斩首示众。到了立春季，朝廷派出巡视冤狱的使者，絮舜的家属就运载着絮舜的尸体，而且把张敞写给絮舜的教令也放在诉状上面，向使者申诉。使者便向汉宣帝弹奏张敞妄杀无罪的人。汉宣帝打算让张敞得从轻处罪，就先行批下张敞以前为了杨恽的事，被纠举的奏章，将其贬为平民。当张敞到廷阙上缴还京兆尹的印绶后，就从阙下逃亡。等过了几个月之后，京师的官吏平民因为戒心慢慢地懈怠，使得追捕匪寇的鼓声频传，盗匪又多了起来，并且冀州辖区内有更大的盗贼出现，于是汉宣帝便想起张敞治理盗匪的功劳，就派遣了使者到张敞的住处去征召他。张敞因为以前曾残杀无辜，身遭严厉弹劾，因此当使者到来的时候，妻儿家人都害怕得哭了。只有张敞却笑着说："我已逃亡为民，郡吏就可以来逮捕我了。现在皇上派遣了使者前来，这是皇上想要任用我啊！"于是整治行装，跟随使者到京师。张敞到达掌管征召以及接受章奏事宜的公车上书说："臣原先幸得充任为九卿之一，担任京兆尹的职务，最后却犯了处决属吏絮舜的错误。絮舜本是臣敞平时所厚待的属员，好多次蒙受到我的宽宥、恩泽；之后因为臣遭受到别人的纠劾，本当免官，絮舜得到消息，就在奉命外出调查事情时，自己回家了，还说臣只是五日京兆，不久就要罢官离去。这种言语和行为，确实是违背了平日我待他的恩义，也太伤风败俗了。臣私下觉得絮舜是一个不肖狂妄的人，就以肆意歪曲法律，把他杀了。臣敞既借故残杀了本无死罪的人，审理犯人时，是故意存有私心，不能依法律而行，所以现在即使遭受法律的制裁，处以极刑，死而无憾！”汉宣帝接见了张敞，便任命他为冀州刺史。张敞一到冀州，盗贼便远避他遁。

皇太子很仁爱柔顺，喜欢儒术，看到汉宣帝所任用的，很多是精通法规的官吏，依靠刑法来约束人民，就在闲居随侍汉宣帝的时候，淡定地建议说：“陛下用刑太过于深刻，应当进用儒生。”汉宣帝却变了脸色，特别生气地说：“汉家自从有汉家的制度以来，本来就是兼采王道和霸道；为什么要只用道德教化，实行姬周的政治呢！而且那些能纳而不能出，能言而不能行的儒生，不能够通达时务，喜好称扬古人，诽毁今人，使人在实际与名分之间感到迷惑，不知道该怎么遵守，这种俗儒，怎么能委以重任呢！”便感慨地说：“将来要败坏我汉家基业的人，就是太子啊！”

◆臣司马光说：王道和霸道，对于善恶仁义的态度，并没有实质的不同。过去，在夏、商、周三代兴盛的时候，礼乐征伐之权，被天子掌握在手里，这叫作王道。等到天子号令微弱，不能控制诸侯的时候，假如有诸侯能带领盟国，一起去攻打那些悖逆王庭的人，来尊奉王室的，这就叫作霸道。他们行为的依据，也都是以仁义为根本，讲究任用贤能，要能赏善罚恶，禁止暴乱。只要他们的地位名分有尊卑的不同，所带给人民的恩德有深有浅，所成就的功业有大有小，政令所及，范围有广狭的差别而已。只是这种差别，并不是像白和黑、甘甜的和苦涩的那样完全相反和不同。汉朝之所以不能复行夏、商、周三代的政治，原因就在于国君不想要施行，并不是先王的圣道无法再度实行于后世。那学习儒术的人，有君子和小人的分别，那些俗儒，确实不能任用他们来治理国家平天下，难道就不能去寻找真正的通儒来任用他们吗？像后稷、契、皋陶、伯益、伊尹、周公、孔子，都是博通的大儒者，假如汉朝能够得到像这些大儒似的人才来任用他们，所成就的功业，怎么会只是这样而已呢！汉宣帝如果说太子太懦弱无能，不会自己立足，不明治国大体，一定会危乱汉室基业，那是可以的；现在却说是王道不可能施行，儒者不可以任用，这不是太过分了吗！这不是用来训示子孙、垂法后代的做法。◆

淮阳宪王喜好研究法律，聪颖明达，又有才干；他的母亲张婕妤还特别受到汉宣帝的宠爱。汉宣帝因此疏远太子，而喜好次子淮阳宪王，多次赞美宪王说："这真是我的儿子啊！"常常有要立宪王为太子之意。但是因为太子生于自己微贱之时，当时自己曾依靠太子母亲许氏家生活，等到继位以后，许皇后又被毒害而死，所以汉宣帝一直都不忍心这样做。过了很长时间，汉宣帝就任命韦玄成为淮阳中尉，因为玄成曾经有过要谦让爵位给他哥哥的表现，所以要以此来感悟劝解宪王，太子因此才得平安无事。

郅支单于把匈奴呼韩邪单于打败以后，左伊秩訾王便为呼韩邪出谋划策，劝他向汉归降，并且请求汉朝的帮助，觉得这样做，就会得到喘息安定。呼韩邪就征求大臣们的意见，大家都说："这是不行的。匈奴的习俗，本就是崇尚力量，不为人所屈服，而且以服役于人为耻辱，以能在马上冲锋战斗，来安民治国的，因此能在蛮夷间扬威争雄。就算战死沙场，那是壮士分内的事情。现今兄弟争国，不是弟亡，就是兄死，虽然因为这而死，仍有威名，子孙一样能永远地领导各国，为各国的首领。汉朝虽然强大，仍无法并吞匈奴，为什么要败坏自古以来的体统，臣服汉朝，让在地下的历代单于也遭到羞辱，且被各国耻笑！即使能因此而获得平安，又将怎样再去统率各蛮夷！"左伊秩訾说："这话说得不对，一国的强弱，是随时间的推移而不同的。现今正是汉朝强盛时，像乌孙那些不是逐水草而居而已有城郭的国家，都已归顺汉朝了。我国从且鞮侯单于以来，势力渐渐减弱，已经无法再去得到报复人家的机遇，尽管待在这里倔强着，不愿意屈服于人，也不会得到片刻的安宁。现在如能归顺汉朝，就能够获得生存的希望，不愿意归顺汉朝的话，那就只有危亡的境地了，还有什么比归顺汉更好的计策！”大臣们彼此商议了很久，最后，呼韩邪采纳了左伊秩訾王的计策，率领他的部众，开向南方，向汉朝边塞附近靠近，派遣他的儿子右贤王铢娄渠堂到汉朝做人质。郅支单于也派了他的儿子右大将驹于利受到汉朝做人质。

二月，丁巳日，乐成敬侯许延寿去世。

夏季，四月，在新丰县发现黄龙。

丙申日(初一)，太上皇庙失火；甲辰日，孝文帝庙失火；汉宣帝穿了五天丧服。

乌孙狂王泥靡又娶了楚公主解忧为妻，生了一个男孩鸱靡，彼此之间的感情并不好；又因为性情凶恶残暴，很是得不到民心。汉朝就派遣了卫司马魏和意和他的副手卫侯任昌到达乌孙。公主说：“狂王已被乌孙人所痛恨，很容易杀掉他。”就商量准备酒食，要在席间命令军士拔剑刺杀狂王。最后因为剑刺歪了，狂王只是受了创伤，骑上马跑掉了。狂王以前和匈奴妻子所生的儿子细沈瘦，就召集士兵把魏和意、任昌和公主解忧包围在赤谷城。几个月之后，都护郑吉征调西域各国的军队前来救援他们，才解围而去。汉宣帝派遣中郎将张遵，带着医药去治疗狂王的伤口，还赏赐给他黄金布帛。收捕了魏和意和任昌，把他们捆锁着，用囚车从尉犁国押解到长安，杀了他们。

当初，肥王翁归靡和匈奴妻子所生的儿子乌就屠，知晓狂王受剑伤时，特别惊讶，就和诸翎侯一块儿逃走，藏到北边的山区中，还扬言他母亲的外家匈奴会派兵来救援，所以，大家都归向了他。之后就袭击杀害了狂王，自立为乌孙昆弥。这年，汉朝派了破羌将军辛武贤率兵一万五千人到敦煌去，积蓄粮食，掘通沟渠，准备攻打乌就屠。

当时，楚公主解忧的侍者冯嫽，因为既能撰写公文，又会一些有关西域和汉朝各国的事务，曾经携带汉朝的符节，假冒公主的使者，到达各个地方去，已有城郭定居的西域各国，都很信任敬重她，把她称为冯夫人，之后嫁给乌孙的右大将为妻。乌就屠和右大将是亲密朋友，都护郑吉就让冯夫人去说服乌就屠，说是汉兵就要来了，一来到你们一定会被消灭，不如投降。乌就屠很惶恐，就说："希望能获得一个小小的称号，来给自己安身！"汉宣帝后来把冯夫人找来，亲自问她游说的情况。然后派遣谒者竺次和期门甘延寿当冯夫人的副使，护送冯夫人。冯夫人乘坐着饰有丝锦的华丽车子，带着汉朝的符节，命令乌就屠到赤谷城去见长罗侯常惠，把翁归靡和楚公主所生的元贵靡立为大昆弥，乌就屠为小昆弥，都颁赐给他们印绶。破羌将军辛武贤也因此不用率兵出塞，把军队带了回来。之后，乌就屠并没有完全遣回诸翎侯的民众，汉朝就又派长罗侯常惠带领一支部队屯驻到赤谷城，为他们划分了所居住的地界和所管辖的户口数，小昆弥分到了四万多户，大昆弥拥有六万多户。但是民心都归附于小昆弥。

二年（己巳，公元前52年）

春季，正月，汉宣帝立皇子刘嚣为定陶王。

汉宣帝下诏令赦免天下，降低人民的赋税，每人每年减少了三十钱的人头税。

珠崖郡反叛。夏季，四月，派了护军都尉张禄率兵去镇压。

杜延年因为年老病弱被罢免官职。五月，己丑日，廷尉于定国被任命为御史大夫。

秋季，九月，汉宣帝立皇子刘宇为东平王。

冬季，十二月，汉宣帝巡游萯阳宫、属玉观。

这一年，营平壮武侯赵充国去世。先前，赵充国因为上了年纪，乞请退休，就赏赐给他安车、驷马和黄金，让他回家休养。但是朝廷上每有关于四夷的重要的计议，仍常常要他参与军事计谋，征询他的策略。

匈奴呼韩邪单于抵达五原塞来求降，并且表示愿意奉上匈奴国的珍宝，预计在甘露三年正月行朝见礼。汉宣帝便命令主管官员商议单于朝见的礼仪。丞相和御史都说："依照古代圣王的体制，先着重京师，然后才是诸侯；先着重诸侯，然后才是夷狄。现在匈奴单于来朝贺天子，朝贺的礼仪应当和诸侯王朝贺天子一样，地位在诸侯王之下，要行称臣的礼仪。"太子太傅萧望之认为："单于并不是汉朝的属臣，不应该服从汉朝的历法政令，所以彼此间称为匹敌之国，不应该用臣子的礼仪来对待，他的地位在诸侯王之上，应该待以客礼。当外夷叩头归顺的时候，自称藩属，我国对他表示谦让，而不把他当作臣子，为的是牵制他们的情谊，以谦虚为德，可为我们带来无不亨通的福祉。《尚书》说：'戎狄处在边远蛮荒的地区，是属于侯、要、绥、甸、荒五服中的荒服。'这是说蛮夷的归附是反复无常、幽昧不明的。如果让匈奴的后代像飞鸟远窜，老鼠潜伏一般，不会再来朝见进贡，这样，因为本不以臣礼待他们，不能算是叛逆的臣子，去就去了，不一定要讨伐，这是为子孙万世着想的长远之计。"汉宣帝采用了他的意见，下诏令说："匈奴单于前来归顺，我们将称他为北方的藩国，在明年正月初一行朝礼。因为朕的恩德不够，不能广施荫庇，所以应以待客的礼仪来接待他们，使单于的地位在诸侯之上，谒见的时候，只称臣而不称名。"

◆荀悦评论说：按照《春秋》大义，天子不分内外，以表示要天下一统。只因为戎狄处在蛮荒地带，道路遥远，人迹隔绝，所以历法政令便无法颁行贯彻，礼仪教化也无法施加给他们，这并不是尊重他们，是因为形势使然。《诗经》说："那些氐、羌的夷狄小国，没有一个敢不来朝见天子的。"所以处在要服和荒服的这些遥远地区的夷狄国君，也一定要来朝贡。如有不能承担职任的，就要去责备他们，并没把他们看成是彼此相当的国家。萧望之想要以宾礼去接待匈奴单于，将单于的地位提升到王公诸侯的上面，这就僭越了体制，错失了上下的规矩，败坏了伦常，

是不合礼法的！当然，如果只是一时的权宜之计，那就另当别论了。◆

汉宣帝下诏令派遣车骑都尉韩昌去迎接单于，命令沿途所经过的七个郡，共征调了两千名骑兵，列队在道路两旁欢迎护卫。

三年（庚午，公元前 51 年）

春季，正月，汉宣帝到甘泉宫去祭祀泰畤。

匈奴呼韩邪单于到甘泉宫来朝见汉天子，拜见时只称是藩臣，而不称名字。汉宣帝赏赐给他冠带、官服、黄金印玺、绿色绶带，以玉装饰的剑、佩刀，以及一张弓、四发箭、十件仪仗的棨戟、一辆安车、一套骑垫，用戾草浸染过的丝绶，和马辔，十五匹马、二十斤黄金、二十万钱、七十七副衣被，锦绣、绮縠、杂帛八千匹，还有六千斤棉絮。朝见典礼结束以后，便派使臣引导单于先到陕西池阳县西南的长平阪去休息。汉宣帝也从甘泉宫移住到在池阳县的离宫池阳宫。当汉宣帝登上长平阪接见单于时，令单于不必下拜，允许单于的左右当户以下众官，都可以列队观礼，各蛮夷君长、王、侯共有几万人，都在渭桥下欢迎，排列在道路的两旁。汉宣帝登上渭桥时，大家都高呼万岁。单于后来又移住到长安，汉宣帝就在建章宫设宴款待，并且拿出很多的珍宝展示给他看。到了二月，派遣单于回到匈奴国去。单于自己请求说："希望能留住在漠南的光禄塞；因为如有郅支单于来袭击的紧急情况，汉朝在五原郡边界上筑有受降城，便可以入城自保。"汉宣帝就派了长乐卫尉、高昌侯董忠和车骑都尉韩昌，带领一万六千名骑兵，又征发好几千名边郡的士卒和马匹，护送单于到朔方郡的鸡鹿塞。命令董忠等留下来护卫单于，帮助他去诛除叛逆不服的人，又运送边疆的谷物干粮，前后共有三万四千斛，供给他们食用。以前，从乌孙以西到安息的这些靠近匈奴的国家，都很畏惧匈奴而轻视汉朝，等到呼韩邪朝汉以后，大家便都遵从汉朝号令了。

汉宣帝因为戎狄已经平服了，想到那些辅佐的大臣都特别尽忠国家，便在未央宫中的麒麟阁墙壁上，把那些得力大臣的形象摹绘了下来，既描绘他们的容貌，还在上面写明他们的官职、爵位和姓名。

只有霍光不标出名字，只说是“大司马大将军博陆侯姓霍氏”。其余依次是张安世、韩增、赵充国、魏相、丙吉、杜延年、刘德、梁丘贺、萧望之、苏武，一共十一人，都立下了相当的功业，是那时知名的贤臣，所以用壁画来褒扬表彰他们，明确地指出这些有功劳于宣帝中兴的辅佐大臣，能够同周宣王时的中兴功臣方叔、召虎和仲山甫等人相提并论。

凤凰飞集在汝南郡的新蔡县。

三月，己巳日，建成安侯黄霸死了。五月，甲午日，汉宣帝把太仆沛郡人陈万年任为御史大夫，任命于定国为丞相，封为西平侯。

汉宣帝下诏命群儒讨论五经的异同，再经萧望之等人将每人的议论加以辨析分明以后，把结果呈奏给宣帝，由汉宣帝亲临裁决。于是设置了梁丘贺的易经博士、夏侯建叔侄二人的尚书博士和夏侯胜和谷梁赤的春秋博士。

乌孙国的大昆弥元贵靡和鸱靡都因病去世。公主就上书给汉宣帝说：“我现今年纪已老，很思念故乡，希望能让我返回家乡，将来得葬在汉朝的土地上！”汉宣帝很同情她，便同意把她迎接回来。冬季，回到京师长安，楚公主本以宗室女的身份嫁到乌孙，回来后用如同公主一般的礼仪来礼待她。两年后去世。

元贵靡的儿子星靡继立为乌孙大昆弥，但年纪尚小。冯夫人便上书说：“我愿意到乌孙去安抚星靡，使他不受侵扰。”汉宣帝就派她出使。都护上奏汉宣帝，说是乌孙的大臣大禄和大监都可以如同列侯一样特别赐予他们金印紫绶，来显示他们，让他们能去尊敬辅佐大昆弥。汉宣帝答应了都护的建议。后来段会宗继为都护，去招还那些逃亡及叛变的人，来安定乌孙。星靡死后，由他的儿子雌栗靡继立。

皇太子所宠爱的司马良娣病重，临死前告诉太子说：“我的死，并非寿数已尽，是因为那些娣妾和良人轮番诅咒我，害死我的。”太子觉得她说得很对。等司马良娣去世，就很悲伤生气，以至于得了病，心中不快乐，精神恍惚。汉宣帝便让皇后到后宫去挑选可以服侍太子，让太子高兴的宫人，结果挑到了魏郡元城县人王政君，就送到太子宫。王政君是以前的绣衣御史王贺的孙女，现在丙殿。一受到皇太子的宠幸，就有了身孕。这一年，王政君在甲馆的画堂诞生乐儿成帝，成为正统的嫡皇孙。汉宣帝很喜欢他，亲自命名为刘骜，字大孙，常常将他带在身边。

四年（辛未，公元前50年）

夏季，广川王海阳因为乱伦，又残杀无辜，被罢废，迁移到房陵县。

冬季，十月，未央宫的宣室阁失火。

这一年，汉宣帝将定陶王刘嚣改封为楚王。

匈奴呼韩邪单于和郅支单于都派了使者来朝贡进献，汉朝对于呼韩邪单于派来的使者，特别礼待。

黄龙元年（壬申，公元前49年）

春季，正月，汉宣帝到甘泉宫去祭祀泰畤。

匈奴呼韩邪单于来朝见汉宣帝，到二月才回国。起初，郅支单于认为呼韩邪单于因为兵力单薄，所以投降汉朝，不能返回旧地，便带领他的部众向西方推进，想要攻占匈奴西部地区这一片地盘。还有屠耆单于的小弟，本是侍奉呼韩邪的，也逃到西部地区去，收编了屠耆单于和闰振单于两位兄长的余部，共得几千人，自立为伊利目单于；路上遇到郅支单于，双方便展开会战，结果，郅支单于杀死了伊利目单于，兼并了他五万多名部下。郅支听说汉朝派兵护卫呼韩邪回匈奴，又送给他粮食，就留居在西部地区；后来估计自己的力量不足控制全匈奴地境，就继续向西迁移，靠近乌孙，很希望乌孙能跟他全力合作，便派遣使者去见乌孙的小昆弥乌就屠。他的使者却被乌就屠杀了，派八千名骑兵想要去迎击郅支。郅支发觉乌孙的阴谋，便停止军队的前进，也准备还击乌孙。最后调派郅支击破了乌就屠；便向北攻击马揭、坚昆和丁令，而且并吞了这三国。然后就屡次派兵进攻乌孙，经常击败乌孙。坚昆向东距离单于朝廷有七千里路，南到车师有五千里远，郅支单于就因此留在坚昆。

三月，有彗星出现在王良和阁道两星座间，之后消失在紫微星座旁。

汉宣帝病重，于是便要挑选可嘱托后事的大臣，因此就把外戚侍中乐陵侯史高、太子太傅萧望之和少傅周堪都召到宫中汉宣帝住的地方，任命史高为大司马、车骑将军，萧望之为前将军、光禄勋，周堪为光禄大夫，都拜受了遗诏，辅佐国事，掌管尚书事，职典枢机。冬季，十二月，甲戌日，汉宣帝在未央宫逝世。

◆班固评论说："汉宣帝治理国政，有功必赏，有罪必罚，根据一个人的能力，去授给他相当的官位，再根据他的官位，去考求所应尽的职责。所以无论是政事、文学或是法理各方面的人才，全是上选，全有他的专精。至于技巧、工匠或是器械等各种技艺的成就，从元帝、成帝以来，都很少能与之相比的。由此也可以看出，汉宣帝时是官吏既能称职，百姓也能安居乐业。等遇到匈奴内乱，汉宣帝对于无道的人，比如郅支单于，便去推翻讨伐他，对于能以道自存的人，就像呼韩邪单于的来朝，就去辅助安定他，恩威远伸到北方的夷狄，让单于能慕义归顺，叩头称藩。功劳足可光宗耀祖，业绩也能够垂示后代，可说是中兴了汉室，德业可以媲美那般高宗和周宣王了！◆

癸巳日，太子刘奭即皇帝位（即汉元帝），拜见高庙，尊奉皇太后为太皇太后，皇后为皇太后。